U0934095

宁德市
档案史料
丛书

编纂委员会

闽东

抗日战争档案史料

宁德市档案馆　厦门大学马克思主义学院　编

第十辑　防护团

主　编　郑　伟　李小平　张　侃
执行主编　董兴艳　王高勇　陈久诚　叶召法

厦门大学出版社
XIAMEN UNIVERSITY PRESS
国家一级出版社
全国百佳图书出版单位

图书在版编目(CIP)数据

闽东抗日战争档案史料.第十辑/郑伟,李小平,张侃主编;董兴艳等执行主编.—厦门:厦门大学出版社,2021.12
ISBN 978-7-5615-8425-5

Ⅰ.①闽… Ⅱ.①郑… ②李… ③张… ④董… Ⅲ.①抗日战争—历史档案—福建 Ⅳ.①K265.06

中国版本图书馆 CIP 数据核字(2021)第 265731 号

出 版 人 郑文礼
责任编辑 韩轲轲
装帧设计 李夏凌
技术编辑 朱 楷

出版发行 厦门大学出版社
社　　址 厦门市软件园二期望海路 39 号
邮政编码 361008
总　　机 0592-2181111 0592-2181406(传真)
营销中心 0592-2184458 0592-2181365
网　　址 http://www.xmupress.com
邮　　箱 xmup@xmupress.com
印　　刷 厦门集大印刷有限公司

开本 787 mm×1 092 mm 1/16
印张 33.25
插页 4
字数 734 千字
版次 2021 年 12 月第 1 版
印次 2021 年 12 月第 1 次印刷
定价 180.00 元

本书如有印装质量问题请直接寄承印厂调换

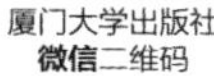
厦门大学出版社
微信二维码

厦门大学出版社
微博二维码

前 言

1931年的"九一八"事变后，中国人民经过十四年艰苦卓绝的浴血奋战，最终赢得了抗日战争的胜利，这是中国近代以来抗击帝国主义入侵的第一次完全胜利，也是为世界人民反击法西斯主义暴政和争取和平所做出的重大贡献。抗日战争中，中国人始终洋溢着自信、自立、自强的民族精神；而抗日战争的胜利，也开启了古老中国凤凰涅槃、浴火重生的新征程；如今，鲜血写就的抗日战争历史，其精神已凝结为中华民族走向伟大复兴的核心价值。

历史是一个民族的灵魂，不是任人打扮的婢女。维护历史的尊严，就是维护人类良知，就是要留下正义、善良与仁慈，将邪恶、血腥和残暴钉在历史的耻辱柱上；坚守真实的共同记忆，就是坚守理性火炬而照亮自我，念念不忘，必有回响，才可穿越丛林，走向未来。

20世纪像一列轰轰烈烈的火车，正渐渐地驶离我们的视野。但它依旧是未曾合上的书，与现实生活仍有千丝万缕的联系。习近平总书记在中共中央政治局第二十五次集体学习时强调，坚持正确的历史观，就是"让历史说话，用史实发言"。[①] 史料是一切历史阐述的基础，前辈学者早就指出："只有掌握了更丰富的史料，才能使中国的历史，在史料的总和中，显出它的大势；在史料的分析中，显出它的细节；在史料的升华中，显出它的发展法则。"[②]有人比喻，历史解释犹如果肉，历史事实犹如果核，严肃、负责的历史解释都必须建立在"事实的硬核"之上。[③] 缺乏基本史实的支撑，任何历史描述和历史解释只能是没有生命的空壳。

一直以来，日本极右翼分子不顾历史事实，美化战争，甚至走向否认历史、推卸战争责任的极端。清代龚自珍说："欲知大道，必先为史。灭人之国，必先

---

① 习近平：《让历史说话，用史实发言》，《人民日报》2015年8月1日。

② 翦伯赞：《略论中国文献学上的史料》，翦伯赞：《史料与史学》，北京大学出版社1985年版，第17页。

③ [英]爱德华·霍列特·卡尔：《历史是什么?》，商务印书馆1981年版，第4页。

去其史。”因此，如何遏制解构、歪曲、篡改历史的行为，已成为社会各界必须面对的问题。在纪念世界反法西斯战争胜利和中国人民抗日战争胜利70周年之际，习近平总书记高屋建瓴地指出：“抗战研究要深入，就要更多通过档案、资料、事实、当事人证词等各种人证、物证来说话。”①此论切中要害。敬畏历史，尊重事实，才能守住记忆。

1937年“八一三”事变后，日本除在华北各地进一步扩大侵略和进攻上海外，还加紧在沿海地区的侵略活动。8月25日，日本海军宣布对中国海岸实行封锁，企图占领福建，变其为侵略华南地区乃至东南亚地区的基地。宁德俗称闽东，南靠福州市，北邻浙江省温州市，东临东海，西接建阳，现辖蕉城、福鼎、霞浦、福安、寿宁、周宁、古田、屏南、柘荣9县(市、区)。宁德人民素有光荣的革命传统，为了抗击日本帝国主义的野蛮侵略，开展了多种形式的民众抗日运动，实行全民抗战。

闽东抗日战争档案史料丰富，为了使整理、编辑工作细致有序地展开，本辑以“防护团”为主题进行相关档案的汇编。1931年10月日本战机轰炸锦州，此为日本帝国主义利用飞机轰炸我国重要城市之始。1932年上海“一·二八事变”中，日机轰炸工厂区、文化机关和居民区，因没有防空组织，民众亦无防空知识和防空意识，损失惨重。1933年7月南京成立我国首个正式防护团。1938年6月国民政府军事委员会颁发《各省市县防护团组织规程》，各省市防空司令部指挥各地防护团的防空工作。1938年后日本飞机频繁空袭福建沿海城镇，为督导民众实施防空，减少空袭损失，1940年成立福建全省防空司令部，各县建立的防护团下设警报、消防、灯火管制、交通管制、救护、防毒等业务班组。本辑主要为抗战时期福安县、霞浦县防护团编组和开展消极防空②的档案。

闽东抗日战争档案现在被保存在宁德市各级档案馆中，它们既是“闽东之光”的历史见证，也是宁德人民的精神财富和文化遗产。为了充分发挥档案“存凭、留史、资政、育人”的作用，宁德市各级档案馆与厦门大学马克思主义学院合作，编辑出版《闽东抗日战争档案史料》，谨以为志。铭记历史，用史实发言；开创未来，中华民族走在复兴路上。

---

① 习近平：《让历史说话，用史实发言》，《人民日报》2015年8月1日。

② 消极防空(passive air defense)是以实施对空隐蔽、防护和消除空袭后果为主要手段的防空。目的在于将敌空袭造成的损害减小到最低程度，有效地保存人力、物力资源，迅速恢复作战力量和正常生活秩序。

编辑说明

“宁德市档案资料丛书”汇编宁德市、县(市、区)的珍贵馆藏档案。宁德市档案馆民国档案历经辗转,接收时大部分已虫蛀、破损。从1986年开始,档案馆逐卷进行整理、托裱、编制卷内目录和案卷目录,更换案卷皮,重新编制全宗号和案卷号。目前已有案卷目录和全引目录两种检索工具。

本辑《防护团》所用档案资料以宁德市档案馆藏民国档案资料辑成,为了便于利用,采取了两种方式处理。

一、分类排列,给每份档案定名并确定时间。第一部分为霞浦县防护团,下分编组、概况与各种任务队三节,第二部分为防护团业务,下分防空安全、处置迫降机员、救助盟军飞机、征求航空会员以及福安县城区消防队基金保管委员会五节。按时间归类排列。

二、保留每份档案的馆藏档号,以维护档案的原有属性和归档系统。

宁德市档案馆藏民国档案档号为:0008、0158、0159、0161、0164、0165、0166、0168。

影印出版闽东抗战档案资料,既保持了文献内容的原汁原味,又可呈现史料原貌,亦为抗战史研究提供了颇具特色、细致翔实的历史文献。

为便于阅读,将部分较大页面分为a、b面排版,并尽可能保留原档案所载信息。只是,档案文稿底色、印鉴颜色等因黑白印刷之故,无法保留原色。

由于经验及水平限制,我们在编辑与考订上难免存在缺漏。本书的错误和缺点必定不少,诚恳地希望各方面提出批评和指正。

目 录

一、霞浦县防护团

二、防护团业务

(五)福安县城区义勇消防队基金保管委员会 …… 464

霞浦县防护团

(一)霞浦县防护团编组

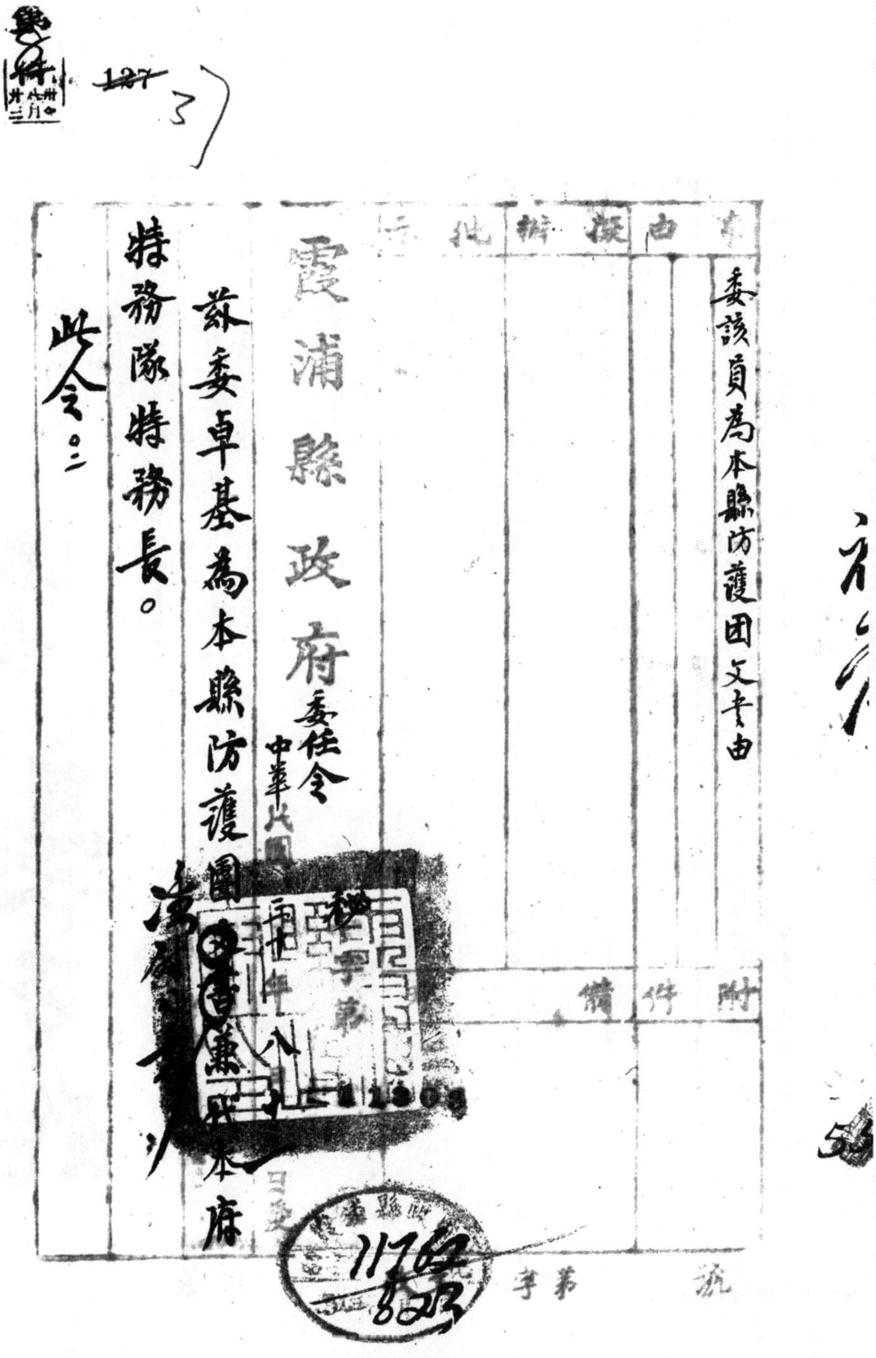

事由 委該員為本縣防護团文書由

霞浦縣政府委任令

中華民國三十年八月 日 秘字第 號

茲委卓基為本縣防護團准尉司書兼本府特務隊特務長。

此令。

霞浦县政府关于卓基为本县防护团准尉司书兼本府特务队特务长的委令

(1941 年 8 月 13 日)a 面　0168-001-0048

霞浦县政府关于卓基为本县防护团准尉司书兼本府特务队特务长的委令

（1941年8月13日）b面　0168-001-0048

霞浦县政府关于卓基另有任用，着即免职的拟稿(1941 年 12 月 31 日)

0168-001-0423

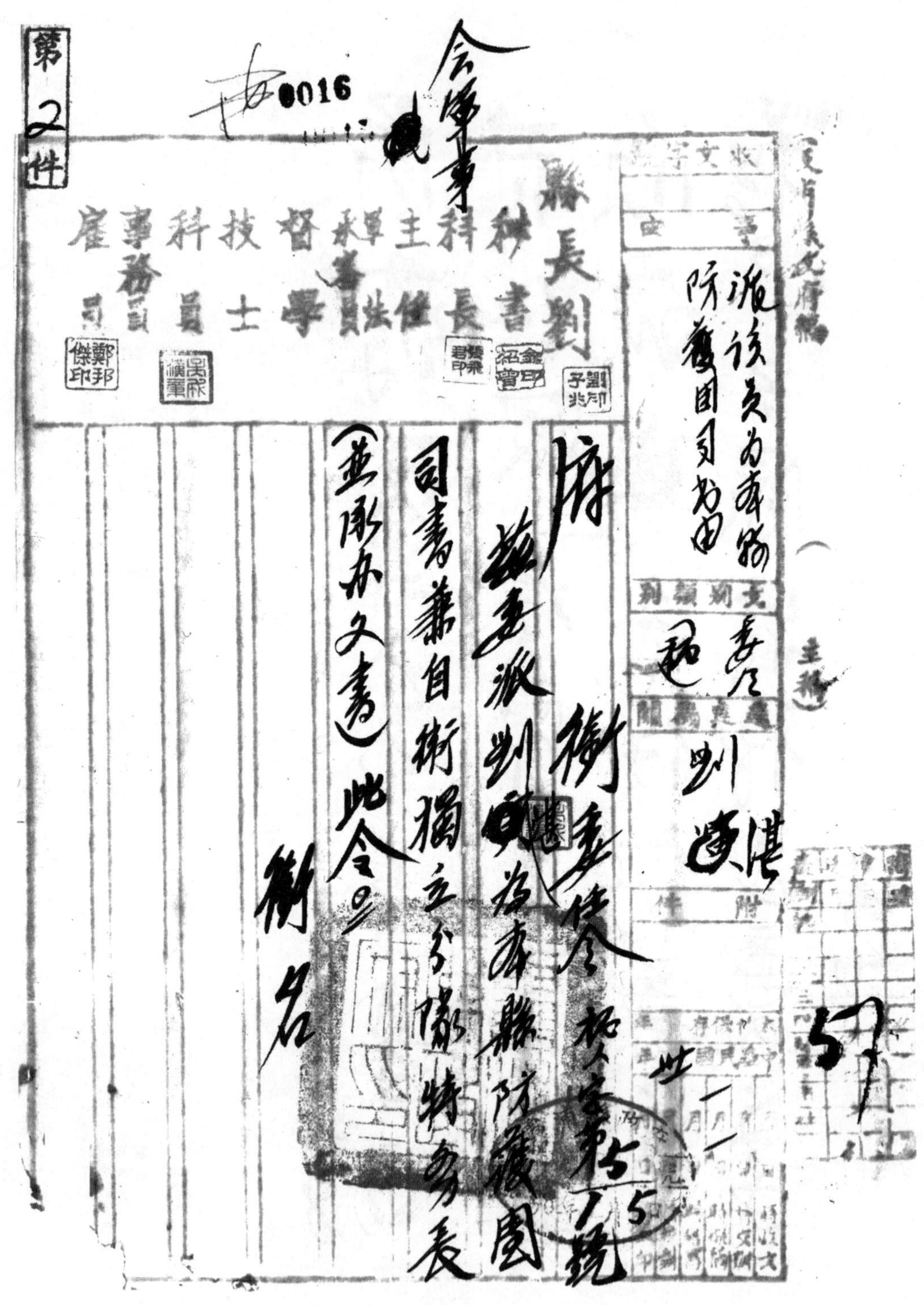

霞浦县政府关于刘湛为本县防护团司书的委令(1942 年 1 月)

a 面　0168-001-0423

府衔训令 秘人字第 号

令本县防护团团长卓基

查该员另有任用，应予免去本兼各职。

除分行令仰知照。

此令。

衔名

霞浦县政府关于卓基免本兼各职的训令(1942 年 1 月)

b 面　0168-001-0423

1

霞浦縣防護團職員名冊

職別	姓名	原任職務
團長	劉子兆	霞浦縣縣長
副團長	陳宗昌	霞浦縣國民兵團代副團長
	張飛君	霞浦縣政府軍事科科長
總幹事	林劍彪	〃上尉科員
副總幹事	蘇永顕	霞浦縣防空哨〃長
總務兼配給股股長	巫斌	霞浦縣政府財政科代科長
幹事	陳克桂	霞浦縣商會主席
	黃章擺	霞浦縣政府財政科〃員

霞浦县防护团职员名册(1941 年)a 面　0168-001-0350

職別	姓名	現職
工務股股長	余向蓀	霞浦縣政府建設科科長
幹事	張墉	霞浦縣政府技士
救護兼防毒消毒股股長	戴熙明	霞浦縣衛生院院長
幹事	蕭恩佑	〃醫師
	劉光世	霞浦縣政府民政科科員
掩埋股股長	鄭國雄	霞浦縣救濟院院長
幹事	鄭克華	〃辦事員
消防兼拆卸搶救股股長	林森陽	霞浦縣警察局行政股股長
幹事	葉肖雄	霞浦縣長溪鎮鎮長
警報股股長	蘇永題	霞浦縣防空哨哨長

霞浦县防护团职员名册(1941 年)b 面　0168-001-0350

附録附二 2

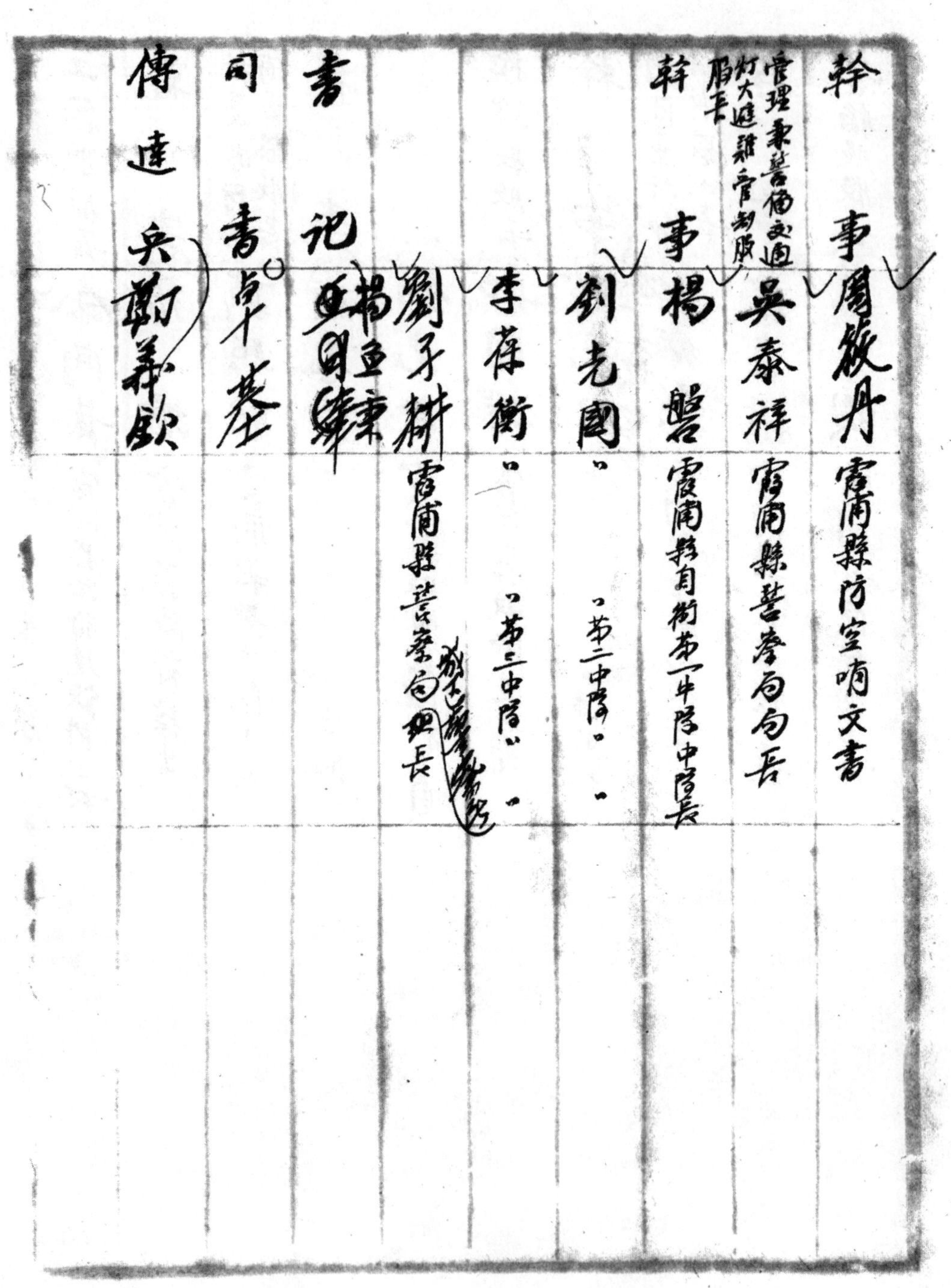

幹事	周筱丹	霞浦縣防空哨文書
管理兼營備交通灯火遮蔽管制服務幹事	吳泰祥	霞浦縣警察局局長
	楊磐	霞浦縣自衛第一中隊中隊長
	劉光國	〃第二中隊〃
	李蓀衡	〃第三中隊〃
	劉子耕	霞浦縣警察局班長
書記	楊亞東	
司書	卓基	
傳達兵	鄭華欽	

霞浦县防护团职员名册(1941 年)　0168-001-0350

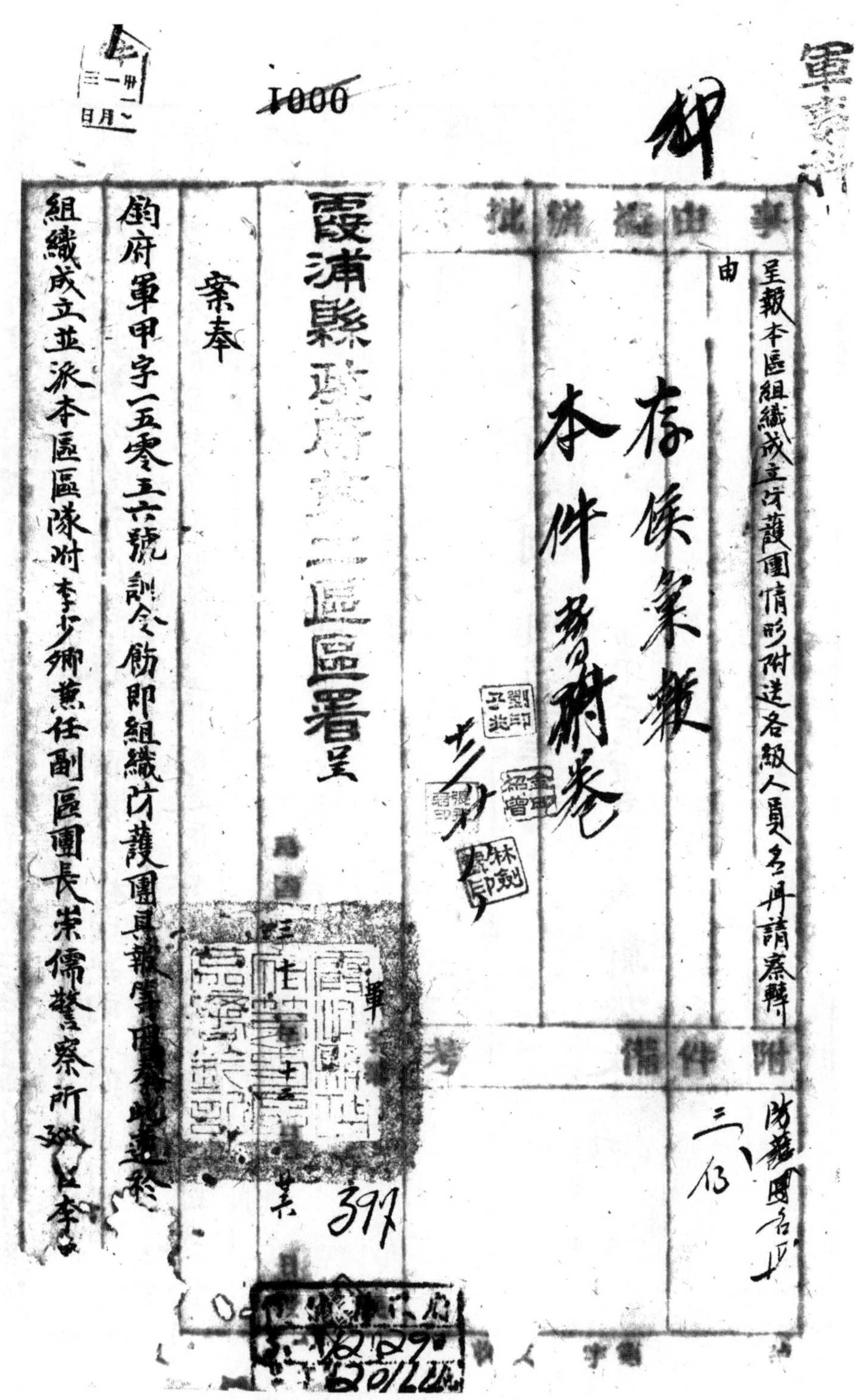

事由：呈報本區組織成立防護團情形附送各級人員名冊請察核

批辦：存候彙報

本件存府卷

附件：防護團名冊 三份

霞浦縣政府第二區區署呈

案奉

鈞府軍甲字一五零三六號訓令飭即組織防護團具報等因奉此遵於

組織成立並派本區區隊附李少卿兼任副區團長崇儒警察所巡官李

霞浦县政府第二区区署关于本区组织成立防护团情形附送名册的呈文

(1941 年 12 月 26 日)a 面　0168-001-0423

崇儒衛生分院主任謝潤氏本署指導員張景白兼任區幹事以[illegible]擇要組
組警報警備避難管制消防救護五班防護器材因無的款購置由下[illegible]
行借用奉令前因理合將組織成立情形連同各級人員名冊三份隨文呈請
鈞察核轉

謹呈

縣長劉

附呈防護團人員名冊三份

第二區署區長鄭振教

霞浦县政府第二区区署关于本区组织成立防护团情形附送名册的呈文

(1941年12月26日)b面　0168-001-0423

4

0004

霞浦縣防護團第二區團各級人員名册

附件　霞浦县防护团第二区团各级人员名册(1941年12月26日)　0168-001-0423

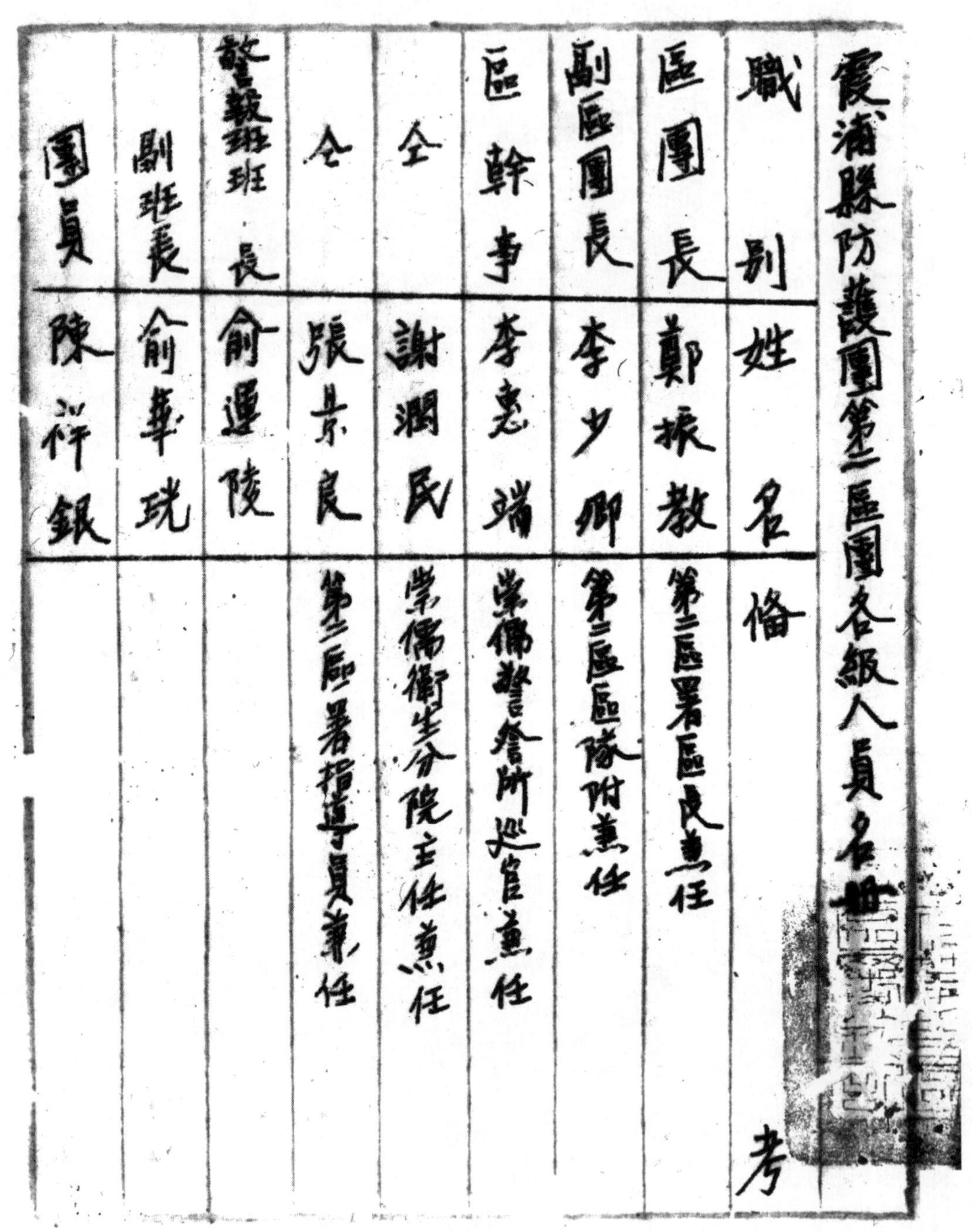

霞浦縣防護團第二區團各級人員名冊

職別	姓名	備考
區團長	鄭振數	第二區署區長兼任
副區團長	李少卿	第二區區隊附兼任
區幹事	李惠端	常備警察所巡官兼任
仝	謝澗民	常備衛生分院主任兼任
仝	張景良	第二區署指導員兼任
警報班班長	俞運陵	
副班長	俞華珖	
團員	陳祥銀	

附件　霞浦县防护团第二区团各级人员名册(1941 年 12 月 26 日)a 面　0168-001-0423

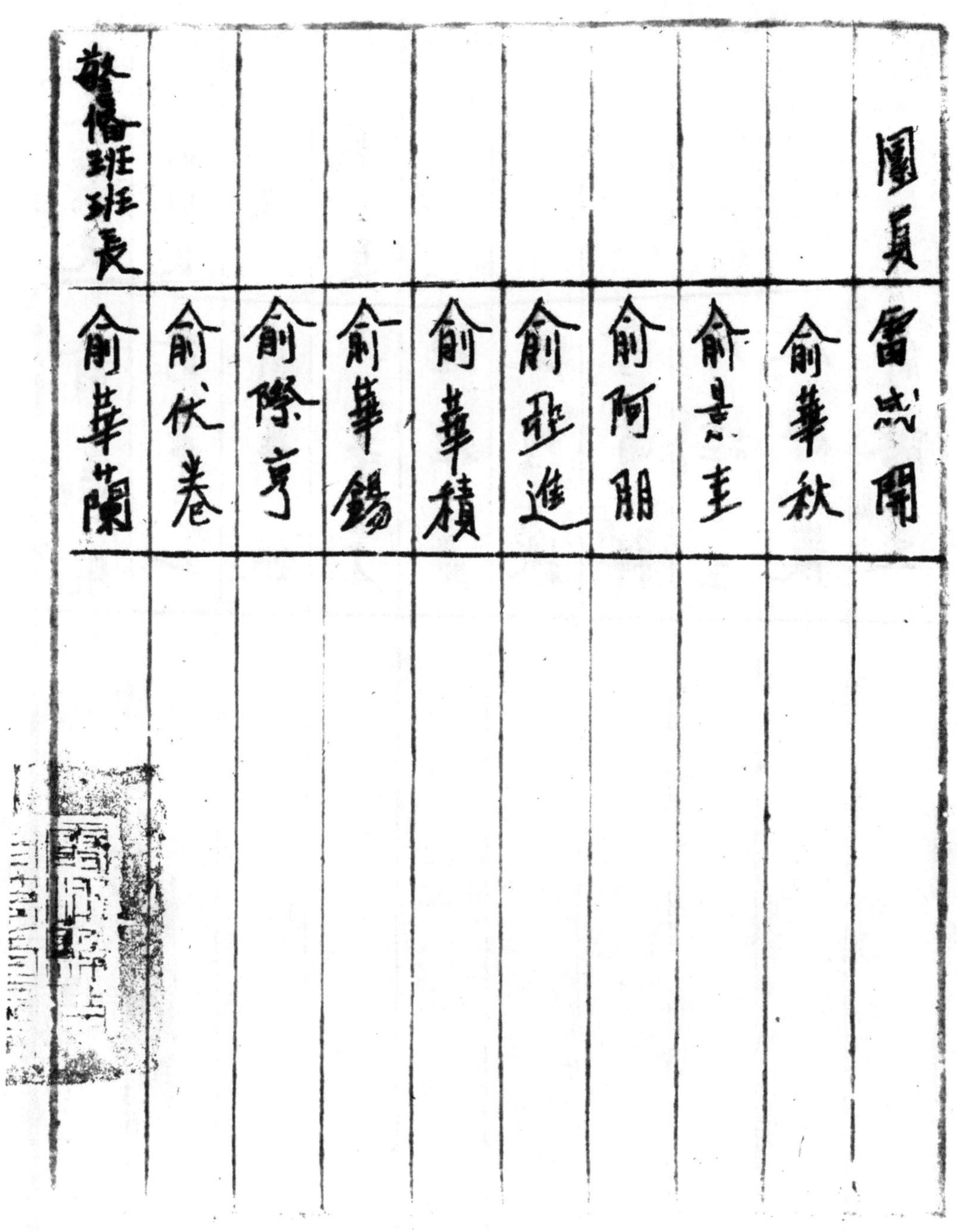

團員								警備班班長
雷志開	俞華秋	俞景圭	俞阿朋	俞丕進	俞華積	俞華錫	俞際亨	俞伏卷	俞華蘭

附件　霞浦县防护团第二区团各级人员名册(1941年12月26日)b面　0168-001-0423

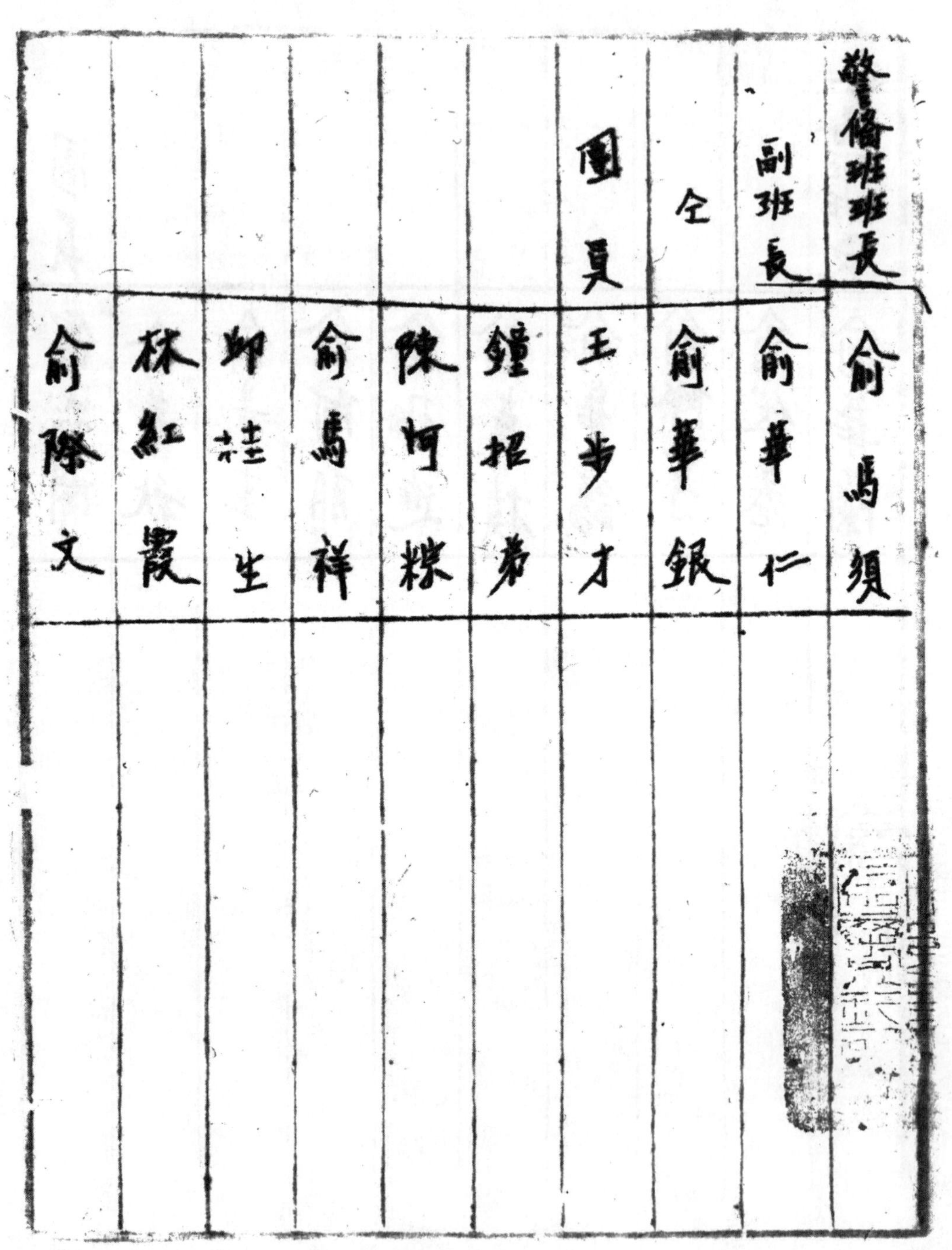

職別	姓名
警備班班長	俞馬須
副班長	俞華仁
仝	俞華銀
團員	王步才
	鍾招弟
	陳阿粽
	俞馬祥
	鄭桂生
	林紅霞
	俞際文

附件　霞浦县防护团第二区团各级人员名册(1941 年 12 月 26 日)a 面　0168-001-0423

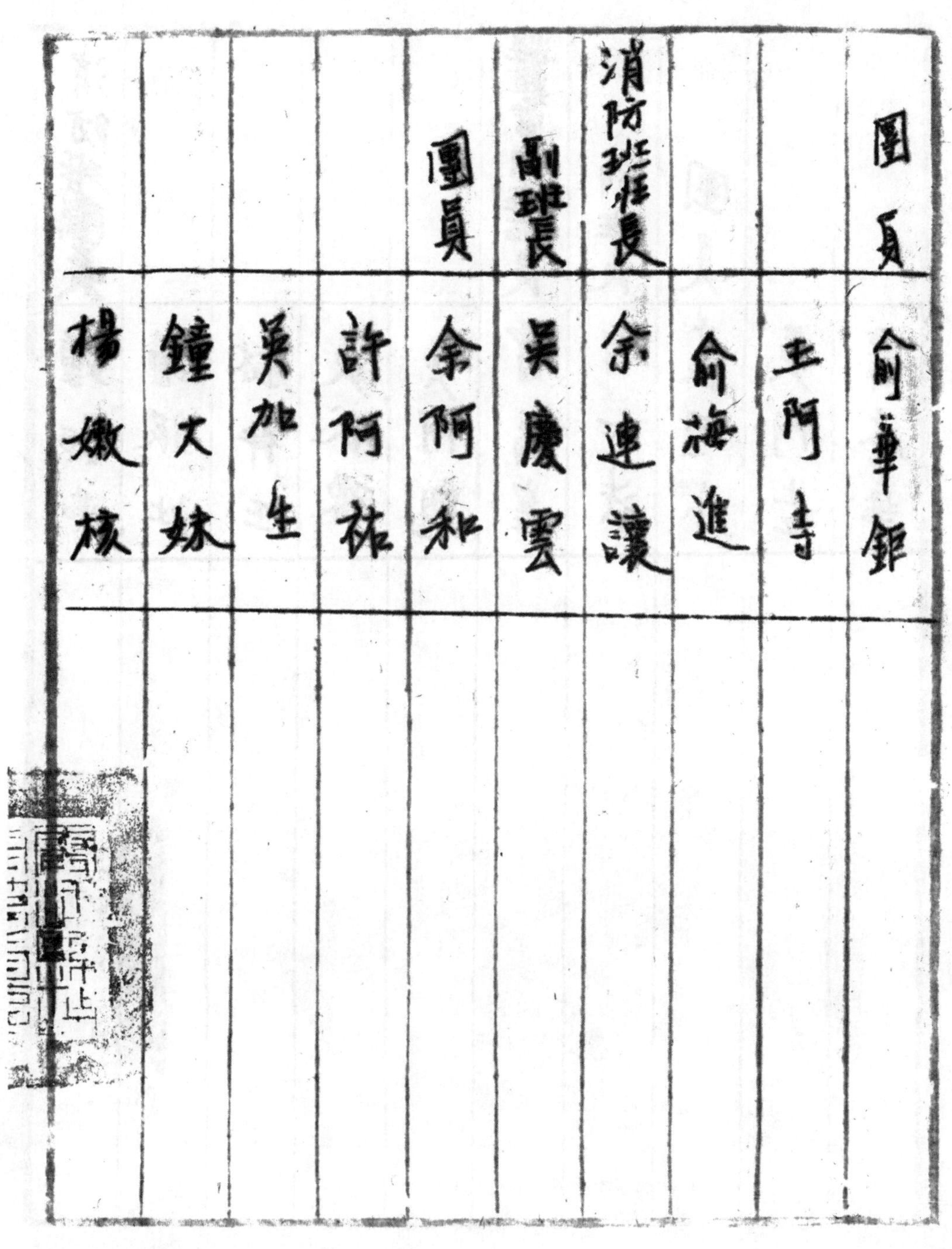

職別	姓名
團員	俞華鉅
	王阿寺
	俞梅進
消防班班長	余連讓
副班長	吴慶雲
團員	余阿和
	許阿祐
	吴加生
	鍾大妹
	楊嫩核

附件　霞浦县防护团第二区团各级人员名册（1941 年 12 月 26 日）b 面　0168-001-0423

消防班團員				避難管制班班長	副班長	團員		
鍾鄭燕	鍾銀灶	林仲玉	吳依㨂	吳阿魁	雷馬官	雷仁法	藍阿卜	吳阿吉	雷秀華

附件　霞浦县防护团第二区团各级人员名册(1941年12月26日)a面　0168-001-0423

團員 鍾利清
藍加樂
雷阿曾
雷家全
藍華興
鍾建沿
藍阿靈
救護班班長 林喜方
副班長 吳奶翰
團員 林元慶

附件　霞浦县防护团第二区团各级人员名册(1941年12月26日)b面　0168-001-0423

救護班團員

林冬欣

黃亦祥

柳世賢

林善擇

鄭阿粿

李維松

華緒標

吳阿養

黃細[illegible]

附件　霞浦县防护团第二区团各级人员名册(1941 年 12 月 26 日)　0168-001-0423

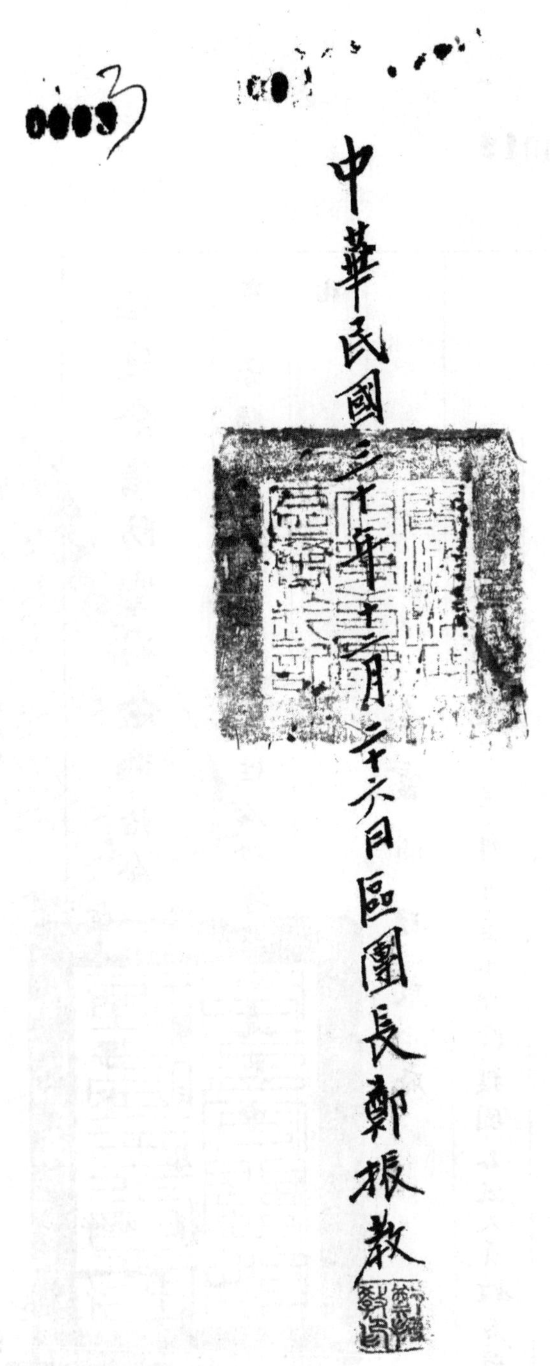
0003
中華民國三十年十二月二十六日區團長鄭振教

附件　霞浦县防护团第二区团各级人员名册(1941 年 12 月 26 日)　0168-001-0423

防護團

0019

福建全省防空司令部指令

防民丙字第　　號

民國三十一年　月　日

事由：為據送防護團各級人員姓名冊等指令遵照由

令霞浦縣政府

軍中字第一四六五三號呈冊：呈送本縣防護團各級人員姓名冊等請察核由

呈件均悉。該縣防護團人員之設置核與防護團組織規程不符，仰依照前頒組織規程之規定另行造送各級人員簡歷姓名冊二份呈核為要！

福建全省防空司令部关于所送防护团各级人员姓名册与防护团组织规程不符，另行造册具报的指令（1942 年 1 月 22 日）　0168-001-0423

0020

此令

兼司令 刘建绪

甲字第四號(210×297)公厘

福建全省防空司令部关于所送防护团各级人员姓名册与防护团组织规程不符，另行造册具报的指令(1942年1月22日)　0168-001-0423

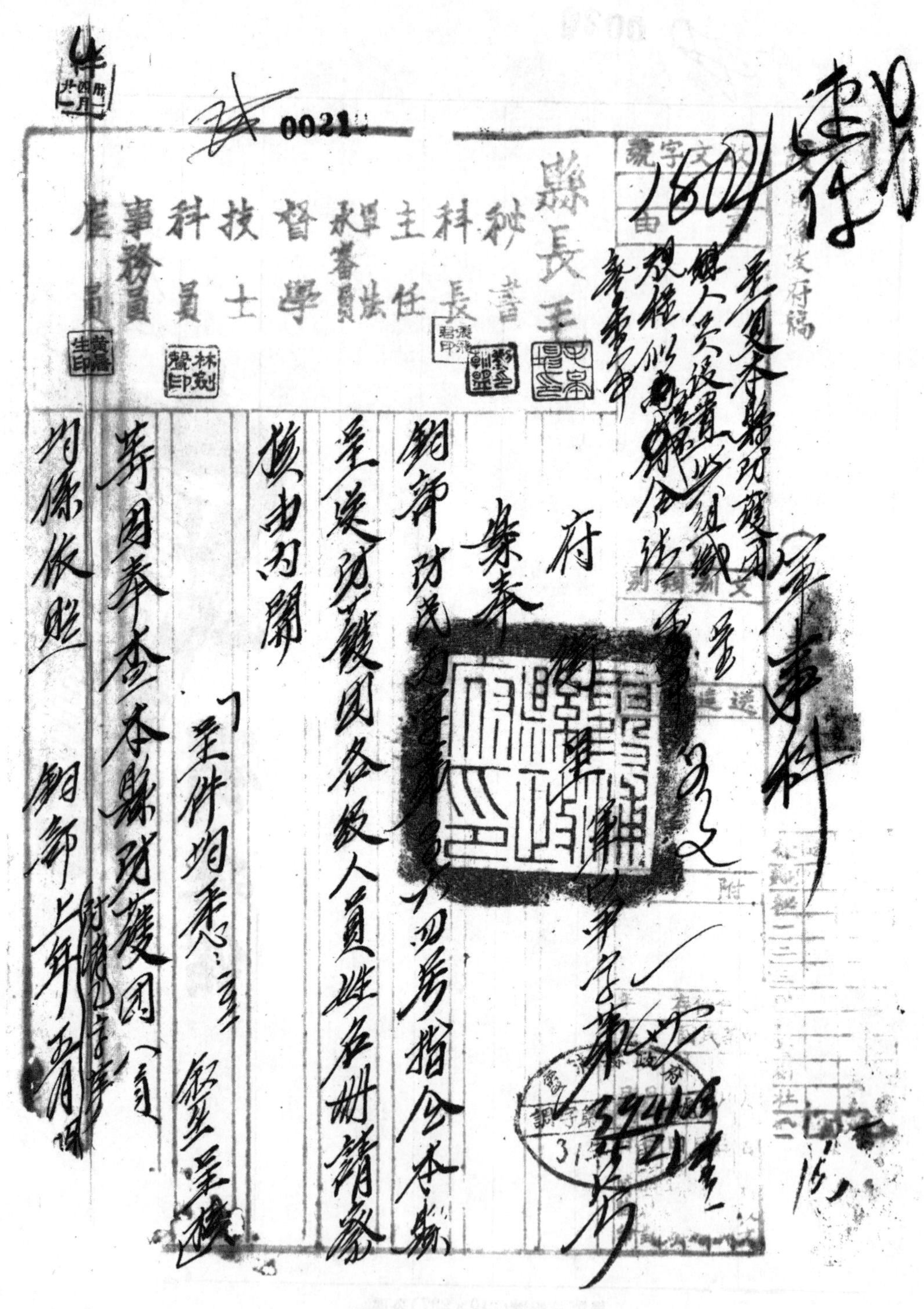

霞浦县政府关于本县防护团人员设置与组织规定似无不合的呈复

(1942年3月1日)a面　0168-001-0423

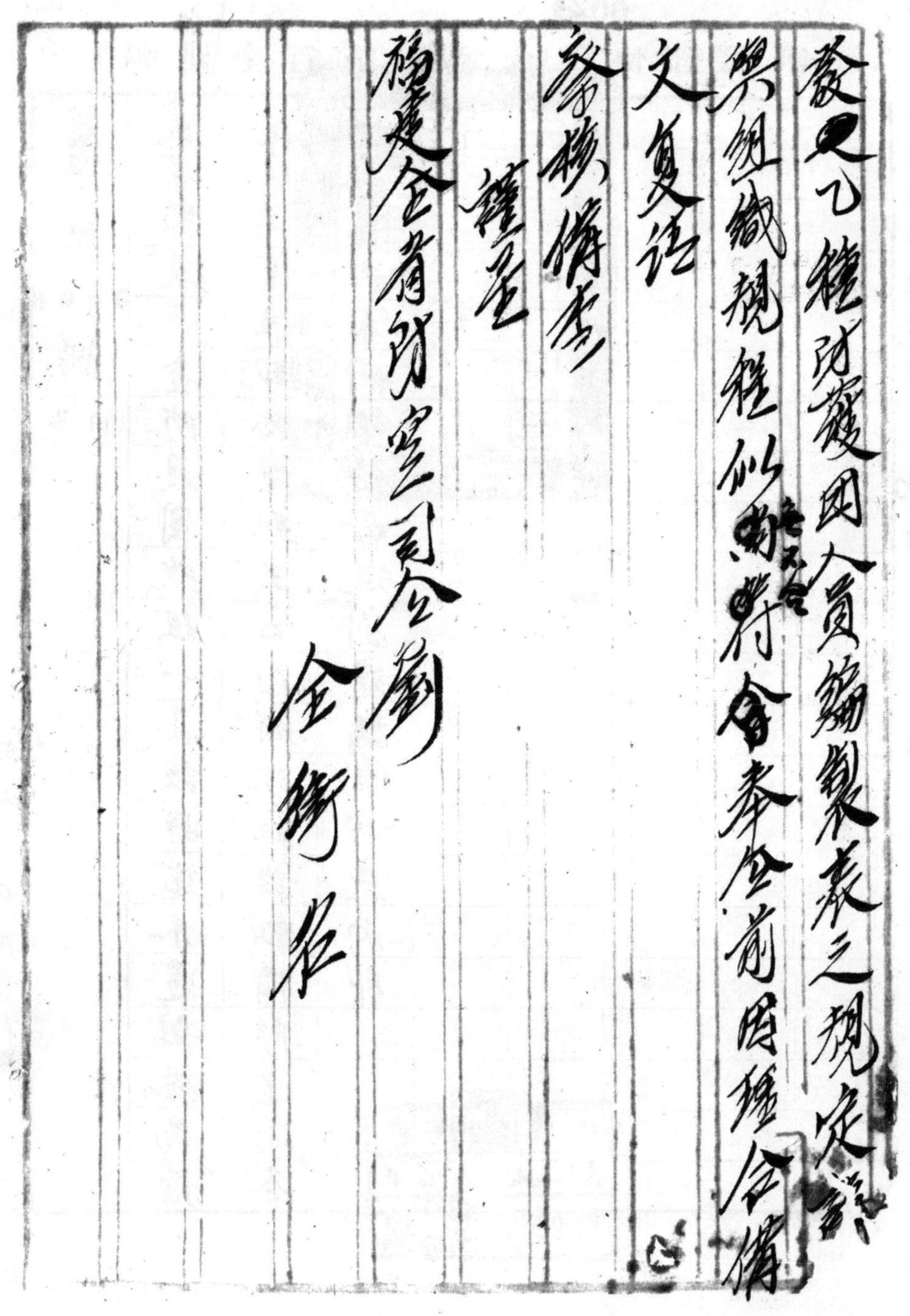

霞浦县政府关于本县防护团人员设置与组织规定似无不合的呈复

（1942年3月1日）b面　0168-001-0423

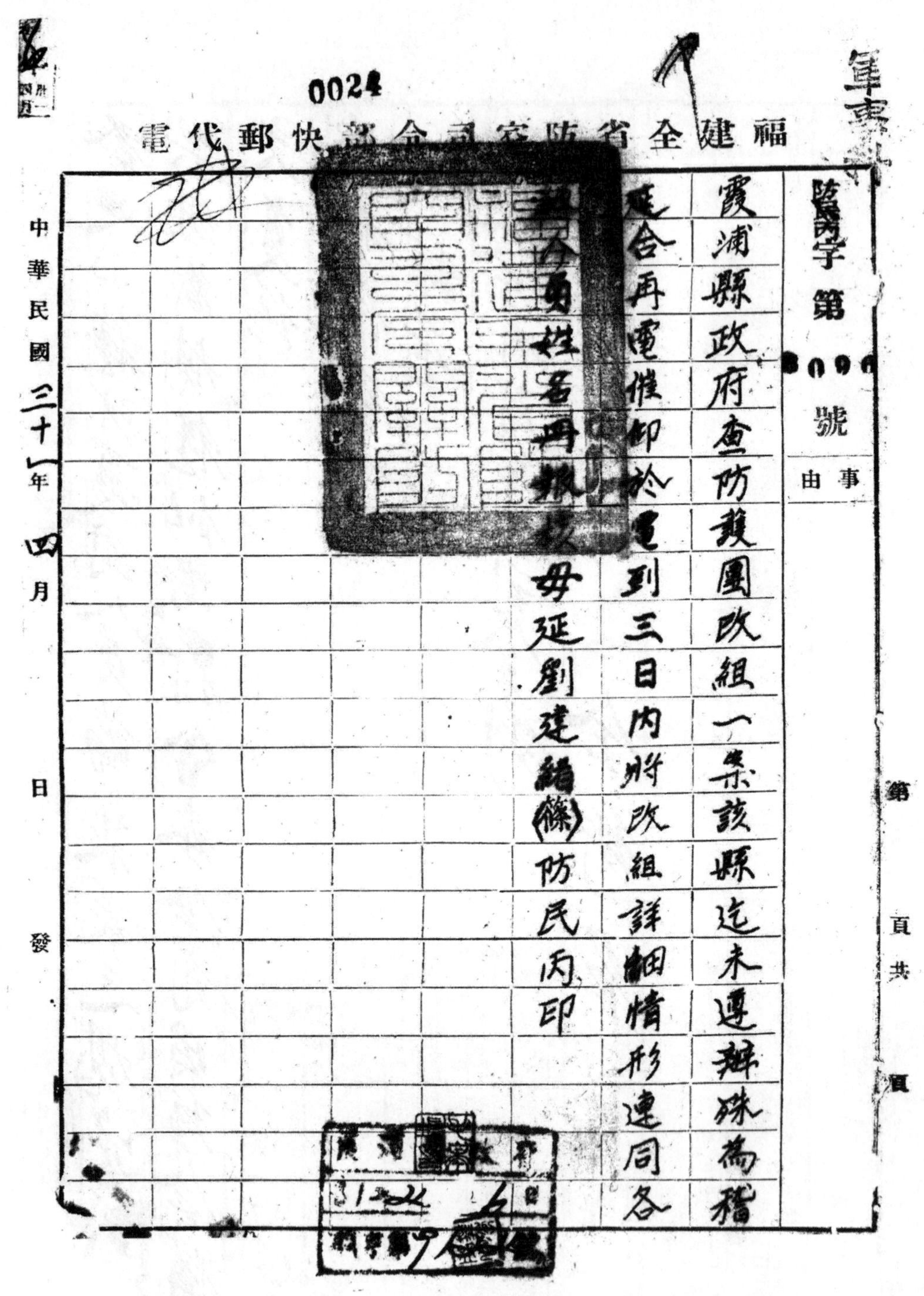

0024

福建全省防空司令部快郵代電

防丙字第096號

事由

霞浦縣政府查防護團改組一案該縣迄未遵辦殊屬稽延合再電催仰於電到三日內將改組詳細情形連同各級人員姓名冊報核毋延劉建緒(篠)防民丙印

中華民國三十一年四月　日發

第　頁共　頁

福建全省防空司令部关于催报防护团改组情形连同各级人员姓名册的快邮代电

（1942年4月）　0168-001-0423

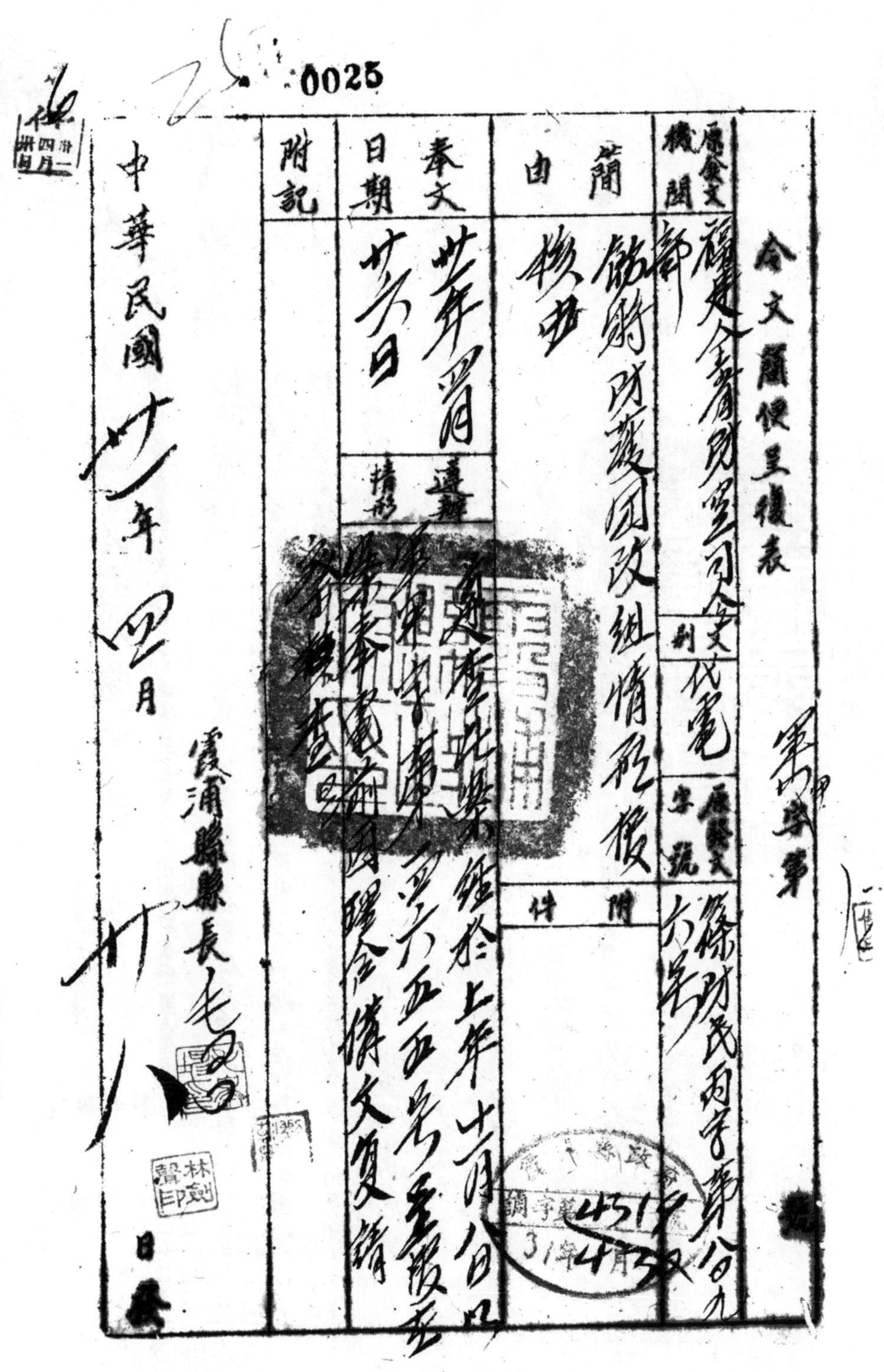

0025

令文简便呈复表　　字第　　号

原发文机关	福建全省保安司令部	别	代电	原发文字号	保防民丙字第[illegible]号
简由	饬将防护团改组情形报核			附件	
奉文日期	卅一年四月廿六日	遵办情形	查本县防护团改组[illegible]业经于上年十一月八日以[illegible]字第一五六五五号呈报在案[illegible]理合备文复请[illegible]		
附记					

中华民国卅一年四月廿八日

霞浦县县长 毛[illegible]

令文简便呈复表　霞浦县政府防护团改组情形连同姓名册上年十一月八日已呈请察查

(1942年4月28日)　0168-001-0423

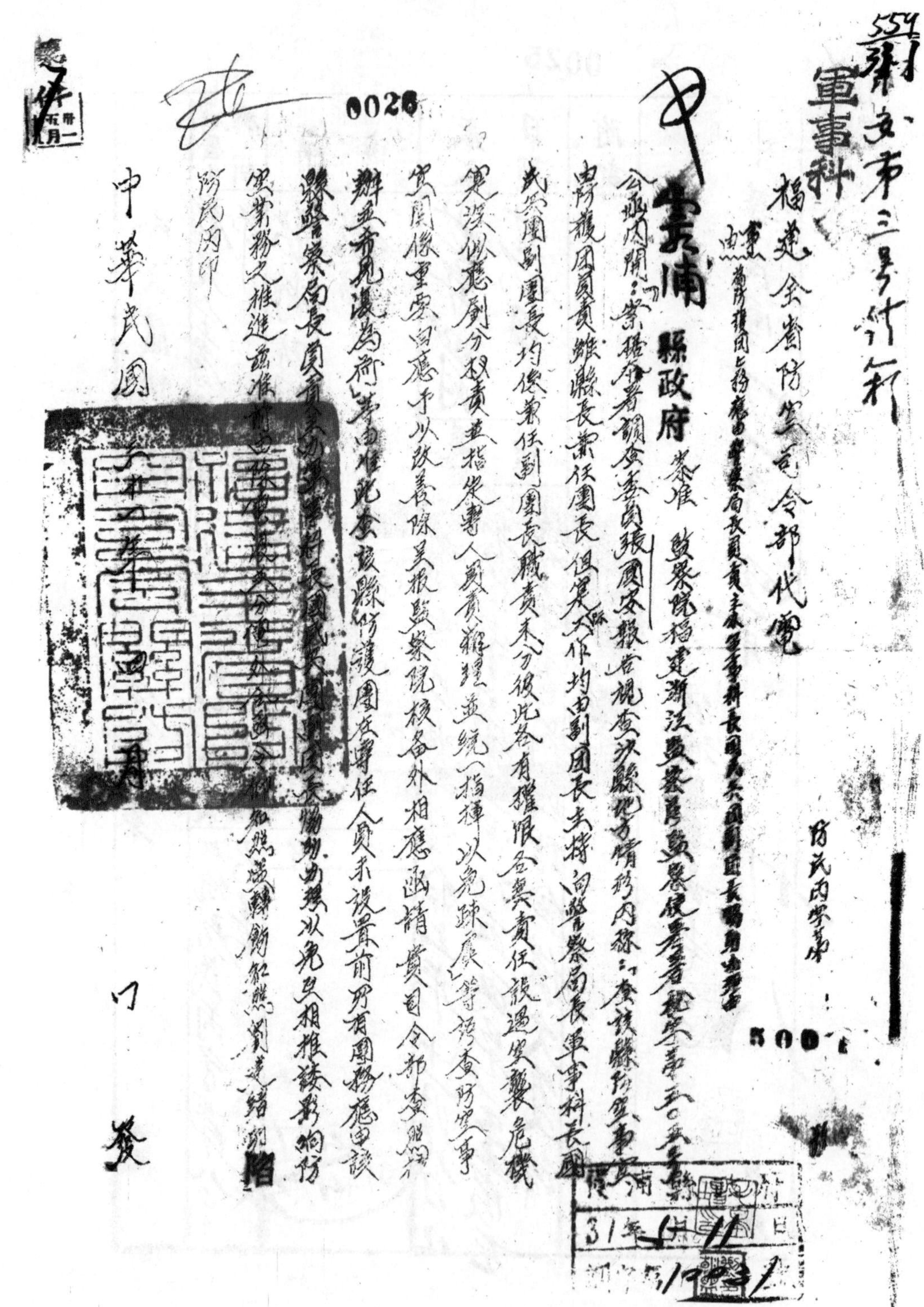

福建全省防空司令部关于防护团团务应由警察局长负责主办，军事科长、国民兵团副团长协助的代电（1942 年 4 月 30 日）　0168-001-0423

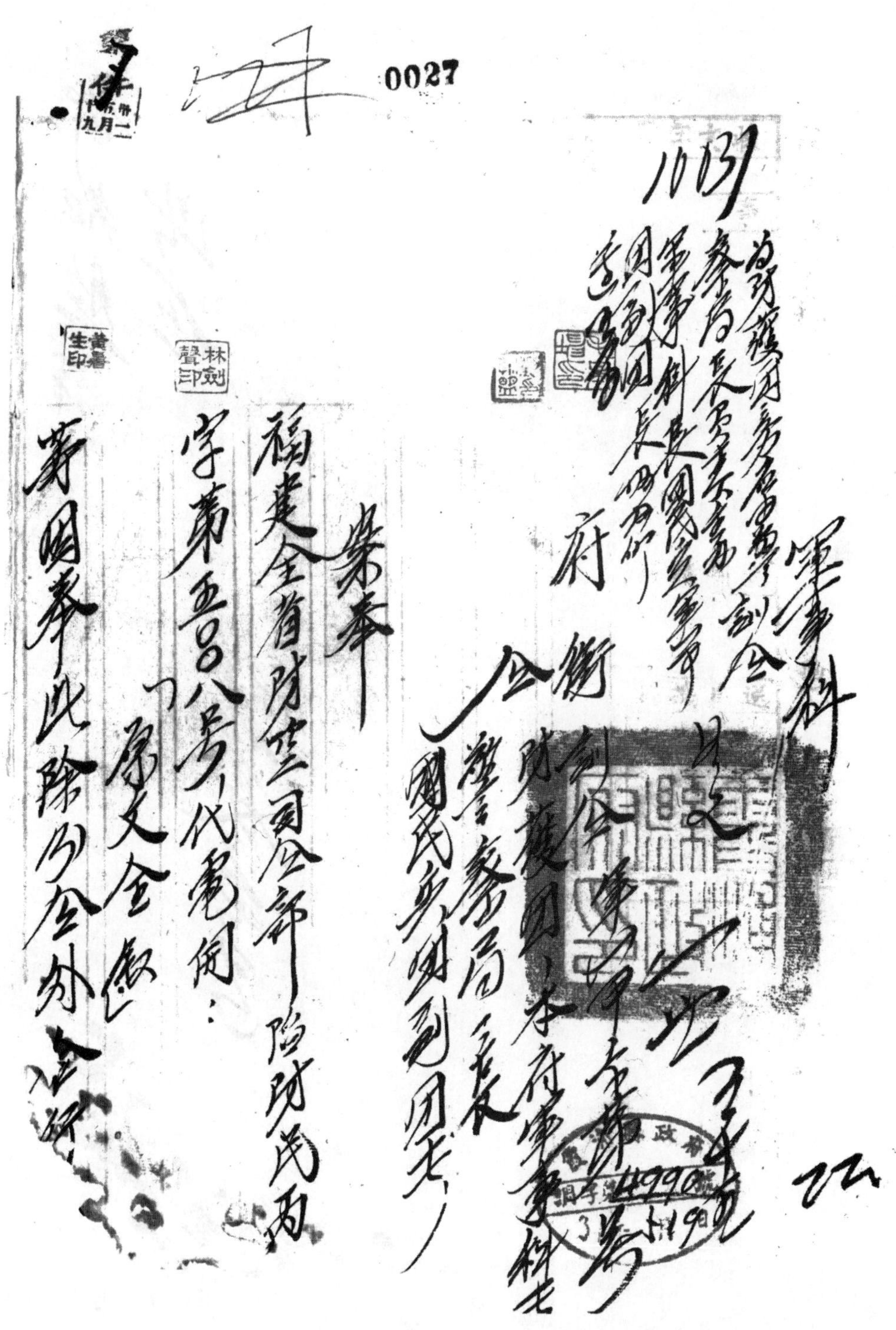

霞浦县政府关于防护团团务应由警察局长负责主办，军事科长、国民兵团副团长协助的训令（拟稿）（1942 年 5 月 19 日）a 面　0168-001-0423

霞浦县政府关于防护团团务应由警察局长负责主办，军事科长、国民兵团副团长协助的训令（拟稿）（1942 年 5 月 19 日）b 面 0168-001-0423

34

行政

訓令　軍(一)甲

為防護團團務應由警察局長負責主辦軍事科長國民兵團副團長協辦仰遵照由。

令縣警察局長

案奉

福建全省防空司令部俶防民丙字第五〇〇八號代電開：

「案准監察院福建浙江監察區監察使署署秘字第五〇五號公函內開：案據本署調查委員張國安報告視查該縣地方情形內稱查該縣防空事宜由防護團負責雖縣長兼任團長但實際工作均由副團長主持向警察局長軍事科長國民兵團副團長均係兼任副團長職責未分彼此各有權限無責任設遇空襲危机实深似應劃分权責並指定專人負責辦理並統一指揮以免疏虞」等

霞浦县政府关于防护团团务应由警察局长负责主办，军事科长、国民兵团副团长协办的训令

(1942年5月19日)a面　0168-001-0531

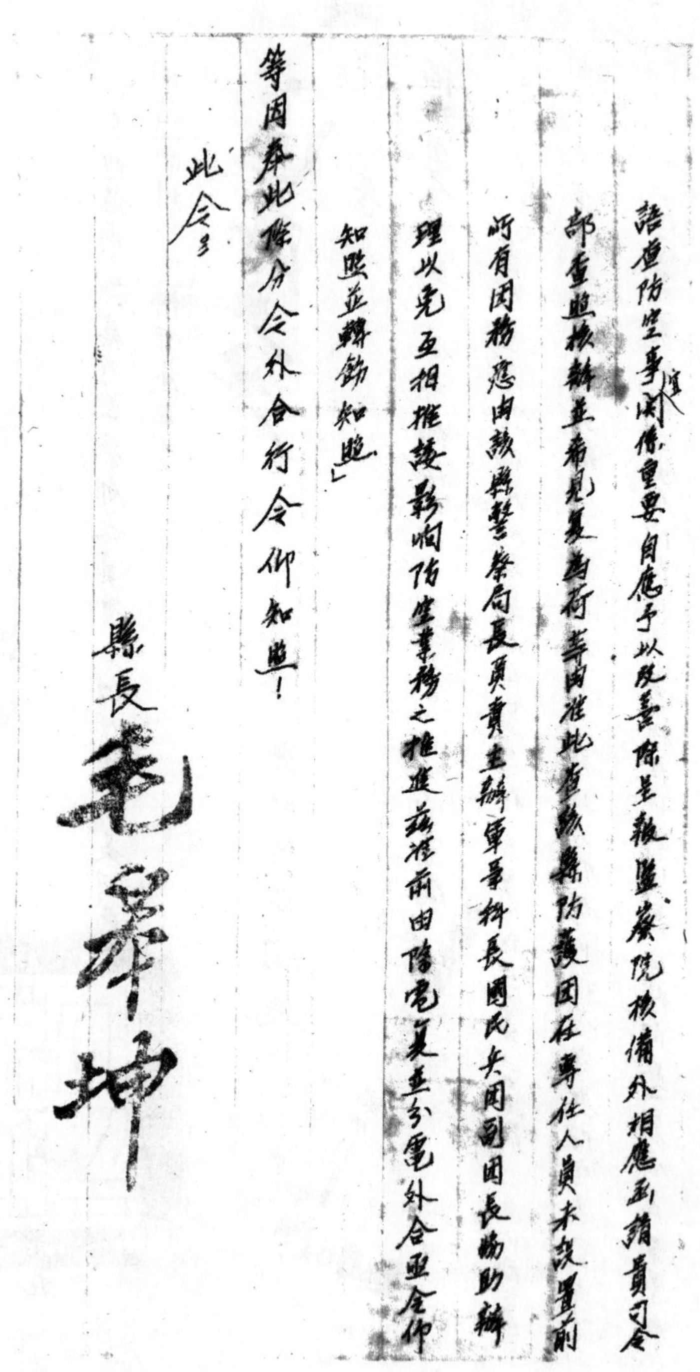

語在防空事宜關係重要自應予以改善除呈報監察院核備外相應函請貴司令部查照核辦並希見復為荷等由准此查該縣防護團在專任人員未設置前所有團務應由該縣警察局長負責主辦軍事科長國民兵團副團長協助辦理以免互相推諉影响防空業務之推進茲准前由除電復並分電外合亟令仰知照並轉飭知照」等因奉此除分令外合行令仰知照！

此令。

縣長 毛羿坤

霞浦县政府关于防护团团务应由警察局长负责主办，军事科长、国民兵团副团长协办的训令

（1942 年 5 月 19 日）b 面　0168-001-0531

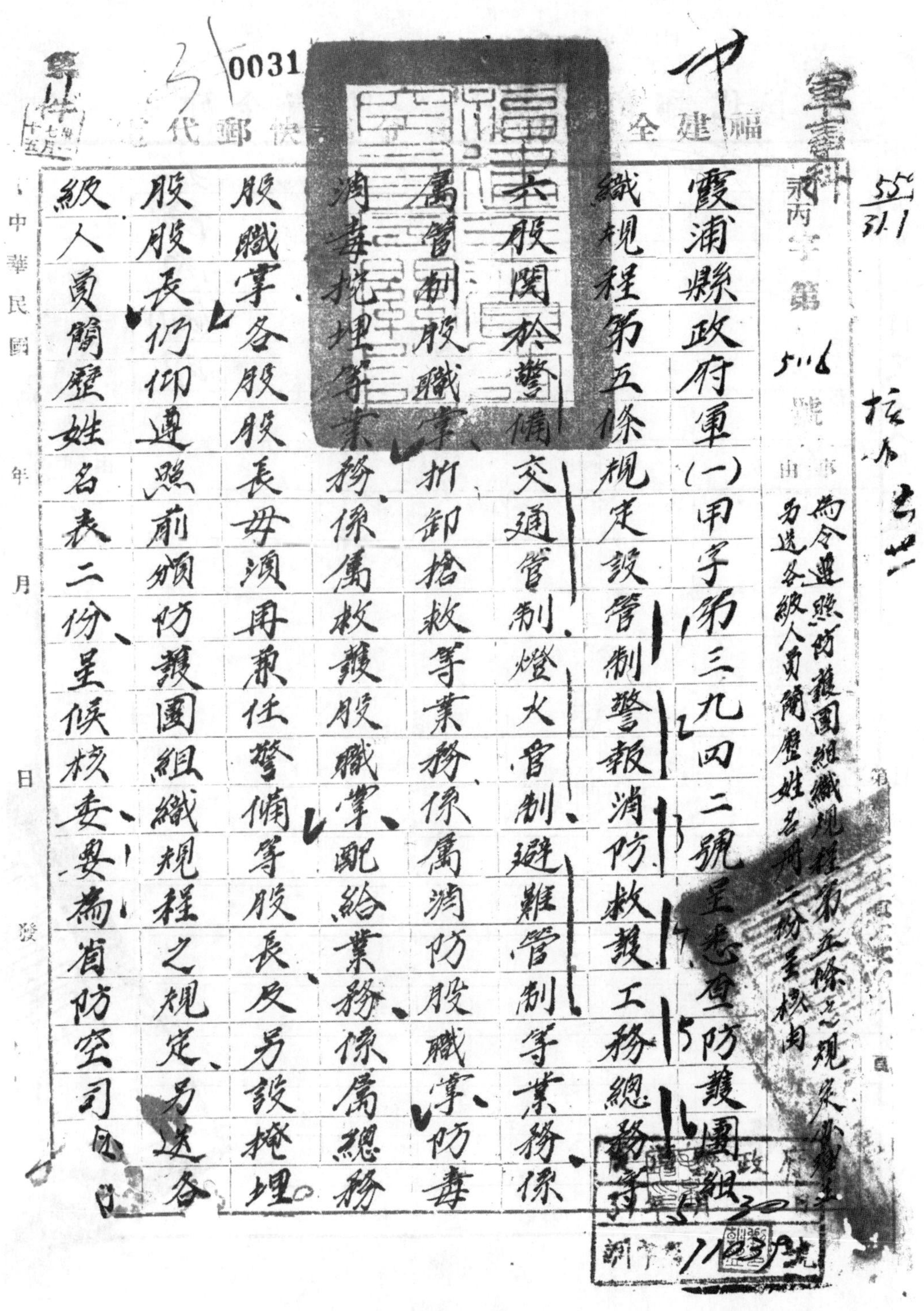
福建全省保安司令部快郵代電

永丙字第516號

事由：為令遵照防護團組織規程第五條之規定辦理並另送各級人員簡歷姓名冊二份呈核由

霞浦縣政府軍(一)甲字第三九四二號呈悉查防護團組織規程第五條規定設管制警報消防救護工務總務等六股關於警備交通管制燈火管制避難管制等業務係屬管制股職掌、折卸搶救等業務係屬消防股職掌、防毒消毒掩埋等業務係屬救護股職掌、配給業務係屬總務股職掌、各股股長毋須再兼任警備等股長及另設掩埋股股長仍仰遵照前頒防護團組織規程之規定、另送各級人員簡歷姓名表二份、呈候核委、爲省防空司令

中華民國　年　月　日　發

福建全省保安司令部关于遵照防护团组织规程第五条之规定办理并另送各级人员简历名册的快邮代电(1942 年 5 月 21 日)　0168-001-0423

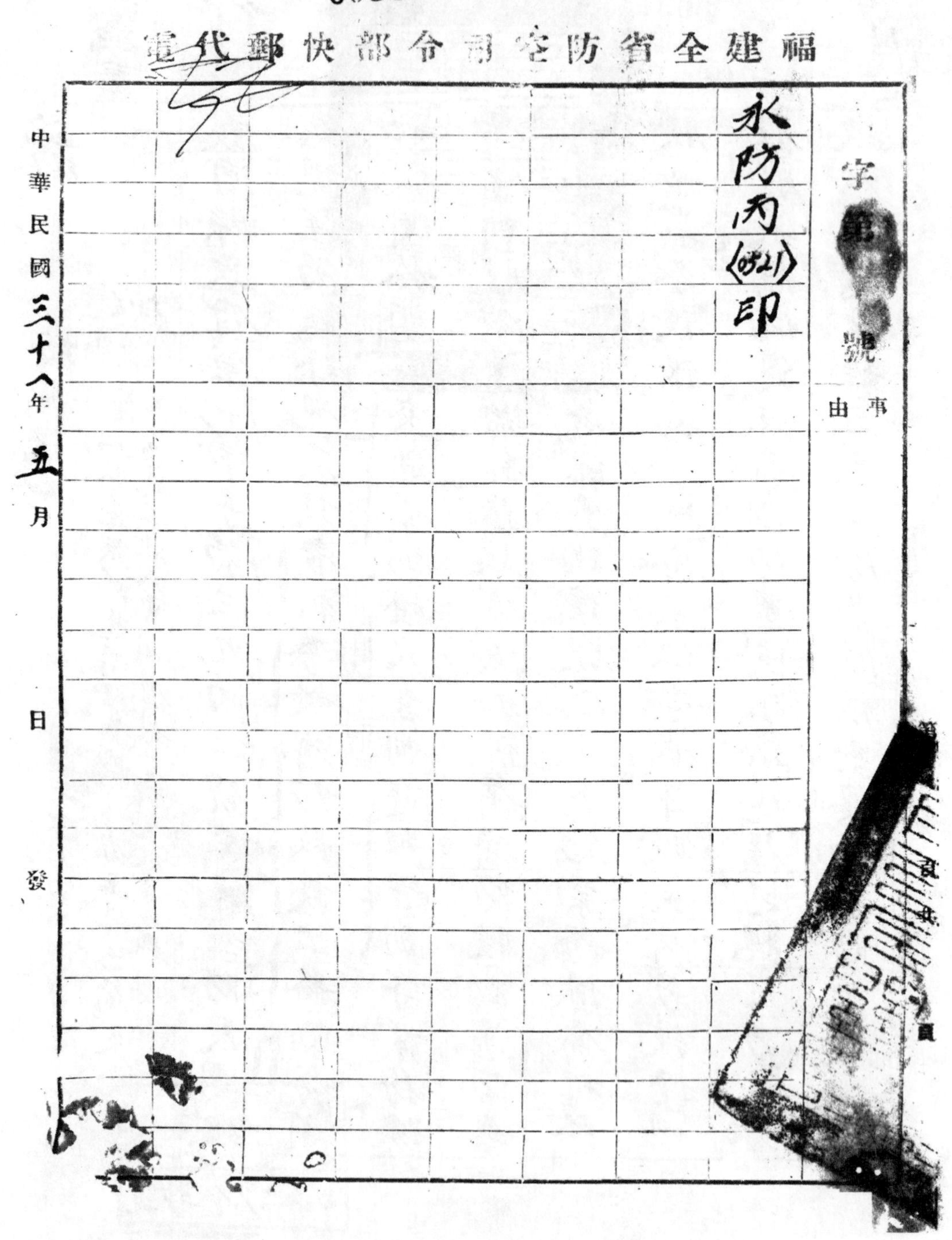
0032

福建全省保安司令部快郵代電

永防丙〈0521〉印 字第 號

事由

中華民國三十一年五月 日發

福建全省保安司令部关于遵照防护团组织规程第五条之规定办理并另送各级人员简历名册的快邮代电(1942 年 5 月 21 日)　0168-001-0423

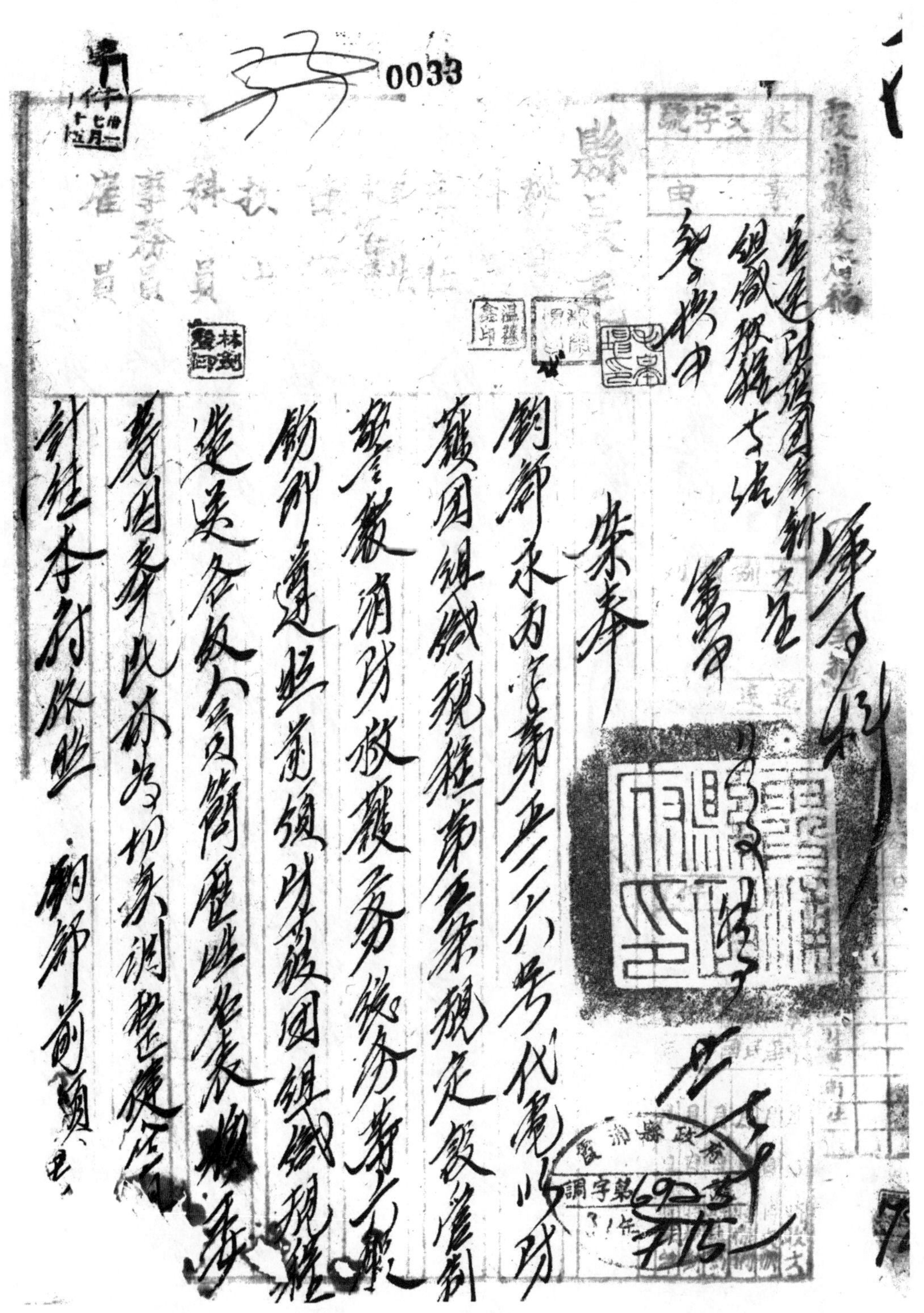

霞浦县政府关于报送重修防护团组织规程及人员简历册、姓名表的呈文

(1942年7月15日)a面　0168-001-0423

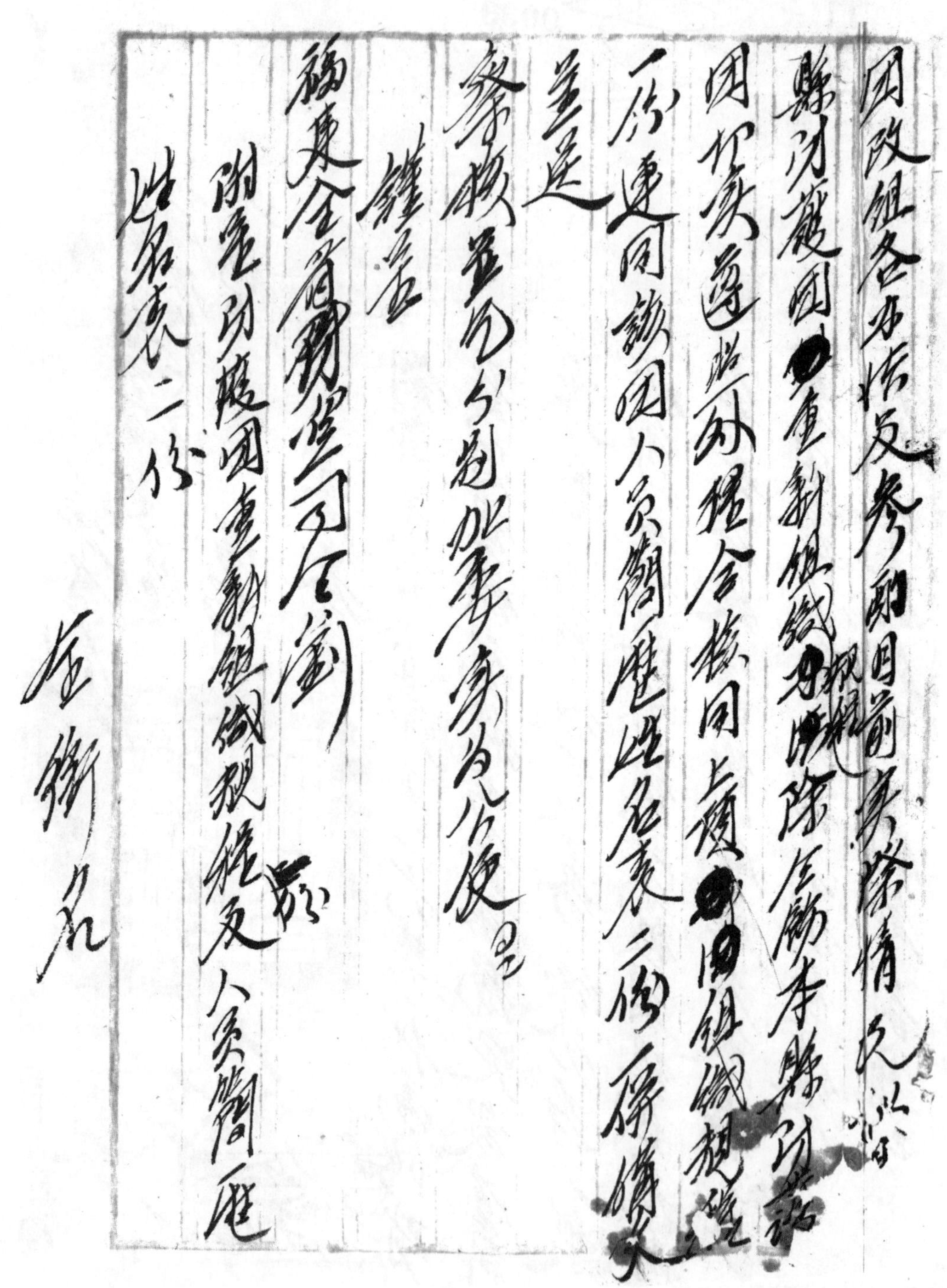

团改组各节情及参酌目前实际情况以符
县防护团重新组织规程除令饬本县防护团
团切实遵照外理合检同上项团组织规程
一份连同该团人员简历姓名表二份备文
呈送
察核并乞分别加委实为公便 谨呈
钧鉴
福建全省保安司令官刘
附呈防护团重新组织规程及人员简历册
姓名表二份
全衔名

霞浦县政府关于报送重修防护团组织规程及人员简历册、姓名表的呈文

(1942年7月15日)b面　0168-001-0423

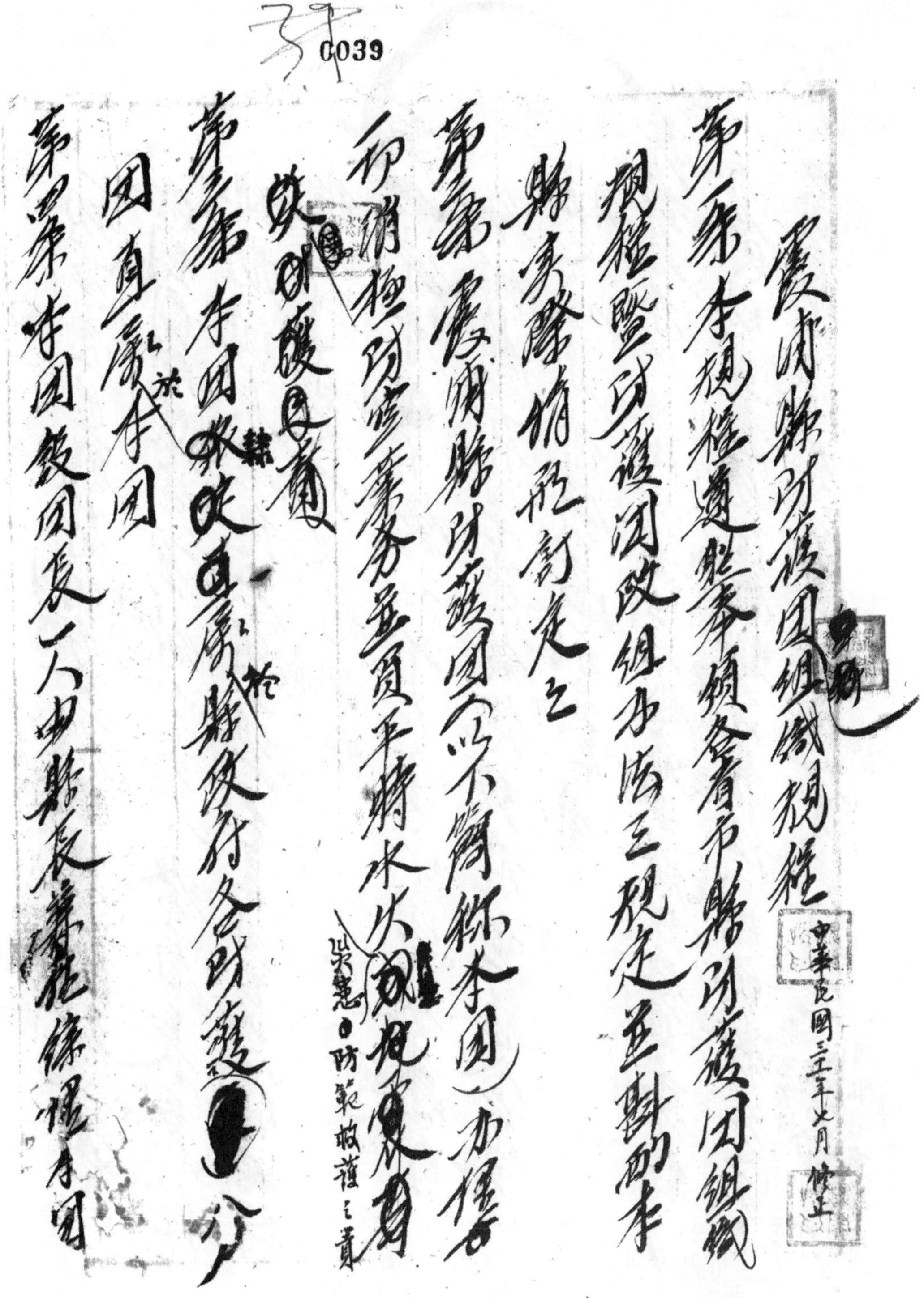

霞浦县防护团组织规程(中华民国三十一年七月修正)(1942 年 7 月)

a 面　0168-001-0423

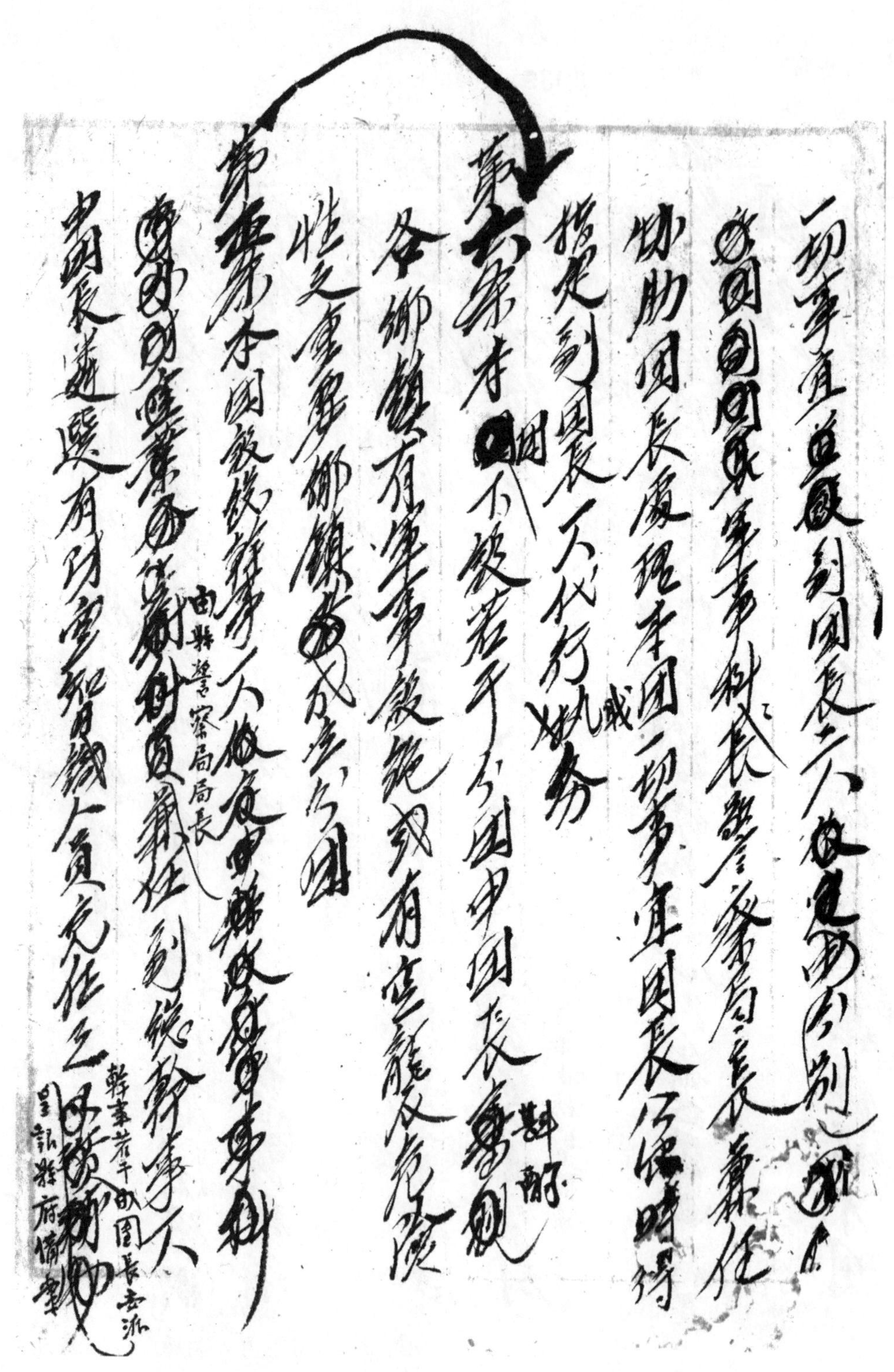

霞浦县防护团组织规程(中华民国三十一年七月修正)(1942年7月)

b面　0168-001-0423

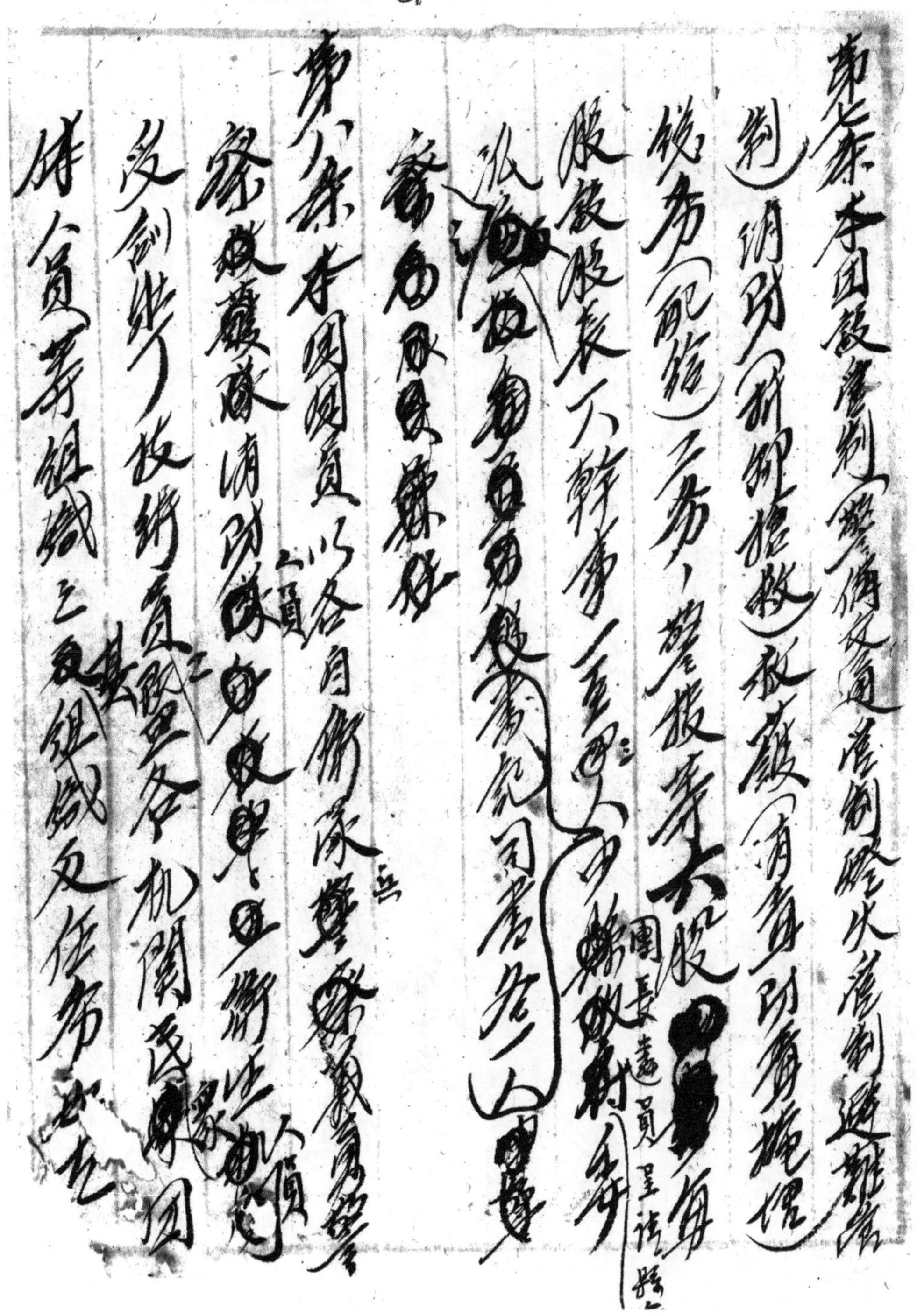

霞浦县防护团组织规程(中华民国三十一年七月修正)(1942 年 7 月)

a 面　0168-001-0423

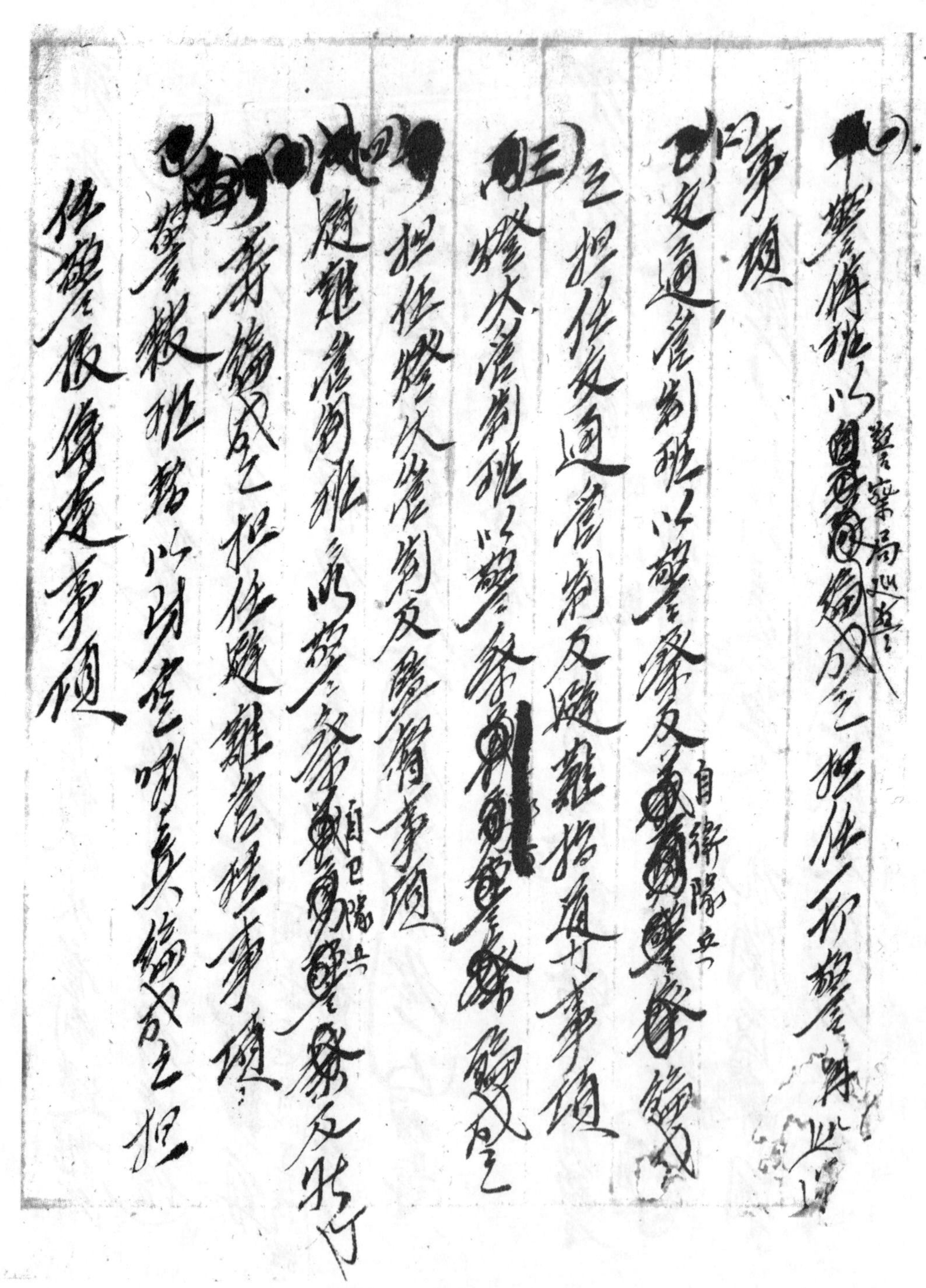

霞浦县防护团组织规程(中华民国三十一年七月修正)(1942 年 7 月)

b 面 0168-001-0423

0041 41

（六）消防班　以消防人员及壮丁等编成之
担任消防拆卸等事项
（七）抢救班　以壮丁义勇警察编成之
担任灾区人员物品抢救事项
（八）救护班　以卫生人员及壮丁等编成之
担任担架急救看护运送伤者及防毒消毒等
事项
（九）掩埋班　由救济院员丁及壮丁编成之担任
挖掘掩埋尸体事项
十、杂务班　以各种技术员工及壮丁编成

霞浦县防护团组织规程（中华民国三十一年七月修正）（1942年7月）

a面　0168-001-0423

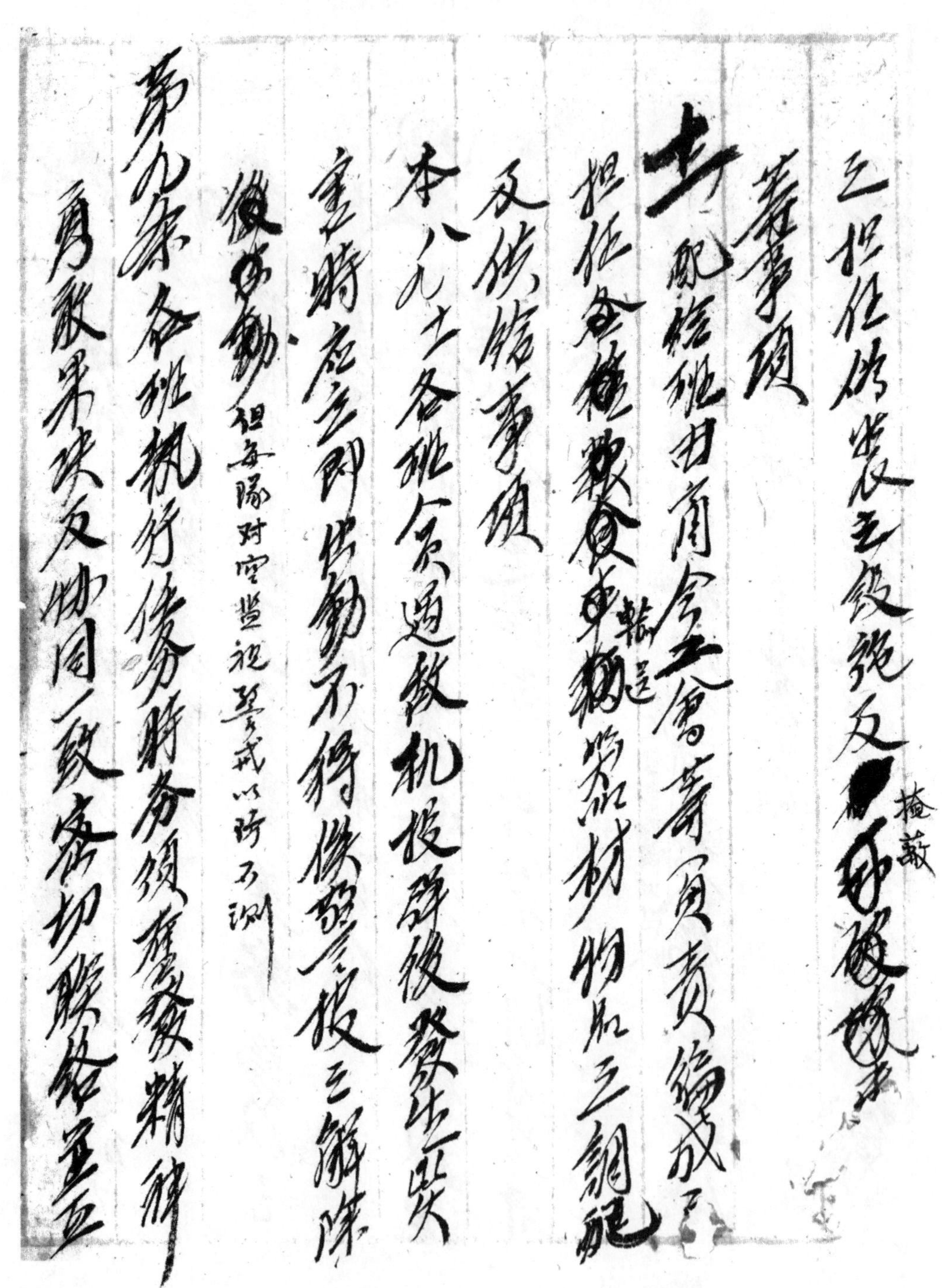
之担任防空设施及掩蔽防毒等
筹事项
十、配给班由商会负责编成，担任各种粮食燃料物品之调配
及供给事项
本八九十各班人员遇敌机投弹后发生火灾
灾时应立即出动，不得借故推诿，拖延解除
后出动，但每队对空监视警戒以防不测
第九条 各班执行任务时，务须发挥精神
勇敢果决及协同一致，密切联络，合宜互

霞浦县防护团组织规程(中华民国三十一年七月修正)(1942年7月)
b面 0168-001-0423

相協助

第十條　分團設分團長一人，由（警察局各派出所所長或）當地鄉鎮長兼任，處理該分團內一切消極防空事宜，並設副分團長一人輔助之，均由團長委派

第十一條　班設班長一人，副班長二人，由分團長派充（或分由本團派充）

第十二條　各班團員名額為十至二十人，視事實需要（得增減）豫備隊，如遇有缺額，應即補充，並報請核備

第十三條　各級人員，如有缺額，應隨時補充之

霞浦县防护团组织规程（中华民国三十一年七月修正）（1942 年 7 月）

a 面　0168-001-0423

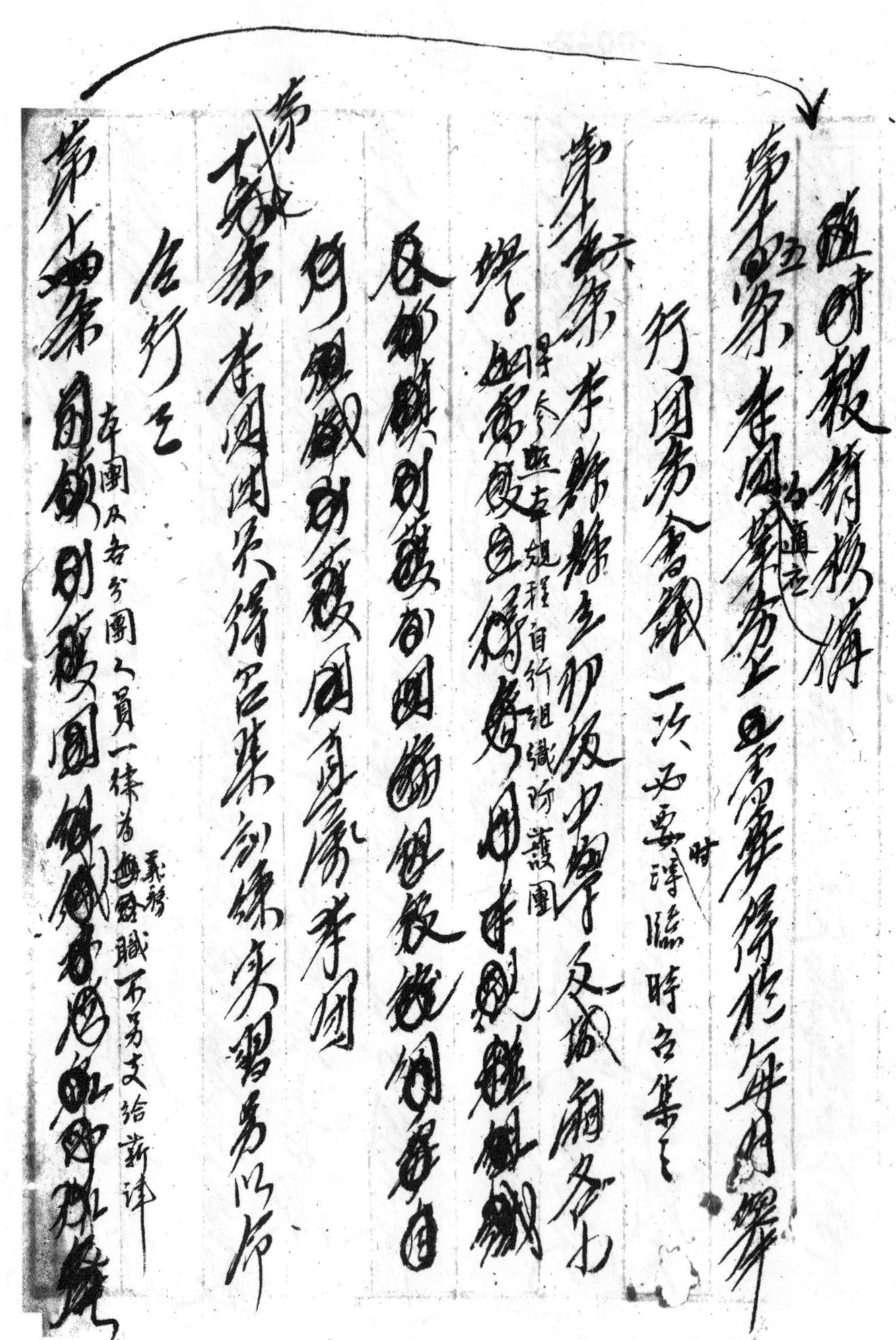

霞浦县防护团组织规程(中华民国三十一年七月修正)(1942 年 7 月)

b 面　0168-001-0423

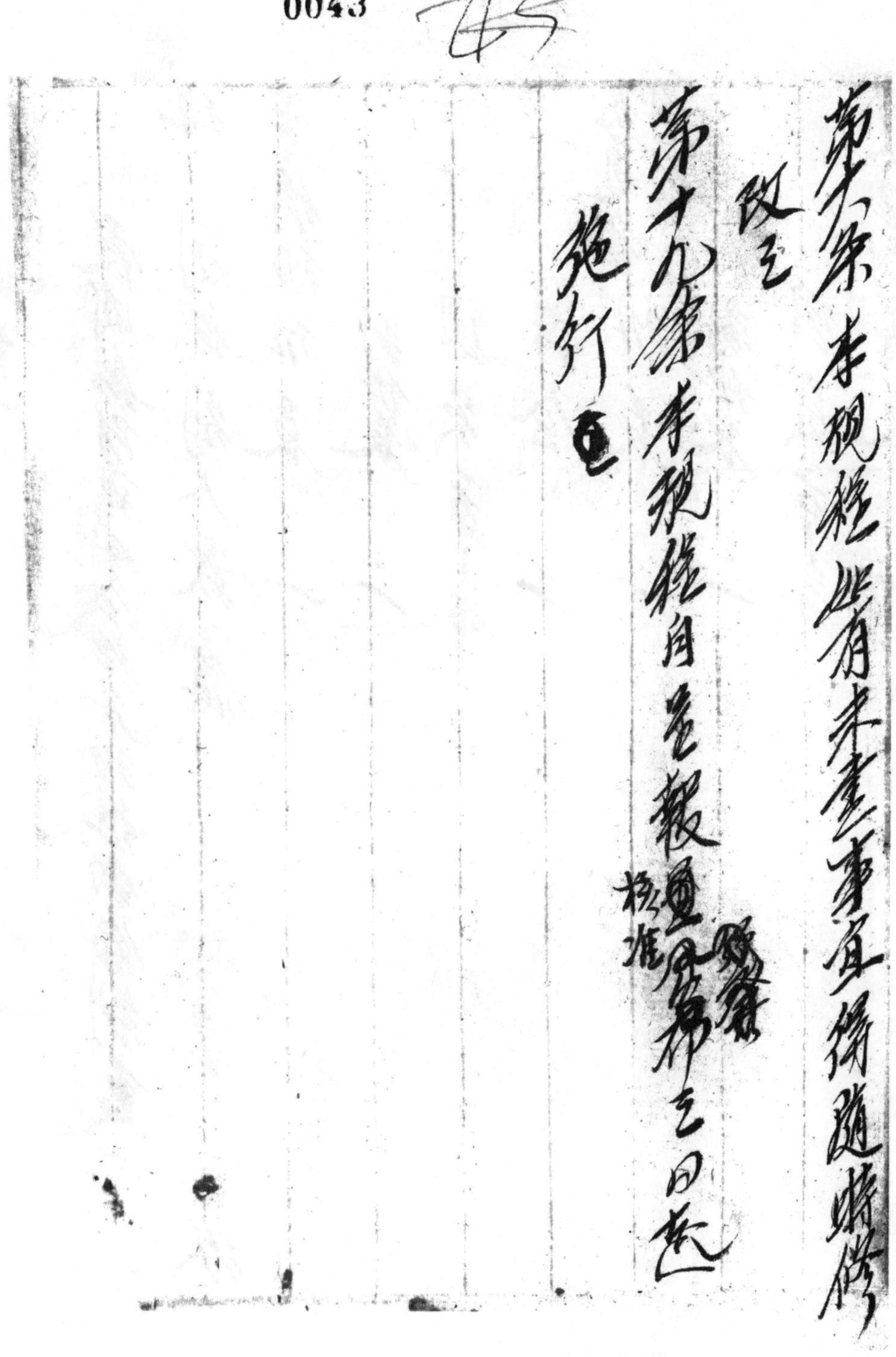
0043

第十八条　本规程如有未尽事宜得随时修改之

第十九条　本规程自呈报核准公布之日起施行

霞浦县防护团组织规程(中华民国三十一年七月修正)(1942 年 7 月)

0168-001-0423

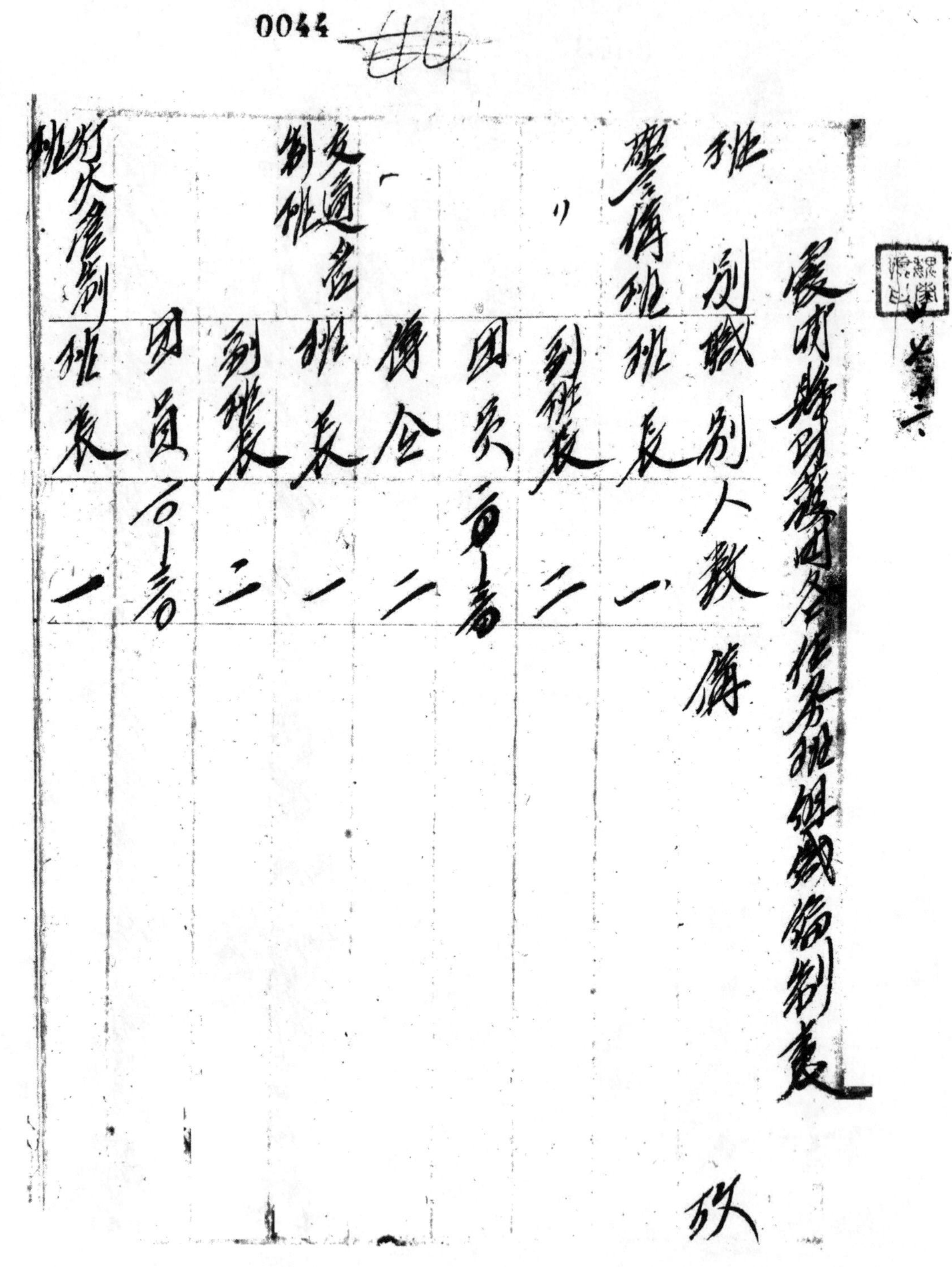

霞浦县防护团各任务班组织编制表(1942 年 7 月)a 面　0168-001-0423

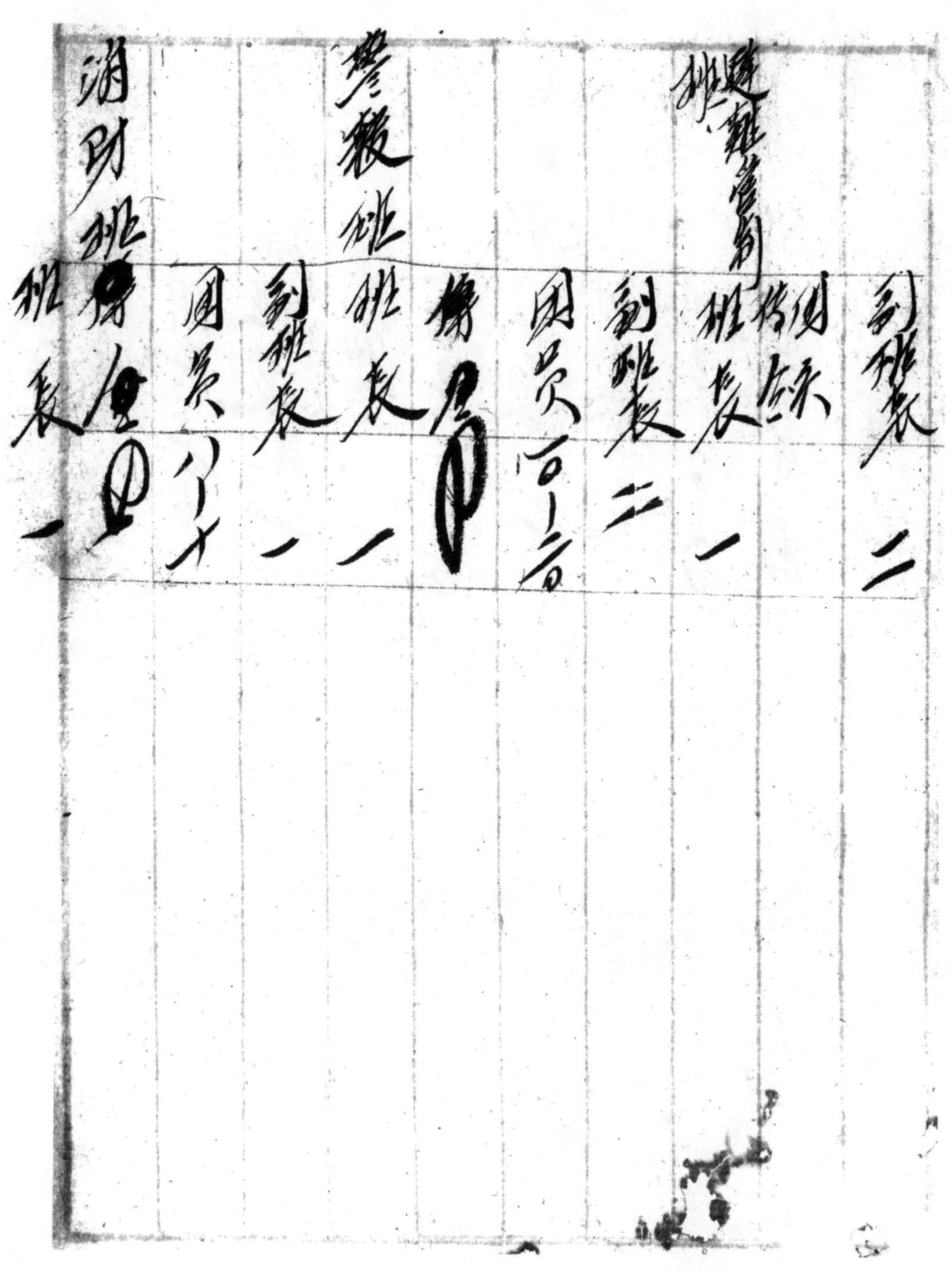

班别	职别	人数
遮断管制班	副班长	二
	[illegible]	
	班长	一
	副班长	二
	团员	百一十
	[illegible]	四
警报班	班长	一
	副班长	一
	团员	八十
消防班	[illegible]	四
	班长	一

霞浦县防护团各任务班组织编制表(1942 年 7 月)b 面　0168-001-0423

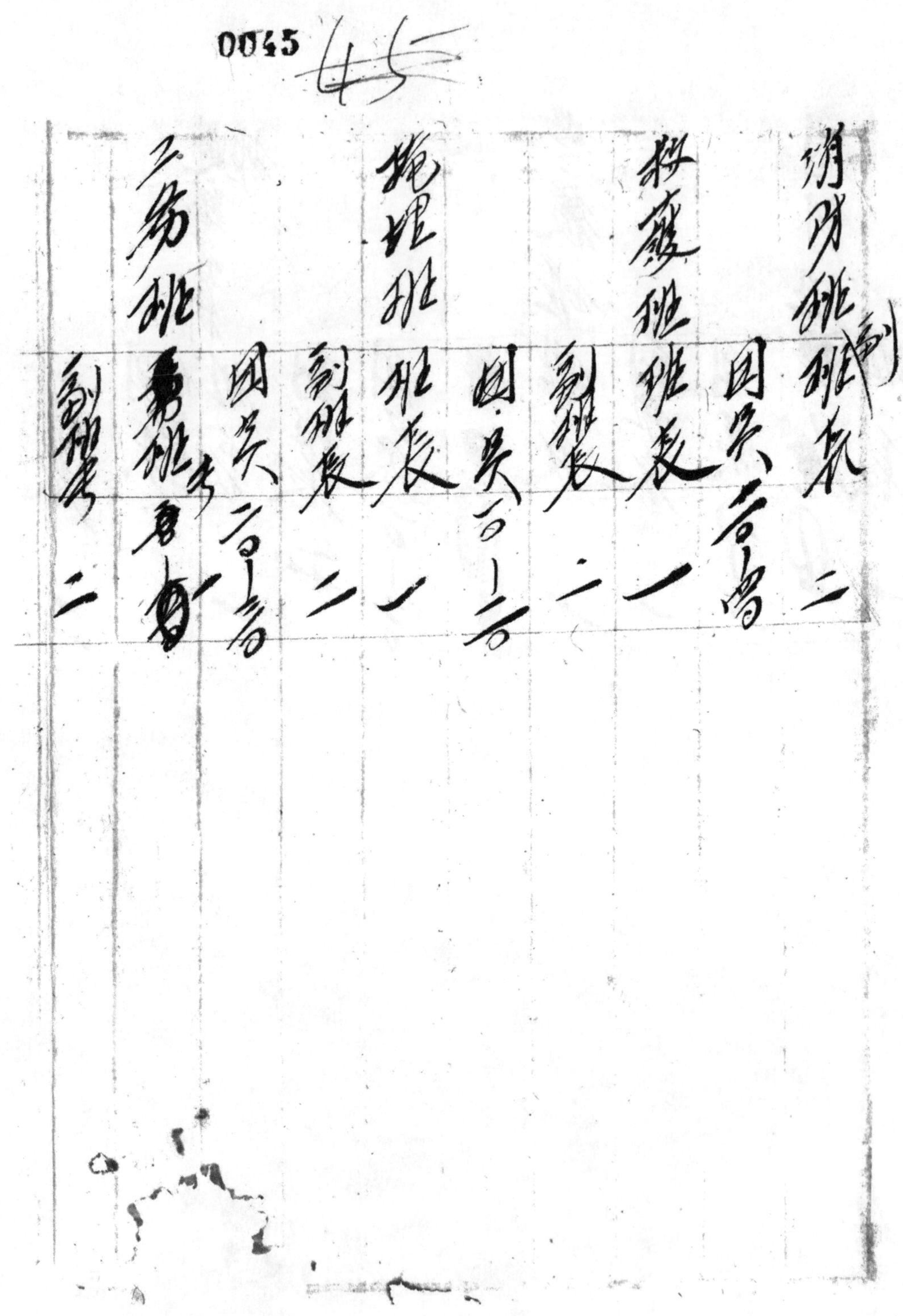

霞浦县防护团各任务班组织编制表(1942 年 7 月)a 面 0168-001-0423

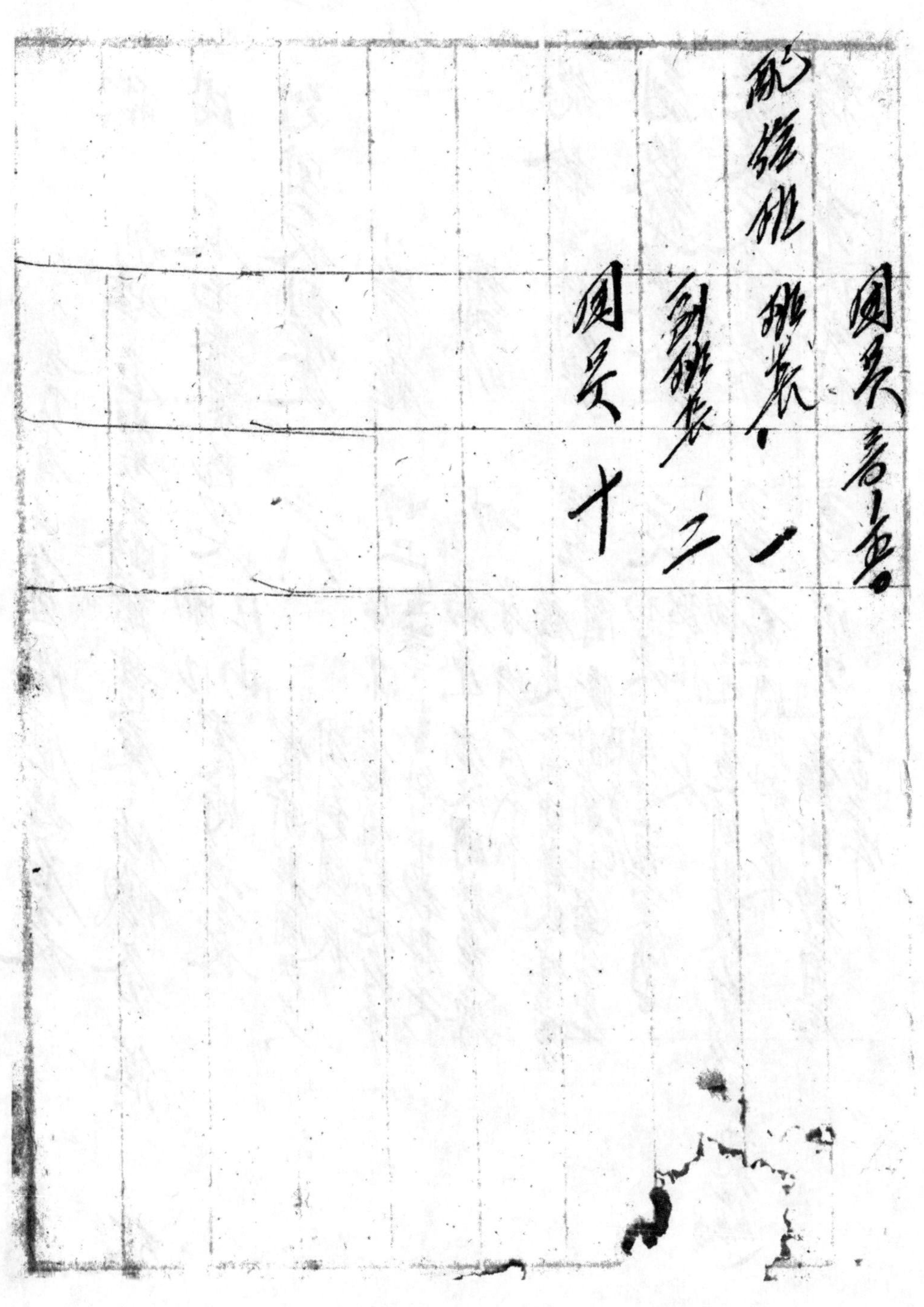

团员番号
配给班
班长 一
副班长 二
团员 十

霞浦县防护团各任务班组织编制表(1942 年 7 月)b 面 0168-001-0423

霞浦县防护团人员简历姓名表(1942 年 7 月)a 面　0168-001-0351

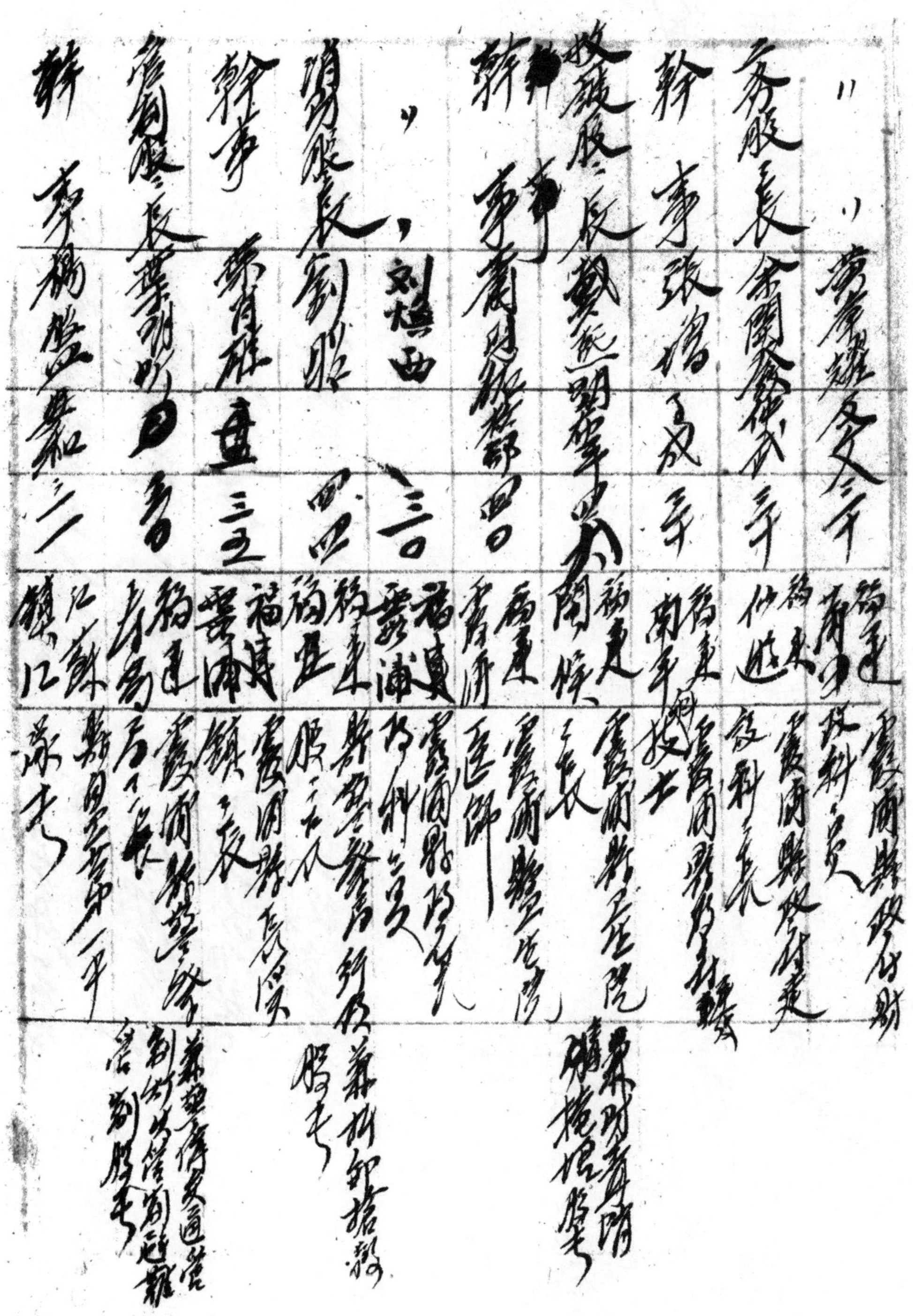

霞浦县防护团人员简历姓名表(1942 年 7 月)b 面　0168-001-0351

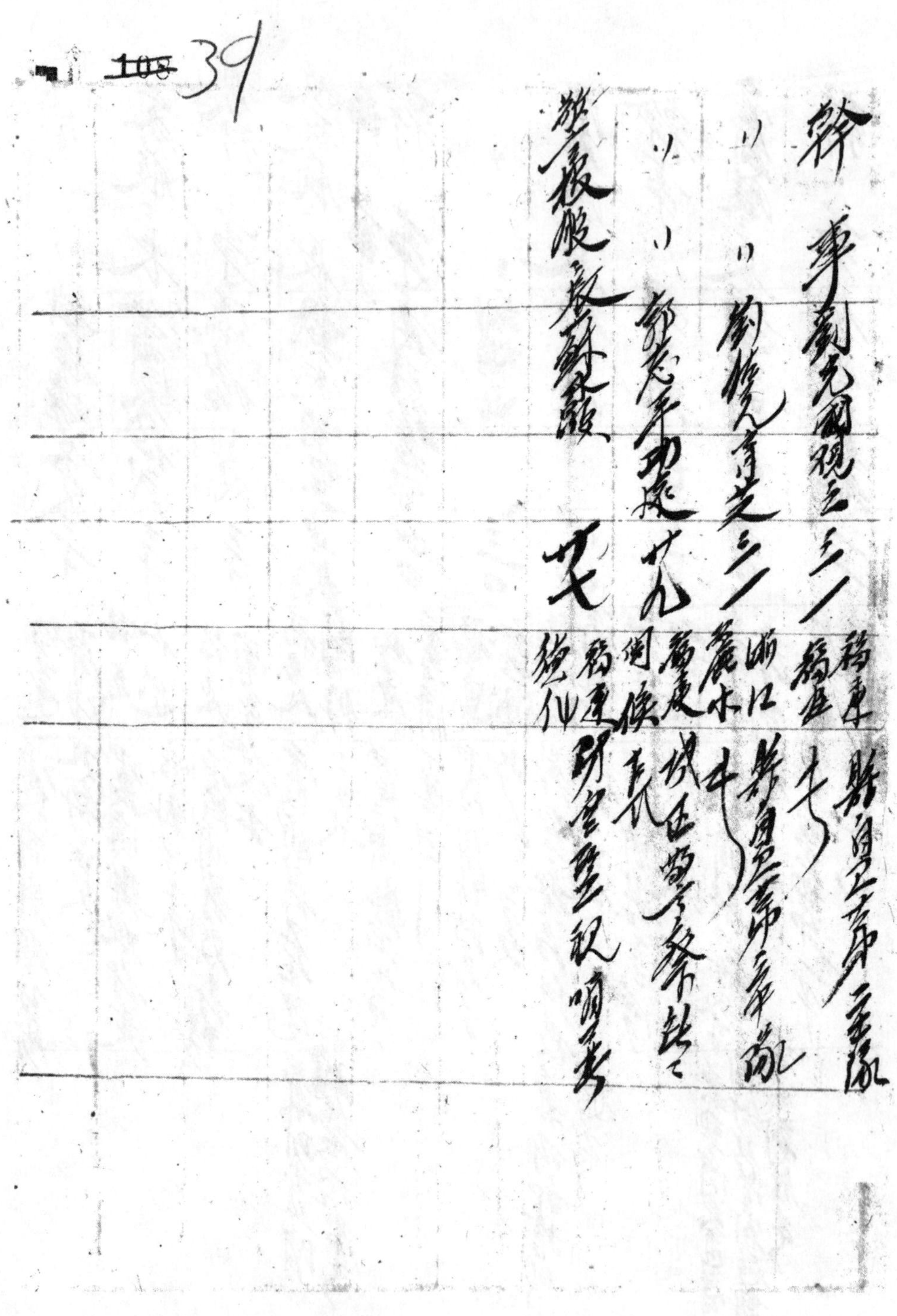

霞浦县防护团人员简历姓名表(1942年7月) 0168-001-0351

行政

霞浦縣政府 訓令

奉電本年防護團業務歸由警察局辦理檢發組織規程等件仰遵照辦理具報由

令警察局局長葉明昕

案查本縣前為健全防空設施積極推進業務起見，關于防護團經費應如何籌措一案，業經本府電請核示在卷。茲奉福建省政府永財丁(0703)電開：「本年度防護團業務歸由警察局辦理，不另開支經費，所請應勿庸議」等因。奉此，自應遵辦。查邇來敵機空襲頻仍，本縣防空業務亟應切實改善，銳意推進，以應當前需要。茲奉前因，除遵照前頒防護團組織規程斟酌本縣情形重行修正並呈報外，合行檢發上項修正

中華民國卅一年七月十六日發

霞浦县政府关于本年防护团业务归由警察局办理检发组织规程等并将办理情形具报的训令

(1942 年 7 月 15 日)a 面　0168-001-0531

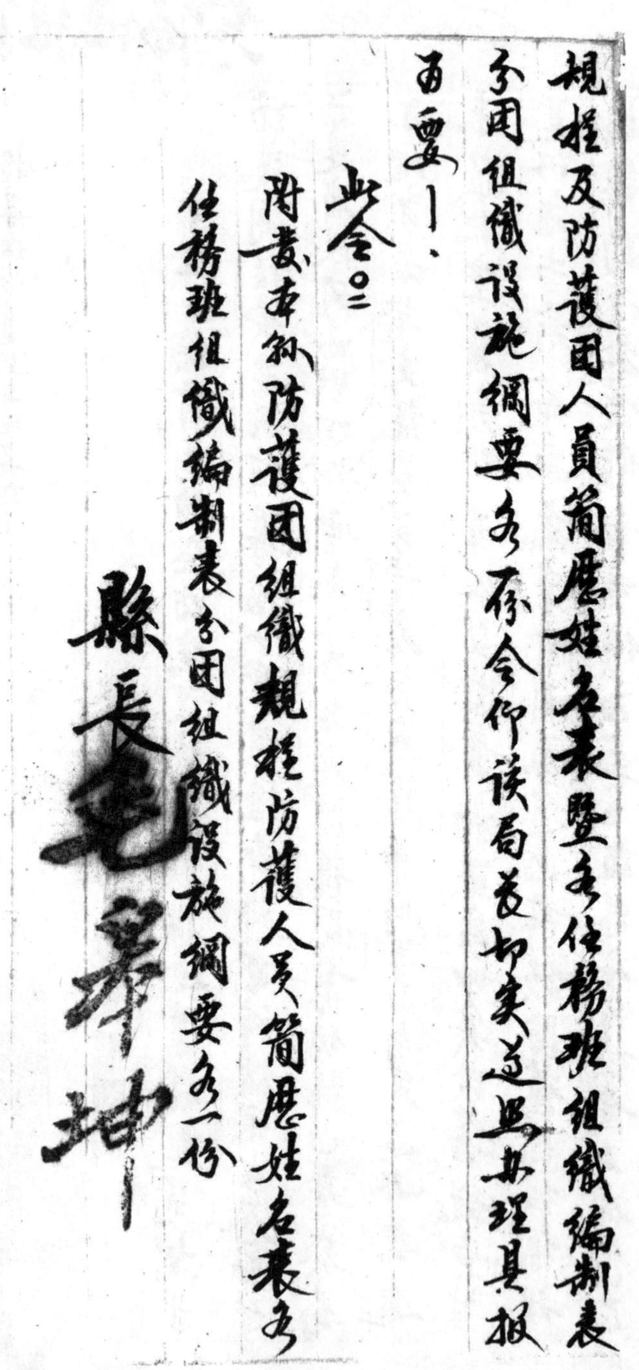
規程及防護團人員簡歷姓名表暨各任務班組織編制表
分團組織設施綱要各案，令仰該局長切實遵照辦理具報
爲要！
此令。
附發本縣防護團組織規程、防護人員簡歷姓名表、各
任務班組織編制表、分團組織設施綱要各一份
縣長包[illegible]坤

霞浦县政府关于本年防护团业务归由警察局办理检发组织规程等并将办理情形具报的训令

（1942 年 7 月 15 日）b 面　0168-001-0531

26

霞浦縣防護團組織規程

第一条：本規程遵照奉頒各省市縣防護團組織規程暨防護團改組辦法之規定並斟酌本縣實際情形訂定之

第二条：霞浦縣防護團（以下簡稱本團）辦理一切消極防空業務並負平時水火災患防範救護之責

第三条：本團隸屬於縣政府各防護分團直隸於本團

第四条：本團設團長一人由縣長兼任綜理本團一切事宜副團長二人分別由軍事科長警察局長兼任協助團長處理本團一切事宜團長公出時得指定副團長一人代行職務

第五条：本團設總幹事一人由縣警察局局長兼任副總幹事一人由

附件　霞浦县防护团组织规程(1942 年 7 月)a 面　0168-001-0531

长遴選有防空智识人员充任之干事若干由团长委派呈报县府
备案
第六条：本团下设若干分团由团长斟酌各乡镇有军事设施或曾
空袭危险状况之重要乡镇成立分团
第七条：本团设管制（警备交通管制灯火管制避难管制）消防
（拆卸抢救）救护（消毒防毒掩埋）总务（配给）工务八警报
等六股每股设股长一人干事（五至三人）书记司书各一人由团长遴
委呈报县府委派之
第八条：本团团员以各卫队队丁警察消防人员卫生人员受训壮丁
技术员工暨各机关民众团体人员等组织之其组织及任务如左

附件　霞浦县防护团组织规程（1942年7月）b面　0168-001-0531

027100

(一)警备班以警察处警备编成之担任一切警备处避事项

(二)交通管制班以警察及自卫队员编成之担任交通管制及避难指导事项

(三)灯火管制班以警察编成之担任灯火管制及监督事项

(四)避难管制班以警察自卫队员及壮丁等编成之担任避难管制事项

(五)警报班以防空哨兵编成之担任警报传达事项

(六)消防班以消防人员及壮丁等编成之担任消防指御等事项

(七)抢救班以壮丁义勇警察编成之担任灾区人员物品抢救事

(八)救护班以卫生人员及壮丁等编成之担任担架急救输送治疗

附件　霞浦县防护团组织规程(1942年7月)a面　0168-001-0531

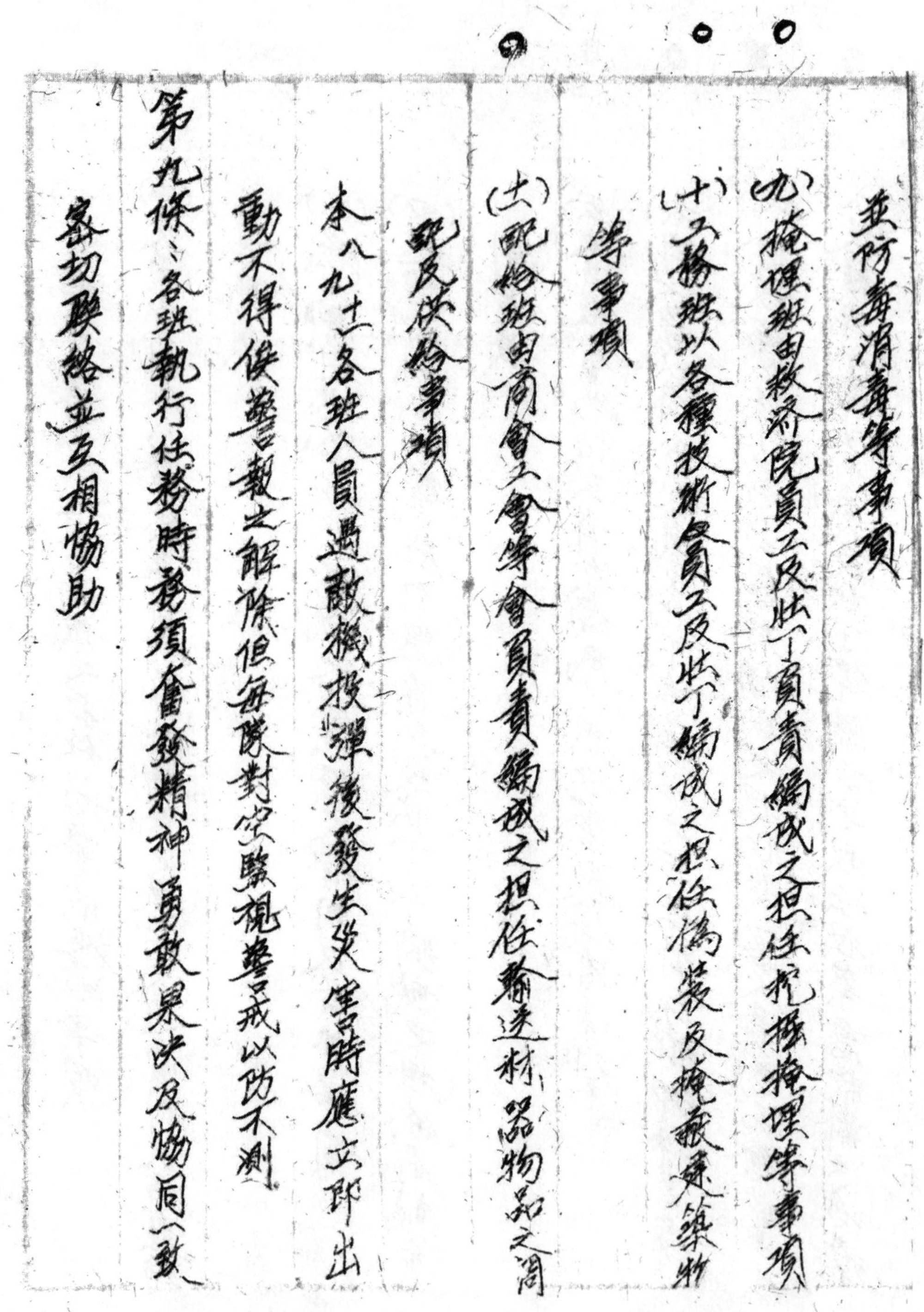
並防毒消毒等事項
（九）掩埋班由救濟院員工及壯丁負責編成之担任死骸掩埋等事項
（十）工務班以各種技術員工及壯丁編成之担任偽裝及掩蔽建築物
等事項
（十一）配給班由商會工會等會員負責編成之担任輸送材料器物品之調
配及供給事項
本八九十十一各班人員遇敵機投彈後發生災害時應立即出
動不得俟警報之解除但每隊對空監視警戒以防不測
第九條　各班執行任務時務須奮發精神勇敢果決及協同一致
密切聯絡並互相協助

附件　霞浦县防护团组织规程(1942年7月)b面　0168-001-0531

第十條、分團設分團長一人由警察局各派出所巡官或當地鄉鎮長兼任處理該分團內一切消極防空事宜並設副分團長一人輔助之均由團長委派

第十一條、班設班長一人副班長二人由分團長派充（城郊由本團派充）

第十二條、各班團員名額為十至二十人視實際需要酌予增減遇有缺額應立即補充並報請核備

第十三條、各級人員如有出缺應隨時補充並報請核備

第十四條、本團及各分團人員一律為義務職不另支給薪津

第十五條、本團為適應業務上需要得於每月舉行團務會議一次必要時得臨時召集之

附件　霞浦县防护团组织规程(1942 年 7 月)a 面　0168-001-0531

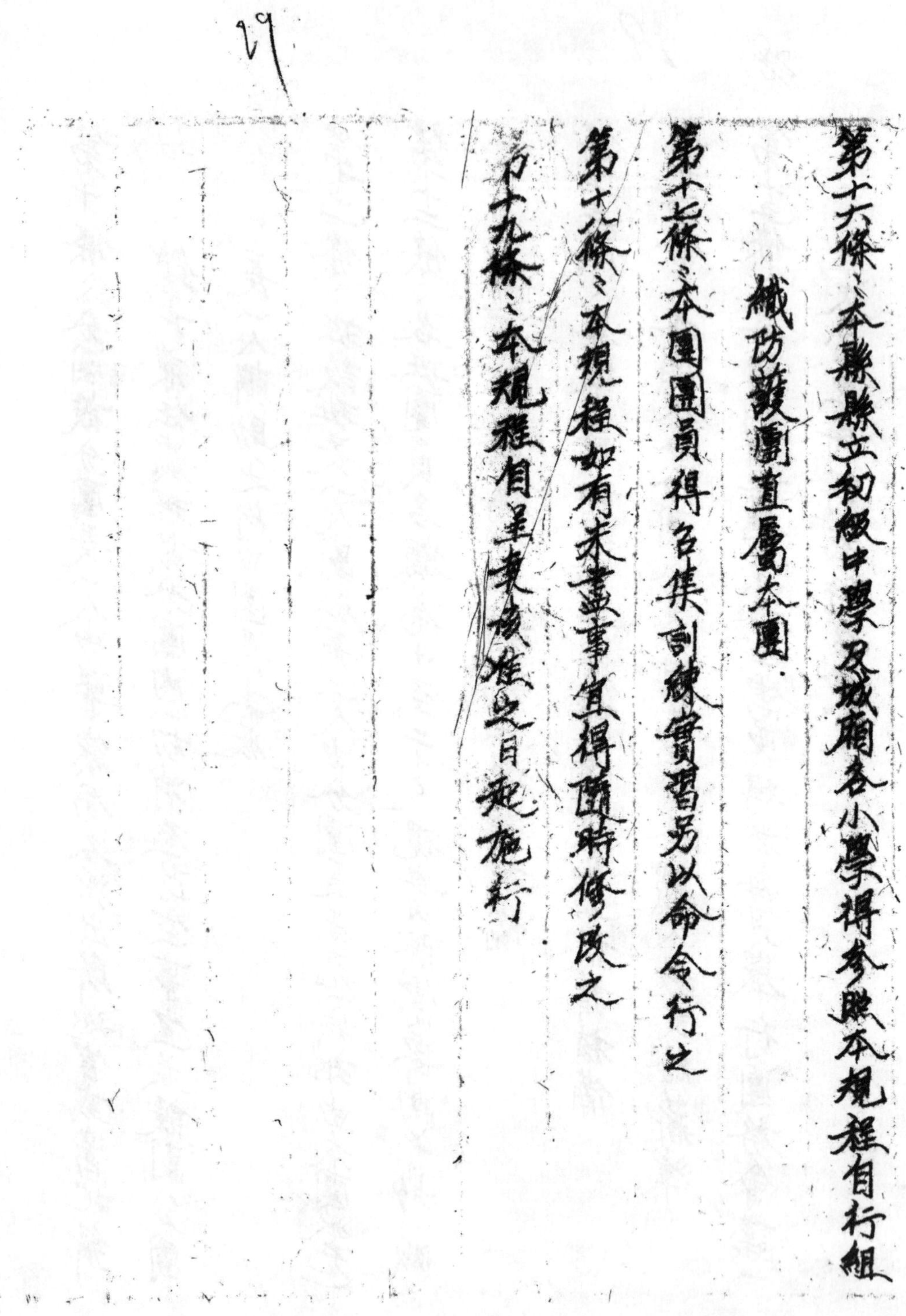
29
第十六條、本縣縣立初級中學及城廂各小學得參照本規程自行組
織防護團直屬本團
第十七條、本團團員得召集訓練實習另以命令行之
第十八條、本規程如有未盡事宜得隨時修改之
第十九條、本規程自呈奉核准之日起施行

附件 霞浦县防护团组织规程(1942年7月)b面 0168-001-0531

28

各縣鄉鎮防護分團編組設施綱要：

一、凡有軍事設施或有空襲危險性之重要鄉鎮為辦理一切消極防空業務起見均應成立防護分團。

二、各鄉鎮之防護分團隸屬於各縣防護團其未設防護團者則屬於當地之警察局（所）或區公署（所）。

三、防護分團設分團長一人副分團長一人至二人分團長由鄉鎮長担任副分團長由保（甲）長或小學校長（教員）担任負平时筹划训練空襲时指揮督率之責。

四、防護分團至少要編成警報避難管制消防救護灯火管制等五種。

五、各班設班長一人副班長一人由分團長遴選鄉鎮中曾受軍事訓練之優

附件　各县乡镇防护分团编组设施纲要(1942年7月15日)a面　0168-001-0531

秀壮丁充任之并承分团长之命指挥各级团员实际工作。

六、防护分团之团员以当地未被抽调之壮丁编成之但不得藉此逃避兵役。

七、各级团员之人数应依照当地状况及班别之需要而定以能完成任务为主要。

八、警报实施乡镇用现有之电话应向县政府之电话取得连络以便互通消息警报器可采用铜钟或锣音响须依照中央颁布防空警报之规定实施之。

九、避难管理设施在乡镇间之人民如闻得有机声时不可密集一处或躲在室内均应迅速向附近野外疏散前往有掩蔽之处所避难但在可能范围内仍应多筑露天防空壕。

十、消防设施应贮存多量用水及沙包并能购置灭火机水枪水龙等更妥。

十一、救护设施设置急救药品棉花纱布胶布绷带担架等救护器材。

附件　各县乡镇防护分团编组设施纲要(1942 年 7 月 15 日)b 面　0168-001-0531

30

十二、灯火管制設置，如在夜間有警報或聞得有飛機聲音時，則應將室內外之灯火立即熄滅，俟敵機遠去方恢復常態。

十三、其他消毒防毒工務各班之要否設置，均應按當地可能情形酌量辦理。

附件　各县乡镇防护分团编组设施纲要(1942年7月15日)　0168-001-0531

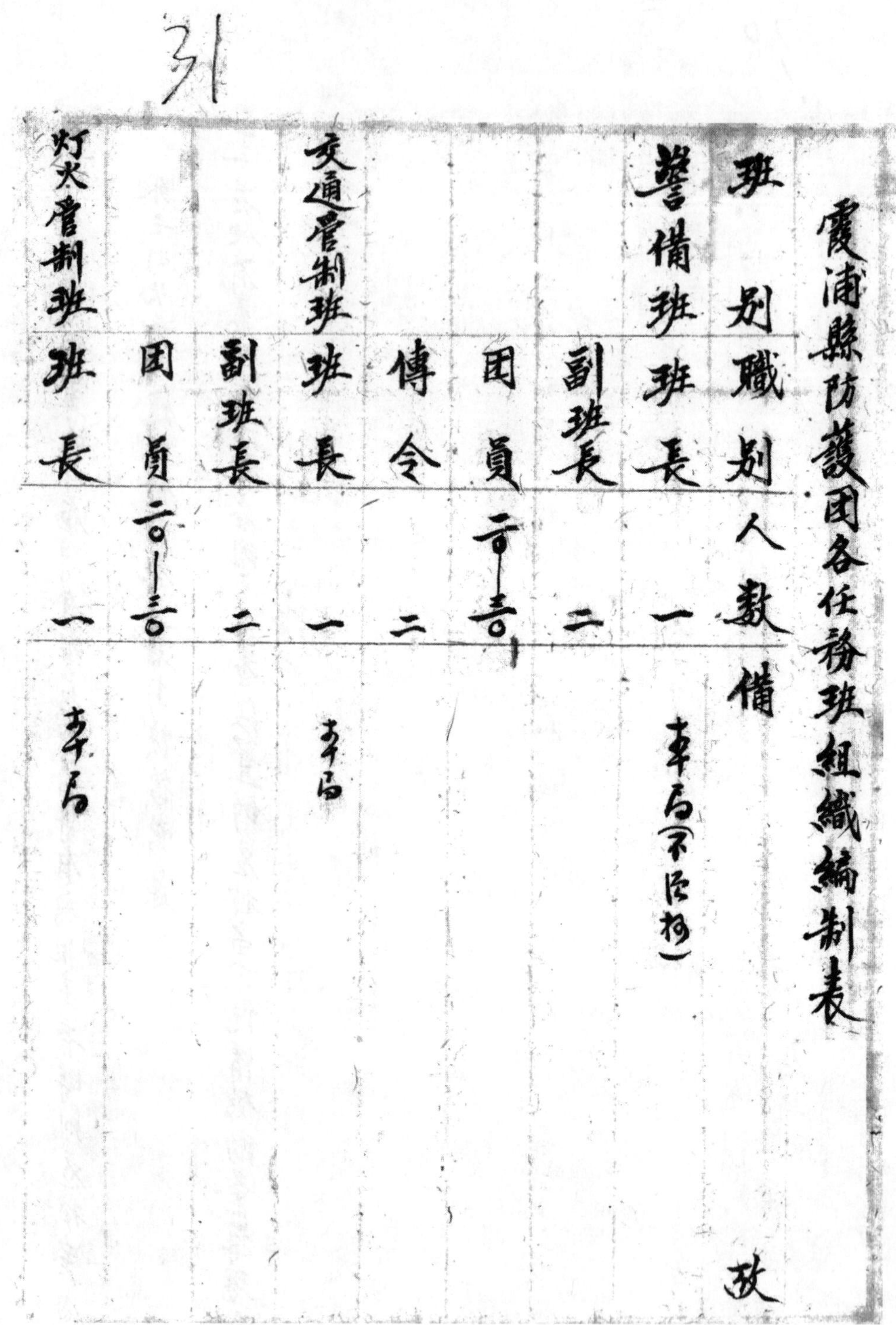

31

霞浦縣防護团各任務班組織編制表

班別	職別	人數	備攷
警備班	班長	一	本局（不足招）
	副班長	二	
	团員	二〇—三〇	
	傳令	二	
交通管制班	班長	一	本局
	副班長	二	
	团員	二〇—三〇	
灯火管制班	班長	一	本局

附件　霞浦县防护团各任务班组织编制表(1942年7月15日)a面　0168-001-0531

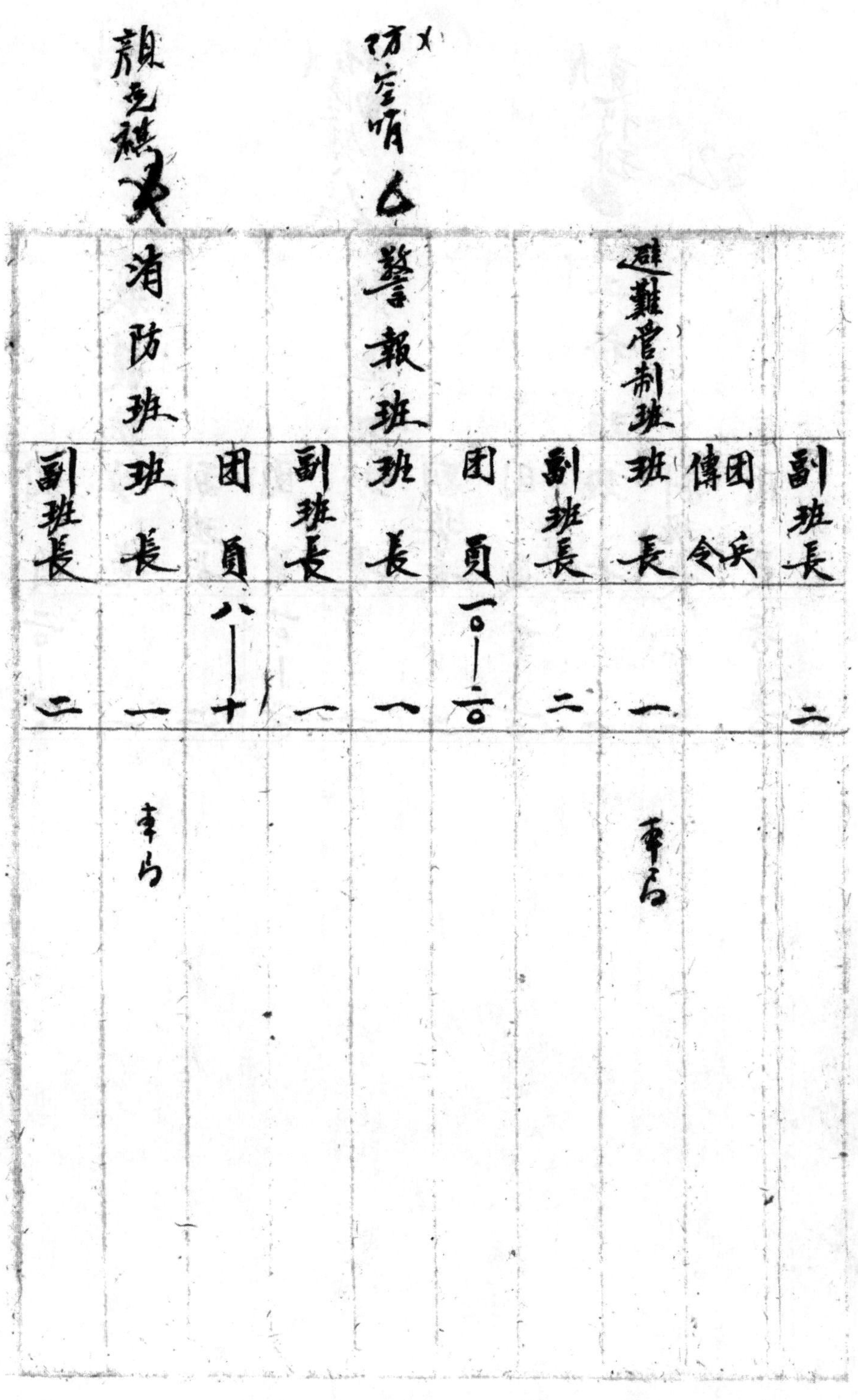

避難管制班				警報班		消防班	
副班長	傳令兵	班長	副班長	团員	班長	副班長	团員	班長	副班長

附件　霞浦县防护团各任务班组织编制表(1942年7月15日)b面　0168-001-0531

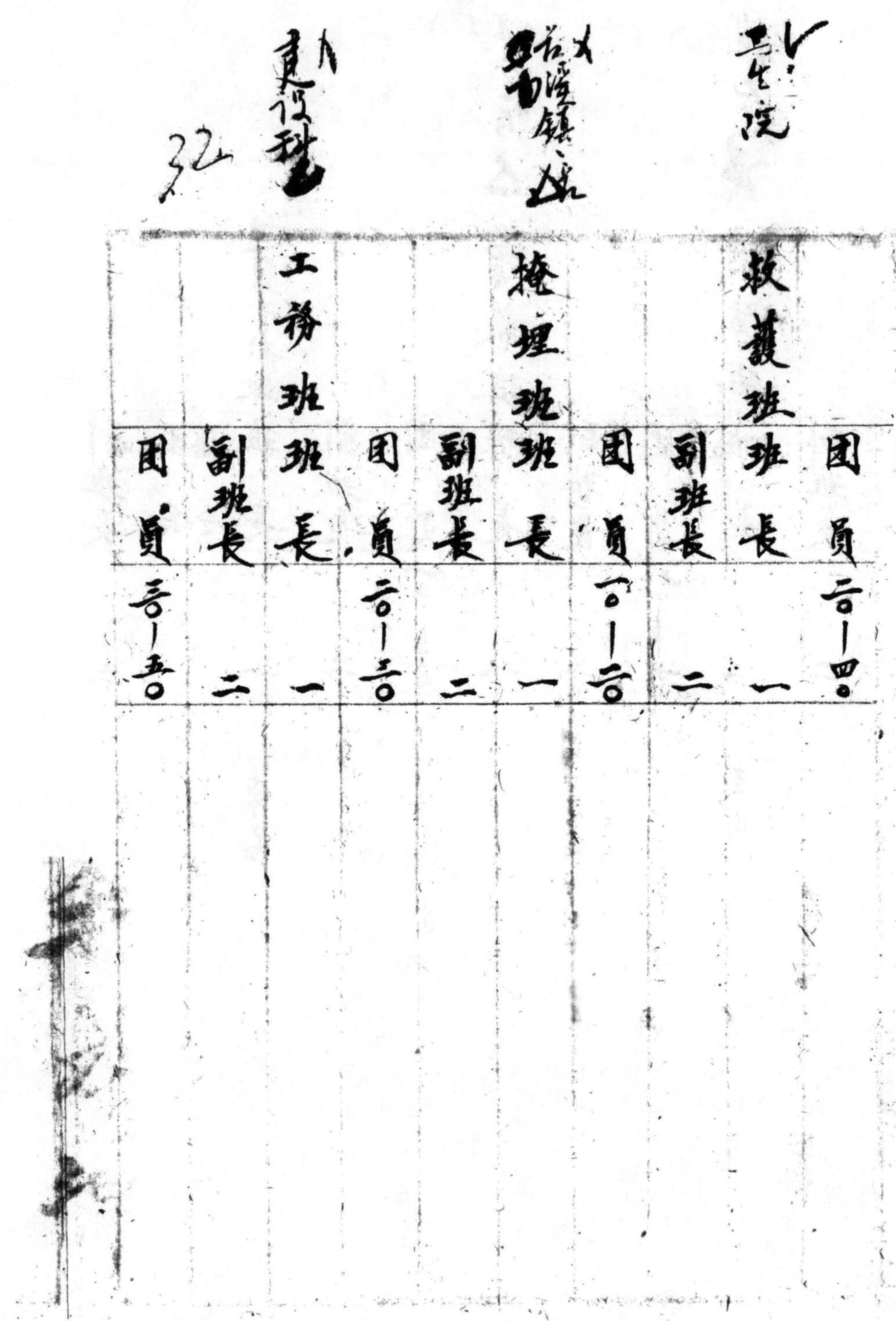

衛生院

建設科

任務班	職別	人數
	團員	二〇—四〇
救護班	班長	一
	副班長	二
	團員	一〇—二〇
掩埋班	班長	一
	副班長	二
	團員	二〇—三〇
工務班	班長	一
	副班長	二
	團員	三〇—五〇

附件 霞浦县防护团各任务班组织编制表(1942 年 7 月 15 日)a 面 0168-001-0531

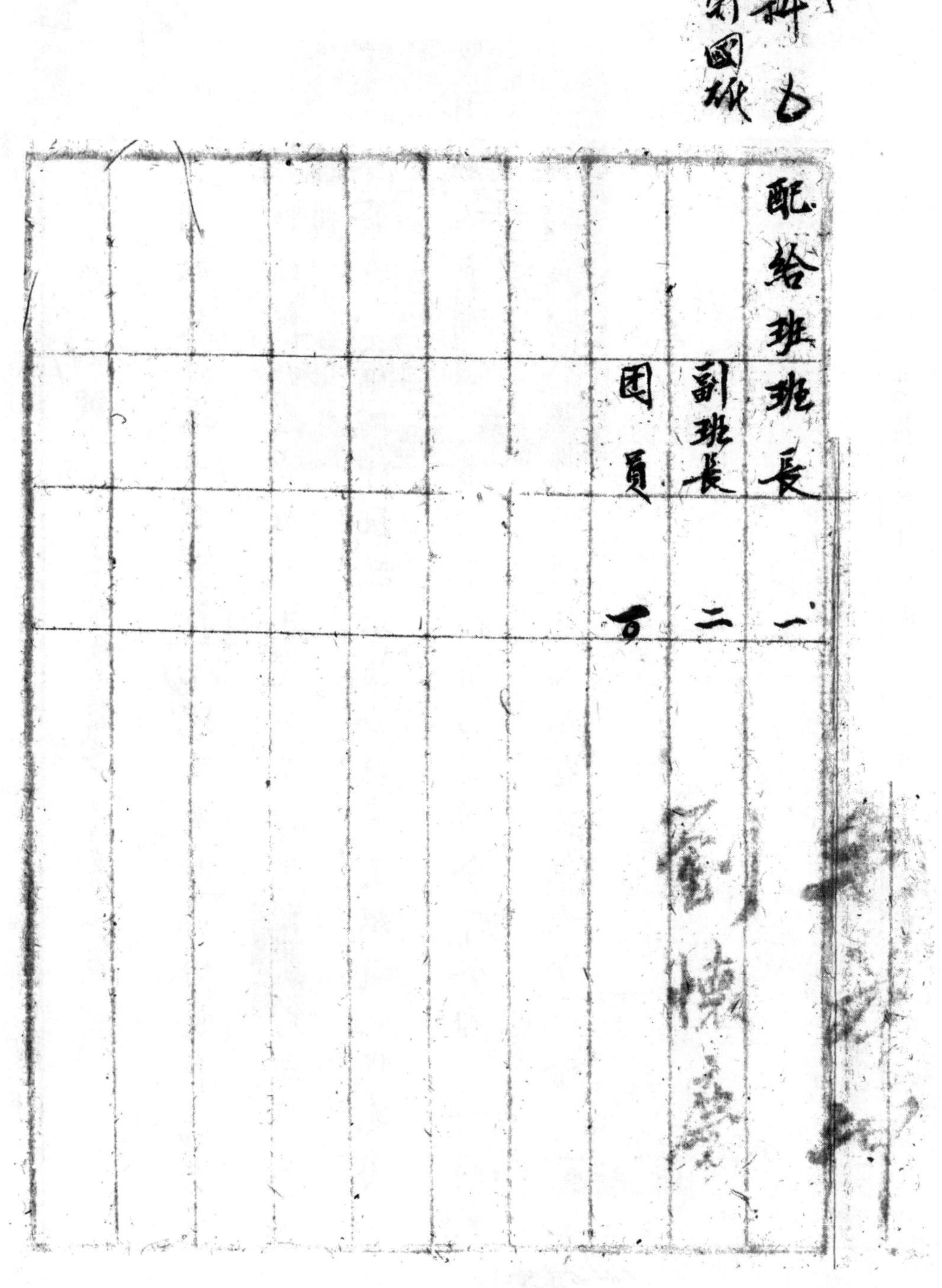

配給班班長	副班長	团員
一	二	十

附件　霞浦县防护团各任务班组织编制表(1942 年 7 月 15 日)b 面　0168-001-0531

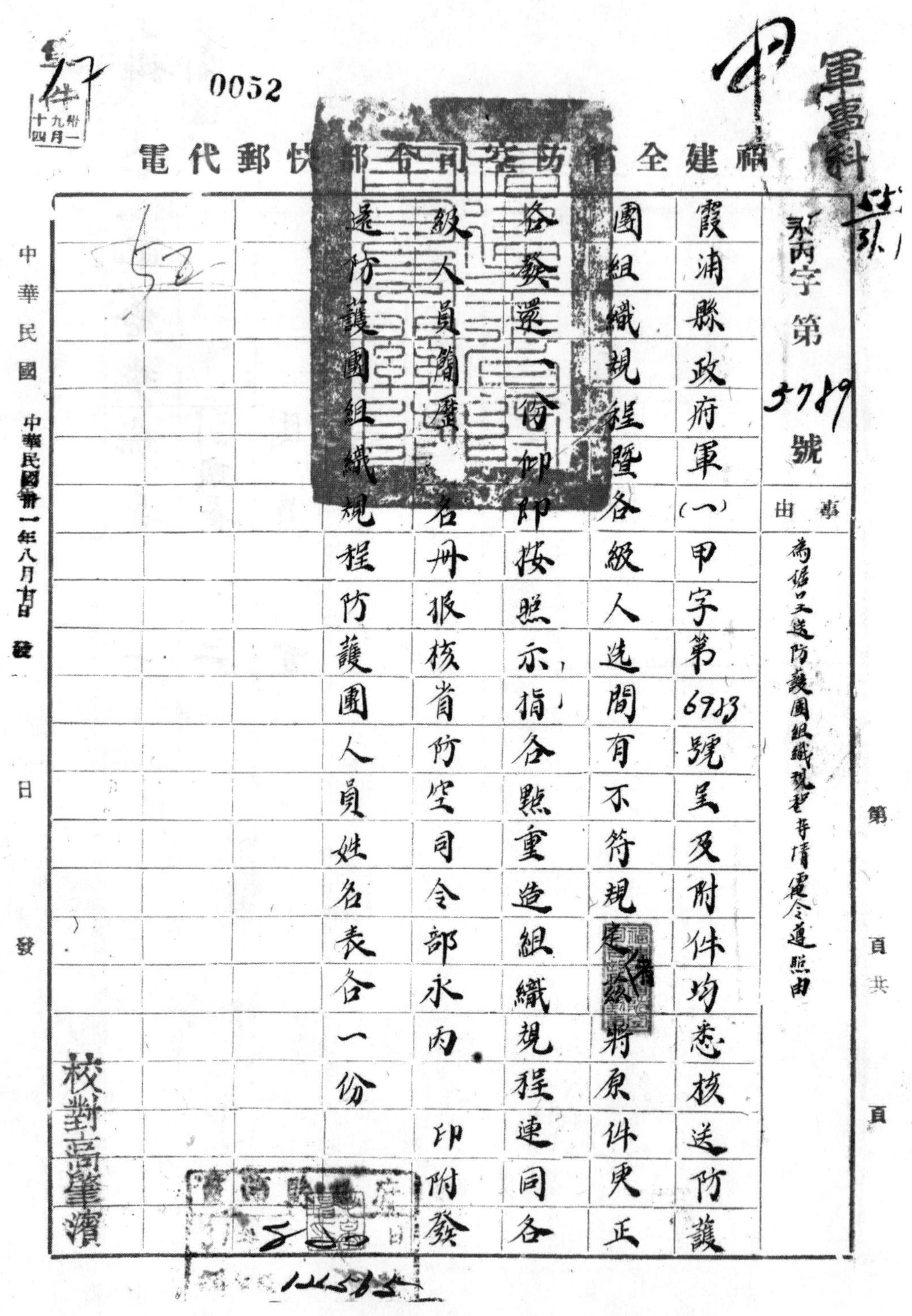

0052

福建全省防空司令部快邮代电

永丙字第5789號

事由：為據呈送防護團組織規程等情電令遵照由

霞浦縣政府軍（一）甲字第6983號呈及附件均悉。核送防護團組織規程暨各級人選間有不符規定，茲將原件更正，連同各發還一份，仰即按照示指各點重造組織規程，連同各級人員簡歷名冊，報核。省防空司令部永丙印附發還防護團組織規程、防護團人員姓名表各一份。

中華民國卅一年八月十日發

校對高肇濱

福建全省防空司令部关于霞浦县防护团组织规程及人选不符规定者更正发还重造的快邮代电

（1942年8月10日） 0168-001-0423

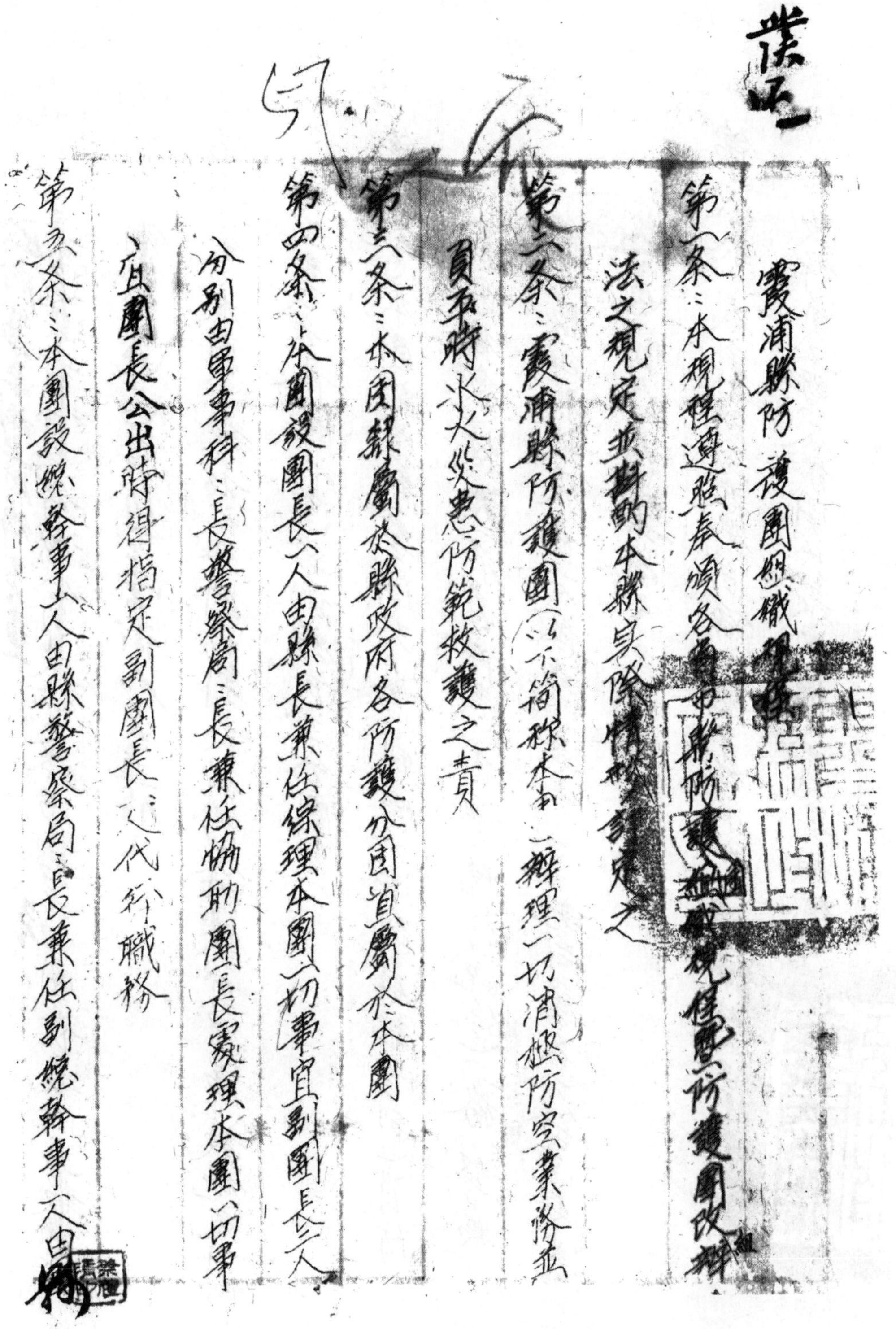
霞浦縣防護團組織規程
第一条：本規程遵照奉頒各縣市縣防護團組織規程及防護團法之規定並斟酌本縣实際情形訂定之
第二条：霞浦縣防護團（以下簡稱本團）辦理一切消极防空業務並負平時水火災患防範救護之責
第三条：本团隸屬於縣政府各防護分团直屬於本團
第四条：本團設團長一人由縣長兼任综理本團一切事宜副團長二人分别由軍事科科長警察局局長兼任協助團長处理本團一切事宜團長公出時得指定副團長一人代行職務
第五条：本團設總幹事一人由縣警察局局長兼任副總幹事一人由

附件　霞浦县防护团组织规程（1942年7月）a面　0168-001-0423

政府[illegible]
長遴選有防空智識人員充任之幹事若干員由團長委派呈報縣府
備案遴選有防空常識人員兼任之
第六条：本團下設若干分團由團長斟酌各鄉鎮有軍事設施或有
空襲危險性之重要鄉鎮成立分團
第七条：本團設管制（警備交通管制、燈火管制、[illegible]管制）消防
（排除搶救）救護（消毒防毒掩埋）總務（配給）[illegible]、警報
等六股每股設股長一人幹事一至三人書記司書各一人由團長遴
選適當人員委用之。
第八条：本團團員以各衛自隊兵警察消防人員[illegible]
技術員工暨各機關民眾團體人員等組織之

附件　霞浦县防护团组织规程(1942 年 7 月)b 面　0168-001-0423

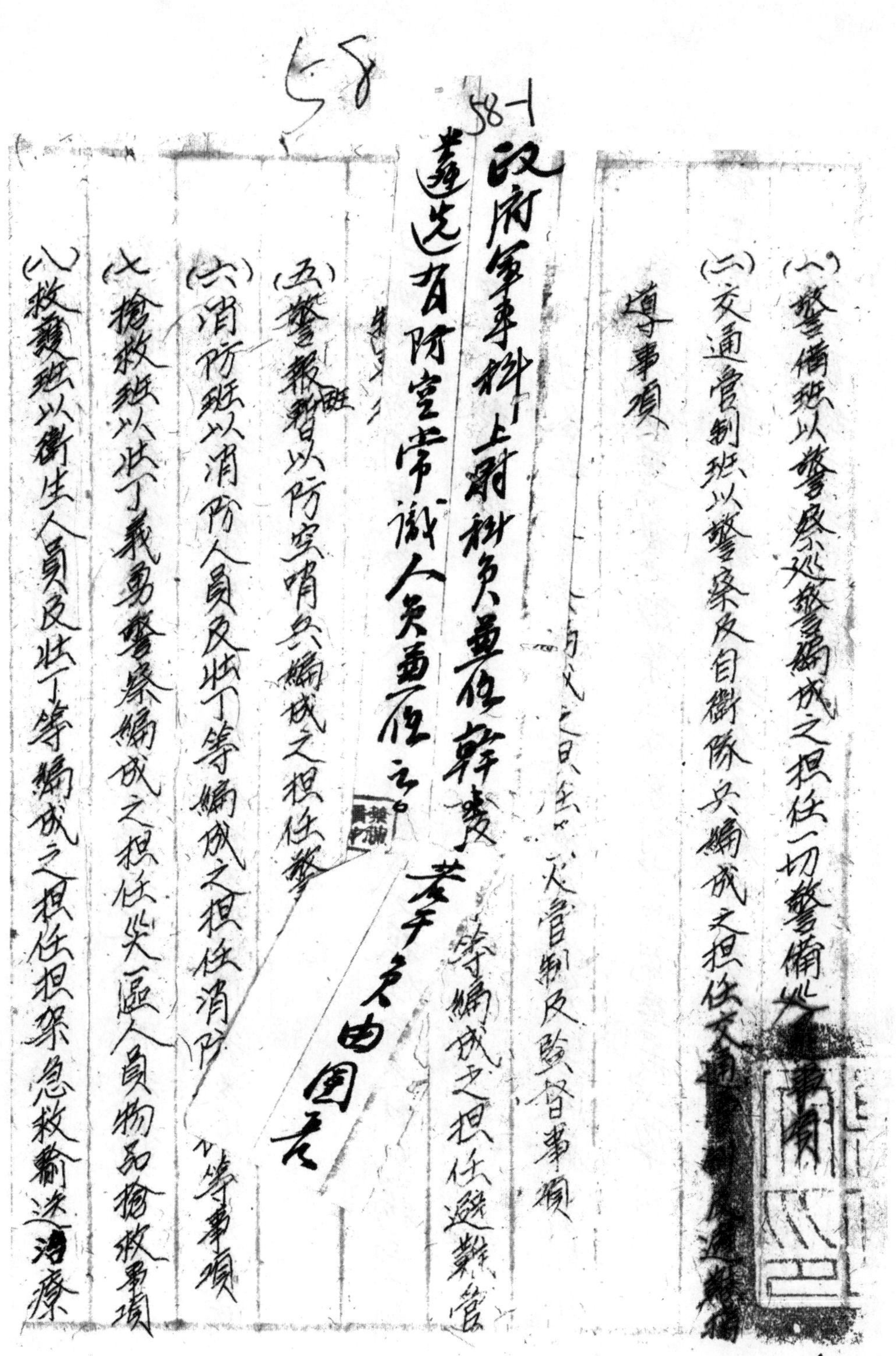

58

58-1

(一)警備班以警察巡警編成之担任一切警備巡查事項

(二)交通管制班以警察及自衛隊兵編成之担任交[illegible]
導事項

……火管制及監督事項

……等編成之担任避難管……

政府軍事科上尉科員黃位驊處
叢選有防空常識人員黃位二名
著手由團長

(五)警報班以防空哨兵編成之担任警……

(六)消防班以消防人員及壯丁等編成之担任消防……等事項

(七)搶救班以壯丁義勇警察編成之担任災區人員物品搶救事項

(八)救護班以衛生人員及壯丁等編成之担任担架急救輸送治療

附件　霞浦县防护团组织规程(1942年7月)a面　0168-001-0423

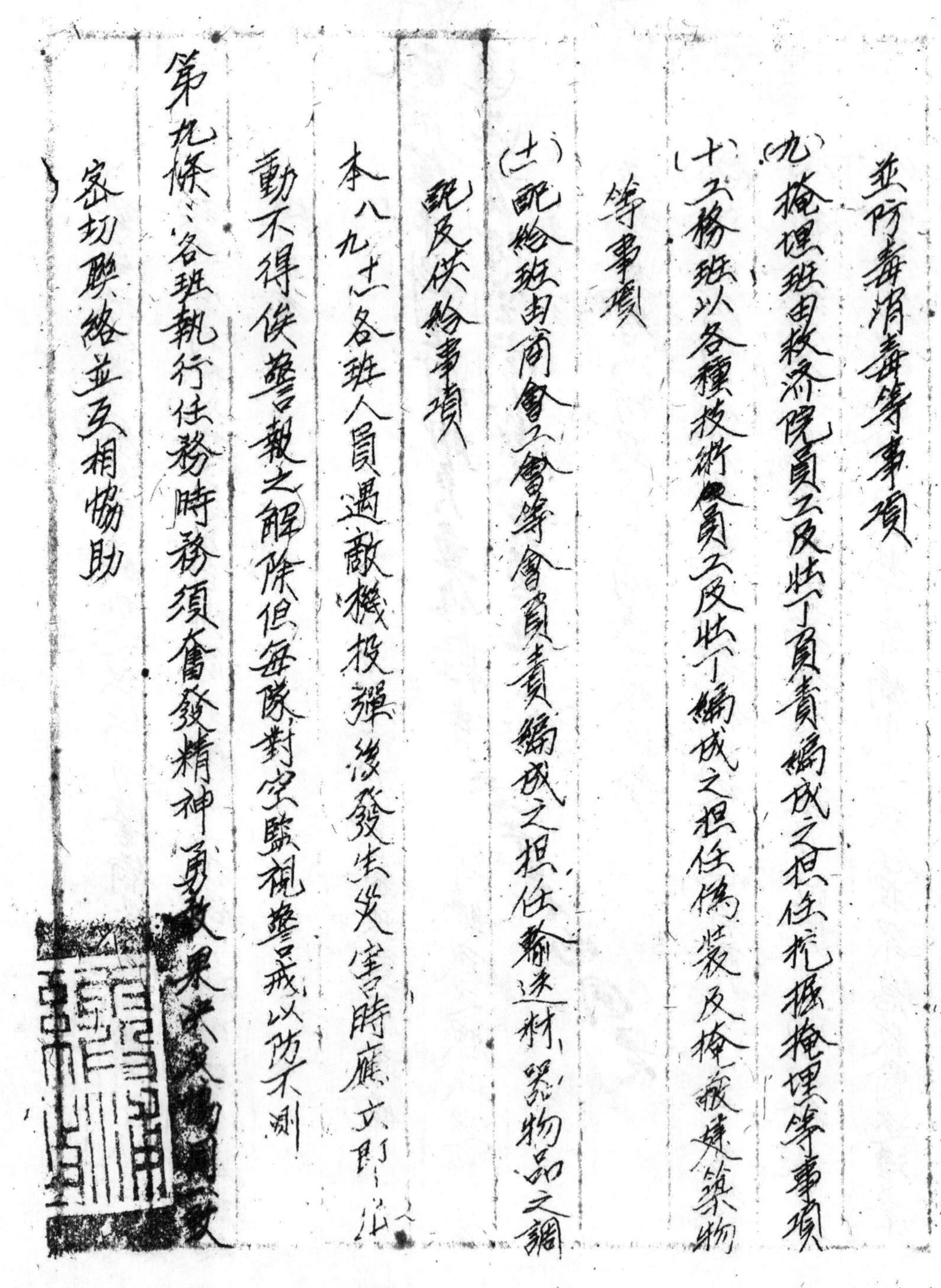
並防毒消毒等事項
（九）掩埋班由救濟院員工及壯丁負責編成之担任挖掘掩埋等事項
（十）工務班以各種技術人員工及壯丁編成之担任偽裝及掩蔽建築物
等事項
（十一）配給班由商會工會等會員負責編成之担任輸送材料物品之調
配及供給事項
本八九十十一各班人員遇敵機投彈後發生災害時應立即出
動不得俟警報之解除但每隊對空監視警戒以防不測
第九條：各班執行任務時務須奮發精神勇敢果決[illegible]
密切聯絡並互相協助

附件　霞浦县防护团组织规程（1942年7月）b面　0168-001-0423

第十條、分團設分團長一人由警察局各派出所所長或當地鄉鎮長兼任處理該分團內一切消極防空事宜副分團長一人輔助之均由團長委派

第十一條、班設班長一人副班長二人由分團長派充（城郊由本團派充）

第十二條、各班團員名額為十至二十人視實際需要酌予增減遇有缺額應立即補充並報請核備

第十三條、各級人員如有出缺應隨時補充並報請核備

第十四條、本團及各分團人員一律為義務職不另支給薪津

第十五條、本團為適應業務上需要得於每月舉行團務會議一次必要時得臨時召集之

附件　霞浦县防护团组织规程(1942 年 7 月)a 面　0168-001-0423

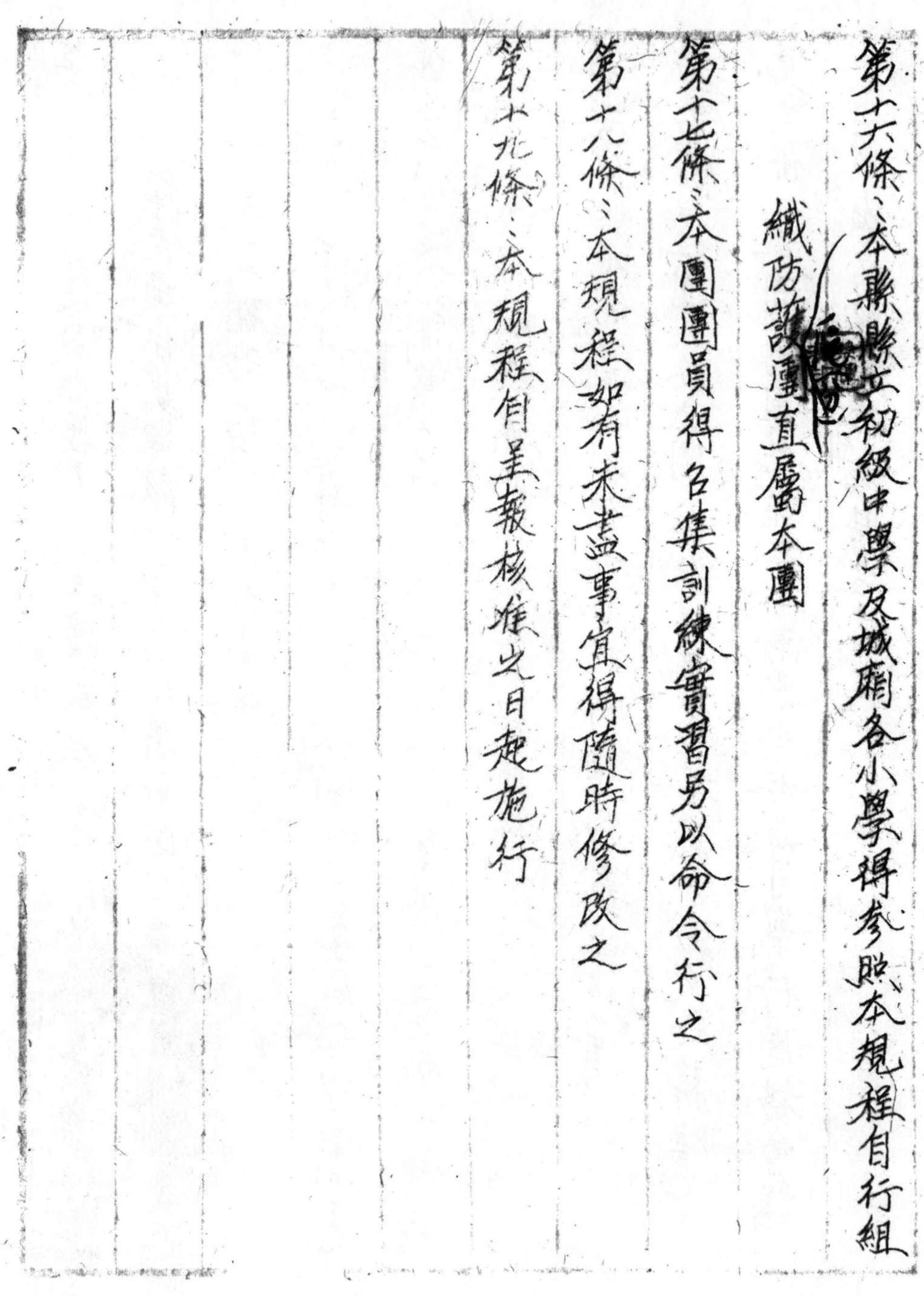
第十六條：本縣縣立初級中學及城廂各小學得參照本規程自行組織防護團直屬本團

第十七條：本團團員得召集訓練實習另以命令行之

第十八條：本規程如有未盡事宜得隨時修改之

第十九條：本規程自呈報核准之日起施行

附件　霞浦县防护团组织规程(1942 年 7 月)b 面　0168-001-0423

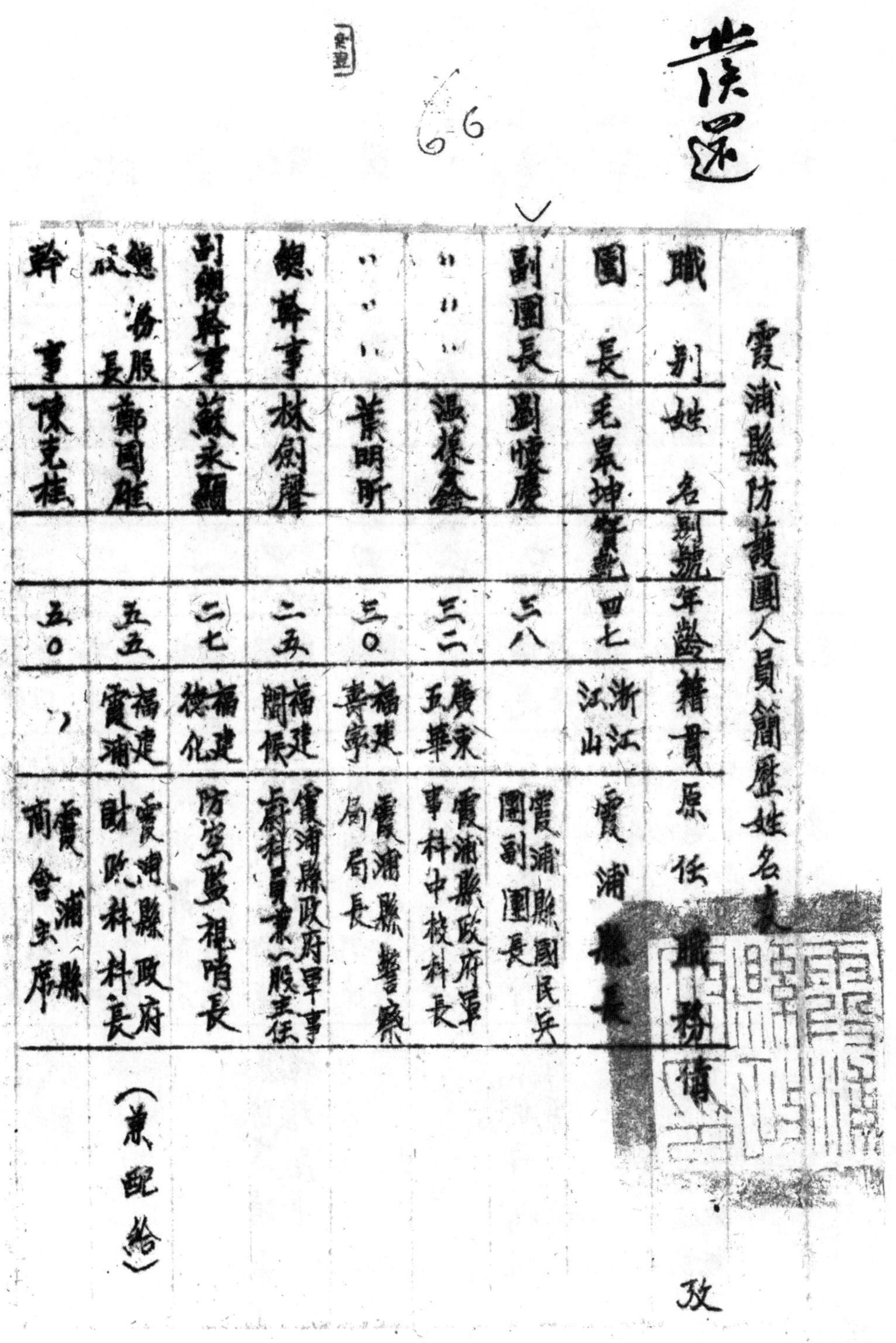

發還

6-6

霞浦縣防護團人員簡歷姓名表

職別	姓名	別號	年齡	籍貫	原任職務	備考
團長	毛泉坤	贊乾	四七	浙江江山	霞浦縣長	
副團長	劉懷慶		三八		霞浦縣國民兵團副團長	
〃〃〃	溫樸鑫		三二	廣東五華	霞浦縣政府軍事科中校科長	
〃〃〃	葉明昕		三〇	福建壽寧	霞浦縣警察局局長	
總幹事	林劍聲		二五	福建閩侯	霞浦縣政府軍事科員兼（股主任）	
副總幹事	蘇永疆		二七	福建德化	防空監視哨長	
總務股股長	鄭國雄		五五	福建霞浦	霞浦縣政府財政科科長	（兼配給）
幹事	陳克桂		五〇	〃	霞浦縣商會主席	

附件　霞浦县防护团人员简历姓名表(1942年7月)a面　0168-001-0423

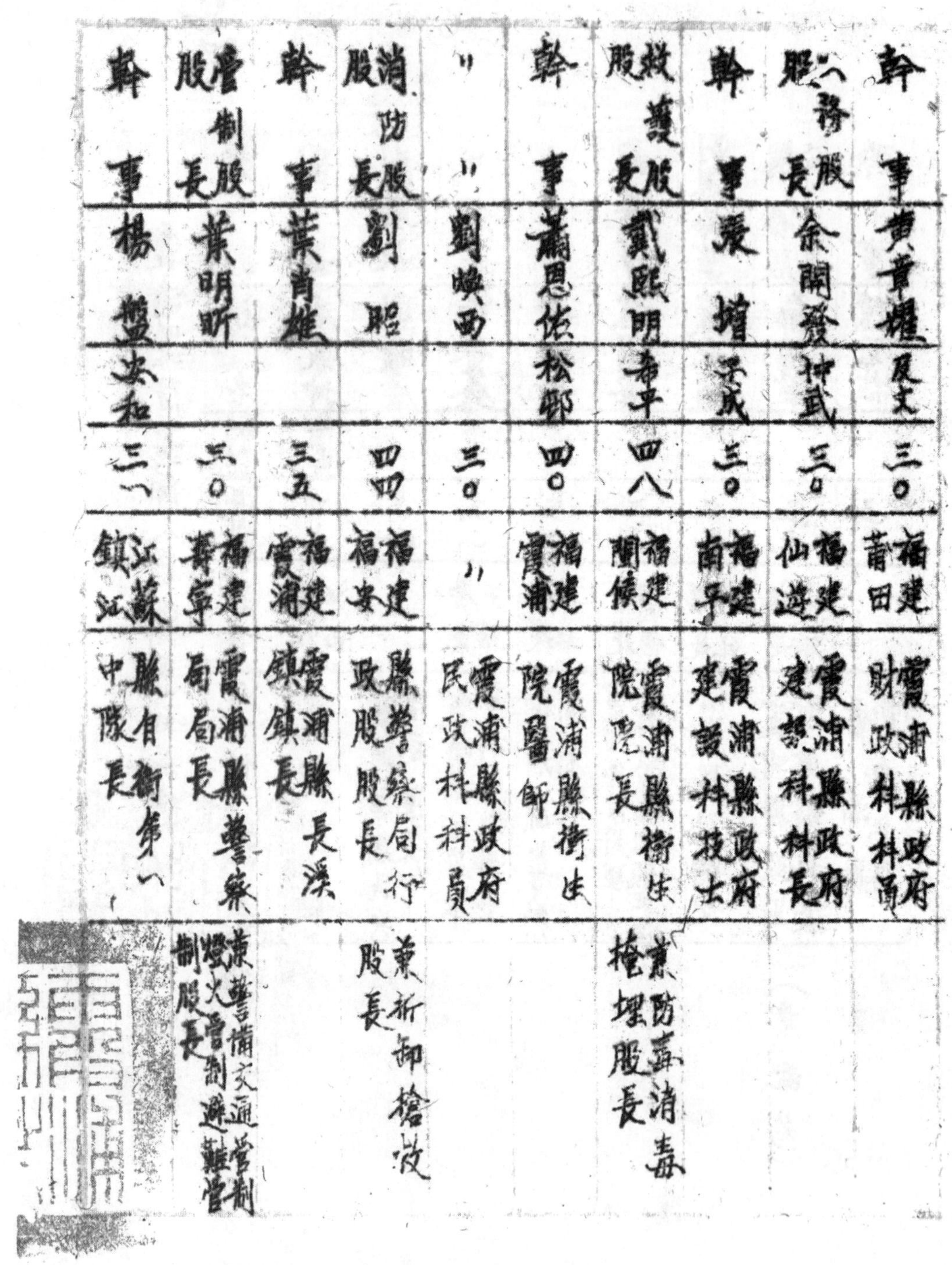

幹事	黄章耀	夏丈	三〇	福建莆田	霞浦縣政府財政科科員	
總務股長	余開發	仲武	三〇	福建仙遊	霞浦縣政府建設科科長	
幹事	愛增	子成	三〇	福建南平	霞浦縣政府建設科技士	
救護股長	戴熙明	希平	四八	福建閩侯	霞浦縣衛生院院長	兼防毒消毒掩埋股長
幹事	蕭恩依	松鄉	四〇	福建霞浦	霞浦縣衛生院醫師	
〃	劉喚西		三〇	〃	霞浦縣政府民政科科員	
消防股長	劉 昭		四四	福建福安	縣警察局行政股股長	兼拆卸搶救股長
幹事	葉肖雄		三五	福建霞浦	霞浦縣長溪鎮鎮長	
管制股長	葉明昕		三〇	福建壽寧	霞浦縣警察局局長	兼警備交通管制燈火管制避難管制股長
幹事	楊 盤	安和	三八	江蘇鎮江	縣自衛第八中隊長	

附件 霞浦县防护团人员简历姓名表(1942 年 7 月)b 面 0168-001-0423

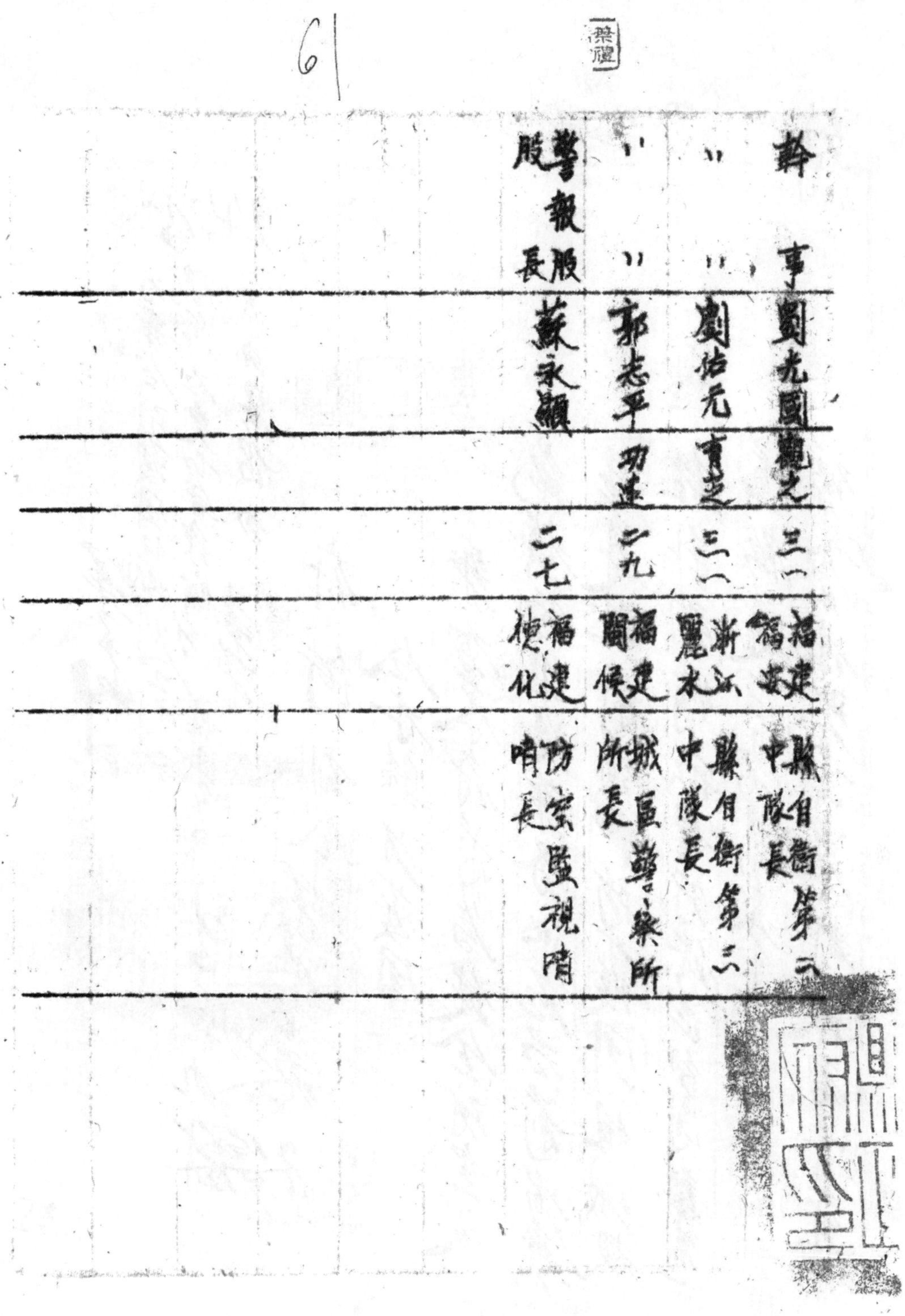

附件　霞浦县防护团人员简历姓名表(1942年7月)　0168-001-0423

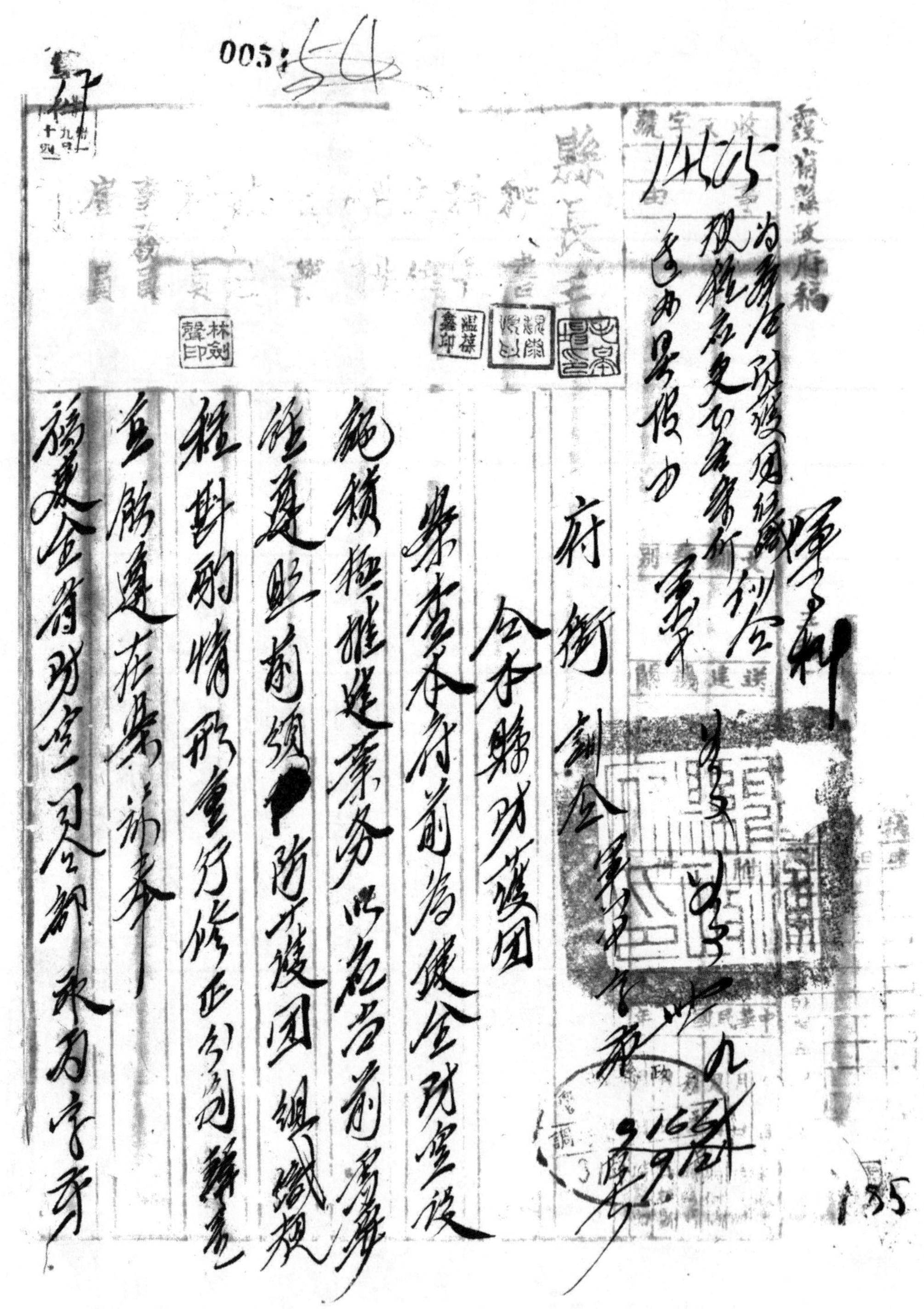

霞浦县政府关于奉发防护团组织规程应更正各条的训令(拟稿)(1942年9月12日)

a面　0168-001-0423

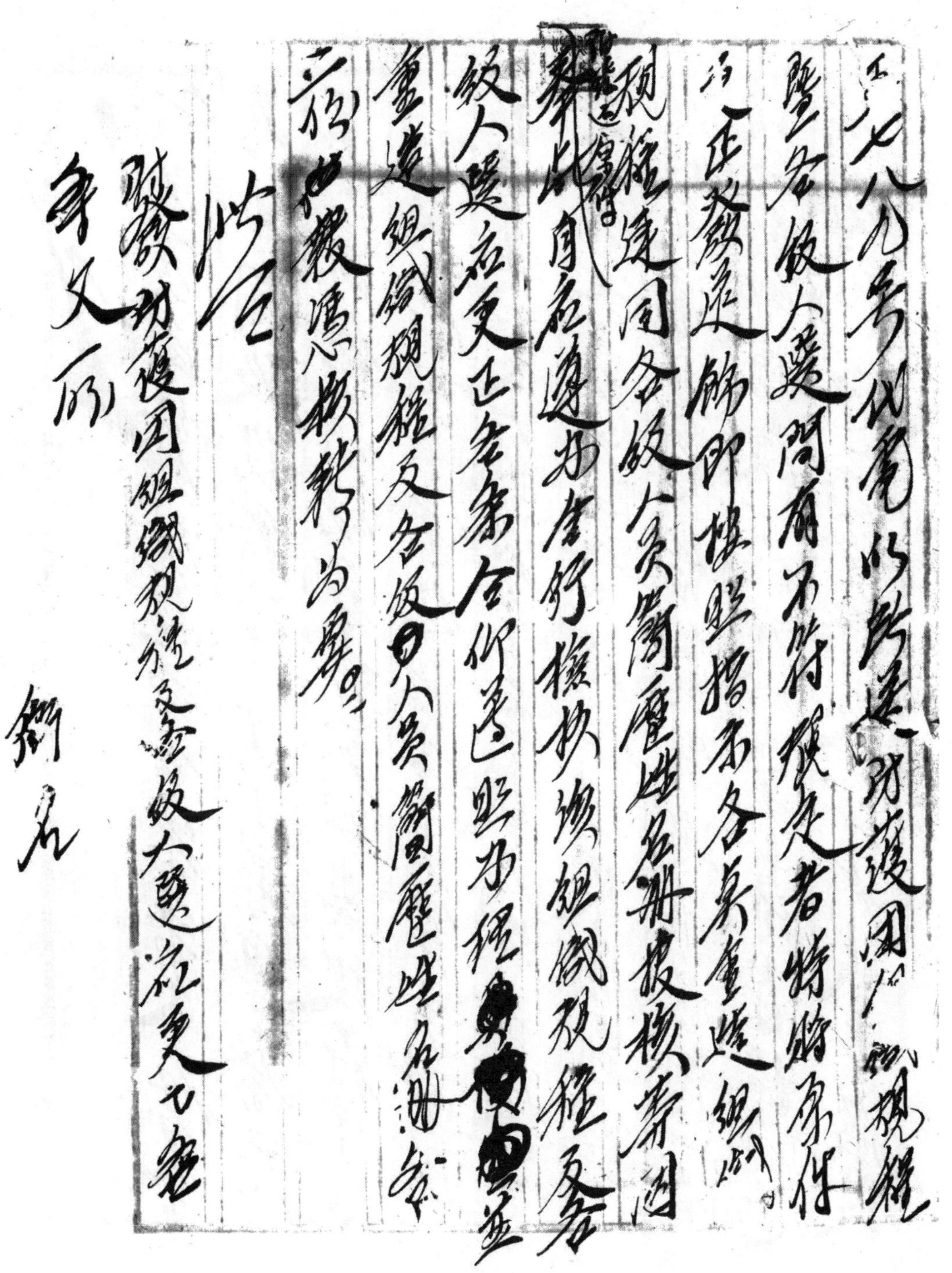

霞浦县政府关于奉发防护团组织规程应更正各条的训令(拟稿)(1942年9月12日)

b面　0168-001-0423

一、防護团組織規程第五條條文應更正為本团設總幹事一人由縣警察局長兼任副總幹事二人由縣政府秘書、科上尉科員兼任幹事若干人由团長遴選有防空常識人員兼任之

二、第七條應更正為本团設管制（警報傳、交通管制、燈火管制、避難管制）、消防（拆卸、搶救）、救護（消毒、防毒、掩埋）、總務（配給）、工務、警衛等六股，每股設

霞浦县政府关于奉发防护团组织规程应更正各条的训令(拟稿)(1942 年 9 月 12 日)

a 面　0168-001-0423

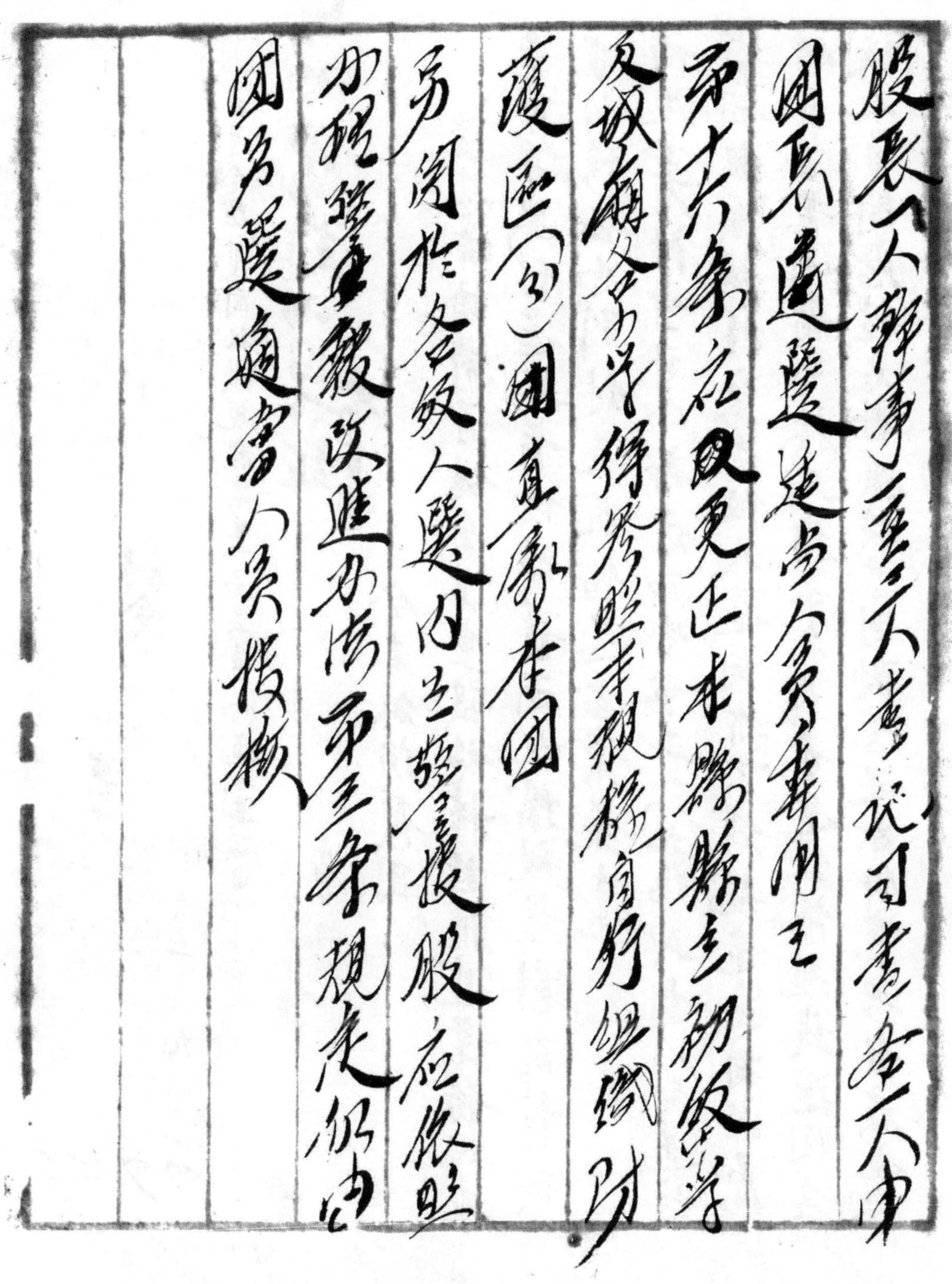

霞浦县政府关于奉发防护团组织规程应更正各条的训令(拟稿)(1942年9月12日)

b面　0168-001-0423

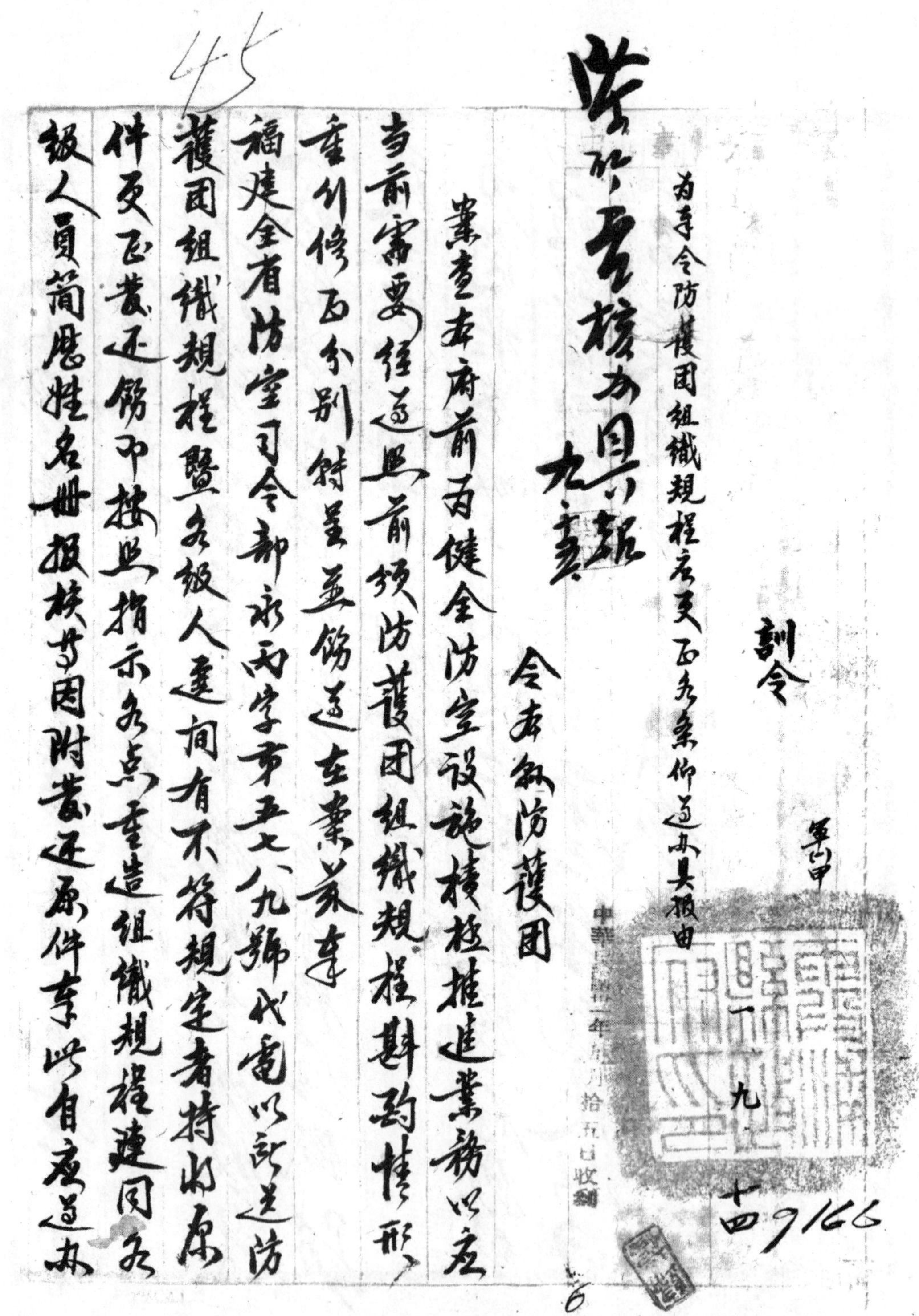

训令

为奉令防护团组织规程应更正各条仰遵办具报由

中华民国卅一年九月拾五日收到

令本县防护团

案查本府前为健全防空设施积极推进业务以应当前需要经遵照前颁防护团组织规程斟酌情形重行修正分别转呈并饬遵在案兹奉福建全省防空司令部永丙字第五七八九号代电以前送防护团组织规程暨各级人员间有不符规定者特将原件更正发还饬即按照指示各点重造组织规程连同各级人员简历姓名册报核等因附发还原件等此自应遵办

霞浦县政府关于奉发防护团组织规程应更正各条的训令(1942年9月14日)

a面　0168-001-0531

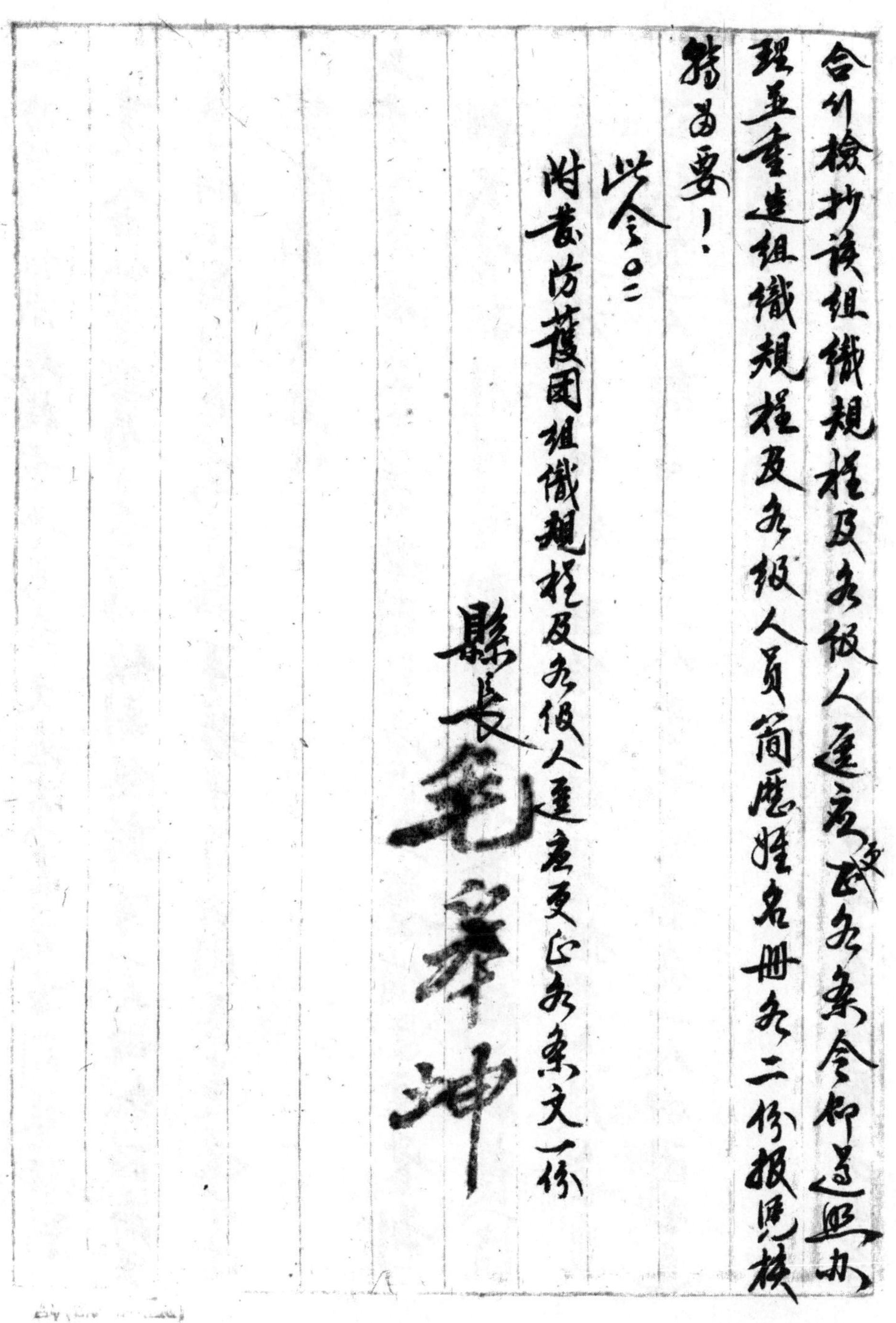

合行检抄该组织规程及各级人员应改各条，令仰遵照办理，并重造组织规程及各级人员简历姓名册各二份报凭核转为要！

此令。

附发防护团组织规程及各级人员应更正各条文一份

县长 毛养坤

霞浦县政府关于奉发防护团组织规程应更正各条的训令(1942 年 9 月 14 日)

b 面　0168-001-0531

46 5

一、防護团组織規程第五條条文應更正為本团設總幹事一人由縣警察局局長兼任副總幹事一人由縣政府軍事科上尉科員兼任幹事若干員由团長遴選有防空常識人員兼任之

二、第七條應更正為本团設管制（警備交通管制燈火管制避難管制）消防（拆卸搶救）救護（消毒防毒掩埋）總務（配給）工務警報等六股每股設股長一人幹事一至三人主記司書各一人由团長遴選適當人員委用之

第十六條應更正為本縣縣立初級中學及城廂各小學

附件　防护团组织规程应更正各条(1942年9月)a面　0168-001-0531

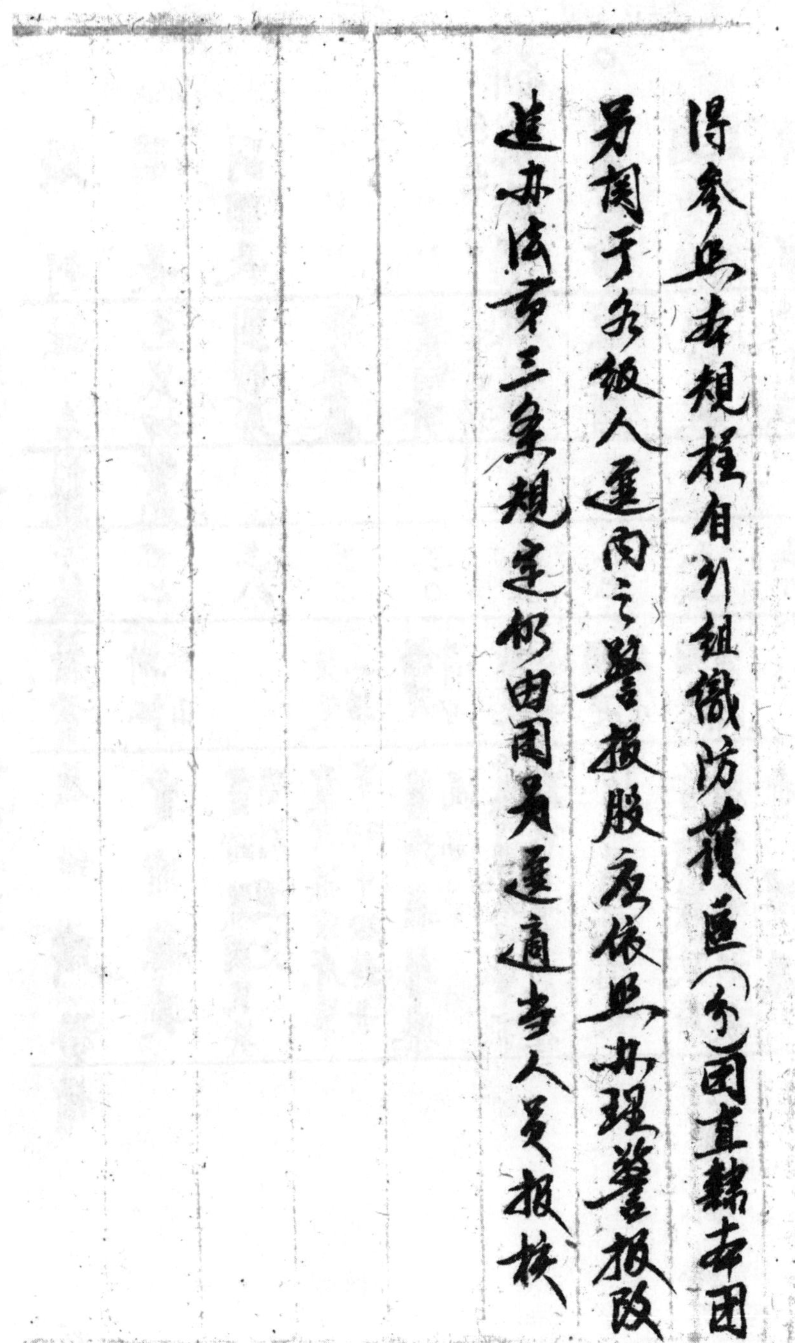

得参照本規程自行組織防護區（分）团直隸本团
另関于各級人員内之警報股應依照辦理警報改
選辦法第三條規定仍由团另選適當人員報核

附件　防护团组织规程应更正各条(1942 年 9 月)b 面　0168-001-0531

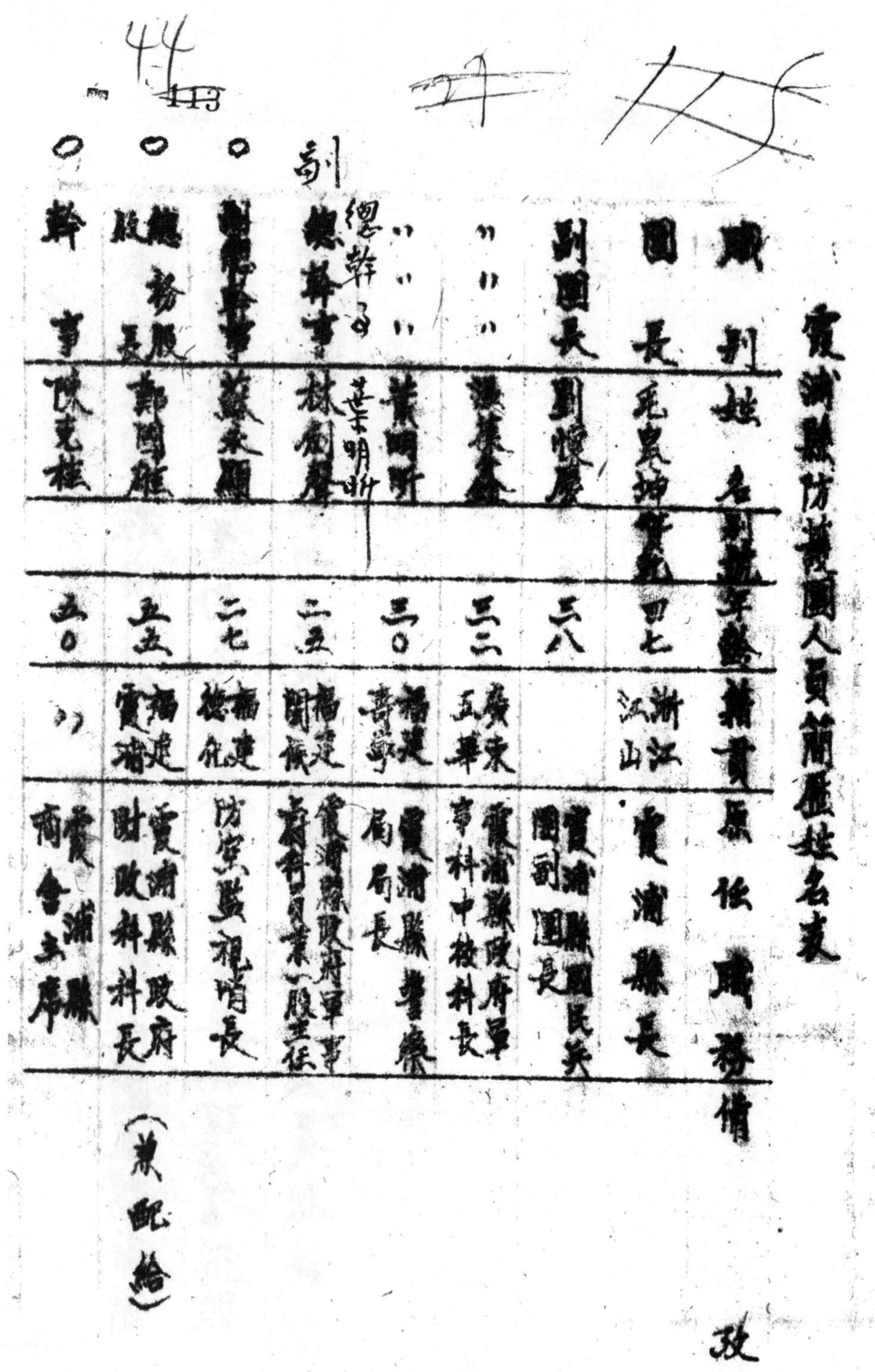

霞浦縣防護團人員簡歷姓名表

職別	姓名	别號	年齡	籍貫	原任職務	備攷
團長	毛農坤		四七	浙江江山	霞浦縣長	
副團長	劉懷慶		三八		霞浦縣國民兵團副團長	
〃	張□□		三二	廣東五華	霞浦縣政府軍事科中校科長	
〃	黃明昕		三〇	福建壽寧	霞浦縣警察局局長	
總幹事	林劍聲		二五	福建閩侯	霞浦縣政府軍事科科員兼股主任	
副總幹事	蘇家頤		二七	福建德化	防空監視哨長	
總務股股長	鄭國雄		五五	福建霞浦	霞浦縣政府財政科科長	
幹事	陳克植		五〇	〃	霞浦縣商會主席	

（兼配給）

附件　霞浦县防护团人员简历姓名表(1942年7月)a面　0168-001-0351

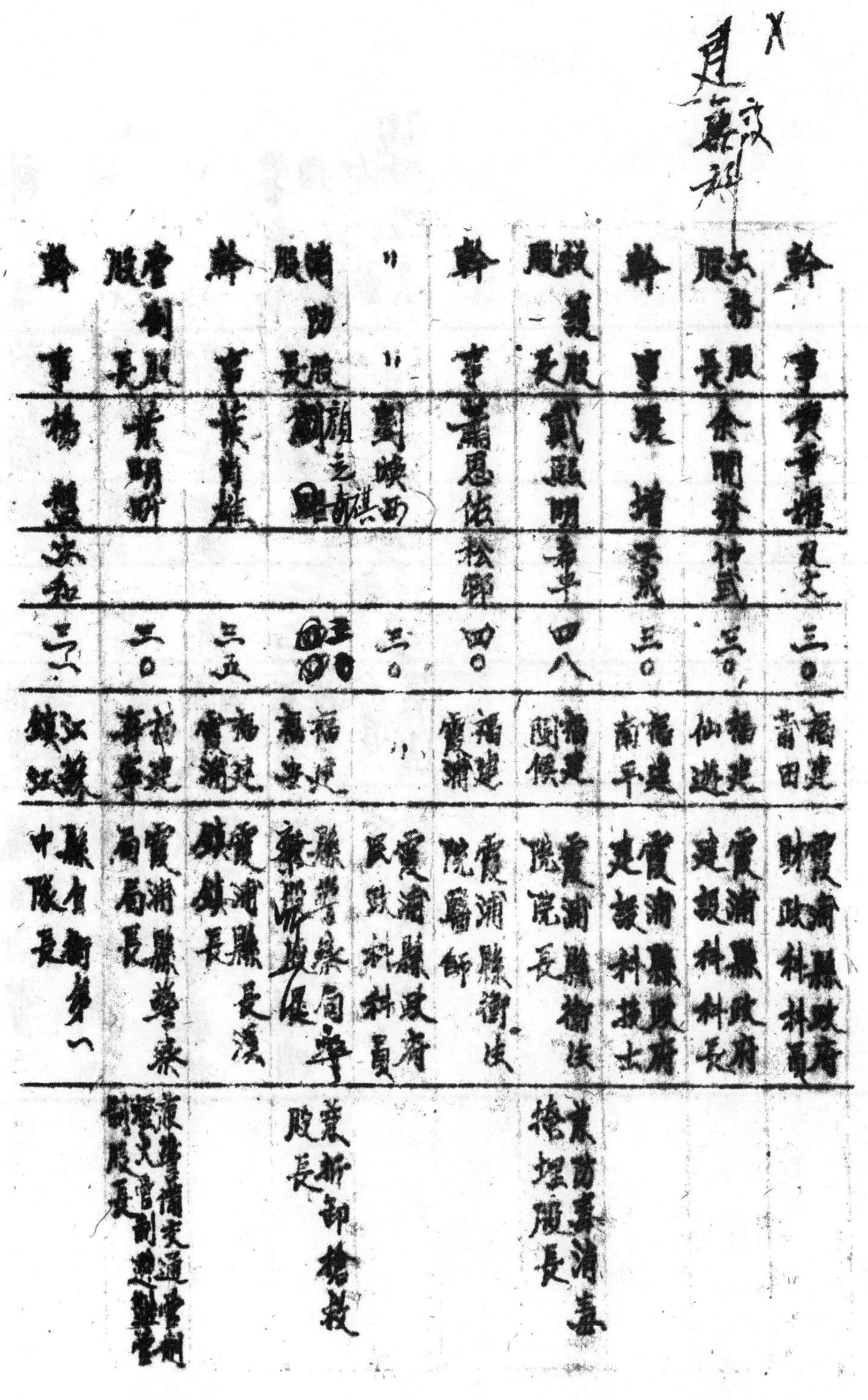

職別	姓名	別號	年齡	籍貫	經歷	
幹事	黃中權	及文	三〇	福建莆田	霞浦縣政府財政科科員	
文書股長	余開發	仲武	三〇	福建仙遊	霞浦縣政府建設科科長	
幹事	吳增	[illegible]	三〇	福建南平	霞浦縣政府建設科技士	
救護股長	戴顯明	希平	四八	福建閩侯	霞浦縣衛生院院長	霞防[illegible]搶埋股長
幹事	蕭恩依	松卿	四〇	福建霞浦	霞浦縣衛生院醫師	
〃	劉燠西		三〇	〃	霞浦縣政府民政科科員	
消防股長	劉[illegible] 顏之祺		[illegible]	福建福安	縣警察局[illegible]	霞新[illegible]搶救股長
幹事	葉尚[illegible]		三五	福建霞浦	霞浦縣長溪鎮鎮長	
警制股長	葉明昕		三〇	福建壽寧	霞浦縣警察局局長	霞警備交通管制[illegible]副股長
幹事	楊[illegible]	安和	三六	江蘇鎮江	縣自衛隊第八中隊長	

附件　霞浦县防护团人员简历姓名表(1942 年 7 月)b 面　0168-001-0351

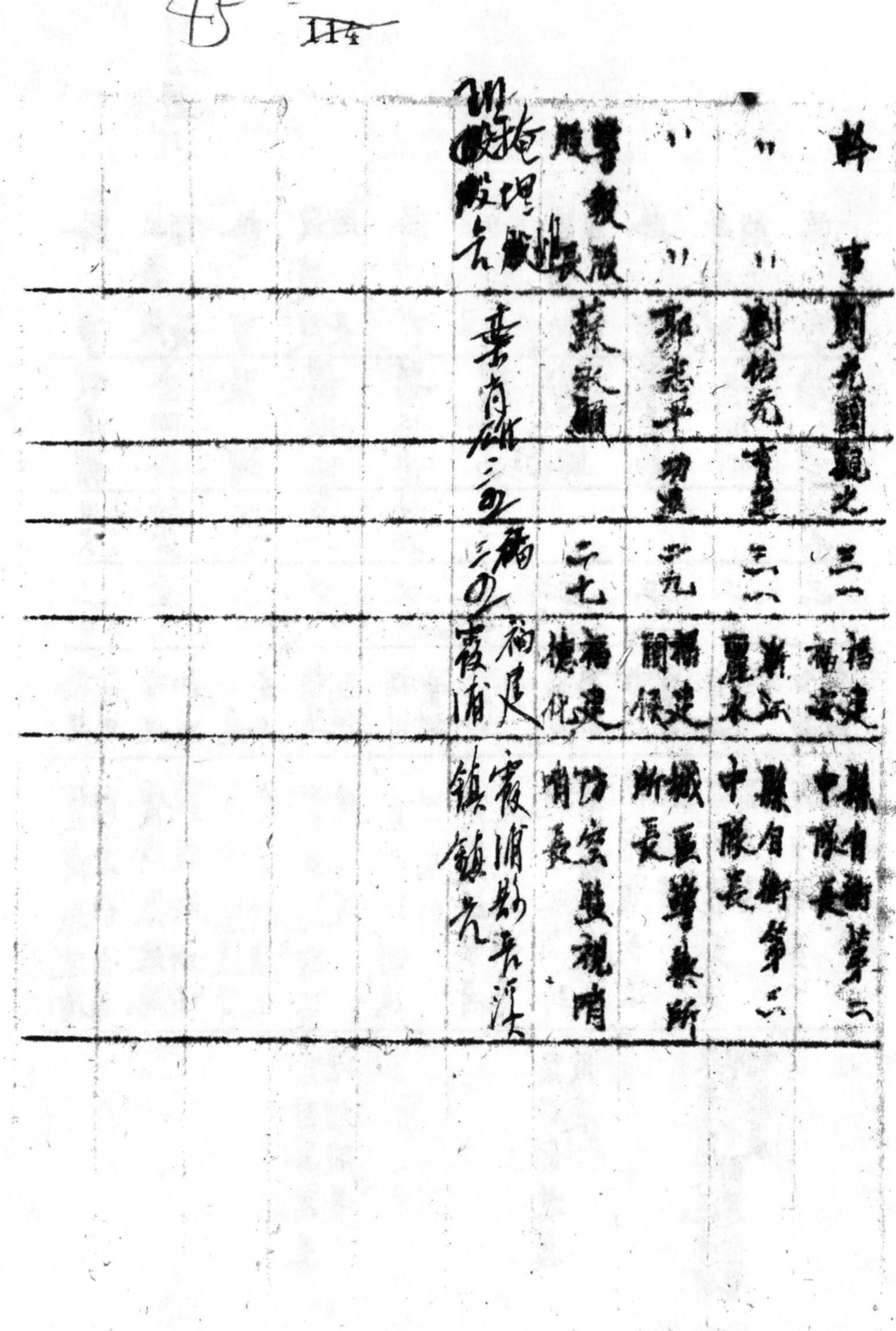

附件 霞浦县防护团人员简历姓名表(1942年7月) 0168-001-0351

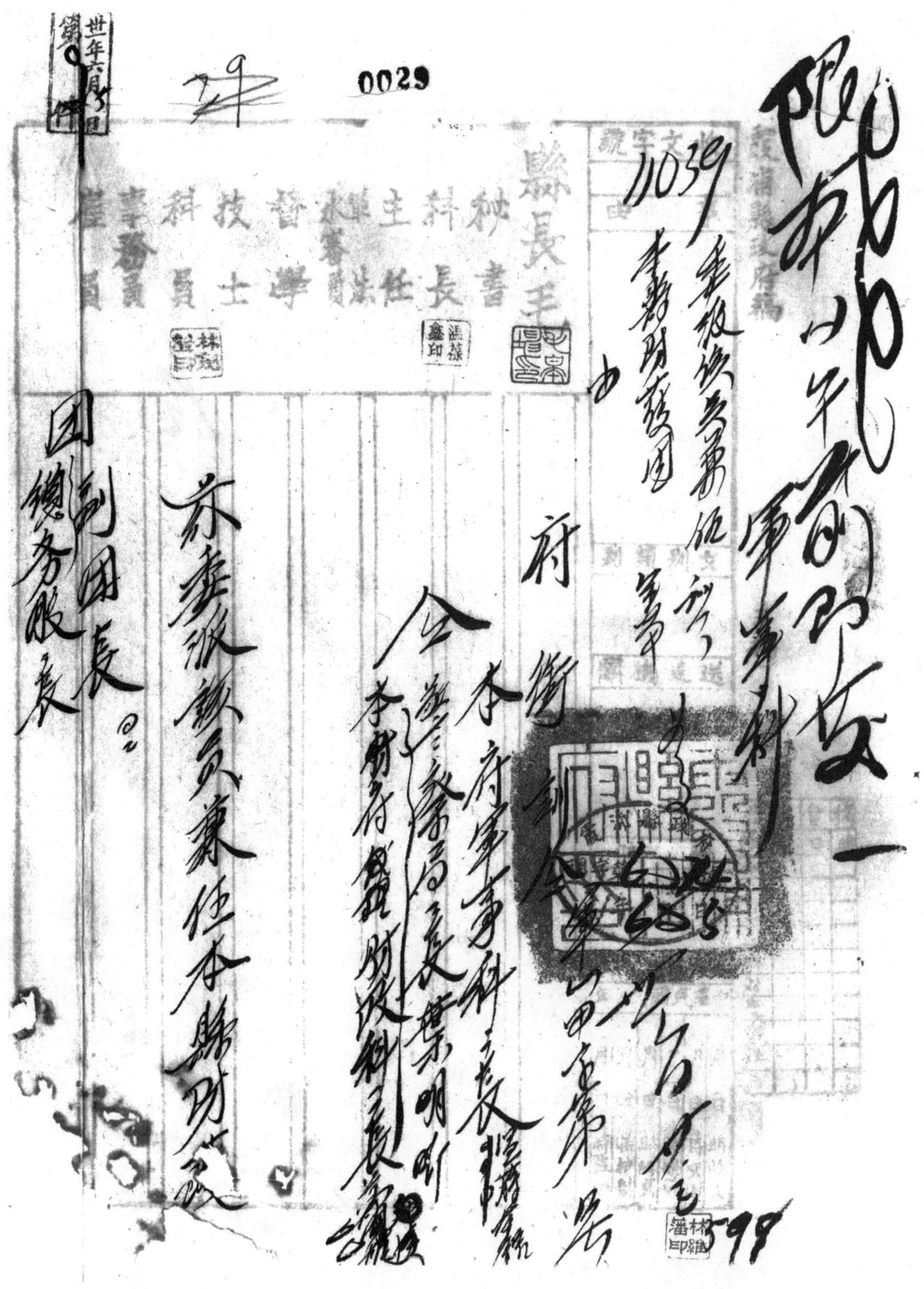

霞浦县政府关于叶明昕等兼任防护团副团长等职的委令(1942 年 6 月 25 日)

a 面　0168-001-0423

霞浦县政府关于叶明昕等兼任防护团副团长等职的委令（1942 年 6 月 25 日）

b 面　0168-001-0423

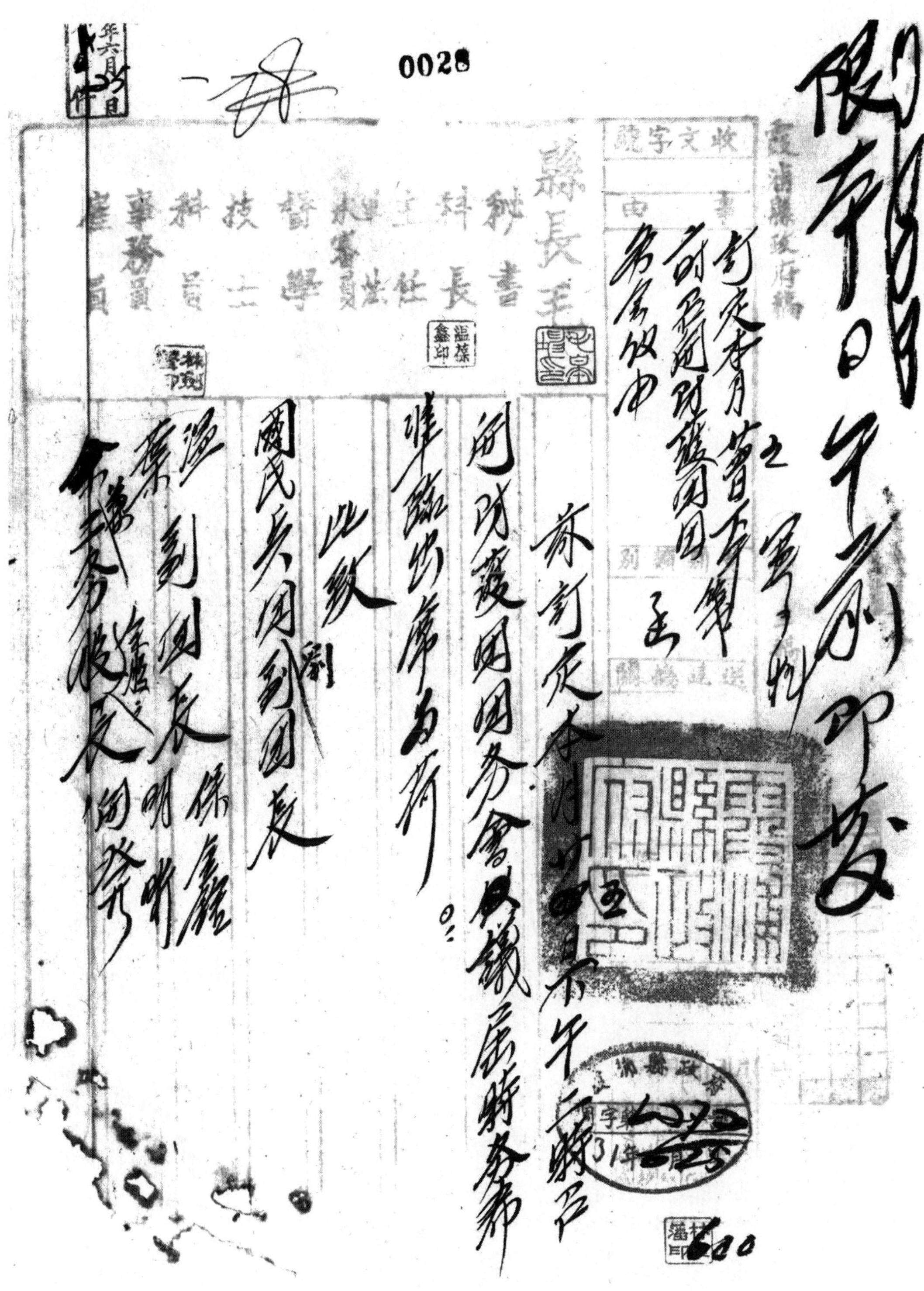

霞浦县政府关于定本月 25 日下午召开防护团团务会议的笺函(1942 年 6 月 25 日)

a 面　0168-001-0423

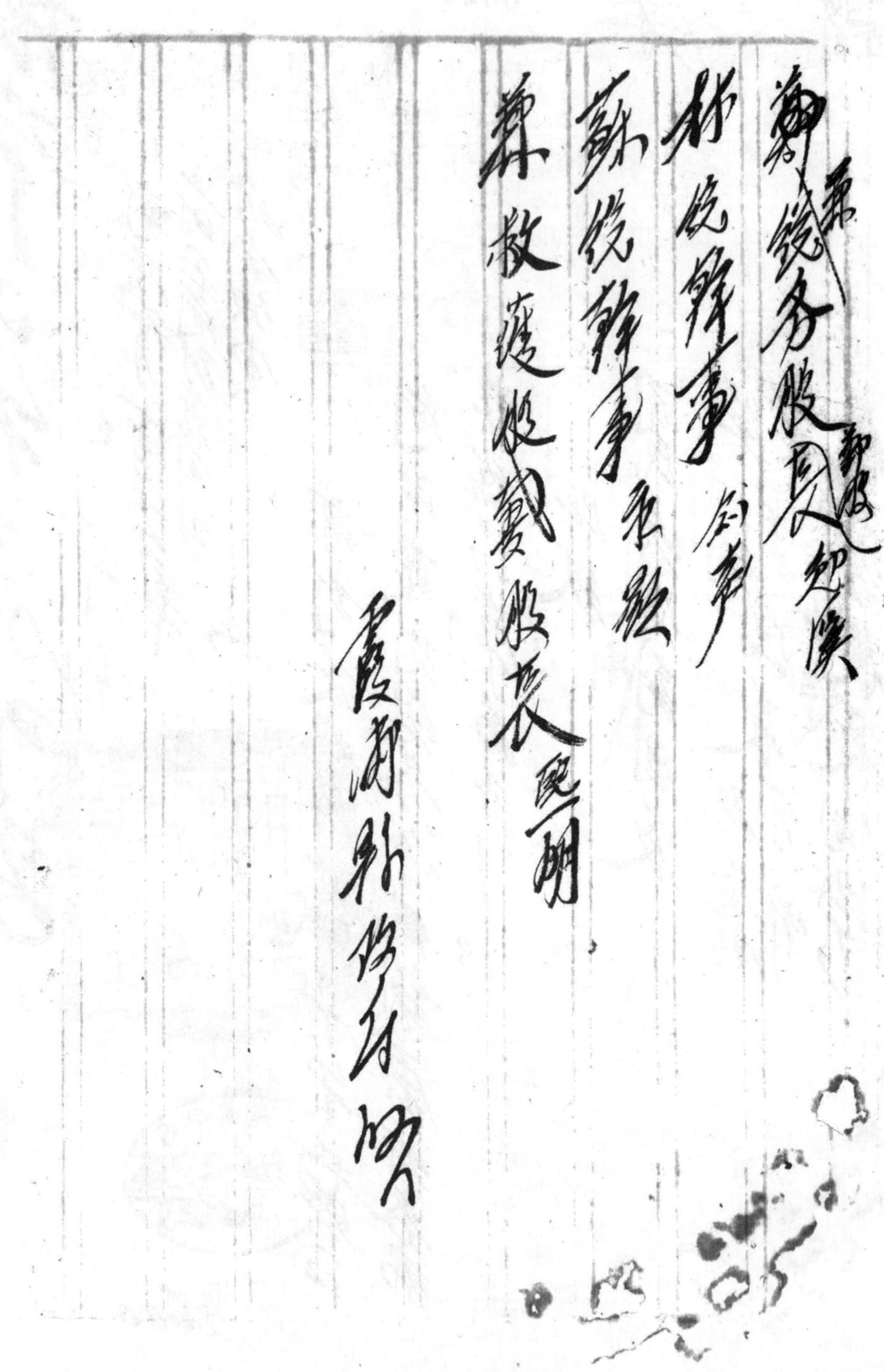

霞浦县政府关于定本月25日下午召开防护团团务会议的笺函(1942年6月25日)

b面 0168-001-0423

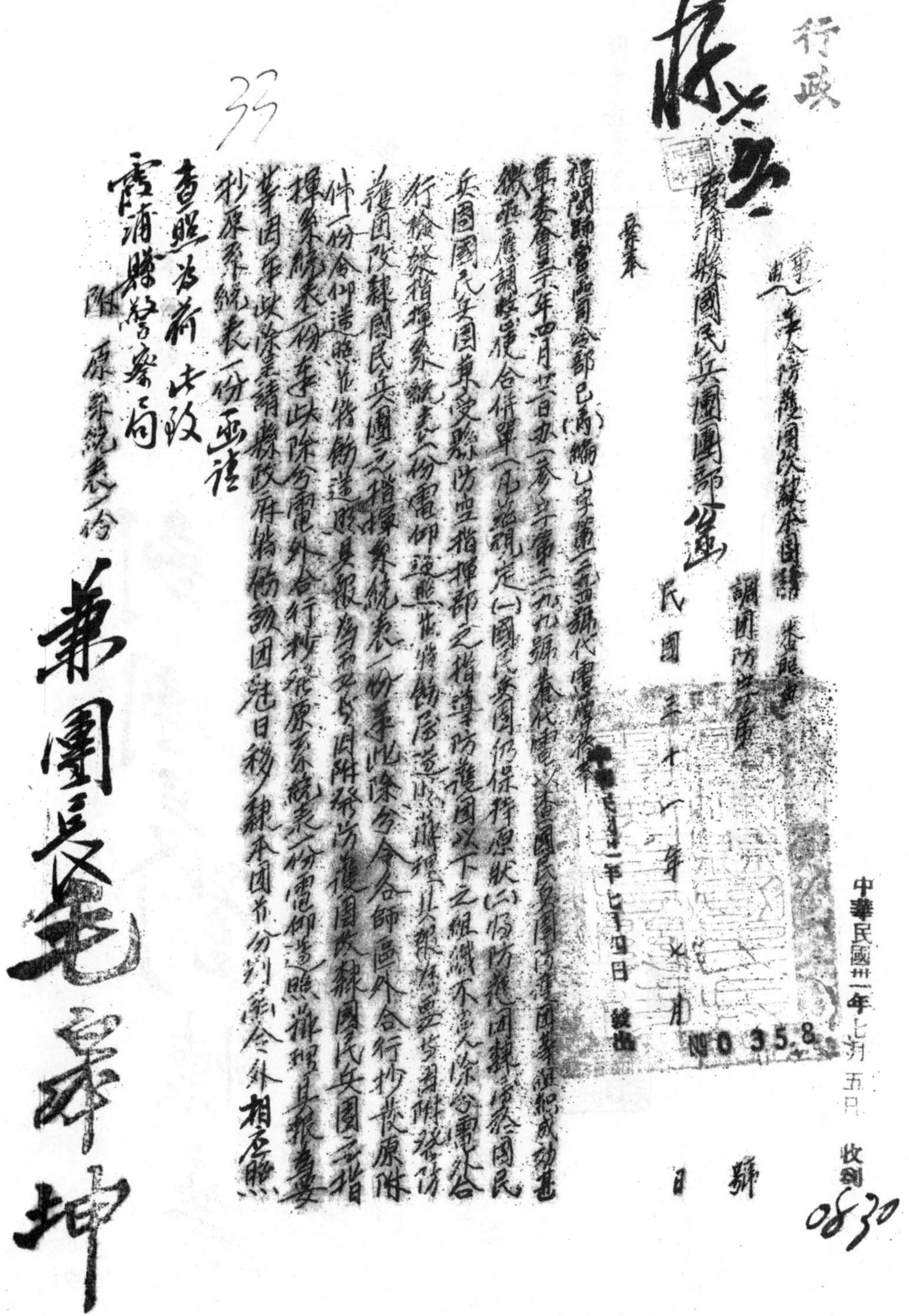

行政

霞浦縣國民兵團團部公函

事由：奉令防護團改隸本團請查照由

民國三十一年七月 日

福建閩師管區司令部巳(高)編乙字第[illegible]號代電[illegible]

軍委會三十一年四月廿日辦(參)字第二九九號養代電[illegible]國民兵團[illegible]組織[illegible]

織亟應調整俾合併單(甲)統規定(一)國民兵團仍保持原狀(二)各防護團[illegible]國民

兵團國民兵團兼受縣防空指揮部之指導防護團以下之組織不變[illegible]

行檢發指揮系統表一份電仰遵照並轉飭[illegible]遵照辦理具報為要[illegible]附發防

護團改隸國民兵團之指揮系統表一份奉此除分令師區外合行抄發原附

件一份令仰遵照並轉飭遵照具報為要[illegible]附發防護團改隸國民兵團之指

揮系統表一份等因奉此除分電外合行抄發原系統表一份電仰遵照辦理具報為要

等因奉此除呈請縣政府轉飭該團遵日移隸本團並分別飭令外相應照

抄原系統表一份函請

查照為荷 此致

霞浦縣警察局

附 原系統表一份

兼團長 毛皋坤

中華民國卅一年七月五日 收到

霞浦县国民兵团关于奉令防护团改隶本团的公函(1942年7月4日)

a面 0168-001-0531

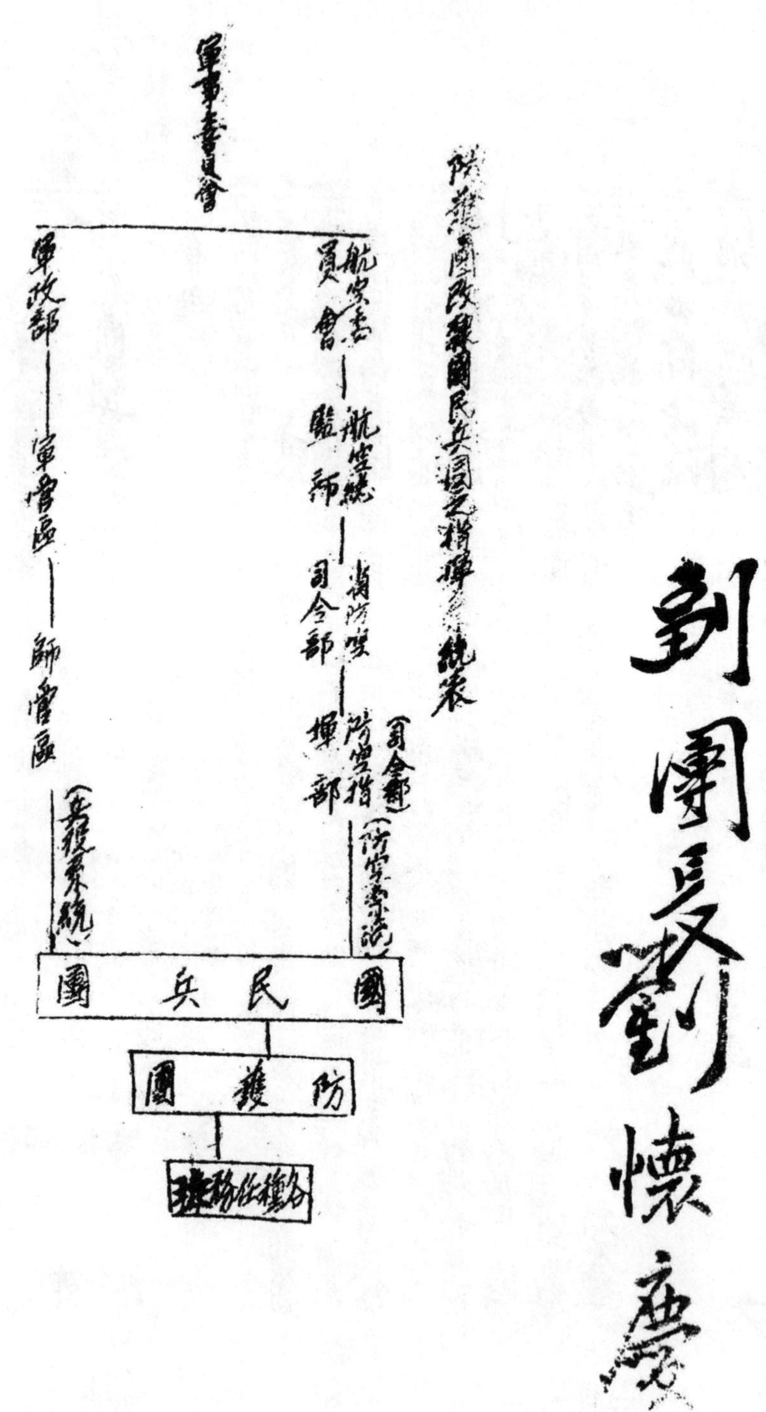

防護團改隸國民兵團之指揮系統表

軍事委員會

軍政部——軍管區——師管區（兵役系統）

航空委員會——航空總監部——防空司令部——防空指揮部（司令部）（防空系統）

國民兵團

防護團

分擔任務班

劉團長劉懷慶

霞浦县国民兵团关于奉令防护团改隶本团的公函(1942 年 7 月 4 日)

b 面　0168-001-0531

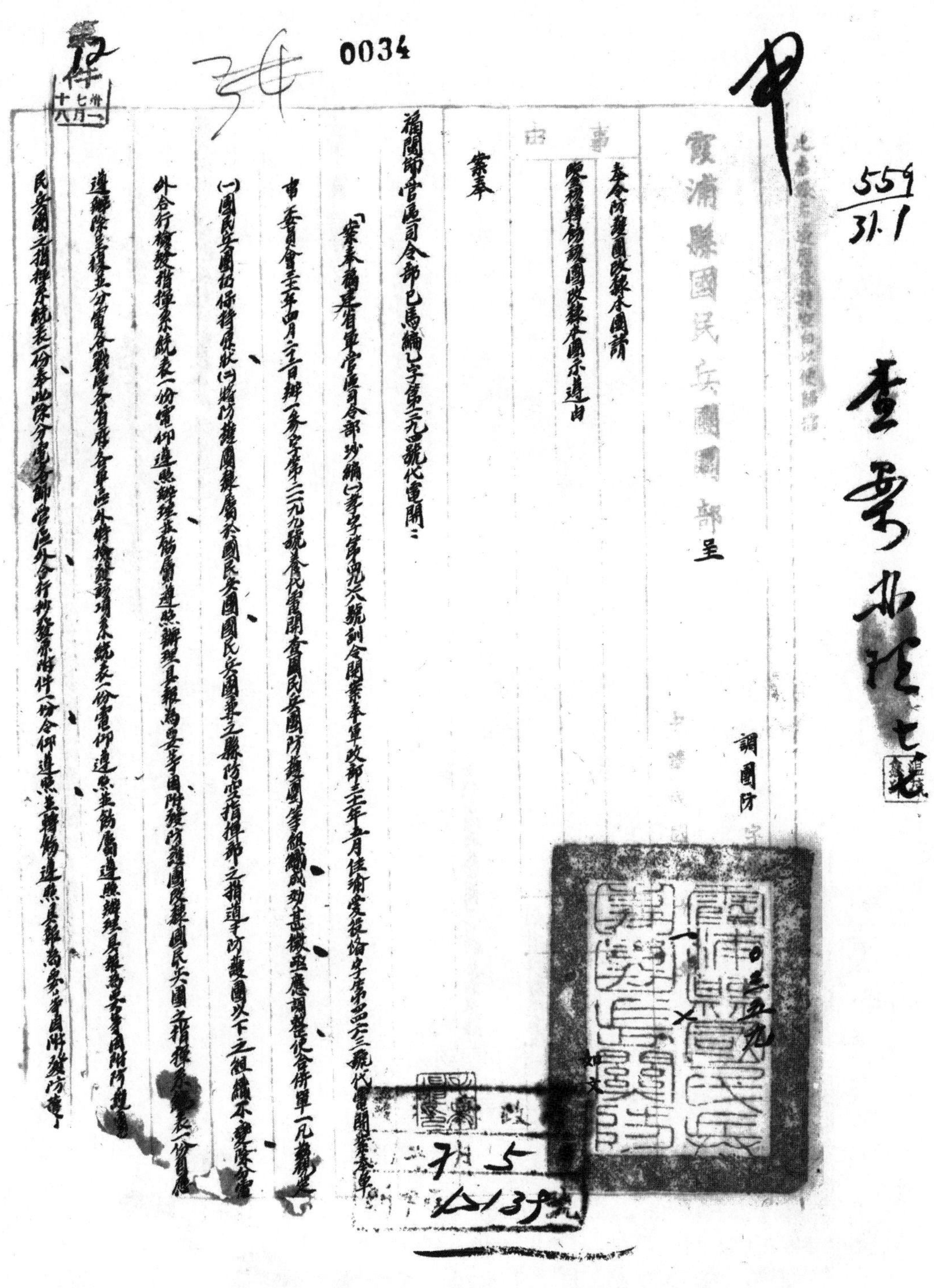

霞浦县国民兵团关于奉福闽师管区司令部令防护团改隶本团请鉴核转饬的呈文

(1942 年 7 月 4 日)a 面　0168-001-0423

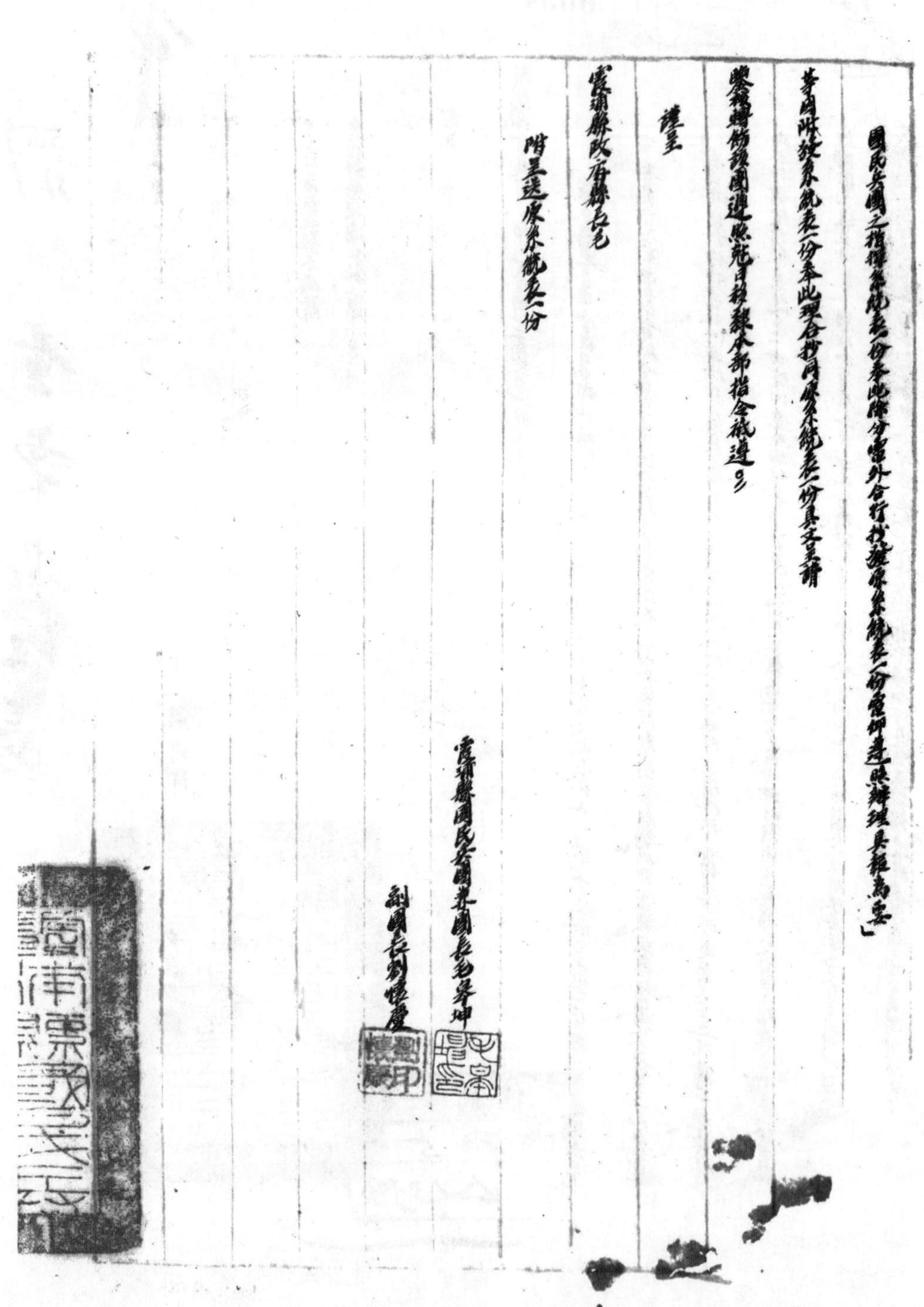

霞浦县国民兵团关于奉福闽师管区司令部令防护团改隶本团请鉴核转饬的呈文

（1942年7月4日）b面 0168-001-0423

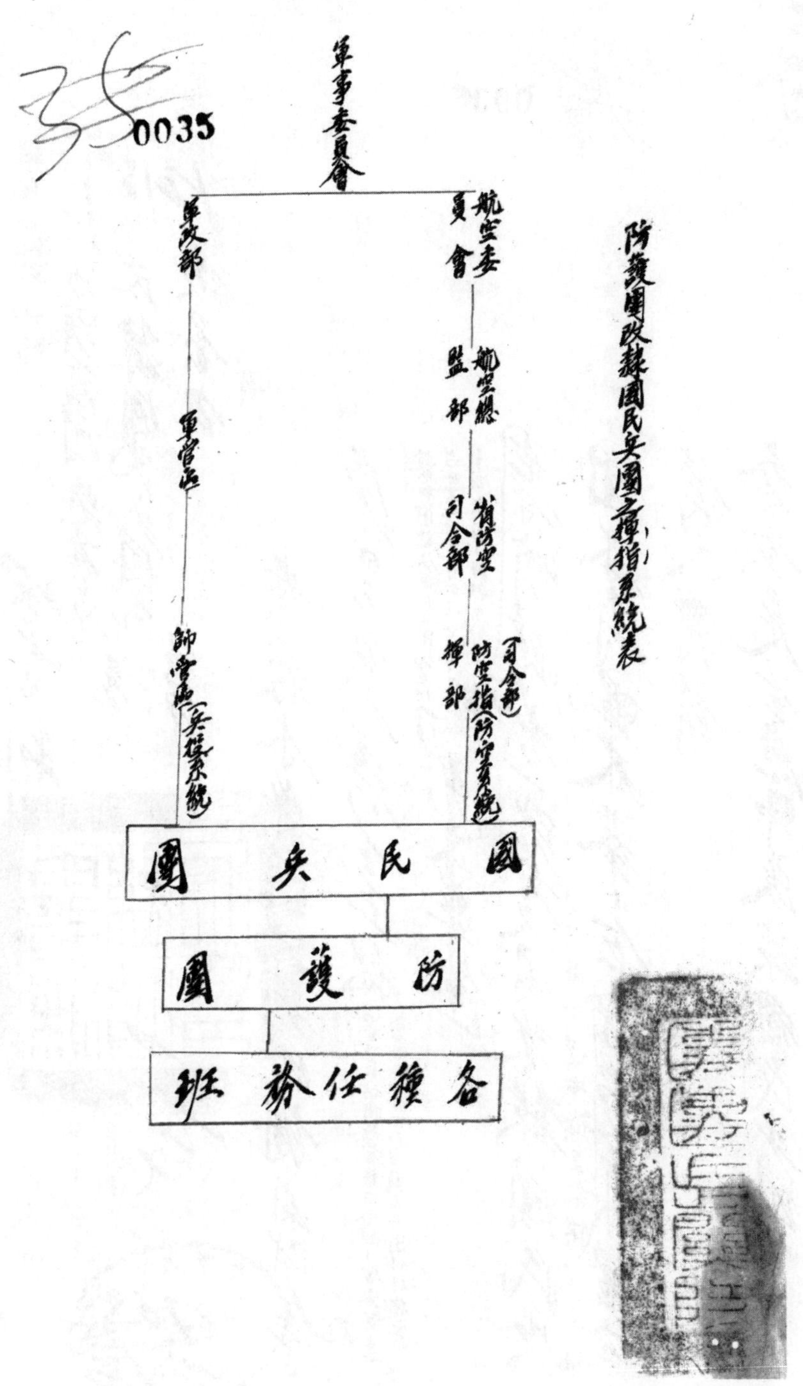

附件　防护团改隶国民兵团之指挥系统表(1942 年 7 月 4 日)　0168-001-0423

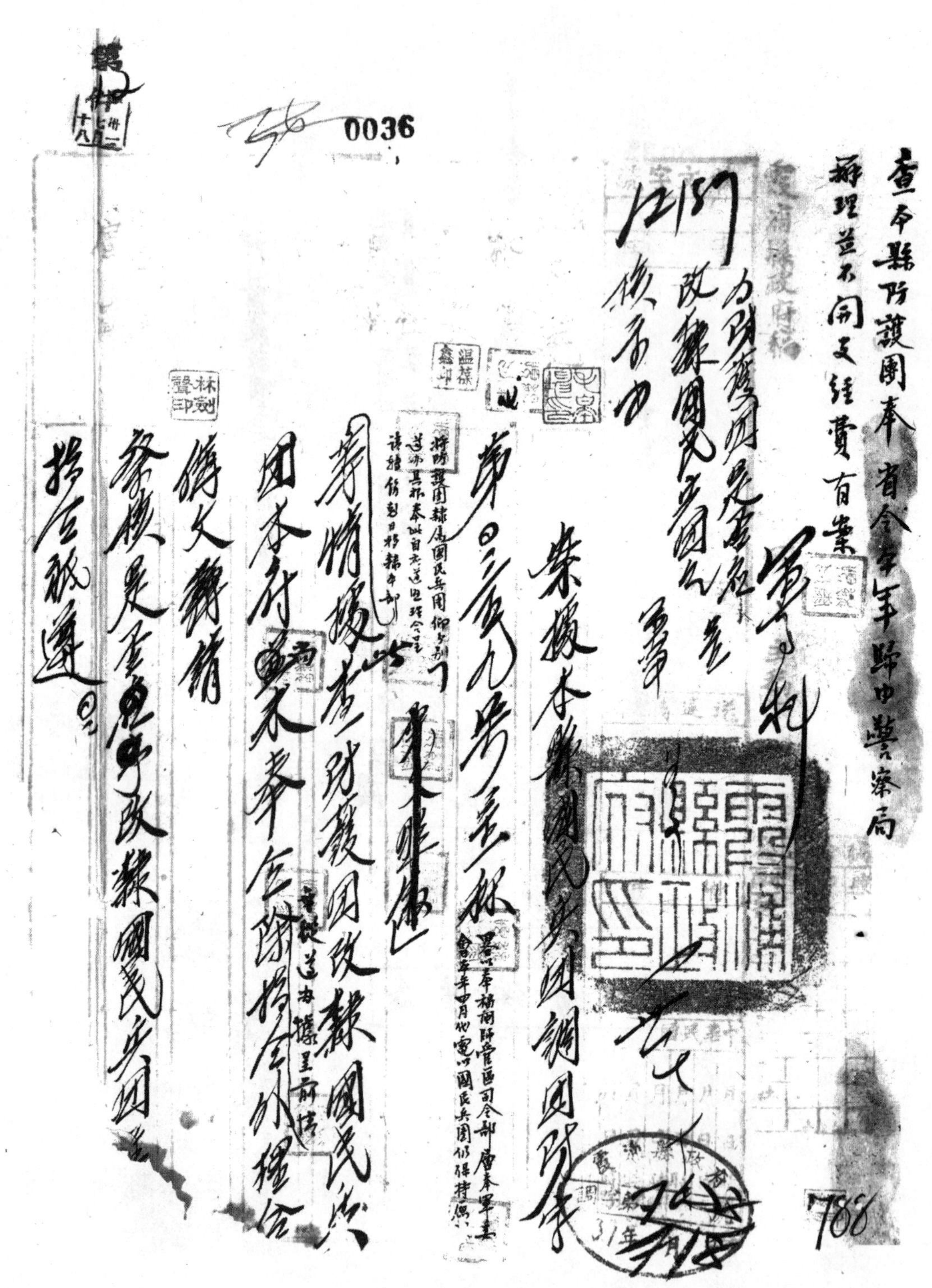

霞浦县政府关于防护团是否应改隶国民兵团请福建全省防空司令部核示的呈文

（1942年7月18日）a面　0168-001-0423

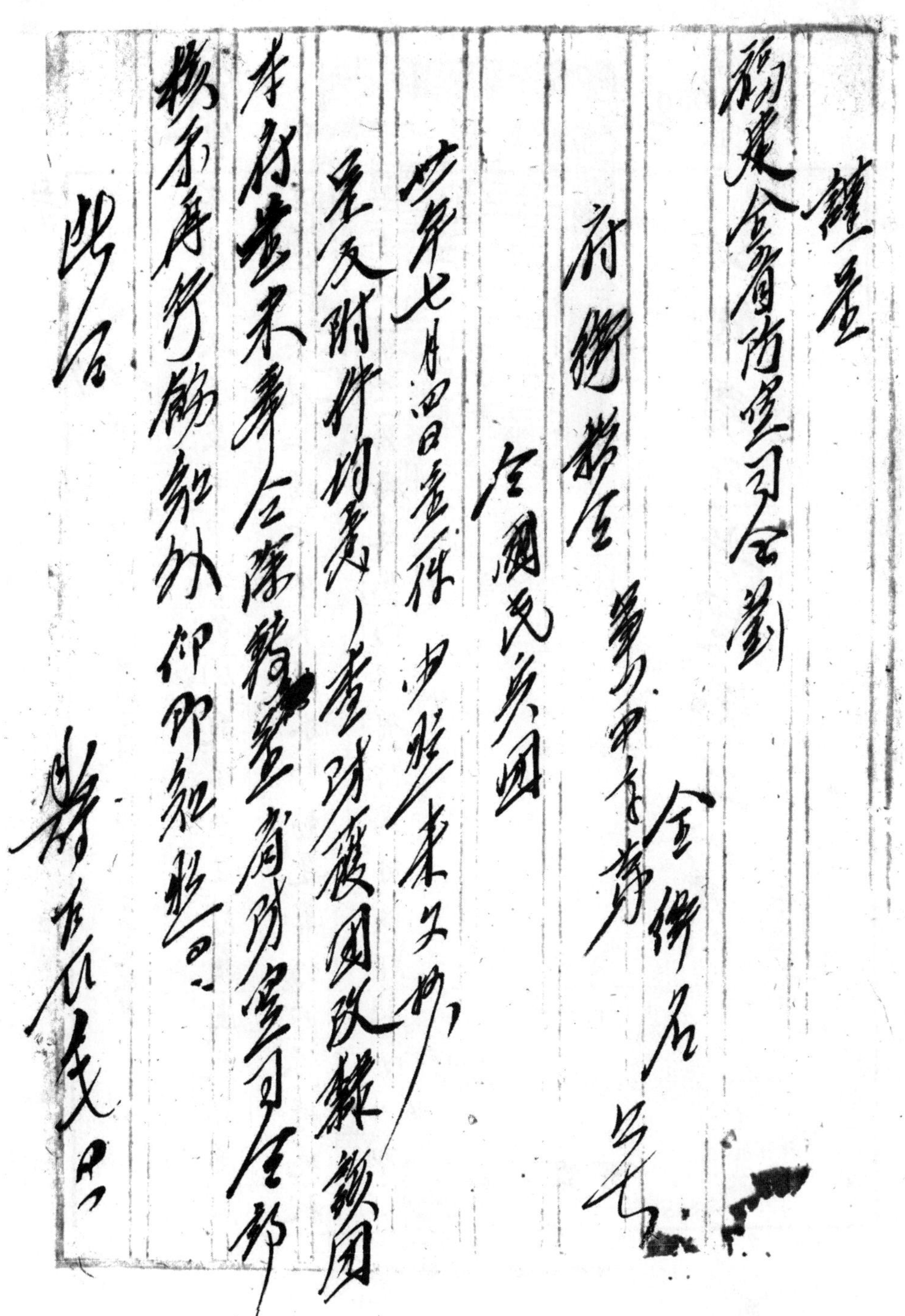

謹呈
福建全省防空司令劉
府銜鈞令 第 中字第 號 全銜名 呈
令國民兵團
卅一年七月四日呈件 [illegible]
呈及附件均悉。查防護團改隸國民兵團
本府尚未奉令，除[illegible]省防空司令部
核示再行飭知外，仰即知照。
此令
縣長 [illegible]

霞浦县政府关于防护团改隶国民兵团事待省防空司令部核示再行饬知的训令

(1942 年 7 月 18 日)b 面　0168-001-0423

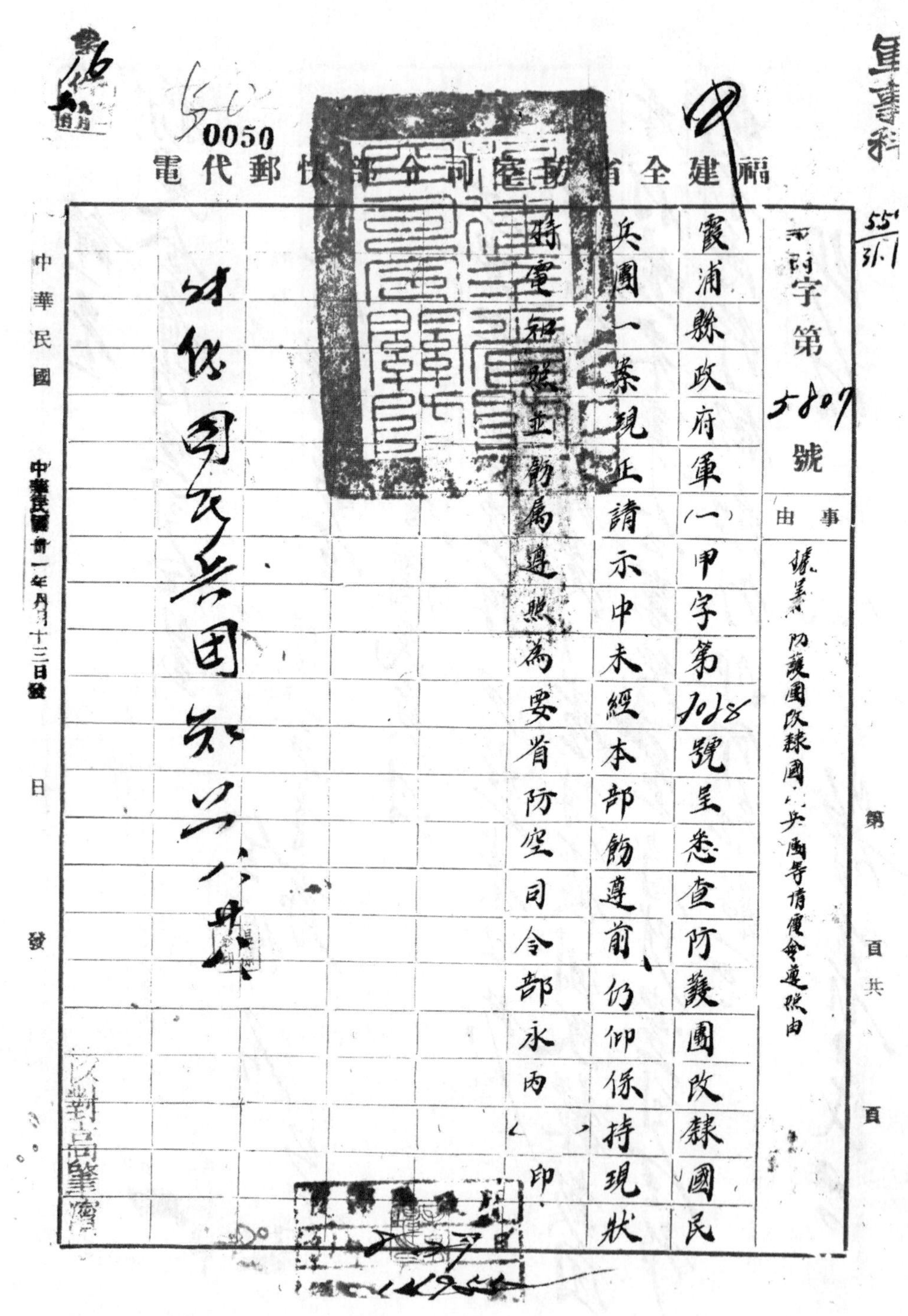
0050

福建全省防空司令部快郵代電

防字第5809號

事由：據呈防護團改隸國民兵團等情電令遵照由

霞浦縣政府軍(一)甲字第7018號呈悉查防護團改隸國民兵團一案現正請示中未經本部飭遵前仍仰係持現狀特電知照並飭屬遵照為要省防空司令部永丙〔 〕印

中華民國卅一年八月十三日發

福建全省防空司令部关于防护团改隶国民兵团等情的快邮代电

（1942年8月13日）　0168-001-0423

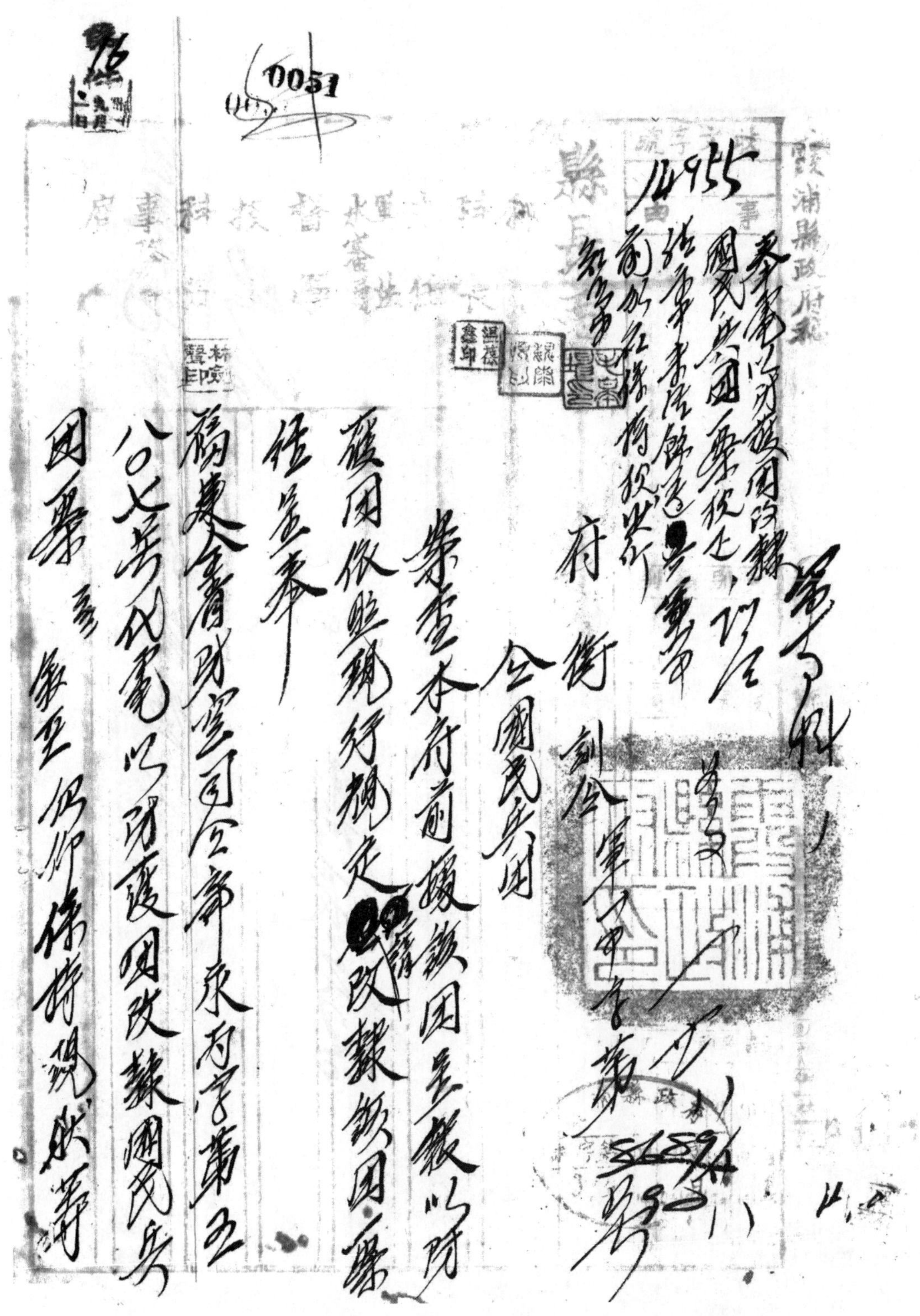

霞浦县政府关于奉福建全省防空司令部令防护团改隶国民兵团一案未经饬遵前仍须保持现状的训令(1942 年 9 月 2 日)a 面　0168-001-0423

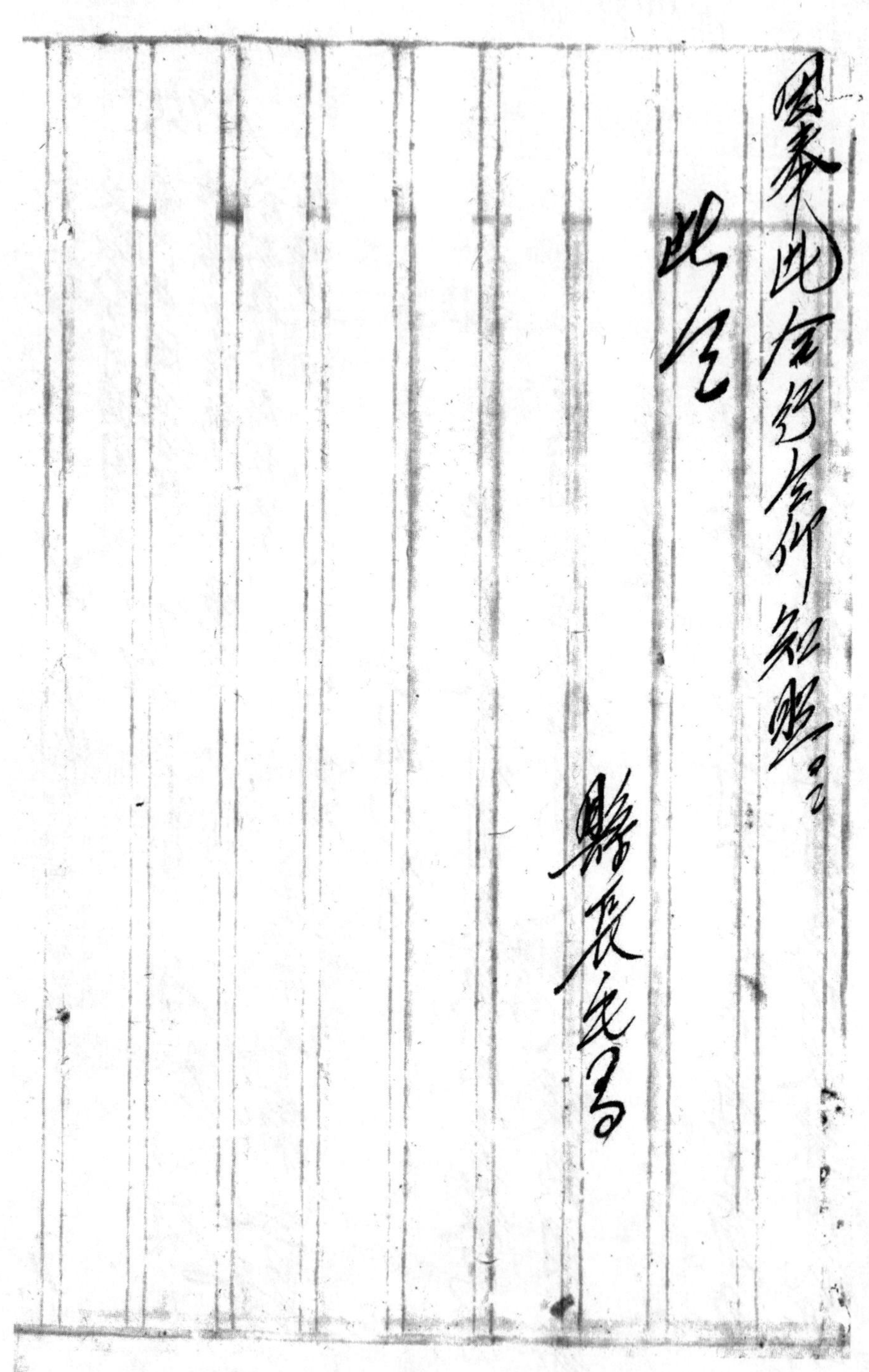

霞浦县政府关于奉福建全省防空司令部令防护团改隶国民兵团一案未经饬遵前仍须保持现状的训令(1942 年 9 月 2 日)b 面 0168-001-0423

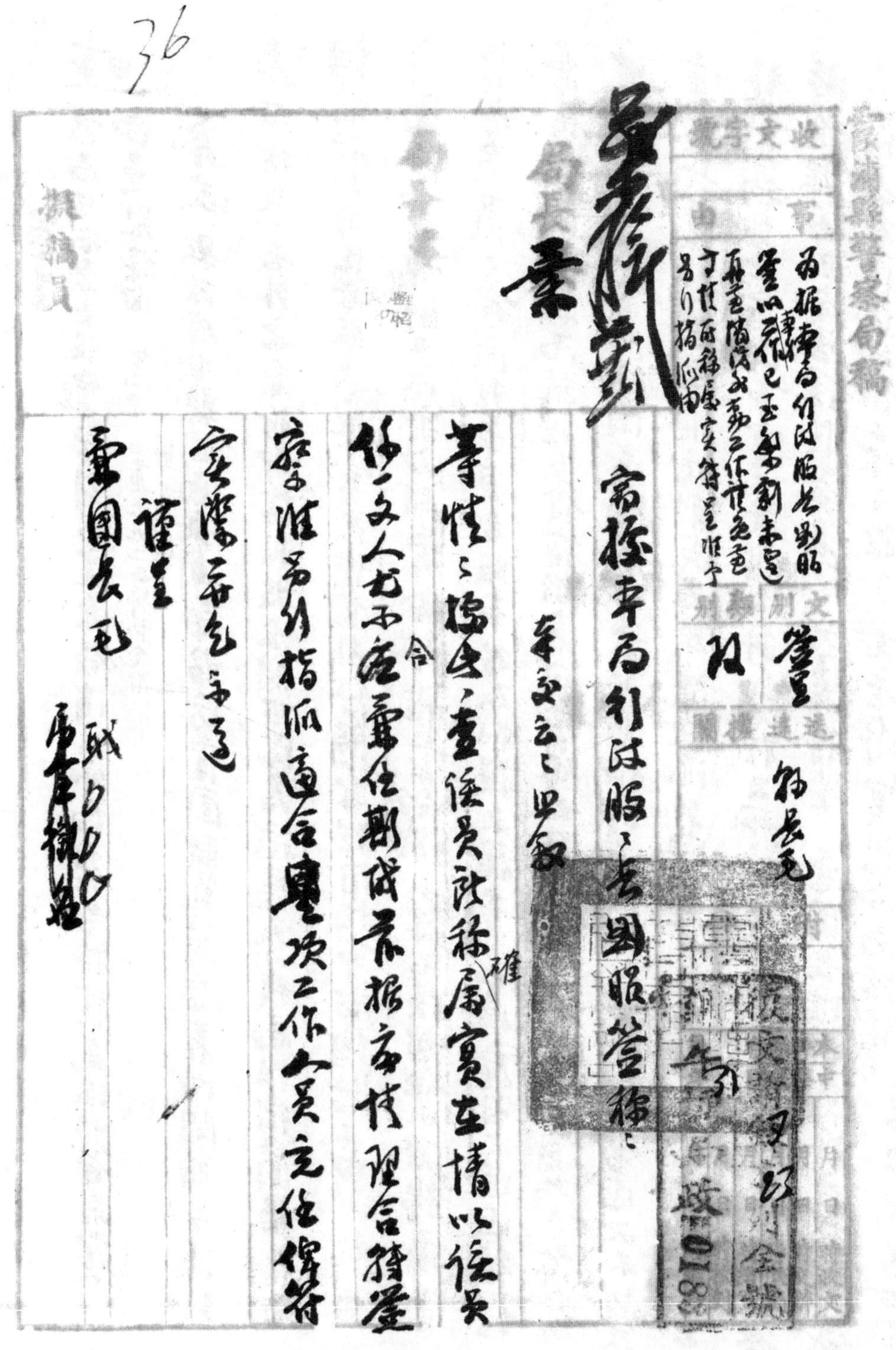

霞浦县警察局关于本局行政股长刘昭以工作繁剧请免兼消防外勤工作，所称属实，转呈请准另行指派的签呈(1942 年 7 月 23 日)　0168-001-0531

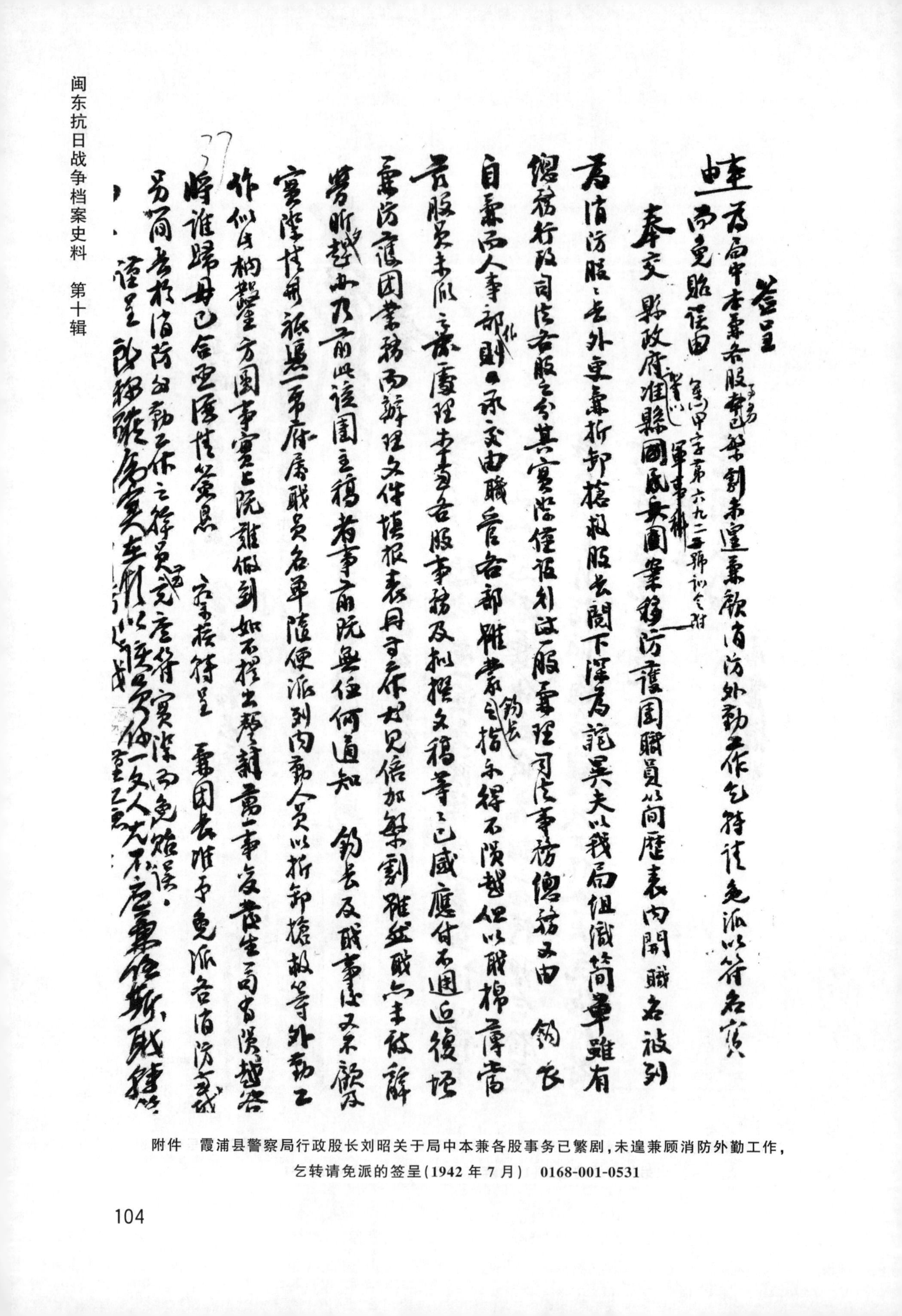

附件　霞浦县警察局行政股长刘昭关于局中本兼各股事务已繁剧，未遑兼顾消防外勤工作，乞转请免派的签呈（1942 年 7 月）　0168-001-0531

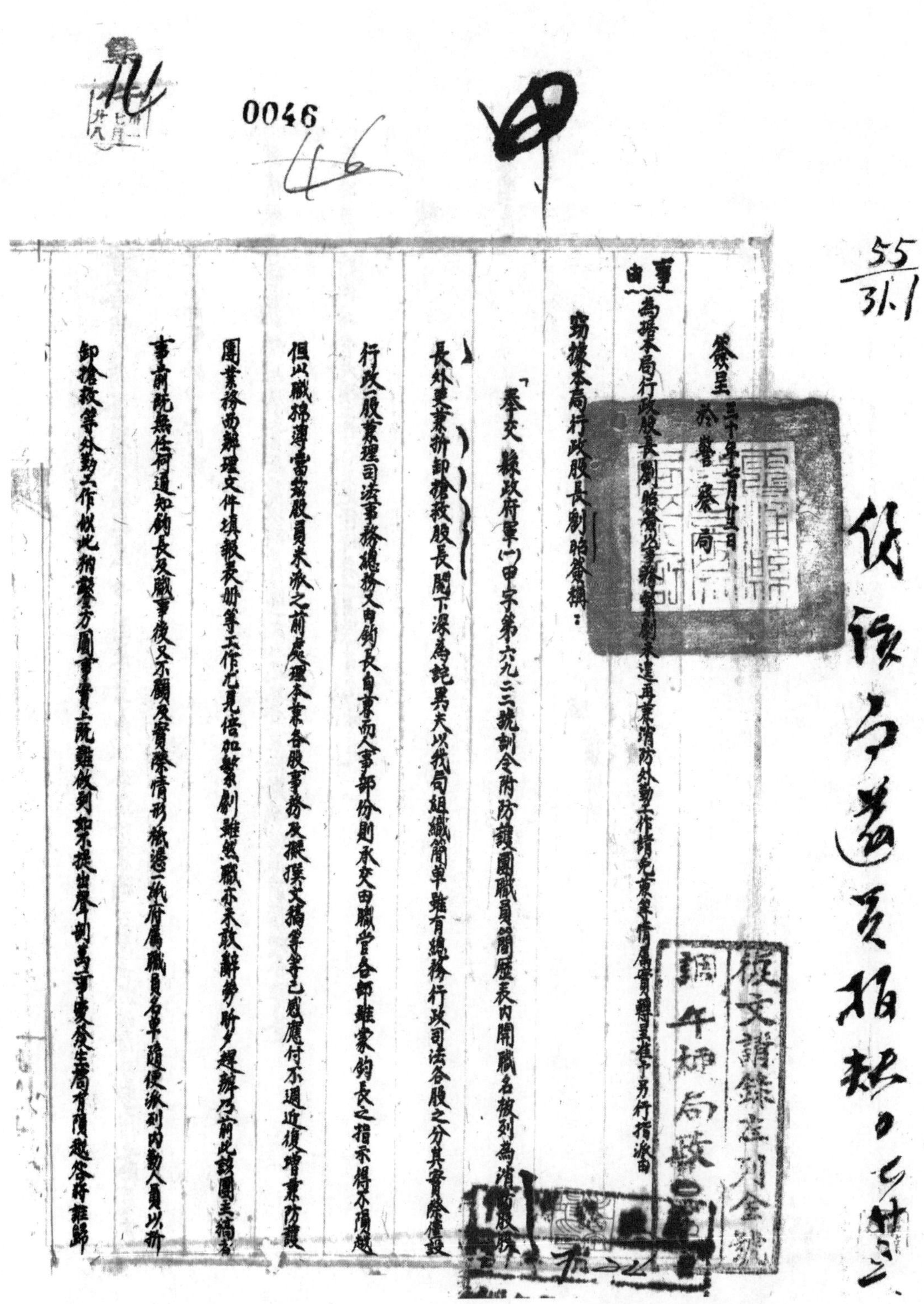

霞浦县警察局关于本局行政股长刘昭请免兼消防外勤工作等情属实，请准另行指派的签呈

(1942年7月23日)a面　0168-001-0423

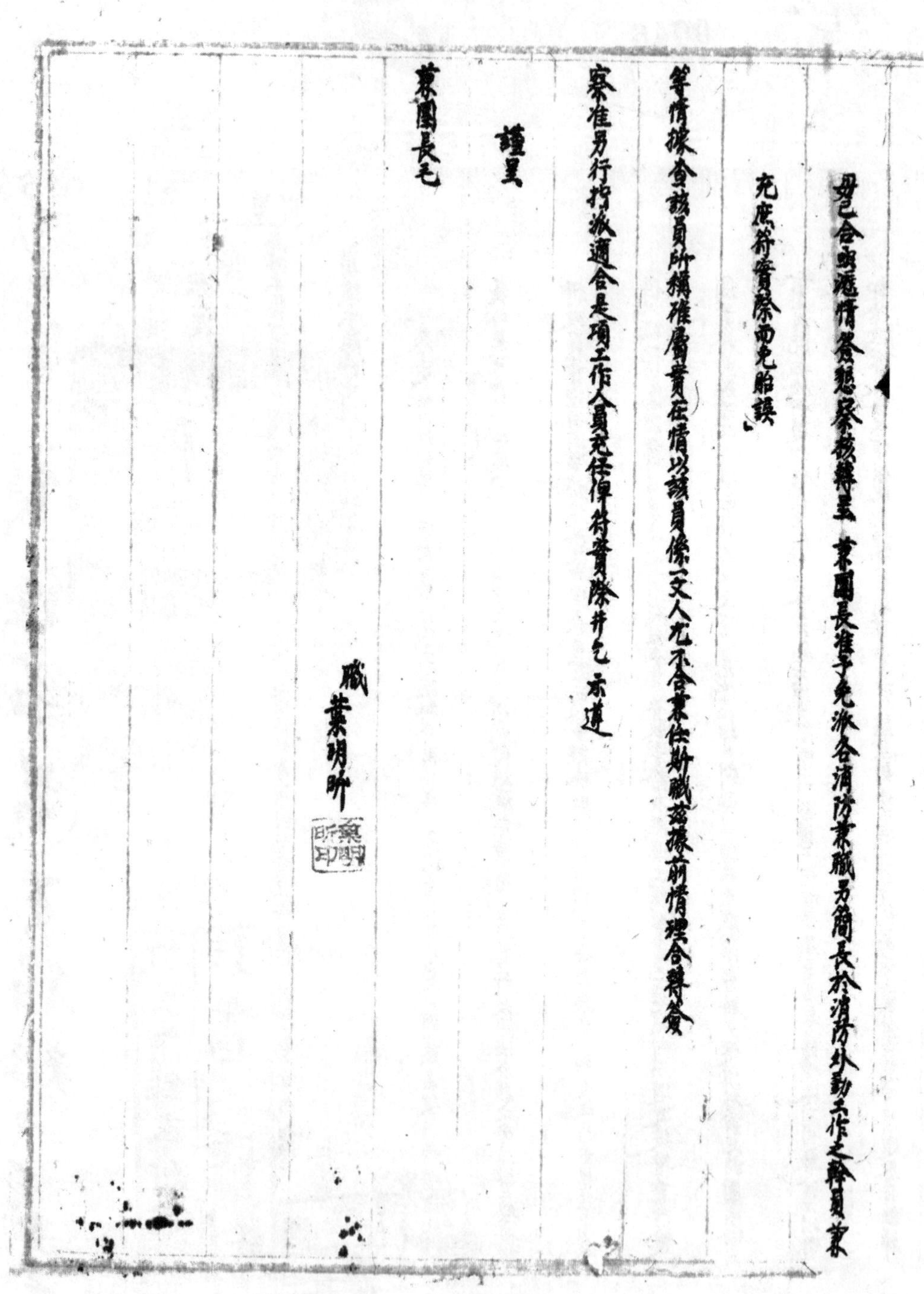
毋已合函遞情簽懇祈核轉呈 兼團長准予免派兼消防兼職另簡長於消防外勤工作之幹員來
充庶符實際而免貽誤
等情據查該員所稱確屬實在情以該員係一文人尤不合兼任斯職茲據前情理合轉簽
察准另行指派適合是項工作人員充任俾符實際并乞 示遵
謹呈
兼團長毛
職 葉明昕
葉明昕印

霞浦县警察局关于本局行政股长刘昭请免兼消防外勤工作等情属实，请准另行指派的签呈
（1942 年 7 月 23 日）b 面　0168-001-0423

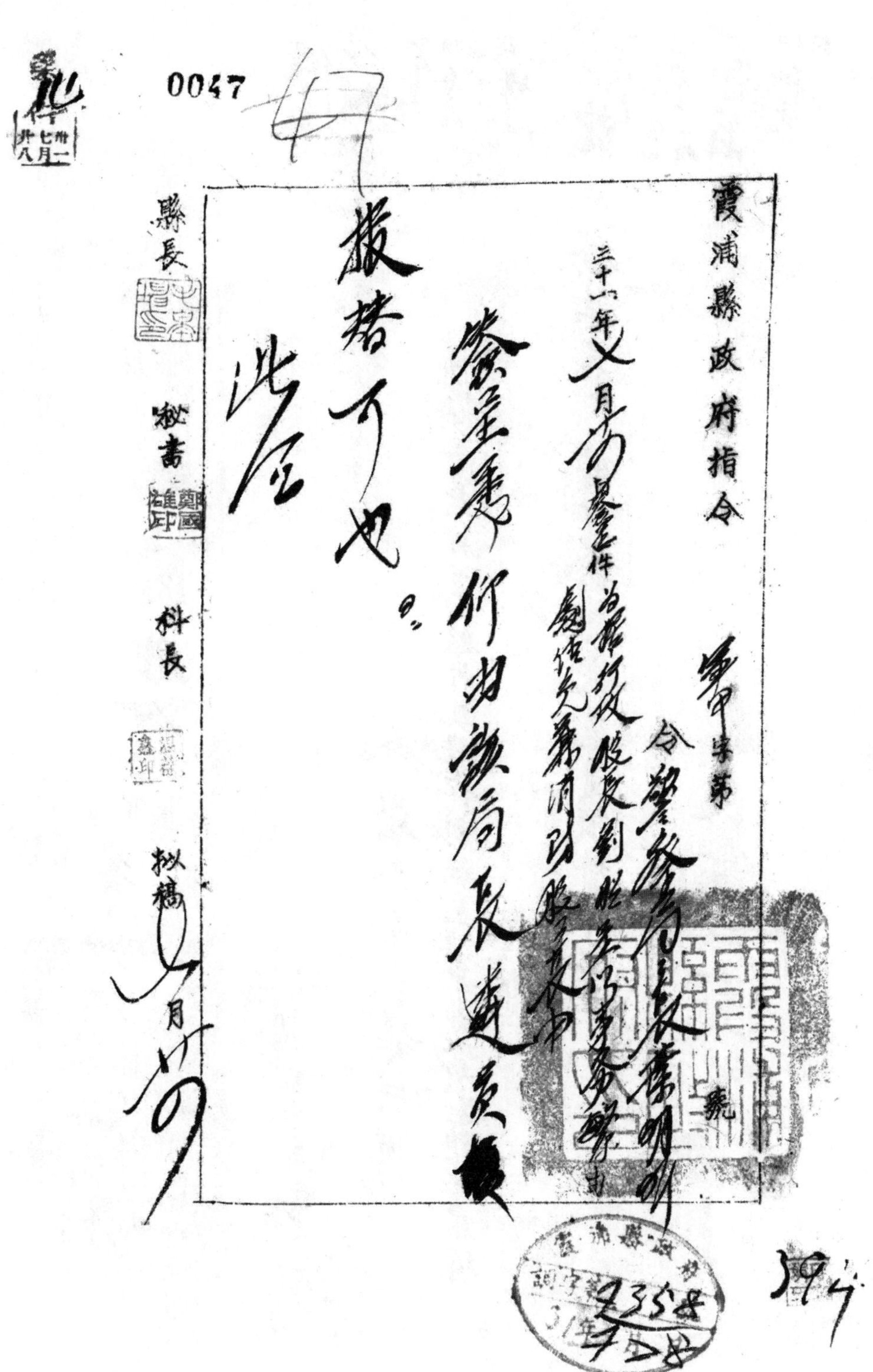
霞浦县政府指令 第 字第 号
三十一年七月 日
令警察局长 …
签呈悉。准予拨替可也。此令

霞浦县政府指令单　准由警察局长遴员报替(1942 年 7 月 24 日)

0168-001-0423

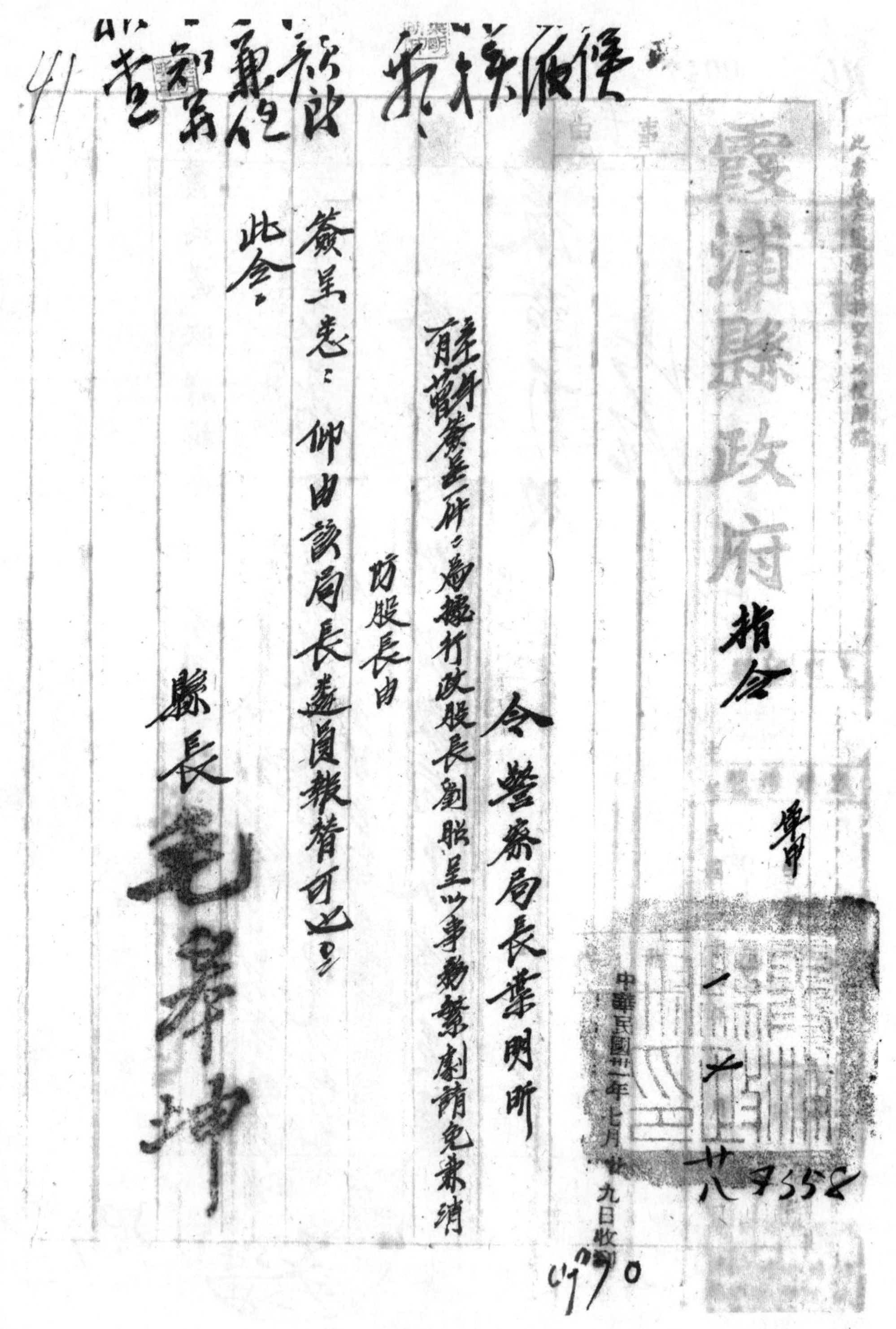
霞浦縣政府
指令

令警察局長葉明昕

據爾簽呈一件，為據行政股長劉聪呈以事務繁劇請免兼綃防股長由

簽呈悉。仰由該局長遴員報替可也。

此令。

縣長 毛昇坤

中華民國卅一年七月廿九日收到

霞浦县政府关于由警察局长遴员报替的指令(1942 年 7 月 28 日)

0168-001-0531

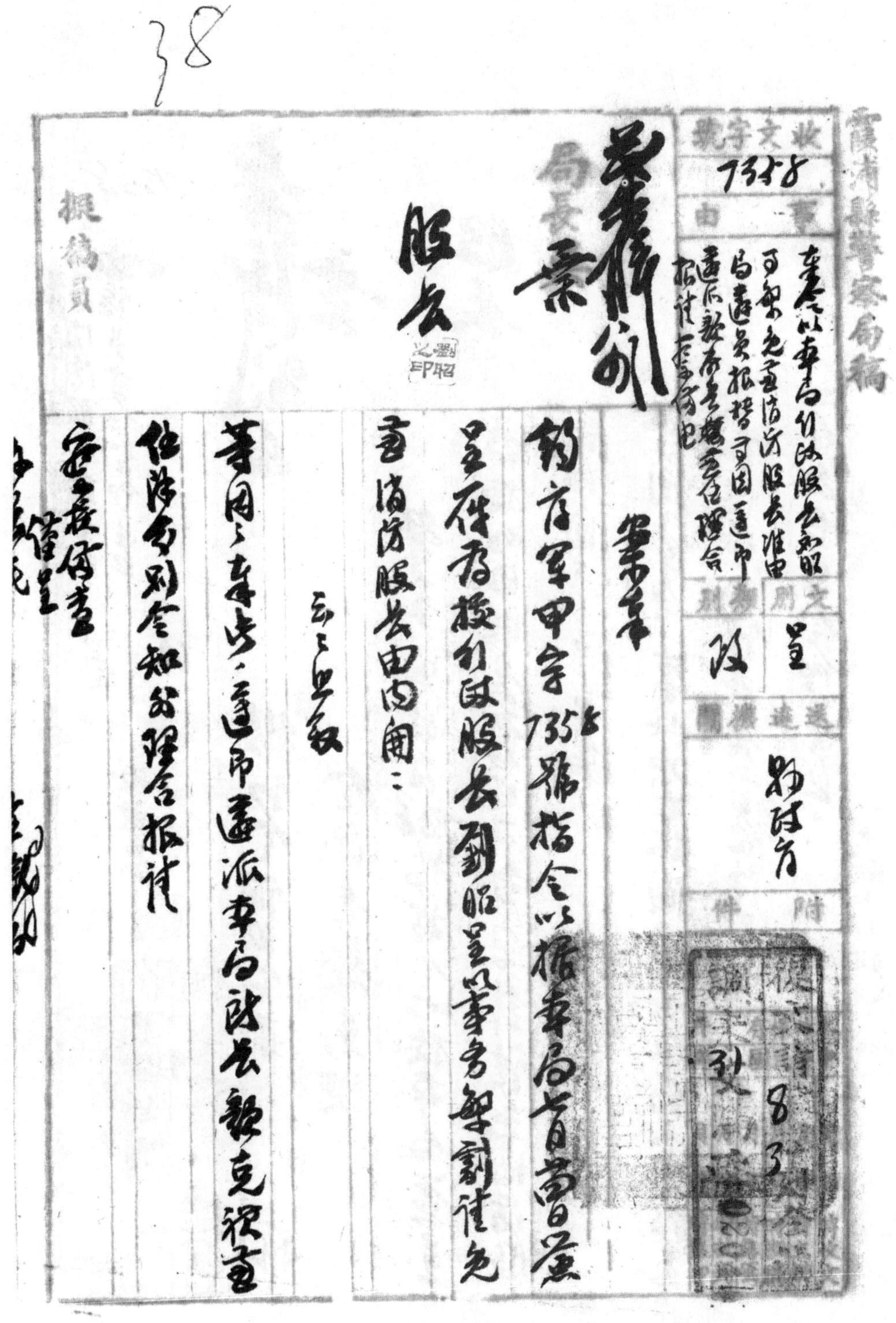

霞浦县警察局关于遴派本局所长颜克祺兼任消防股长的呈文(1942 年 8 月 4 日)

0168-001-0531

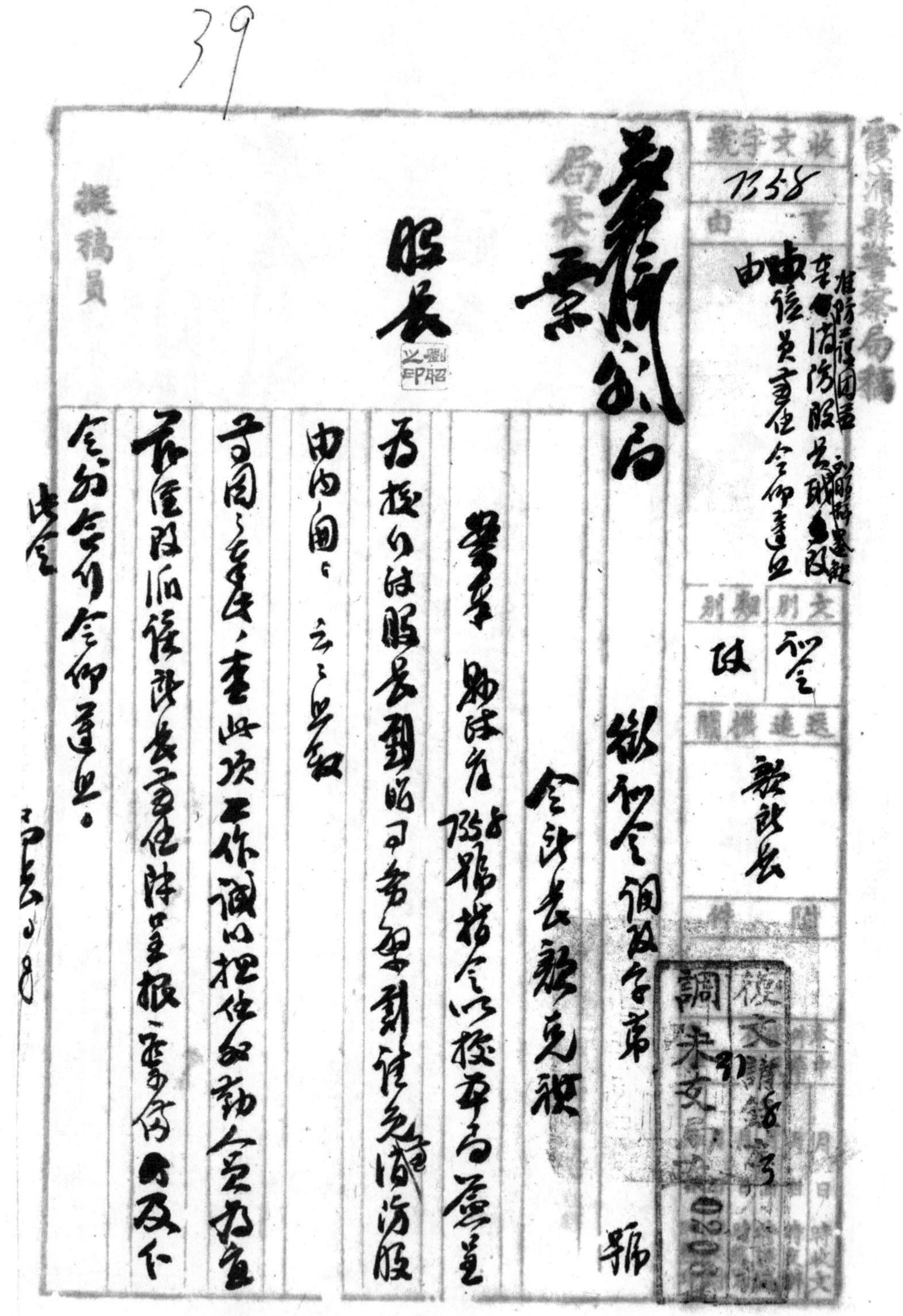

霞浦县警察局关于颜克祺兼任消防股长的训令(1942 年 8 月 12 日)

0168-001-0531

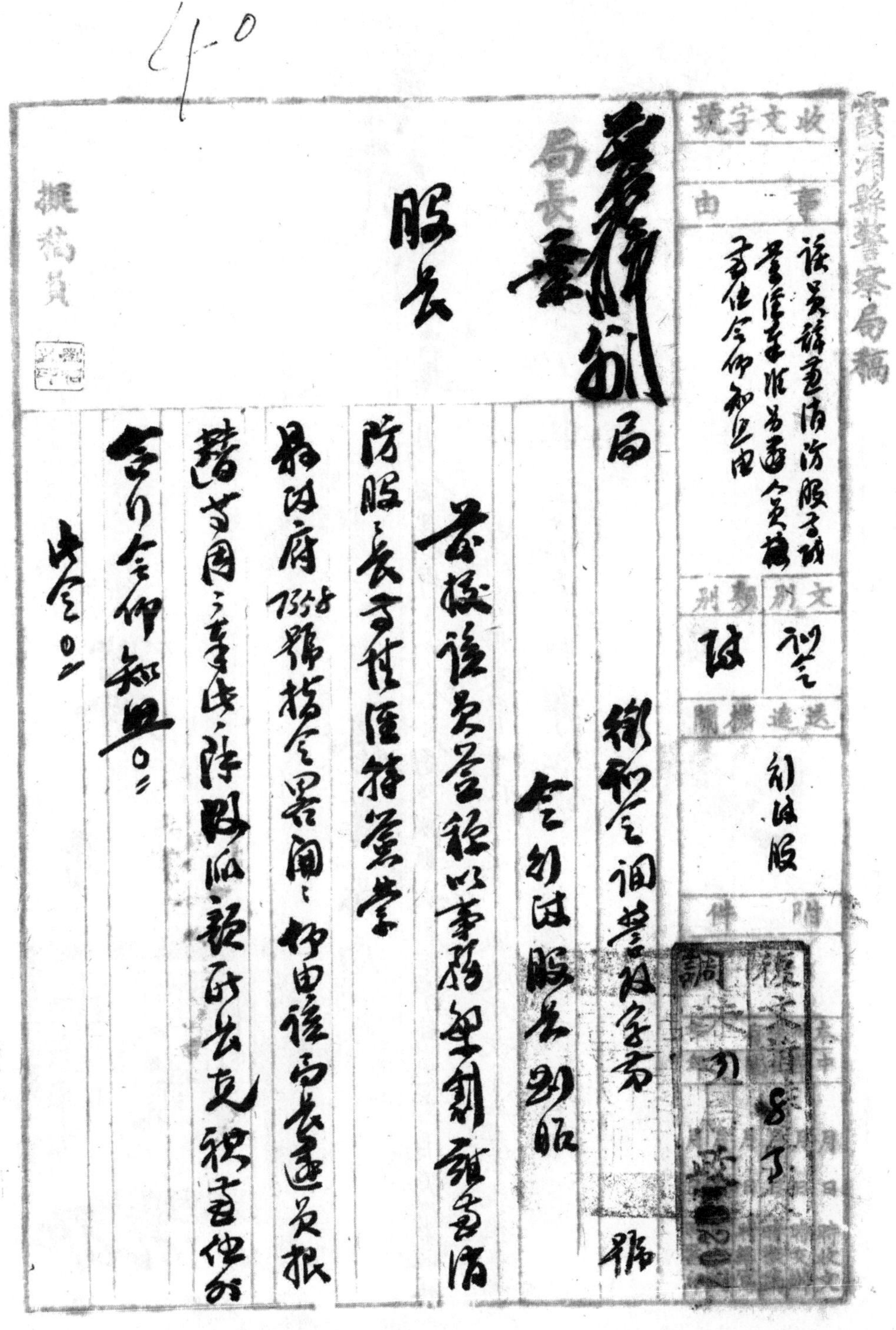

霞浦县警察局关于准行政股长刘昭辞兼消防股长职的训令(1942 年 8 月 12 日)

0168-001-0531

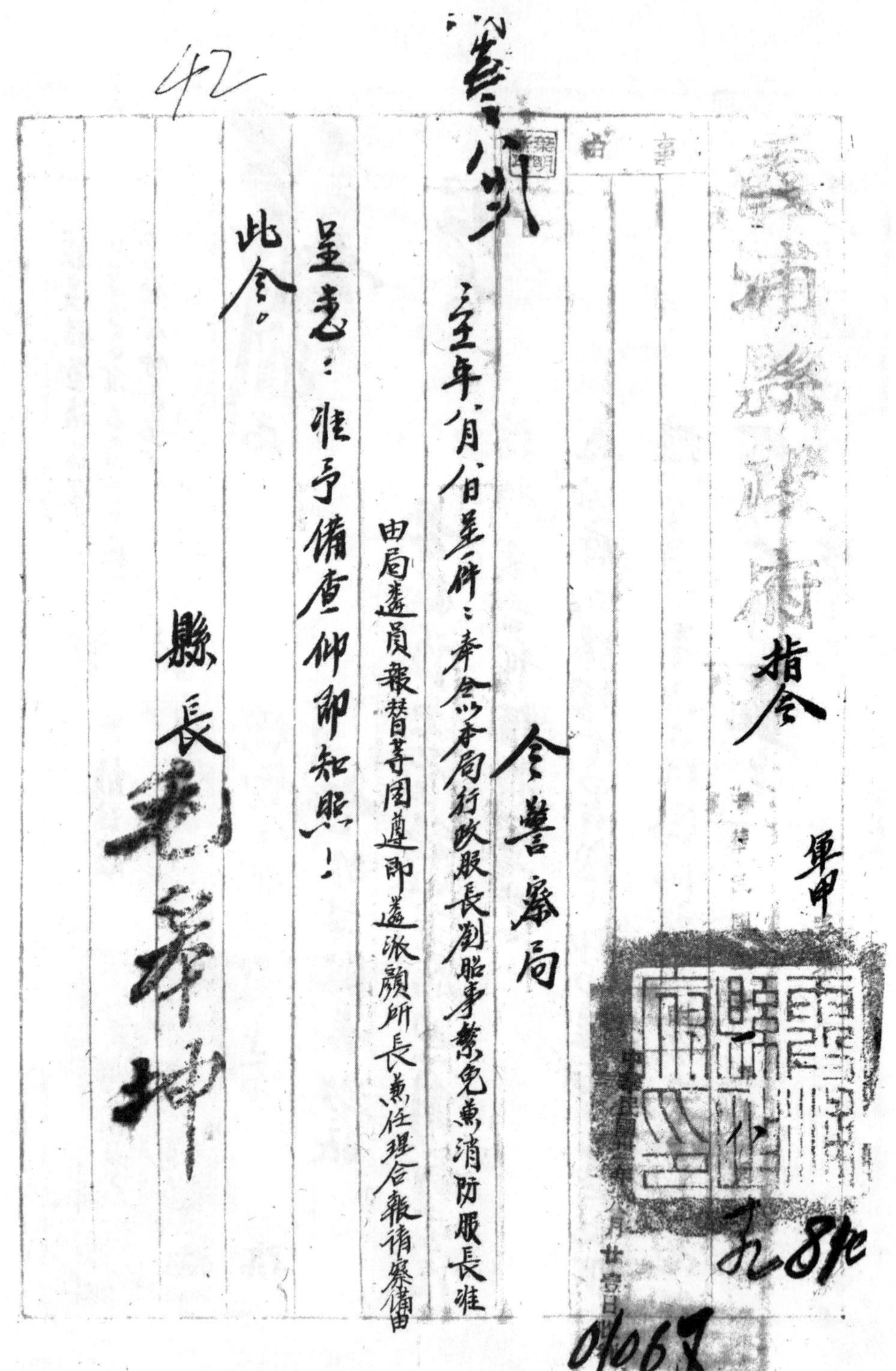

霞浦縣政府指令

令警察局

三十一年八月八日呈件：奉令以本局行政股長劉昭事繁免兼消防股長，准由局遴員報替等因，遵即遴派顏所長兼任，理合報請察備由

呈悉。准予備查，仰即知照！

此令。

縣長 毛羿坤

中華民國卅一年八月廿壹日

霞浦县政府关于所呈刘昭免兼遴派颜克祺报替兼任准予核备的指令

（1942 年 8 月 19 日） 0168-001-0531

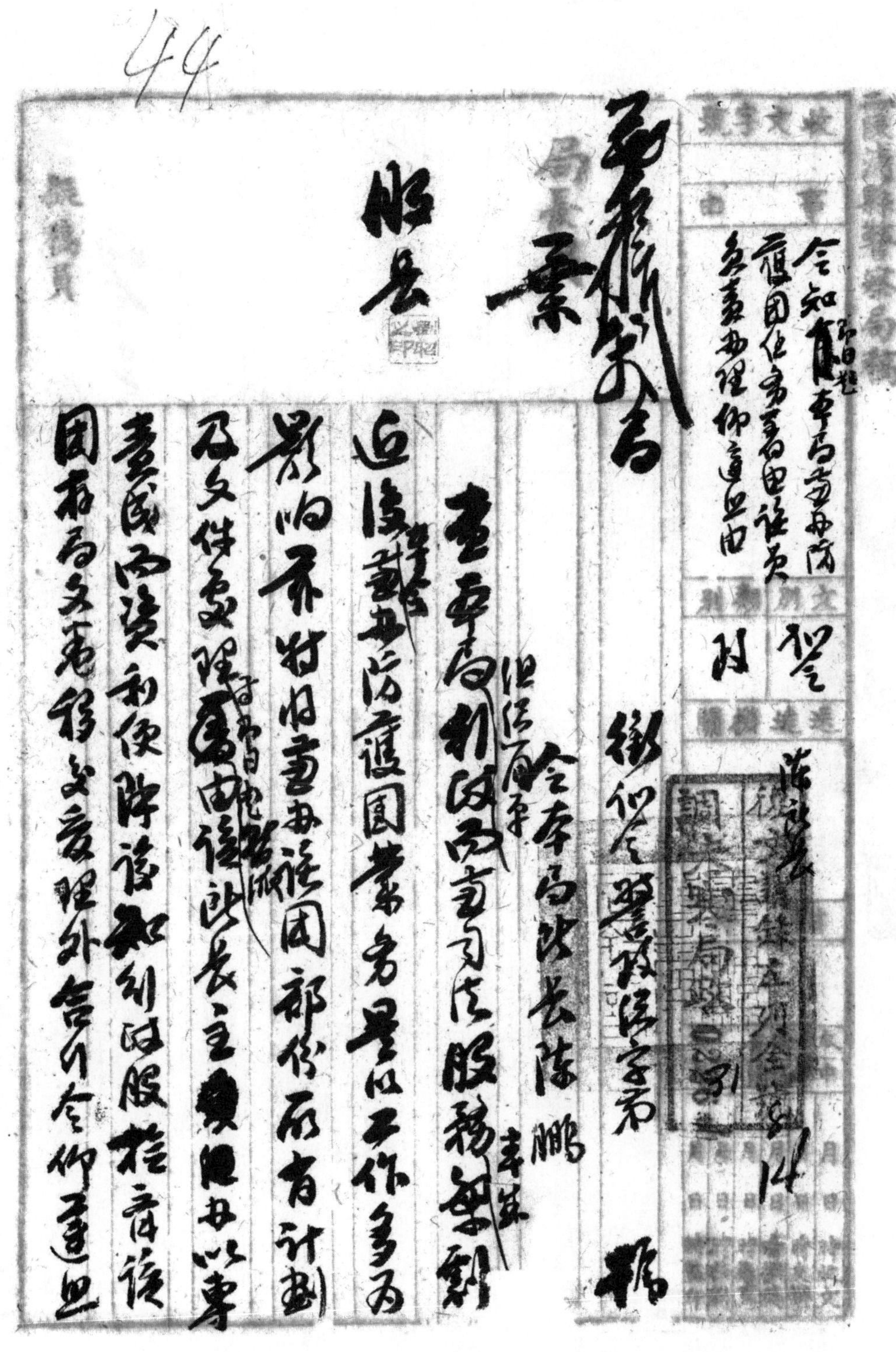
霞浦县警察局稿

收文字号

事由

文别　训令

送达机关

局长

股长

霞浦县警察局关于本局兼办防护团任务着所长陈鹏负责办理的训令

(1942 年 8 月 14 日)a 面　0168-001-0531

霞浦县警察局关于本局兼办防护团任务着所长陈鹏负责办理的训令

(1942 年 8 月 14 日)b 面　0168-001-0531

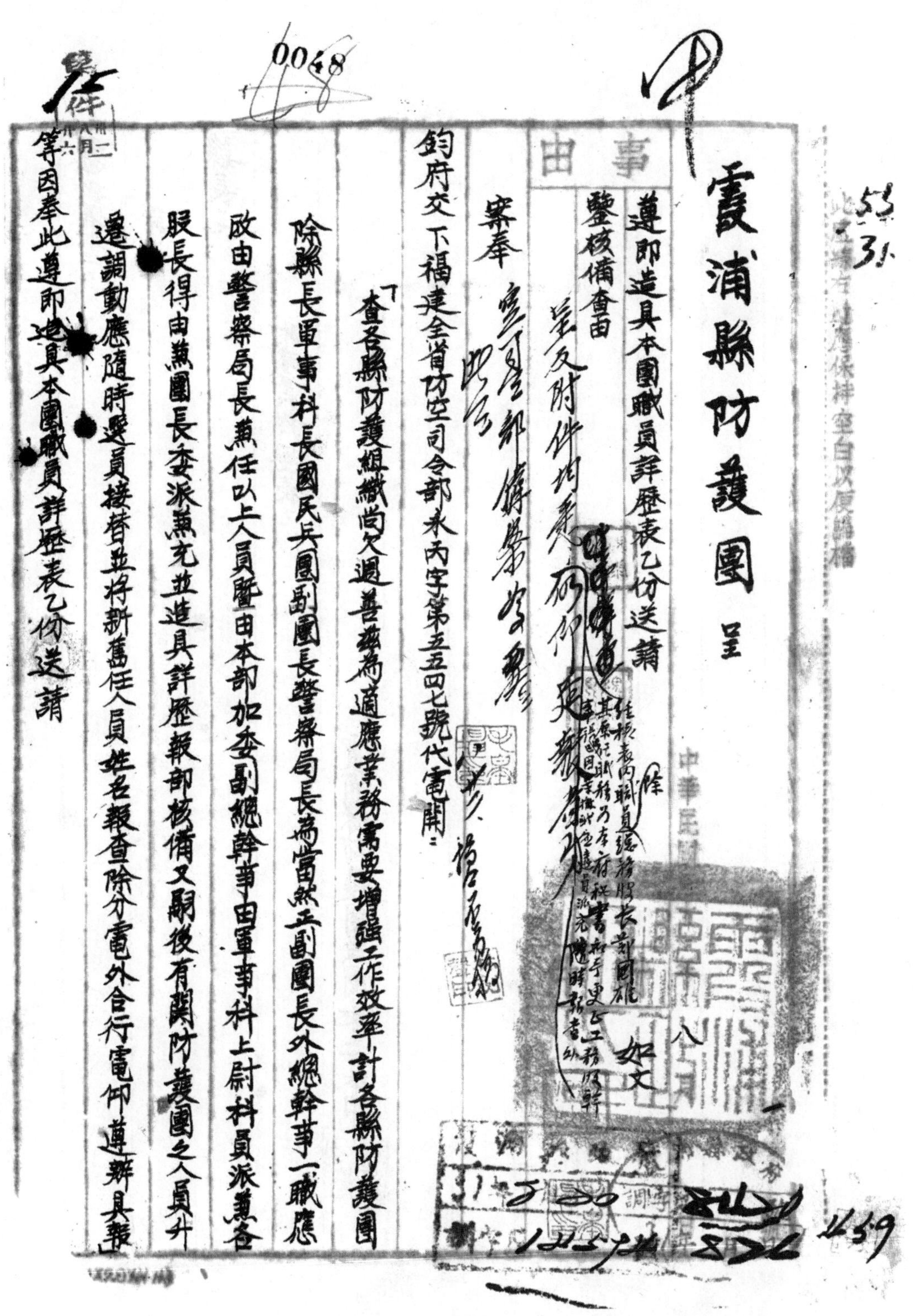

霞浦縣防護團　呈

事由：遵即造具本團職員詳歷表乙份送請鑒核備查由

案奉

鈞府交下福建全省防空司令部永丙字第五五四七號代電開：「查各縣防護組織尚欠週善，為適應業務需要，增強工作效率，計各縣防護團除縣長、軍事科長、國民兵團副團長、警察局長為當然正副團長外，總幹事一職應改由警察局長兼任，以上人員暨由本部加委，副總幹事由軍事科上尉科員派兼，各股長得由兼團長委派兼充，並造具詳歷報部核備；又嗣後有關防護團之人員升遷調動，應隨時選員接替，並將新舊任人員姓名報查，除分電外，合行電仰遵辦具報」等因，奉此，遵即造具本團職員詳歷表乙份送請

霞浦县防护团关于填具本团职员详历表的呈文(1942 年 8 月 20 日)

a 面　0168-001-0423

鑒核備查！
謹呈
縣長毛
附職員詳歷表乙份
霞浦縣防護團兼團長毛息坤

霞浦县防护团关于填具本团职员详历表的呈文(1942 年 8 月 20 日)

b 面　0168-001-0423

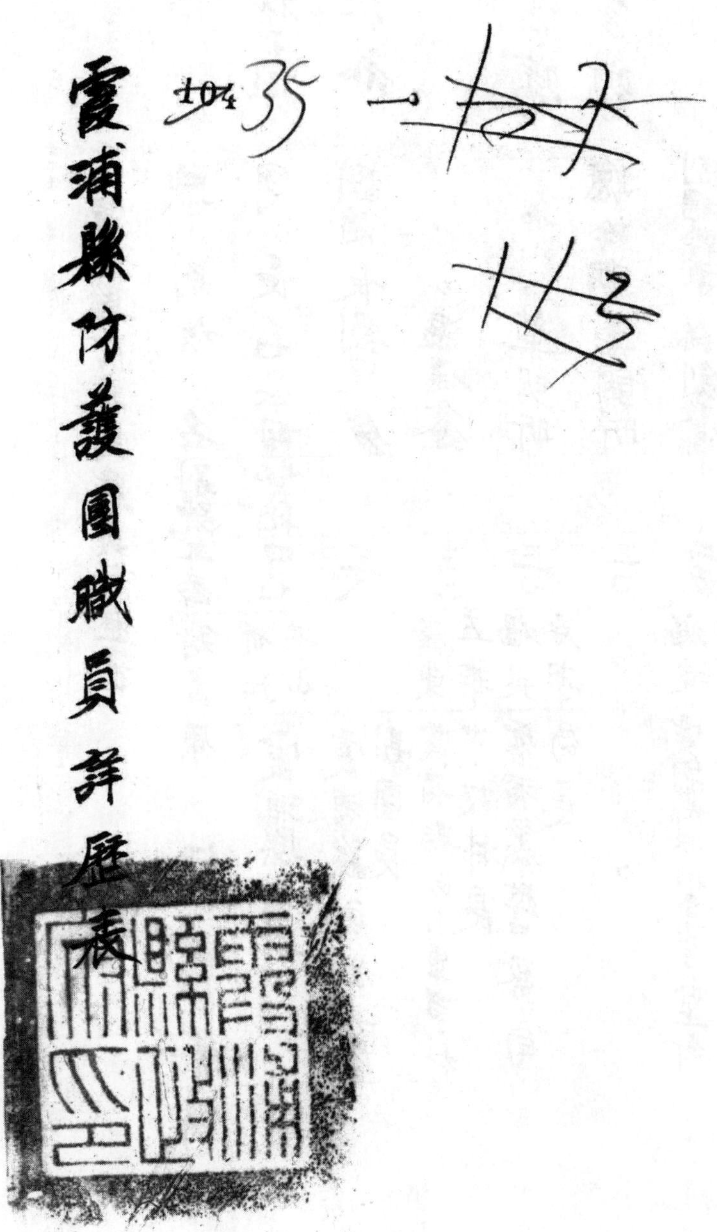

附件　霞浦县防护团职员详历表(1942 年 8 月)　0168-001-0351

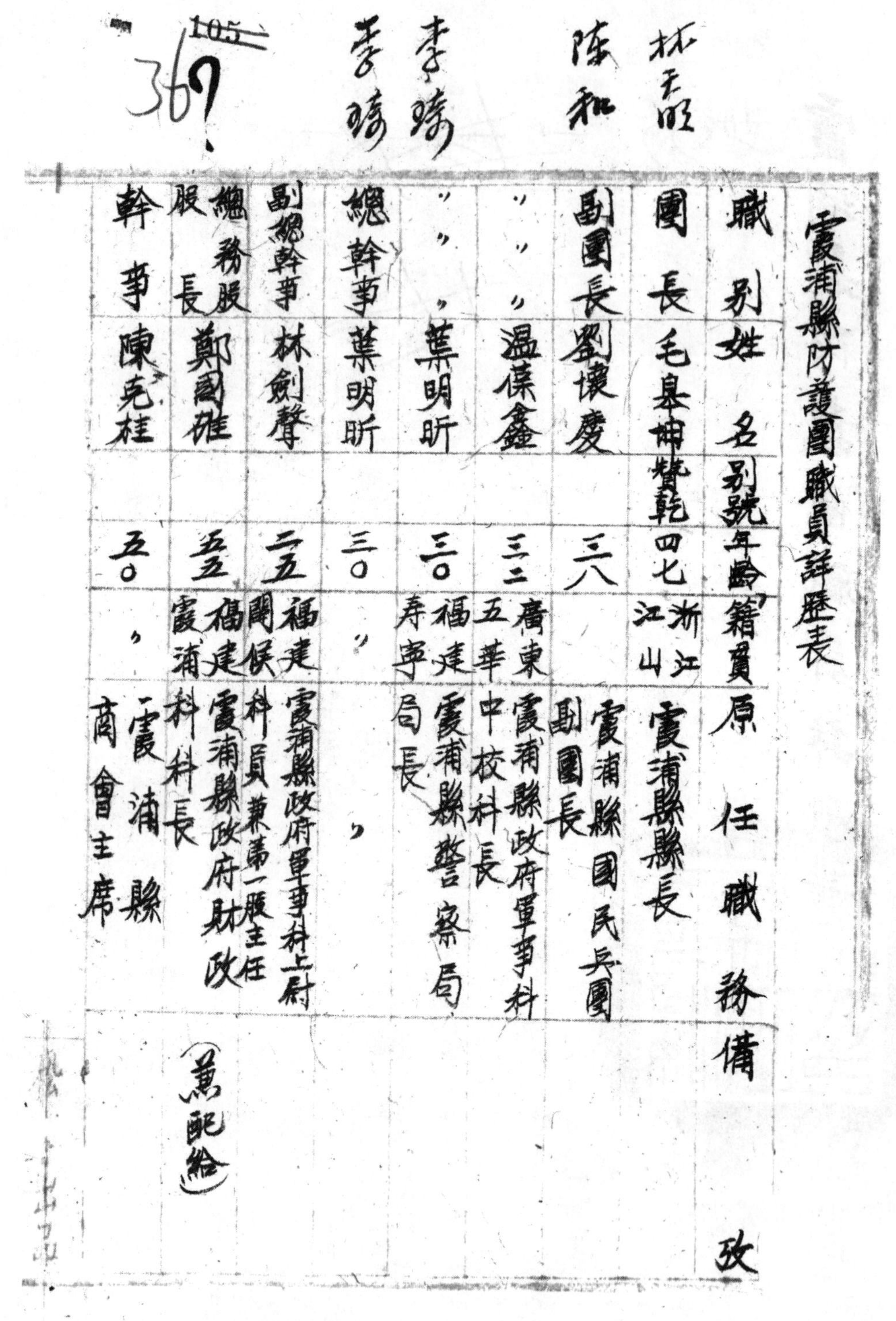

霞浦縣防護團職員詳歷表

職別	姓名	別號	年齡	籍貫	原任職務	備攷
團長	毛皋坤	贊乾	四七	浙江江山	霞浦縣縣長	
副團長	劉懷慶		三八		霞浦縣國民兵團副團長	
〃〃〃	溫葆鑫		三二	廣東五華	霞浦縣政府軍事科中校科長	
〃〃〃	葉明昕		三〇	福建壽寧	霞浦縣警察局局長	
總幹事	葉明昕		三〇	〃	〃	
副總幹事	林劍聲		二五	福建閩侯	霞浦縣政府軍事科上尉科員兼第一股主任	
總務股股長	鄭國雄		五五	福建霞浦	霞浦縣政府財政科科長	（萬配給）
幹事	陳克桂		五〇	〃	霞浦縣商會主席	

附件　霞浦县防护团职员详历表（1942年8月）a面　0168-001-0351

9

職別	姓名	別號	年齡	籍貫	經歷	備考
幹事	黃童權	及文	三〇	福建莆田	霞浦縣政府財政科科員	
工務股長	余開發	仲武	三〇	福建仙遊	霞浦縣政府建設科科長	
幹事	張增	子威	三〇	福建南平	霞浦縣政府建設科技士	
救護股長	戴熙明	希平	四八	福建閩候	霞浦縣衛生院院長	兼防毒消毒掩埋股長
幹事	蕭恩佑	松卿	四〇	福建霞浦	霞浦縣衛生院醫師	
〃	劉唤西		三〇	〃	霞浦縣政府民政科科員	
消防股長	顏克棋		三〇	福建福鼎	霞浦縣警察局警察所長	兼折卸搶救股長
幹事	葉肖碓		三五	福建霞浦	霞浦縣長溪鎮〃長	
管制股長	葉明昕		三〇	福建壽寧	霞浦縣警察局局長	兼警備交通管制燈火管制避難管制股長
幹事	楊賢	安如	三一	江蘇鎮江	江蘇縣自衛第一中隊長	

附件　霞浦县防护团职员详历表(1942 年 8 月)b 面　0168-001-0351

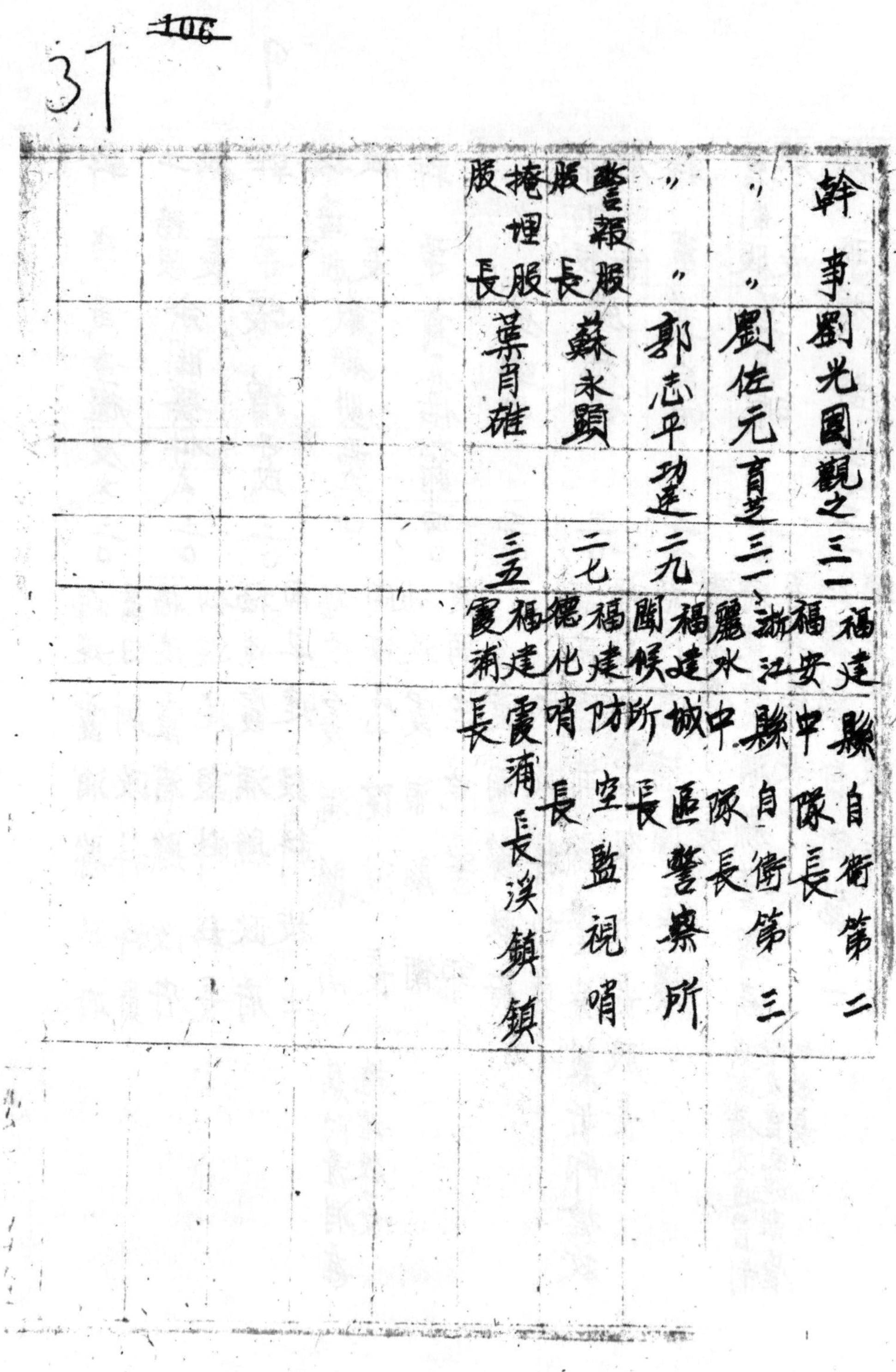

職別	姓名	別號	年齡	籍貫	經歷
幹事	劉光國	觀之	三二	福安	福建縣自衛第二中隊長
〃	劉佐元	育芝	三一	麗水	浙江縣自衛第三中隊長
〃	郭志平	功達	二九	閩候	福建城區警察所所長
警報股長	蘇永顯		二七	德化	福建防空監視哨哨長
掩埋股長	葉肖雄		三五	霞浦	福建霞浦長溪鎮鎮長

附件 霞浦县防护团职员详历表(1942 年 8 月) 0168-001-0351

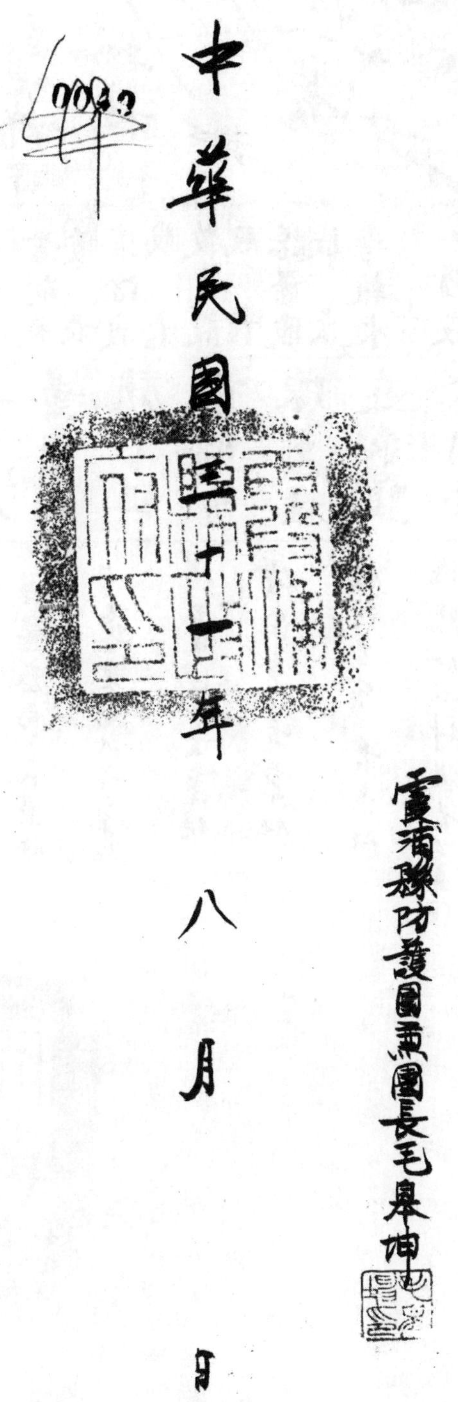

附件　霞浦县防护团职员详历表(1942 年 8 月)　0168-001-0351

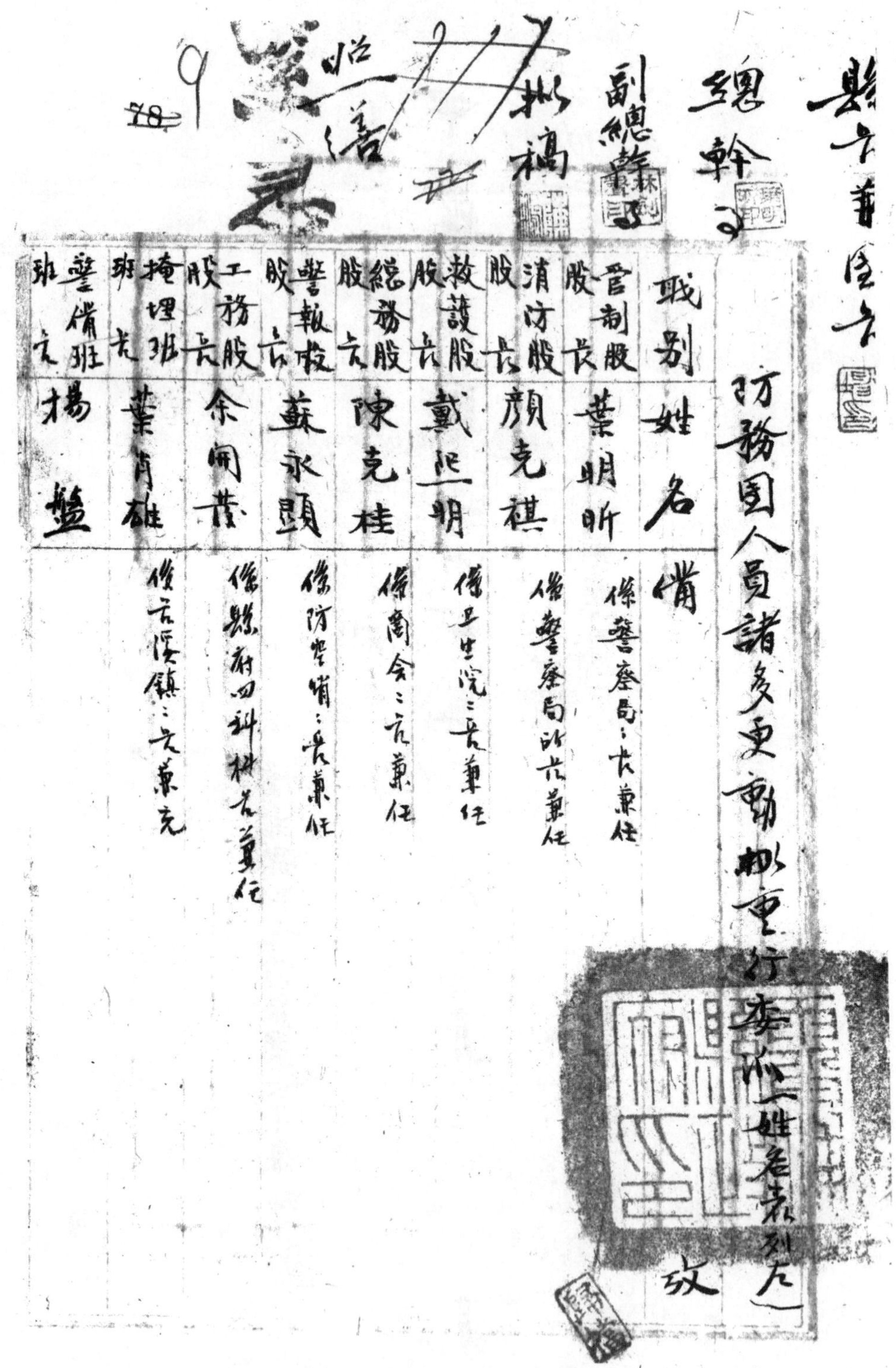

防務團人員諸多更動，擬重行委派，姓名表列左：

職别	姓名	備考
管制股股長	葉明昕	係警察局局長兼任
消防股股長	顏克祺	係警察局所長兼任
救護股股長	戴熙明	係衛生院院長兼任
總務股股長	陳克桂	係商會會長兼任
警報股股長	蘇永頤	係防空哨哨長兼任
工務股股長	余闻黄	係縣府四科科長兼任
掩埋班班長	葉肖雄	係長溪鎮鎮長兼充
警備班班長	楊鑒	

霞浦县政府关于防务团人员诸多更动，重行委派的训令

（1942 年 9 月 2 日）a 面　0168-001-0351

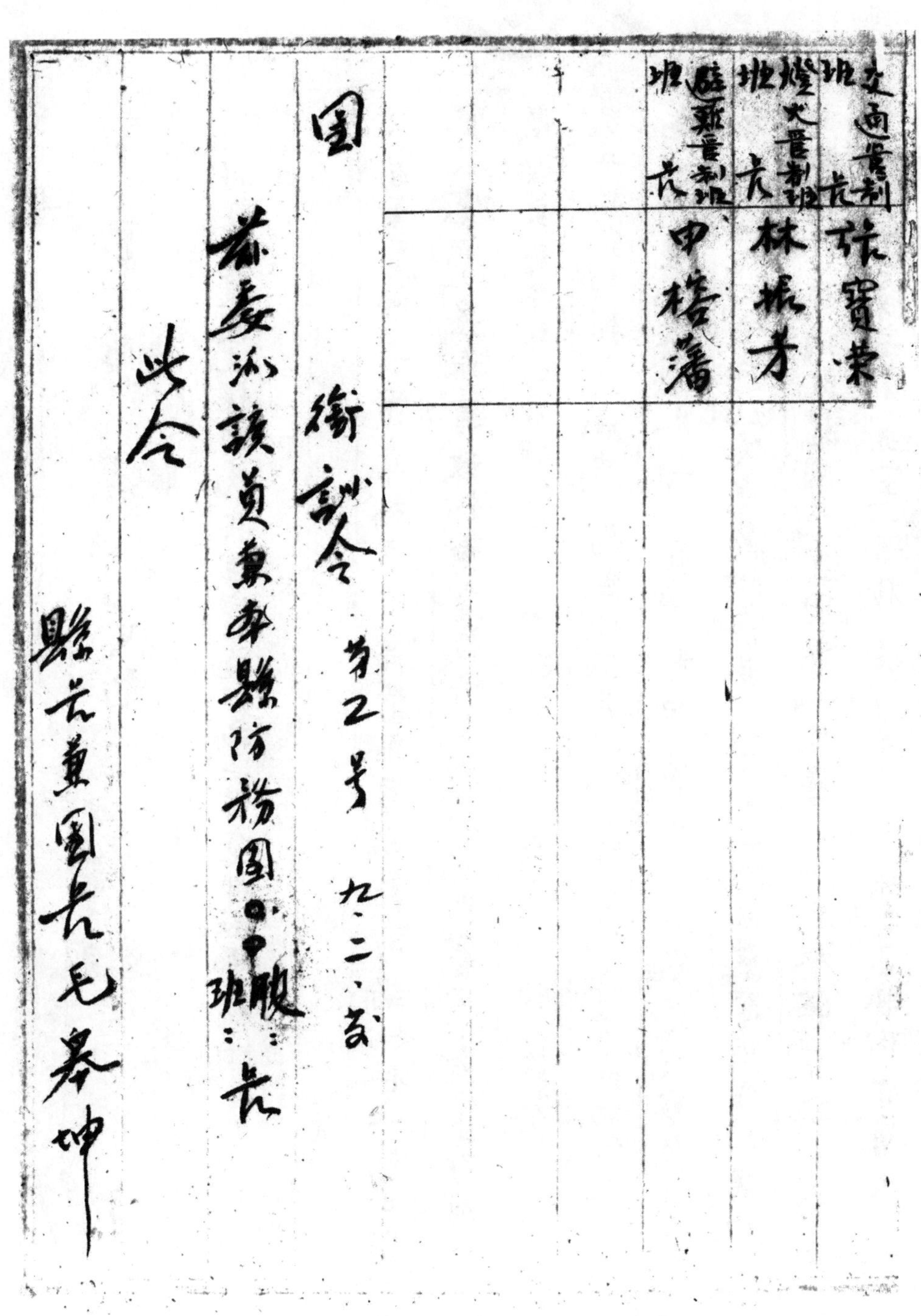

交通管制班长　许宝荣
灯火管制班长　林振才
避难管制班长　申培藩

团

衔训令　第 2 号　九二、发

兹委派该员为本县防务团〇〇班班长

此令

县长兼团长毛寿坤

霞浦县政府关于防务团人员诸多更动，重行委派的训令
（1942 年 9 月 2 日）b 面　0168-001-0351

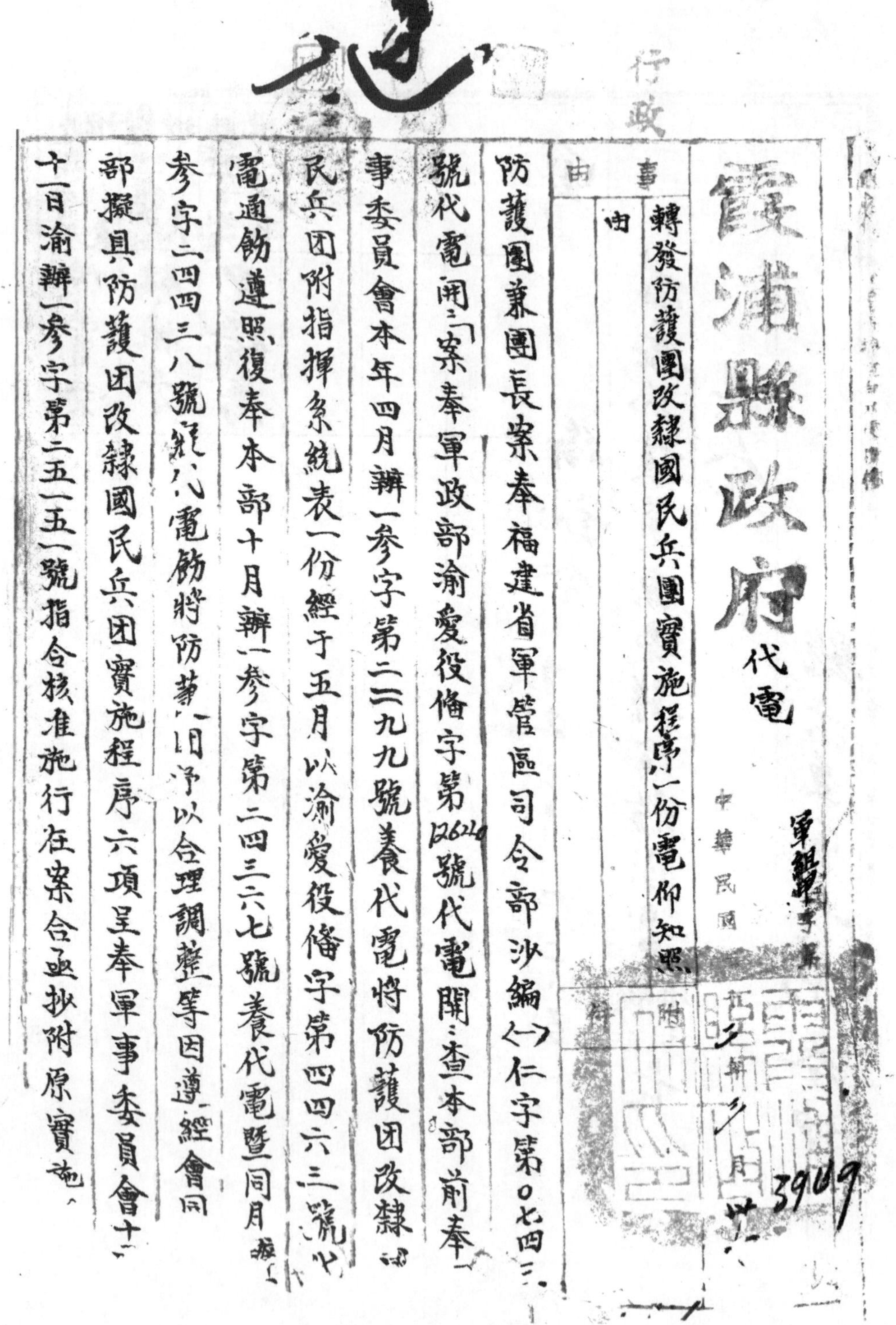

霞浦縣政府代電

事由：轉發防護團改隸國民兵團實施程序一份電仰知照。

中華民國 年 月 日

防護團兼團長：案奉福建省軍管區司令部沙編（一）仁字第〇七四三號代電開：「案奉軍政部渝愛役備字第12640號代電開：查本部前奉軍事委員會本年四月辦一參字第二一九九號養代電將防護團改隸國民兵團附指揮系統表一份，經于五月以渝愛役備字第四四六三號代電通飭遵照。復奉本部十月辦一參字第二四三六七號養代電暨同月參字二四四三八號號代電飭將防護團一併予以合理調整等因，遵經會同部擬具防護團改隸國民兵團實施程序六項，呈奉軍事委員會十二十一日渝辦一參字第二五一五一號指令核准施行在案，合亟抄附原實施

霞浦县政府关于转发防护团改隶国民兵团实施程序六项的代电(1943 年 3 月 31 日)

a 面 0168-001-0531

項電飭遵照並希轉飭遵照一律於明年二月底遵照規定改隸完成已
悞為要等因附發防護团改隸國民兵团實施程序六項奉此查本
前奉軍政部渝愛役備字第14463號代電經以沙編一孝字第4376號訓令
在案茲奉前因除分函防空司令部暨分令外合行檢發原條文六項令
仰遵照並仰將辦理情形于二月底以前具報以資彙轉為要等因附發防
团改隸國民兵团实施程序六項奉此合行電仰遵照為要林天明〈〉軍
附發防護团改隸國民兵团实施程序一份

各省縣市防護团改隸國民兵团實施程序六項

軍事委員會辦一參字第二五一五一號指令核准施行

一、各縣市防護团除重慶市暨未設國民兵团之縣市暫准照原有隸屬系統辦理外一律限一部令頒佈後兩月內實行隸完成並將其組織經費設職員等列冊彙轉備查

霞浦县政府关于转发防护团改隶国民兵团实施程序六项的代电(1943 年 3 月 31 日)

各省县市防护团改隶国民兵团实施程序六项(1943 年 3 月 31 日)　b 面　0168-001-0531

2

二、防護团改隸國民兵团後其团長一職得由縣市警察局長或警佐兼任兼任防護团長之警察局長或警佐并得兼任國民兵团团附

三、國民兵团在防護業務上並受所在地防空指揮部之指導防空指揮部對防護团命令之下達須經由國民兵团承轉

四、防護团應與國民兵团联合辦公以資指揮便利

五、防護团員之召集以曾受國民兵教育者為限仍須参加常備兵之查抽籤

六、防護訓練加入國民兵訓練課目内合併舉行以免重複紛歧

各省县市防护团改隶国民兵团实施程序六项(1943 年 3 月 31 日) 0168-001-0531

霞浦縣国民兵團團部代電

電催速將防護团經費設備職員等列册三份報部仰知遵由

陽团甲字第　號

中華民國三十二年六月十二日

防護团李：福建省軍管區司令部沙編(一)仁字第五一八三號代電開："查各縣(市)防護团改隸國民兵团一案，前奉軍政部渝優役備字第一二六四○號令頒實施程序六項，並經本部沙編(一)仁字第○七四三號代電轉飭遵辦具報在案。乃近據各縣呈報來部者固多，未據呈報者亦復不少，以致本部無從彙報，殊屬不合。茲再電令務將防護团改隸國民兵团之組織經費設備職員等列册二份限文到三日內呈報本部，以憑核轉，勿延為要"等因，奉此，合將防護团改隸國民兵团之組織經費設備職員等列册三份限文到三日內呈報本部，以憑核轉，勿延為要。團長林天明　副团長陳和（團甲）

霞浦县国民兵团关于速将防护团改隶国民兵团之经费、设备、职员等列册报部的代电

(1943年6月12日)a面　0168-001-0531

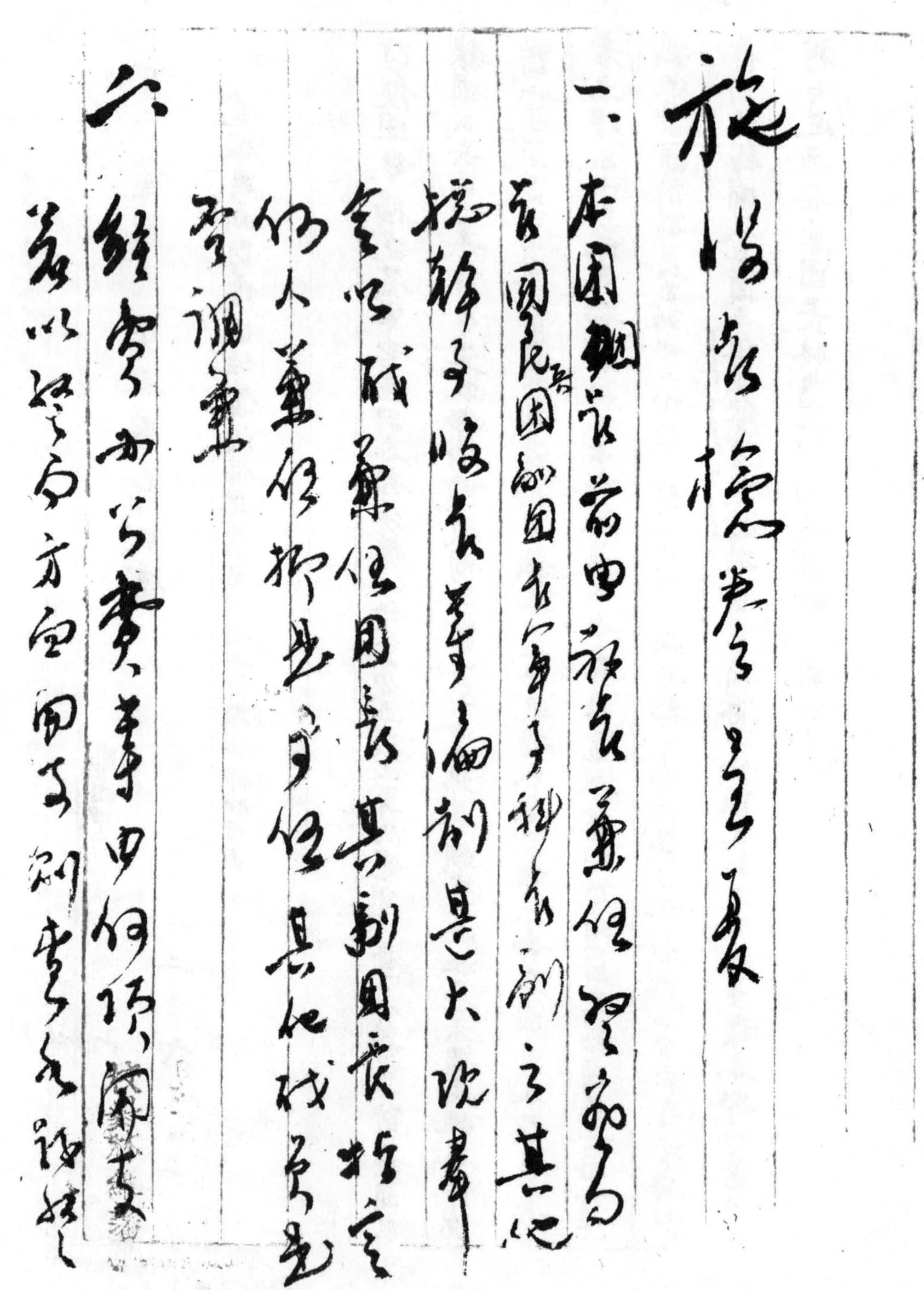

霞浦县国民兵团关于速将防护团改隶国民兵团之经费、设备、职员等列册报部的代电

(1943年6月12日)b面 0168-001-0531

4

霞浦縣國民兵團團部訓令

團甲字第3793號

中華民國三十二年六月廿七日

事由：奉令轉飭務將防護团改隸國民兵团之組織經費設備職員等名册速报仰即遵照由

令防護团

案奉

福閩師管區司令部編甲字〇四四九號代電："「案奉軍管區沙編(一)仁五一八三號代電開：查各縣(市)防護团改隸國民兵团一案，前奉軍政部渝愛役備字第一二六四〇號令頒實施程序六項，并經本部沙編(一)仁字第〇七四三號代電轉飭遵辦具報在案。乃近据各縣呈報來部者固多，未能呈報者亦復不少，以致本部無从彙報，殊屬不合。茲再電令務將防護团改隸國民兵团之組織經費設備職員等列册二份，限文到三日內呈報本部，以憑核轉，勿延為要"等因。查軍區沙……

霞浦县国民兵团关于将防护团改隶国民兵团之组织、经费、设备、职员等名册速报的训令

(1943 年 6 月 26 日)a 面　0168-001-0531

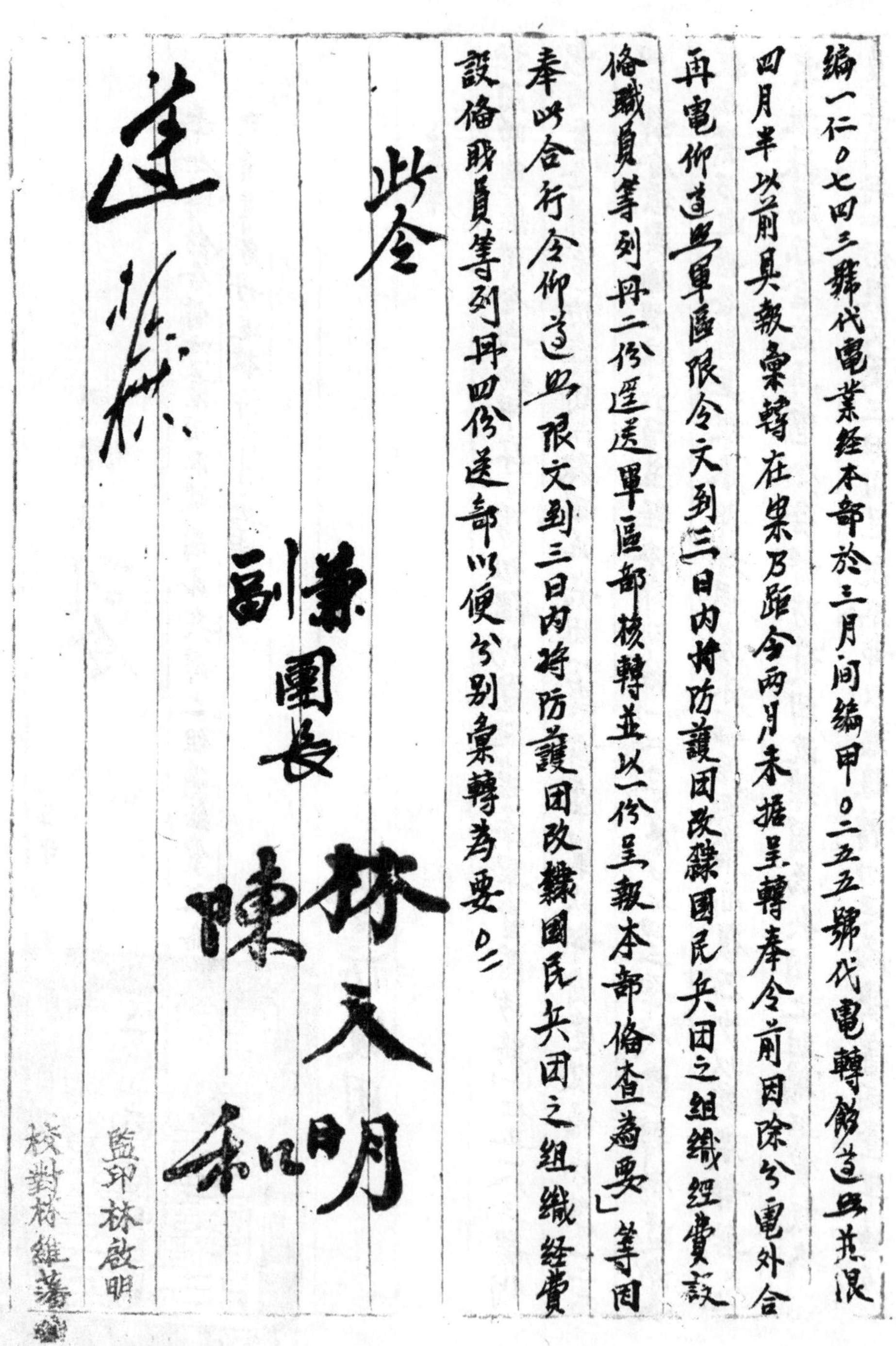

編一仁〇七四三號代電業經本部於三月間編甲〇二五五號代電轉飭遵照並限四月半以前具報彙轉在案乃距今兩月未據呈轉奉令前因除分電外合再電仰遵照單區限令文到三日內將防護团改隸国民兵团之組織經費設備職員等列冊二份逕送單區部核轉並以一份呈報本部備查為要」等因奉此合行令仰遵照限文到三日內將防護团改隸国民兵团之組織經費設備職員等列冊四份送部以便分别彙轉為要〇二

此令

副兼團長　林天明
陳[illegible]

監印 林啟明
校對 林維藩

速

霞浦县国民兵团关于将防护团改隶国民兵团之组织、经费、设备、职员等名册速报的训令

(1943年6月26日)b面　0168-001-0531

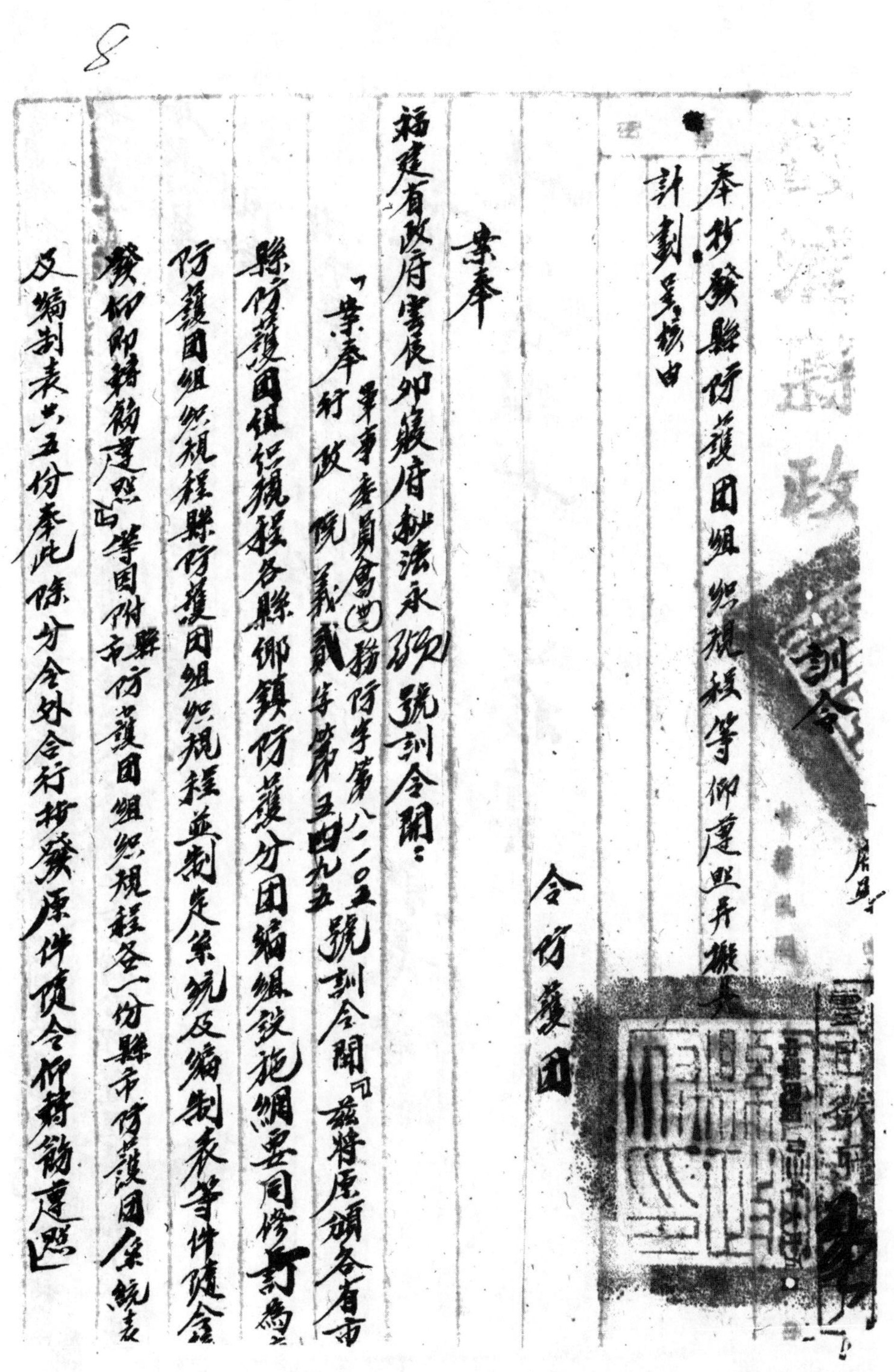
8

奉抄發縣防護團組織規程等仰遵照并擬具
計劃呈核由

訓令

令防護團

案奉

福建省政府寅良卯艇府秘法永[illegible]號訓令開：

「案奉行政院義貳字第五四九五號訓令開「案准軍事委員會(卯)務防字第八一〇五號訓令開「茲將原頒各省市

縣防護團組織規程各縣鄉鎮防護分團編組設施綱要同修訂為

防護團組織規程縣防護團組織規程並製定系統及編制表等件隨令

發仰即轉飭遵照」等因附縣市防護團組織規程各一份縣市防護團系統表

及編制表共五份奉此除分令外合行抄發原件隨令仰轉飭遵照

霞浦县政府关于抄发防护团组织规程并拟具本县防护团计划送府核转备查的训令

（1943 年 6 月 5 日） 0168-001-0531

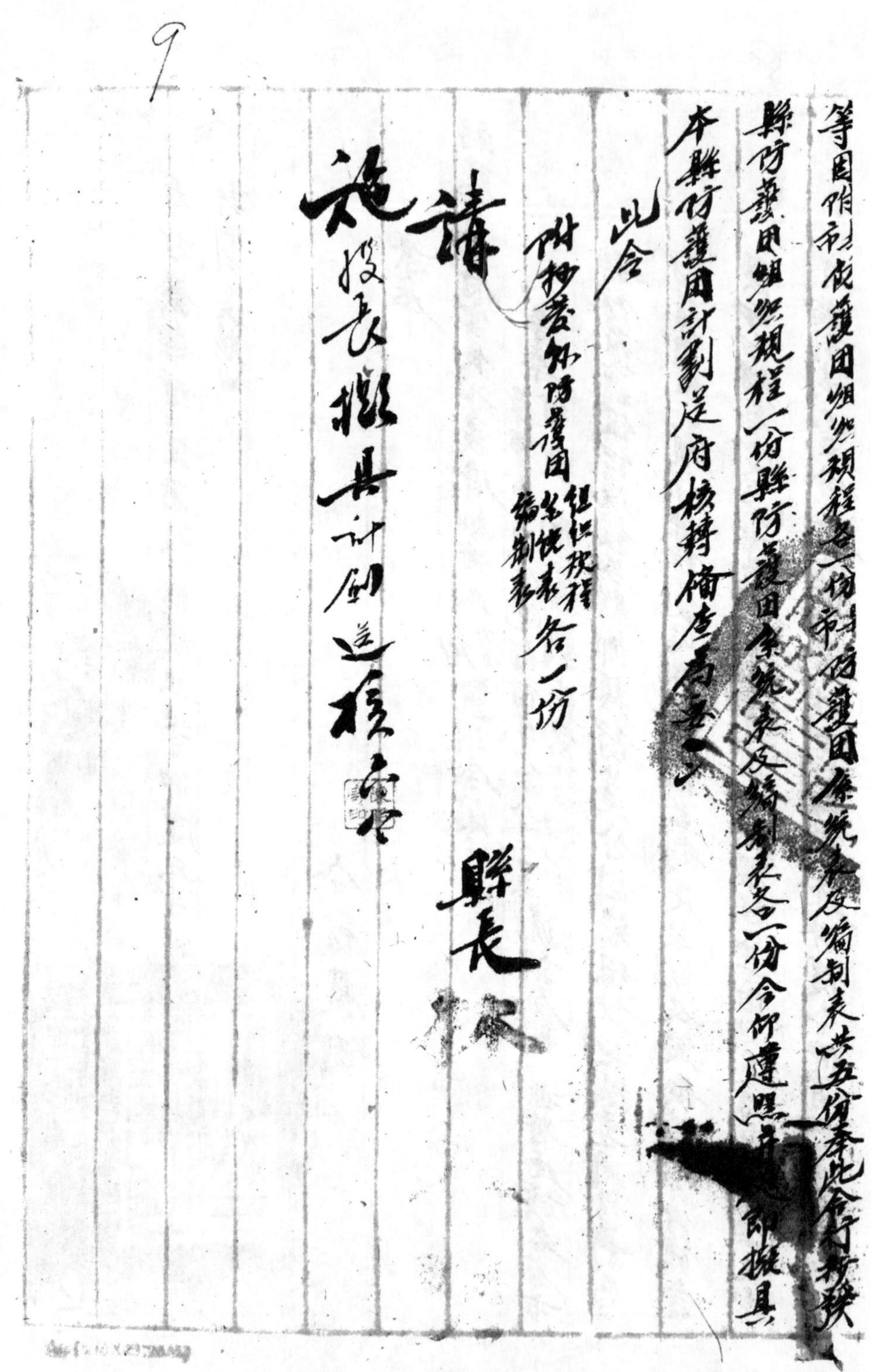

等因附市縣防護團組織規程各一份市縣防護團系統表及編制表共五份奉此合行抄發

縣防護團組織規程一份縣防護團系統表及編制表各一份令仰遵照並即擬具

本縣防護團計劃送府核轉備查為要

此令

附抄發外防護團組織規程 系統表 編制表各一份

請

施股長擬具計劃送核示

縣長 林

霞浦县政府关于抄发防护团组织规程并拟具本县防护团计划送府核转备查的训令

（1943 年 6 月 5 日） 0168-001-0531

第一条　縣政府為組訓民衆办理防空救護事宜設縣防護團。

第二条　縣防護團置團長一人（由縣長或保安局長兼任）綜理全團事務副團長二人至三人由一人專任一人至二人兼任輔助團長處理事宜總幹事一人（由專任副團長兼任）承團長副團長之命處理日常事務幹事一人至二人書記司書各一人分办各務並得酌置士兵其編制表另定之。

第三条　縣防護團依自治區分設鄉（鎮）分團分團下設消防救護警報防毒管制及補助警備各班（組）及工務供應等項得依當地情形酌量办理。

第四条　分團置分團長一人由鄉（鎮）長兼任于區署所在地由區長兼任副分團長一人至二人為義務職由分團長遴選報請

附件　霞浦县防护团组织规程(1943年6月5日)a面　0168-001-0531

当人员指挥团长派充之各(班)(站)长由保甲长兼任。

第五条 防护团团员由地方行政人员、公共人员、军训学员生文民团体绅民壮丁及宪兵警察海空军官兵保安团队等组成之。

第六条 防护团得将当地原有消防卫生医疗工务等编成各队

第七条 机关学校工厂场站名成立防护区分团受防护团指导并与该当地之分团协助联系。

第八条 防护团经费在自治财政项下列支。

第九条 本规程自核准之日施行。

附件 霞浦县防护团组织规程(1943年6月5日)b面 0168-001-0531

區別	職別	官佐團員 階級	員額	等級	名額	備考
團本部	團長		一			縣長兼(兼任)
	副團長		一			警察局長(兼任)專任
	總幹事		一			由專任副團長兼
	幹事		一			遴選人員
	書記		一			遴選人員
	司書		一			遴選人員
	傳達			上等兵	一	
	公役			四六等兵	二	
	炊事兵			四六等兵	二	
分團部	分團長		一			(兼任)各鄉鎮應設(分團部該鄉鎮長兼任(區署所在地由區長兼)該鄉鎮長副之
	副分團長		一			(兼任)鄉隊副兼

附件　霞浦县防护团编制表(1943年6月5日)a面　0168-001-0531

职别				人数	备注
消班長				一	保長兼
防副班長				一	副保長兼
班團員				二〇	壯丁派充
救班長				一	保長兼
護副班長				一	〃
班團員				一〇	當地西医常識人員及壯丁或慈善团体
警班長				一	保長兼
報副班長				一	〃
班團員				一〇	壯丁
防班長				一	學校一員
毒副班長				一	保長
班團員				八	學生
管班長				一	鄉鎮警衛班兼
制副班長				一	
班團員				二〇	
工班長				一	電話生及當地土木匠並技術人

附件　霞浦县防护团编制表(1943年6月5日)b面　0168-001-0531

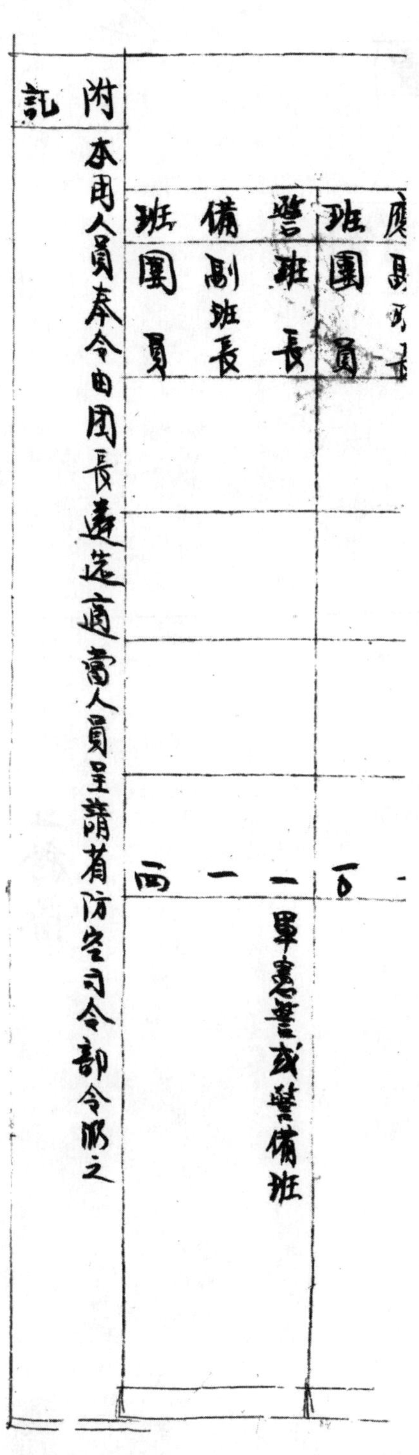

附件　霞浦县防护团编制表(1943 年 6 月 5 日)a 面　0168-001-0531

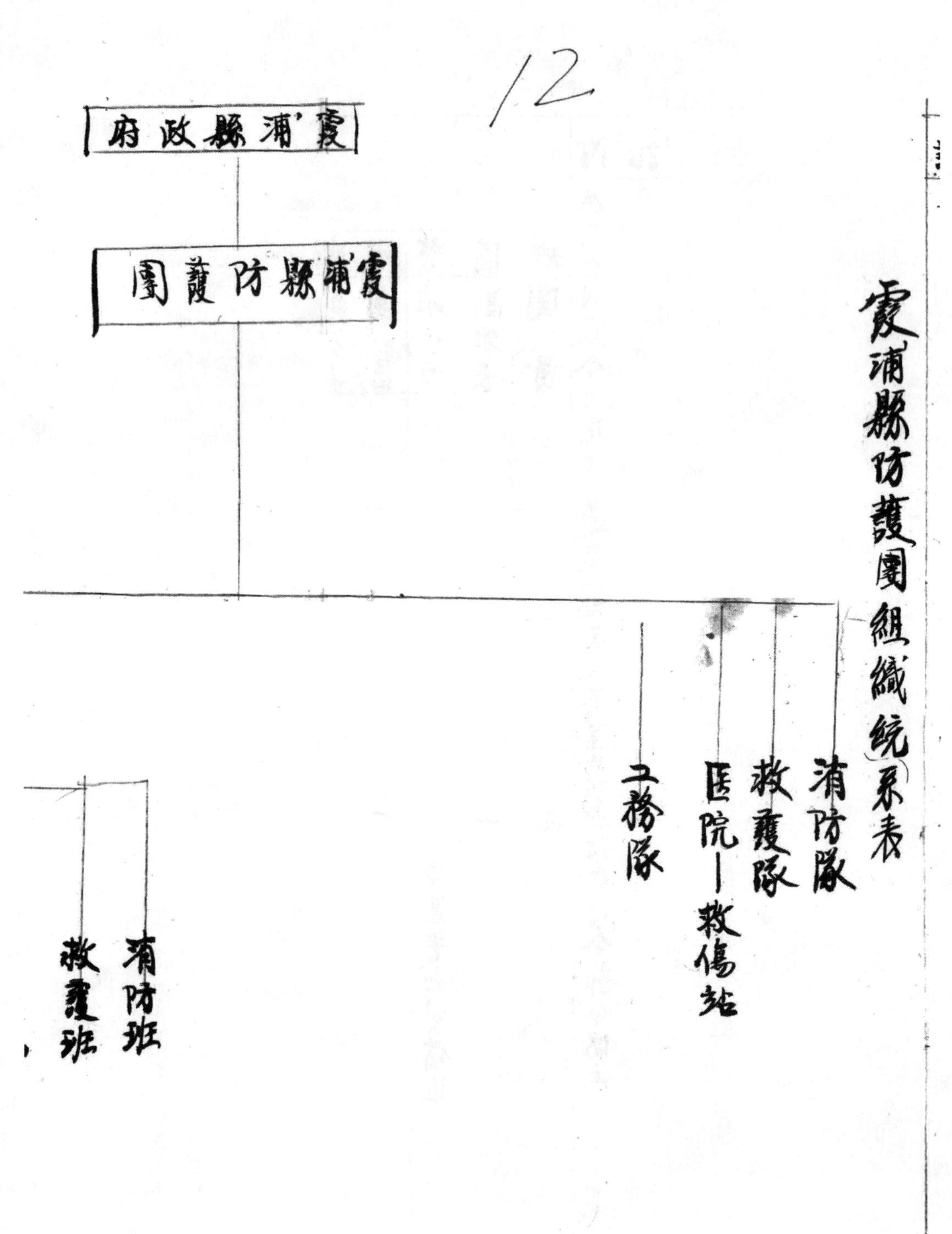

附件 霞浦县防护团组织系统表(1943年6月5日)b面 0168-001-0531

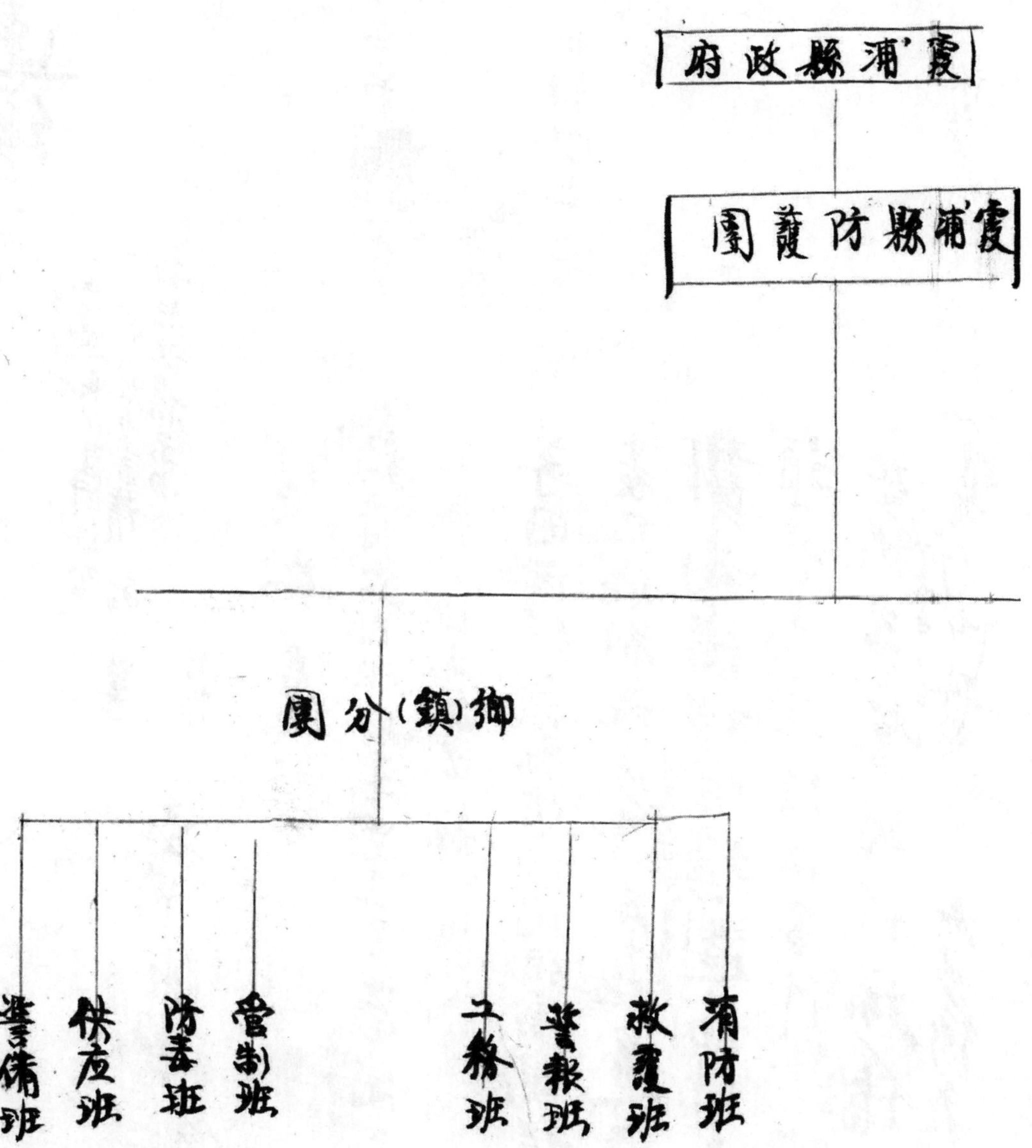

附件　霞浦县防护团组织系统表(1943年6月5日)c面　0168-001-0531

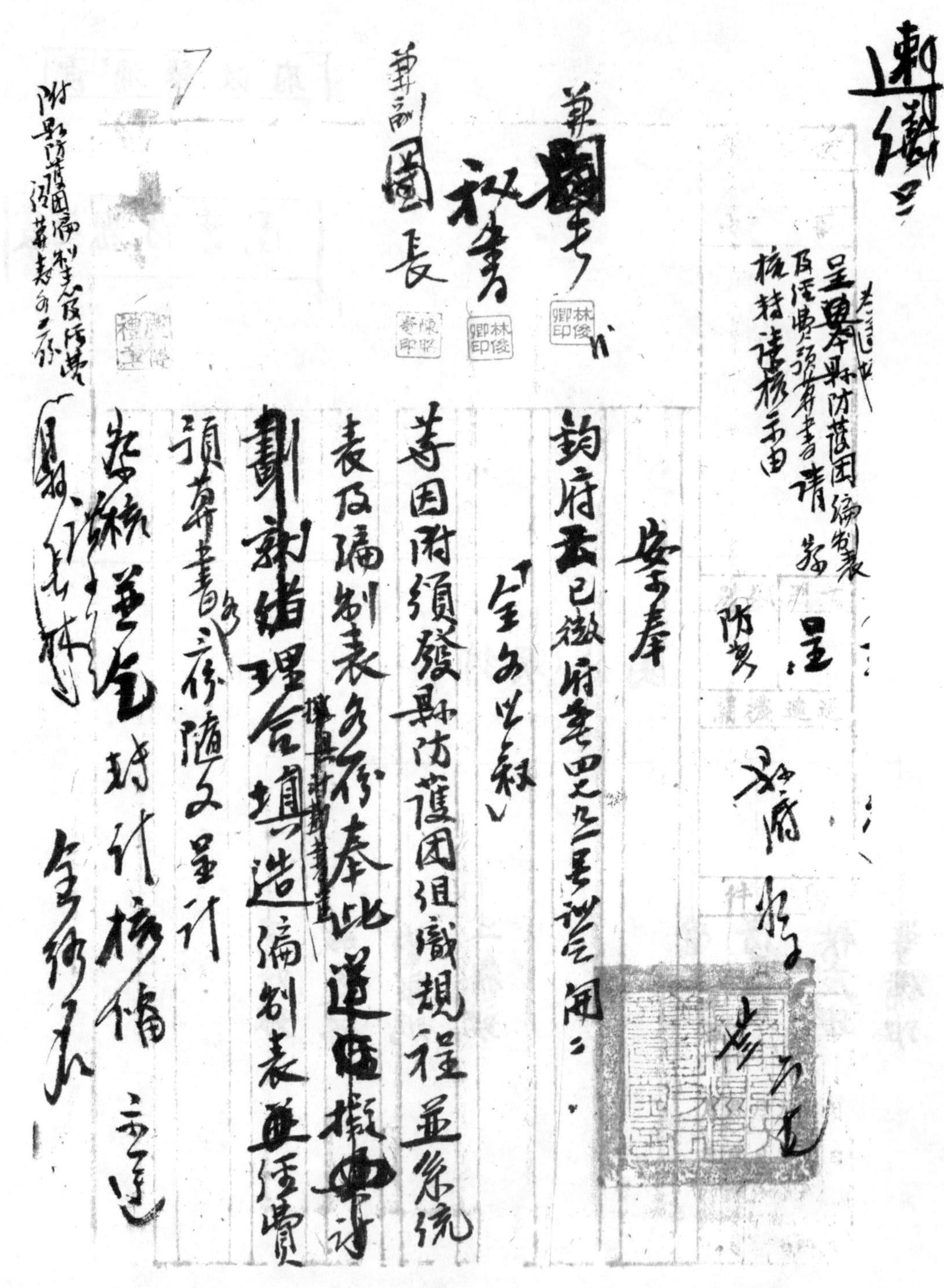

霞浦县防护团关于报送本县防护团编制表及经费预算书的呈文

（1943 年 6 月 17 日）　0168-001-0531

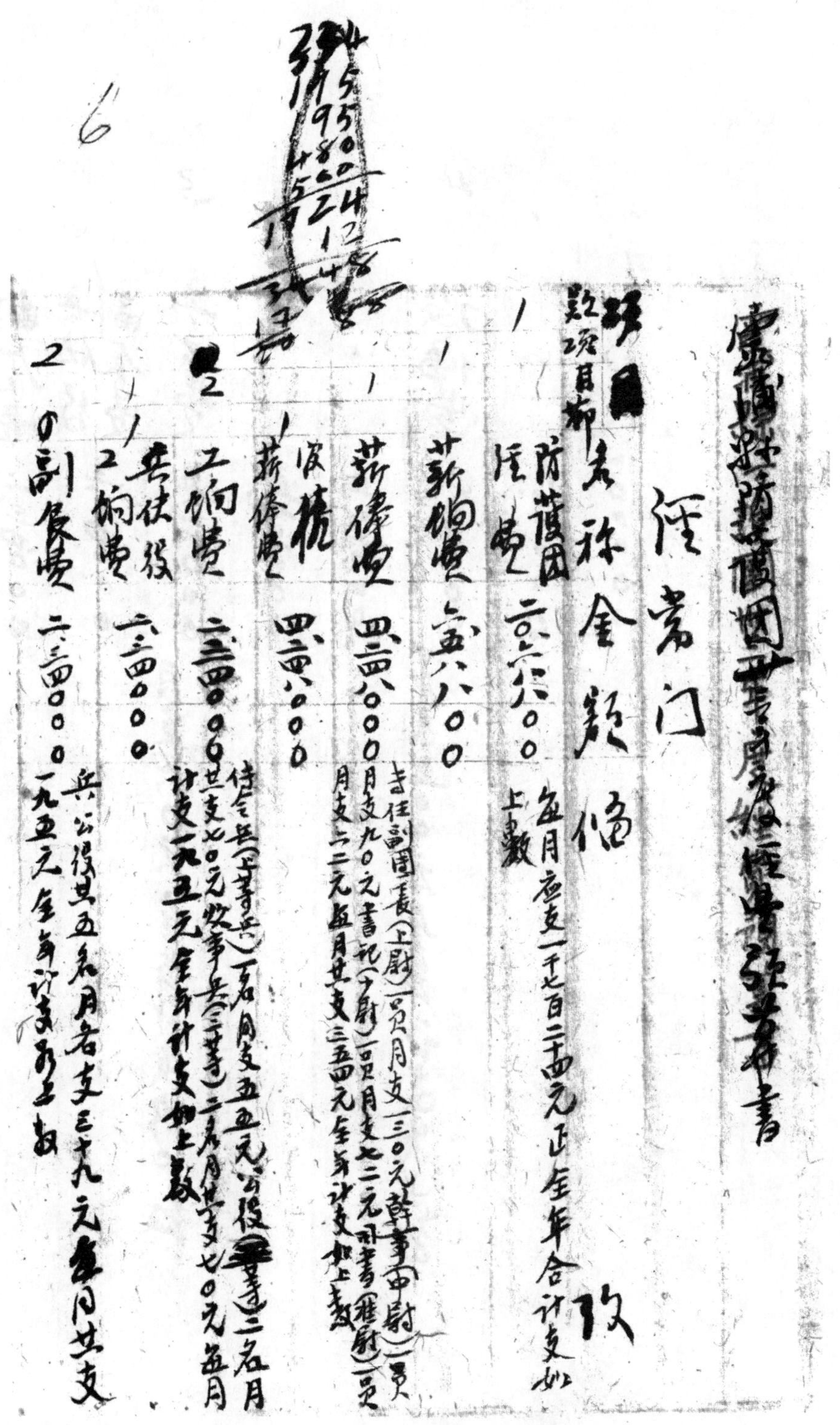

霞浦县防护团三十三年年度经费预算书(1943 年 6 月 17 日)

a 面　0168-001-0531

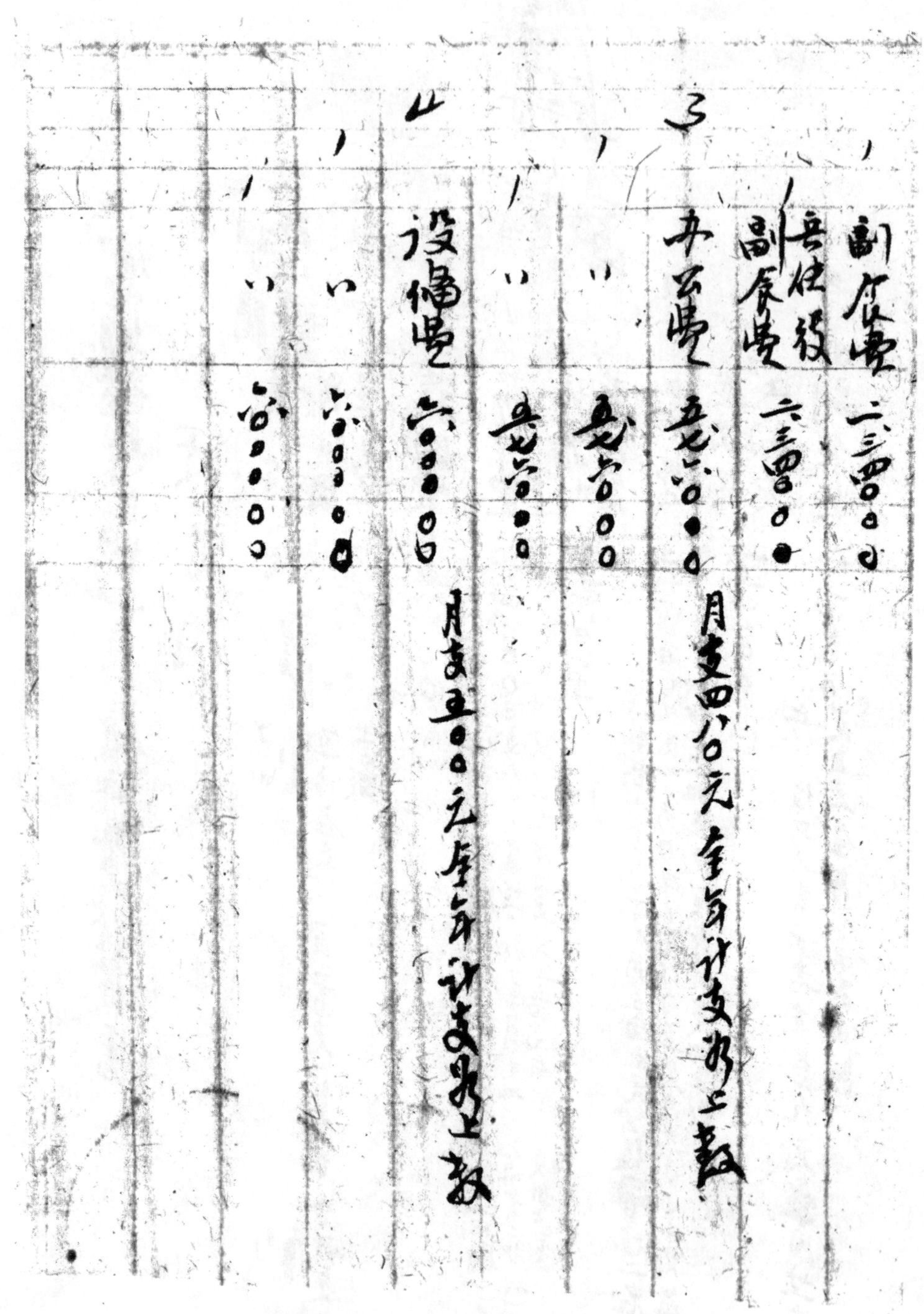

1 副官费 二三四〇〇
1 兵伕役副食费 六三四〇〇
3 办公费 五七六〇〇 月支四八〇元全年计支如上数
1 〃 五七六〇〇
1 〃 五七六〇〇
4 设备费 六〇〇〇〇 月支五〇〇元全年计支如上数
1 〃 六〇〇〇〇
1 〃 六〇〇〇〇

霞浦县防护团三十三年年度经费预算书(1943 年 6 月 17 日)

b 面　0168-001-0531

民众团

警察局 七、

福建全省防空司令部代電 防甲民字第一〇四〇號

事由：為規定防護團長職均由縣長兼任業務由警察局長辦理由

霞浦縣防護團查通來各縣防護團團長一職或由縣長兼任或由警察局長兼任頗不一致茲為劃一系統並便於業務推展起見茲規定團長一職均由縣長兼任副團長二人由警察局長暨國民兵團副團長分別兼任惟在經費未核定前不設置專任人員除福州南平建甌永安長汀五團已設專任外其他各縣防護業務應由警察局長負責辦理仰即遵照辦理為要兼司令劉建緒防甲民〈〈印〉

中華民國三十三年七月初二日

令團新

警察局遵照

福建全省防空司令部关于规定防护团长职均由县长兼任，业务由警察局长办理的代电

（1944年8月20日） 0168-001-0531

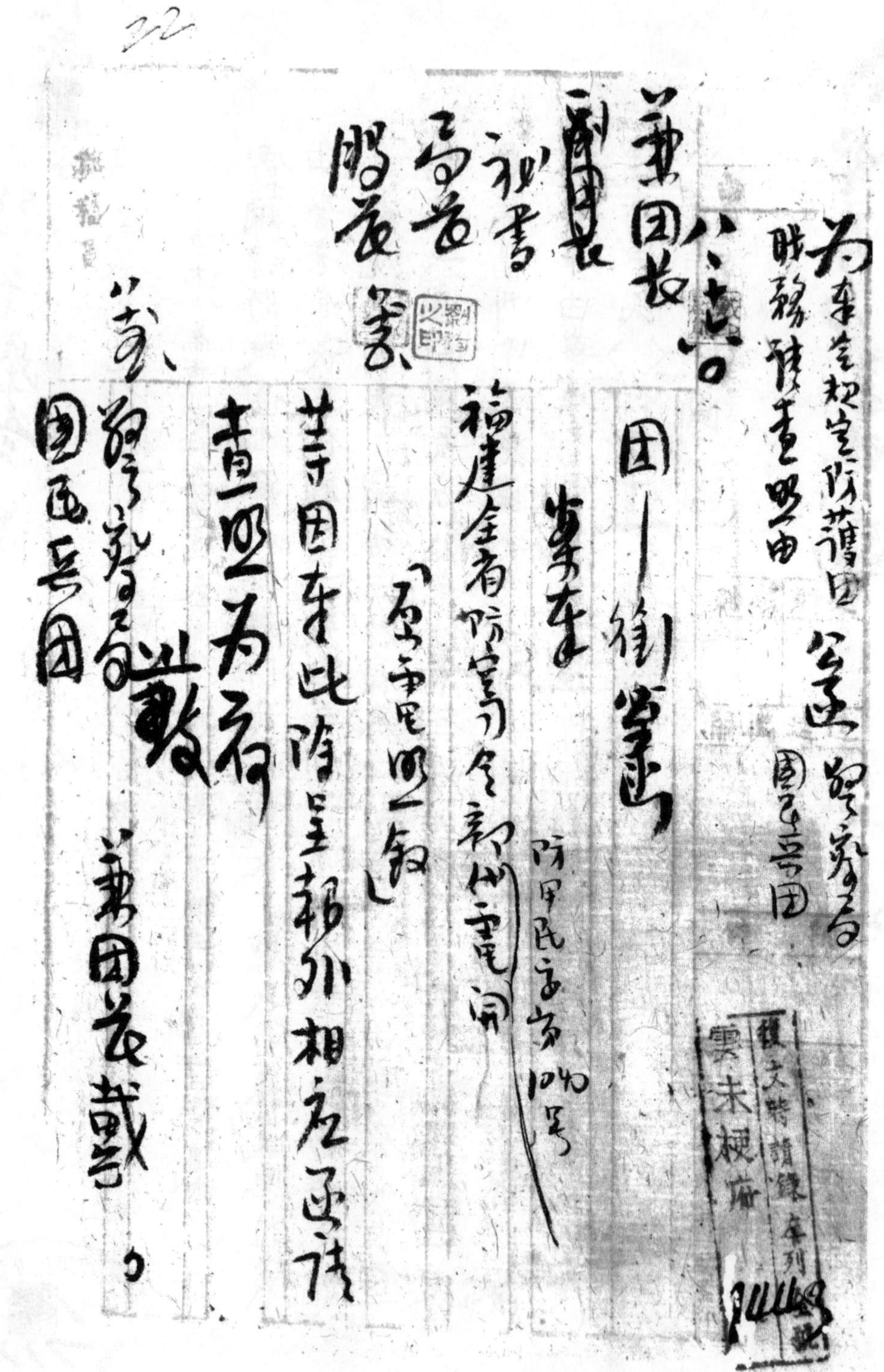

霞浦县防护团关于奉令规定防护团长职均由县长兼任，业务由警察局长办理的公函

（1944 年 8 月 23 日）　0168-001-0531

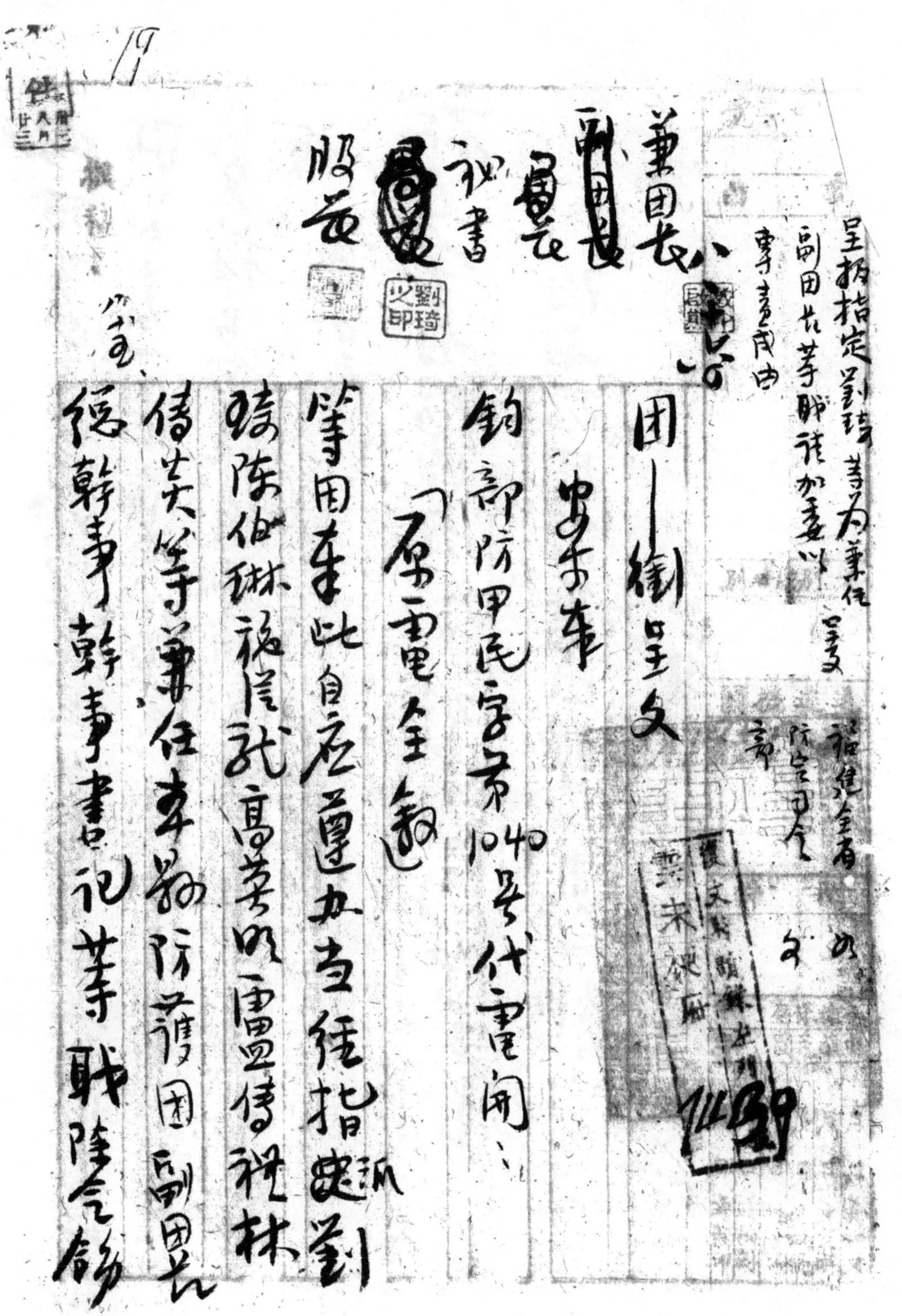

霞浦县防护团关于报请准予刘琦等兼任副团长等职请加委的呈文(1944 年 8 月 23 日)

a 面　0168-001-0531

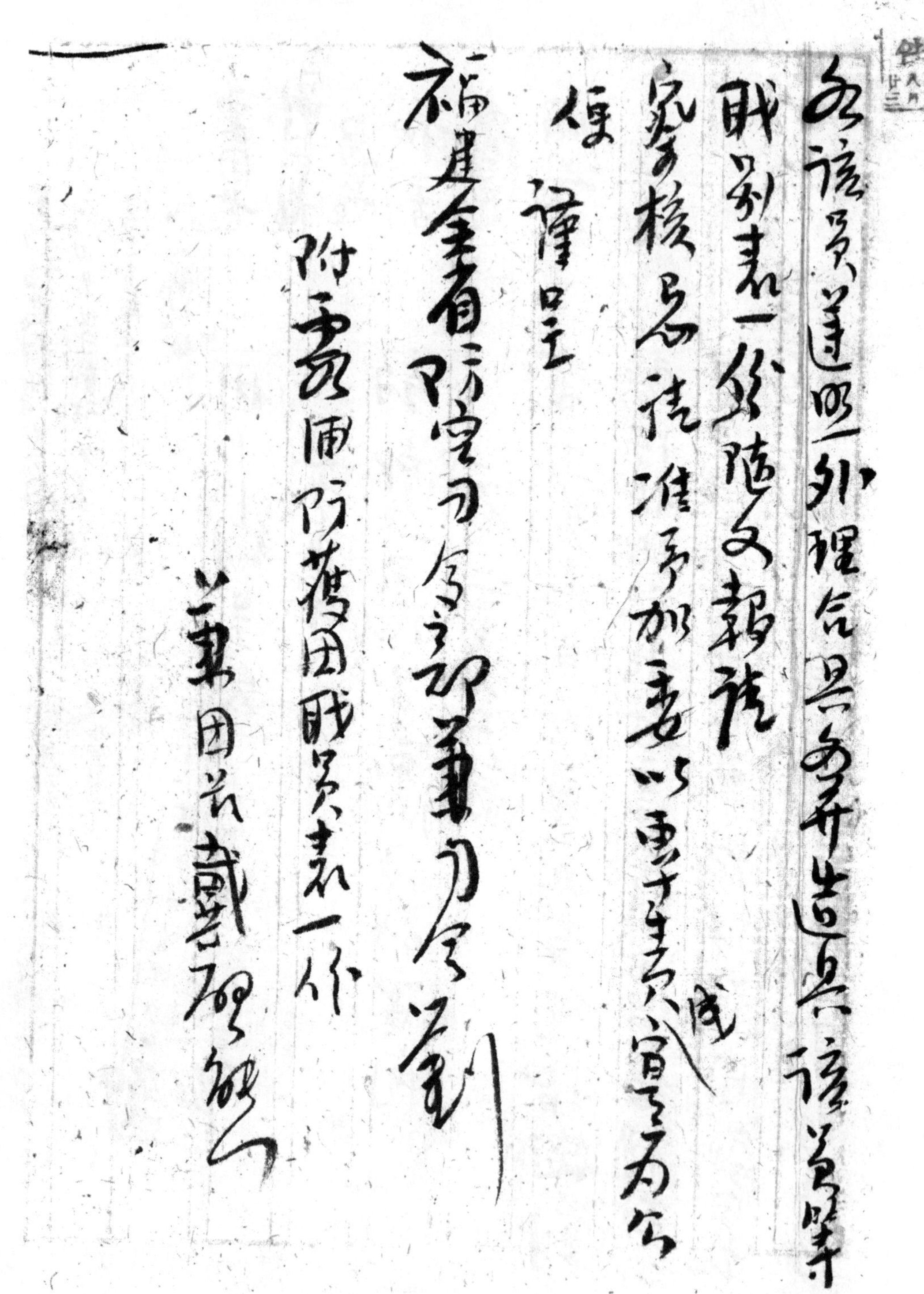

霞浦县防护团关于报请准予刘琦等兼任副团长等职请加委的呈文(1944 年 8 月 23 日)

b 面　0168-001-0531

兼任职	姓名	原任职	备考
团长	戴曜铨	县长	
副团长	刘伯琦	警察局局长	
副团长	陈伯璘	国民兵团副团长	
总干事	祝屏龙	军事科长、民政科科长	
干事	高英昭	警察局督察员	
干事	雷信礼	警察局巡官	
书记	林信实	警察局事务员	

附件　霞浦县防护团职员表（1944年8月23日）　0168-001-0531

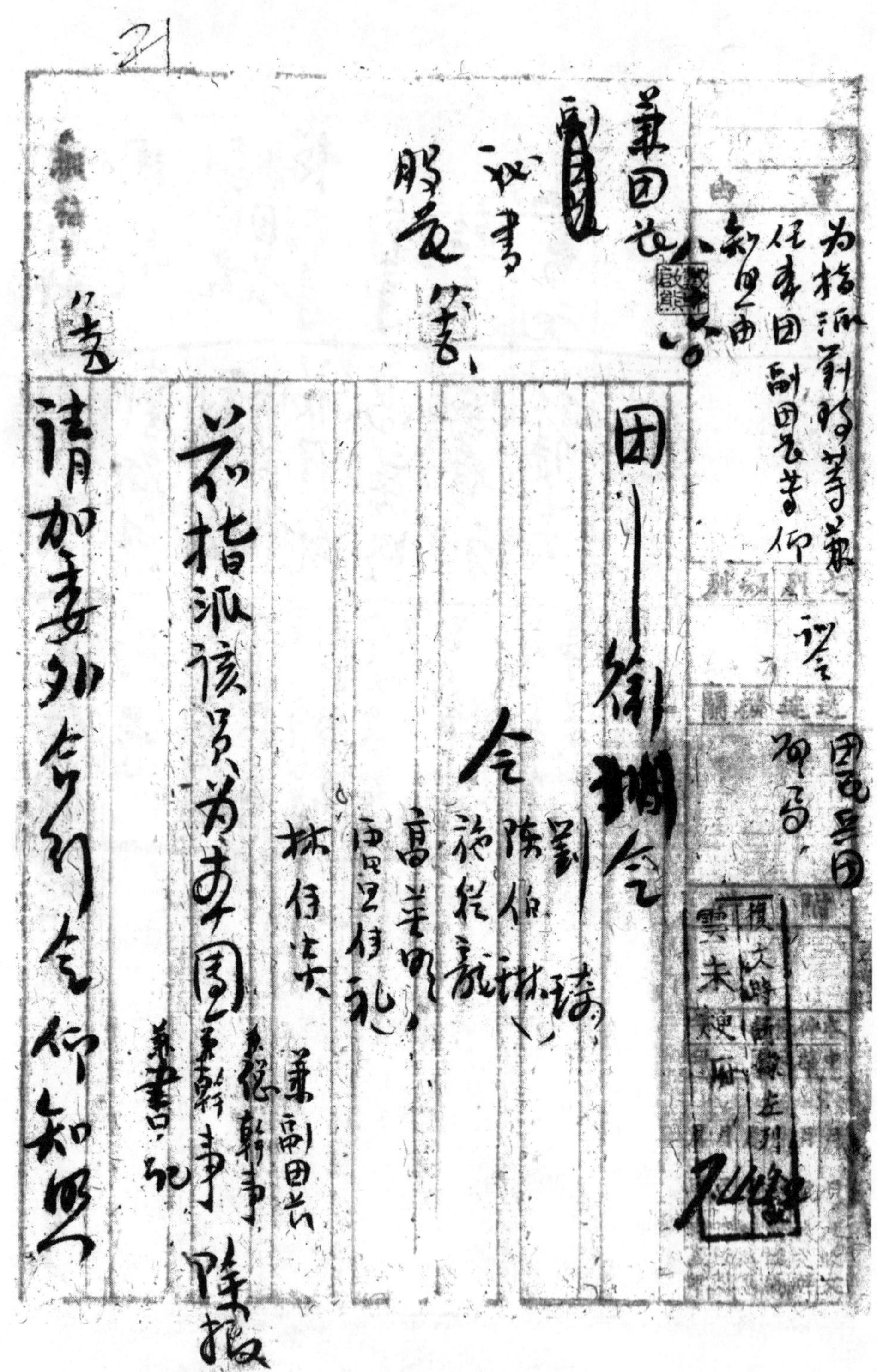

为指派刘琦等兼任本团副团长等仰知照由

令

刘琦、陈伯琳、施经龙、高美明、雷巳仔龙、林仔实

为指派该员为本团兼副团长、兼总干事、兼干事、兼书记

陈振

请加委外，合行令仰知照。

霞浦县防护团关于指定刘琦等兼任副团长等职的委令(1944 年 8 月 23 日)

a 面　0168-001-0531

霞浦县防护团关于指定刘琦等兼任副团长等职的委令(1944年8月23日)
b面 0168-001-0531

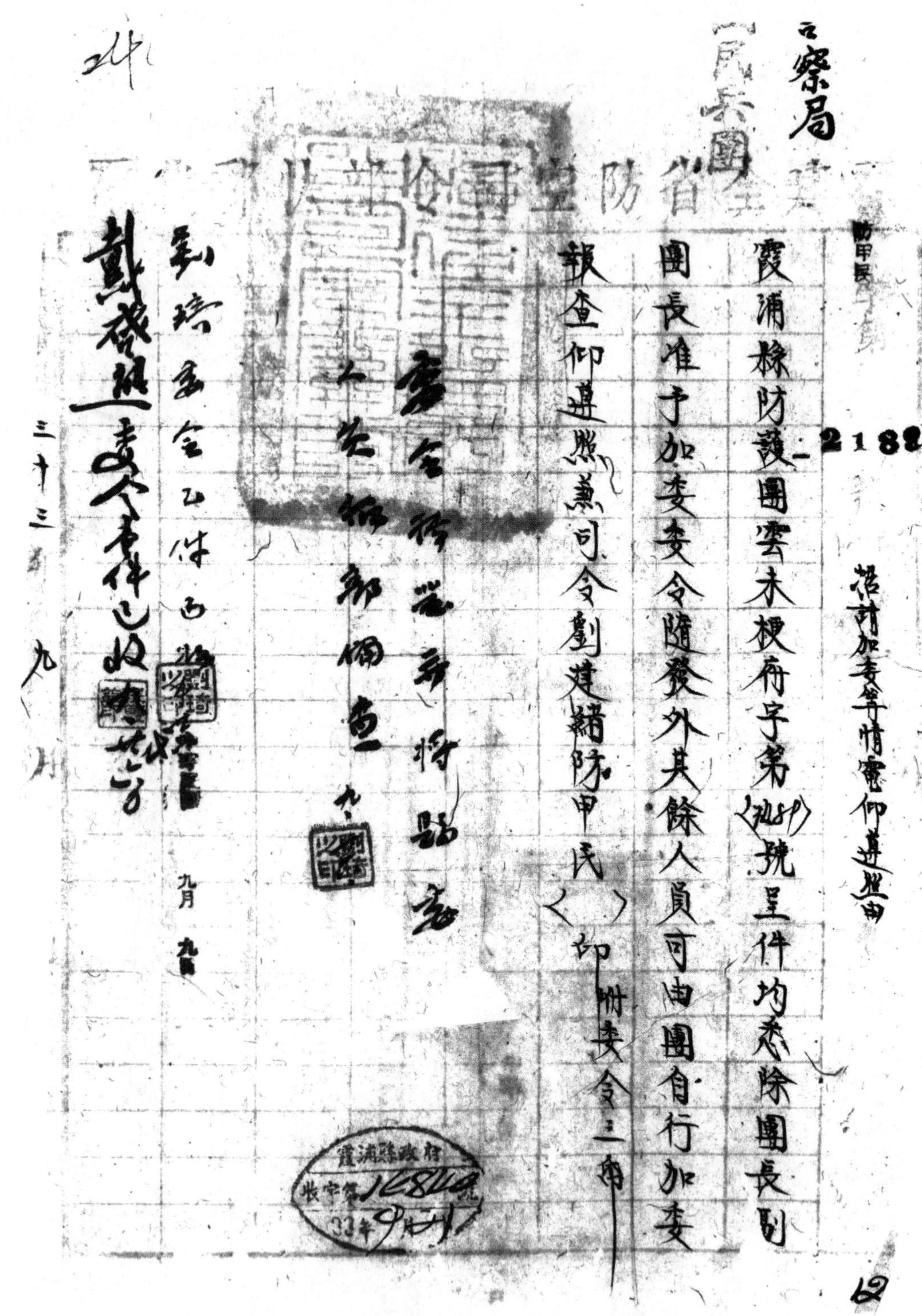

霞浦縣防護團雲未梗府字第〈 〉號呈件均悉除團長副
團長准予加委委令隨發外其餘人員可由團自行加委
報查仰遵照兼司令劉建緒防甲民〈 〉印 附委令三件

福建全省防空司令部关于团长准予加委，其余人员由团自行加委报查的快邮代电

（1944 年 9 月 9 日） 0168-001-0531

(二)霞浦防护团概况

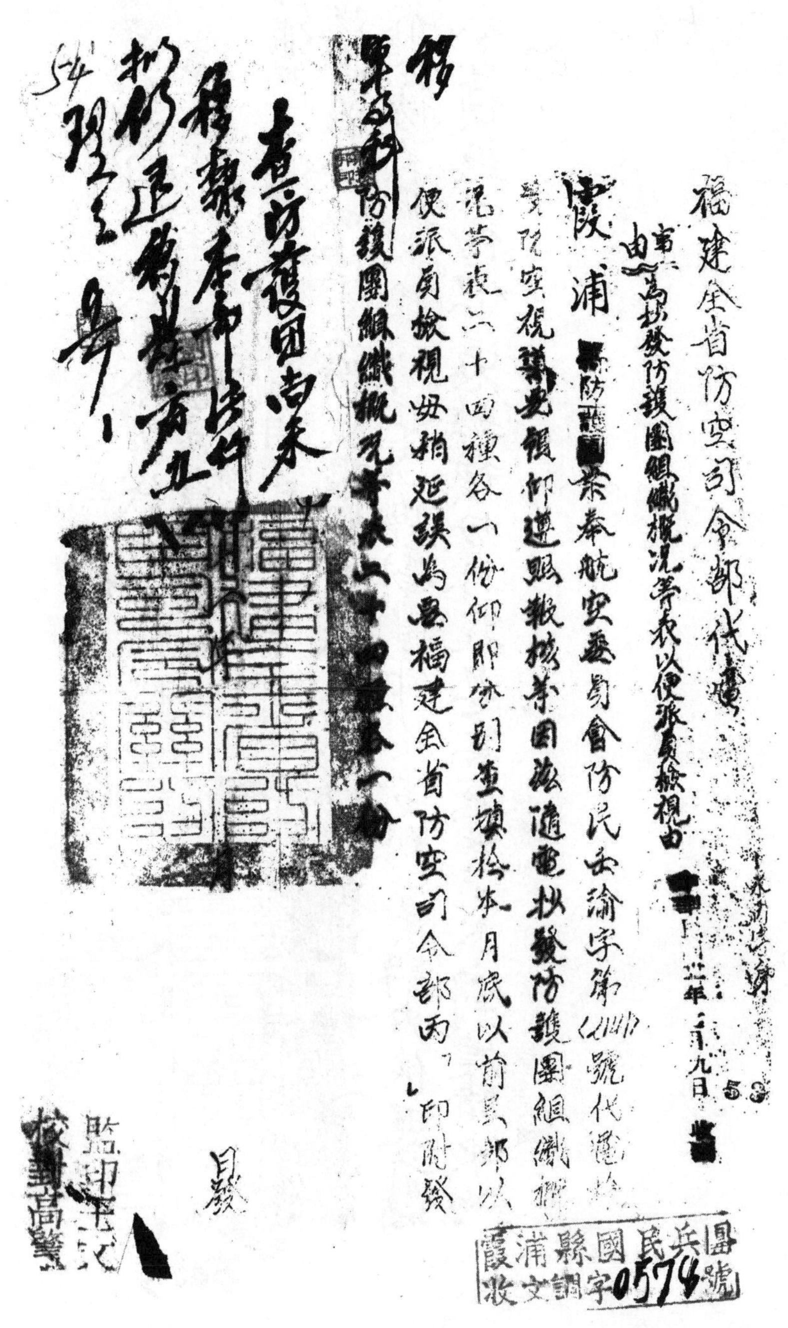
福建全省防空司令部代電
事由：為抄發防護團組織概況等表以便派員檢視由
霞浦縣防護團：案奉航空委員會防民西渝字第（1141）號代電檢發防空規範要領仰遵照辦理等因。茲隨電抄發防護團組織概況等表二十四種各一份，仰即分別查填，於本月底以前呈部，以便派員檢視，毋稍延誤為要。福建全省防空司令部丙。
霞浦縣國民兵團收文調字0574號

福建全省防空司令部关于抄发防护团组织概况等表以便派员检视的代电

(1942年5月9日) 0168-001-0531

53

福建全省防空司令部代電 永丙字第　號

事由：為電催半月內填造防護團組織概況等表二十四種等表各一份由　中華民國三十一年八月　日

霞浦縣防護團：查本部五月永丙字第[illegible]號[illegible]概況等表二十四種各一份並限期呈報以便[illegible]已久未據呈報，殊屬稽延，合再電催，仰於電到一星期內依照前頒表式各填報一份，俾憑彙辦，勿再玩忽為要。司令劉建緒 永丙

印

中華民國三十一年　月　日收到

0005

福建全省防空司令部关于半月内填造防护团组织概况等表的代电（1942 年 8 月）

0168-001-0531

52

收报纸 RECEIVING FORM 交通部電報局

TELEGRAPH OFFICE

MINISTRY OF COMMUNICATIONS

由 From	17/9	流水號數 Running No.	4	報類 Class	ml	發報局名 Office From	yungan 永安
時刻 Time	18.35	原來號數 Original No.	1677	字數 Words	57/50	日期 Date 17/9	時刻 Time 11
值機員 By		備註 Service Instructions	TTBP				

霞浦 7089防 6233護 6957團 613
9644本 45742年 43155七 74576月 74959永 4312丙 343
47180第(6532) 4799號 4321代電 19701及 78436附 193
5745 48355該 78702項 78313全華 56491統計 48180表 193
3441電 43658到 4310旨 43578內 21298填 43427就 212
4899府 27517 4164省 7089防 4500空 0674司 010
3947申 6897銑 6788西 3057永 0014丙 Seal

請 ……查填

霞浦县政府译福建全省防空司令部关于电到三日内填就防护团组织概况等表报部的电文

（1942 年 9 月 17 日） 0168-001-0531

83

防護團組織概況表

團長(副)姓名	縣長兼團長毛鼎坤　副團長葉明昕(警察局局長兼任)溫保鑫
總幹事(副)姓名	
內設若干股	
各股主任姓名	
股街下是否設組	
各組主任(副)姓名	
幹事若干及姓名	
兼任職員若干	
專任職員若干	

附表一　防护团组织概况表(1942 年)a 面　0168-001-0531

項目	
伕役若干	
有無常備防護部隊	
有無直屬部隊	
有無專門委員会	
有無其他設置	
區(分)團長姓名	
區(分)團幹事姓名	
各隊(班)長(附)姓名	

附表一　防护团组织概况表(1942年)b面　0168-001-0531

89

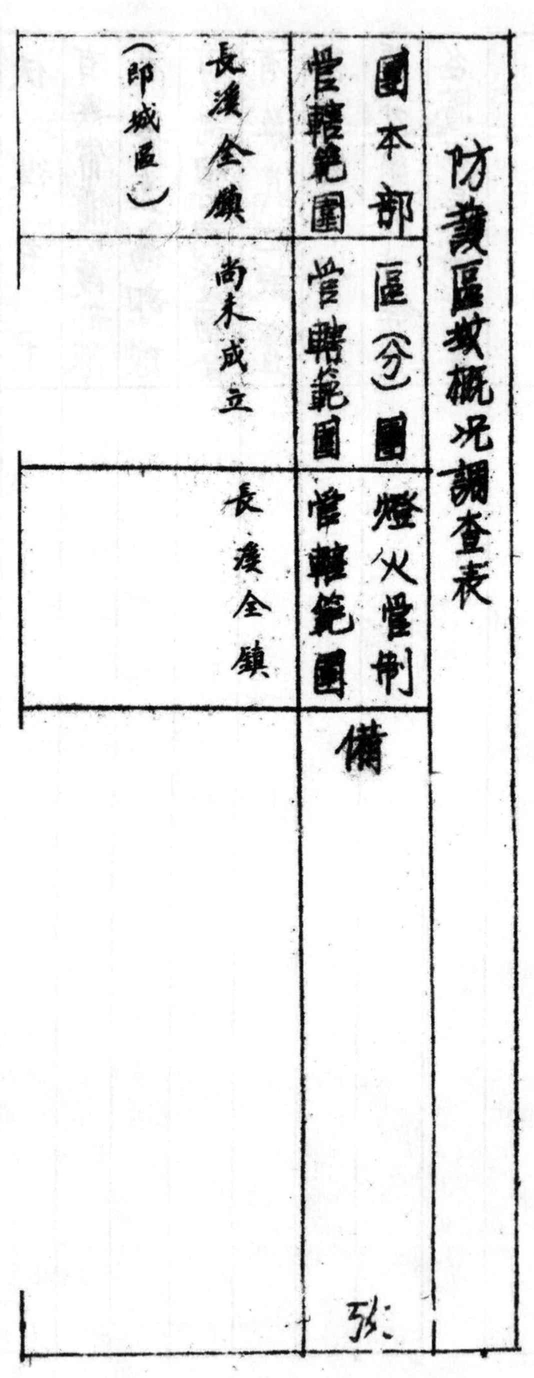

防護區域概況調查表

團本部	區(分)團	燈火管制	備
管轄範圍	管轄範圍	管轄範圍	
長溪全鎮（即城區）	尚未成立	長溪全鎮	

张

附表二　防护区域概况调查表(1942年)a面　0168-001-0531

附表二　防护区域概况调查表(1942年)b面　0168-001-0531

防護團經費概況調查表

項目		內容
經費來源及籌支方法		地方預備金項下開支
本年	經常費總數	無
	事業費總數	壹佰貳拾元
二十六年	經	
	臨	
二十七年	經	
	臨	
二十八年	經	
	臨	
二十九年	經	
	臨	
三十年	經	145元支月
	臨	
備		

附表三　防护团经费概况调查表(1942年)a面　0168-001-0531

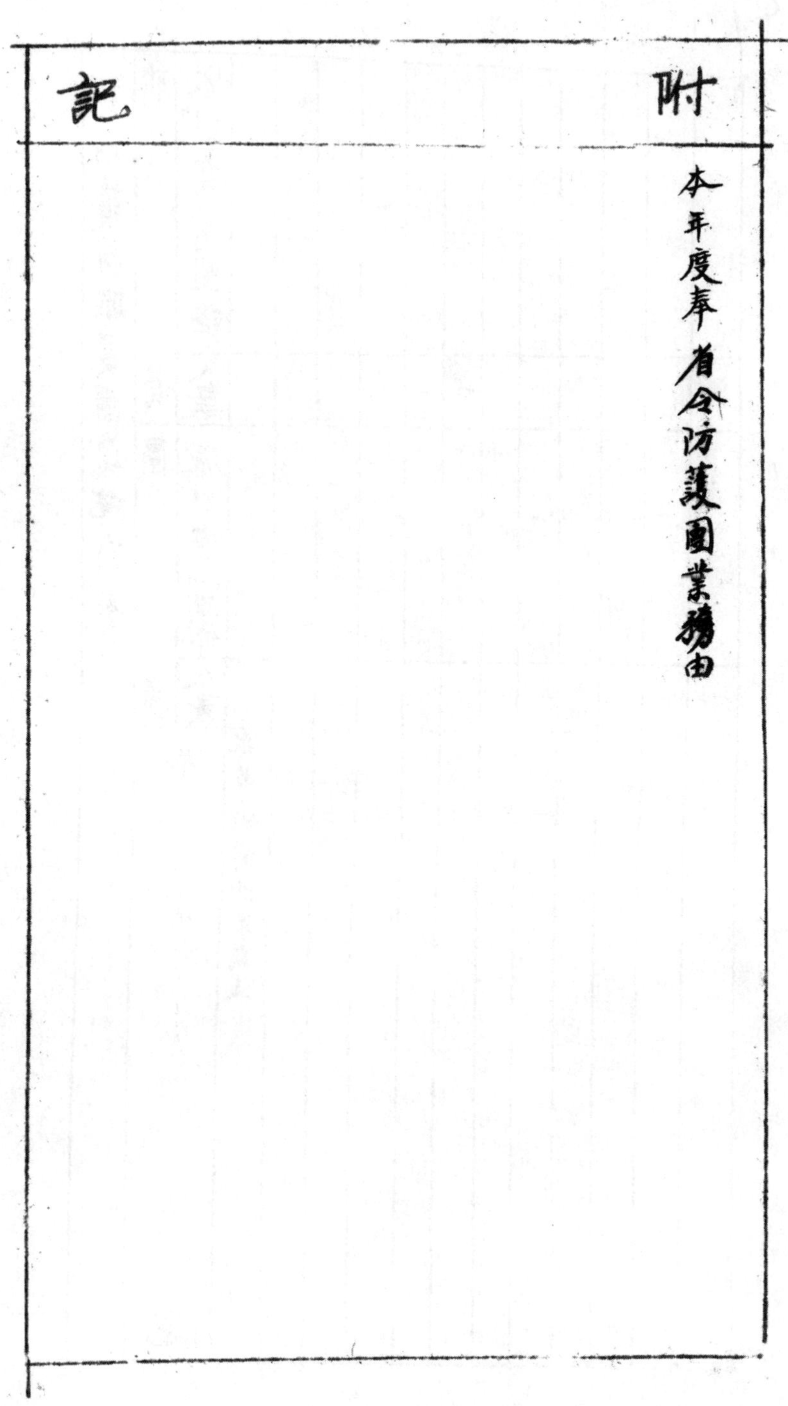

附表三　防护团经费概况调查表(1942年)b面　0168-001-0531

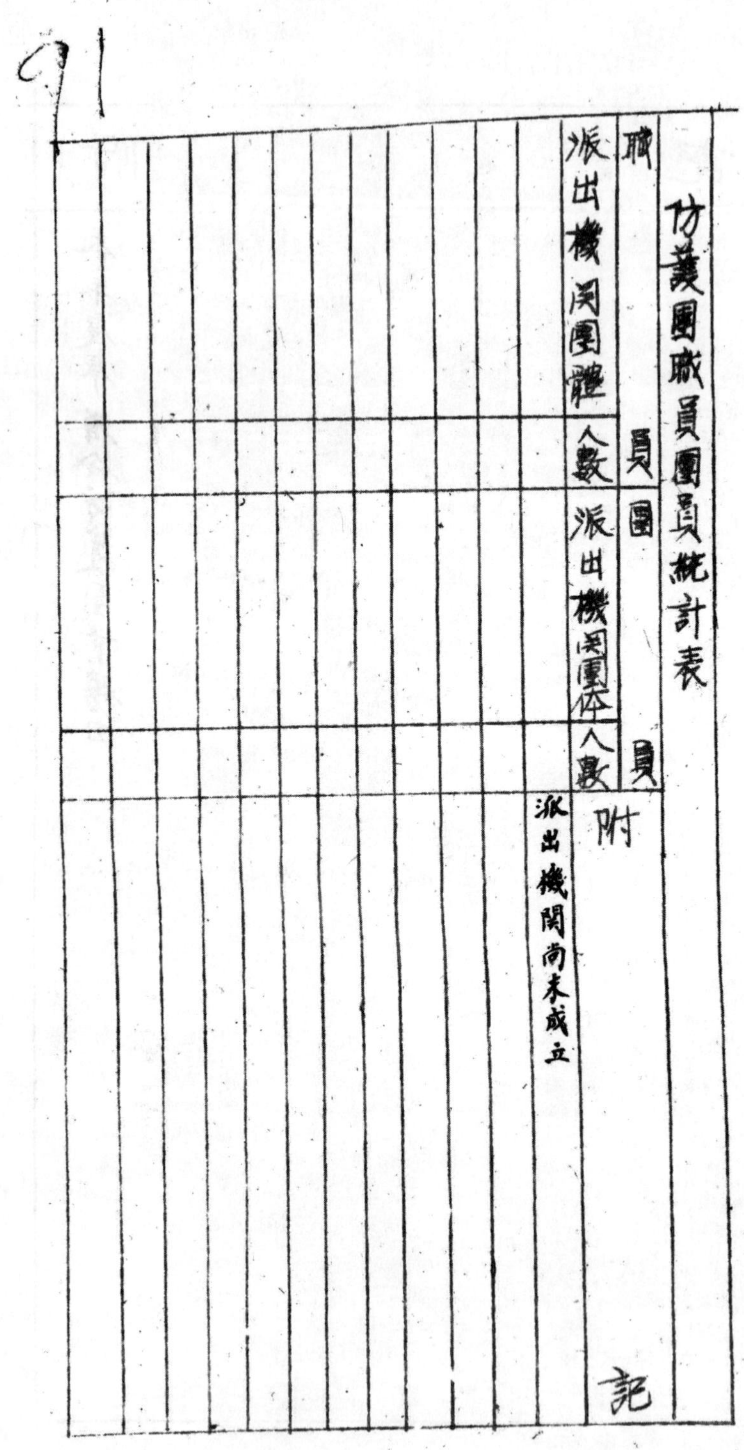

防護團職員團員統計表

職員	團員	附記
派出機関團體人數	派出機関團体人數	
		派出機関尚未成立

附表四　防护团职员团员统计表(1942 年)　0168-001-0531

92

防護團區(分)團員人數分類統計表

類別 人數 區隊別	第 區(分)團	第 區(分)團	第 區(分)團	第 區(分)團	第 區(分)團	第 區(分)團
警報						
警備						
交通管制						
避難管制						
消防						
防毒						
救護						
工務						
配給						
燈火管制						
總數						
附記	各區分團尚未成立					

附表五　防护团区(分)团员人数分类统计表(1942年)a面　0168-001-0531

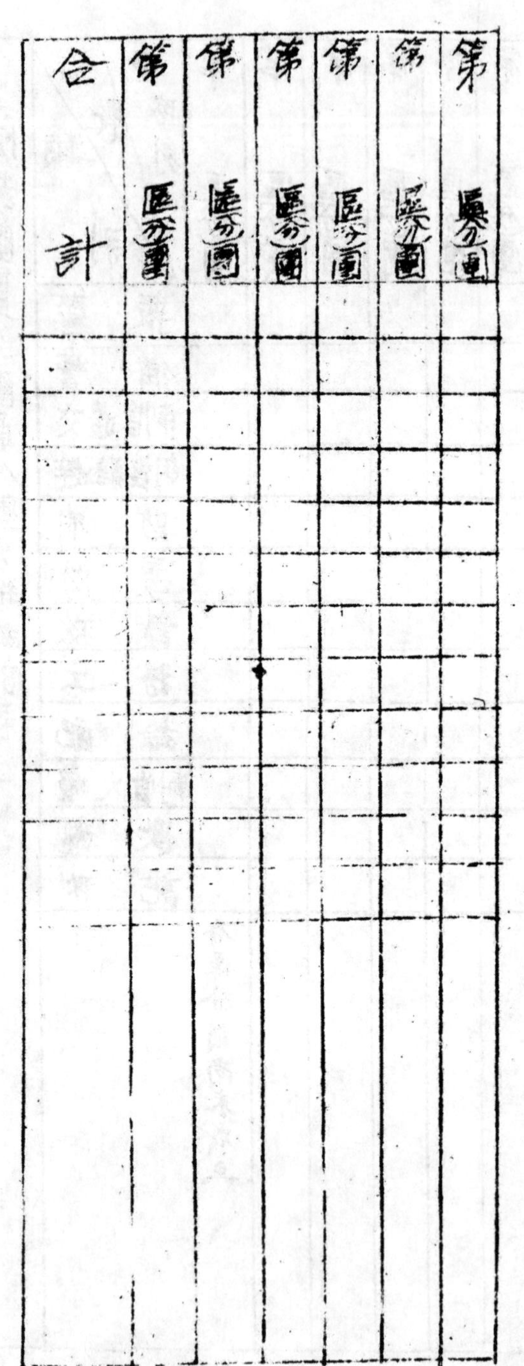

第　區(分)團
第　區(分)團
第　區(分)團
第　區(分)團
第　區(分)團
第　區(分)團
合計

附表五　防护团区(分)团员人数分类统计表(1942年)b面　0168-001-0531

93

防護團職員團員出身表

類別	職員人數	團員人數	附記
中央防校畢業			
本省防空訓練班	一		
軍事學校畢業	九	二三	
大學校畢業	二		
專門學校畢業	一		
中學畢業	六	一二	
高小畢業		十	
行伍		一	
私塾		二三	
農人		九	
工人		三二	
商人	一	十一	
合計	二〇	一二一	

附表六　防护团职员团员出身表(1942年)a面　0168-001-0531

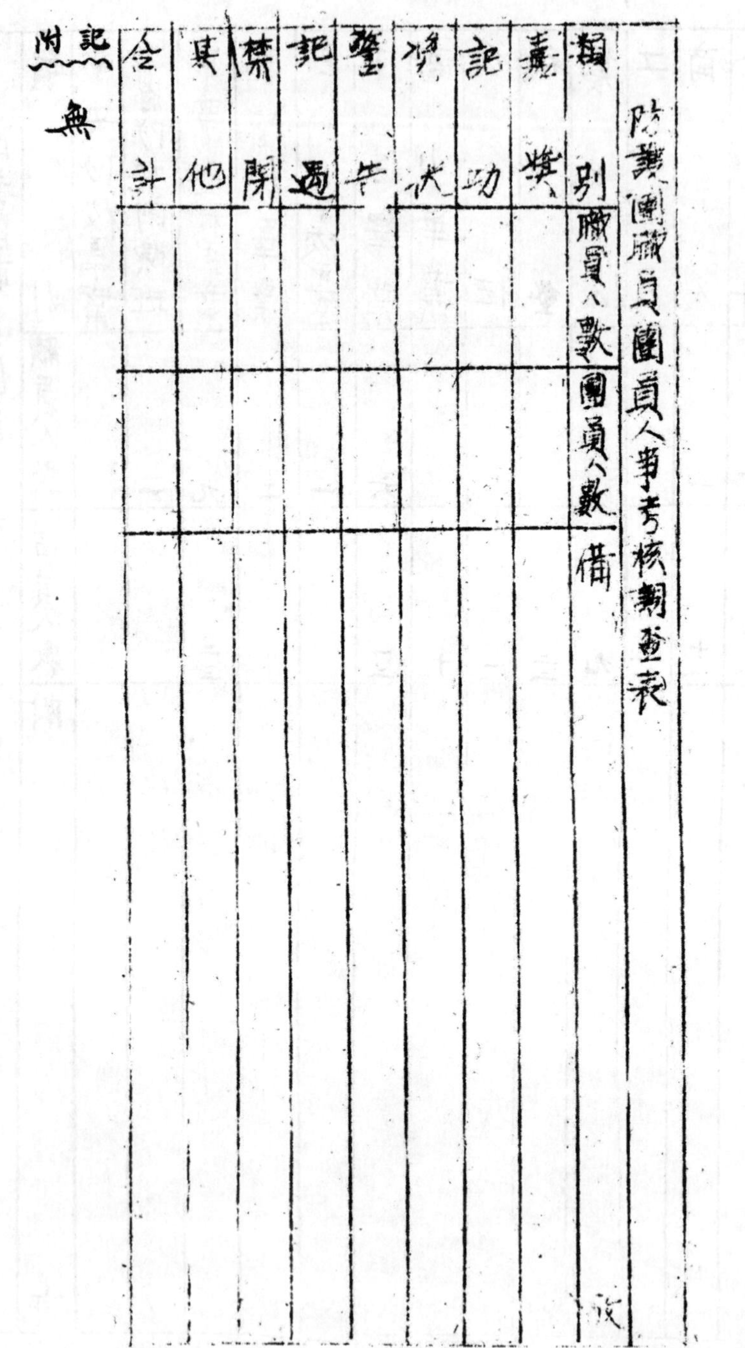

防護團職員團員人事考核調查表

類別	職員人數	團員人數	備攷
嘉奬			
記功			
奬狀			
警告			
記過			
禁閉			
其他			
合計			

附記　無

附表七　防护团职员团员人事考核调查表（1942年）b面　0168-001-0531

94

防護團人員補充教育概況調查表

職員數育概況	普通團員教育概況	技術團員教育概況	附設訓練班隊概況：主持者姓名	訓練期間	採用教材	受訓人數

附表八　防护团人员补充教育概况调查表(1942年)a面　0168-001-0531

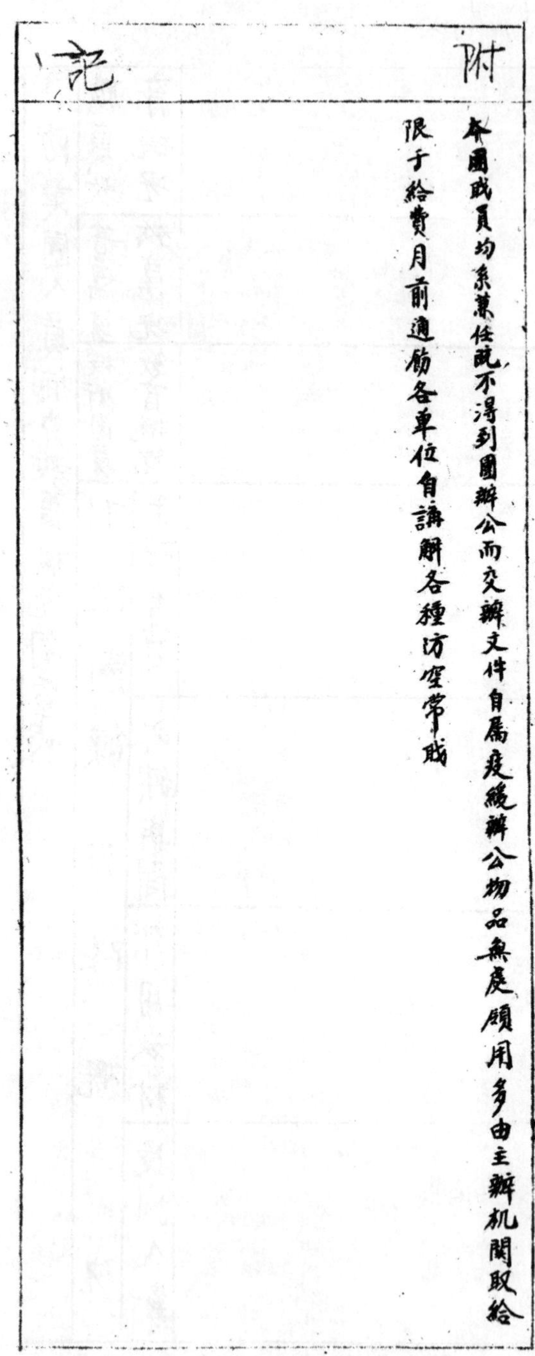

附記

本團職員均係兼任既不得到團辦公而交辦文件自屬疲幾辦公物品無庸顧用多由主辦机關取給

限于經費月前通飭各單位自講解各種防空常識

附表八　防护团人员补充教育概况调查表(1942年)b面　0168-001-0531

95

各班隊設備概況表

班隊別	設備情形
警報	由霞浦縣防空哨兼任哨長一人班長一名團員十人手搖警報机一通訊電話二門總機一望遠鏡二
警備	由縣自衛隊兼任
交通管制	由縣警察局兼任
燈火管制	〃
避難管制	〃
消防	有
防毒消毒	由衛生院兼任
工務	
配給	
交通器材	以縣政府電話室為本團交通器材
通信器材	〃 〃
其他	

附表九　各班队设备概况表(1942 年)a 面　0168-001-0531

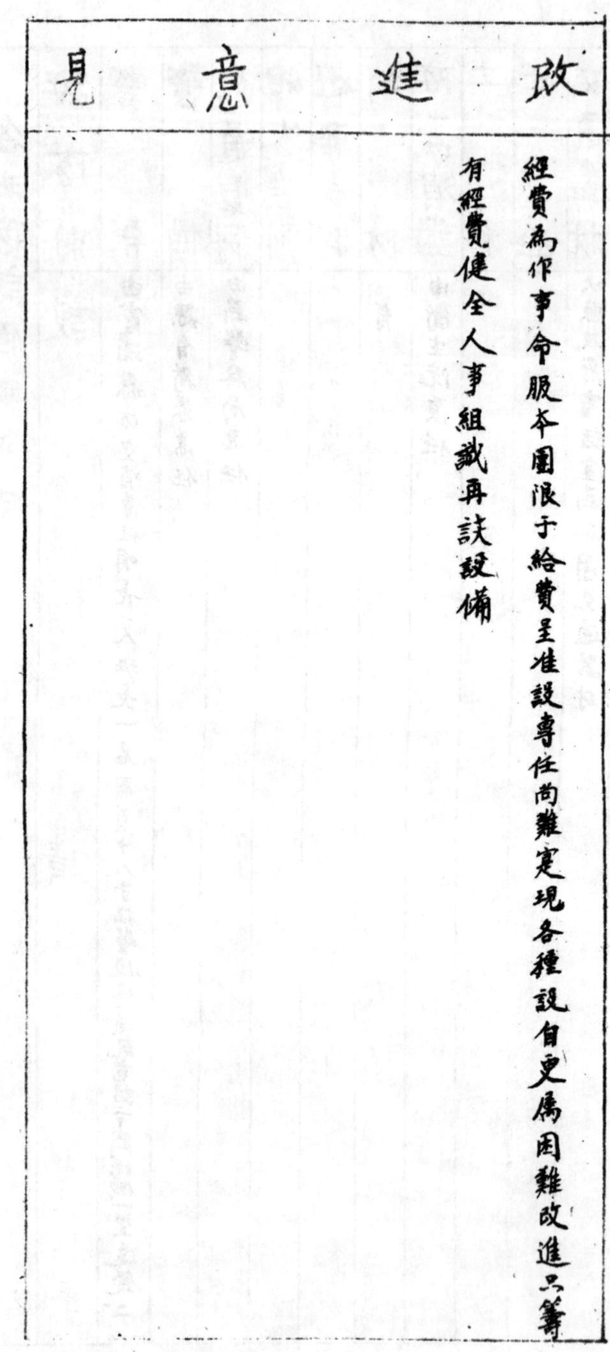

改進意見

經費為作事命脈本團限于給費呈准設專任尚難定現各種設自更屬困難改進只籌有經費健全人事組織再談設備

附表九　各班队设备概况表(1942年)b面　0168-001-0531

103

防空壕洞調查表

項別	防空洞			防空壕			容量總數	用去經費總數
	公用	團体用	私用	公用	團体用	私用		
數目								
設備概況								
附記								

附表十　防空壕洞调查表(1942年)a面　0168-001-0531

附表十　防空壕洞调查表(1942年)b面　0168-001-0531

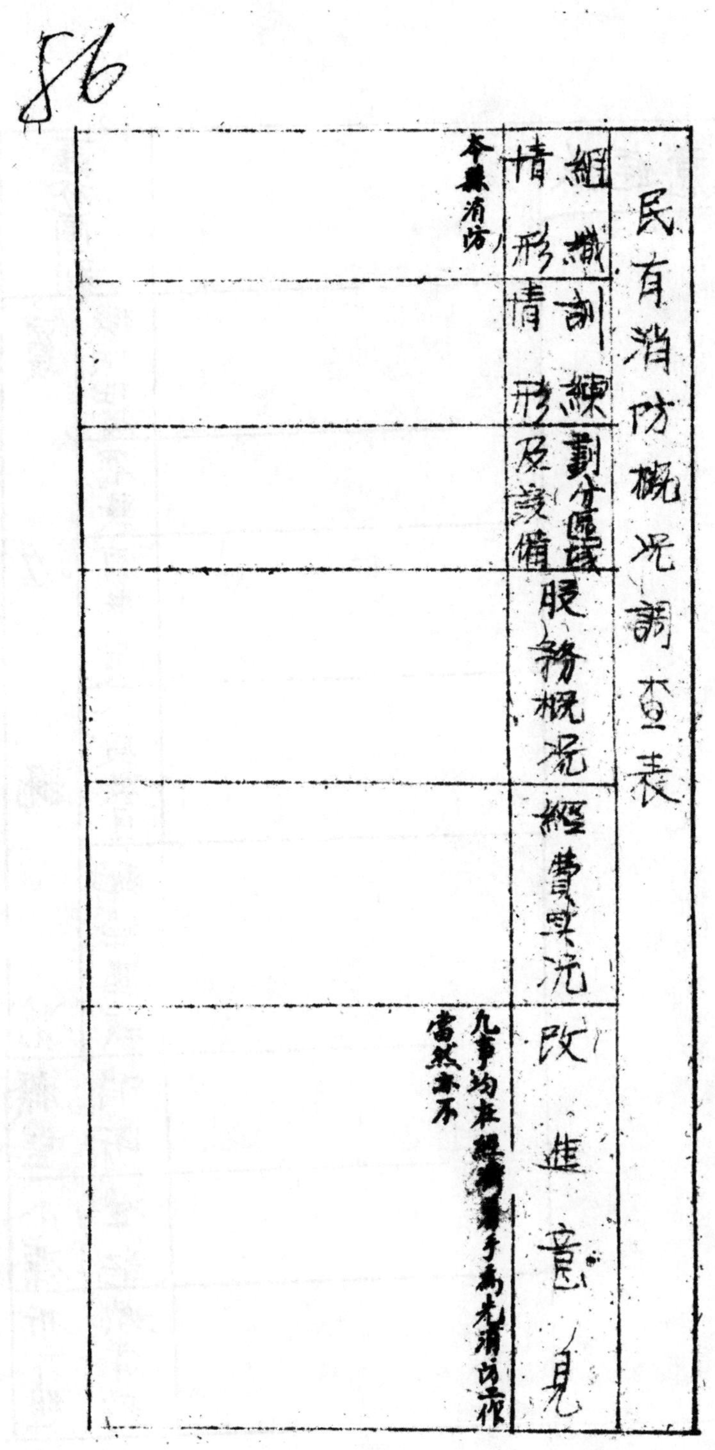

民有消防概況調查表

組織情形	訓練情形	劃分區域及設備	服務概況	經費實況	改進意見
本縣消防					凡事均在經[illegible][illegible]手爲先消防工作當然亦不

附表十一　民有消防概况调查表(1942年)a面　0168-001-0531

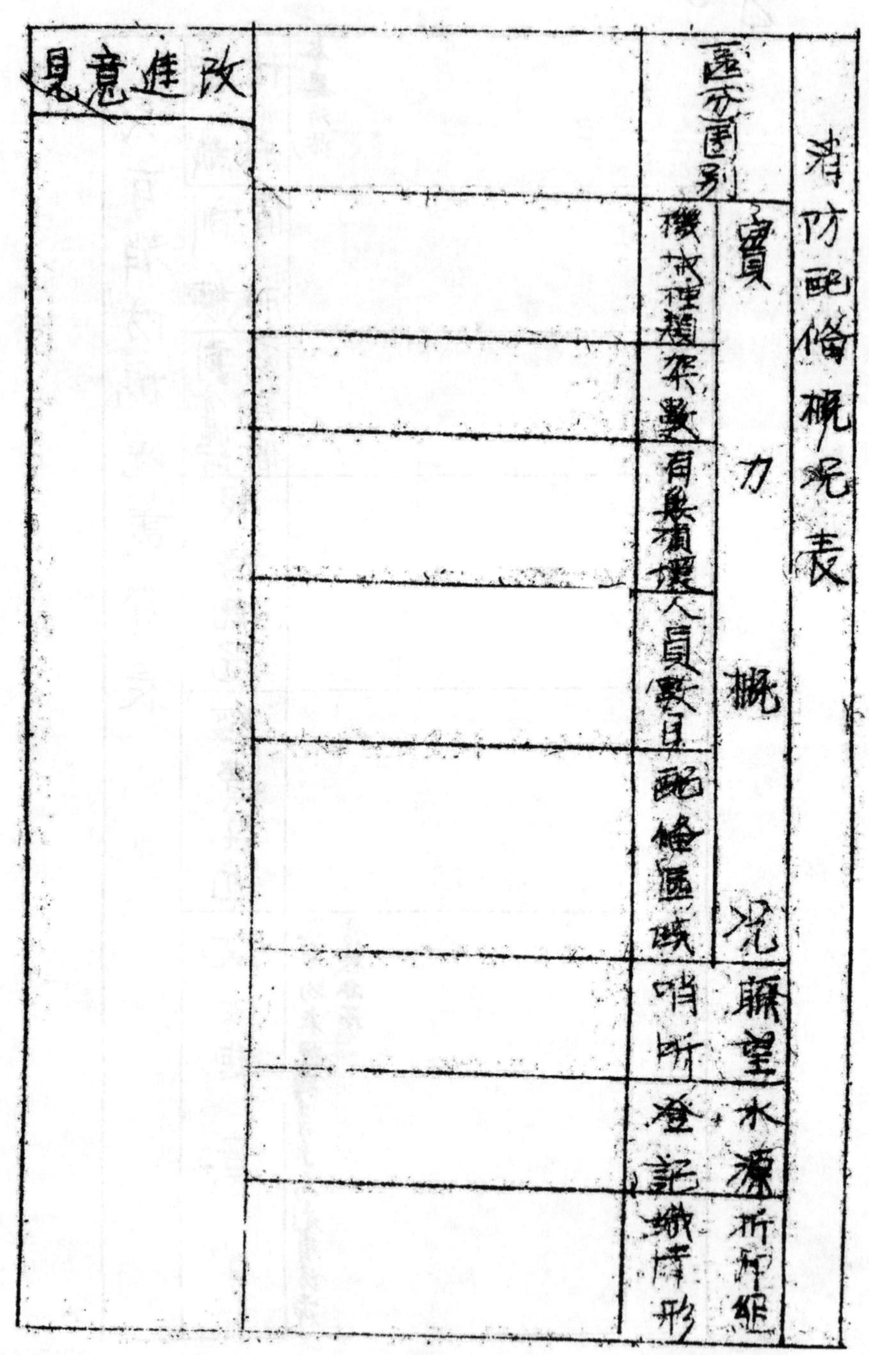

消防配備概况表

區分　區別		
實力概况	機械種類架數	
	有無積擾	
	人員數目	
	配備區域	
瞭望哨所		
水源登記		
所在地標形		
改進意見		

附表十二　消防配备概况表(1942 年)b 面　0168-001-0531

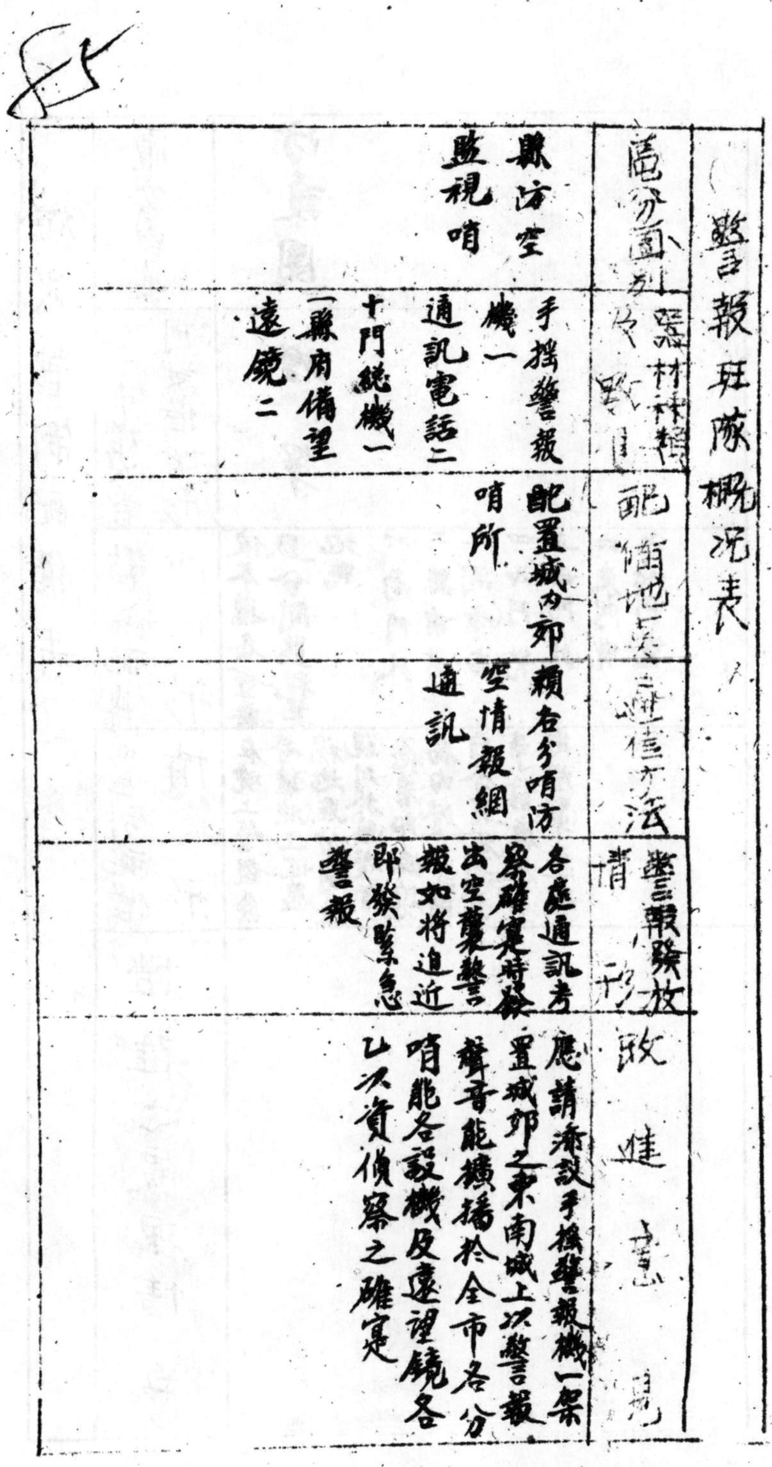

警報班隊概況表

區分面別	器材种類及數目	配備地点	通信方法	警報發放情形	改進意見
縣防空監視哨	手揺警報機一 通訊電話二 十門総機一 （縣府備望遠鏡二	配置城內郊鎮各分哨防哨所	空情報網通訊	各處通訊考察確定時發出空襲警報如將迫近即發緊急警報	應請添設手揺警報機一架置城郊之東南城上以警報聲音能横播於全市各分哨能各設機及遠望鏡各一以資偵察之確定

附表十三　警报班队概况表(1942年)a面　0168-001-0531

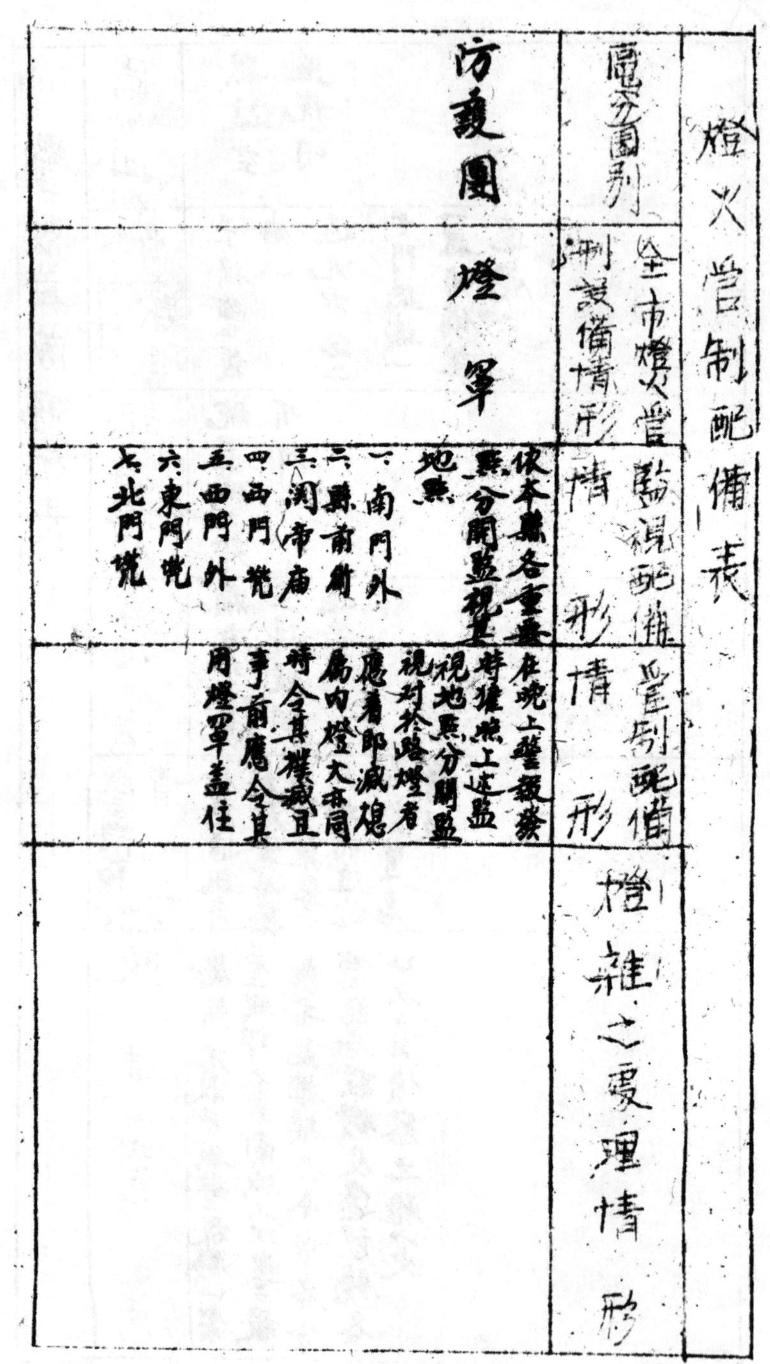

燈火管制配備表

區分 區別	防護團
全市燈火管制設備情形	燈罩
監視配備情形	依本縣各重要點分開監視其地點 一、南門外 二、縣前街 三、關帝廟 四、西門兜 五、西門外 六、東門兜 七、北門兜
管制配備情形	在晚上警報發時猴照上述監視地點分開監視对於路燈者應着即滅熄商内燈大亦同時令其撲滅且事前應令其用燈罩盖住
燈雜之處理情形	

附表十四 灯火管制配备表(1942年)b面 0168-001-0531

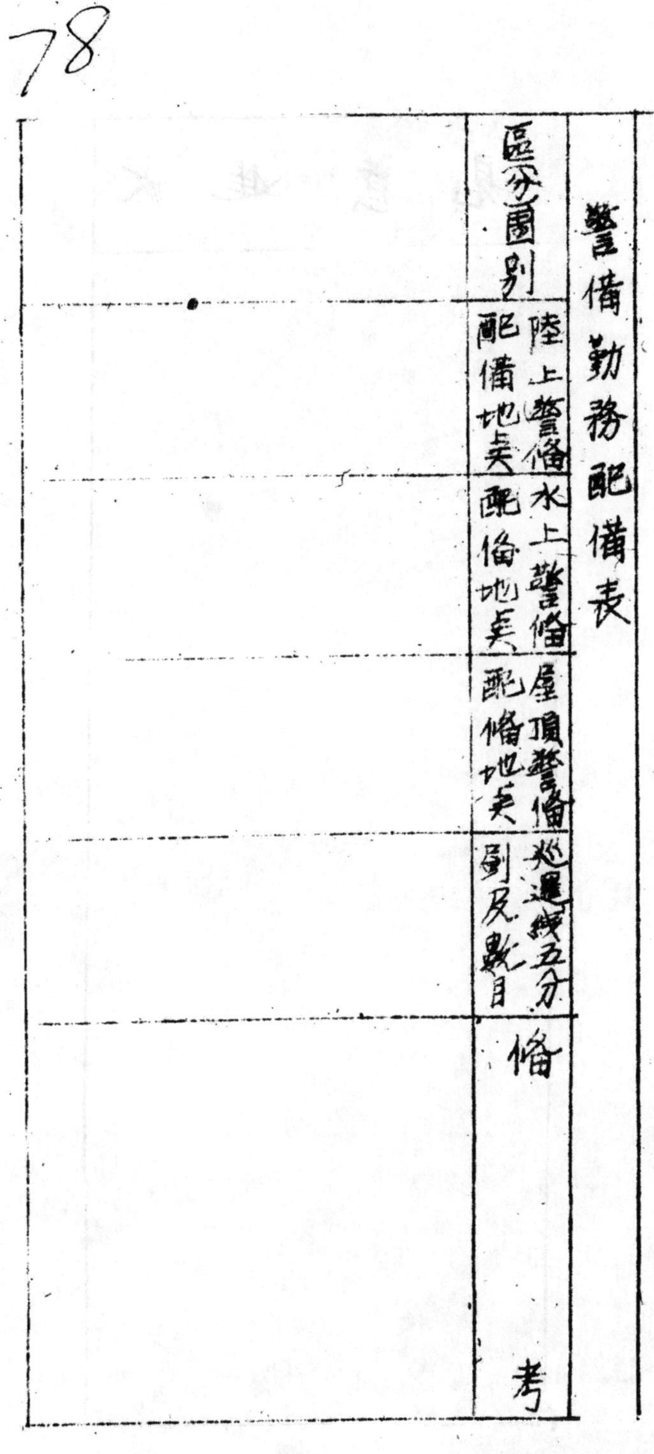

78

警備勤務配備表

區分 團別	陸上警備 配備地点	水上警備 配備地点	屋頂警備 配備地点	巡邏綫五分 别及數目	備考

附表十五　警备勤务配备表(1942 年)a 面　0168-001-0531

附表十五 警备勤务配备表(1942年)b面 0168-001-0531

77-1

救[illegible]表

區(分)團[illegible]	防護[illegible]
[illegible]長姓名	[illegible]熙明　[illegible]為祐
醫師人數	一人
看護人數	三人
容納人數	二十三人
說明概況	本隊股長一員由衛生院長兼總隊長一員由醫師兼班長三人由護士兼團員一十八人由保保送訓練擔任各工作

附表十六　救护所站调查表(1942年)a面　0168-001-0531

附表十六　救护所站调查表(1942年)b面　0168-001-0531

81

避難管制配備表

區分 團別	劃分區域	配備地點及人員分配	指導情形	管制情形	改進意見

附表十七　避难管制配备表(1942年)a面　0168-001-0531

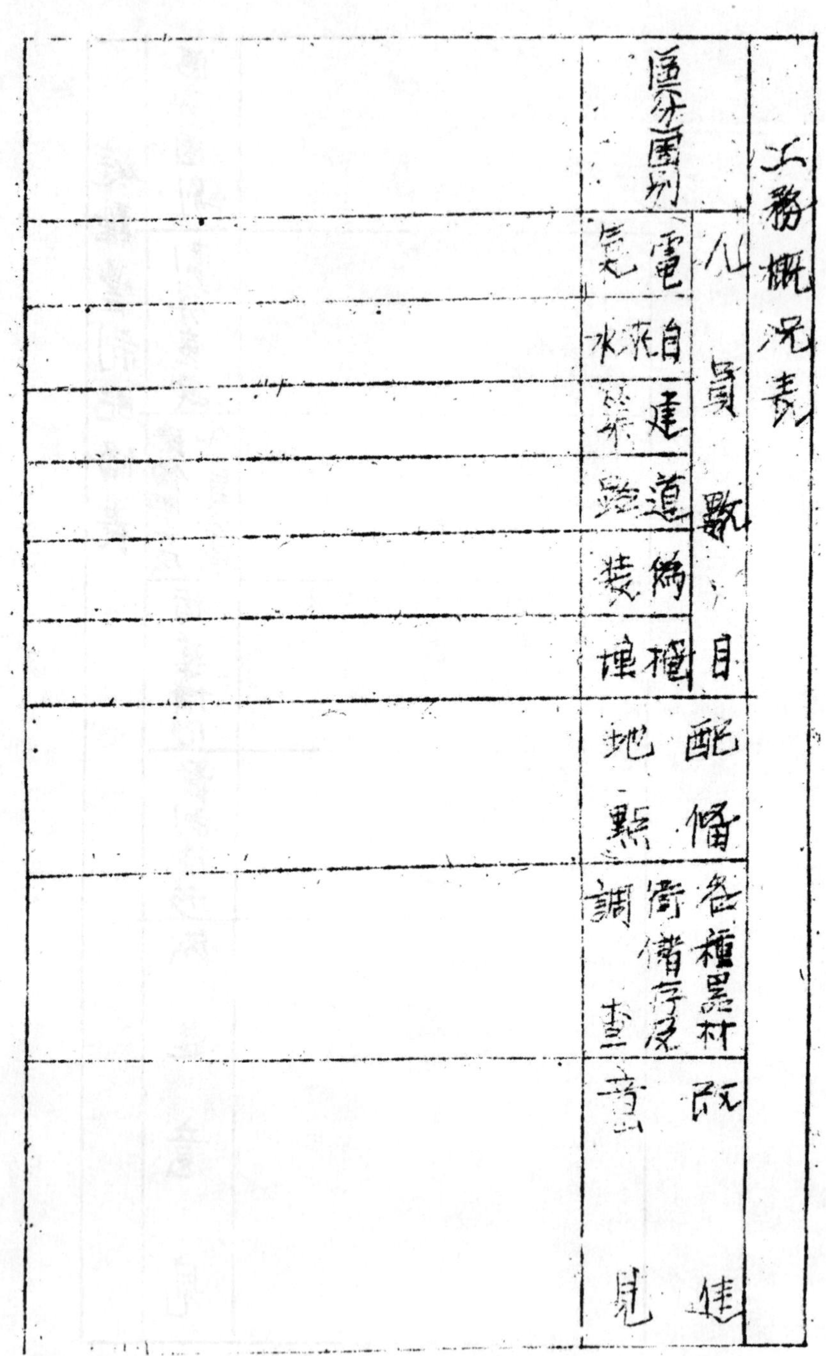

工務概況表

區分區別	人員數目						配備地點	各種器材備存原因調查	改進意見
	電氣	自來水	建築	道路	裝備	機械			

附表十八　工务概况表(1942年)b面　0168-001-0531

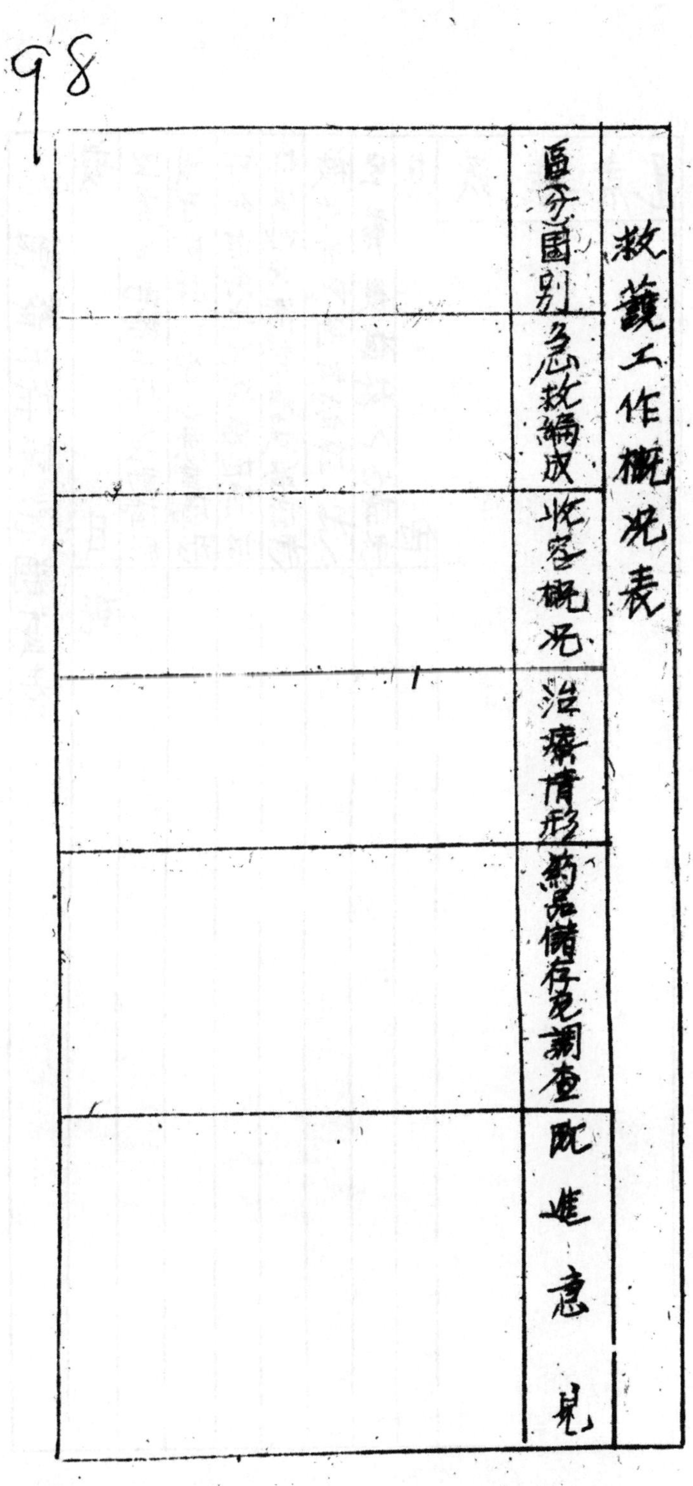
98

救護工作概况表

区分	救護工作概况表
国别	
急救编成	
收容概况	
治療情形	
药品储存及调查	
改進意見	

附表十九　救护工作概况表(1942年)a面　0168-001-0531

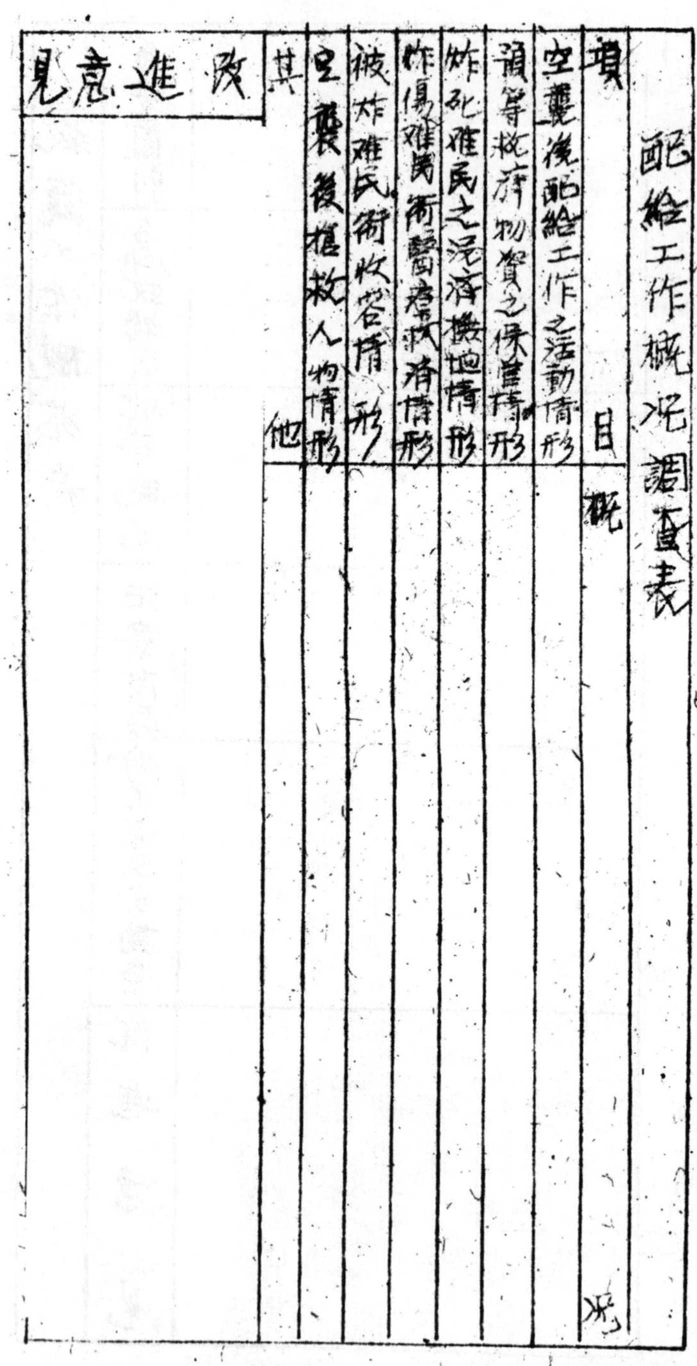

配給工作概况調查表

項目	概況
空襲後配給工作之活動情形	
頒等救濟物資之保管情形	
炸死難民之泛濟撫恤情形	
炸傷難民衛醫療救濟情形	
被炸難民衛收容情形	
空襲後搶救人物情形	
其他	
改進意見	

附表二十　配给工作概况调查表(1942 年)b 面　0168-001-0531

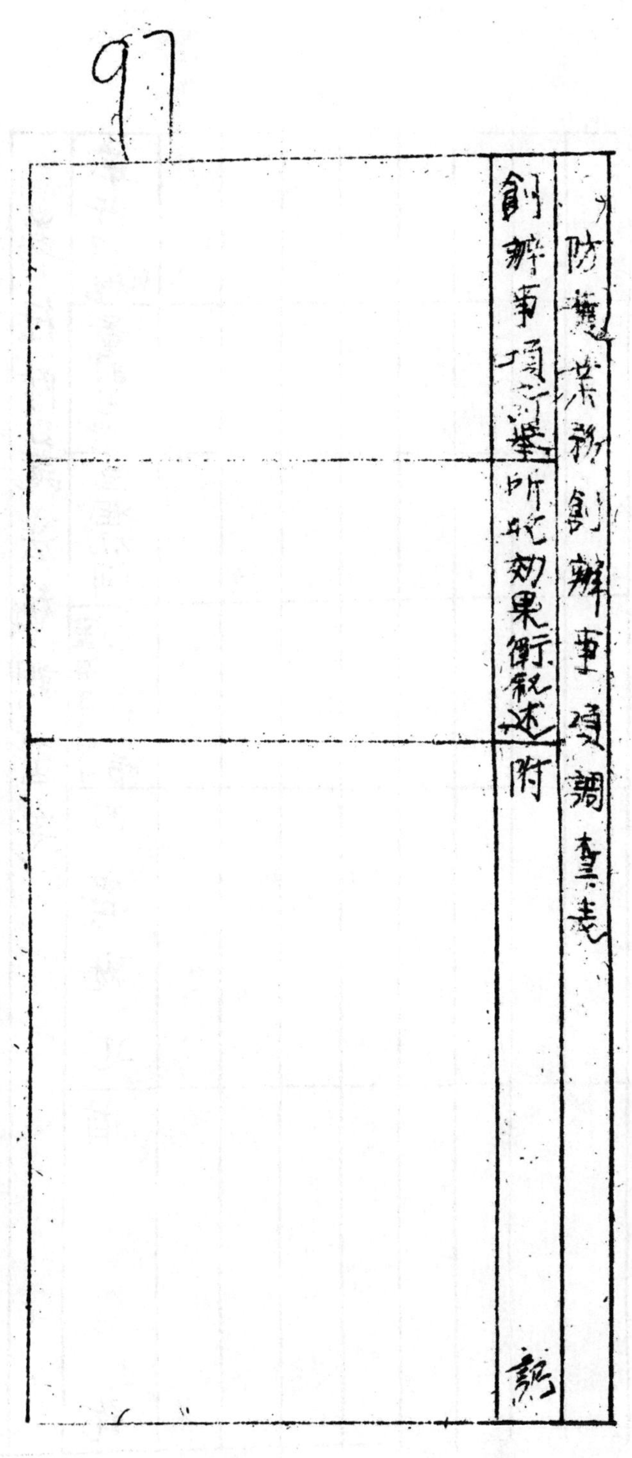
97
防護業務創辦事項調查表
創辦事項[illegible]要
所收效果概述
附
註

附表二十一　防护业务创办事项调查表(1942年)a面　0168-001-0531

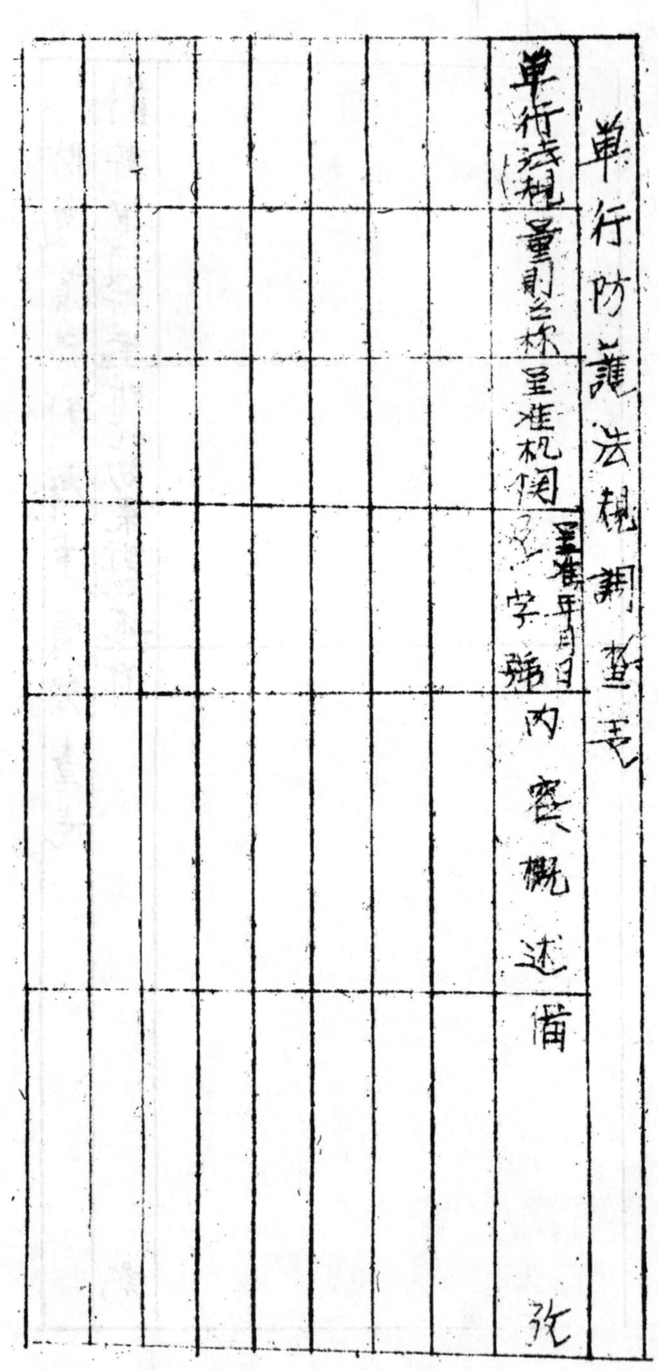

附表二十二　单行防护法规调查表(1942年)b面　0168-001-0531

87

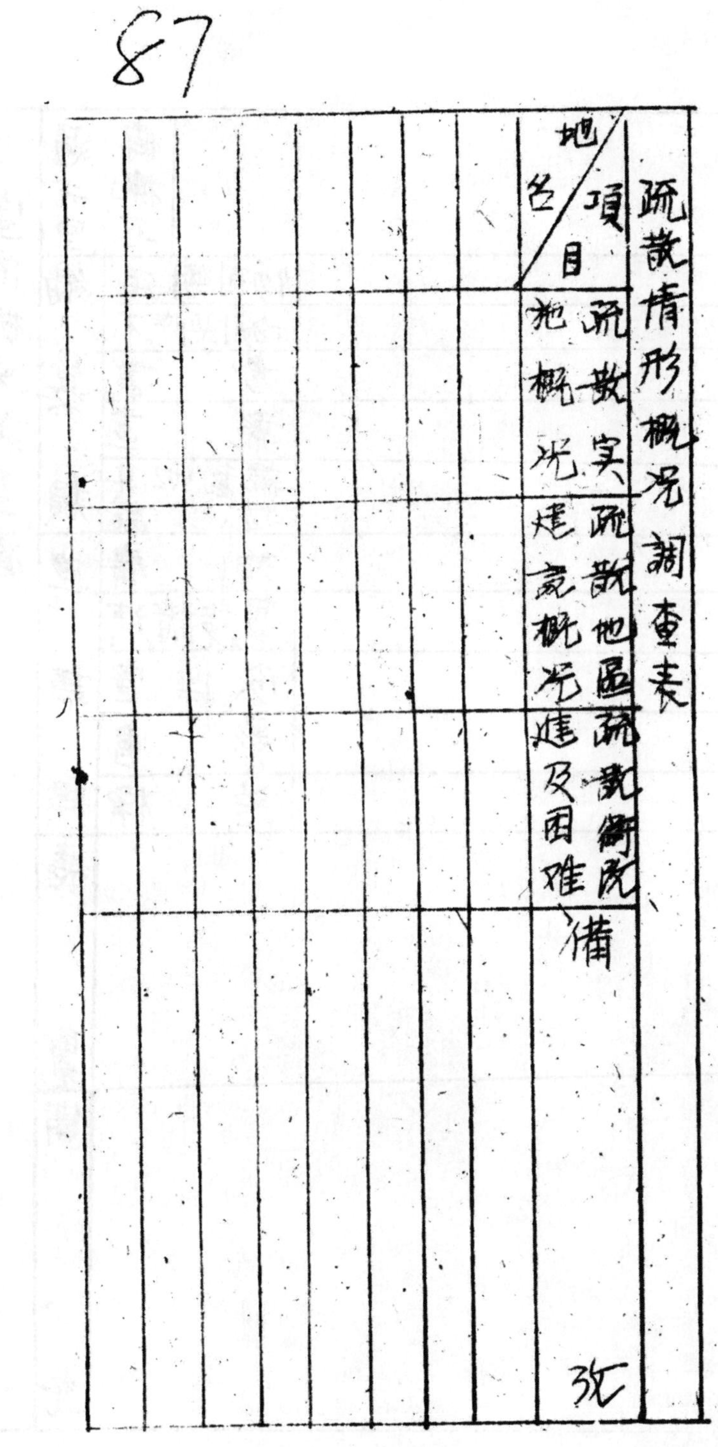

疏散情形概况調查表

項目 / 地名								
疏散地概况								
疏散实况、疏散地區建築概况								
疏散街況建築及困难								
備								

張

附表二十三　疏散情形概况调查表(1942 年日)a 面　0168-001-0531

宣傳概況調查表		
過去宣傳概述		
編纂類	定期刊物	
	不定期刊物	
	叢書	
	畫報	
	其他書報物	
宣講類	廣播	
	演講競賽	
	宣傳隊	
	電影	
	標語	
展覽		
備考		

附表二十四 宣传概况调查表(1942年)b面 0168-001-0531

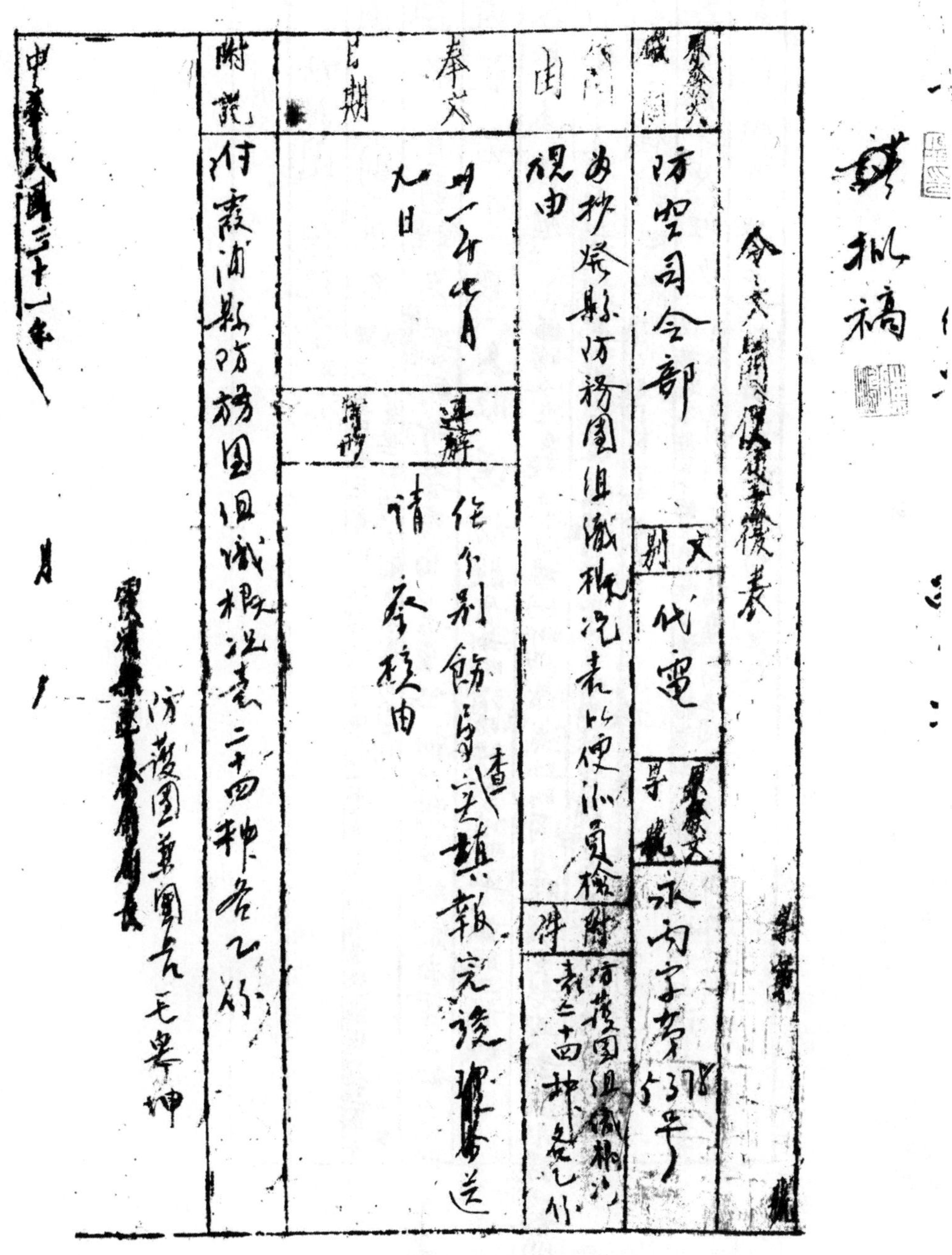

令文简便呈复表　霞浦县政府分别饬属查实填报二十四种表完竣(1942 年 9 月)

0168-001-0531

55

附表一

防護團組織概況表

項目	概況
團長（副）姓名	縣長兼團長毛[illegible]　副團長葉明晰（警察局局長兼任）　[illegible]（軍事科[illegible]兼任）（國民兵團副團長）
總幹事（副）姓名	葉明晰（警察局局長兼任）　副總幹事林劍[illegible]（軍事科上尉科員兼任）
內設若干股	六股　總務股、[illegible]股、消防股、救護股、警報股、工務股
各股主任姓名	[illegible]
股衛（下是否設組	[illegible]
各組主任（副）姓名	[illegible]
幹事若干及姓名	[illegible]
兼任職員若干	本團上列職員均系兼任

附表一　防护团组织概况表（1942 年 9 月）a 面　0168-001-0531

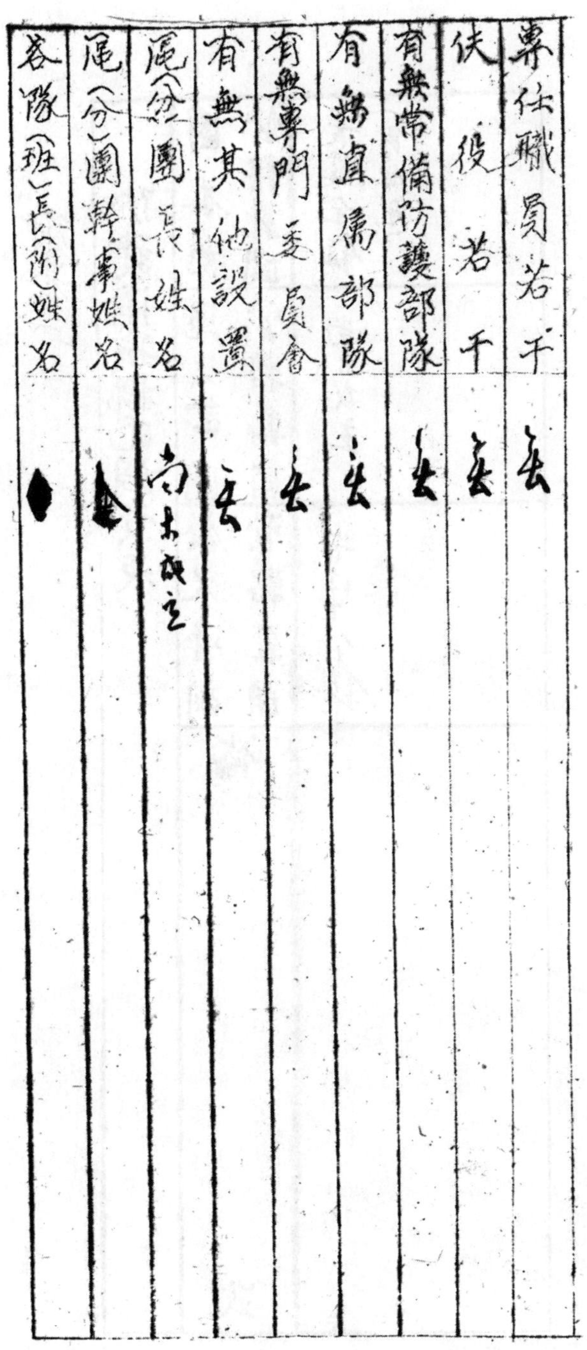

專任職員若干	無
伕役若干	無
有無常備防護部隊	無
有無直屬部隊	無
有無專門委員會	無
有無其他設置	無
區（分）團長姓名	尚未派定
區（分）團幹事姓名	[illegible]
各隊（班）長（附）姓名	[illegible]

附表一　防护团组织概况表（1942 年 9 月）b 面　0168-001-0531

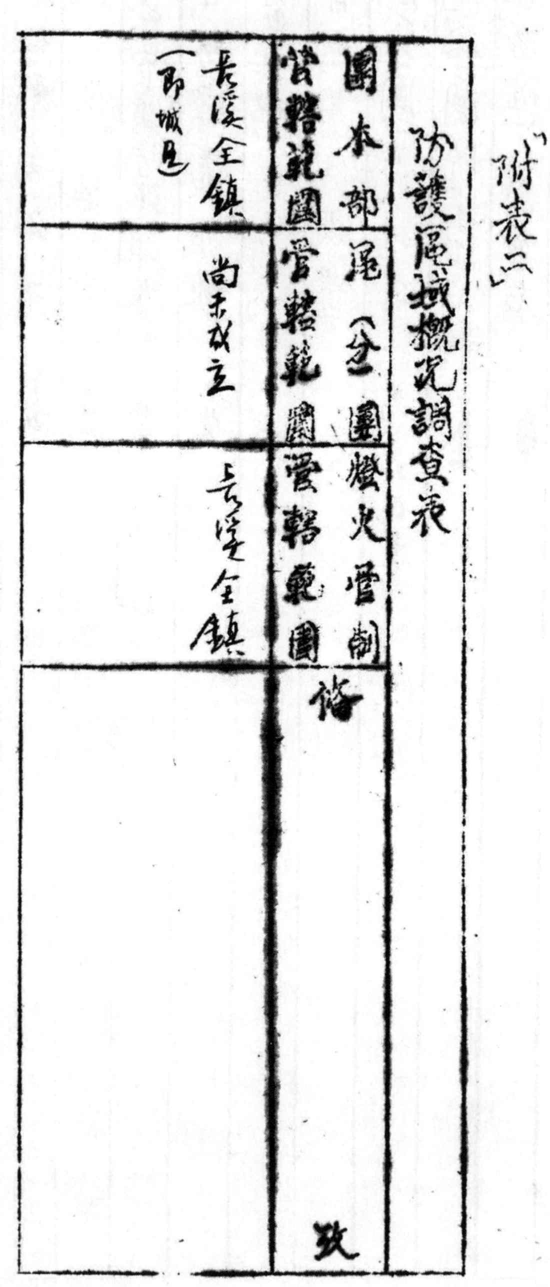
附表二
防護區域概況調查表

團本部區（分）團	燈火管制	備　考
管轄範圍	管轄範圍	管轄範圍
長溪全鎮（即城區）	尚未成立	長溪全鎮

附表二　防护区域概况调查表（1942 年 9 月）a 面　0168-001-0531

附表二　防护区域概况调查表(1942年9月)b面　0168-001-0531

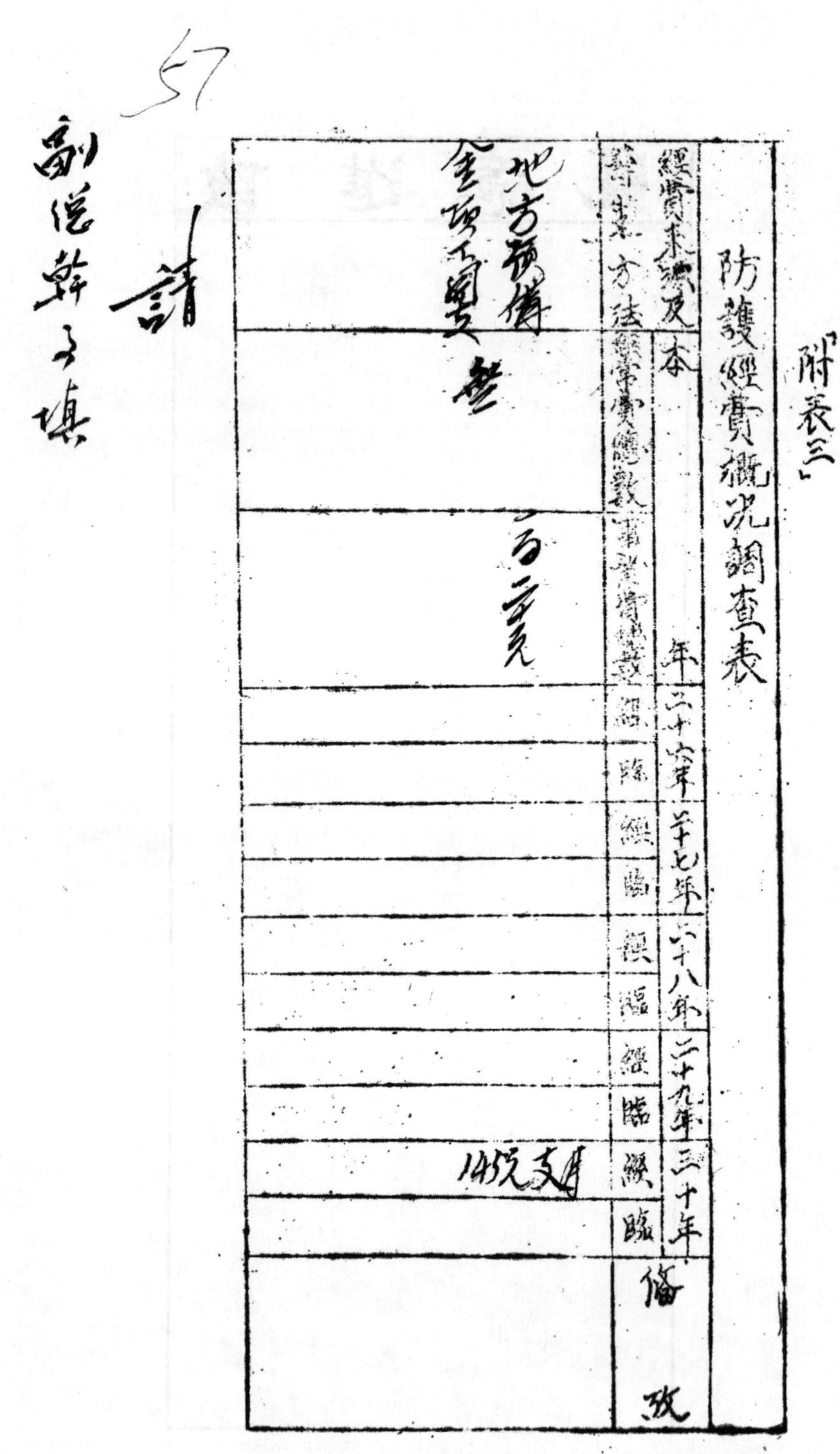

57

附表三

防護經費概況調查表

經費來源及籌集方法	本年度經常費總數	事業費總數	二十六年 經	臨	二十七年 經	臨	二十八年 經	臨	二十九年 經	臨	三十年 經	臨	備攷
地方預備金項下開支	無	二百元									145元支出		

請副總幹事填

附表三 防护团经费概况调查表(1942 年 9 月)a 面 0168-001-0531

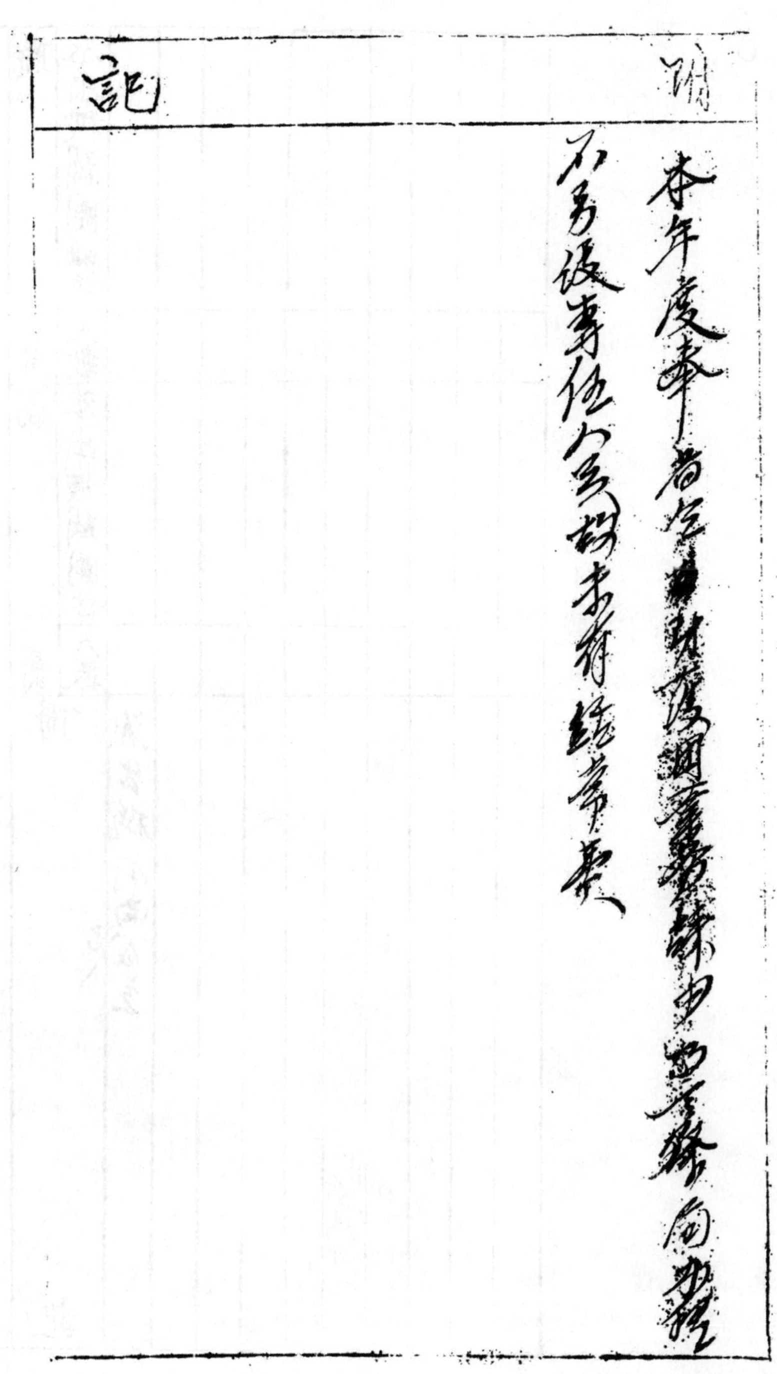

附記

本年度奉省令[illegible]防護團業務移由警察局兼理，不另設專任人員，故未有經常費。

附表三　防护团经费概况调查表(1942 年 9 月)b 面　0168-001-0531

58

附表四

防護團職員團員統計表

職員		團員		附記
派出機關團體	人數	派出機關團体	人數	
				派出機關尚未成立

附表四 防护团职员团员统计表（1942 年 9 月） 0168-001-0531

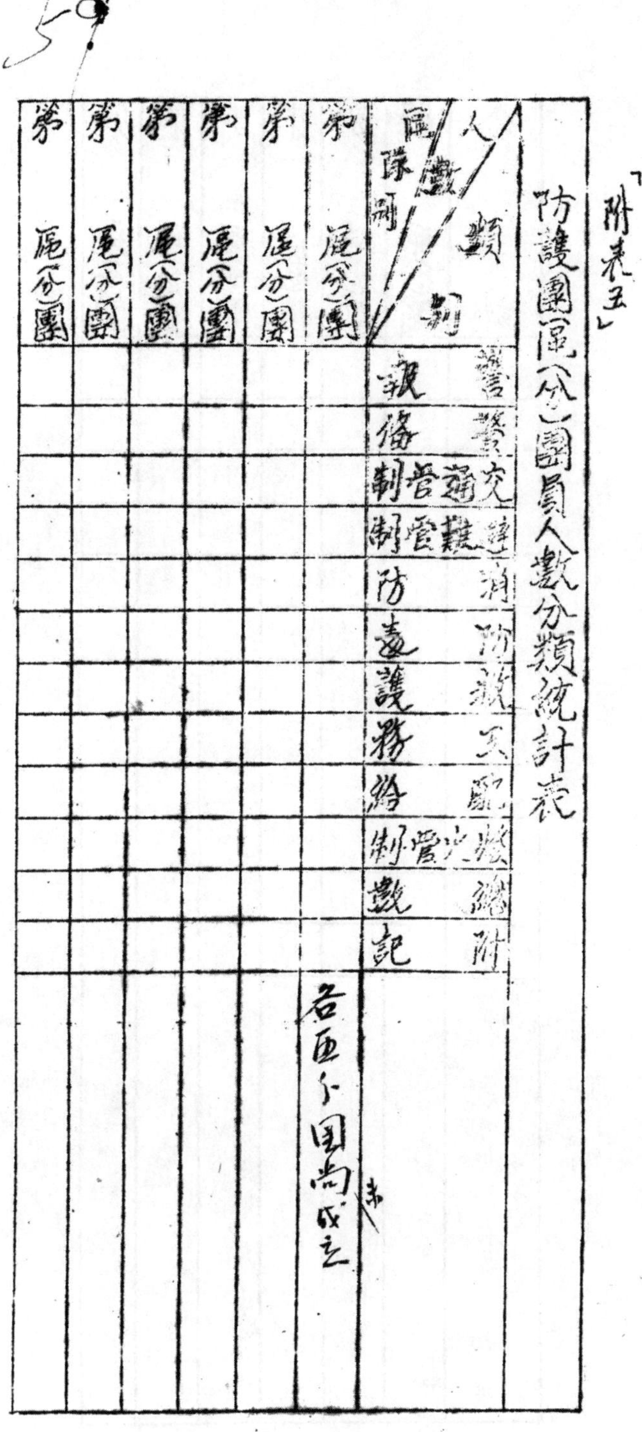

附表五　防护团区(分)团员人数分类统计表(1942 年 9 月)
a 面　0168-001-0531

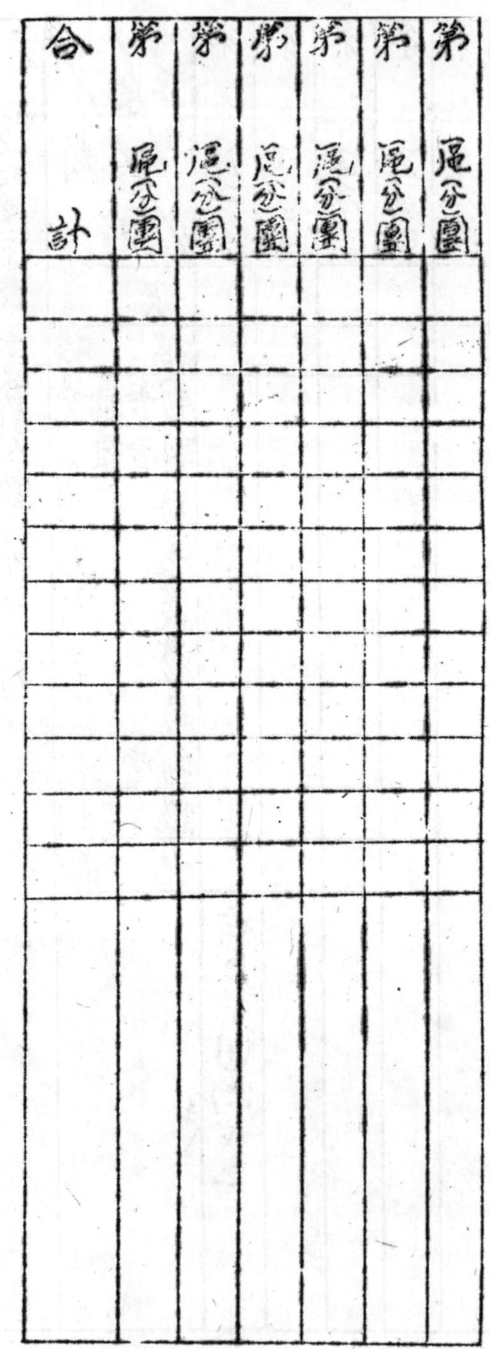

第　區(分)團	第　區(分)團	第　區(分)團	第　區(分)團	第　區(分)團	第　區(分)團	合計

附表五　防护团区(分)团员人数分类统计表(1942 年 9 月)

b 面　0168-001-0531

60

附表六

防護團職員團員出身表

類別	職員人數	團員人數
中央防校畢業		
本省防空訓練班	一	
專科學校畢業	九	二二
大學校畢業	二	
專門學校畢業	一	
中學畢業	六	三二
高小畢業		十
行伍		一
私塾		三
農人		九
工人		三二
商人	一	十二
合計	二〇	一二一

附表六　防护团职员团员出身表（1942 年 9 月）　0168-001-0531

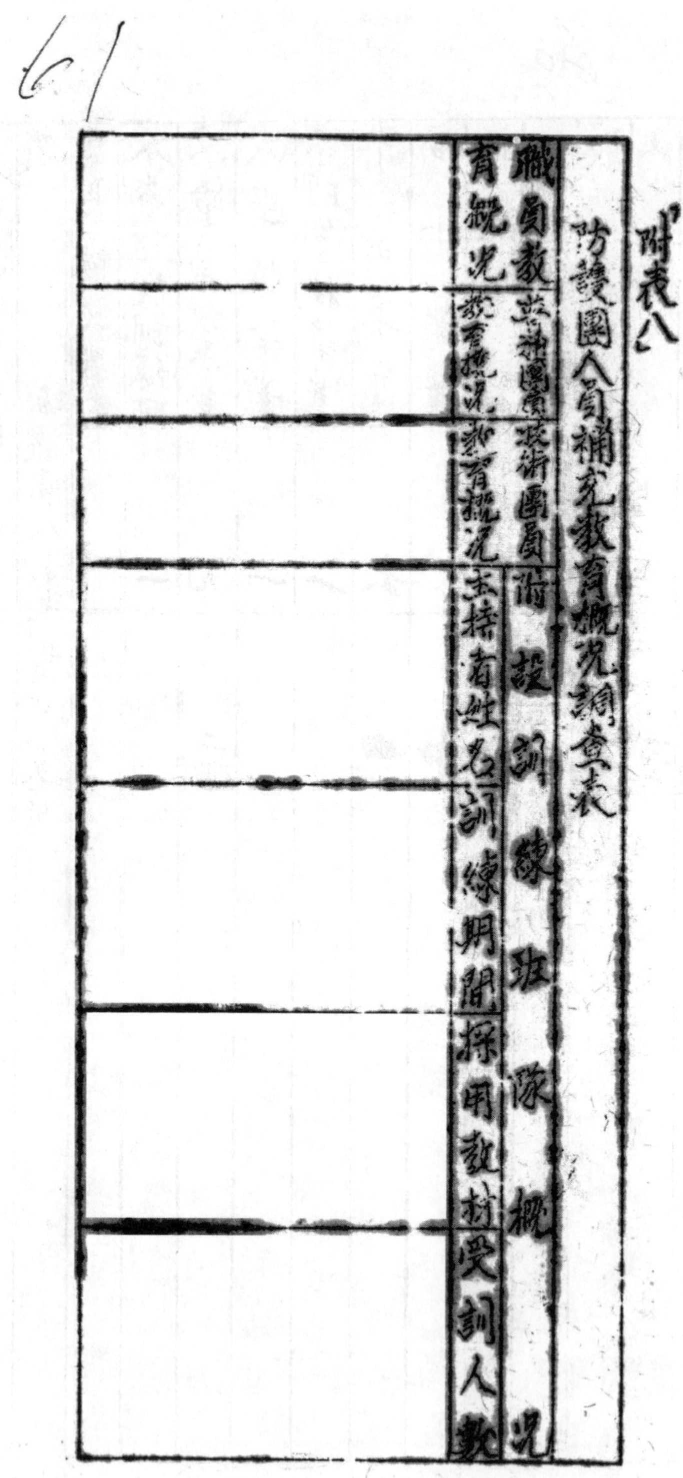

附表八

防護團人員補充教育概況調查表

職員教育概況	警報團員教育概況	救護團員教育概況	附設訓練班隊概況		
			主持者姓名	訓練期間	採用教材	受訓人數

附表八　防护团人员补充教育概况调查表(1942 年 9 月)

a 面　0168-001-0531

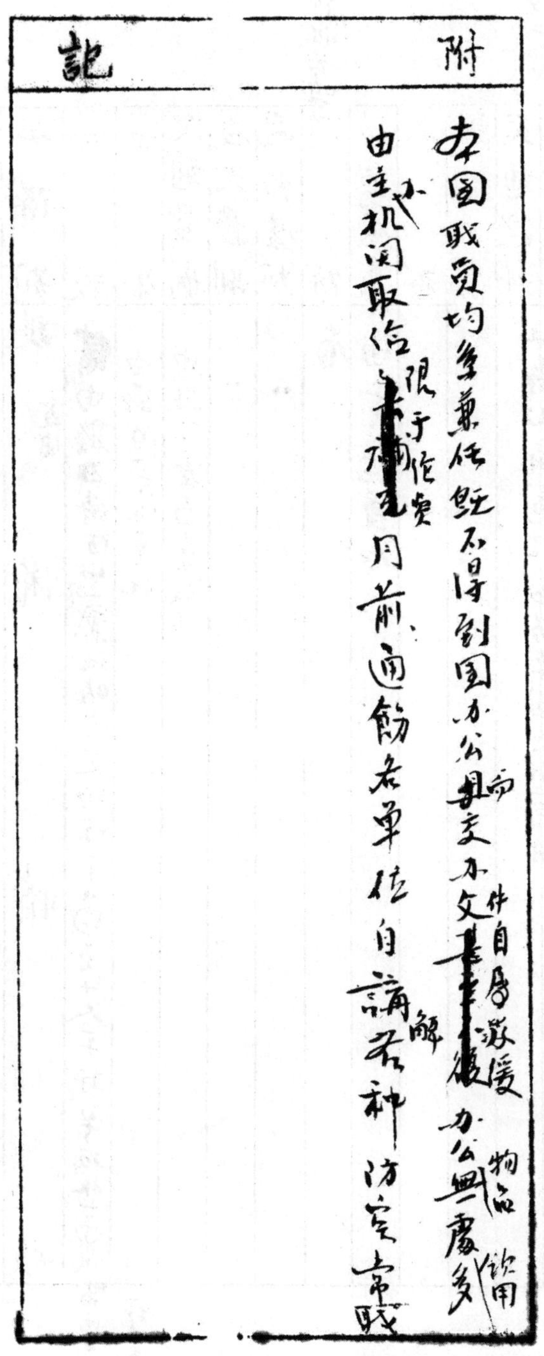

附表八 防护团人员补充教育概况调查表(1942 年 9 月)

b 面 0168-001-0531

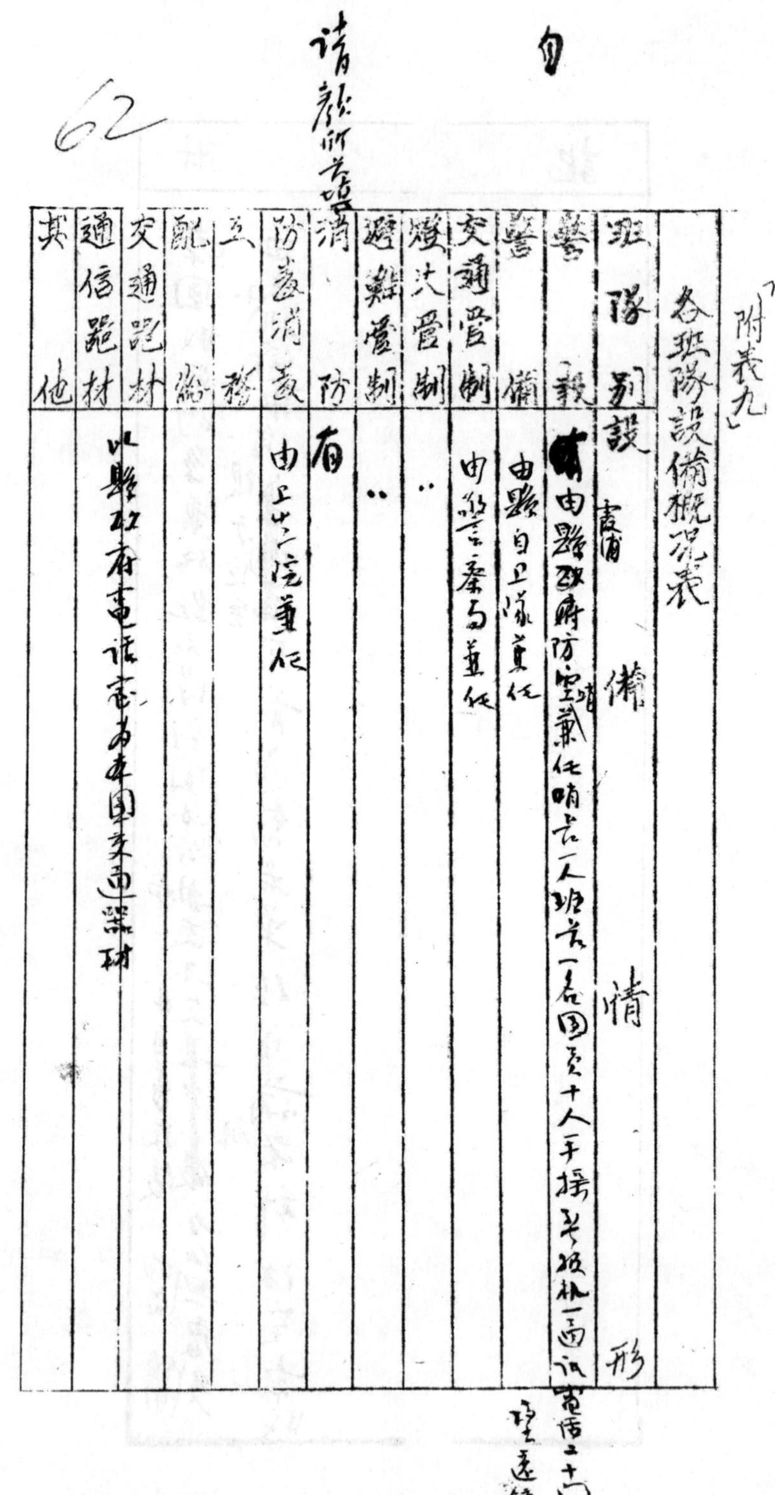

「附表九」

各班隊設備概況表

班隊別	設備情形
警報	有 由縣政府防空哨兼任 哨長一人 班長一名 團員十人 手搖警報機一面 電話二十六
警備	由縣自衛隊負責
交通管制	由警察局負責
燈火管制	〃
避難管制	〃
消防	有
防毒消毒	由卫生院負責
工務	
配給	
交通器材	
通信器材	以縣政府電話為本團交通器材
其他	

附表九　各班队设备概况表(1942 年 9 月)a 面　0168-001-0531

改進意見

經費為工作之命脈本團限于經費呈報設備工作尚難實現各種設備更屬困難改進只等有經費健全人事組織再談設備

附表九　各班队设备概况表(1942 年 9 月)b 面　0168-001-0531

林副總幹請填

63

林剑声

7

附表十

防空壕洞調查表

項別		數目	設備概況	附記
防空洞	公用			
	團体用			
	私用			
防空壕	公用			
	團体用			
	私用			
容量總數				
用费總數				

附表十　防空壕洞调查表(1942 年 9 月)　0168-001-0531

送请消防股填

64

附表十一

民有消防概况调查表

组织情形	训练情形	划分区域及设备	服务概况	经费状况	改进意见
本县消防会系各界名流组织而成，因各乡镇一班民众对于组织多缺乏认识，故建立未成，但县城仅有组织一所，而现仍是有名无实	原系[illegible]现已无事，经费再加[illegible]训练，[illegible]情形，仍待再增	全区消防均分为[illegible]个[illegible]，只县城一所分为东、西、南、北、中五个[illegible]，经济困难，设备极不足，简单只有水龙、水桶而已	协助[illegible]并无专属，本县消防会虽有[illegible]，均为[illegible]，[illegible]地[illegible]出发[illegible]服务	本县因匪患[illegible]，各种经费万感不敷，于消防经费尤不足，根本无着落，故[illegible]年来亦[illegible]不能整顿而[illegible]，此工作者实无法可施也	凡事均在经济着手，若是消防工作，[illegible]列之外，更须设法[illegible]，以期该工作能收效果，[illegible]全面须[illegible]，足人经费，以资[illegible]，而以[illegible]，[illegible]则[illegible]何[illegible]表现力！

附表十一　民有消防概况调查表(1942年9月)a面　0168-001-0531

附表十二

消防配備概況表

區分		寧德縣義勇消防隊消防器材					
實力概況	機械種類	水槍	水桶	鐵鈎	鐵叉	鋤	鑼
	架數	24把	38担	16支	25把	20〃	5〃
	有無損壞	損五把	〃三担	未損壞	〃	〃	〃
	人員數目	隊員14人　隊警11人					
	配備區域	縣城分為東西南北四區，每區設一分隊，地點無定，區內重心之處					
瞭望哨所		無					
水源登記							
聯絡組織情形		救火工作由縣府和商會一班人員負責而無專門組織					
改進意見							

附表十二　消防配备概况表(1942 年 9 月)b 面　0168-001-0531

65

附表十三

警報班隊概況表

區分團別	器材種類及數目	配備地點	通信方法	警報發放情形	改進意見
擬防空監視哨	手搖警報機一 通訊電話二 十門總機一（附屬） 望遠鏡二	配置城及賴各哨 卯哨所	防空情報 獨通訊	各處通訊方奮確定時從空襲警報如將迫近即發緊急警報	應請添設手搖警報機一架置城郊之東南城上以增大聲音能擴播於全市及各哨能各設機及遠望鏡各一以資便察之確實

擴防空哨填送

附表十三　警报班队概况表(1942年9月)a面　0168-001-0531

「附表十四」

燈火管制配備表

尾(分)團別	全市燈火管制需視配備 設備情形	管制配備情形	維燈之處理情形
閩侯團	燈罩	依本縣各重要點分開監視且以地點：一、南門外 二、路前街 三、關帝廟 四、西門兜 五、西門外 六、東門兜 七、北門兜	在晚上發報警時情由上述監視地點分開監視對於路燈者應著即滅熄屋內燈火亦同時令其撲滅且事前應令其用燈罩蓋住

請葉管制股長飭填

附表十四 灯火管制配备表(1942 年 9 月)b 面 0168-001-0531

66

請葉副股長飭填

「附表十五」

警備勤務配備表

區分團別	陸上警備配備地點	水上警備配備地點	屋頂警備配備地點	巡邏線區分及數目	備攷
防護團	一、西門外 二、西門兜 三、曲廿街 四、茶亭頭 五、縣前街 六、鎮公所前 七、南門 八、北門	無	無	以警安局為單共分五卷 1. 從局經茶亭頭[illegible]以至西門 2. 從局經縣前街以至南門 3. 從局經縣府門口以至東門 4. 從局經中山堂以至北門 5. 在城樓上交流	陸上警備配備地點均依縣比較人衆擁擠地方

附表十五　警备勤务配备表(1942 年 9 月)a 面　0168-001-0531

見意進改

附表十五 警备勤务配备表(1942年9月)b面 0168-001-0531

67

附表十六

救護所站調查表

區（分）團別	救護所名稱	救護所原名稱	有醫師或院長醫師姓名	醫師人數	看護人數	容納人數	設施概況
防护团	救護班	救護隊	院长戴[illegible]明 醫師萧恩佑	一人	三人	二十三人	股长由卫生院长兼任 班长由医师兼任 团员由护士及由保送壮丁担任

附表十六　救护所站调查表(1942 年 9 月)a 面　0168-001-0531

附表十六　救护所站调查表(1942年9月)b面　0168-001-0531

68

附表十七

避難管制配備表

區分	團別劃分區域	配備地點及人員分配	指導情形	管制情形	改進意見
防護團	以本縣城方向為準分東南西門四區	一、東口：人數二個 二、南口人數二個 三、西口人數二個 四、北口人數二個	1、指示避難場所地點 2、避難管制時應使民眾抵達安全地帶而避	1、不許擁擠奔跑 2、不許高聲喊叫	在各城門外應各設民眾防空壕大小多寡以人數而定

請管制股填

附表十七　避难管制配备表(1942年9月)a面　0168-001-0531

請余股長填

附表十八

工務概況表

區分團別	防護團
人員數：電氣	9
人員數：自來水	無
人員數：建築	10
人員數：道路	10
人員數：偽裝	7
人員數：掩埋	7
地點調查	城廂
自配備各種器材	各分團應有之普通工具已購置，材料方面僅有木材，有未設電話用鐵線，約四代及四五之洋釘、硫酸電池等
衛儲存及改進意見	擬籌款添置各種技術工具並購諸電話及建築材料以備用

附表十八　工务概况表（1942 年 9 月）b 面　0168-001-0531

70

附表十九

請救護股長填

救護工作概況表

區(分)團別	急救編成	收容概況	治療情形	藥品儲存及調查	改進意見
防護團	救護班 總隊長一人 總隊副二人 中隊長三人 小隊長四人 隊員[illegible]人	設於[illegible]醫院	於廿九年四月[illegible]敵機轟炸受傷婦人一女孩一受傷頭部足部甚輕[illegible]	藥品係由救濟院負責[illegible] 備在衛生院	

附表十九　救护工作概况表(1942 年 5 月 9 日)a 面　0168-001-0531

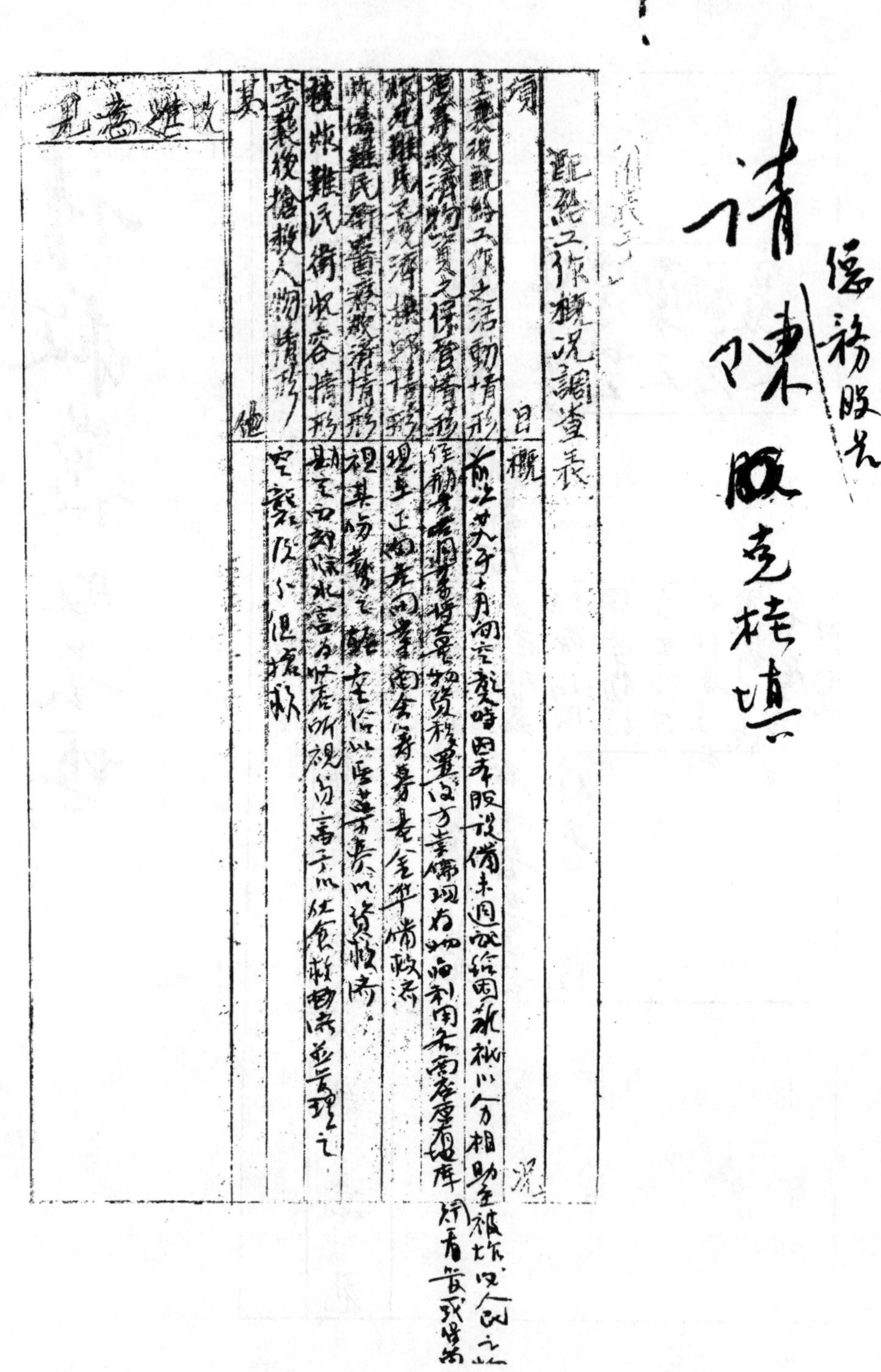

配給工作概況調查表

項目	概況
空襲後賑給工作之活動情形	前此廿八年十月間空襲時因本股設備未周配給困難祗以人力相助至被炸…[illegible]
籌募救濟物資之保管情形	[illegible]
撫死難民之殮濟撫卹情形	[illegible]
扶傷難民衛醫療救濟情形	[illegible]
被炸難民衛收容情形	[illegible]
空襲後搶救人物情形	[illegible]
其他	

請陳股長克桂填
總務股長

附表二十　配给工作概况调查表(1942 年 9 月)b 面　0168-001-0531

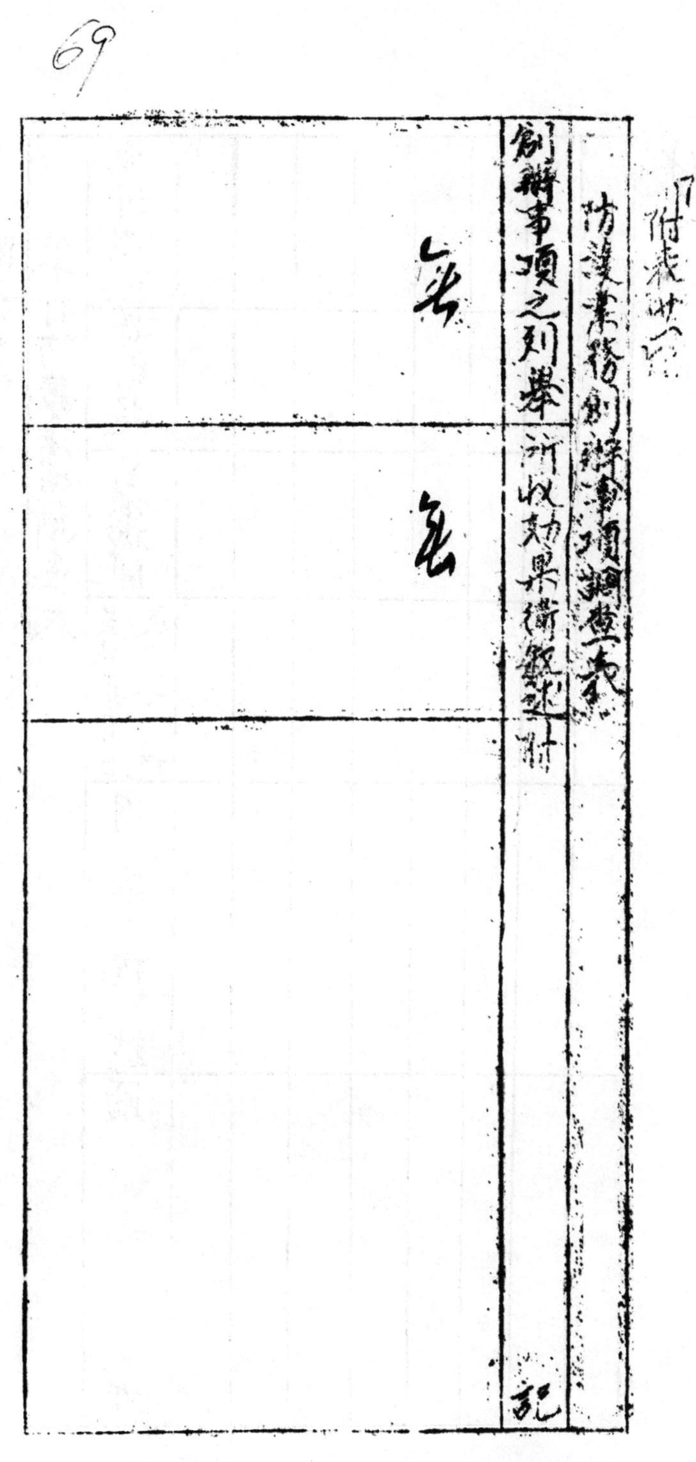

附表二十一　防护业务创办事项调查表(1942年9月)a面　0168-001-0531

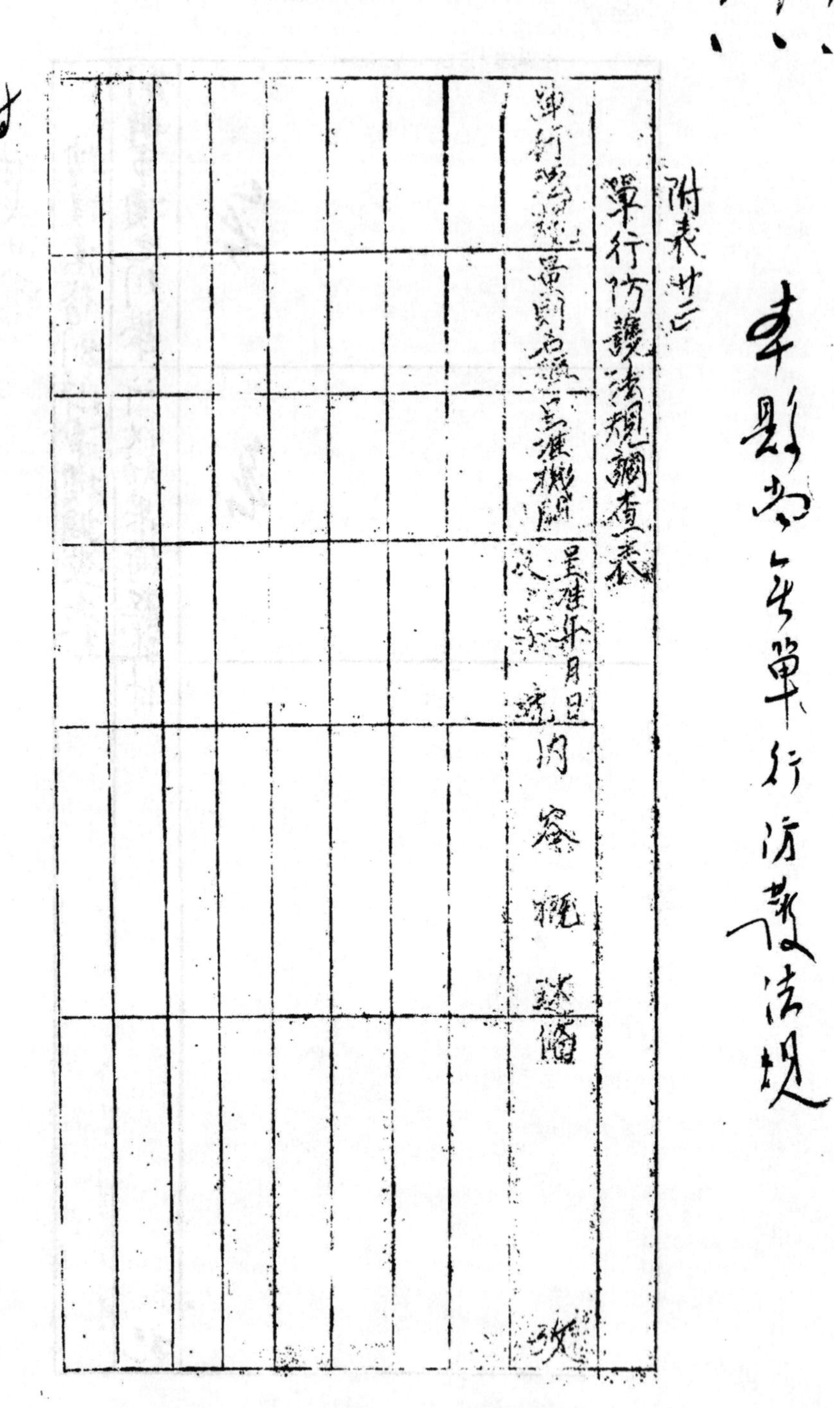

附表二十二　单行防护法规调查表(1942 年 9 月)b 面　0168-001-0531

71

附表廿三

疏散情形概況調查表

項目 地名	縣疏散 / 自疏散實施情況	疏散地點 / 進度概況	疏散設備 / 進行困難	備
本縣	業已勒令各商業貨品疏散及勸免人口疏散	設有防空洞並可通至內地柘洋	要疏散困難因交通不便時需分乘輸民众亦不便利生理多不經流散	

張

附表二十三　疏散情形概况调查表(1942 年 9 月)a 面　0168-001-0531

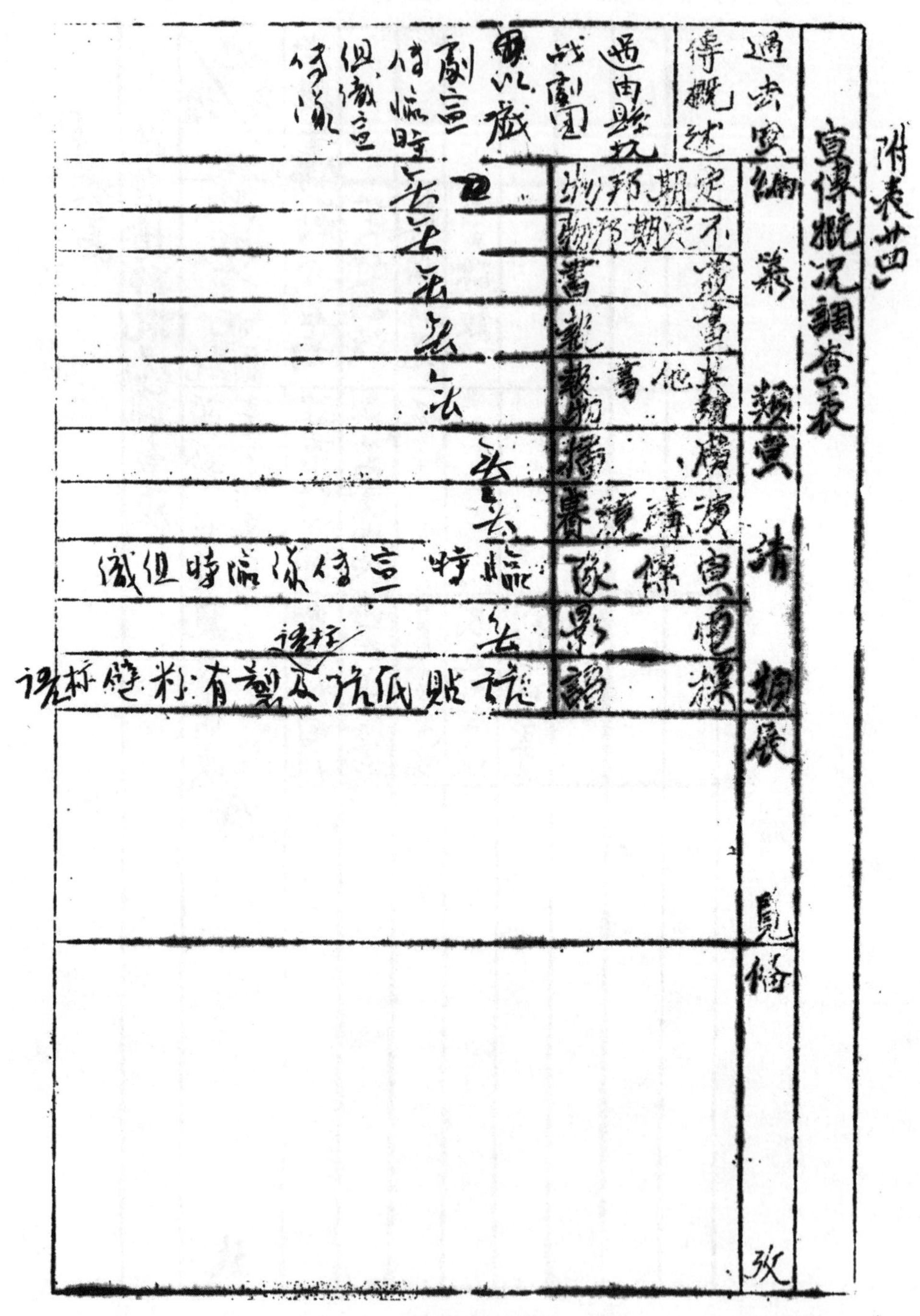

附表二十四　宣传概况调查表(1942 年 9 月)b 面　0168-001-0531

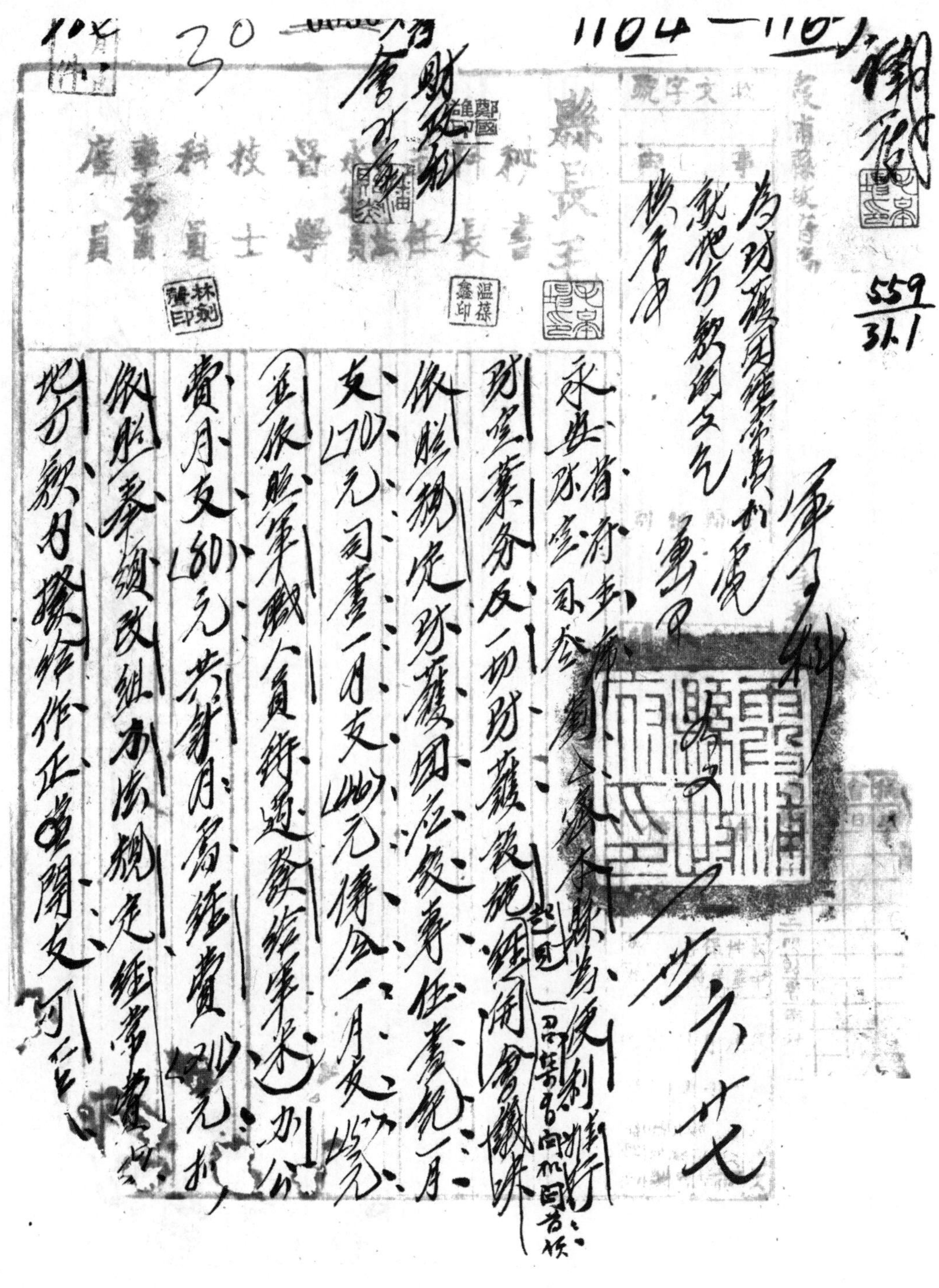

霞浦县政府关于防护团经常费拟就地方款开支的电呈(1942 年 6 月 27 日)

a 面　0168-001-0423

迅電遵[illegible][illegible][illegible][illegible]財[illegible]

霞浦县政府关于防护团经常费拟就地方款开支的电呈(1942 年 6 月 27 日)

b 面　0168-001-0423

霞浦縣政府來電附識
何處來電機關或姓名事由：省政府
來電時間：卅一年七月三日時
何種來電：有
譯電人：祝仁達印
收電年月日號：七月九日
擬辦：交警察局办理
批示：
永安，霞浦縣政府，感卑財甲電悉。本年度防護團業務歸由警察局办理，不另開支經費，所請應毋議。省政府。永財丁（07）03巳

福建省政府关于本年度防护团业务归由警察局不另开支的指示电
（1942年7月3日） 0168-001-0423

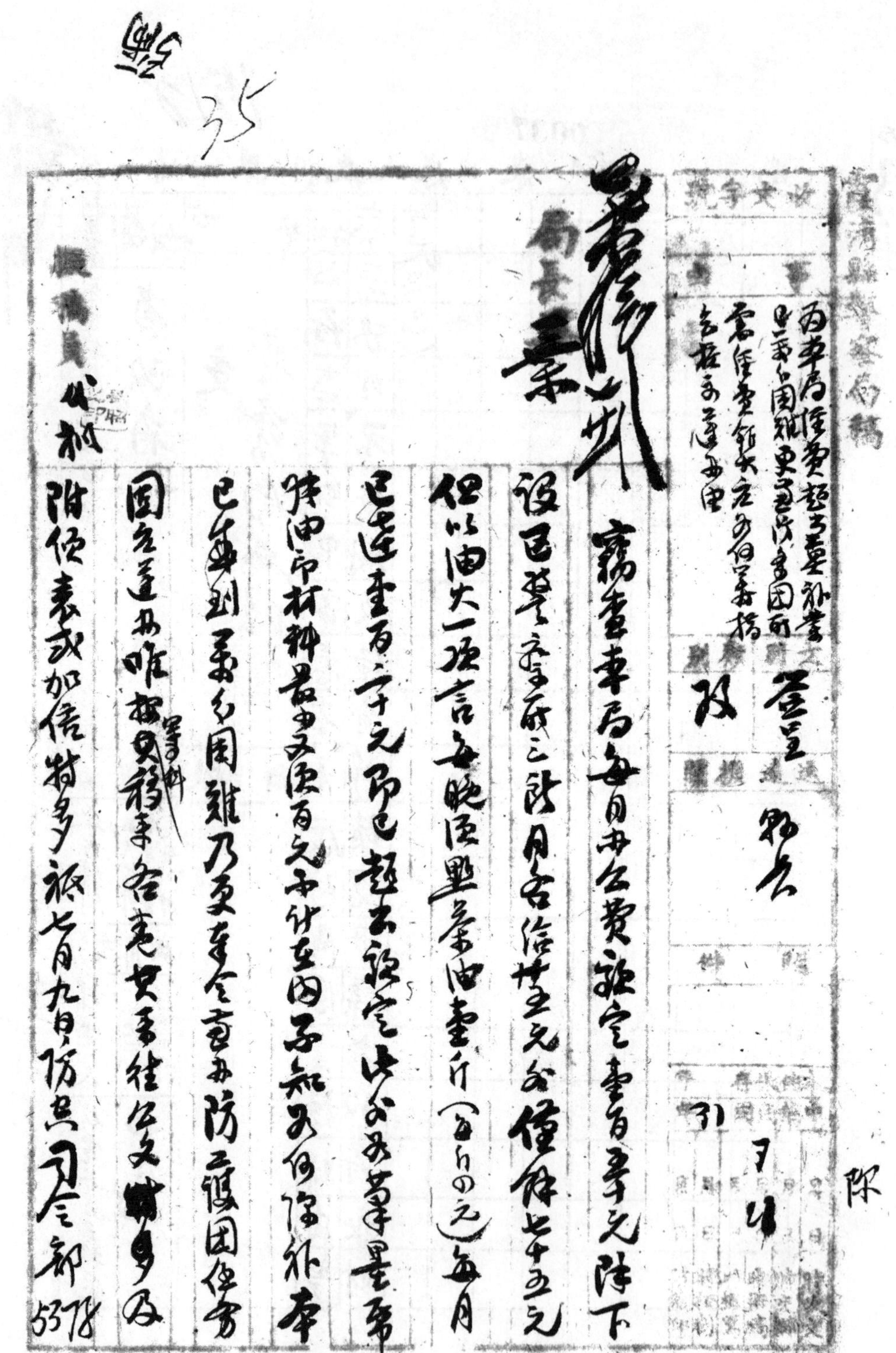

霞浦县警察局关于本局经费超出更兼防护团所需经费巨大应如何筹措的呈文

(1942 年 7 月 11 日)a 面　0168-001-0531

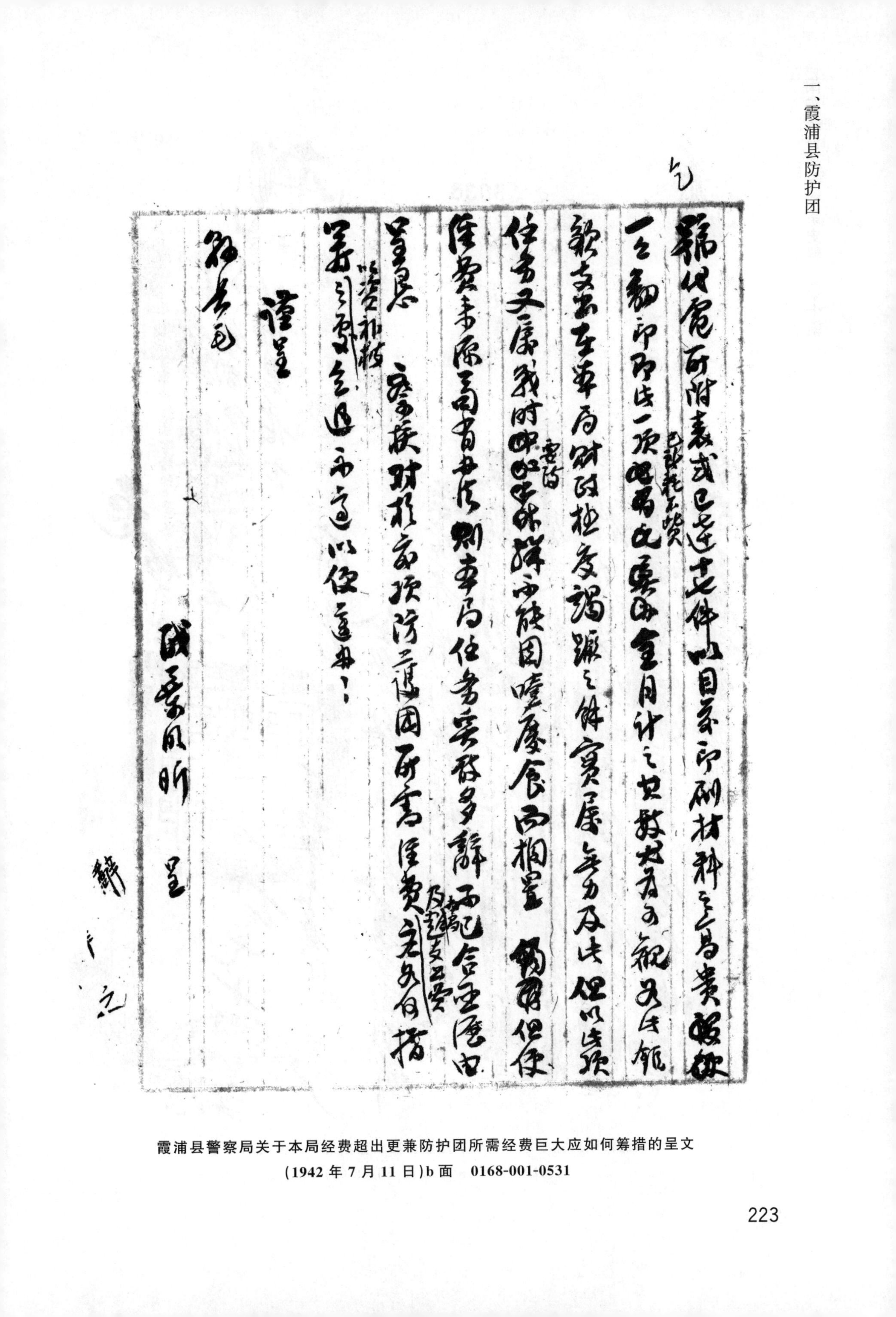

霞浦县警察局关于本局经费超出更兼防护团所需经费巨大应如何筹措的呈文

(1942年7月11日)b面　0168-001-0531

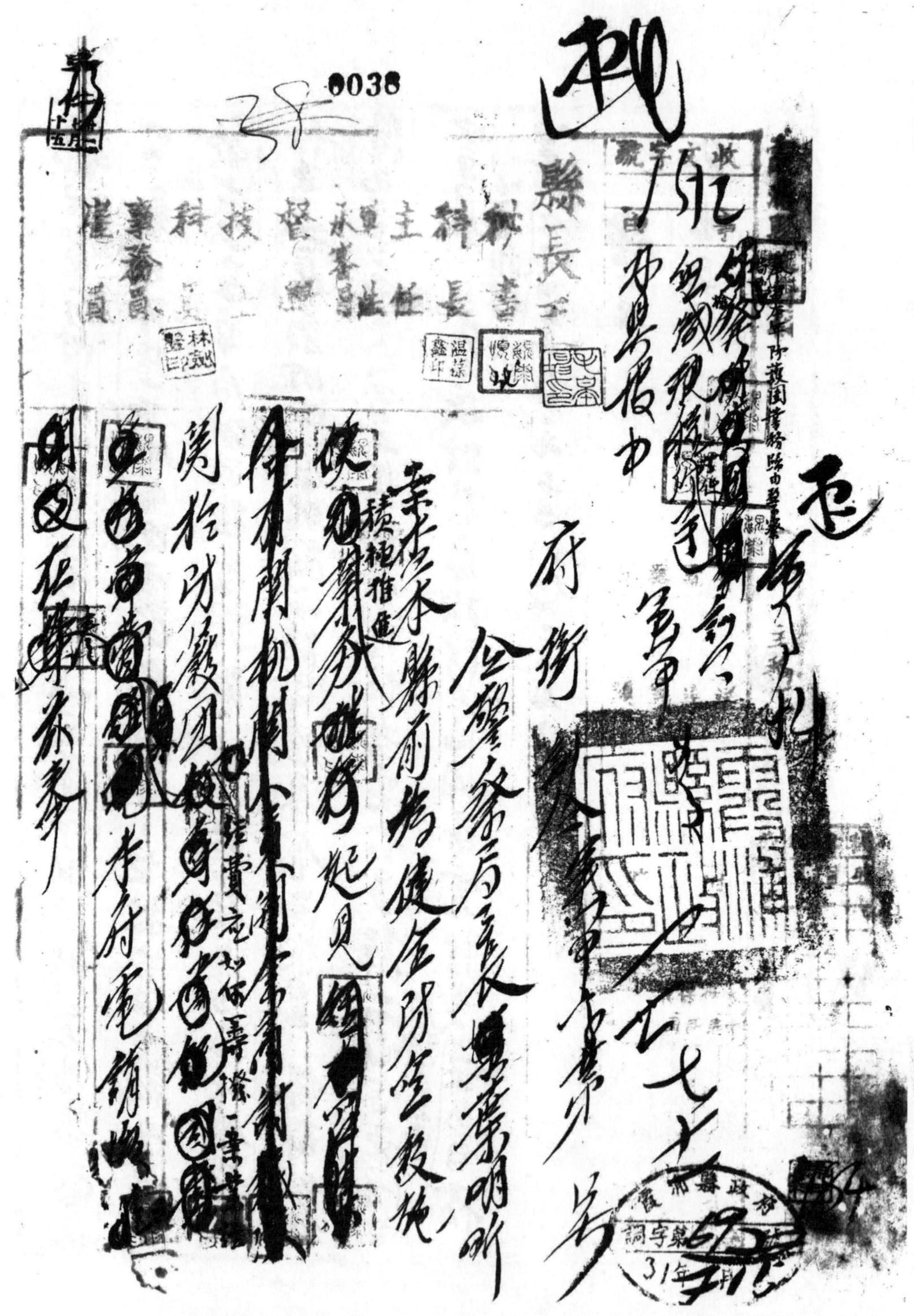

霞浦县政府关于本年度防护团业务归由警察局不另开支的训令

(1942 年 7 月 15 日)a 面　0168-001-0423

霞浦县政府关于本年度防护团业务归由警察局不另开支的训令

(1942年7月15日)b面　0168-001-0423

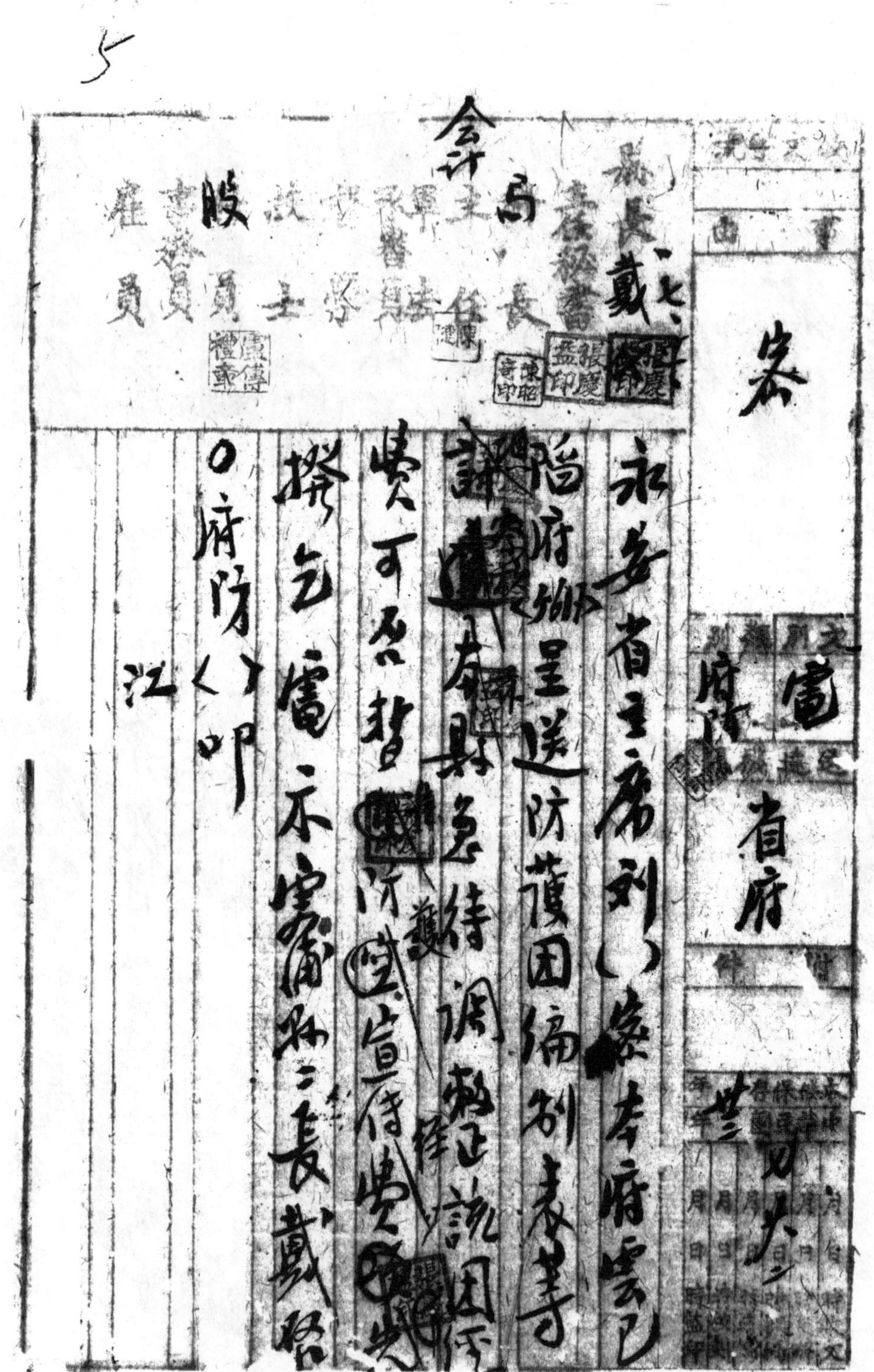

霞浦县政府关于防护团经费可否暂准防护宣传经费先拨的电呈

（1944 年 8 月 3 日）　0168-001-0423

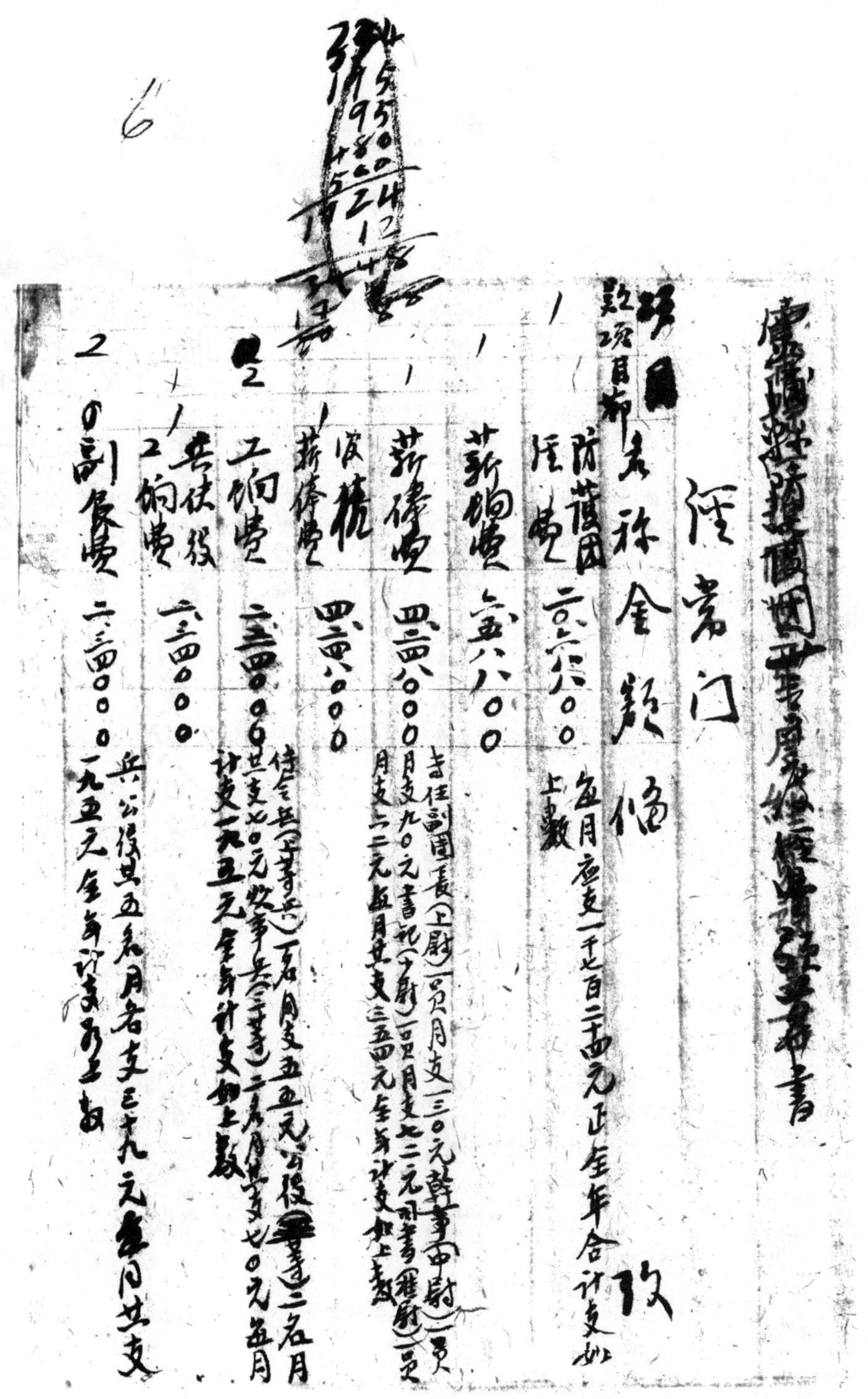

霞浦县防护团卅三年度经常费预算书

经常门 支

科目 款项目节	名称	金额	备考
1	防护团经费	二〇六八八〇〇	每月应支一千七百二十四元正全年合计支如上数
1	薪饷费	六五八八〇〇	
1	薪俸费	四二四八〇〇	专任副团长(上尉)一员月支一三〇元,干事(中尉)一员月支九〇元,书记(少尉)一员月支七二元,司书(准尉)一员月支六二元,每月共支三五四元,全年计支如上数
2	饷项		
1	工饷费	二三四〇〇〇	传令兵(上等兵)一名月支五五元,公役(一等兵)二名月共支七〇元,炊事兵(二等兵)二名月共支七〇元,每月共计支一九五元,全年计支如上数
2	兵伕役饷费	二三四〇〇〇	
2	副食费	二三四〇〇〇	兵公役共五名月各支三十九元,每月共支一九五元,全年计支如上数

附件　霞浦县防护团二十三年年度经费预算书(1944年6月30日)

a面　0168-001-0531

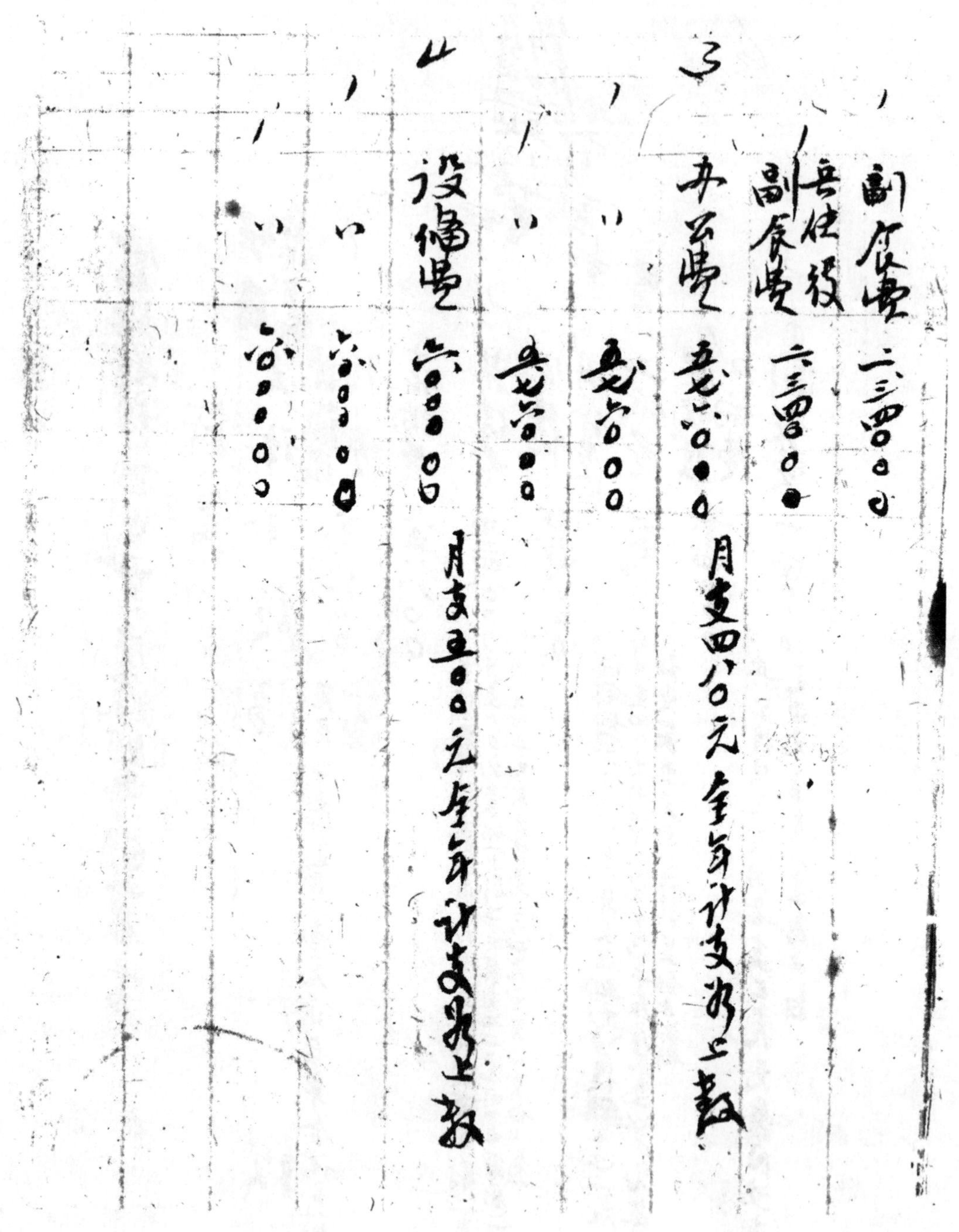

1 副食费 二三四〇〇

1 兵伕役副食费 六三四〇〇

3 办公费 五七六〇〇 月支四八〇元全年计支如上数

1 〃 五七六〇〇

1 〃 五七六〇〇

4 设备费 六〇〇〇〇 月支五〇〇元全年计支如上数

1 〃 六〇〇〇〇

1 〃 六〇〇〇〇

附件 霞浦县防护团三十三年年度经费预算书(1944年6月30日)

b面 0168-001-0531

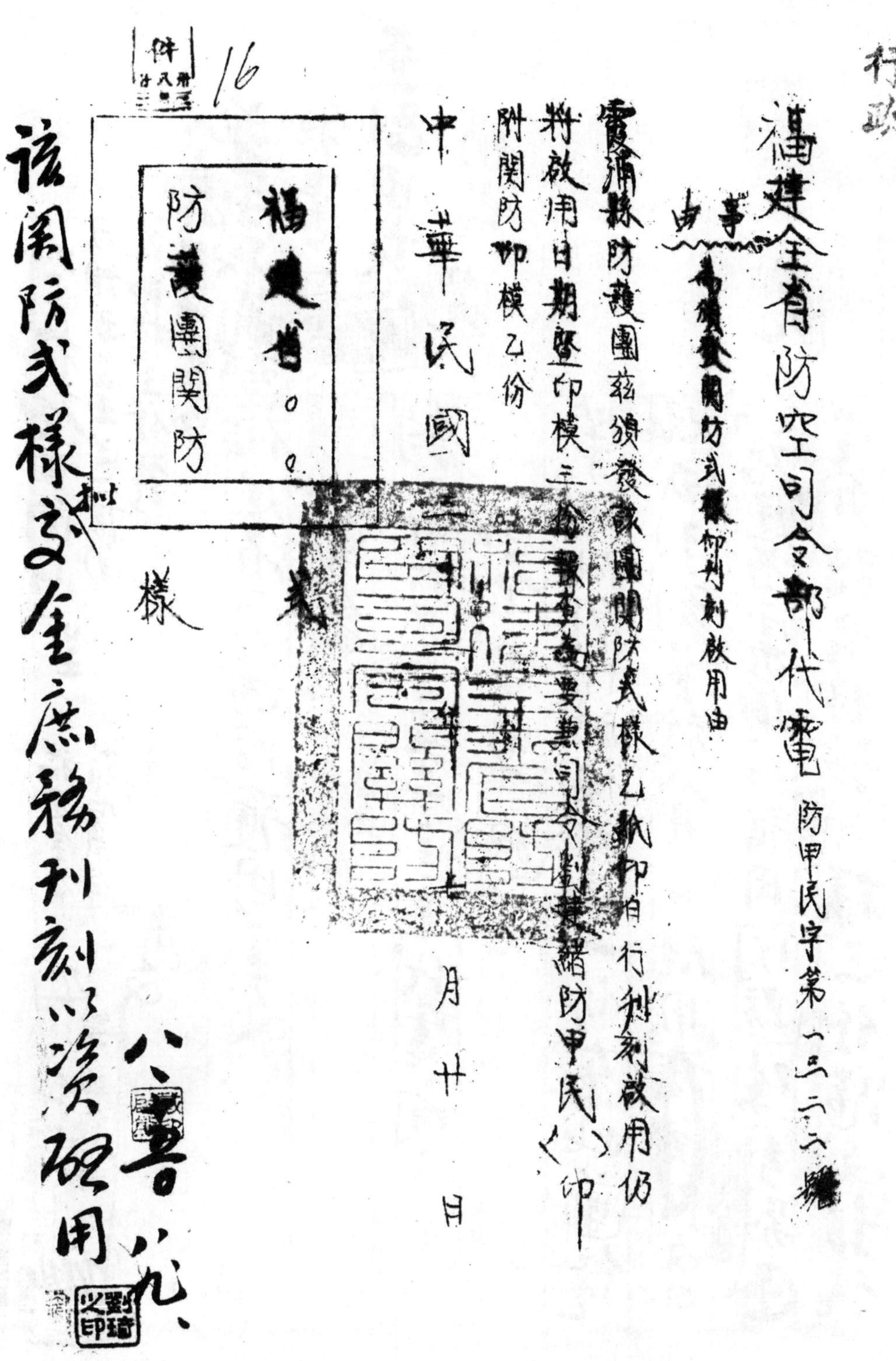
行政

福建全省防空司令部代電　防甲民字第一三二八號

事由：為頒發關防式樣仰刊刻啟用由

霞浦縣防護團：茲頒發該團關防式樣乙紙，仰自行刊刻啟用，仍將啟用日期暨印模三份報查為要。兼司令嚴澤元。防甲民(一)印。

附關防印模乙份

中華民國三十三年七月廿日

福建省霞浦縣防護團關防

福建省防護團關防

樣式

該關防式樣擬交金庶務刊刻，以資硬用。八、廿九

福建全省防空司令部关于颁发关防式样并刊刻启用的代电(1944 年 7 月 20 日)

0168-001-0531

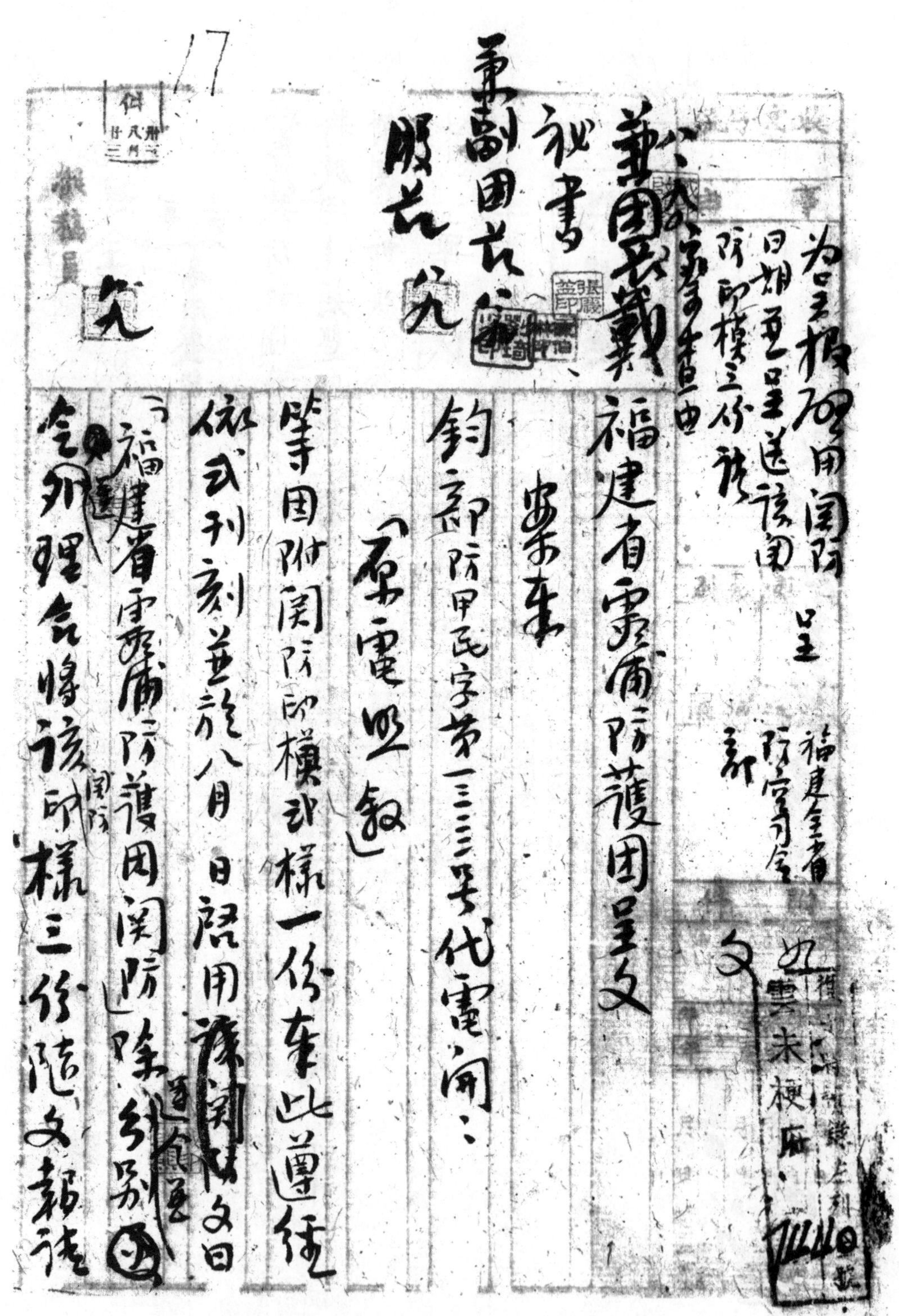

为呈报启用关防日期并呈送该团关防印模三份请鉴核由

福建省霞浦防护团呈文

案奉

钧部防甲民字第一三三三号代电开：

「原电照叙」

等因附关防印模式样一份奉此遵经

依式刊刻并於八月　日启用[illegible]文曰

「福建省霞浦防护团关防」除[illegible]分别

令外理合将该关防印模三份随文报请

福建省建设厅长字第一五一号

福建省霞浦防护团关于报送关防启用日期及印模的呈文(1944 年 8 月 23 日)

a 面　0168-001-0531

審查

謹呈

福建全省防空司令部兼司令劉

附關防印模三份

兼團長戴○○

福建省霞浦防护团关于报送关防启用日期及印模的呈文(1944 年 8 月 23 日)

b 面　0168-001-0531

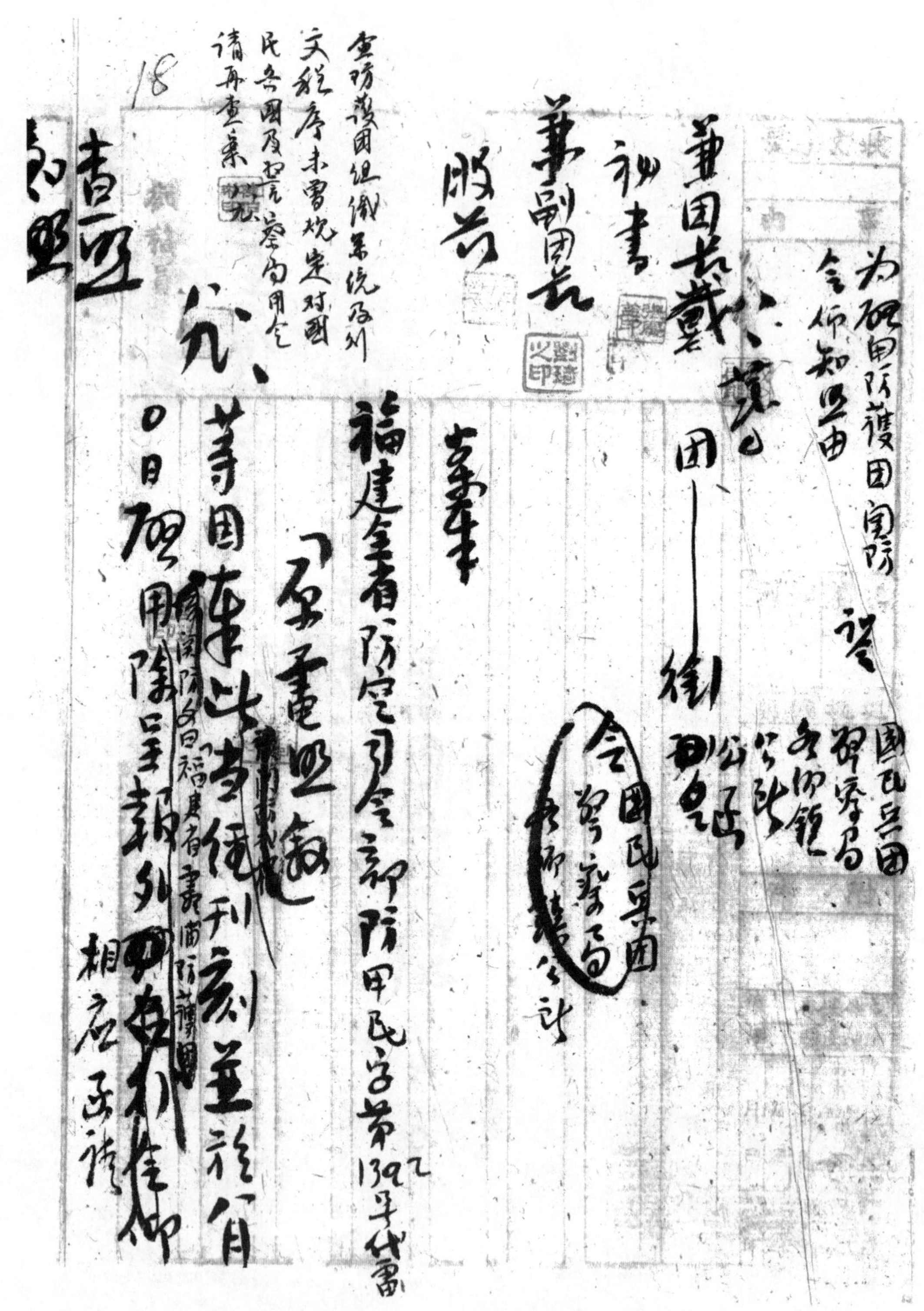

福建省霞浦防护团关于启用关防日期的训令(1944 年 8 月 23 日)

a 面　0168-001-0531

分照 送發

警察局 兼团长戴○○

国民兵团

团——衔训令

令各乡镇兼分团长○○○（即各乡镇长）

案奉

福建全省防空司令部甲民字第1392号代电开

（原电照录）

等因奉此当经刊刻并择八月○日启用关防除呈报及分别

函令外合行令仰知照

兼团长 戴 [illegible]

福建省霞浦防护团关于启用关防日期的训令（1944年8月23日）

b面 0168-001-0531

(三)霞浦县防护团各种任务队

霞浦县长溪镇防护团掩埋班团员简历名册(1942 年 9 月 21 日)

0168-001-0350

霞浦縣防務團掩埋班團員簡歷名冊

職別	姓名	性別	年齡	籍貫	保別	簡歷	備考
班長	葉肖雄	男	四七	霞浦	古善		
團員	楊阿松	〃	三六	仝	登俊		
〃	楊阿吅	〃	二三	仝	仝		
〃	韓阿壽	〃	二六	仝	仝		
〃	王阿金	〃	二二	仝	仝		
〃	劉細妹	〃	四三	仝	仝		
〃	高阿明	〃	三六	仝	仝		
〃	陳慶龍	〃	二五	仝	龍津		

民國三十一年九月二十一日

長溪鎮長葉肖雄造報

霞浦县长溪镇防护团掩埋班团员简历名册(1942 年 9 月 21 日)

a 面 0168-001-0350

團員	謝細弟	男	三七	霞浦	龍岸
〃	鄭木成	〃	三八	仝	仝
〃	鍾學全	〃	三七	仝	仝
〃	蕭送金	〃	三五	仝	仝
〃	李維水	〃	三三	仝	仝
〃	李維慶	〃	三〇	仝	仝
〃	林元德	〃	二〇	仝	龍首 仝
〃	鄭向木	〃	二〇	仝	仝
〃	舒向崇	〃	三一	仝	仝
〃	平向生	〃	三〇	仝	仝

霞浦县长溪镇防护团掩埋班团员简历名册(1942 年 9 月 21 日)

b 面 0168-001-0350

~~42~~ 39

團員	章向壽	男	三〇	霞浦	龍首
〃	彭向平	〃	二一	仝	仝
〃	胡義東	〃	二二	仝	龍溪
〃	卯向照	〃	二三	仝	仝
〃	杜琪棟	〃	二〇	仝	仝
〃	張位步	〃	二一	仝	仝
〃	張向琳	〃	二三	仝	仝
〃	林向玉	〃	三五	仝	仝

霞浦县长溪镇防护团掩埋班团员简历名册(1942 年 9 月 21 日)

0168-001-0350

49

事由：呈送改組救護隊人員名冊送請察核由

擬辦

批示

中華民國卅一年九月廿八日收到

附件

備考

霞浦縣防護團救護隊本部　呈

字第一六八號

三十一年九月廿六日發

案查本隊於民國二十七年間成立由來已屆四載有餘雖經多次調訓以及集合等等因為時已久人事不免許多變更茲將[illegible]編並定期再行調訓以壯後方抗敵工作除調訓日期另文呈報外茲將改組人員造具名冊

收文　字第　號

霞浦县防护团救护队关于报送改组救护队人员名册的呈文(1942 年 9 月 26 日)

a 面　0168-001-0531

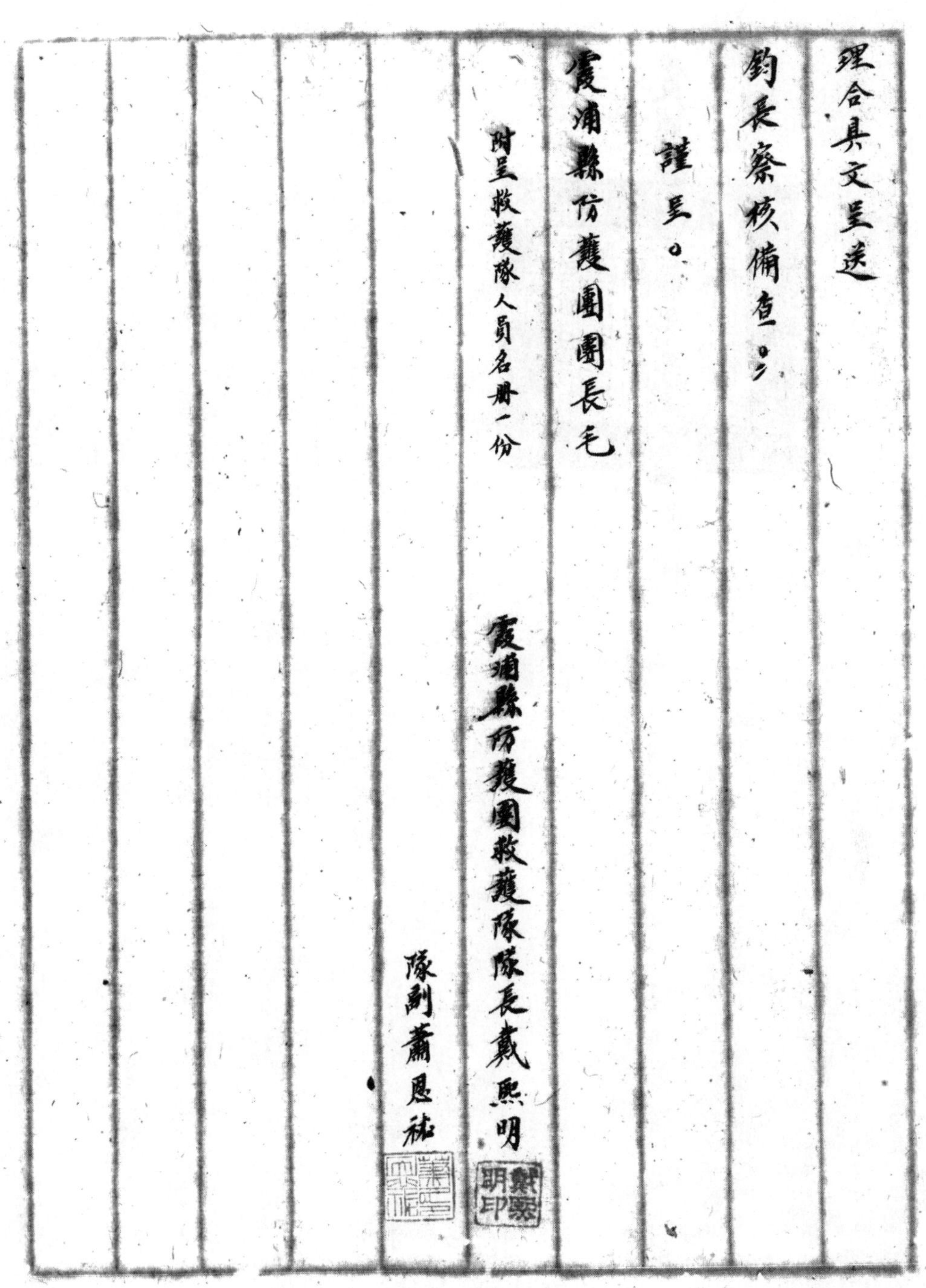
理合具文呈送
鈞長察核備查。
謹呈。
霞浦縣防護團團長毛
附呈救護隊人員名冊一份
霞浦縣防護團救護隊隊長戴熙明
隊副蕭恩祿

霞浦县防护团救护队关于报送改组救护队人员名册的呈文(1942 年 9 月 26 日)

b 面 0168-001-0531

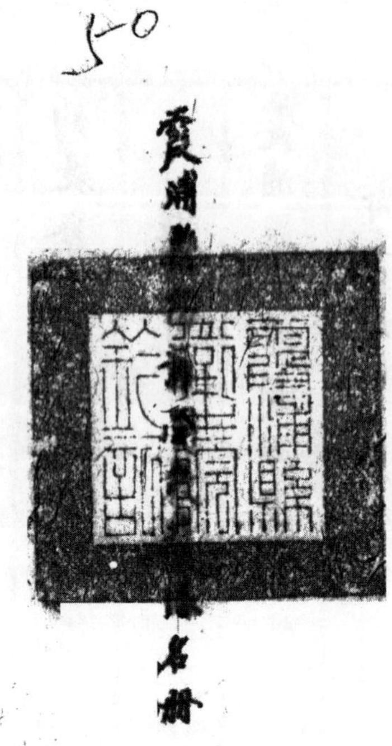

附件　霞浦县防护团救护队名册(1942年9月26日)　0168-001-0531

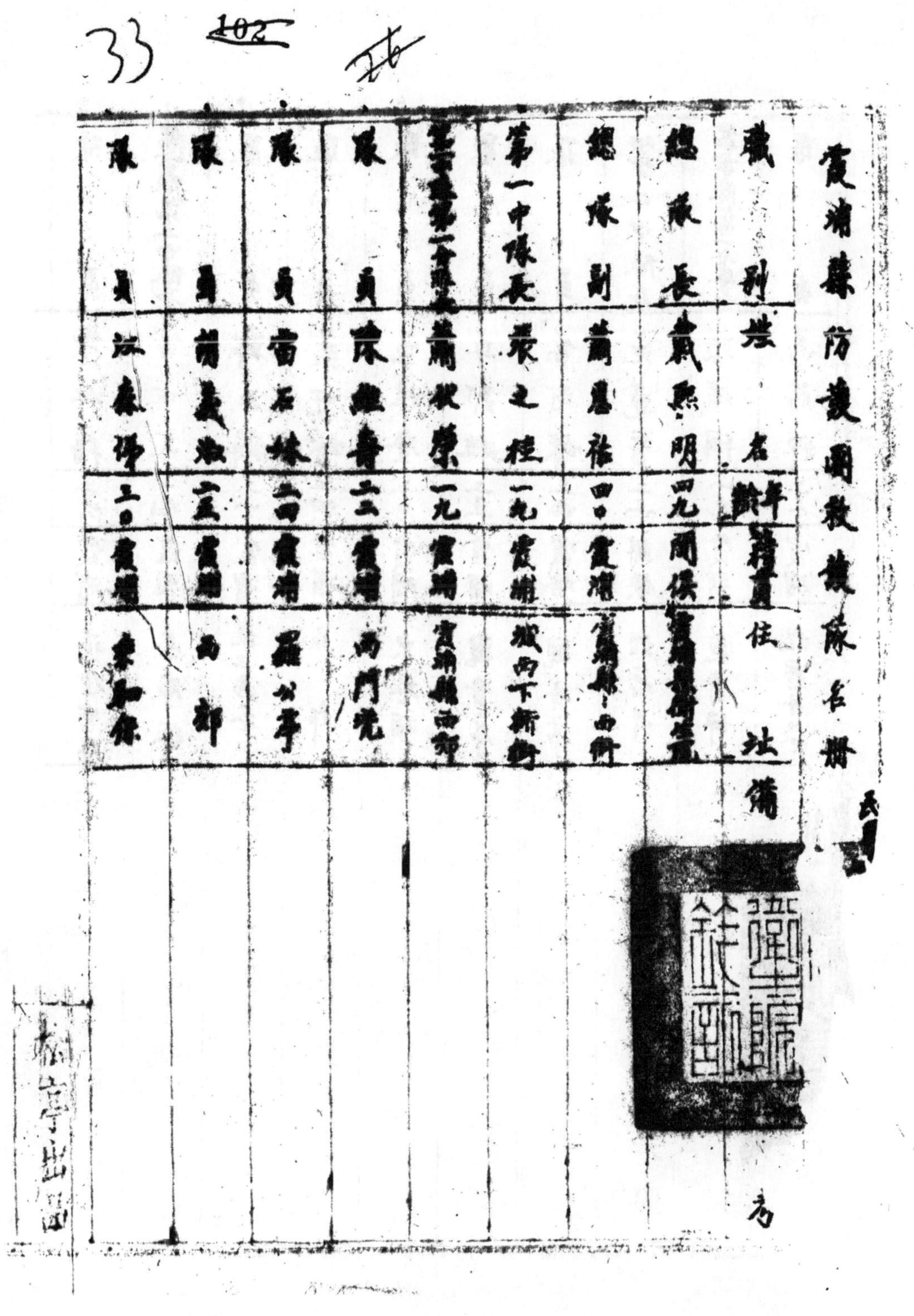

附件　霞浦县防护团救护队名册(1942 年 9 月 26 日)a 面　0168-001-0531

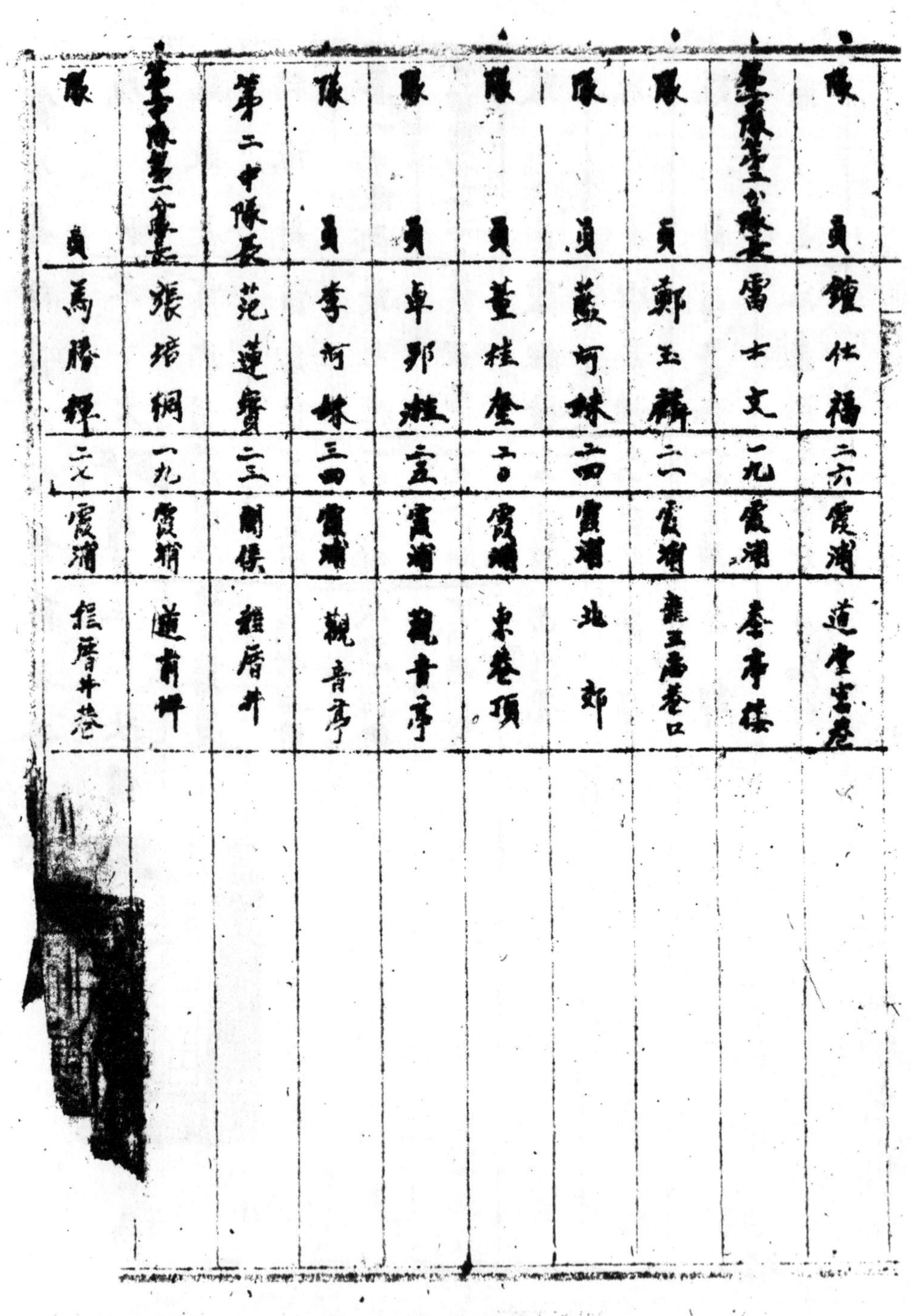

隊員	鍾仕福	二六	霞浦	道堂[illegible]巷
第三中隊第三分隊長	雷士文	一九	霞浦	泰來樓
隊員	鄭玉麟	二一	霞浦	龍王廟巷口
隊員	藍河妹	二四	霞浦	北郊
隊員	董桂登	二〇	霞浦	東巷頂
隊員	卓那[illegible]	二五	霞浦	觀音亭
隊員	李河妹	三四	霞浦	觀音亭
第二中隊長	范蓮寶	二三	閩侯	程厝井
第二中隊第一分隊長	張培綱	一九	霞浦	道前坪
隊員	馬勝標	二八	霞浦	程厝井巷

附件　霞浦县防护团救护队名册(1942 年 9 月 26 日)b 面　0168-001-0531

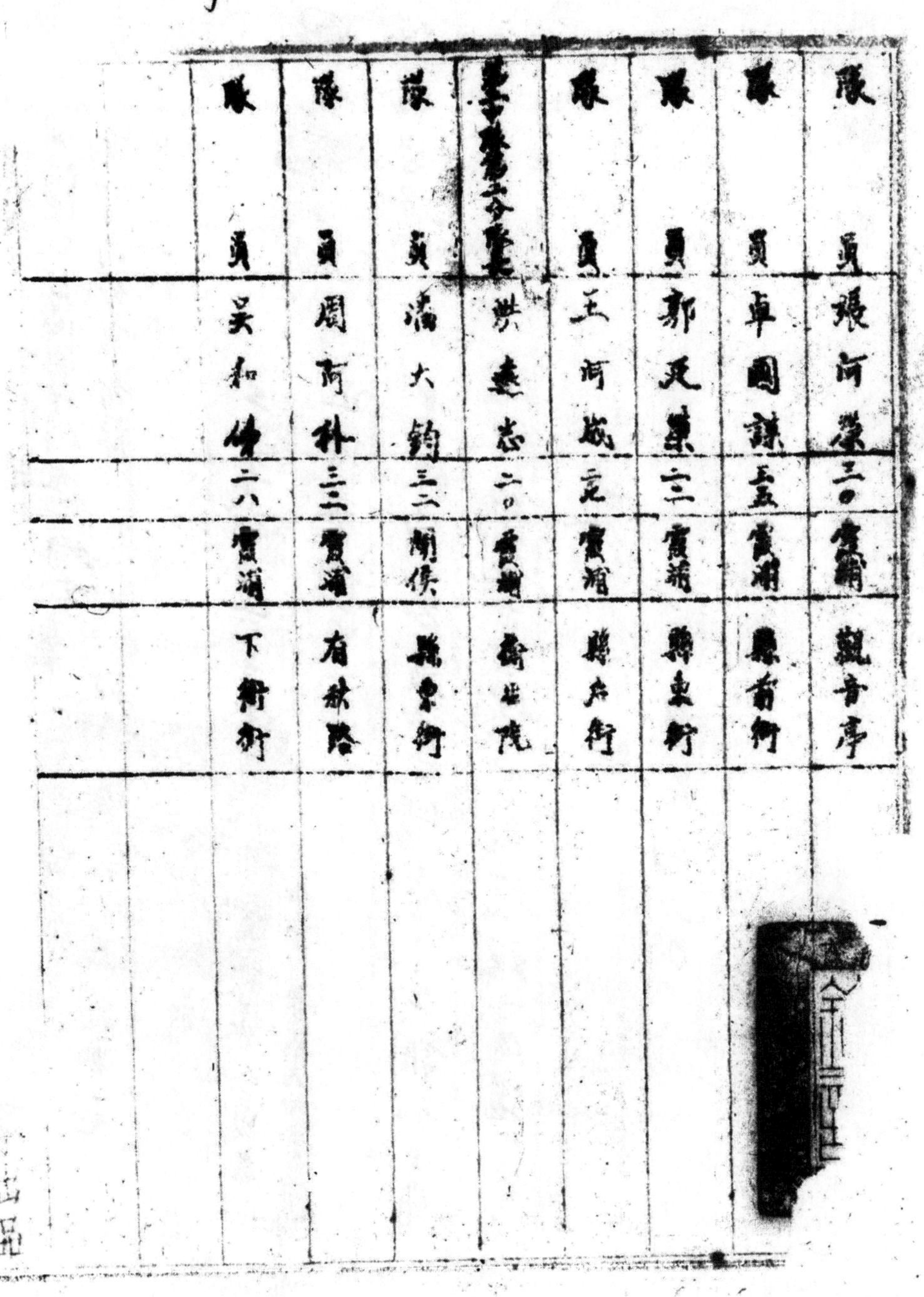

隊員	張河深	三〇	霞浦	觀音亭
隊員	卓國謀	二五	霞浦	縣前街
隊員	郭天秉	二二	霞浦	縣東街
隊員	王河崴	二七	霞浦	縣西街
第十隊第二分隊長	洪春志	二〇	霞浦	衙[illegible]院
隊員	潘大鈞	三二	閩侯	縣東街
隊員	周商朴	三三	霞浦	有秋路
隊員	吳和仲	二八	霞浦	下街街

附件　霞浦县防护团救护队名册(1942 年 9 月 26 日)　0168-001-0531

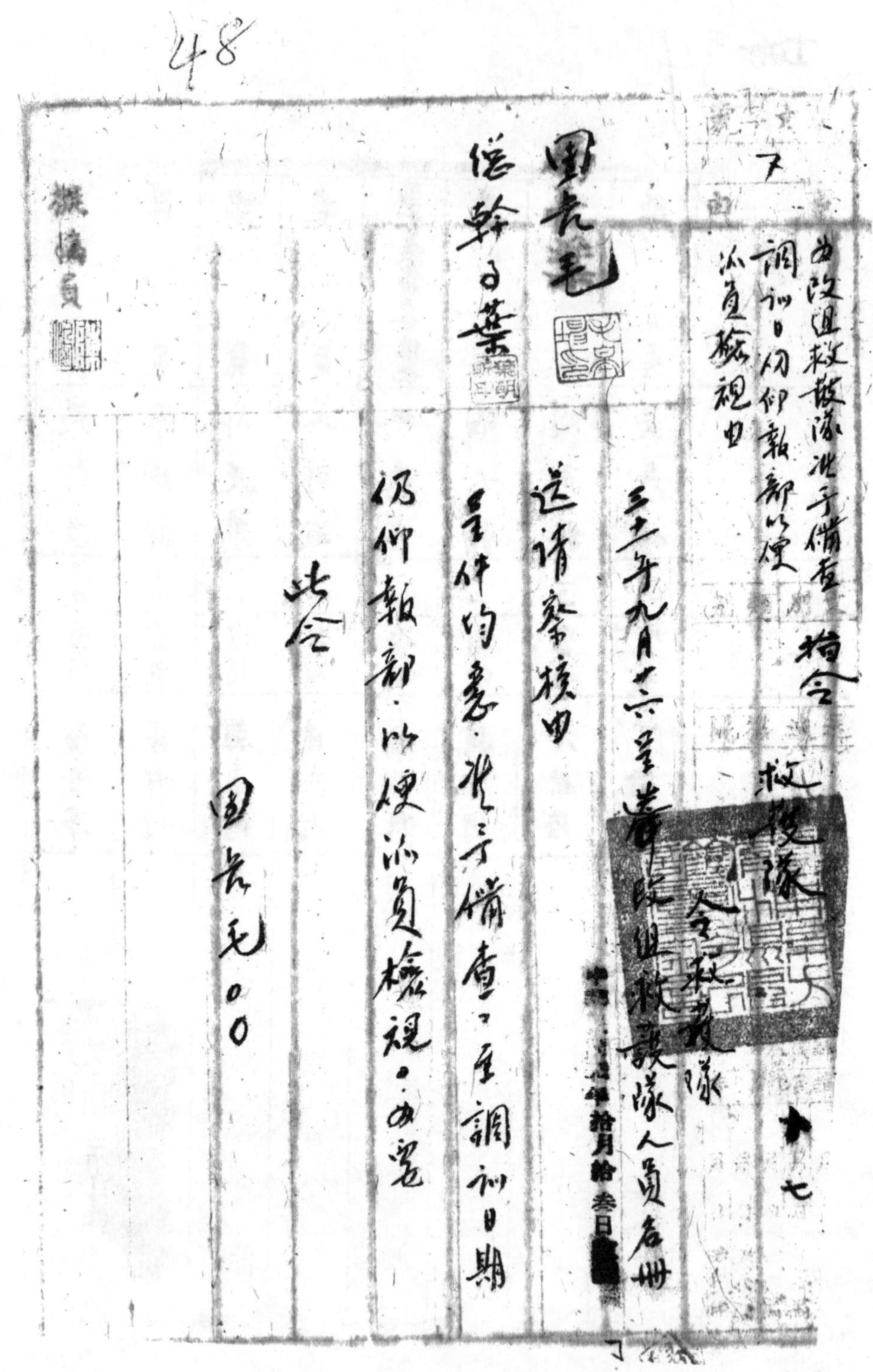

48

指令　救护队　十七

为改组救护队准予备查调训日期仰报部以便派员检视由

令救护队

三十一年九月廿六呈一件：呈改组救护队人员名册送请鉴核由

呈件均悉。准予备查。至调训日期仍仰报部，以便派员检视。为要

此令

团长毛○○

中华民国卅一年拾月拾叁日

团长毛

总干事叶

拟稿员

霞浦县防护团关于所呈改组救护队准予备查并将调训日期报部以便派员检视的指令

（1942年10月13日）　0168-001-0531

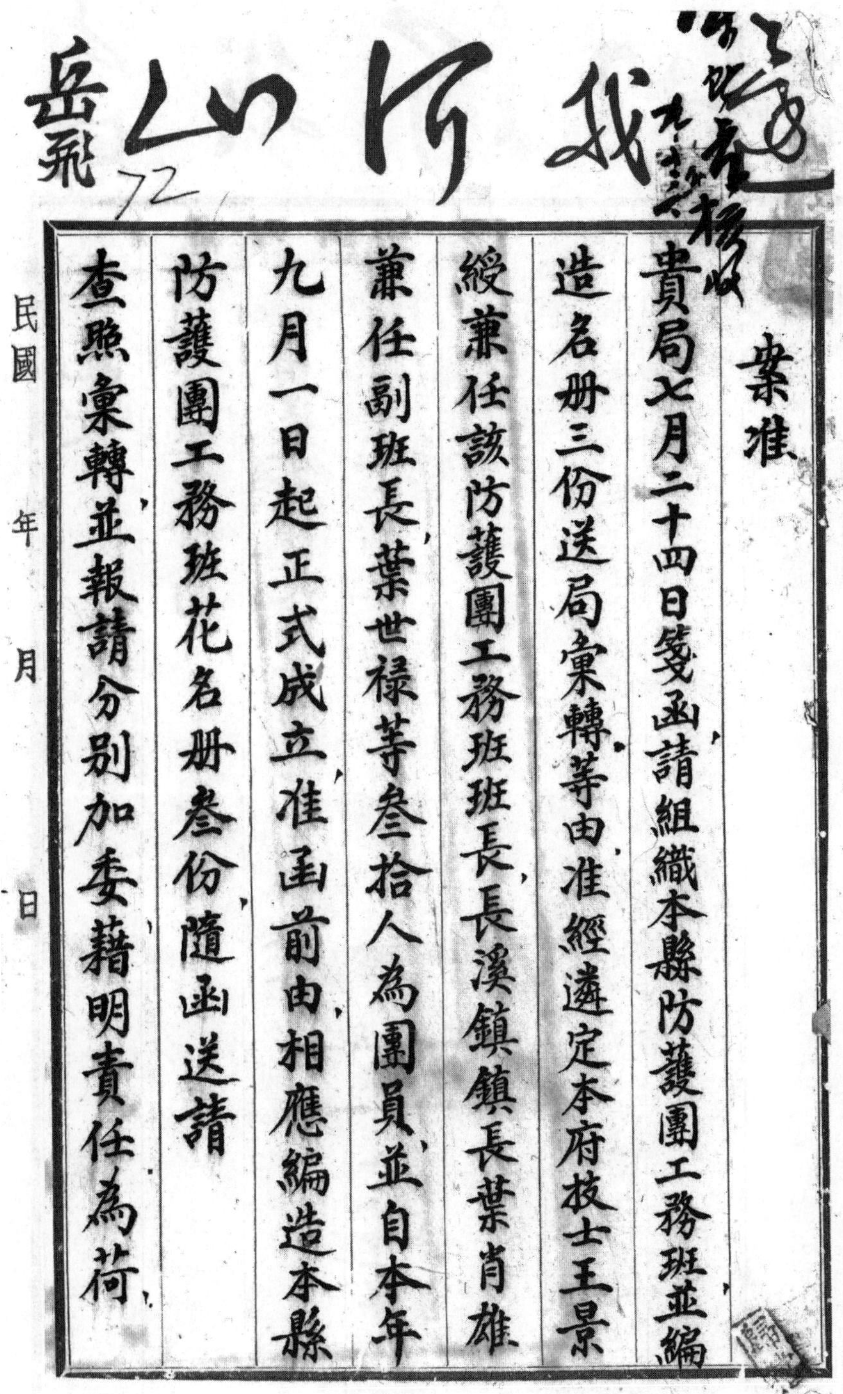
案准
貴局七月二十四日箋函請組織本縣防護團工務班並編造名冊三份送局彙轉等由准經遴定本府技士王景綬兼任該防護團工務班班長，長溪鎮鎮長葉肖雄兼任副班長，葉世禄等叁拾人為團員，並自本年九月一日起正式成立，准函前由，相應編造本縣防護團工務班花名冊叁份，隨函送請
查照彙轉並報請分別加委藉明責任為荷。
民國　年　月　日

霞浦县政府建设科关于防护团工务班组织情形的公函(1942年9月)

0168-001-0531

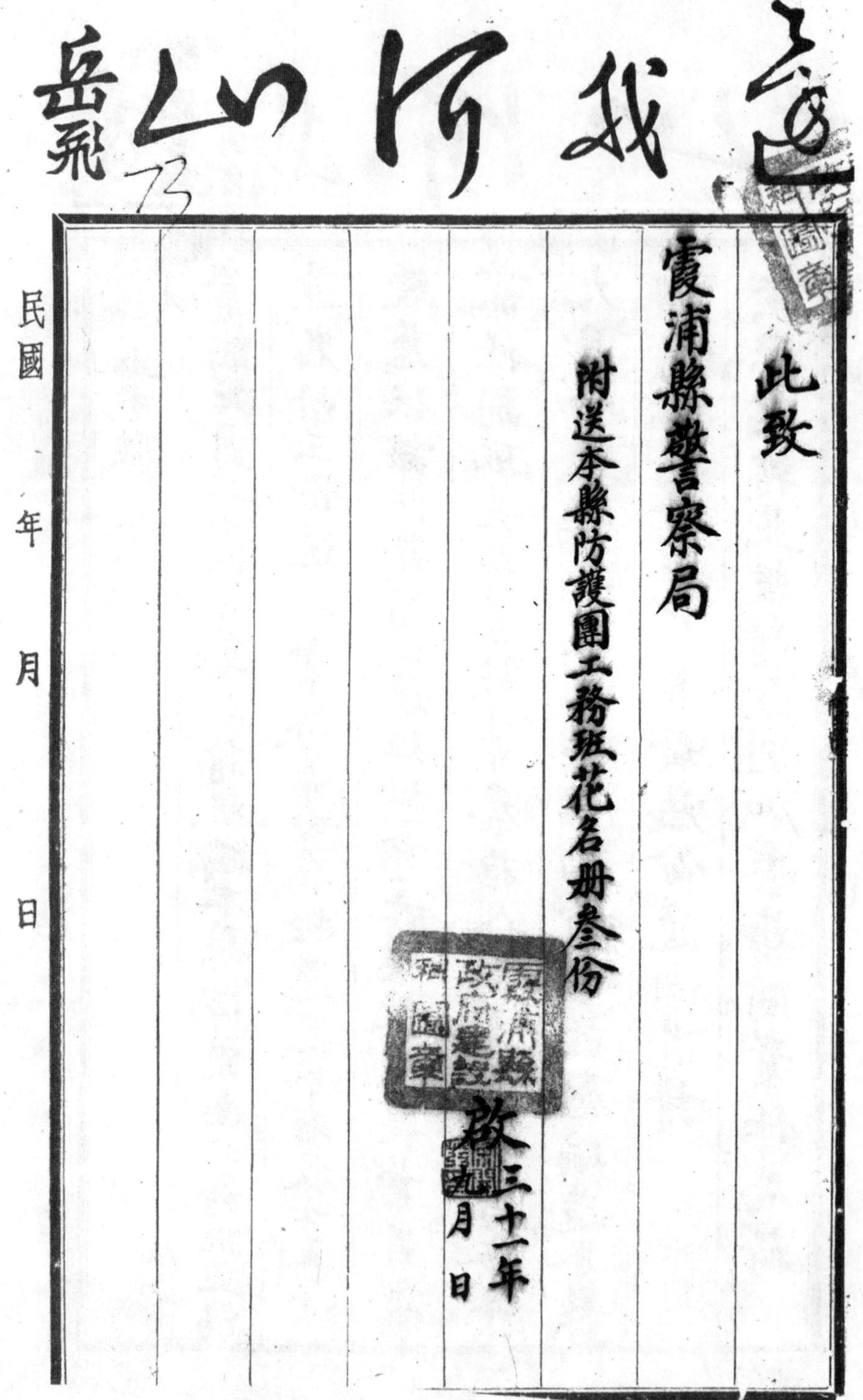
還我河山 岳飛
73
此致
霞浦縣警察局
附送本縣防護團工務班花名冊叁份
霞浦縣政府建設科圖章
啟 三十一年九月 日
民國 年 月 日

霞浦县政府建设科关于防护团工务班组织情形的公函(1942年9月)

0168-001-0531

74
27

霞浦縣防護團工務班花名册

附件　霞浦县防护团工务班花名册（1942年9月1日）　0168-001-0531

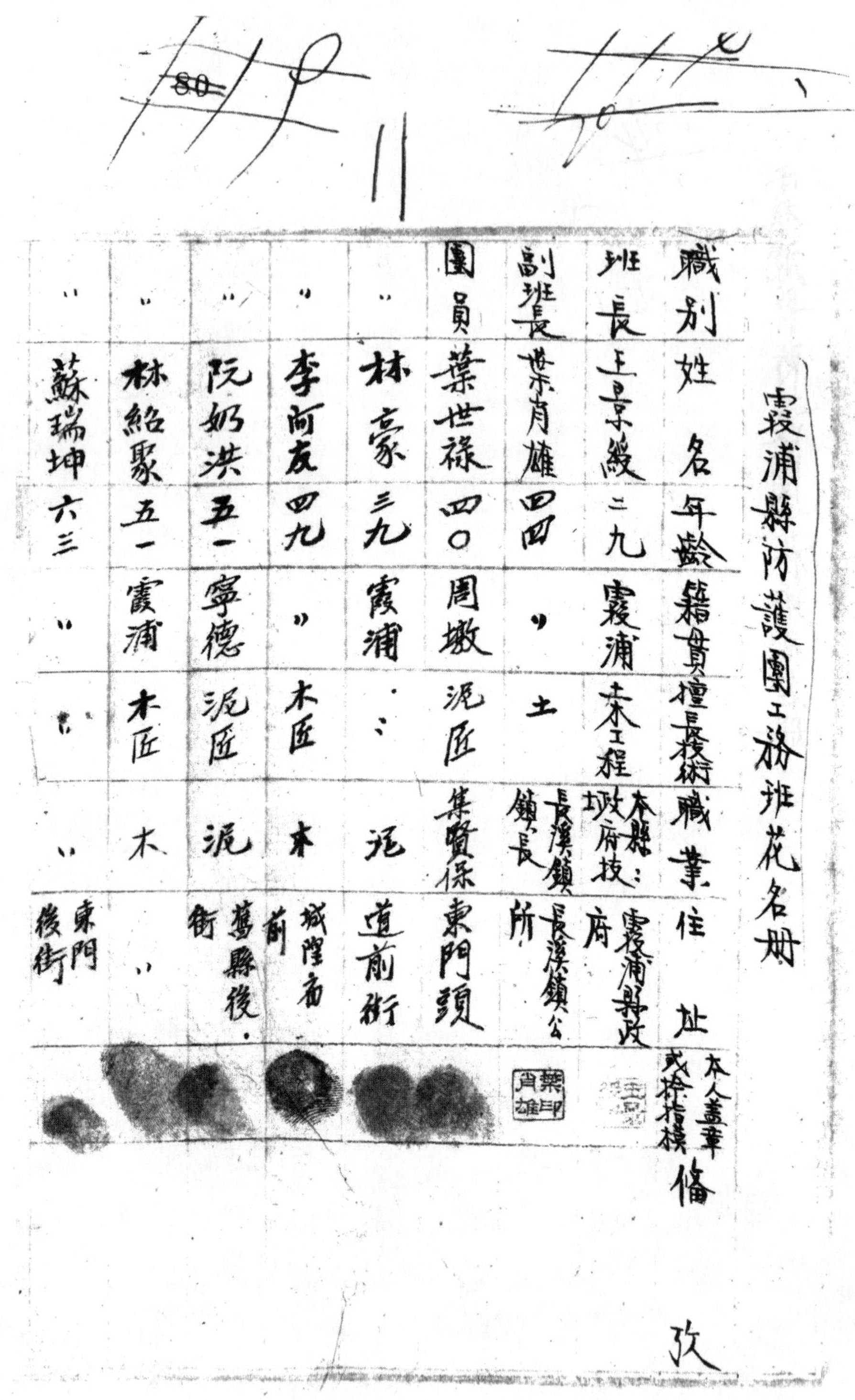

霞浦縣防護團工務班花名冊

職別	姓名	年齡	籍貫	擅長技術	職業	住址	本人蓋章或捺指模	備攷
班長	王景綬	二九	霞浦	土木工程	本縣縣政府技士	霞浦縣政府		
副班長	葉肖雄	四四	〃	土	長溪鎮鎮長	長溪鎮公所	葉肖雄印	
團員	葉世祿	四〇	周墩	泥匠	集賢保	東門頭		
〃	林豪	三九	霞浦	〃	泥	道前街		
〃	李向友	四九	〃	木匠	木	城隍廟前		
〃	阮奶洪	五一	寧德	泥匠	泥	舊縣後街		
〃	林紹聚	五一	霞浦	木匠	木	〃		
〃	蘇瑞坤	六三	〃	〃	〃	東門後街		

附件 霞浦县防护团工务班花名册(1942 年 9 月 1 日)a 面 0168-001-0531

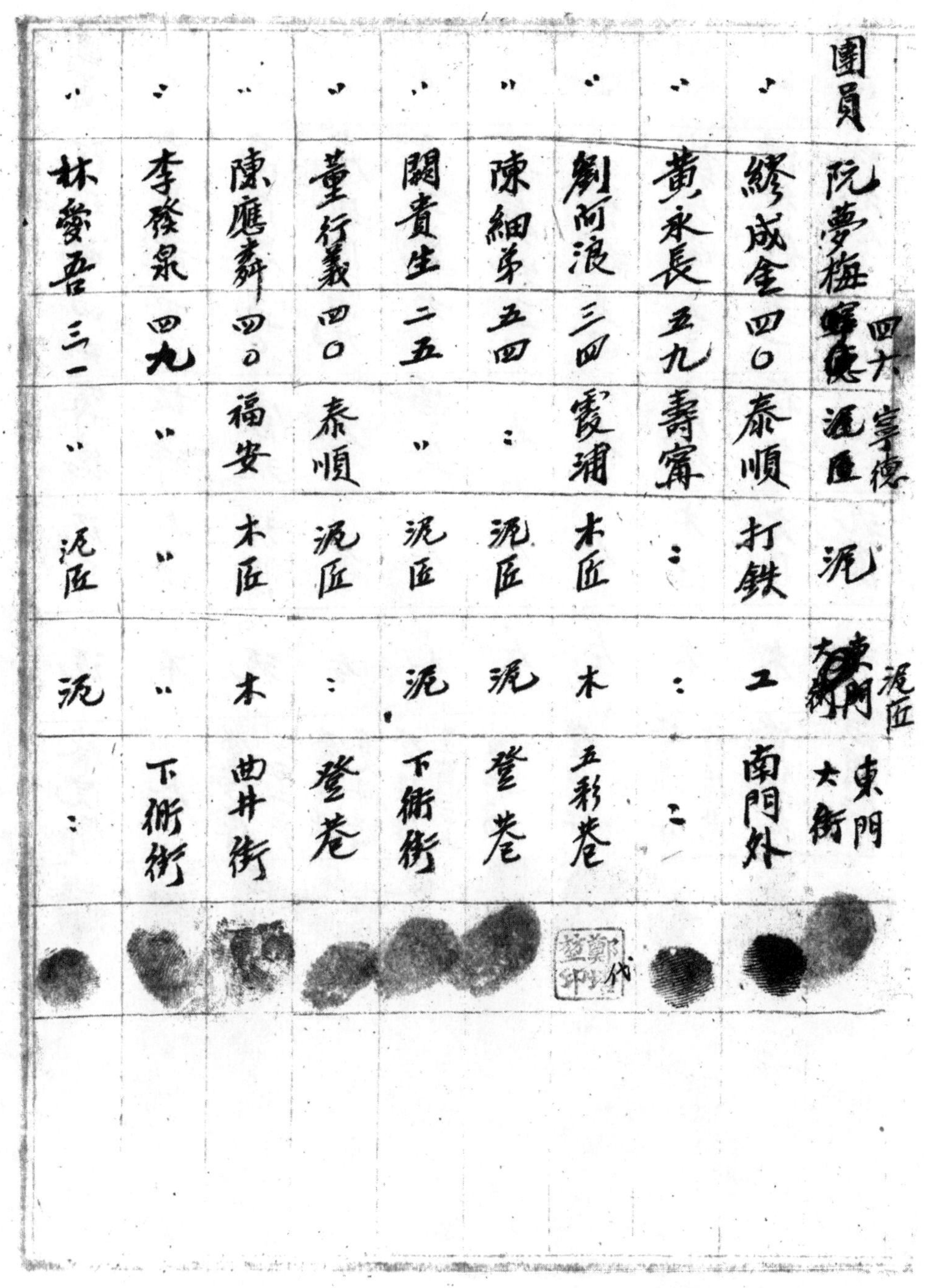

團員	阮夢梅	四六	寧德	泥匠	泥	東門大街
〃	繆成金	四〇	泰順	打鉄	工	南門外
〃	黄永長	五九	壽寧	〃	〃	〃
〃	劉阿浪	三四	霞浦	木匠	木	五彩巷
〃	陳細弟	五四	〃	泥匠	泥	登巷
〃	闕貴生	二五	〃	泥匠	泥	下衙街
〃	董行義	四〇	泰順	泥匠	〃	登巷
〃	陳應彝	四〇	福安	木匠	木	曲井街
〃	李發泉	四九	〃	〃	〃	下衙街
〃	林發吾	三一	〃	泥匠	泥	〃

附件　霞浦县防护团工务班花名册(1942年9月1日)b面　0168-001-0531

~~81~~ 12

團員	阮永西	四二	寧德	泥匠	泥	蔡院街
〃	袁長壽	四七	柘洋	木匠	木	仝
〃	高河忠	五〇	霞浦	泥匠	泥	登俊保三甲一戶
〃	詹奶周	四九	仝	仝	仝	登俊保雙併路
〃	雷三弟	六二	福安	仝	仝	登俊保道蕫宮邊
〃	李慶灿	五一	仝	仝	仝	登仁坊
〃	蘇宗絨	五四	仝	仝	仝	登仁保
〃	鄭肇棠	五三	霞浦	木匠	木	登瀛保莊厝巷
〃	陳德銓	五一	福安	木匠	木	登仁坊巷
〃	林允金	三九	仝	泥匠	泥	西門街

附件　霞浦县防护团工务班花名册(1942 年 9 月 1 日)a 面　0168-001-0531

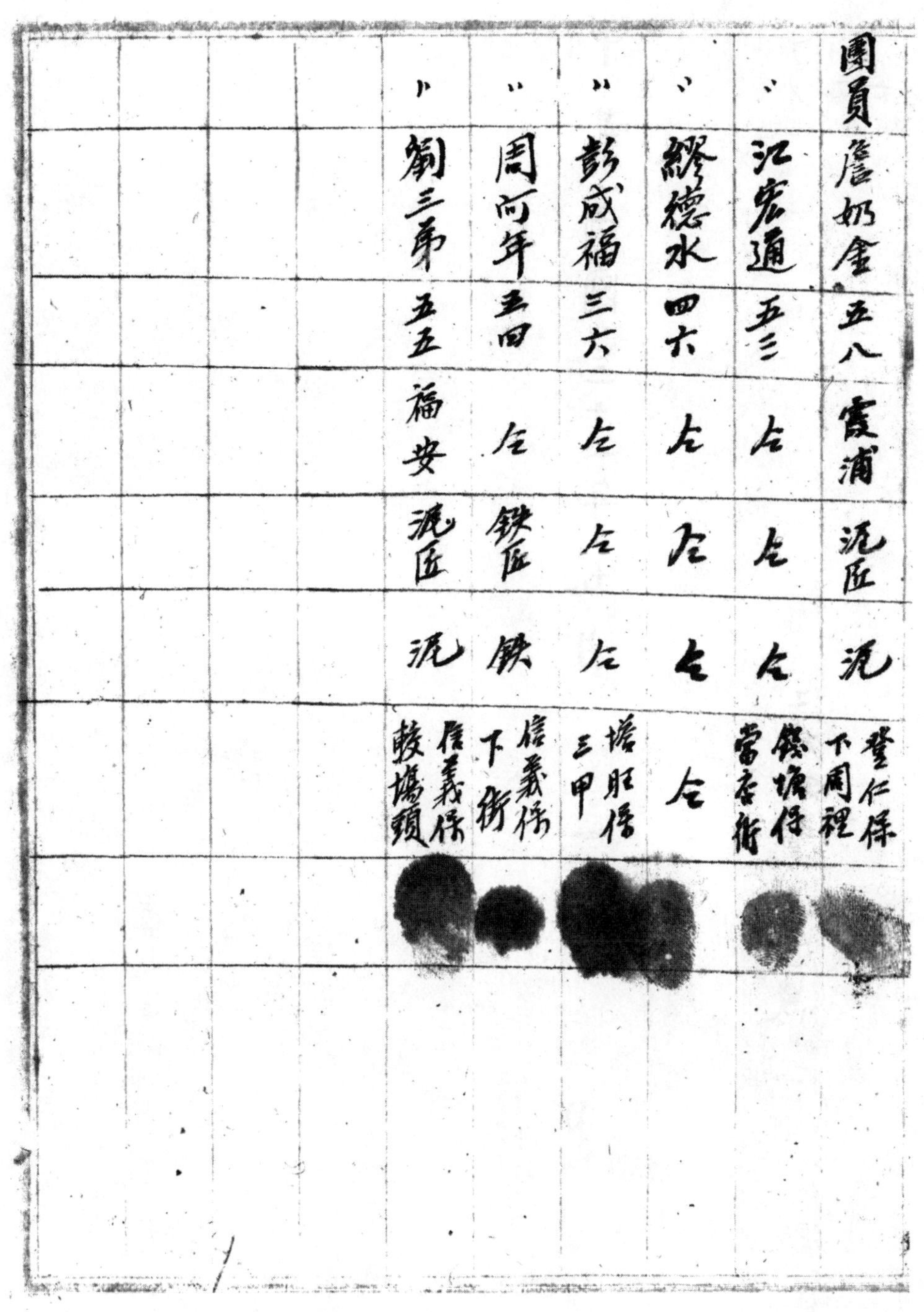

附件　霞浦县防护团工务班花名册(1942年9月1日)b面　0168-001-0531

13
中華民國三十一年九月一日
工務班班長王景綬

附件　霞浦县防护团工务班花名册(1942 年 9 月 1 日)　0168-001-0531

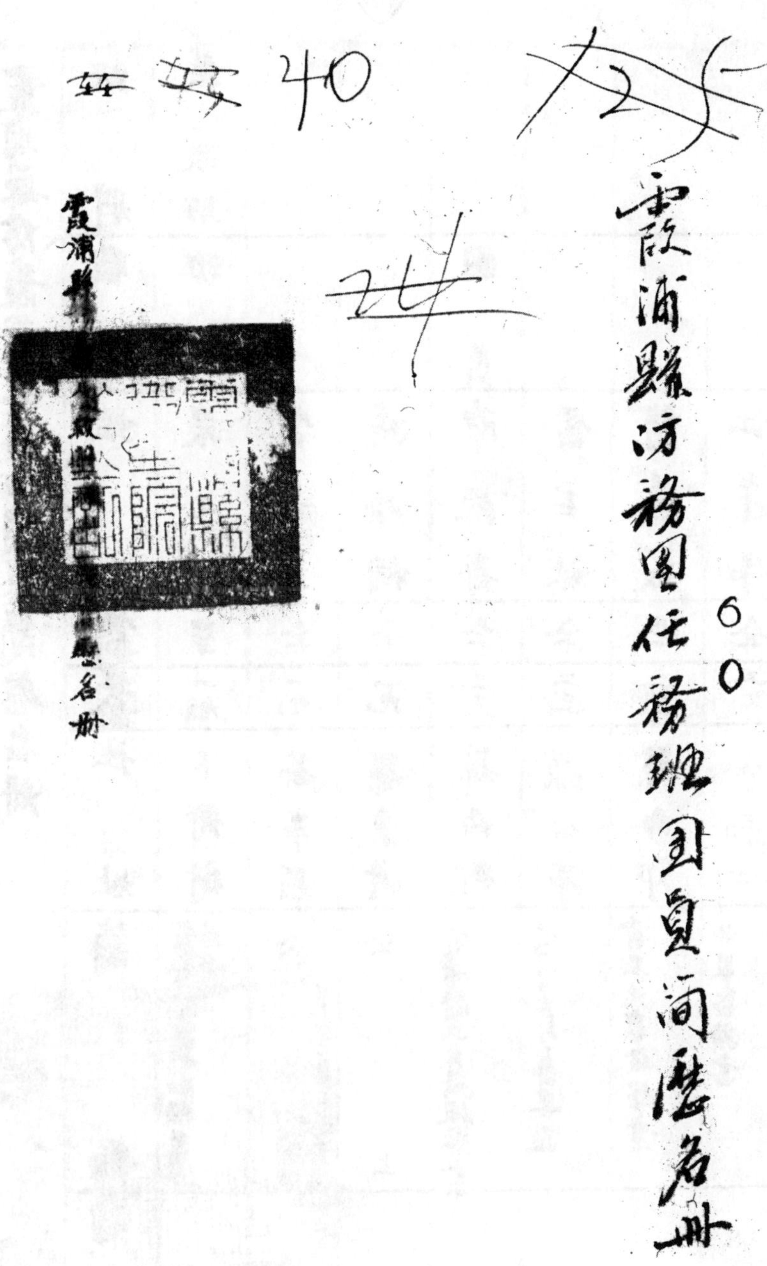

霞浦县防护团救护班团员简历名册(霞浦县卫生院造报)(1942 年)

0168-001-0350

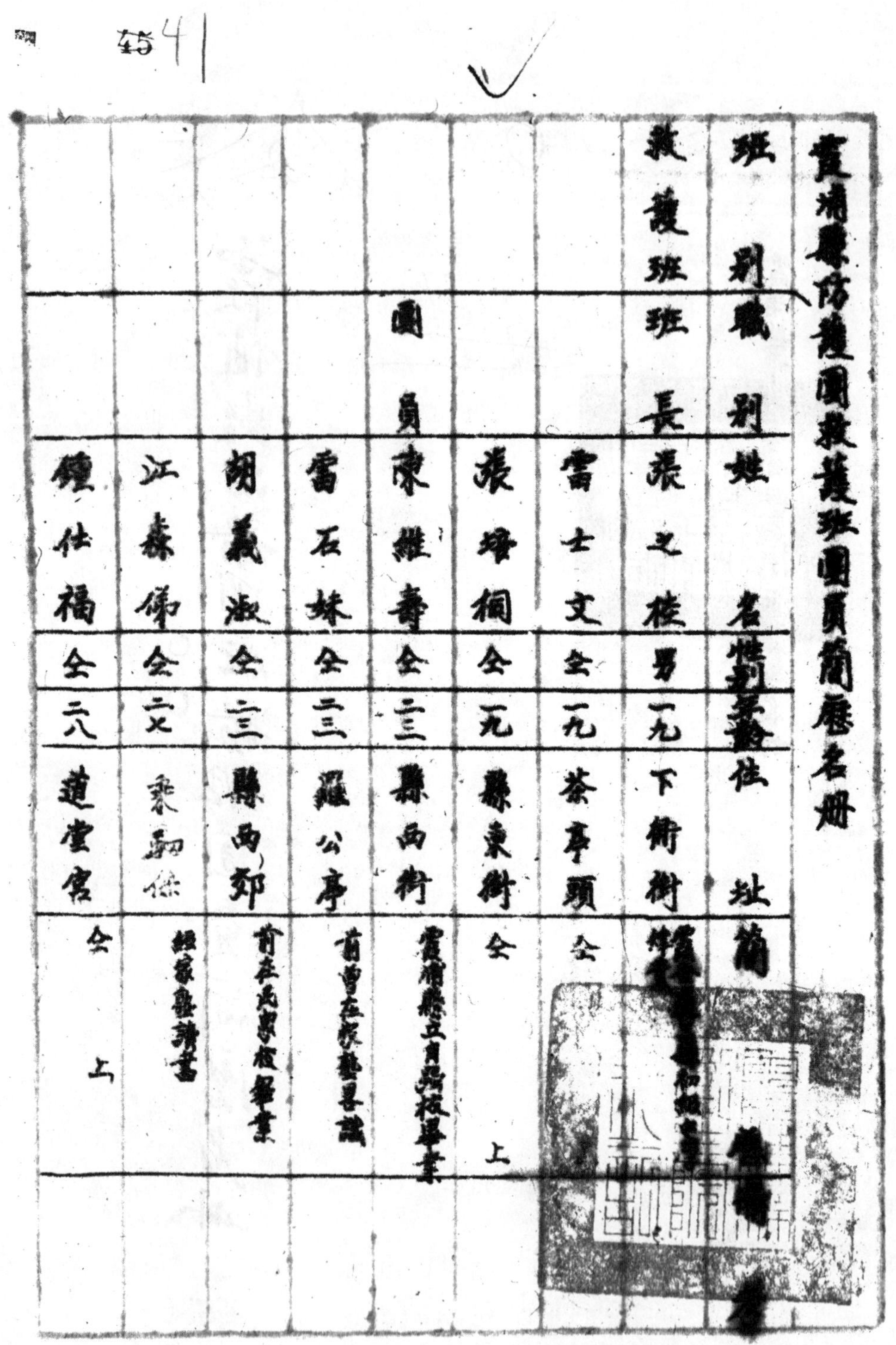

霞浦縣防護團救護班團員簡歷名册

班别	職别	姓名	性别	年齡	住址	簡歷
救護班	班長	張之植	男	一九	下街街	[illegible]
		雷士文	仝	一九	茶亭頭	仝
		張增桐	仝	一九	縣東街	仝上
	團員	陳維壽	仝	二三	縣西街	霞浦縣立自治校畢業
		雷石妹	仝	二三	羅公亭	前曾在私塾畢讀
		胡義潡	仝	二三	縣西郊	前在民眾校畢業
		江森佛	仝	二七	桑園	經家塾讀書
		鍾仕福	仝	二八	道堂宫	仝上

霞浦县防护团救护班团员简历名册(霞浦县卫生院造报)(1942年)

a面 0168-001-0350

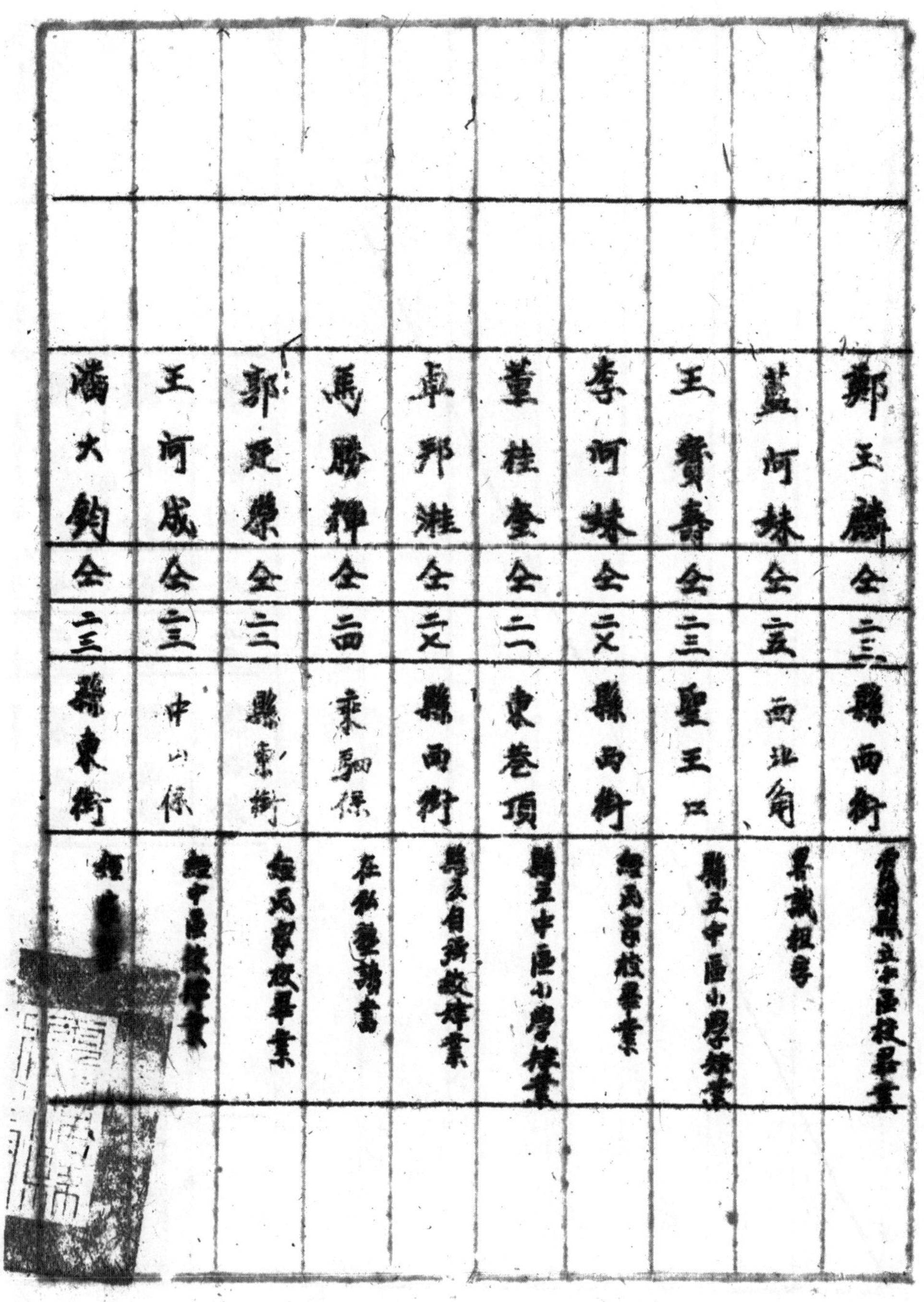

鄭玉麟	藍河妹	王賓壽	李河妹	董桂奎	卓邦淮	馬勝輝	郭廷標	王河成	潘大鈞
仝	仝	仝	仝	仝	仝	仝	仝	仝	仝
二三	二五	三三	二八	二	二八	二四	二三	二三	二三
縣西街	西北角	聖王口	縣西街	東巷頂	縣西街	東驛保	縣東街	中山保	縣東街
霞浦縣立中區校畢業	略識粗字	縣立中區小學肄業	經私塾校畢業	縣立中區小學肄業	縣立自新校肄業	在私塾讀書	經私塾校畢業	經中區校肄業	經[illegible]

霞浦县防护团救护班团员简历名册(霞浦县卫生院造报)(1942 年)

b 面　0168-001-0350

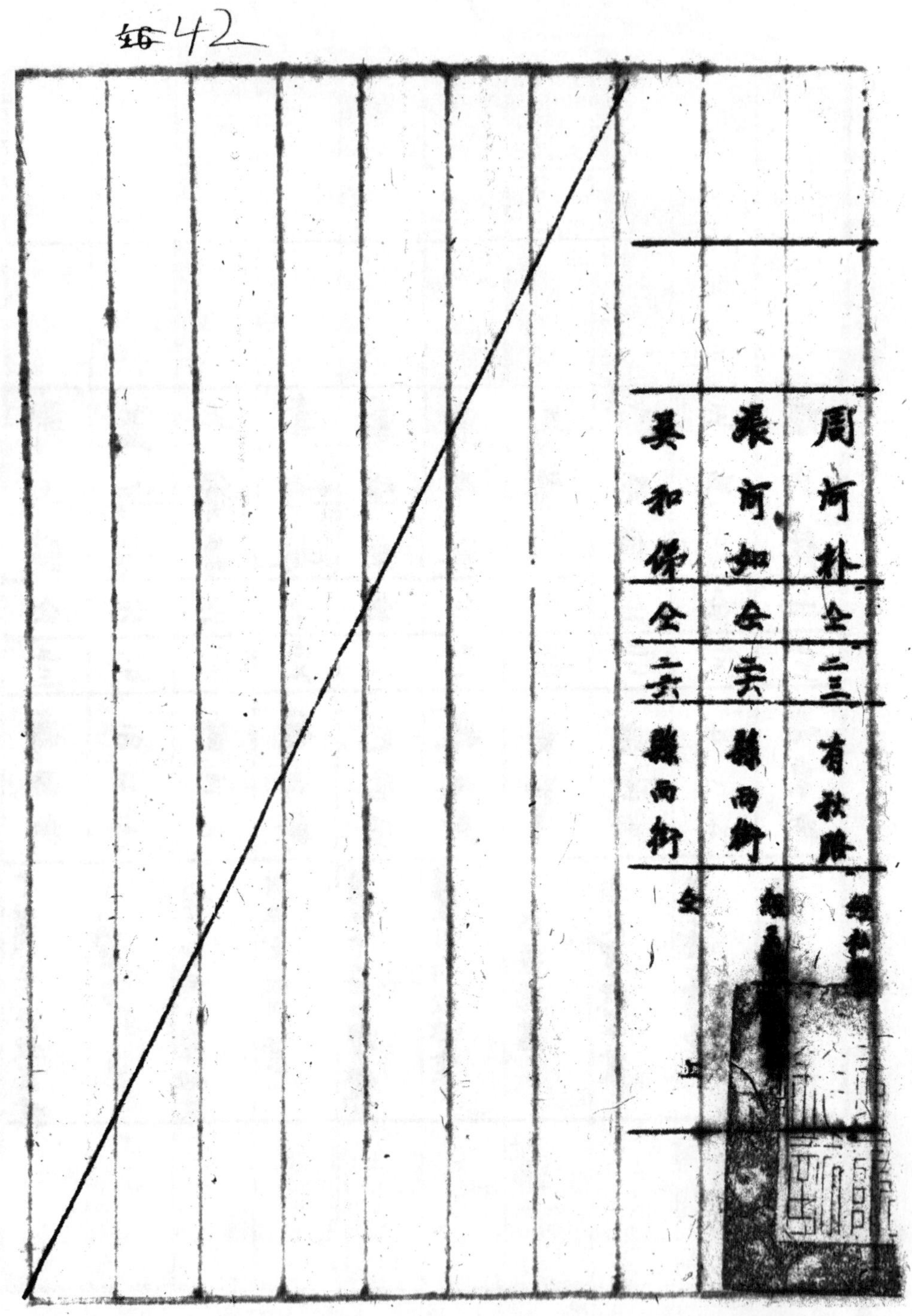

姓名	性别	年龄	住址	
周河朴	仝	三	有秋路	
張河如	仝	卄六	縣西街	
吳和保	仝	卄六	縣西街	仝

霞浦县防护团救护班团员简历名册(霞浦县卫生院造报)(1942年)

0168-001-0350

91 22

霞浦縣防護團任務班團員簡歷名册

霞浦县防护团任务班团员简历名册(1942 年 9 月)　0168-001-0351

~~92~~ 23

霞浦縣防護團交通管制班團員簡歷名冊

職別	姓名	性別	年齡	籍貫	簡歷	備考
班長	申榕蕃	男	二二	閩侯	霞浦縣警察局警長	
副班長	周佑銘	〃	二二	霞浦	霞浦縣警察局警士	
團員	邱啟祥	〃	二五	〃	仝上	
〃	張英梅	〃	二一	福鼎	仝上	
〃	謝國麟	〃	二一	霞浦	仝上	
〃	薛成福	〃	二三	〃	仝上	
〃	江中英	〃	一八	閩侯	仝上	
〃	黃顯炯	〃	一九	霞浦	仝上	

霞浦县防护团交通管制班团员简历名册(1942 年 9 月)　0168-001-0351

24

霞浦縣防護團燈火管制班團員簡歷名冊

職別	姓名	性別	年齡	籍貫	經歷	備考
班長	藍玉生	男	三〇	霞浦	霞浦縣公安局見習警長	
副班長	許梅生	〃	二二	〃	霞浦縣公安局警士	
團員	江中英	〃	一八	閩侯	仝上	
〃	葉芬	〃	二一	〃	〃	
〃	張文豹	〃	二〇	福鼎	〃	
〃	林國細	〃	二八	霞浦	〃	
〃	黃炳壽	〃	二二	〃	〃	
〃	王依春	〃	二三	閩侯	〃	

張

霞浦县防护团灯火管制班团员简历名册(1942 年 9 月) 0168-001-0351

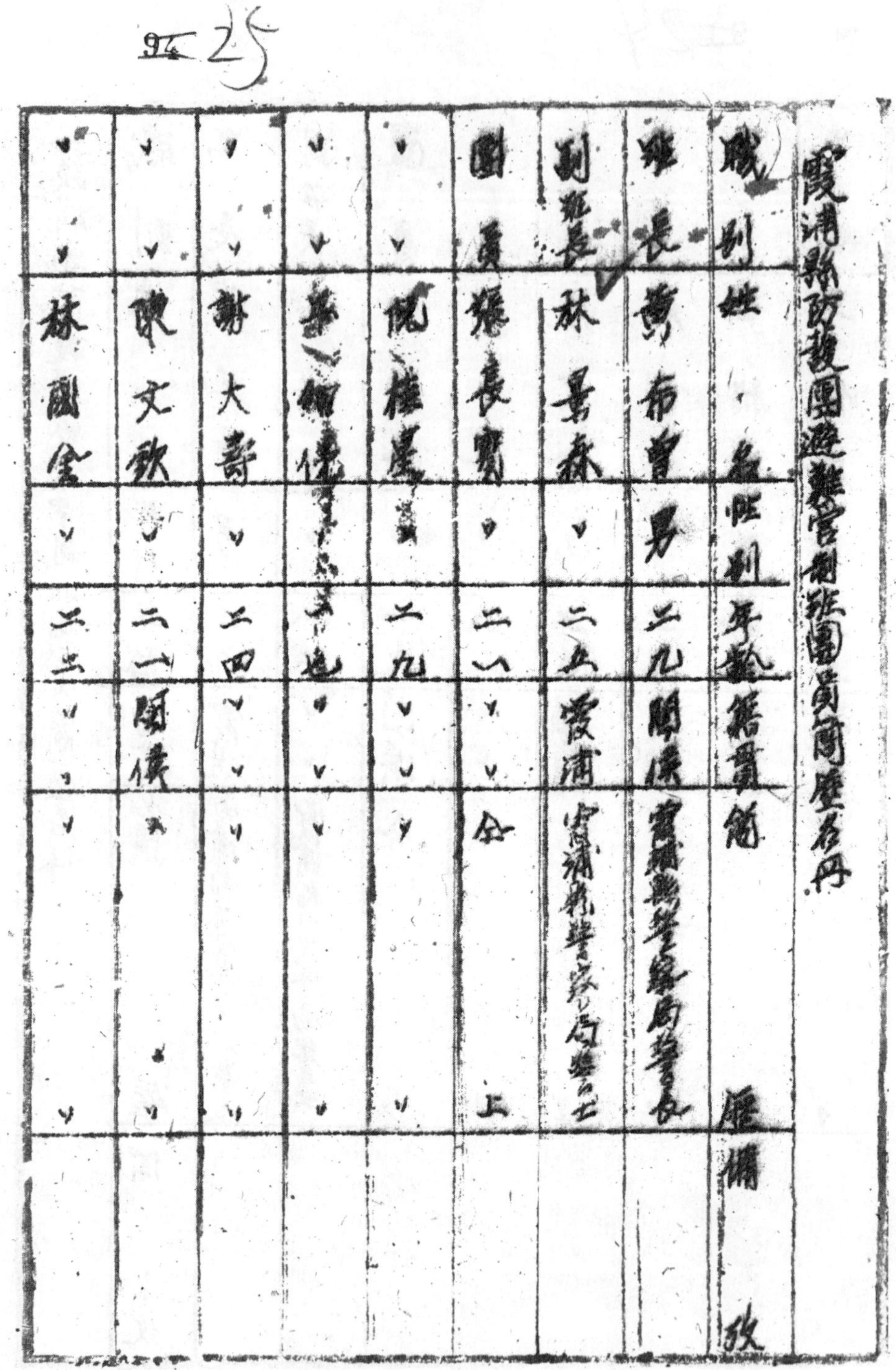

25

霞浦縣防護團避難管制班團員簡歷名冊

職別	姓名	性別	年齡	籍貫	簡歷	備考
班長	黃布曾	男	二九	閩侯	霞浦縣警察局警長	
副班長	林景森	〃	二五	霞浦	霞浦縣警察局警士	
團員	孫長寶	〃	二八	〃	仝上	
〃	倪桂蓬	〃	二九	〃	〃	
〃	華錦保	〃	[illegible]	〃	〃	
〃	謝大壽	〃	二四	〃	〃	
〃	陳文欽	〃	二一	閩侯	〃	
〃	林國金	〃	二二	〃	〃	

霞浦县防护团避难管制班团员简历名册（1942 年 9 月） 0168-001-0351

26

霞浦縣防護團救護班團員簡歷名冊

職別	姓名	性別	年齡	籍貫	簡歷	備攷
班長	蕭恩祐	男	四〇	霞浦	霞浦縣衛生院醫師	
副班長	張之桂	〃	一九	〃	霞[illegible]初級中學肄業	
團員	蕭伏榮	〃	一九	〃	〃	
〃	陳維壽	〃	二二	〃	霞浦縣立育德小學畢業	
〃	劉石妹	〃	二四	〃		
〃	胡義淑	〃	二五	〃		
〃	江森傑	〃	三〇	〃		
〃	鐘仕福	〃	三六	〃		

霞浦县防护团救护班团员简历名册(1942年9月)a面　0168-001-0351

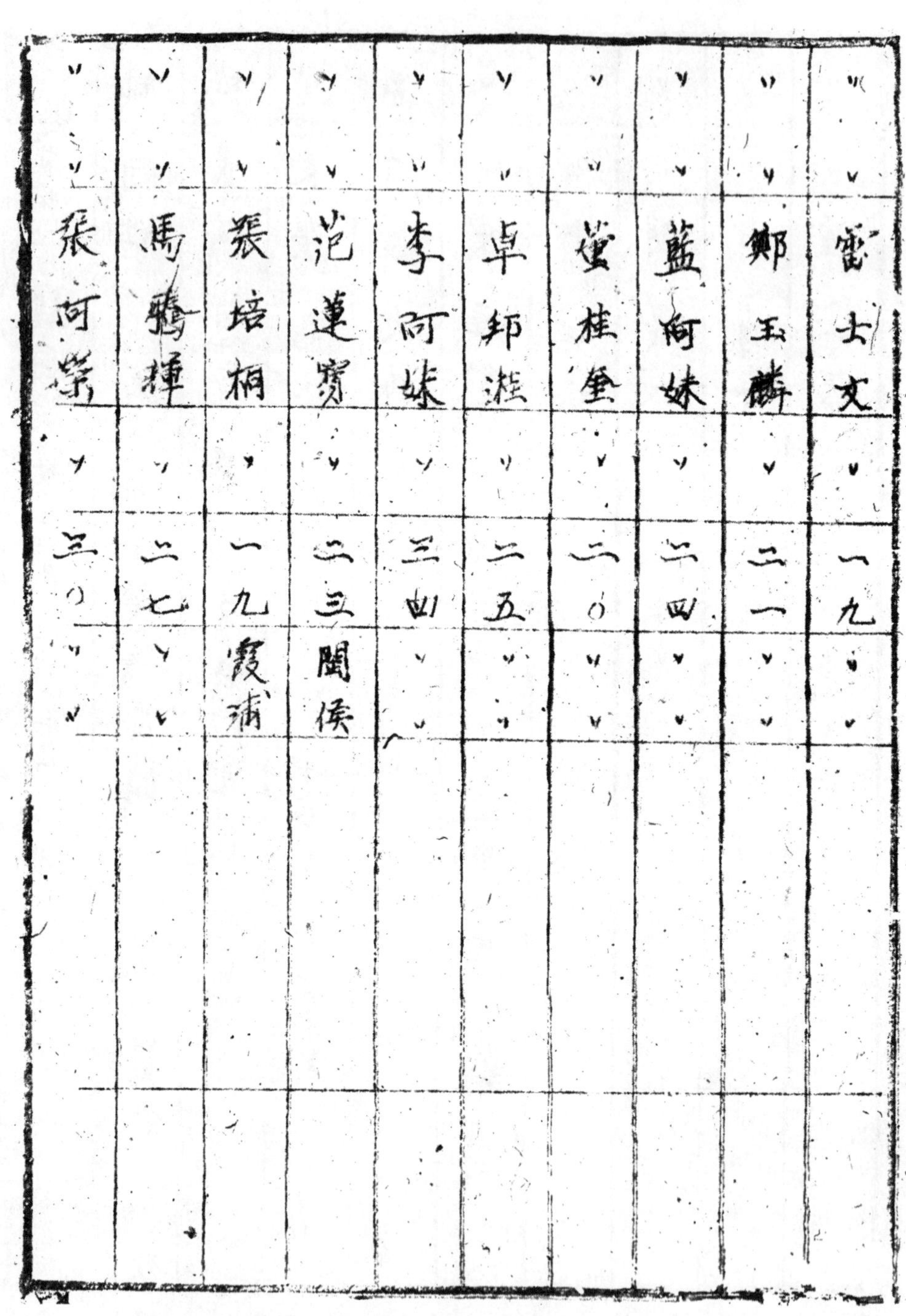

〃	〃	姓名	〃	年龄	籍贯
〃	〃	雷士文	〃	一九	〃 〃
〃	〃	鄭玉麟	〃	二一	〃 〃
〃	〃	藍阿妹	〃	二四	〃 〃
〃	〃	董桂金	〃	二〇	〃 〃
〃	〃	卓邦淮	〃	二五	〃 〃
〃	〃	李阿妹	〃	三四	〃 〃
〃	〃	范蓮寶	〃	二三	閩侯
〃	〃	張培桐	〃	一九	霞浦
〃	〃	馬鶴樺	〃	二七	〃 〃
〃	〃	張阿榮	〃	三〇	〃 〃

霞浦县防护团救护班团员简历名册(1942 年 9 月)b 面　0168-001-0351

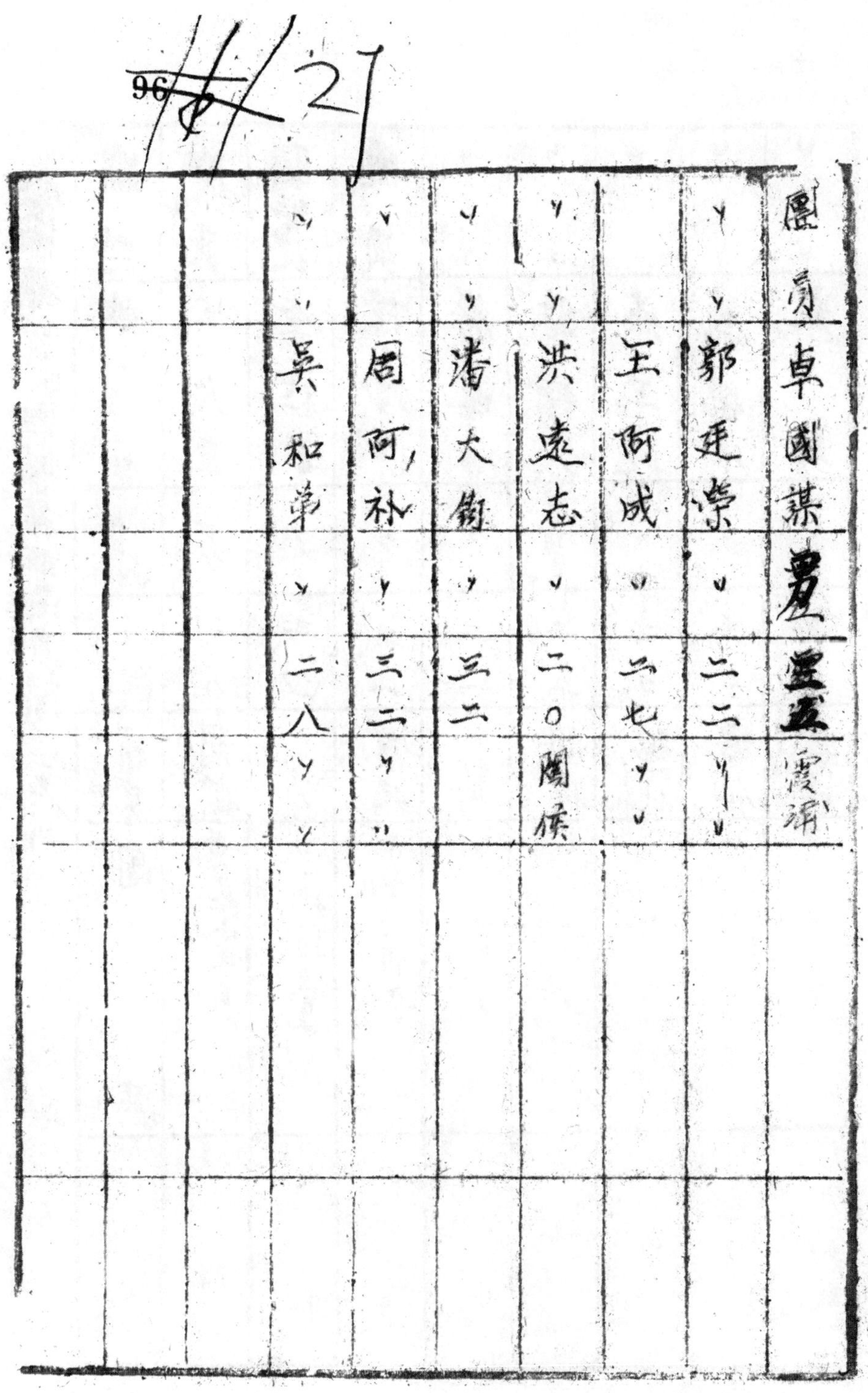

團員	卓國謀	男	三五	霞浦
〃	鄭廷樑	〃	二二	〃
	王阿成	〃	二七	〃
〃	洪遠志	〃	二〇	閩侯
〃	潘大銜	〃	三二	
〃	周阿朴	〃	三二	〃
〃	吳和弟	〃	二八	〃

霞浦县防护团救护班团员简历名册(1942年9月)　0168-001-0351

~~34~~ 32

霞浦縣防護團警報班團員簡歷名冊

職別	姓名	性別	年齡	籍貫	簡歷
班長	王大章	男	三〇	閩侯	曾任小隊長
副班長	李桂華	〃	二四	〃	曾任副班長
團員	陳細俤	〃	二一	霞浦	曾充看哨兵
〃	蔣家喜	〃	二一	〃	〃
〃	林傑人	〃	二三	閩侯	〃
〃	蘇玉渡	〃	四〇	德化	〃
〃	蘇德堆	〃	三〇	德化	〃
〃	趙英	〃	三九	霞浦	〃

霞浦县防护团警报班团员简历名册(1942 年 9 月)a 面　0168-001-0351

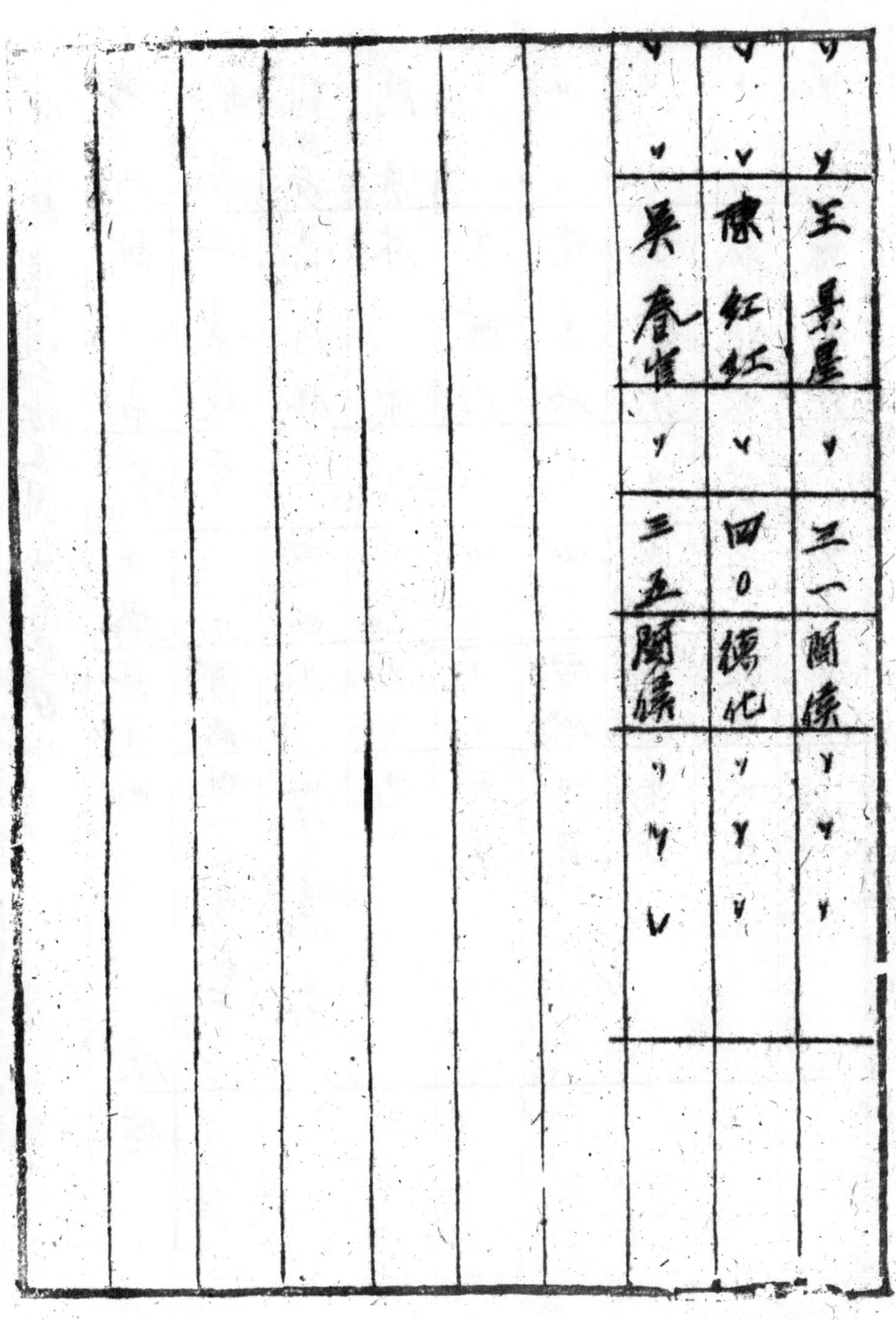

霞浦县防护团警报班团员简历名册(1942 年 9 月)b 面　0168-001-0351

98 29

霞浦縣防護團工務班團員簡歷名冊

職別	姓名	性別	年齡	籍貫	簡歷	備考
班長	王景綫	男	二九	霞浦	現任縣政府技士	在华东
副班長	葉肖雄	〃	四四	〃	現任長溪鎮〃長	
團員	林蒙	〃	三九	〃	泥匠	
〃〃	李阿友	〃	四九	〃〃	木匠	
〃〃	葉吉椽	〃	四〇	甯德	泥匠	
〃〃	阮奶洪	〃	五二	甯德	泥匠	
〃〃	林紹聚	〃	五一	霞浦	木匠	
〃〃	蘇瑞坤	〃	六三	〃〃	〃〃	

霞浦县防护团工务班团员简历名册(1942 年 9 月)a 面　0168-001-0351

〃	〃	阮夢梅	〃	四六	寧德	泥匠
〃	〃	鄭成金	〃	四〇	泰順	鐵匠
〃	〃	黃永長	〃	五九	壽寧	〃
〃	〃	劉阿浪	〃	三四	霞浦	木匠
〃	〃	陳細弟	〃	五四	〃	泥匠
〃	〃	闕貴佳	〃	二五	〃	〃
〃	〃	董行義	〃	四〇	泰順	〃
〃	〃	陳應森	〃	四〇	福安	木匠
〃	〃	李餘泉	〃	四九	〃	〃
〃	〃	林發金	〃	三一	〃	泥匠

霞浦县防护团工务班团员简历名册(1942年9月)b面　0168-001-0351

30 ~~99~~

團員	倪永西	〃	四二	寧德	泥匠
〃	袁長壽	〃	四七	柘洋	木匠
〃	高阿忠	〃	五〇	霞浦	泥匠
〃	詹奶囝	〃	四九	〃	〃
〃	雷三弟	〃	六二	福安	〃
〃	李慶燦	〃	五一	〃	〃
〃	蘇宗鐵	〃	五四	〃	〃
〃	鄭肇党	〃	五三	霞浦	木匠
〃	陳德銓	〃	五一	福安	〃
〃	林元金	〃	三九	〃	泥匠

霞浦县防护团工务班团员简历名册(1942年9月)a面　0168-001-0351

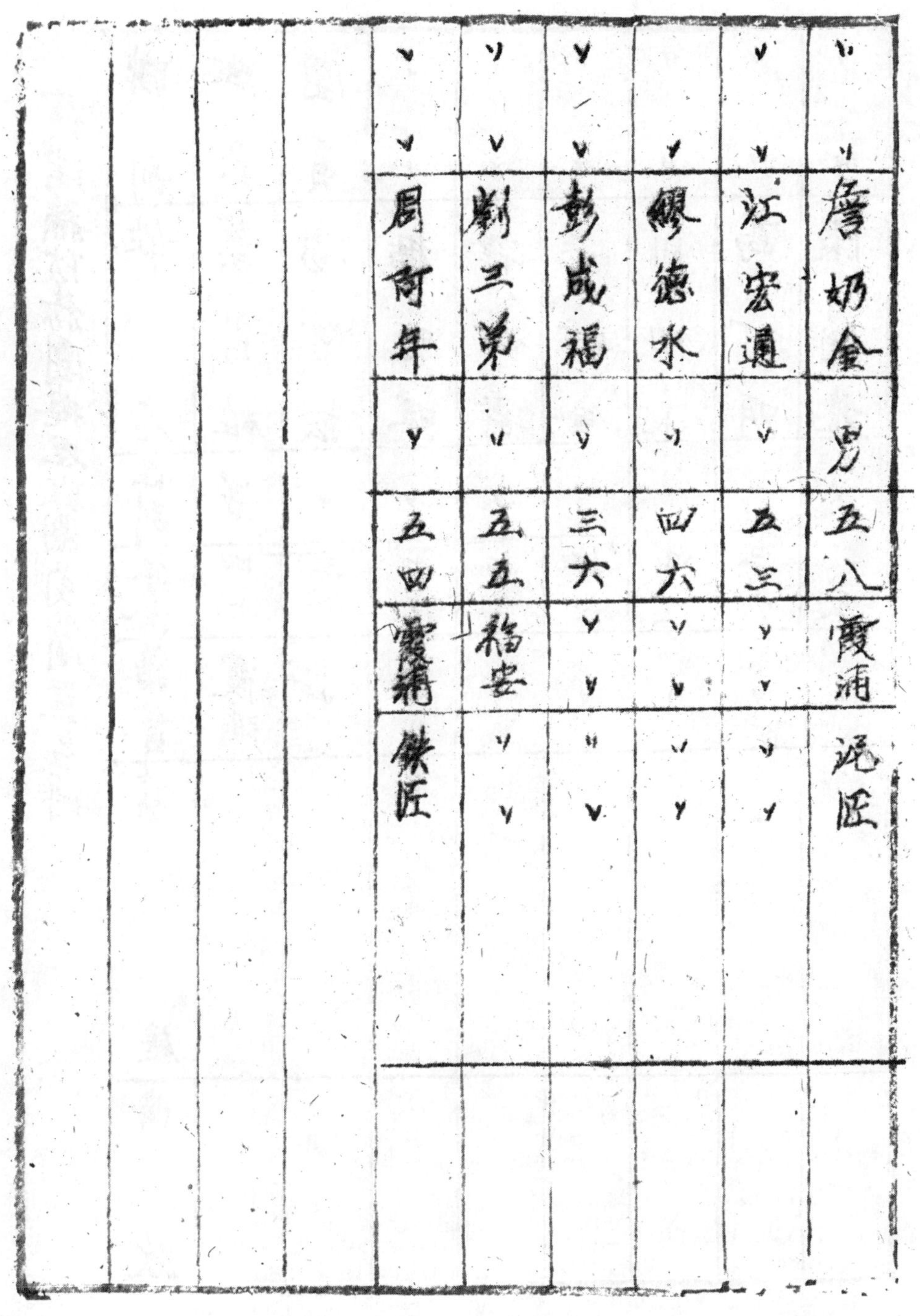

〃	〃	詹奶金	男	五八	霞浦	泥匠
〃	〃	江宏通	〃	五三	〃	〃
〃	〃	繆德水	〃	四六	〃	〃
〃	〃	彭成福	〃	三六	〃	〃
〃	〃	劉三弟	〃	五五	福安	〃
〃	〃	周有年	〃	五四	霞浦	鐵匠

霞浦县防护团工务班团员简历名册(1942 年 9 月)b 面　0168-001-0351

~~100~~ 31

霞浦縣防務團掩埋班團員簡歷名冊

職別	姓名	性別	年齡	籍貫	簡歷
班長	葉肖雄	男	四七	霞浦	
團員	湯阿松	〃	三六	〃	
〃	楊阿吸	〃	二三	〃	
〃	韓阿壽	〃	二六	〃	
〃	王阿金	〃	五二	〃	
〃	劉細妹	〃	四三	〃	
〃	高阿明	〃	三六	〃	
〃	陳慶龍	〃	二五	〃	

霞浦县防护团掩埋班团员简历名册(1942年9月)a面　0168-001-0351

〃	〃	〃	〃	〃	〃	〃	〃	〃	〃
〃	〃	〃	〃	〃	〃	〃	〃	〃	〃
謝細弟	鄭不成	鍾學金	蕭送金	李維承	李維慶	林元德	鄭阿木	郭阿業	單阿生
〃	〃	〃	〃	〃	〃	〃	〃	〃	〃
三七	三八	三七	三五	三三	三〇	二〇	二〇	三一	三〇
〃	〃	〃	〃	〃	〃	〃	〃	〃	〃
									霞浦回府

霞浦县防护团掩埋班团员简历名册(1942 年 9 月)b 面　0168-001-0351

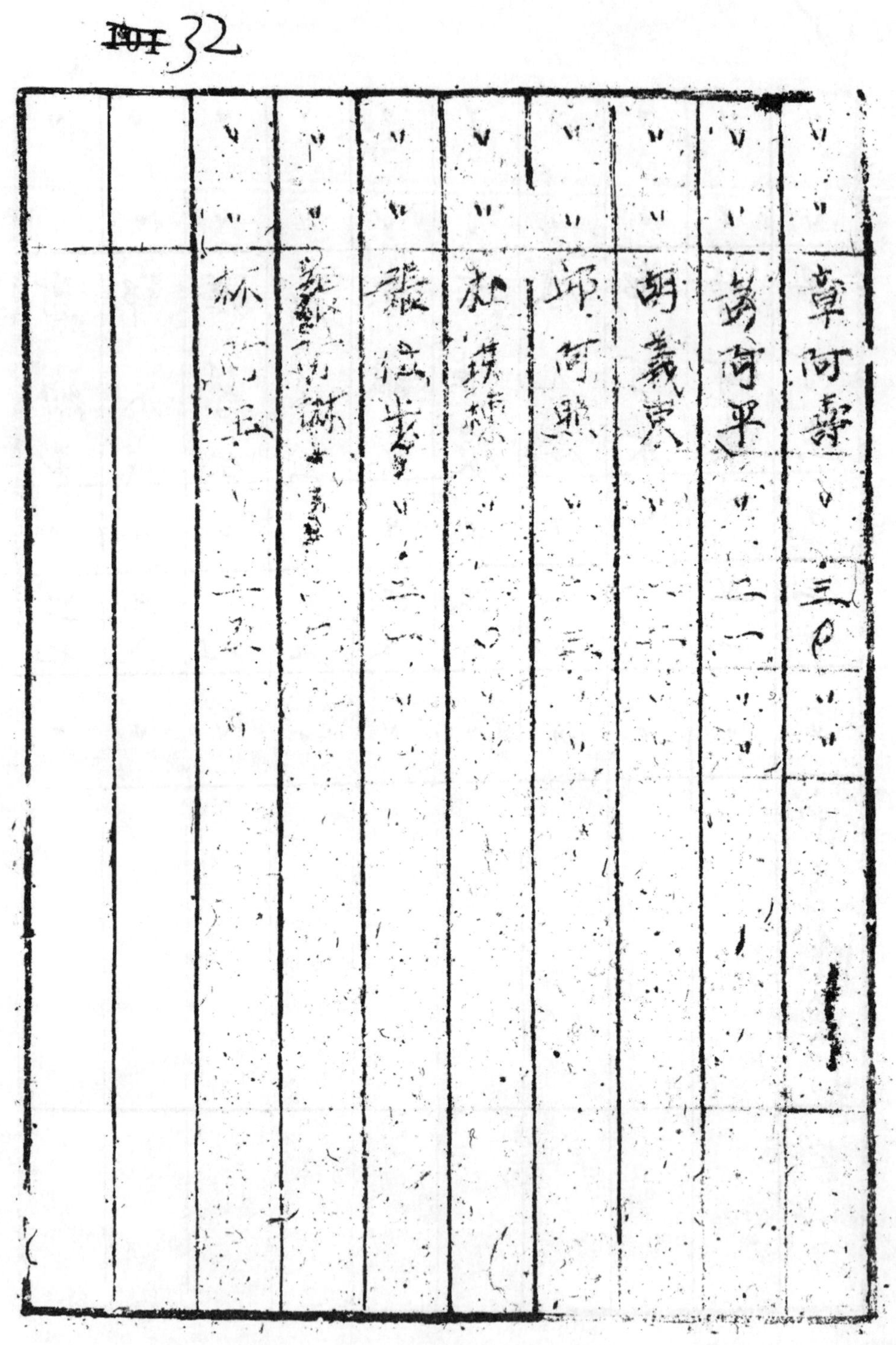

霞浦县防护团掩埋班团员简历名册(1942年9月)　0168-001-0351

防护团业务

(一)防空安全

李辦事員

其他

五科

案奉航委會令全國二十九年印製日曆時應附印防空標語令仰遵辦由

福建省政府訓令 保防巳永字第 3593 號

令[illegible]縣政府

案奉

航空委員會防消巳蒸字六八九號訓令開：

案據貴州全省防空司令余華沐呈稱「詢查空襲損害之輕重全視一般民眾有無普遍認識消極防空要領以為衡近查各地民眾凡遇空襲警報緊急警報發出時除扶老携幼倉皇奔避以外其能由[illegible]事綢繆者十不得一究其癥結民眾對於消極防空要領未能普遍認識實為主因之一今欲為促使民眾加强認識起見除函請貴陽縣商會[illegible]

收文28 1917號

福建省政府关于奉令全国二十九年印制日历时应附防空标语的训令(1939 年 11 月 30 日)

a 面　0168-001-0437

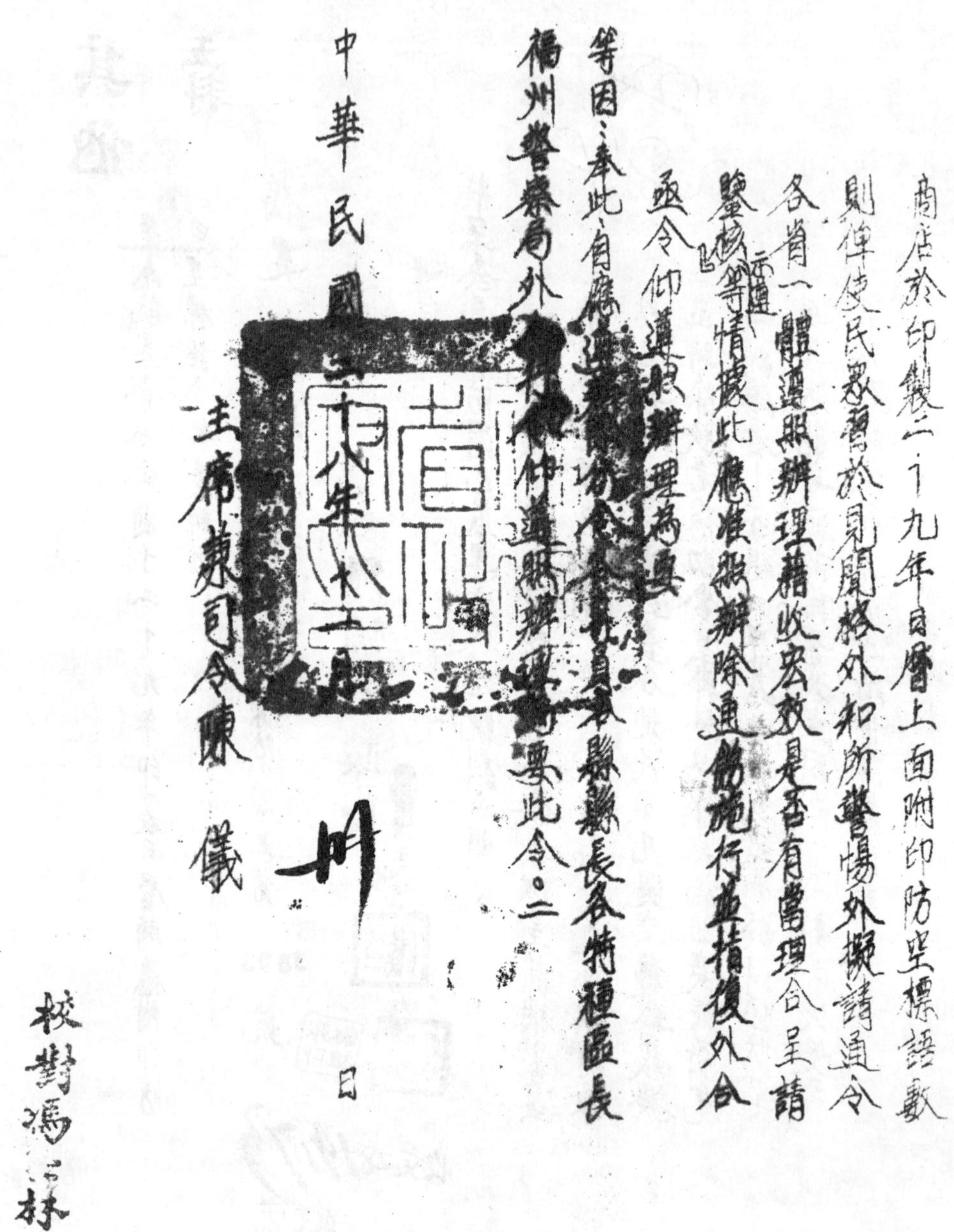

商店于印制二十九年日历上面附印防空标语，数则，俾使民众易于见闻，于格外和所警惕外，拟请通令各省一体遵照办理，藉收宏效，是否有当，理合呈请鉴核示遵”等情，据此，应准照办，除通饬施行并指复外，合亟令仰遵照办理为要”等因，奉此，自应遵办，除分令各县县长、各特种区长、福州警察局外，合行令仰遵照办理为要！此令。

中华民国二十八年十一月 日

主席兼司令陈仪

校对冯□林

福建省政府关于奉令全国二十九年印制日历时应附防空标语的训令(1939 年 11 月 30 日)

b 面 0168-001-0437

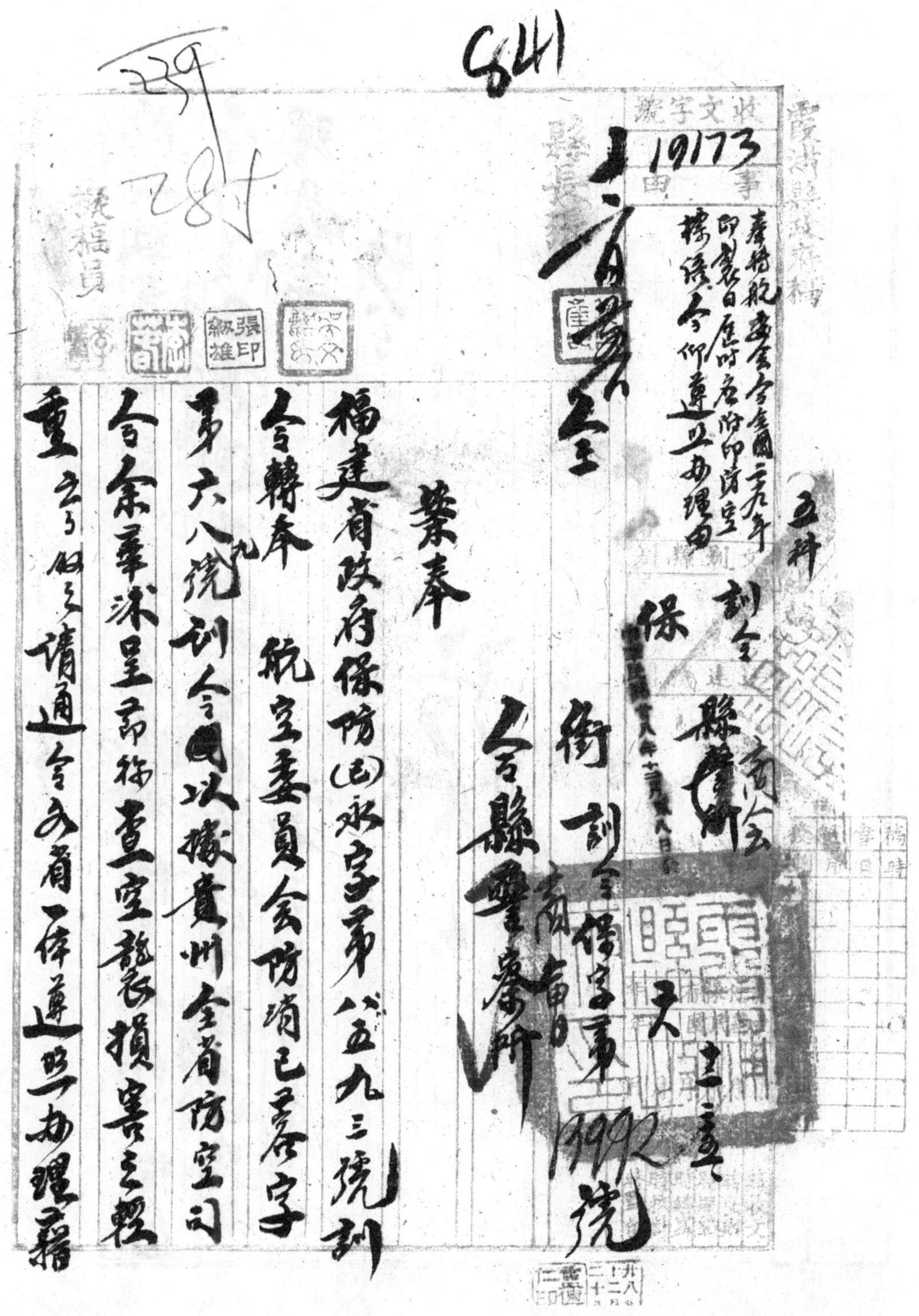

霞浦县政府关于转发奉令全国二十九年印制日历时应附防空标语的训令(1939 年 12 月 28 日)

0168-001-0437

霞浦县政府关于转发奉令全国二十九年印制日历时应附防空标语的训令(1939 年 12 月 28 日)

0168-001-0437

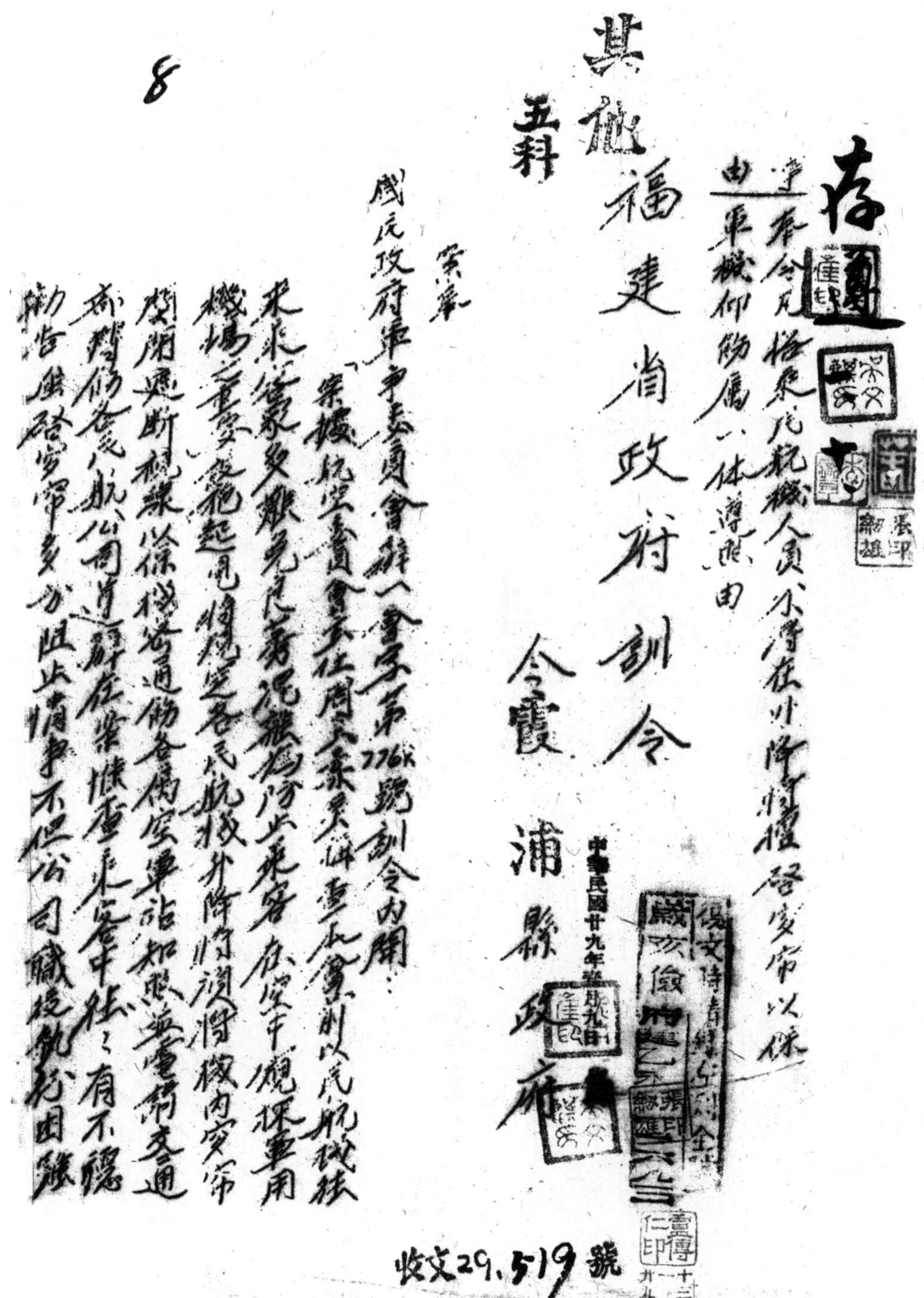
8

存

事由：奉令凡搭乘民航机人员不得在升降时擅启窗帘以保军机仰饬属一体遵照由

其他 五科

福建省政府训令

令霞浦县政府

案奉

国民政府军事委员会办一会字第776k号训令内开：

"案据航空委员会主任周至柔呈称：查各国对民航机载来乘客多，难免无奸宄混迹，为防止乘客在空中窥探军用机场之重要设施起见，均规定各民航机升降时须将机内窗帘关闭，遮断视线，以保机密。前经通饬各防空军站知照，并电请交通部转饬各民航公司遵办在案。惟据报乘客中往往有不听劝告，擅启窗帘者多分，值此情事，不但公司职员执行困难

中华民国廿九年一月九日

收文29.519号

福建省政府关于凡搭乘民航机人员不得在升降时擅启窗帘以保军机的训令

(1939年12月28日)a面　0168-001-0499

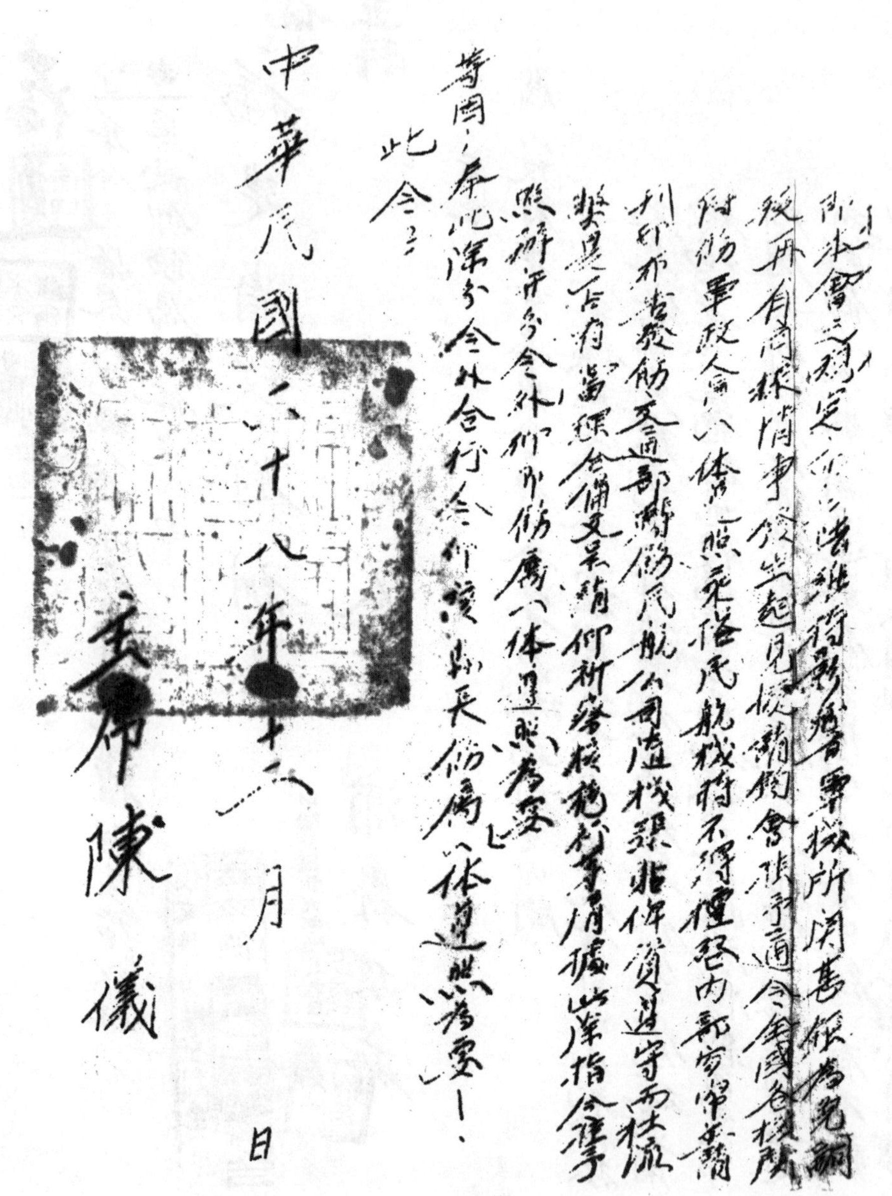

除承當之規定外，諸凡[illegible]影響軍機所關甚鉅，為免[illegible]
發再有同樣情事發生起見，擬請[illegible]會[illegible]通令全國各機關
部隊軍政人員一體遵照：凡乘搭民航機者不得擅啓內部窗帘
外，並由本部發飭交通部轉飭民航公司[illegible]機[illegible]非[illegible]遵守[illegible]
[illegible]，且告有當[illegible]會備文呈請鑒核施行等情，據此，除指令準
照辦，并分令外，仰即飭屬一體遵照為要
等因，奉此，除分令外，合行令仰該縣長飭屬一體遵照為要！
此令。

中華民國二十八年十二月　　日

主席　陳儀

福建省政府关于凡搭乘民航机人员不得在升降时擅启窗帘以保军机的训令

(1939年12月28日)b面　0168-001-0499

已送防警所情報組

事由：奉令為我機通過後方城市高度不得超過五百公尺希轉知由

其他

王科

福建全省保安司令訓令 新防(己)字第10070號

令 霞浦縣政府

中華民國廿九年

案奉

航空委員會戰巳蓉字第三八二零號通令開：

查我機飛過後方城市不得超過五百公尺，前經本會通令各屬遵照在案。查目前情況經有變更，前方後方亟應明確劃分，茲特規定在包頭太原運城漢口廣州圍洲島等敵空軍各據點之敵九七式驅逐機活動半徑七百公里範圍內各地帶我飛機之飛行高度，應依戰術要領決定，以期有與敵不期遭遇之戰鬥；其餘各地仍應遵照規定高度飛行，以免與防空部隊發生誤會

收文29.5022號

福建全省保安司令部关于我机通过后方城市高度不得超过五自公尺的训令

(1939年12月31日)a面 0168-001-0499

除分令空軍各學校各司令部各總隊各大隊各直屬中
隊暨防空司令部外合行令仰遵照暨飭屬遵照為要。」
等因。奉此，除分令各保安旅團、各專員公署、各縣政府、各
特區署、各防空情報分所、各專任防空監視隊、南平防空司令部、
福州警察局、水警總隊、高射砲隊外，合行令仰轉飭所屬一体
知照。此令。

中華民國　　　　　　　　　　日

儀

校對

福建全省保安司令部关于我机通过后方城市高度不得超过五百公尺的训令
(1939 年 12 月 31 日)b 面　0168-001-0499

已函防空監視[illegible]

207

五科

福建全省防空司令快郵代電

事由：奉電轉頒飛机迷失方向輔助補救辦法仰飭屬知照由。

閩清縣政府：准省政府秘書處航空委員會齊花蓉代電內開：「案准本會空軍第八大隊呈擬『飛機迷失方向輔助補救辦法』業經本會加以修正，除分電各站場及各防部知照外，相應電請查照，并飭屬知照。」等因，附飛机迷失方向輔助補救辦法一份。等此，除分電各縣政府各特種區署各防空情報所暨專任監視隊外，合行抄發原辦法，電仰知照，并飭屬知照。陳儀申防

附發飛機迷失方向輔助補救辦法一份

中華民國二十九年五月　日發

中華民國廿九年五月

福建全省防空司令部关于转颁飞机迷失方向辅助补救办法的代电（1940 年 5 月 25 日）

a面　0168-001-0499

一、[illegible]員或轟炸員應立即通知同机上
文通信員（轟炸机無通信員則通信联絡由轟炸員任之）報告对空電台（須有協
定者）由对空電台報告地面長官，然後飛机選擇一較大城市上空盤旋，盤旋一週後，
机翼左右擺動，作成呼救信号，要求地面答覆，此時地面沿舖出縣名布板，飛机確知
地名及方向後，可不待对空電台之指示）逕行飛往應降落地点，若地面未能即時答
復時，飛机應繼續盤旋相当時間等待之。
二、對空電台接到報告後，應立即電防空情報所轉令各監視哨注意尋找飛机，各哨找到後，
應立即回報情狀，所轉告對空電台，對空電台將所知之地點告知飛机，但防空情狀
所與所屬各監視哨隊之通報以不妨礙防空情報之傳遞為主。
三、空中通信員，在此種情況下，應守保持与地上電台之連繫，即使收訊机或發訊机損坏，
仍應保持片面之通信，並將種種有利之資料，告知对空電台以便採取相当措置。——如
現存油量或飛机狀況及曾否須獲地面之指示等。
四、飛机在某城上空盤旋經過相当時間，未得地面之援助，即係定該地人員不能協助或無法
联絡，應即另覓一城市盤旋待命。
五、地面人員（对空電台）雖以極大之霧氣，而無法探知飛机所在地時，即係定該地無防空或空
軍机關，應立即通知飛机改擇另一較大城市，盤旋待命。

校對馮士林

飞机迷失方向辅助补救办法(1940年5月25日)b面　0168-001-0499

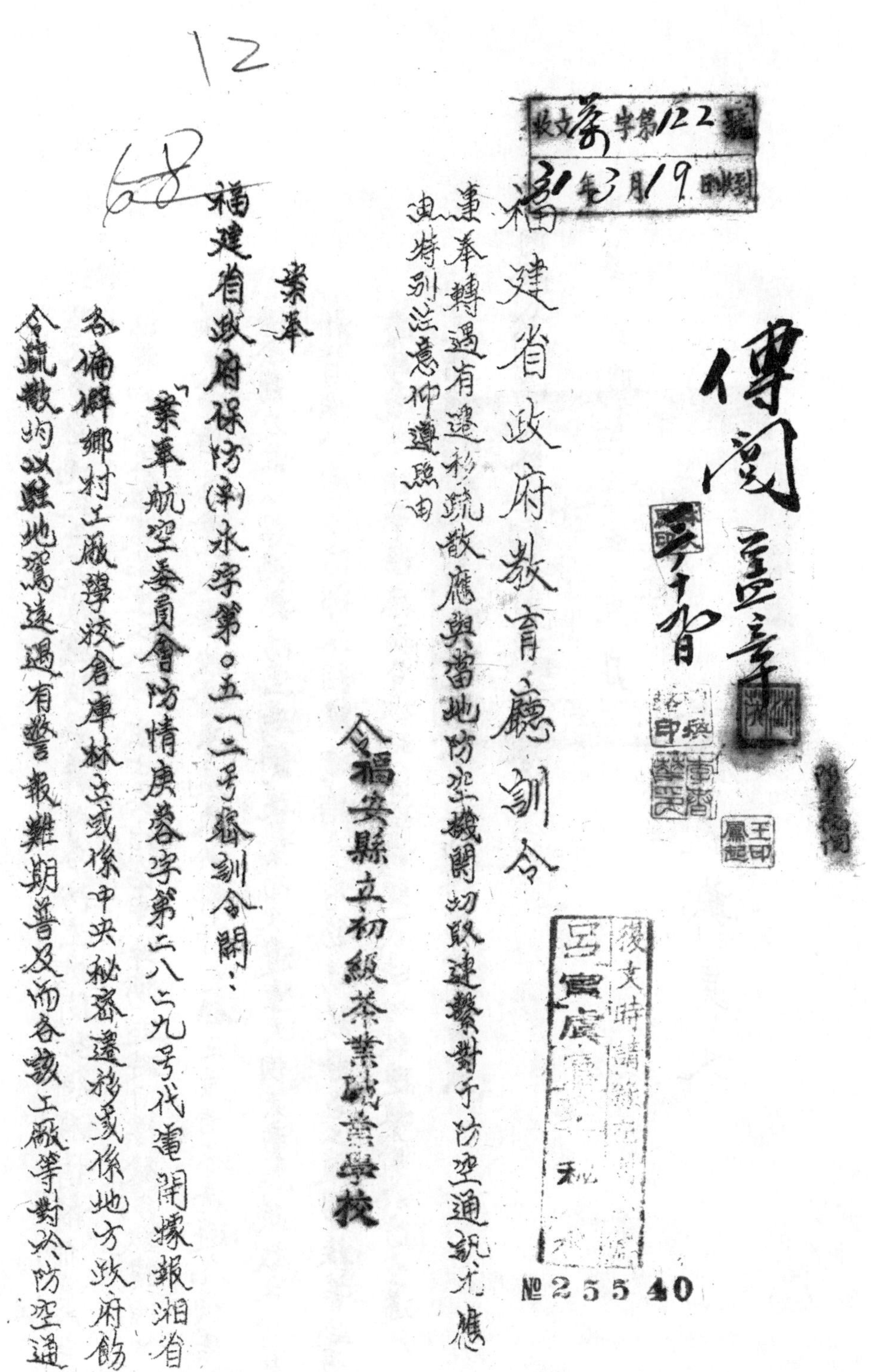

收文 字第122號
31年3月19日收到

傳閱

福建省政府教育廳訓令

為奉轉遇有遷移疏散應與當地防空機關切取聯繫對于防空通訊尤應特別注意仰遵照由

令福安縣立初級茶業職業學校

案奉

福建省政府保防(卅)永字第〇五一二號訓令開：

「案准航空委員會防情庚蓉字第二八二九號代電開據報湘省各偏僻鄉村工廠學校倉庫林立或係中央機關遷移或係地方政府飭令疏散均以駐地窎遠遇有警報難期普及而各該工廠等對於防空通

№25540

福建省政府教育厅转发福建省政府令关于迁移疏散应与当地防空机关切取联系，对于防空通讯尤应特别注意的训令(1941年3月7日)a面　0165-001-0004

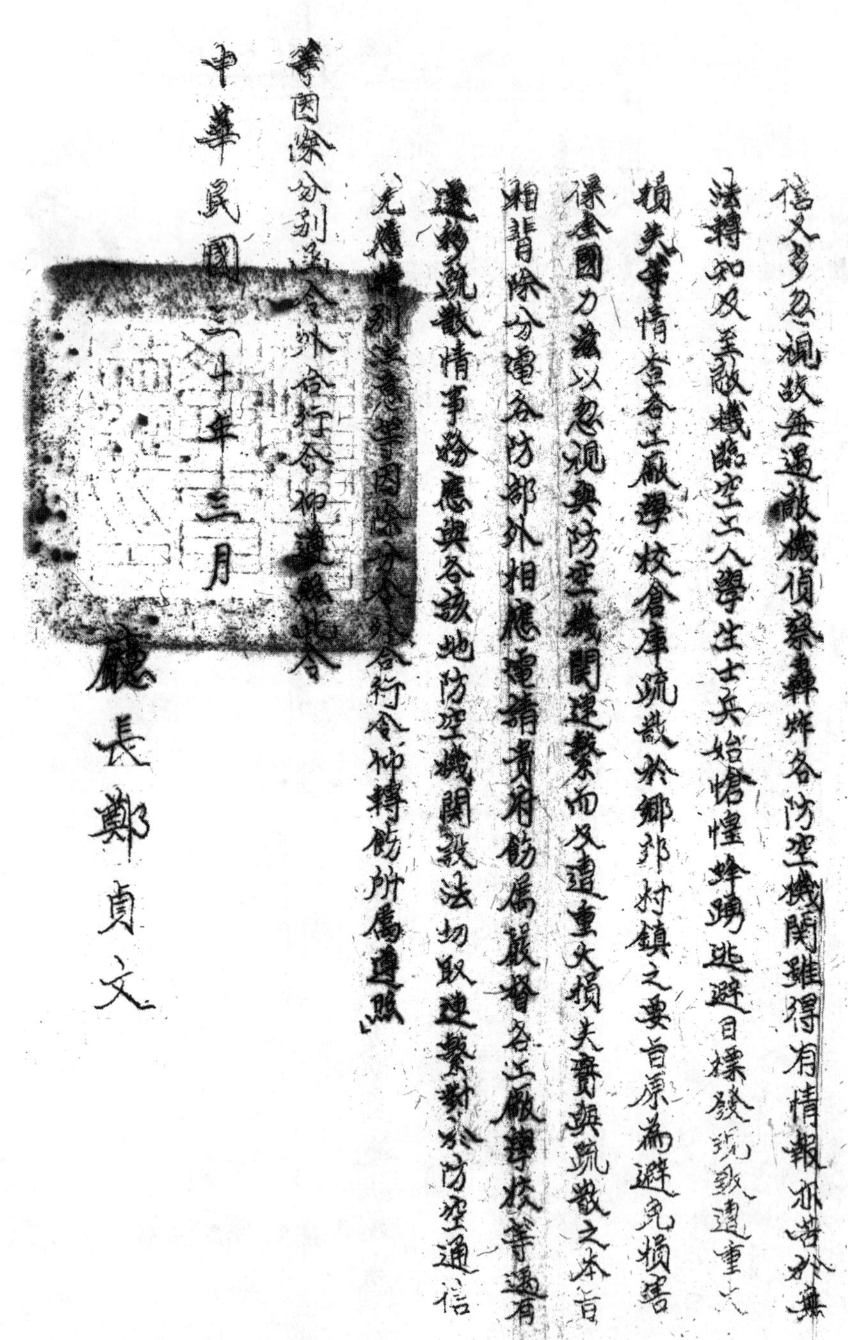

信又多忽視致每遇敵機偵察轟炸各防空機關雖得有情報亦苦於無法轉知及至敵機臨空工人學生士兵始惶惶奔躥逃避目標發現致遭重大損失等情查各工廠學校倉庫疏散於鄉郊村鎮之要旨原為避免損害保全國力茲以忽視與防空機關連繫而反遭重大損失實與疏散之本旨相背除分電各防部外相應電請貴府飭屬嚴督各工廠學校等遇有遷移疏散情事務應與各該地防空機關設法切取連繫對於防空通信尤應特別注意等因除分令外合行令仰轉飭所屬遵照

等因除分別函令外合行令仰遵照此令

中華民國三十年三月

廳長鄭貞文

福建省政府教育厅转发福建省政府令关于迁移疏散应与当地防空机关切取联系，对于防空通讯尤应特别注意的训令（1941 年 3 月 7 日）b 面　0165-001-0004

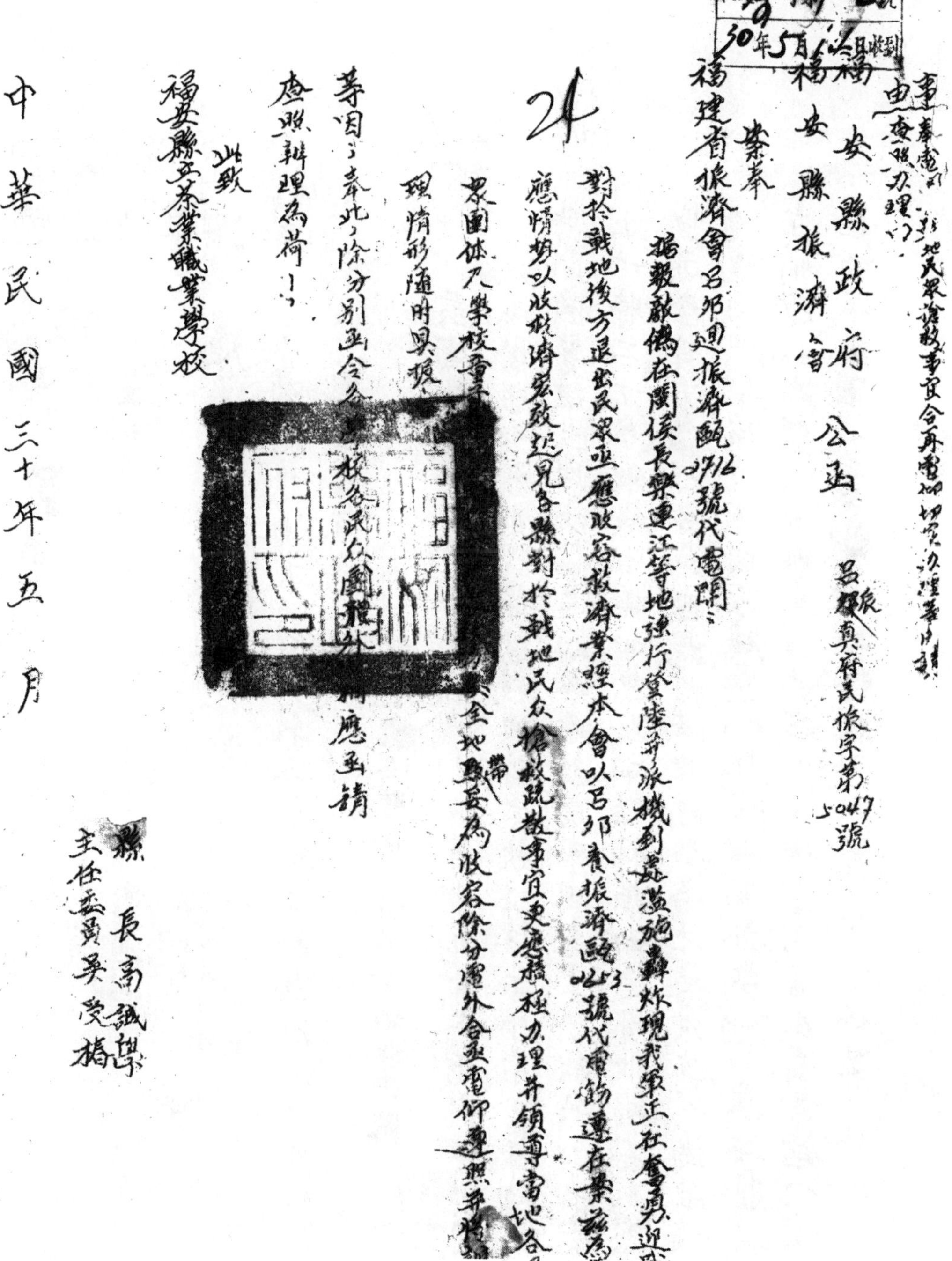

事：奉電以對於戰地民眾搶救事宜合再電仰切實辦理等由
由：查照、辦理。

收文第 字第172號
30年5月12日收到

福安縣政府
福安縣振濟會 公函

呂振真府民振字第5047號

案奉
福建省振濟會呂邨通振濟甌2716號代電開：據報敵偽在閩侯長樂連江等地強行登陸并派機到處濫施轟炸現我軍正在奮勇迎擊對於戰地後方退出民眾亟應收容救濟業經本會以呂邨養振濟甌2253號代電飭遵在案茲為應情勢以收救濟宏效起見各縣對於戰地民众搶救疏散事宜更應積極辦理并領導當地各[illegible]眾團體及學校童子[illegible]安全地帶妥為收容除分電外合亟電仰遵照并將辦理情形隨時具報[illegible]等因。奉此，除分別函令各[illegible]校各民众團體外，相應函請
查照辦理為荷！
此致
福安縣立茶業職業學校

縣長 高誠學
主任委員 吳覺樵

中華民國三十年五月

福安县政府关于对战地民众抢救疏散事宜应积极办理并领导民众抢救疏散至安全地带的公函

（1941年5月11日） 0165-001-0009

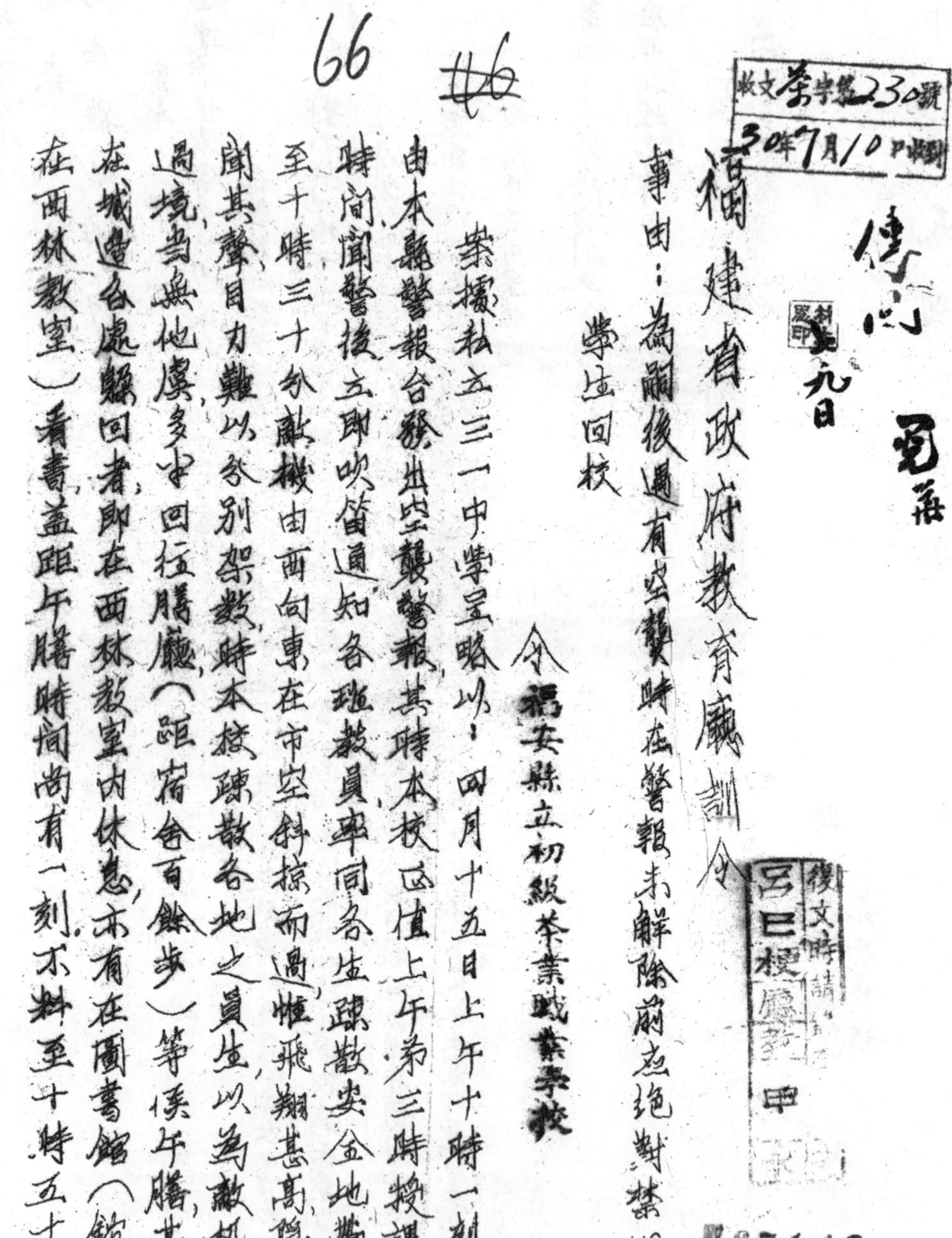
收文崇字第230號
30年7月10日收到

福建省政府教育廳訓令

事由：為嗣後遇有空襲時在警報未解除前應絕對禁止學生回校

令福安縣立初級农業職業學校

案據私立三一中學呈略以：四月十五日上午十時一刻，由本縣警報台發出空襲警報，其時本校正值上午第三時授課時間，聞警後立即吹笛通知各班教員率同各生疏散安全地帶。至十時三十分敵機由西向東在市空斜掠而過，惟飛翔甚高，隱聞其聲，目力難以分別架數。時本校疏散各地之員生以為敵機過境，当無他虞，多半回校膳廳（距宿舍百餘步）等候午膳，其在城邊各處疏散回者，即在西林教室內休息，亦有在圖書館（館在西林教室）看書，蓋距午膳時間尚有一刻，不料至十時五十

№67148

福建省教育厅关于空袭警报未解除前应绝对禁止学生回校的训令
(1941 年 6 月 23 日)a 面　0165-001-0023

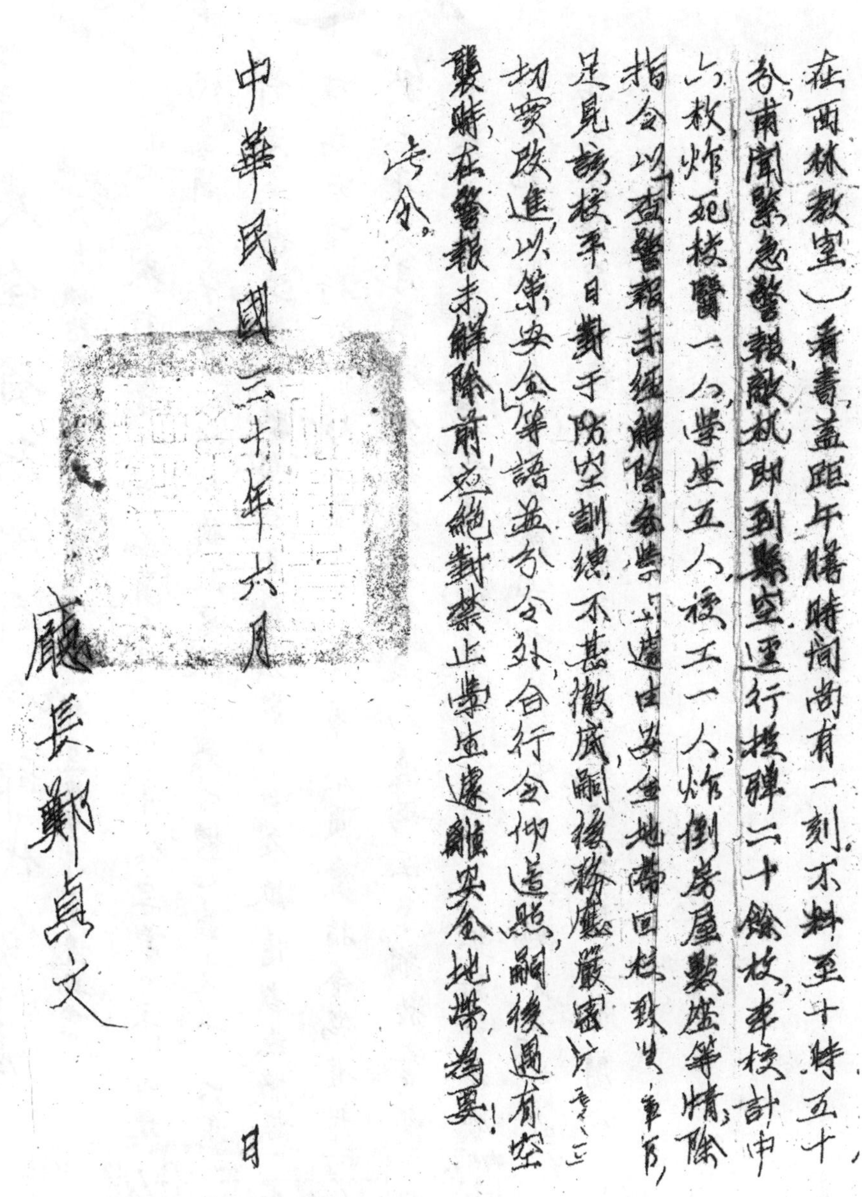
在西林教室）看書，蓋距午膳時間尚有一刻，不料至十時五十分，甫聞緊急警報，敵机即到縣空，連行投彈二十餘枚，本校計中六枚，炸死校醫一人，學生五人，校工一人，炸倒房屋數座等情，除指令以「當警報未經解除，各學生遽由安全地帶回校，致生重大，足見該校平日對于防空訓練不甚徹底，嗣後務應嚴密注意，切實改進，以策安全」等語並分令外，合行令仰遵照，嗣後遇有空襲時，在警報未解除前，應絕對禁止學生遠離安全地帶為要！

此令。

中華民國三十年六月　日

廳長　鄭貞文

福建省教育厅关于空袭警报未解除前应绝对禁止学生回校的训令

(1941 年 6 月 23 日)b 面　0165-001-0023

福建全省防空司令部代電 防乙第1544號

為奉頒防空情報臨時應急辦法令仰遵照暨飭屬遵照由。

福安縣政府 奉航空委員會防情辛簽字第〇五二〇號代電開查本會前以敵機航速較果興時增加甚多二十六年訂定之防空情報臨時應急辦法難以適應敵情當經將該項辦法重行加以修正呈奉 軍事委員會指令照准并於上年六月間以有蔻簽代電通飭遵照在案嗣於九月間准軍委會辦公廳代電以交通部對該項修正辦法擬加以補充等由並交本會核辦等由復經本會參酌交通部所陳意見將前訂修正辦法分別加以改訂電准軍委會辦公

福建全省防空司令部关于奉颁防空情报临时应急办法的代电(1941年3月28日)

a面 0158-001-0807

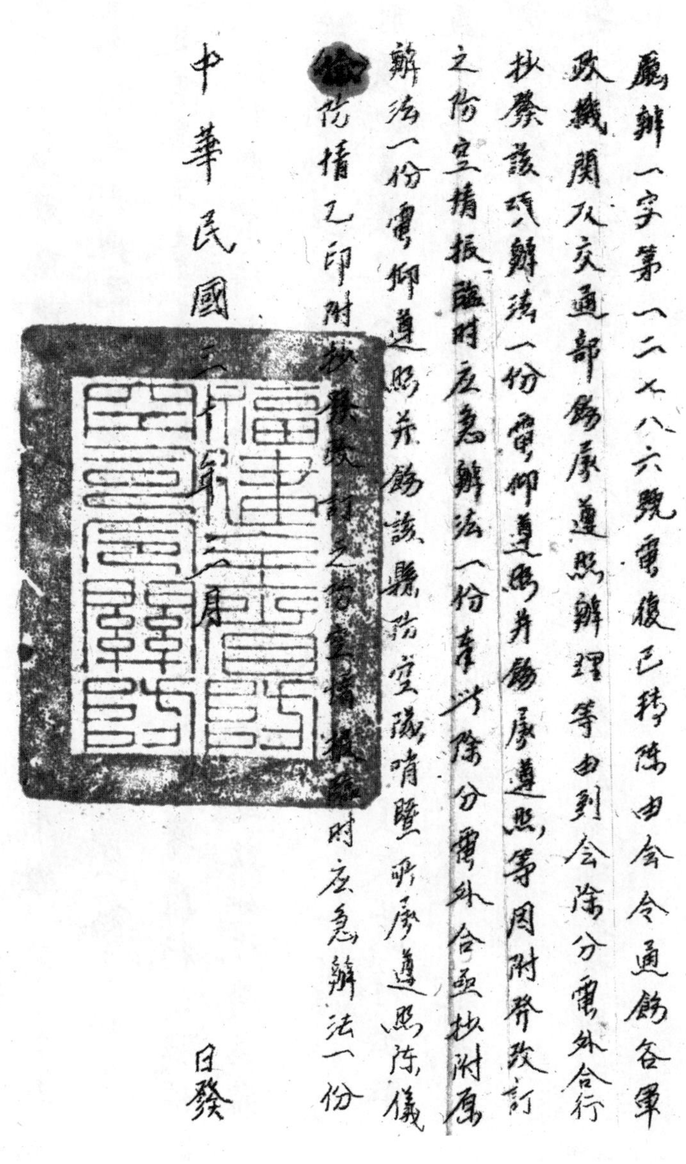
厲辦一字第一二七八六號電復已轉陳由會令通飭各軍政機關及交通部飭屬遵照辦理等由到会除分電外合行抄發該项辦法一份電仰遵照并飭屬遵照等因附發改訂之防空情報臨時應急辦法一份奉此除分電外合亟抄附原辦法一份電仰遵照并飭該縣防空隊哨暨所屬遵照除儀

檢防情乙印附抄發改訂之防空情報臨時應急辦法一份

中華民國三十年三月　　日發

校對范學範

福建全省防空司令部关于奉颁防空情报临时应急办法的代电(1941 年 3 月 28 日)

b 面　0158-001-0807

2

防空情報臨時應急辦法

一、各防空監視隊哨除在毗連第一線之縣市經　軍事委員會劃為戰地之地區發現一、二架敵機以「防空報告」呼出如遇重要軍事長官談話得俟通話完畢再行折綫但談話時間不得超過三分鐘其他非軍事通話如佔用綫路應即折綫立予提前傳接

二、前項地區發現三架以上敵機以「緊急防空報告」呼出雖遇重要軍事長官通話時得暫予折綫俟報告完畢（一分鐘）再行接通

第一線之軍用電話在戰地以內不受前兩項之限制

附件　防空情报临时应急办法(1941 年 3 月 28 日)a 面　0158-001-0807

三、在劃定戰地之地區及戰地以外之地區發現我機以「防空報告」呼出應否折綫比照第一項辦理

四、戰地以外之地區發現敵機或不明機不論多寡一律以「緊急防空報告」呼出任何電話佔用綫路均暫予折綫俟報告完畢再行接通

五、各監視隊哨員如不按前列各項規定辦理者按照各省市防空情報員獎懲辦法懲罰之

六、各通信機關人員不按前列各項規定之辦理者參酌各省市防空情報員獎懲辦法懲罰之

附件　防空情报临时应急办法(1941年3月28日)b面　0158-001-0807

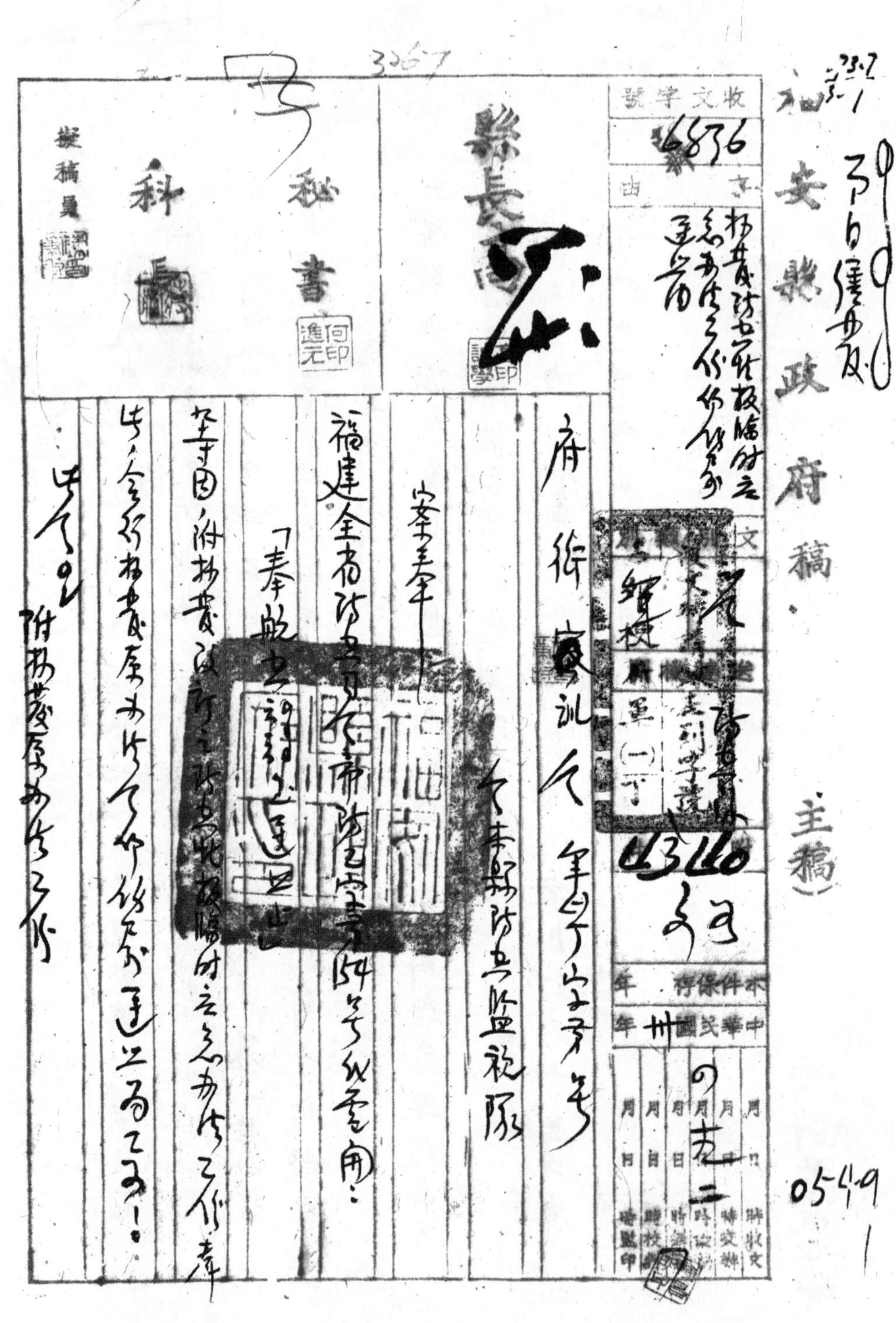

福安县政府关于抄发防空情报临时应急办法的训令(1941 年 4 月 23 日)

0158-001-0807

送承教股員 侍閱 四月廿四日

福安縣政府密公函

呂郊府第四丁第4230號

駐閩綏靖主任兼第二十五集团軍總司令部綏靖辛甲字第〇〇
三三號訓令開：
案奉
　　查本月二三兩日敵机肆虐本省沿海各地，迭遭轟
炸，我人民生命財產慘遭無謂犧牲者殊多，此固為敵人
滅絕人道之殘暴行為，然亦有地方政府及領導民眾諸
机関事前對防空設備未能深切注意而綢繆，致受此重
大損害，扪心自問，豈能辞其咎。茲為嚴密改進本省各縣防空
之設備起見，特訂定改進本省各地之防空設備辦法十
項，除分令外，合亟抄發該办法一份，令仰該縣長於令到三
日内，根據該辦法負責召集有關机関或民眾团体開全
縣防空會議，根據所發改進辦法並參酌實際情形，妥為
[illegible]實施，仍將會議經過及改進情形[illegible]實施[illegible]

福安县政府关于奉转改进本省各地防空设备之办法及福安全县防空会议记录的密公函

（1941年4月20日） 0165-001-0011

改進本省各地防空設備之辦法

（一）勵行疏散工作：查城市為各機關學校人民雜居之集團，常為敵機投彈唯一之目標，應厲行疏散工作，勒令遷移於城郊（距城市二—十公里範圍），形成星稀疏散之大城市，此於空襲時非但能減少死傷之損害，且於人民原來之工作生計並不致妨害。

（二）加緊建築防空壕及地下室：本省各縣每多忽於防空壕及地下室之建築，即令有之亦多屬敷衍，此後須按各該縣城市人口多寡適宜計算其應建築防空壕室之數量，務使其容量適合，抗力堅強，而建築之位置及地點尤須注意選擇，最好於城郊附近之空曠場所，斟適宜之地形較為妥當。

（三）調整防護團體，加緊救護工作：空襲死傷者之處理及救護最為重要，務須整頓防護團體，增強救護能力，猶為防護之一切準備（如救火、防毒、醫療、救濟、疏散、緝奸、以盜等等），並由各該縣市之黨政軍各機關切實負責督促指導，加以訓練，藉收救護之效果。

附件　改进本省各地防空设备之办法(1941年4月)a面　0165-001-0011

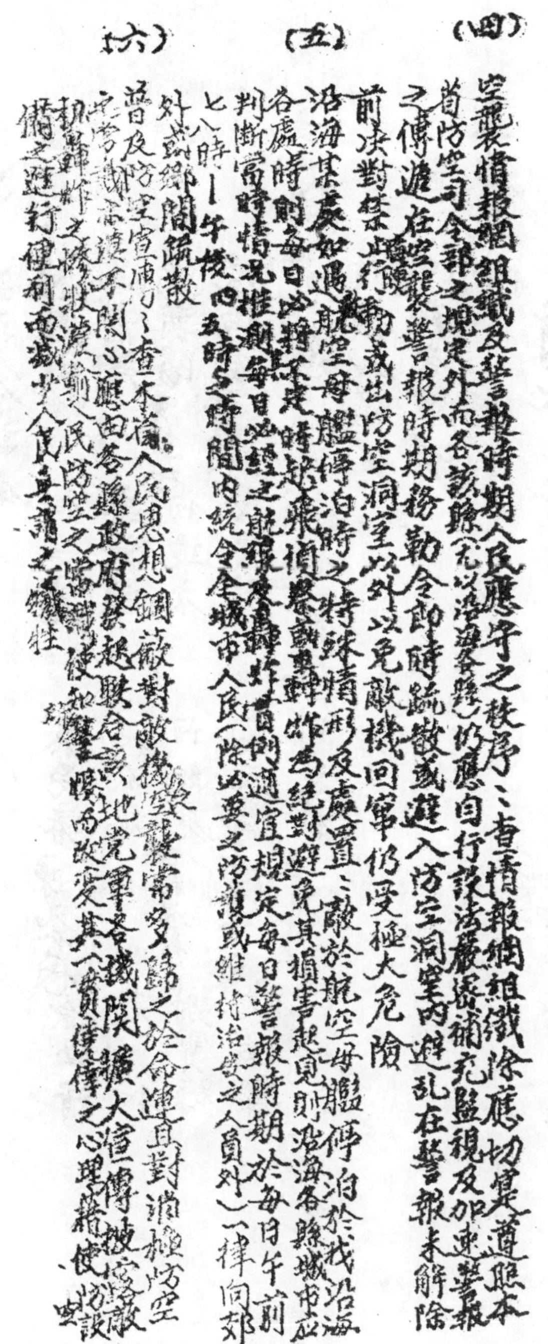

（四）空襲情報網組織及警報時期人民應守之秩序：查情報網組織除應切實遵照本省防空司令部之規定外，而各該縣（尤以沿海各縣）仍應自行設法嚴密補充監視及加速警報之傳遞，在空襲警報時期務勒令即時疏散或避入防空洞室內，避亂在警報未解除前，決對禁止行動或出防空洞室以外，以免敵機回竄，仍受極大危險。

（五）沿海某處如遇航空母艦停泊時之特殊情形及處置：敵於航空母艦停泊於我沿海各處時，則每日必將於一定時起飛偵察轟炸，為絕對避免其損害起見，則沿海各縣城市應判斷當時情況，推測每日必經之航線及轟炸時間，適宜規定每日警報時期，於每日午前七八時—午後四五時之時間內，統令全城市人民（除必要之防護或維持治安之人員外）一律向郊外或鄉間疏散。

（六）普及防空宣傳：查本省人民思想錮蔽，對敵機空襲常多歸之於命運，且對消極防空之常識亦漠不關心，應由各縣政府發起聯合該地黨軍各機關擴大宣傳被空襲敵機轟炸之慘狀，激勵人民防空之常識，使知警惕，改變其人民依賴僥倖之心理，藉使防設備之進行便利，而減少人民無謂之犧牲。

附件　改进本省各地防空设备之办法(1941 年 4 月)b 面　0165-001-0011

福安全縣防空會議紀錄

時間：三十年四月十五日下午二時

地點：縣政府會議廳

出席：林維諒　何士寬　吴受椿（陳光金代）　徐世清
馬龍翔　郭振華　石孔惠　蔣和
沈朝陽（黄從夫代）　何進允　何紀庭（陳祖虞代）　謝寶輝
陳伯琳（孫獻代）　黄建球　鄭天縱（李康倫代）　沈伯韓

主席：高誠學　紀錄：陳秉符

行禮如儀

（甲）報告事項

主席報告：

今天開這會，是很重要的一件事，因為最近敵機時在我各地轟炸，損害之重大，想各位都已知道，所以關於防空機構改進等事項，應加注意計劃實施，以免遭受無為的犧牲，很希望各位對此項問題，應加

（下略）

附件　福安全县防空会议记录（1941年4月15日）　0165-001-0011

[illegible]地下室應如何推行案

議決：(1)由警察局負責定期召集縣城各保長開會督促在最短期內將舊有之防空壕防空洞予以修築并再劃分相當地處增闢防空壕

(2)本縣城陽一帶居民每戶以人口之多寡均各要建築地下室以為臨時避難之用至地下室建築法規定範圍由警察局劃定督導各居戶參照建築之

(3)本縣賽岐鎮人煙稠密應在最短期內增築大規模防空洞數處一面督導各居戶建築地下室并由警察局即日通知賽岐警察所會同三江鎮公所負責籌劃辦理

附件　福安全县防空会议记录(1941 年 4 月 15 日)　0165-001-0011

（三）關於防護團各部門工作應如何加緊進行案

議決：督促防護團注意切實增強各項應進行工作

（四）關於空襲時對於地方秩序應如何劃定維持案

議決：由警察局會同各自衛隊負責辦理至其劃分維持地點暫照前開會時所定辦法辦理之

（五）關於防空情報通訊及沿海有發現航空母艦時應如何處置以策安全案

議決：1. 防空情報通訊仍由防空監視隊負責辦理并於最短期內由該隊轉請周墩特區署迅將通本縣之電話趕速架設清楚以利情報

2. 由本縣防空監視隊負責於每天早晨與沿海各縣區通話一次查詢有無敵航空母艦碇泊如有此項消息即電話通知警察局再由警察局（用打鑼方式通知或為普遍）分別通知各地區居民預早疏散到鄉間去以避免其損害

2、

附件　福安全县防空会议记录(1941年4月15日)a面　0165-001-0011

[illegible]函請本縣電話局查照准予隨時通話以利防空

三、着局擬定簡要警報標語張貼宣傳並使用其他種種方式隨時隨地使人民予以注意之

（七）關於各地兵部隊到本縣時多係駐本城内影响防空前途極爲重要應如何解決案

議決：函請福安團管區司令部負責通知各該兵部隊應遵照上峯命令迅即分駐各鄉間以策安全而利防空並請團管區轉呈上峯再令飭各部隊遵照實行之

（八）關於本縣之各中學學生於警報發出時多有故意行動應如何處置案

議決：由本府函知各中學校查照勸導學生於空襲警報發出時即行疏散遠離以免發生危險

附件　福安全县防空会议记录（1941年4月15日）b面　0165-001-0011

（九）關於本縣各區防空事項應如何辦理案

議決：由本府令飭各區署及賽岐警察所防空補助團三江鎮公所分別會同負責參照本辦法辦理之

至五時散會

附件　福安全县防空会议记录(1941 年 4 月 15 日)　0165-001-0011

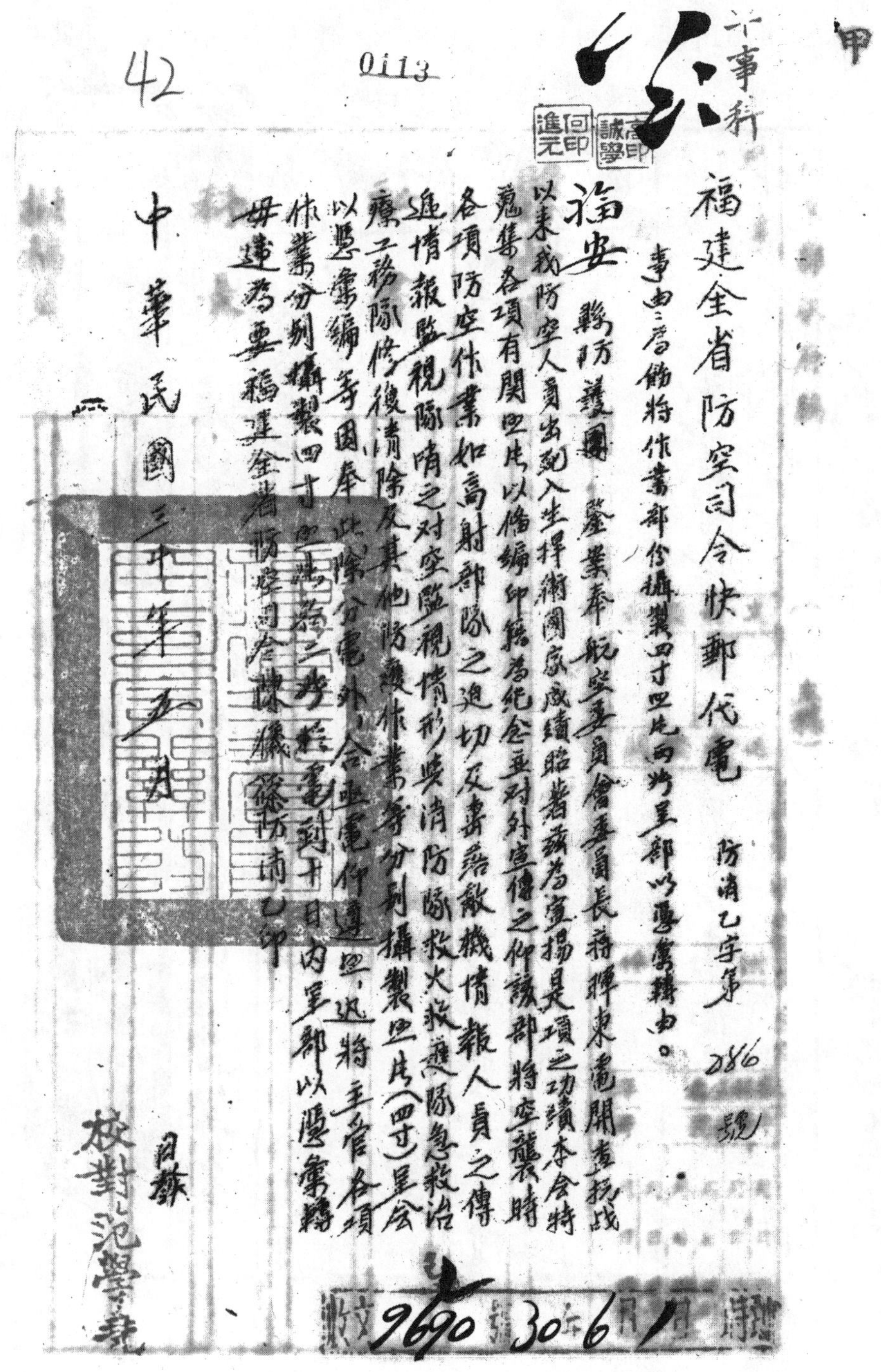

福建全省防空司令快郵代電

事由：為飭將作業部份攝製四寸照片兩張呈部以憑彙轉由。

防消乙字第286號

福安縣防護團：鑒。案奉航空委員會委員長蔣東電開：查抗战以來我防空人員出死入生捍衛國家成績昭著，應為宣揚是項之功績。本会特蒐集各項有關照片以備編印紀念並對外宣傳之用。該部將空襲時各項防空作業，如高射部隊之追切及擊落敵機、情報人員之傳遞情報、監視隊哨之對空監視情形與消防隊救火、救護隊急救治療、工務隊修復清除及其他防護作業等，分别攝製照片（四寸）呈会，以憑彙編等因。奉此，除分電外，合亟電仰遵照，迅將主管各項作業分別攝製四寸照片各二張，於電到十日内呈部，以憑彙轉。毋違為要。福建全省防空司令部 防消乙印

中華民國三十年五月 日發

校對 汎學

福建全省防空司令部关于将防空作业部分摄制四寸照片两张呈部汇转的代电

（1941年5月17日） 0158-001-0301

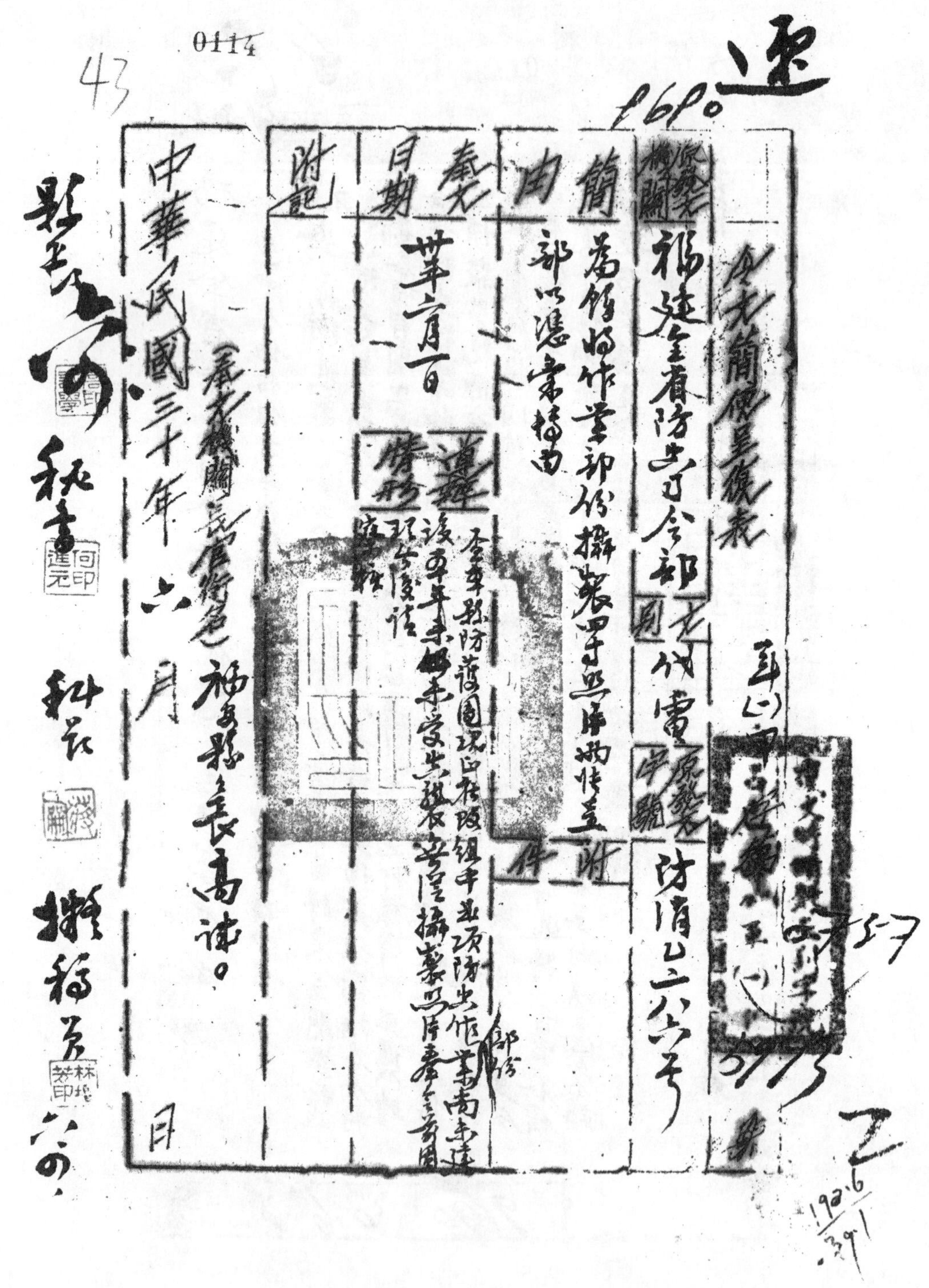

令文简便呈复表

发文机关	福建全省防空司令部
文别	代电
字号	原发文防消乙六八六号
简由	为饬将作业部份摄制照片附件送部以凭汇转由
奉文日期	卅年六月一日
遵办情形	查本县防护团现正在改组中，并须防空作业亦尚未建设，本年未曾受空袭，无摄制照片奉送，理合复请鉴核
附记	

中华民国三十年六月　日

（奉文机关长官衔名）福安县县长高诚

令文简便呈复表　福安县政府呈复本县防护团改组中本年未受空袭无作业照片

（1941 年 6 月 7 日）　0158-001-0301

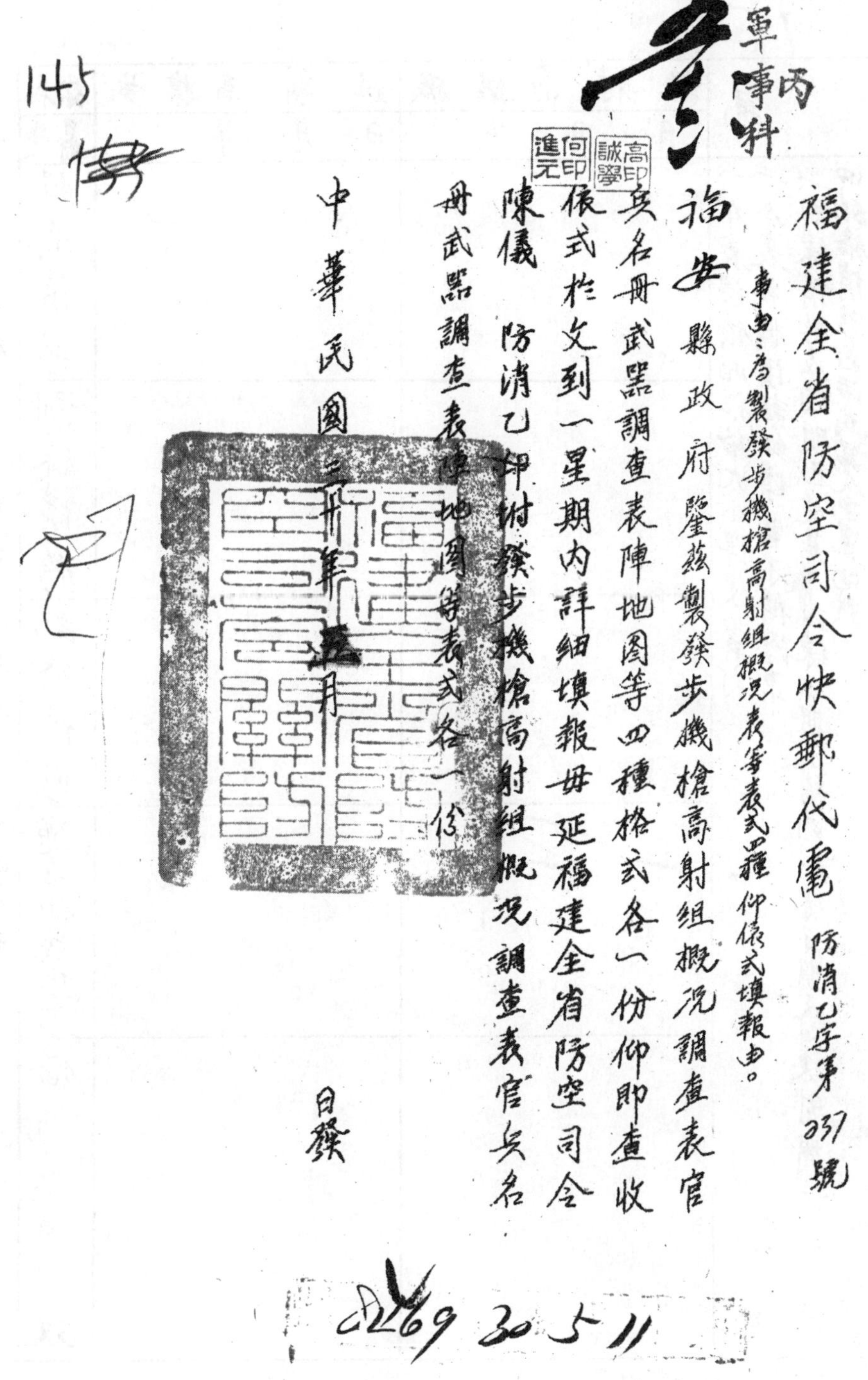
福建全省防空司令快郵代電 防消乙字第237號

事由：為製發步機槍高射組概況表等表式壹種仰依式填報由。

福安縣政府鑒茲製發步機槍高射組概況調查表官兵名冊武器調查表陣地圖等四種格式各一份仰即查收依式於文到一星期內詳細填報毋延福建全省防空司令陳儀 防消乙印

附發步機槍高射組概況調查表官兵名冊武器調查表陣地圖等表式各一份

中華民國三十年五月 日發

福建全省防空司令部关于制发步机枪高射组概况表等的代电(1941 年 5 月)

0158-001-0846

○○縣步(機)槍高射組概況調查表

中華民國卅年 月 日 填報者縣長○○○

名称 / 區分 / 日期	步槍高射組 年 月 日	機槍高射組 年 月 日	說明
組織情形			一、本表須依此推格大小俾便裝訂 二、本表各欄須詳細填寫不得潦草 三、訓練情形應填明已受基本訓練日期及補充訓練日期及訓練時間 四、配備情形包括武器及配置地點
訓練情形			
配備情形			
過去作戰情形			
備攷			

附件　□□县步(机)枪高射组概况调查表(中华民国卅年□月□日　填报者县长□□□)

(1941年5月)a面　0158-001-0846

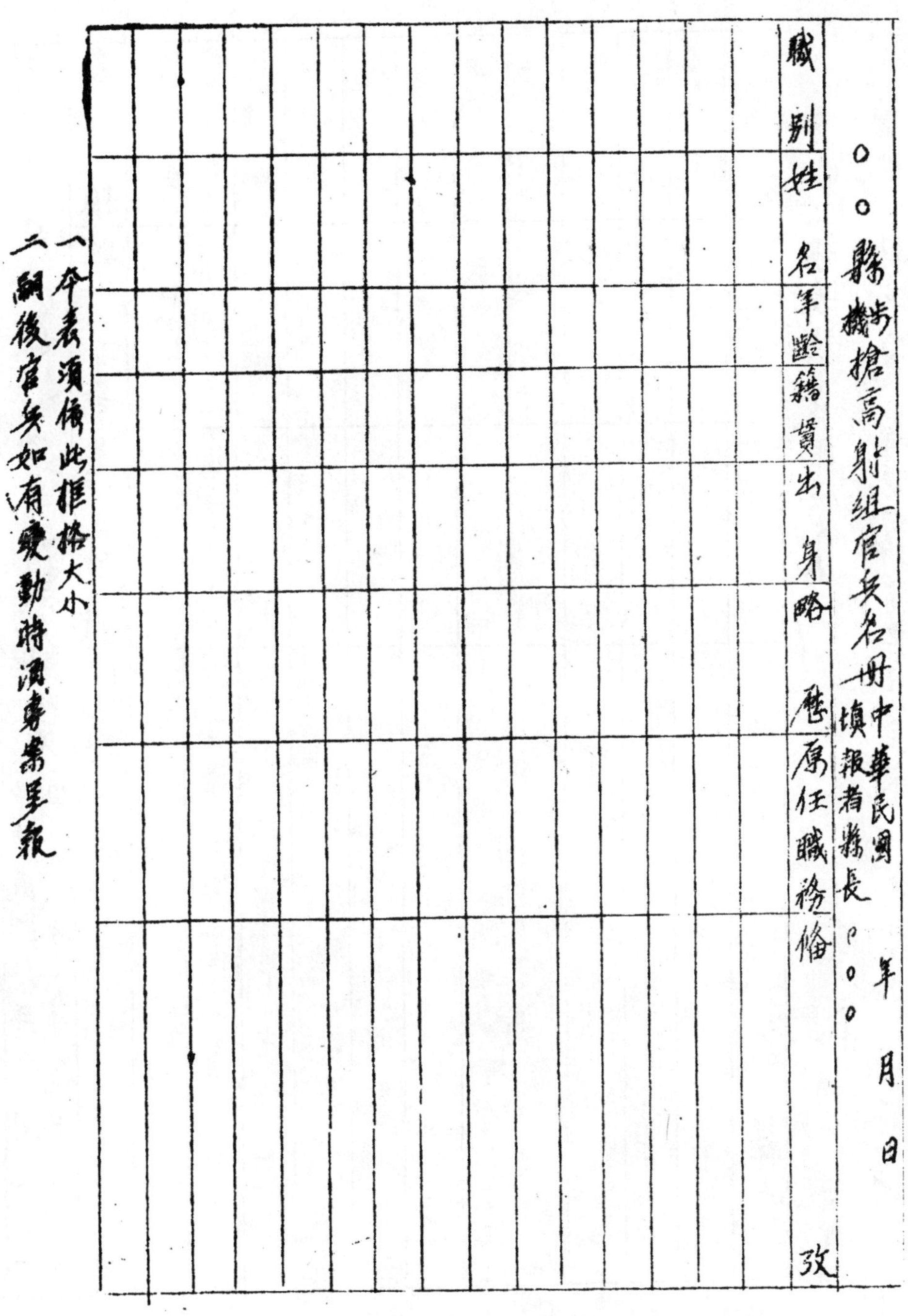

〇〇縣步機槍高射組官兵名冊　中華民國　年　月　日　填報者縣長〇〇〇

職別　姓名　年齡　籍貫　出身　略歷　原任職務　備攷

一、本表須倣此推格大小
二、嗣後官兵如有變動時須專案呈報

附件　□□县步(机)枪高射组官兵名册(中华民国□年□月□日　填报者县长□□□)
(1941年5月)b面　0158-001-0846

147

○○縣步機槍高射組武器調查表 中華民國 年 月 日 填報者縣長○○○

名稱	數量	是否堪用	備攷

一本表須依此框格大小
二嗣後武器如有變動時須專案呈報

附件 □□县步(机)枪高射组武器调查表(中华民国□年□月□日 填报者县长□□□)
(1941年5月)a面 0158-001-0846

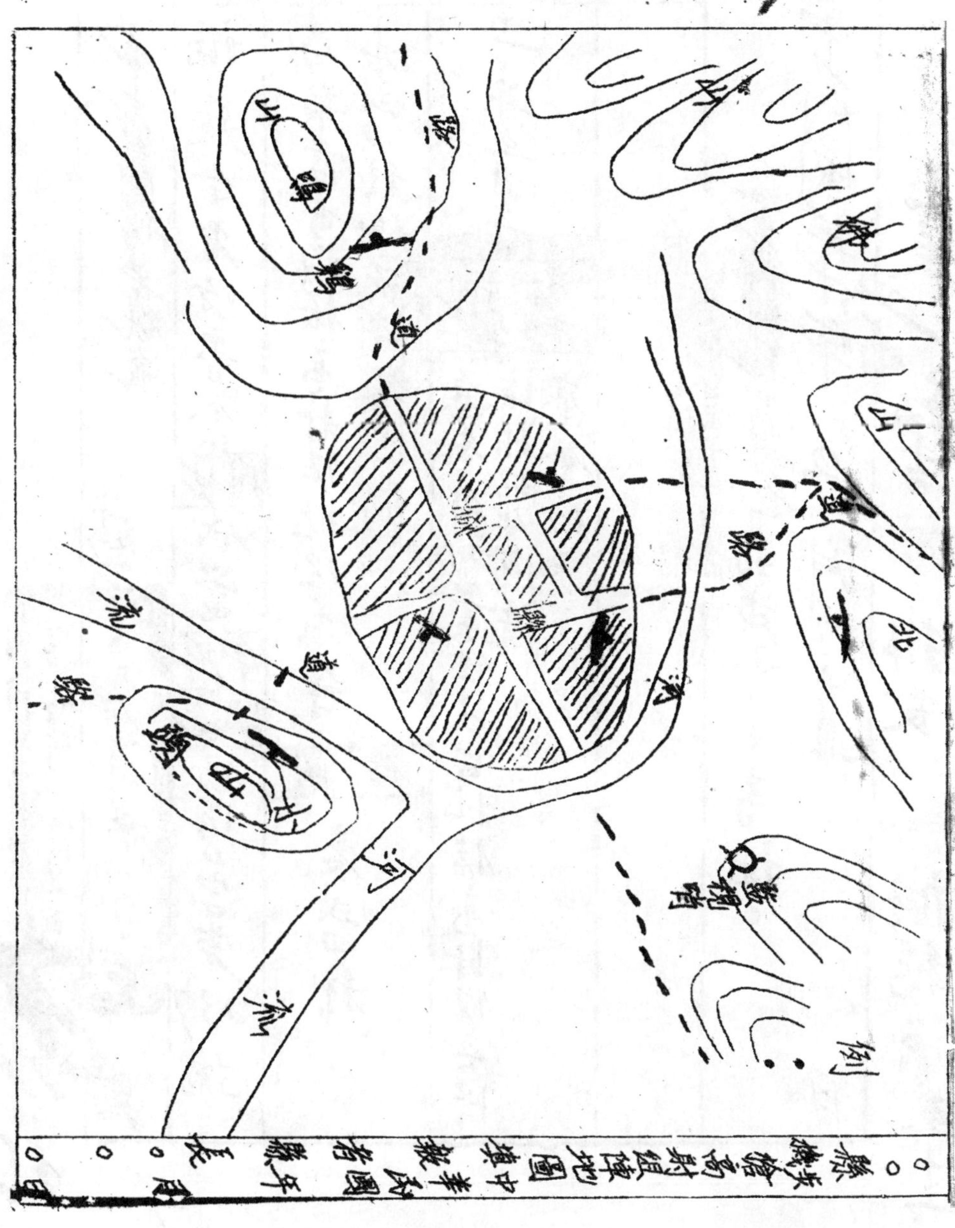

附件　□□县步(机)枪高射组阵地图(中华民国□年□月□日　填报者县长□□□)

(1941年5月)b面　0158-001-0846

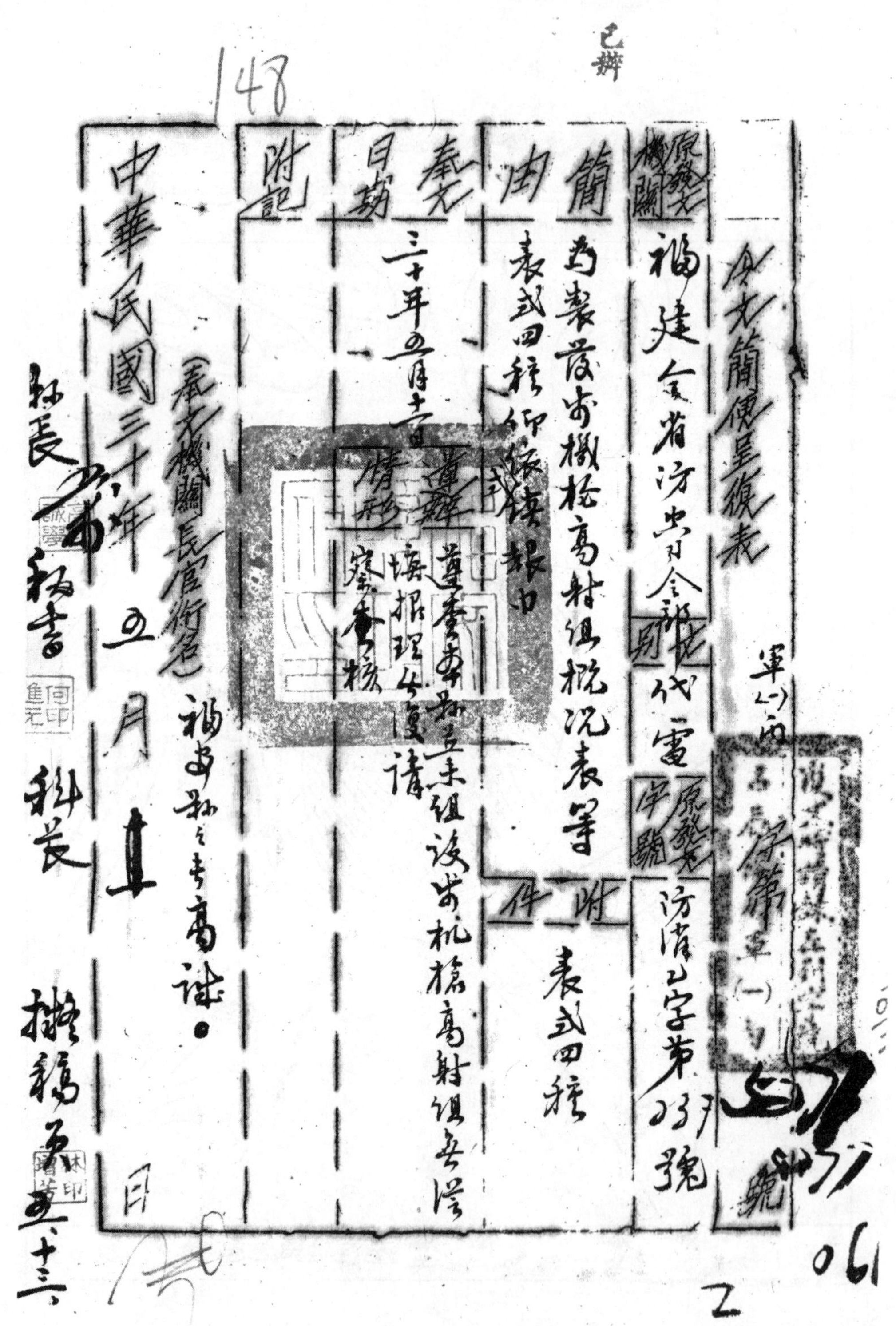

令文简便呈复表

原发文机关	福建全省防空司令部
原发文别	代电
原发文字号	防谍二字第337号
简由	为装设步机枪高射组概况表等
附件	表式四种
内容	表式四种仰依式填报由
奉文日期	三十年五月十三日
遵办情形	遵查本县并未组设步机枪高射组无从填报理合呈复请察核
附记	

（奉文机关长官衔名）福安县县长高诚

中华民国三十年五月　日

县长　秘书　科长　拟稿员　五、十三

令文简便呈复表　福安县政府呈复本县并未组设步机枪高射组，无法填报

（1941年5月17日）　0158-001-0846

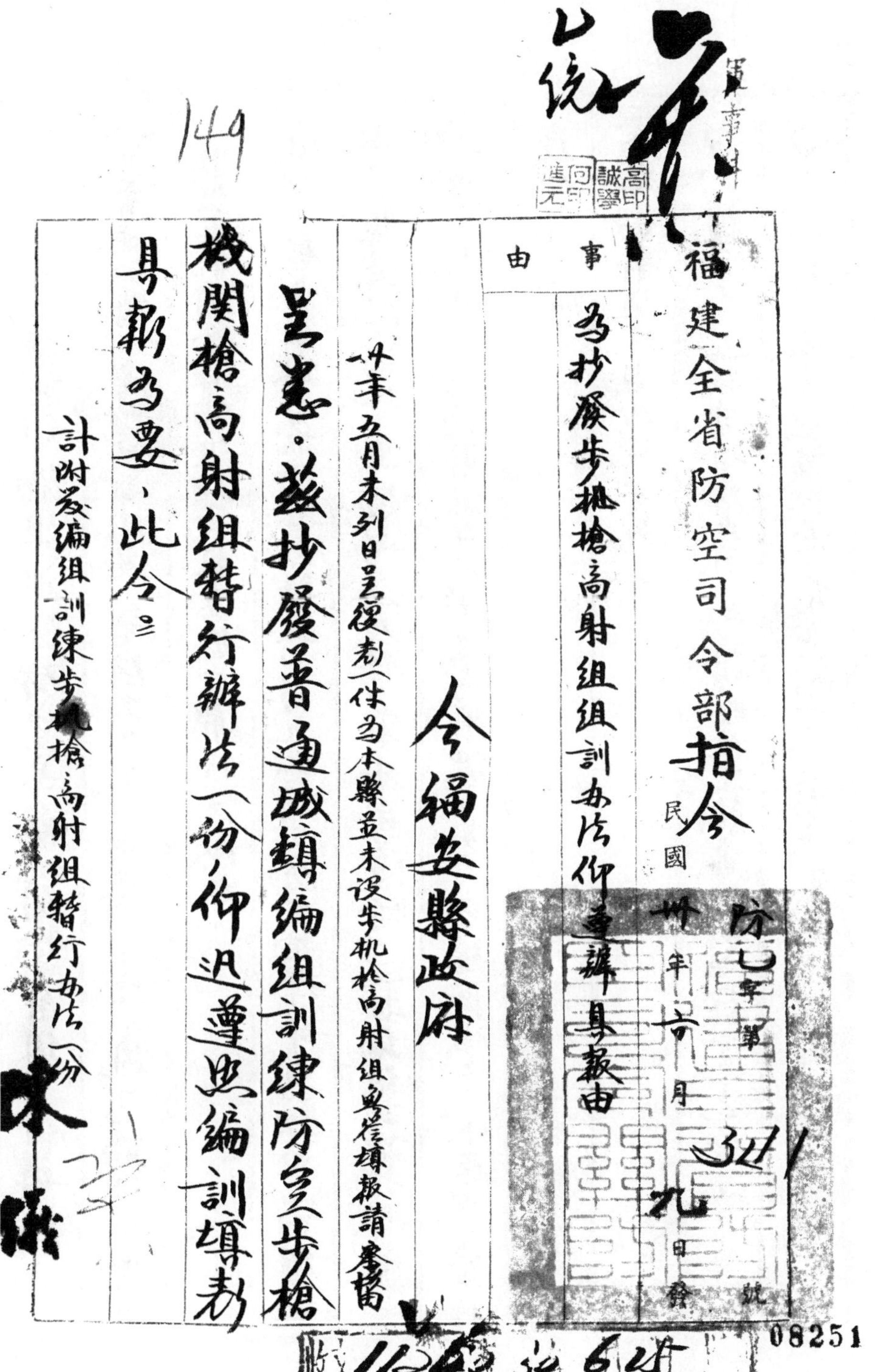
福建全省防空司令部指令

民國卅年六月九日發　防一字第3211號

事由：為抄發步机槍高射組組訓办法仰遵辦具報由

令福安縣政府

卅年五月末列日呈復報一件為本縣並未設步机枪高射组無從填報請鑒核由

呈悉。茲抄發普通城鎮編組訓練防空步槍機關槍高射組暫行辦法一份，仰迅遵照編訓填報具報為要。此令。

計附發編組訓練步机槍高射組暫行办法一份

福建全省防空司令部关于抄发步机枪高射组组训办法迅遵编训具报的指令

（1941年6月9日）　0158-001-0846

150

普通城鎮編組訓練防空步槍機關槍高射組暫行辦法

一、凡普通城鎮之無防空部隊及正規防空兵器者，應依本辦法之規定編組步槍高射組與機關槍高射組，以便狙擊低空飛行之敵機。

二、此項步槍高射組與機關槍高射組應由各城鎮之防空指揮部或駐軍高級長官或縣長就當地之軍隊警察及保安自衛團隊等，選拔編組訓練指揮之。

三、各城鎮編組步槍高射組與機關槍高射組之數目，應按區域之大小及重要之程度決定之。

四、步槍高射組之組成概定如左：

1、組長一人，選拔富有防空知識、精於對空射擊技術者（尉官）充任之。

2、每組轄三班，每班設班長一人、班副一人、射手十人。

附件 普通城镇编组训练防空步枪、机关枪高射组暂行办法（1941 年 6 月）

a 面 0158-001-0846

五、机関枪高射组之组成概定如左：

1、组长一人由当地机関枪連之长任之。副组长一人以該連之附或另选精於对空射击之射官任之。

2、每组辖三排，每排长以原有排长任之，高射掩成之三角阵地中，至少每须配用重机関枪一挺由每排长分别指挥之。

六、每一组为一对空射击之单位部队，但於必要时可以分班使用。

七、高射机関枪组，应配备高射架、对空瞄準具、圆盘弹盒、采色眼镜等件，可向主管长官請領之。

八、对空监视哨、对空情报与飞机警报等勤务，須令当地情形之可许，由軍、政、警、地方团体共同会商之，分利用现成物資設立之，並須举行必要之实習，以

附件　普通城镇编组训练防空步枪、机关枪高射组暂行办法（1941 年 6 月）

b 面　0158-001-0846

151

使全对空射击之基础为目的。

九、凡已编入步枪高射组、与机关枪高射组之官兵，平时除服行其原来任务外，应须妥定指挥联络及集合之办法，以简切迅速确实为目的，并须前往侦察所在城镇地形，决定对空射击之优良阵地，随时实习进入阵地，对空射击准备完毕，测量各距离、估计射角射向、换算提前量等重要科目，每星期须预定与原任务不冲突之时间，至少举行训练实习两次。

十、除本办法规定之外，各组训练之方针及射击指挥，可依步兵操典射击教范防空教范施行之。

十一、击落敌机奖励办法，依照已颁命令办理，以示鼓励。

十二、本办法由军事委员会公布施行，各地军政长官应于本办法命令颁到十五

附件　普通城镇编组训练防空步枪、机关枪高射组暂行办法(1941 年 6 月)

a 面　0158-001-0846

日內將編組情形呈報本省[illegible]空司令部備查。

附件　普通城镇编组训练防空步枪、机关枪高射组暂行办法(1941 年 6 月)

b 面　0158-001-0846

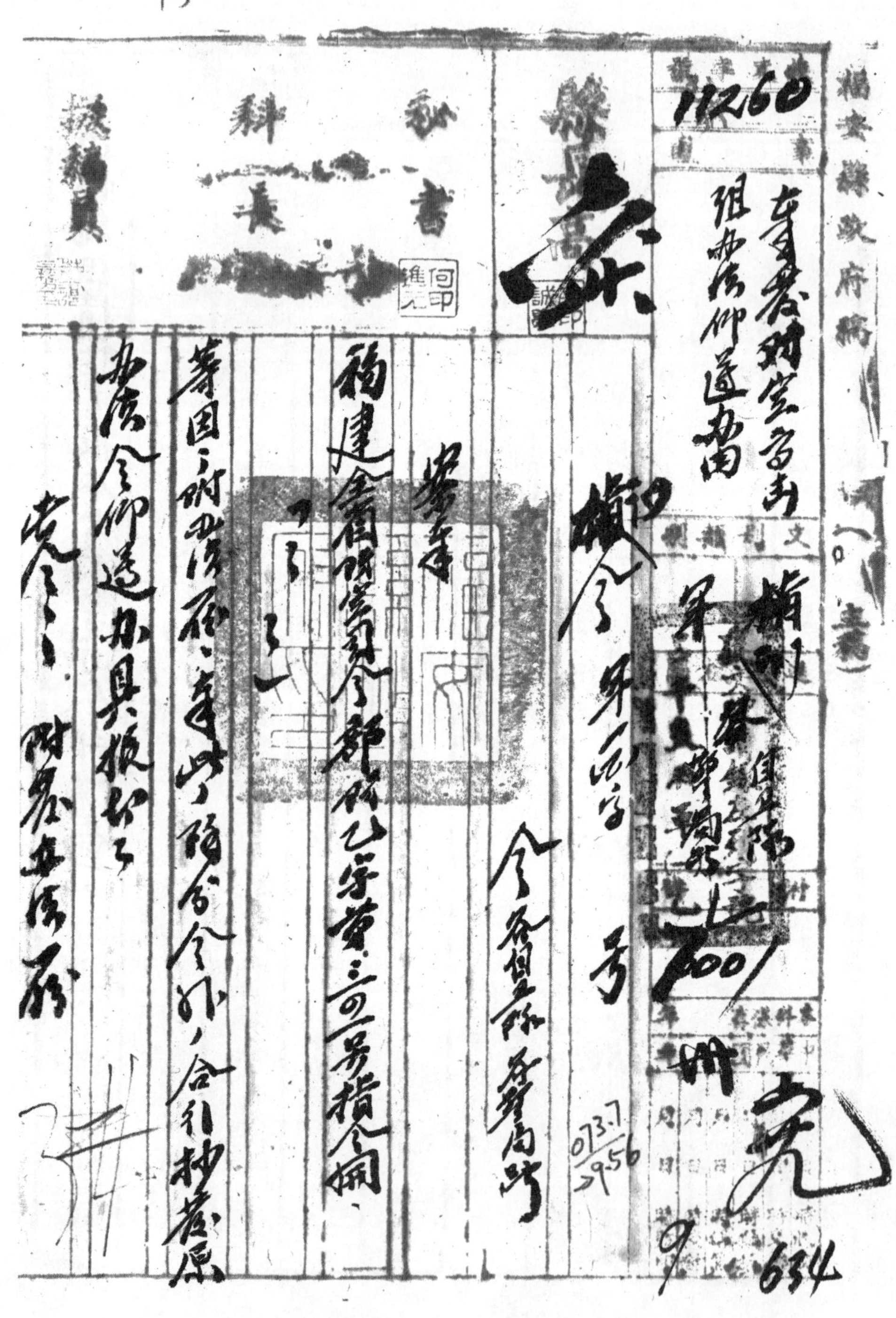

福安县政府关于奉发普通城镇编组训练防空步枪、机关枪高射组暂行办法遵办具报的指令

（1941 年 7 月 4 日）　0158-001-0846

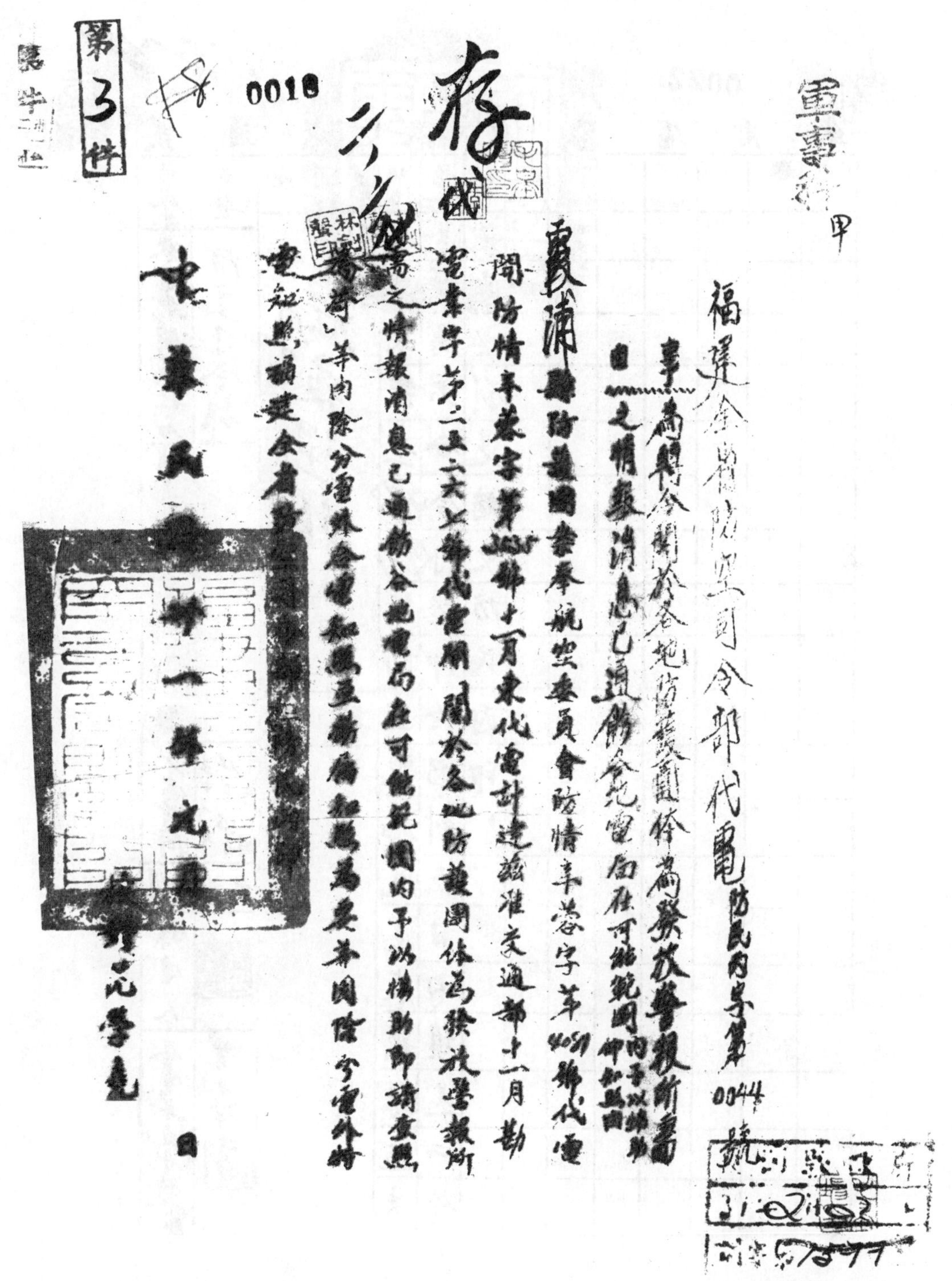

福建全省防空司令部代電　防民丙字第0044號

事由：為轉令關於各地防護團体為發放警報所需之情報消息已通飭各地電局在可能範圍內予以協助由

霞浦縣防護團：案奉航空委員會防情丰蓉字第4051號代電開：防情丰蓉字第2635號十一月東代電計達。茲准交通部十一月勘電業字第二五二六七號代電開：關於各地防護團体為發放警報所需之情報消息已通飭各地電局在可能範圍內予以協助，即請查照等由；准此，除分電外，合電知照並轉飭知照為要。等因；除分電外，特電知照。福建全省防空司令部司令[illegible]

中華民國三十一年元月　日

福建全省防空司令部关于各地防护团体为发放警报所需之情报消息已通饬各地电局予以协助的代电(1942 年 1 月)　0168-001-0423

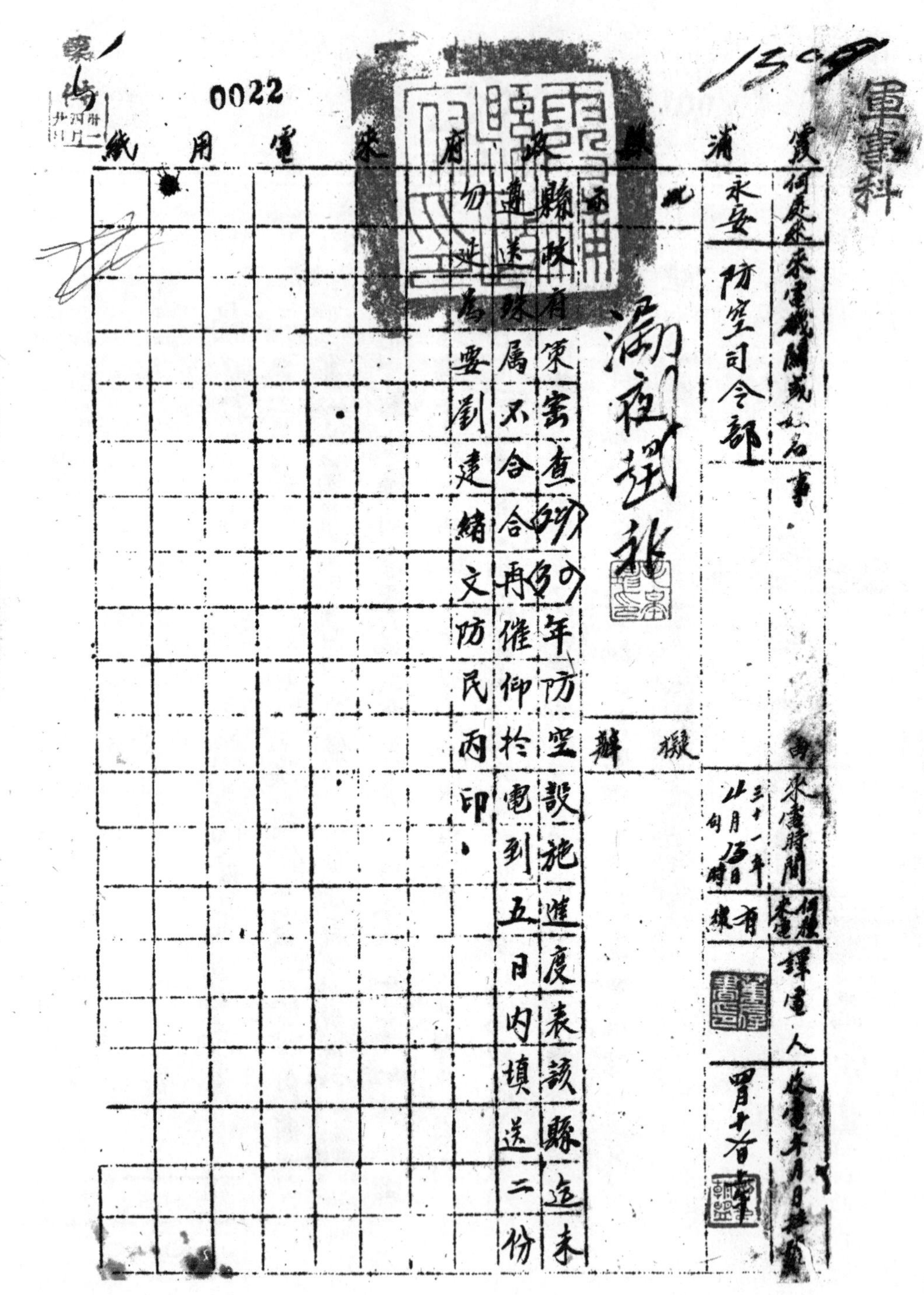

0022

霞浦縣政府來電用紙

何處來電機關或姓名事：永安防空司令部

霞浦縣政府：密。查廿九、卅年防空設施進度表，該縣迄未遣送，殊屬不合，合再催仰於電到五日內填送二份，勿延為要。劉建緒文防民丙印。

來電時間：三十一年四月12日　時

譯電人

收電：本月　日

霞浦县政府译福建全省防空司令部关于速报霞浦县1940、1941年防空设施进度表的电文

（1942年4月12日）　0168-001-0423

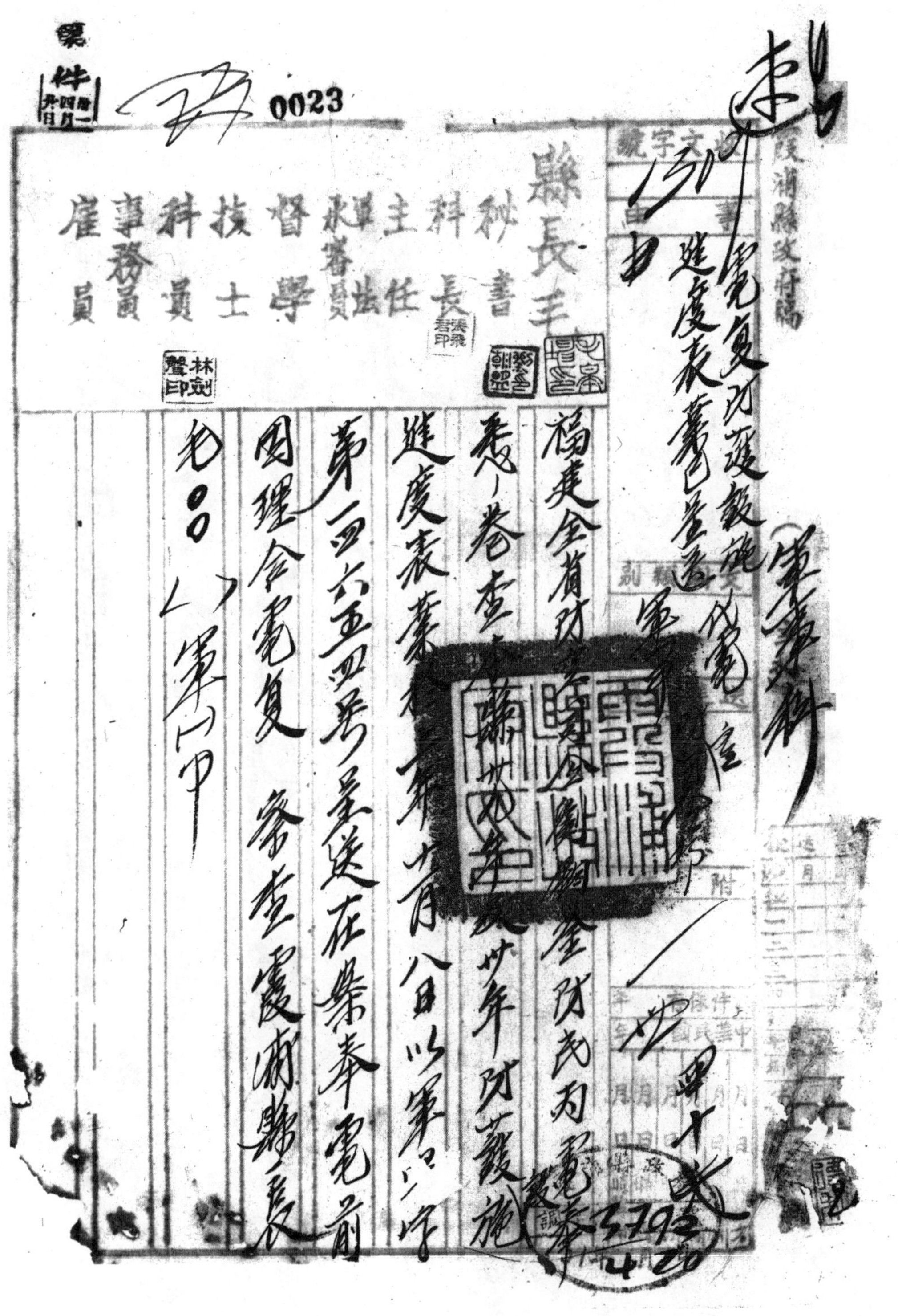

霞浦县政府关于防护设施进度表业已呈送的代电(1942 年 4 月 20 日)

0168-001-0423

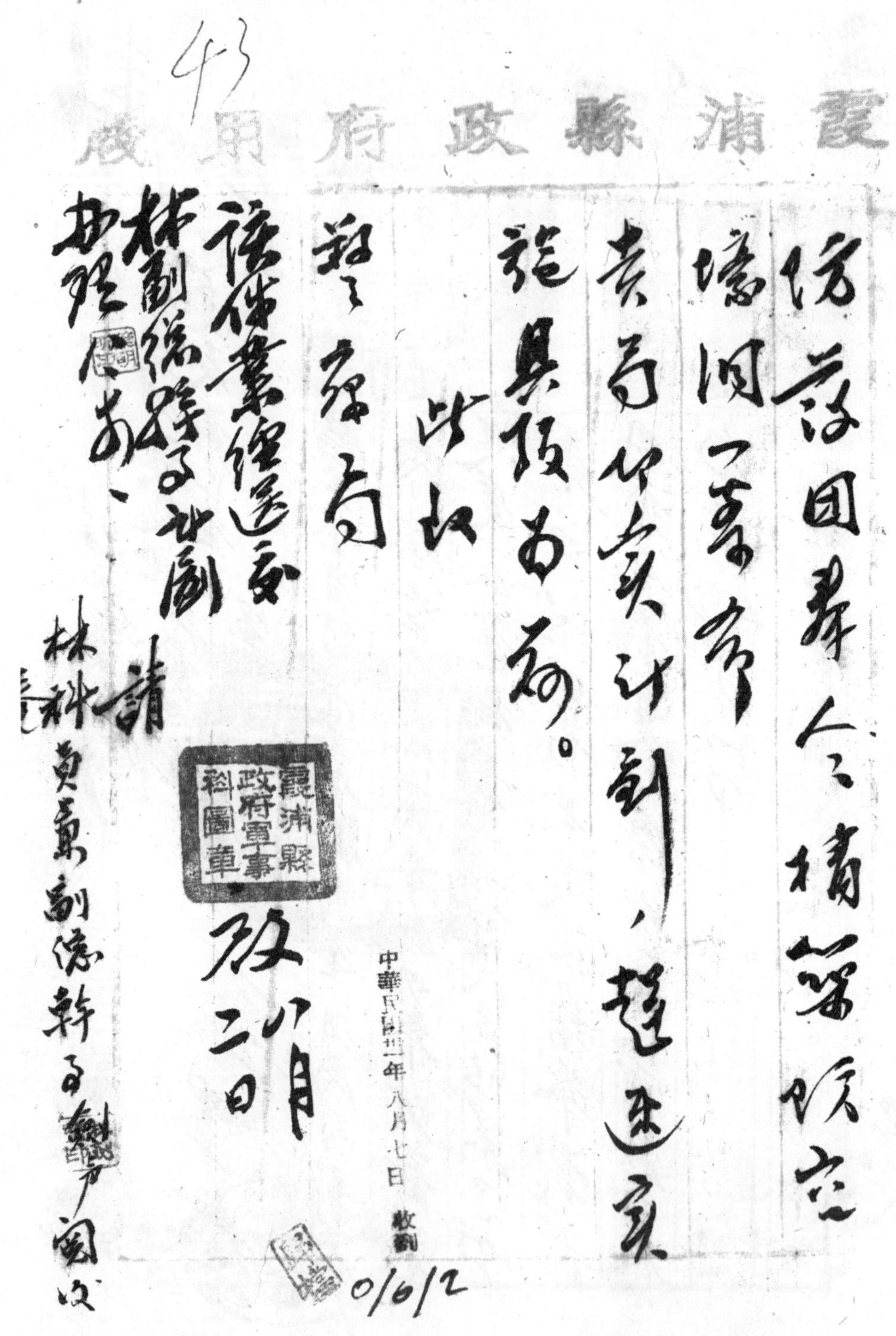

霞浦縣政府用箋

防空團奉令構築防空網工事，希
貴局切實計劃，趕速實施具報為荷。
此致
郵電局

霞浦縣政府軍事科圖章　啟　八月二日

中華民國卅一年八月七日收到

霞浦县政府军事科关于奉令构筑防空网希切实计划实施具报的公函(1942 年 8 月 2 日)

0168-001-0531

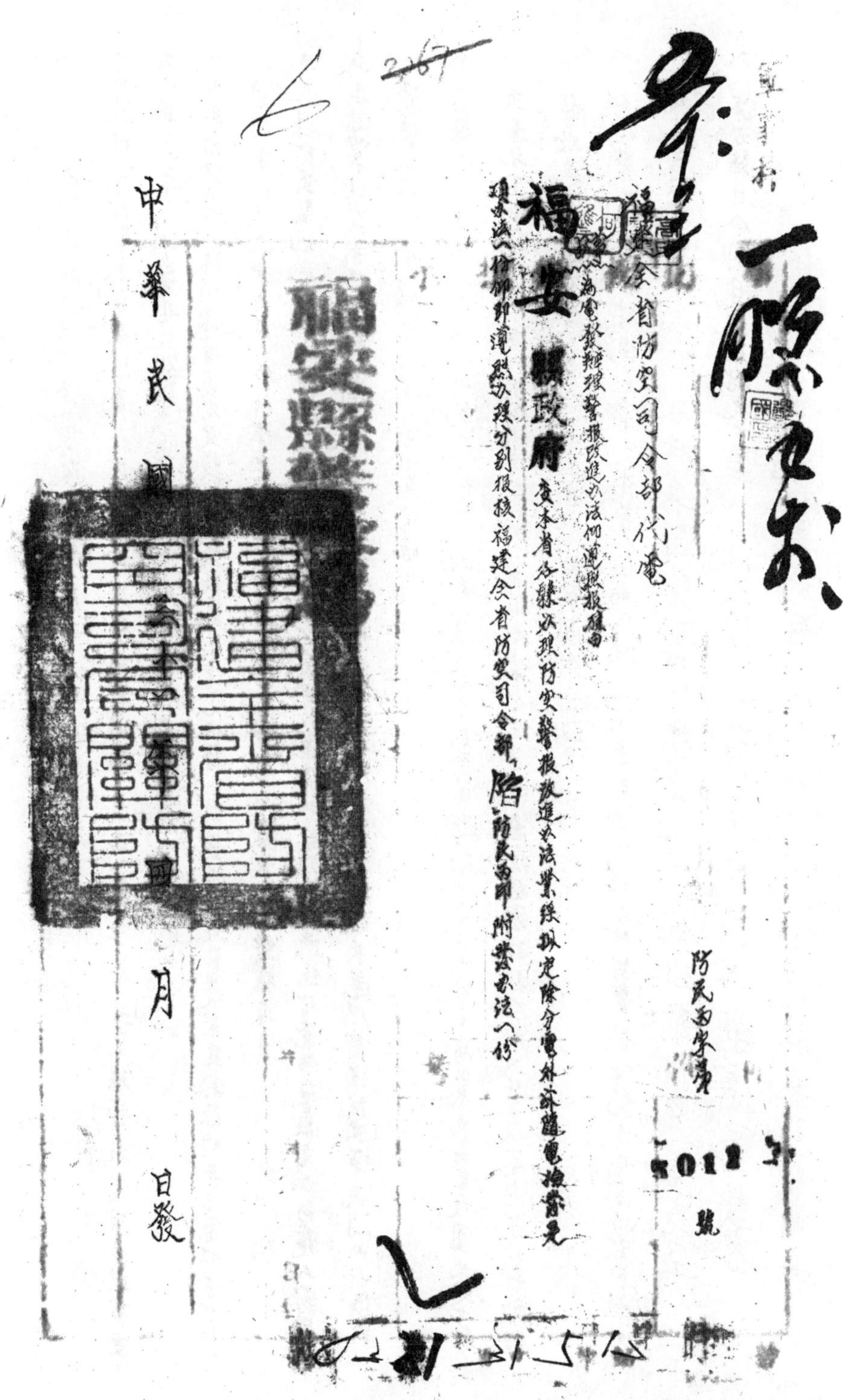

福建全省防空司令部代電

防民西字第2012號

為電發辦理警報改進办法仰遵照報核由

福安縣政府覽：查本省各縣以現防空警報改進办法業經擬定，除分電外，茲隨電檢發該項办法一份，仰即遵照办理，分別報核。福建全省防空司令部。陷防民西卯 附發办法一份

中華民國　年　月　日發

福建全省防空司令部关于颁发办理防空警报改进办法的代电(1942年4月30日)

a面　0158-001-0807

各縣办理防空警報改進辦法。

一、各縣防護團警報隊班(組)員應改設專任或指調自衛隊士兵長警壯丁專責办理警報發佈管理事宜。

二、各縣已設置办理警報發佈管理之人員一律劃歸防護團指揮監督。

三、各縣防空監視隊哨係專負對空監視及情報蒐集傳遞任務，不負發佈管理警報事宜，其隊哨長已兼任當地防護團警報股隊班長者一律解除兼職，由各縣防護團另選適當人員兼任，報請核委。

四、各縣防空監視隊哨對于敌机行動應隨時通知當地防護團，以便切實判斷，適時發佈警報，完成防護上一切措施。

五、各縣如未設置手搖警報器或已設置而音响尚不能普及全城者，應酌量增設，並遵照前頒防空警報補助办法設置警報球、灯、警鐘、警報旗等作為補助。

六、各縣人口在五萬以上之城市規定距城市二百公里為空襲警報圈，一百二十公里為緊急警報圈，其人口在五萬以下者距城市一百六十公里為空襲警報圈，八十公里為緊急警報圈，敌机一飛入警報圈内即分别發佈警報，並先行繪製二〇〇〇〇〇〇〇萬分之一警報圈圖報核。

七、各縣警報信號一律遵照二十五年五月國民政府軍事委員會頒行之防空警報信號實施，其尚未遵照採用者着一律改用。

八、本办法自令到日起施行之。

附件　各县办理防空警报改进办法(1942年4月30日)b面　0158-001-0807

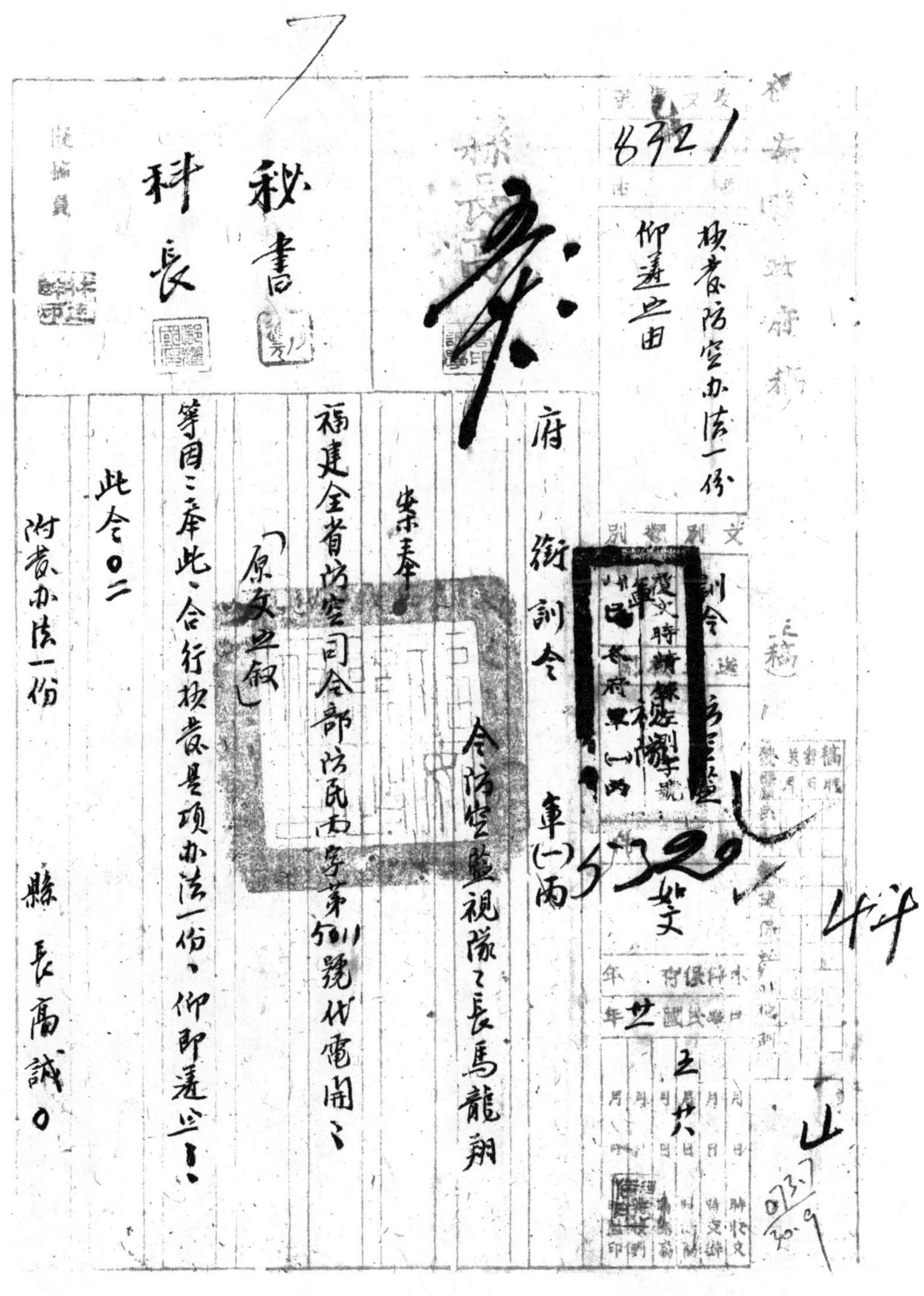
府
衔训令 建(一)丙

令防空监视队队长马龙翔

案奉
福建全省防空司令部防民丙字第0311号代电开：
「原文照叙」
等因。奉此，合行检发是项办法一份，仰即遵照！

此令。

附发办法一份

县长高诚

福安县政府关于抄发办理防空警报改进办法的训令(1942 年 6 月 2 日)
0158-001-0807

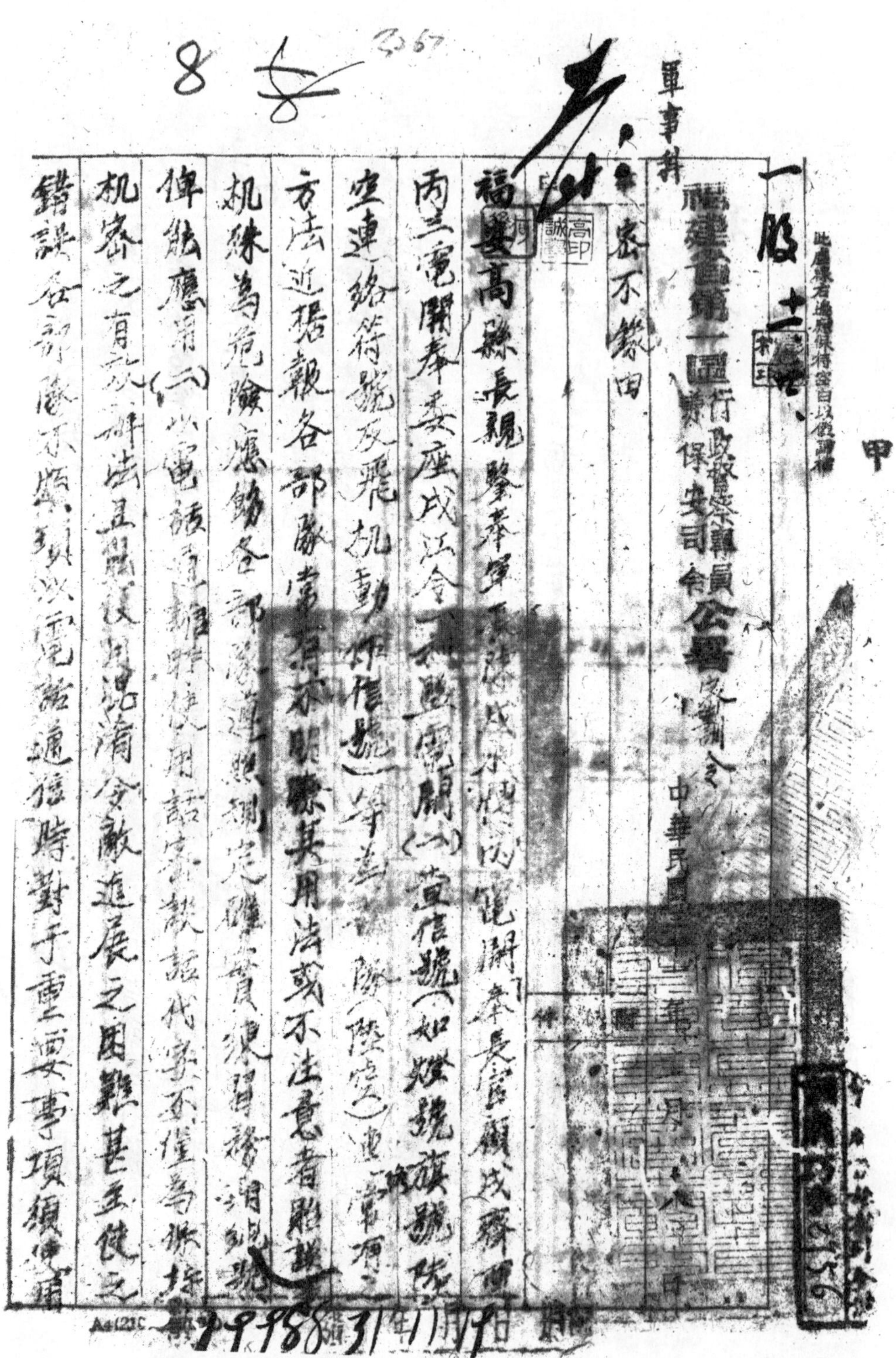

一般 十二 甲

福建省第一區行政督察專員兼保安司令公署 訓令

中華民國[illegible]年[illegible]月[illegible]日

軍事科

密不錄由

令福安高縣長覲 鑒奉[illegible]戌[illegible]閩奉長官顧戌齊[illegible]

丙三電開奉委座戌江令[illegible]電開(一)查信號(如燈號旗號陸

空連絡符號及飛机動作信號)等為[illegible]陸(陸空)連[illegible]常用之

方法近据報各部隊常有不明瞭其用法或不注意者肇致

机隊為危險應飭各部[illegible]切實練習務期純熟

俾能應用(二)以電話[illegible]時使用話密[illegible]代字不僅為保持

机密之有效辦法且[illegible]可令敵進展之困難甚至使之

錯誤各部隊不[illegible]則以電話通信時對于重要事項須使用

[illegible]31年11月[illegible]

福建省第一区行政督察专员兼保安司令公署关于各部队应纯熟应用各种联络信号和话密、代字的密训令(1942 年 11 月 18 日)　0158-001-0807

密語代字使免洩漏希查照[illegible]為要等因希即轉飭
所屬切實遵照并復爲要等因希即遵照並飭屬切實遵照
電復等因除電復外希飭令切實遵照何震（印）泰

福建省第一区行政督察专员兼保安司令公署关于各部队应纯熟应用各种联络信号和话密、代字的密训令(1942 年 11 月 18 日)　0158-001-0807

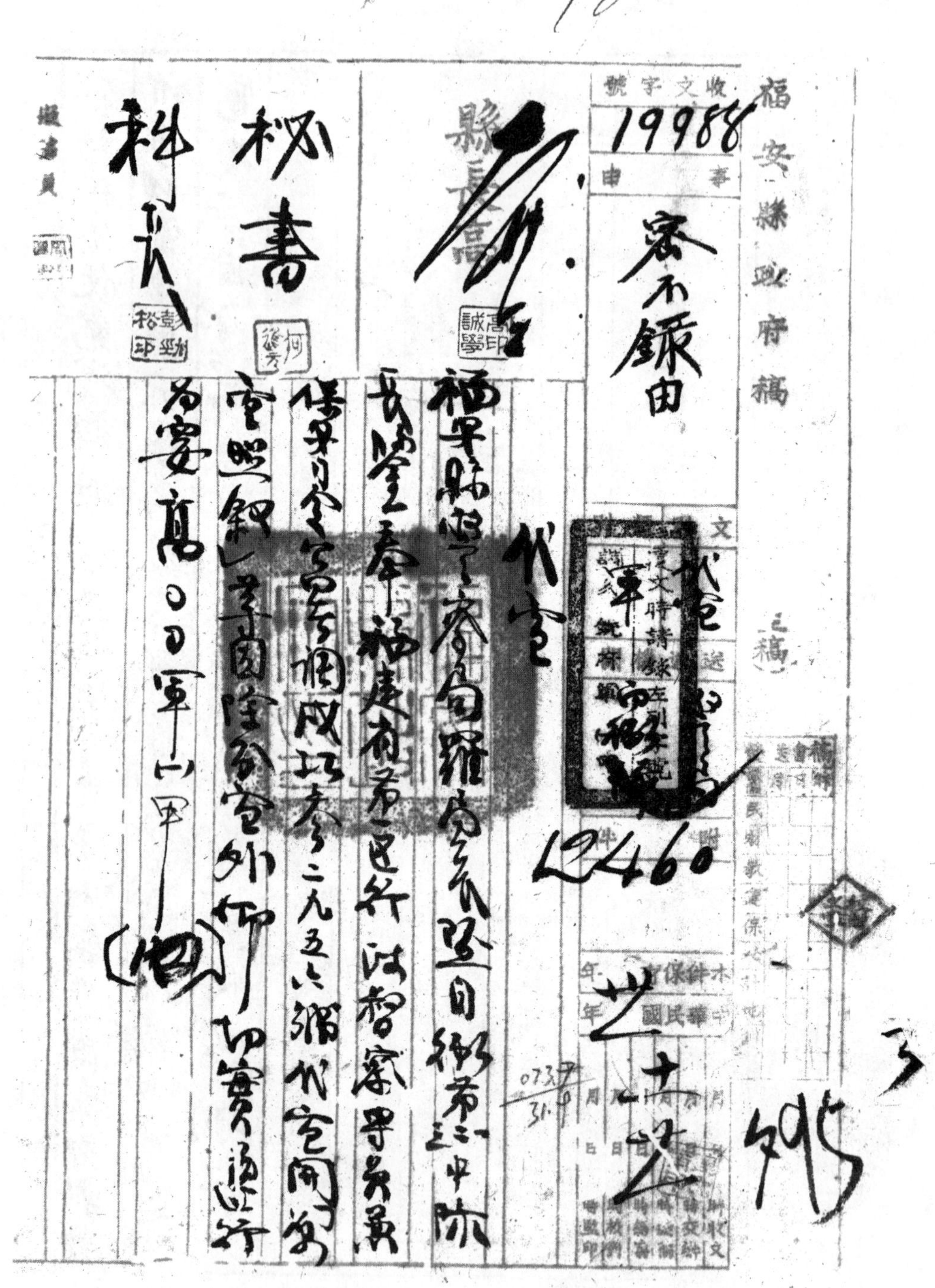

福安县政府关于应纯熟应用各种联络信号和话密、代字的代电

（1942 年 12 月 16 日） 0158-001-0807

(二)处置迫降机员

1.包剿迫降敌机

另案令飭遵照在卷

防樂

五科

事由：抄發降落敵機包剿辦法飭遵照由

綏甲環字第467號

中華民國廿九年元月九日

駐閩綏靖主任兼第二十五集團軍總司令代電

霞浦縣縣長：極機密。案奉長官顧十二月參二字第9938號齊戌索饒代電開：奉軍事委員會辦制渝字第九二六號訓令開：案據航空委員會主任周至柔呈稱：案准第十戰區司令長官部七月宵要恒代電轉送陝西省防空司令部擬具陝西省各地降落敵機包剿辦法一份，希查收等由。查該項辦法尚屬可行，除電復外，理合抄呈原辦法一份，備文呈請鑒核，並請將標題陝西省三字刪除，通令全國一体遵辦，以利抗戰，實為公便等情。據此，茲將該辦法予以修正，隨令頒行，除指令該會遵照暨分令外，合行令仰遵

收文29.585號

驻闽绥靖公署主任兼第二十五集团军总司令部关于抄发降落敌机包剿办法的代电

(1939年12月24日)a面　0168-001-0499

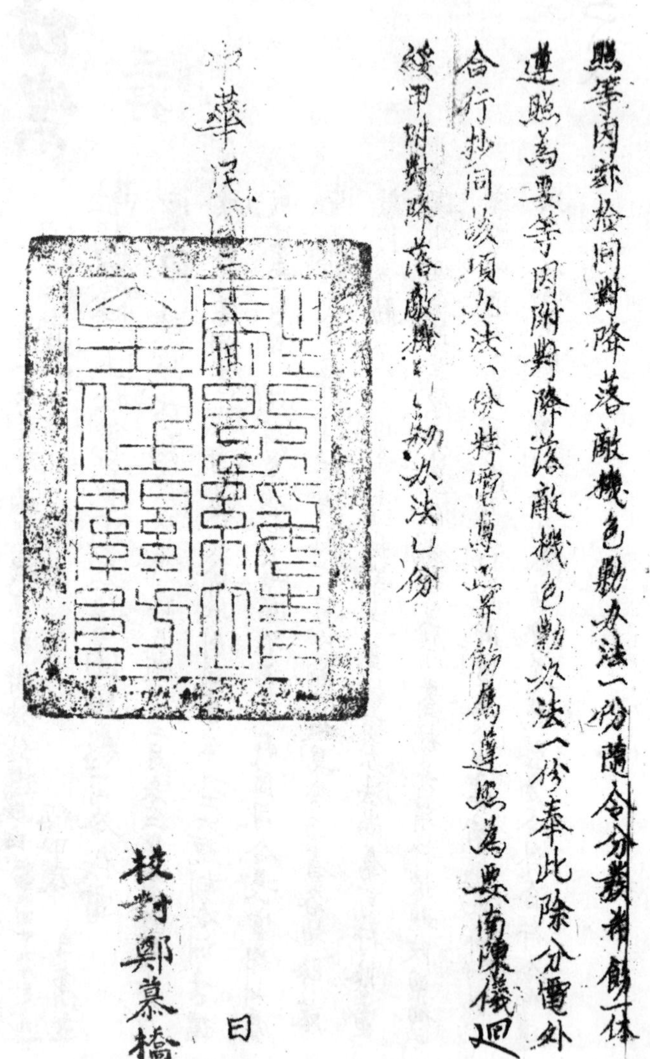
照等因兹检同对降落敌机包勷办法一份随令分发并饬一体
遵照为要等因附对降落敌机包勷办法一份奉此除分电外
合行抄同该项办法一份特电遵照并饬属遵照为要南陈仪迥
绥甲附对降落敌机包勷办法一份
中华民国二十八年十二月廿四日
校对郑慕桥

驻闽绥靖公署主任兼第二十五集团军总司令部关于抄发降落敌机包勷办法的代电
(1939年12月24日)b面 0168-001-0499

修正對降落敵機包剿辦法

民國二十八年十一月　日修正

一、為防止敵機在各地被迫或因故障降落後企圖修理完好起飛或被他機當救起見特訂定本辦法。

二、對敵機在我後方重要地區尤以川鄂邊境及川東一帶山地用降落傘放下奸宄與通信連絡器材等危害行為之防止以及降落敵飛機擾亂我方秩序之警備各事項均訂於本辦法內。

二、各地監視哨兵或保甲人員與民衆等發現敵機降落或降落奸宄與敢死隊及器材等事應一面嚴密監視一面將目睹情形迅報附近駐軍或保安團隊壯丁。

三、各地駐軍或保安團隊壯丁（以下簡稱各駐軍團隊等）得到前條之報告或自行發現前條之情形須即前往包圍。

各駐軍團隊等當空襲時須自行臨時設置對空監視哨兵並於各該都市郊外或陣地後方之適當地點酌予控置部隊。

四、各駐軍團隊等於包圍後如認明確係我機驗明駕駛員之身份証妥為護送至附近駐軍司令部或省防空司令部（保安處）但須特別注意無

附件　修正对降落敌机包剿办法(民国二十八年十一月修正)

(1939年11月)a面　0168-001-0499

4

身份証明書之我方外籍志願空軍駕駛員。

五、各駐隊團隊等於色圈後認明係敵機或奸宄與敢死隊等應援當時情

形設法逮捕勿使逃脫並搜繳其器材。

各該地民眾如有目睹前項情形應自動前往協助各駐軍團隊等圍捕。

六、各駐軍團隊等於色圈後如有逃遁或抵抗情事應即殲滅之(附表一办法

參照普通城鎮步槍高射組與机關槍高射組訓練法)。

七、各駐軍團隊及民眾等遇第五第六兩條事實有適應機宜異常出

力將敵機如當或坐降下宄與敢死隊搜繳器材等經証明屬實者應援

當時節分別參照「戰時傷亡及戰利處置办法」所定賞格擬給

表與「戰區淪陷區民眾得敵獎賞办法」及「陸海空軍獎勵條例」之所

定酌予獎勵如任敵機從容修理與被搶救逸去或坐視奸宄敢死逃脫

者均照縱敵論罪。

八、本辦法自公佈之日施行。

附件　修正对降落敌机包剿办法(民国二十八年十一月修正)

(1939 年 11 月)b 面　0168-001-0499

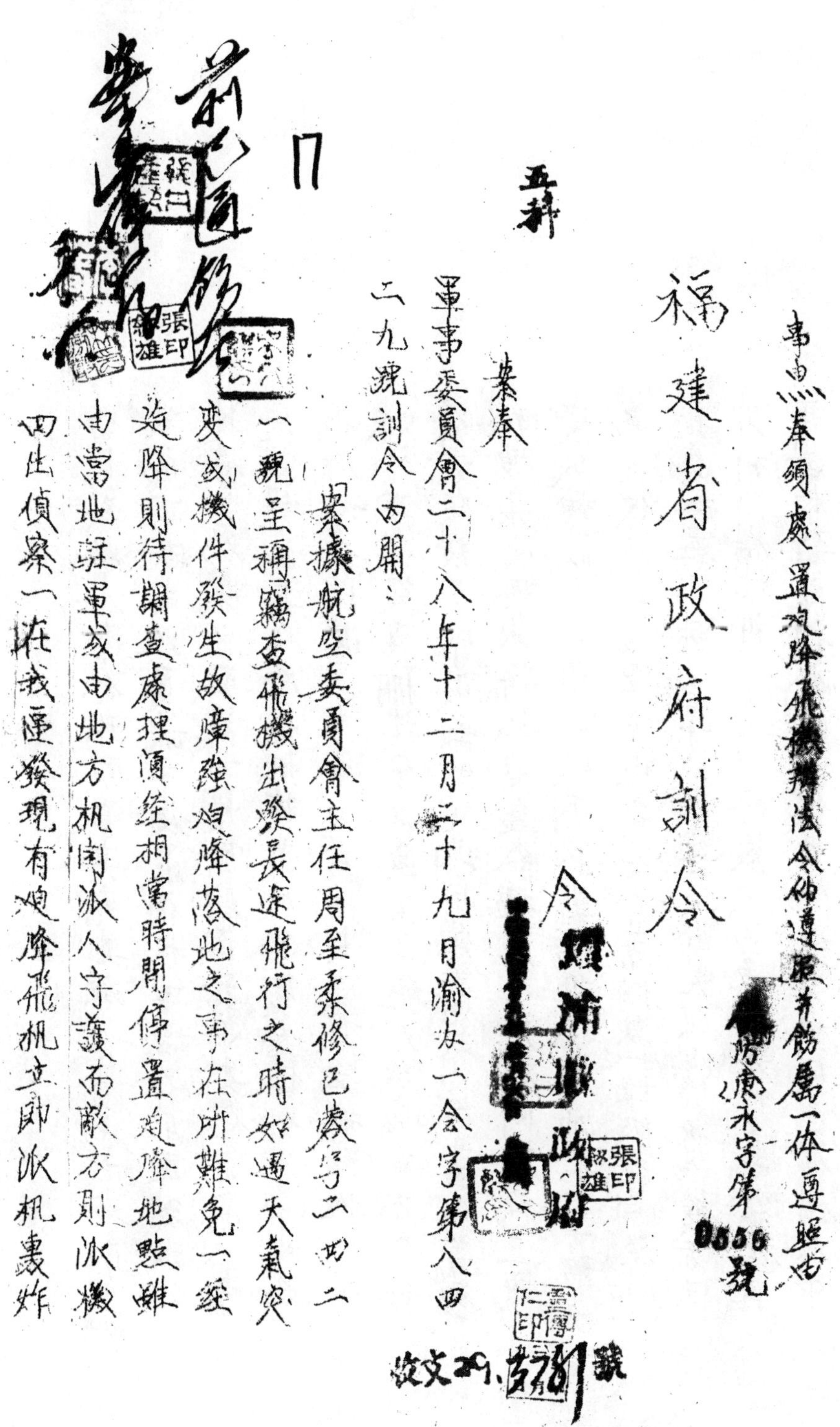

事由：为奉颁处置迫降飞机办法令仰遵照并饬属一体遵照由

福建省政府训令

防處永字第0556號

令

案奉

軍事委員會二十八年十二月二十九日渝汝一会字第八四二九號訓令內開：

「案據航空委員會主任周至柔修巳齡字二四二一號呈稱：查飛機出發長途飛行之時，如遇天氣突變或機件發生故障，強迫降落地之事在所難免。一經迫降，則待調查處理須經相當時間。停置迫降地點離由當地駐軍或由地方機關派人守護，而敵方則派機四出偵察，一經發現有迫降飛機，立即派機轟炸

收文29. 號

福建省政府关于颁发处置迫降飞机掩护及伪装办法的训令

(1940年2月20日)a面　0168-001-0499

自抗戰以來常有此種事实究其原因實由我方駐軍
或地方机關人員缺乏之處置飛机常識不能隨時加以
掩蔽或偽裝所致為重惜國防武器而期保護周密起
見茲謹擬具迫降飛机掩護及偽裝办法如左（一）迫降
飛機如在沙灘或水面上者以迅速設法搬移推入樹
林中或另架蘆棚掩蔽為要其因龐大或過重不及移
運者在移運以前應即就地用蘆席或油布舊布等易
於搜集之掩蔽物將機遮蓋各種席布應不同顏色且遮
蓋後掩蔽物之周邊以不露出飛机之輪廓（丁字形）
為妥使敵機自空中視之為一蘆棚或一拉圾堆（二）降迫
飛機如在山林或草地上應立即加以偽裝偽裝方法
即利用樹枝雜草加以掩蔽或用魚網先行蓋於機上再
用樹枝雜草插於網上使與附近草樹同色在樹林中
時即伐附近樹木小枝遮蓋之如發現遮蓋之草樹乾

福建省政府关于颁发处置迫降飞机掩护及伪装办法的训令

(1940年2月20日)b面　0168-001-0499

祐變色至隨時變換之使敵機向空視之為一草堆
而不露出飛機之輪廓為要（五）不論係敵機迫降無論在
何地點並以立即移開原地再加掩裝為必要因恐其
僚機已知其降落地點或敵方立即派机偵知之（四）迫
降机周圍距離一里許絕对禁止閑人逼近因閑人蝟
集適足以形成顯著之目標並难避漢奸之耳目以上
所拟办法四項擬請鈞会通飭全國我軍並通知各省
府轉飭各縣政府知照嗣後如有飛机迫降無論係我
機或敵機及其損壞與否均應立即加以掩蔽或偽裝
務使敵机不易發覺以杜意外理合具文呈請核奪施
行等情據此除指令外合行令仰遵照並飭屬一体遵
照此令

福建省政府关于颁发处置迫降飞机掩护及伪装办法的训令

(1940年2月20日)a面　0168-001-0499

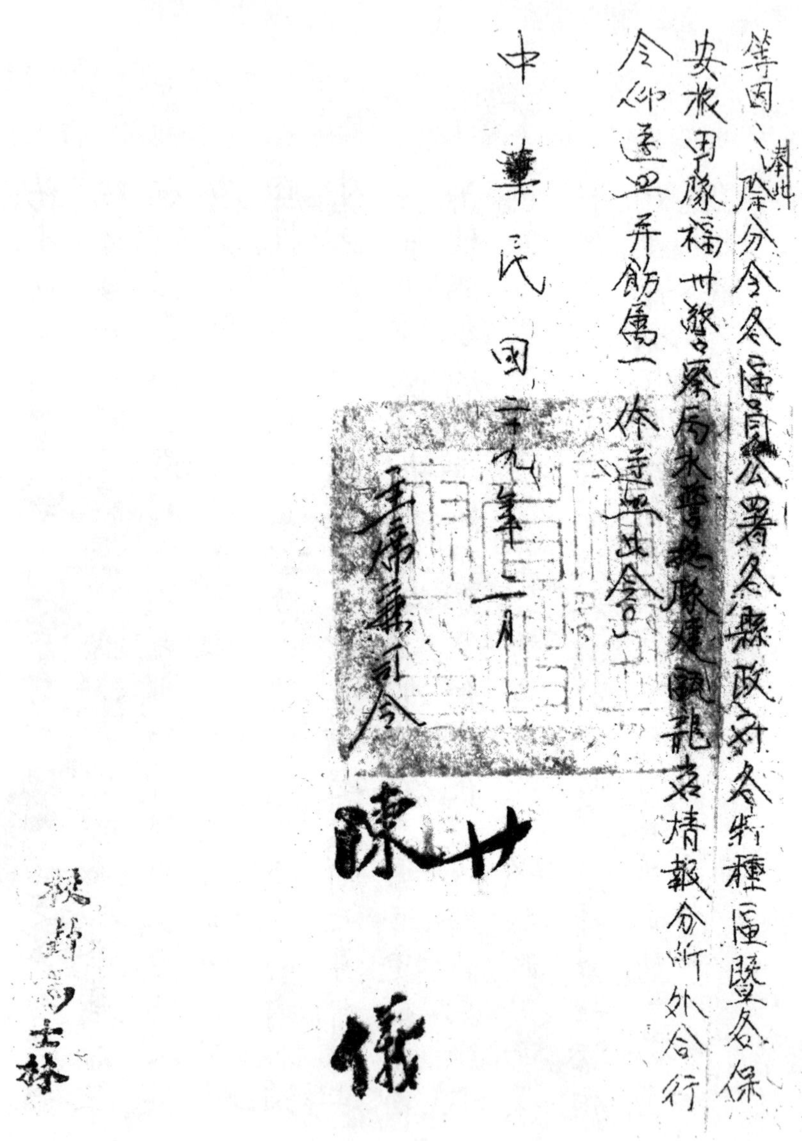
等因。准此，除分令各區專員公署、各縣政府、各特種區暨各保
安旅團隊、福州警察局、水警總隊、建甌、龍岩情報分所外，合行
令仰遵照，並飭屬一体遵照。此令。

中華民國二十九年二月　廿

主席兼司令　陳儀

福建省政府关于颁发处置迫降飞机掩护及伪装办法的训令

(1940年2月20日)b面　0168-001-0499

福建全省防空司令部快郵代電 防甲249號

事由：為對敵機一二架進襲處置辦法電仰遵照由。

霞浦縣政府奉航空委員會防積庚蓉字第二三三六號代電開密奉委座真令一亨字第四六五七號代電開據重慶衛戍劉總司令九月四日報告稱據載德國空軍某次以飛機一架襲倫敦并寔行俯衝投彈事後防空當局始行發佈警報云云竊思日本空軍雖未必能一變其作戰方法然以其慣于仿效萬一亦襲此敵技則事先不能不預為之備且重慶漸入霧季一二敵机之進襲監視隊哨頗難確辨其為偵察機抑為轟炸机因此對一二敵机之進襲是否仍遵前令不發警報抑或另行規定謹祈鑒核示遵等語經核定如下對敵机僅一二架向我都市進襲時可為如下處置(一)可於敵机到達我都市之空襲警報圈時佈置一種

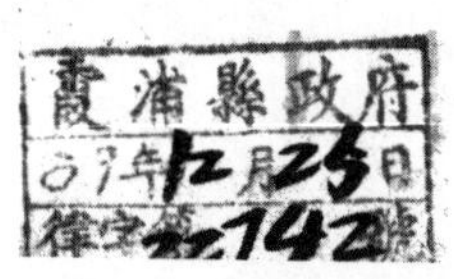

福建全省防空司令部关于对敌机一二架进袭处置办法的快邮代电

(1940年12月15日)a面 0168-001-0499

72

「單机空襲情報」(其標示可以併列懸掛現用之紅圓及綠長球各一、個表示之)使民衆知所戒備(二)空軍起飛迎擊(三)高射部隊準備射擊(四)并應通報各机關對發佈「單机空襲情報」時汽車不能趨避工場學校机關等有防空設備者仍照常繼續工作以上各項除令劉總司令遵照外關於第二第三兩項仰即轉飭各防空部隊遵照等因合行電仰知照并轉飭各防空部隊遵照等因除分電外合行電仰知照并轉飭防空部隊遵照為要陳儀卅防情申印

中華民國二十九年十二月　　日發

福建全省防空司令部关于对敌机一二架进袭处置办法的快邮代电

(1940年12月15日)b面　0168-001-0499

軍事委員會令　辦制渝字第3040號

茲制定「對降落敵機與其空軍陸戰隊之圍捕及其獎勵暫行辦法」公布之

前頒「對降落敵機獎勵辦法」及「對敵水上飛機降落圍捕暫行辦法」廢止之。此令。

中華民國三十年八月　日

委員長　蔣中正

军事委员会关于公布对降落敌机与其空军陆战队之围捕及其奖励暂行办法的命令

(1941 年 8 月)a 面　0168-001-0482

對降落敵機與其空軍陸戰隊之圍捕及其獎勵暫行办法

（軍委會三十年八月制渝字第304號令公布）

第一条 為防止敵机（含水上飛机以下同）在我領土內各地被擊或發生故障降落後企圖修理完好起飛或假他机營救以及空軍陸戰隊或放下奸宄與通信連絡器材等危害行為以擾乱我方秩序使其不能達成任務并防制其脫逃起見特訂定本办法

本办法所称空軍陸战隊係包括敵人降落傘兵與其運輸机着陸之部隊而言

第二条 各地駐軍監視哨兵或保安团隊壯丁（以下簡称各駐軍团隊）與民衆等如有發現敵机降落或空軍陸战隊與放下奸宄及器材等事應一面嚴密監視一面將目覩情形迅報附近駐軍監視哨兵

附件 对降落敌机与其空军陆战队之围捕及其奖励暂行办法（1941年8月）

b面 0168-001-0482

第三条 各地驻军团队壮丁得到前条之报告或自行发现前条之情形，须即往围捕各驻军团队当空袭时须自行临时设置对空监视哨兵并于各该都市郊外或辟地后方之适当地点或于堪以降落之水陆交通要点及平坦开阔地分别酌予控置部队并择要配置高射及远射程火器之部队，惟于必要设法加以阻绝，但在水面可能时并依情况准备武装汽艇或武装船只。

各重要城市之湖沼其长在二千公尺及水深在三公尺以上者，敌机均可起落，应设法加以阻绝，并将一切船只加以登记，俾必要时可以统制运用。

第四条 各驻军团队等于包围后认明确系敌机与其飞

42

附件 对降落敌机与其空军陆战队之围捕及其奖励暂行办法（1941年8月）

a面 0168-001-0482

行人員或其空軍陸戰隊與奸宄等，應按當時情形設法捉捕，勿使脫逃，并搜繳其器材。

各該地民衆如目覩前項情形，應自動前往協助各駐軍團隊等圍捕，但於包圍後，如認明確係我機，須驗明駕駛員之身份証，妥為護送至附近駐軍司令部或當防空司令部（保安處），但須特別注意無身份証明書之我方外籍志願空軍駕駛員。

第五條　各駐軍團隊等於包圍後，對於敵之飛行人員與奸宄等除捉捕外，不得加以傷害，但有逃逸及拒捕抵抗者，尤以對敵空軍陸戰隊，應迅即殲滅之。

第六條　對俘獲之敵機，應由駐軍團隊與民衆，設法予以隱蔽或偽裝，使敵在空中不易尋獲，并應注意飞机之

附件　对降落敌机与其空军陆战队之围捕及其奖励暂行办法(1941年8月)

b面　0168-001-0482

經[illegible][illegible]落及禁止聚衆圍觀等事。

第七条 对俘獲之敵机，以設法保全原狀，俾我軍能利用為主，但遇有其他敵機為營救該項降飛機及人員時，得以有效之手段制止之。

第八条 凡俘獲敵机與其飛行人員及其空軍陸戰隊與奸宄時，除敵机之机上所有儀表、武器等物設法妥為監守，慎防破毀，并嚴禁竊取或破壞外，其飛行人員及空軍陸戰隊與奸宄等并其隨身所攜武器、器材、軍用文書圖表財物等項，應即一併解送當地最高軍政机關。

第九条 當地最高軍政机關对各駐軍團隊或民衆等解繳之俘獲敵人，須即電軍政部聽候處理，但武器、器材及軍用文書圖表等應繳送最近之航空机關，至俘獲

附件　对降落敌机与其空军陆战队之围捕及其奖励暂行办法(1941 年 8 月)

a 面　0168-001-0482

敵机，則迅電航空委員會聽候處理。

第十条　各駐軍司隊及民眾等俘獲敵机與其飛行人員或空軍、陸戰隊與奸宄之獎勵，应依照修正俘虏及戰利品處置與賞罰办法，以暨捕獲敵人或叛逆及破壞敵人軍用場所獎賞办法所定之賞格發給獎，如不願領受獎金者，得按照其他法令優予金錢以外之獎勵。

第十一条　民眾对於敵机與其飛行人員或其空軍陸戰隊與奸宄等有適应机宜異常出力先於軍隊捕獲經查明屬实者，除按照前條賞格發給獎外，并按俘獲人員武器器材飛机等類別及当時情節另加照所定賞額二分之一至一倍之獎金

第十二条　对於敵机與其飛行人員或空軍、陸战隊与奸宄等，如係各駐軍团隊与民眾合力捕獲者，其獎金按軍隊与民眾双方人數均攤發給，若係軍隊或民眾獨力捕獲

附件　对降落敌机与其空军陆战队之围捕及其奖励暂行办法(1941 年 8 月)

b 面　0168-001-0482

者則單獨發給其獎金倘軍民兩方發生「爭」執時應
由當地高級軍事長官証明或評判之
第十三條 各駐軍團隊等如任敵机從容修理与被營救逃
去或坐視敵之飛行人員或其空軍陸战隊与奸宄
逃脫者均以瀆職論罪
第十四條 各駐軍团隊与民衆等因圍捕而傷亡者應分别依
照「陸軍撫卹暫行條例」及「人民守土傷亡撫卹實
施办法」撫卹
第十五條 本办法自公佈日施行
前頒「对降落敵机色勤辦法」及「对敵水上飛机降
落圍捕暫行辦法」同時廢止。

附件 对降落敌机与其空军陆战队之围捕及其奖励暂行办法(1941年8月)
0168-001-0482

福建全省防空司令部快郵代電防乙字第653號

事由：奉轉对降落敵機與其空軍陸战隊之圍捕奖勵暫行辦法由

霞浦縣政府：奉軍事委員會委員長蔣本年八月五日辦制渝字第一三〇四〇號訓令開："查对降落敵机色勳辦法及'對敵水上飛機降落圍捕暫行辦法'前經本會二十八年十一月十三日辦制渝字第九六號訓令及二十九年八月二十五日辦制渝字第一八一六號訓令先後飭遵在案。茲為獎勵人民捉捕敵空軍陸戰隊以補軍隊之疏緩，及不足計，經合併修訂為'對降落敵機與其空軍陸战

林
〇

福建全省防空司令部关于转发对降落敌机与其空军陆战队之围捕奖励暂行办法的代电

(1941年9月9日)a面　0168-001-0482

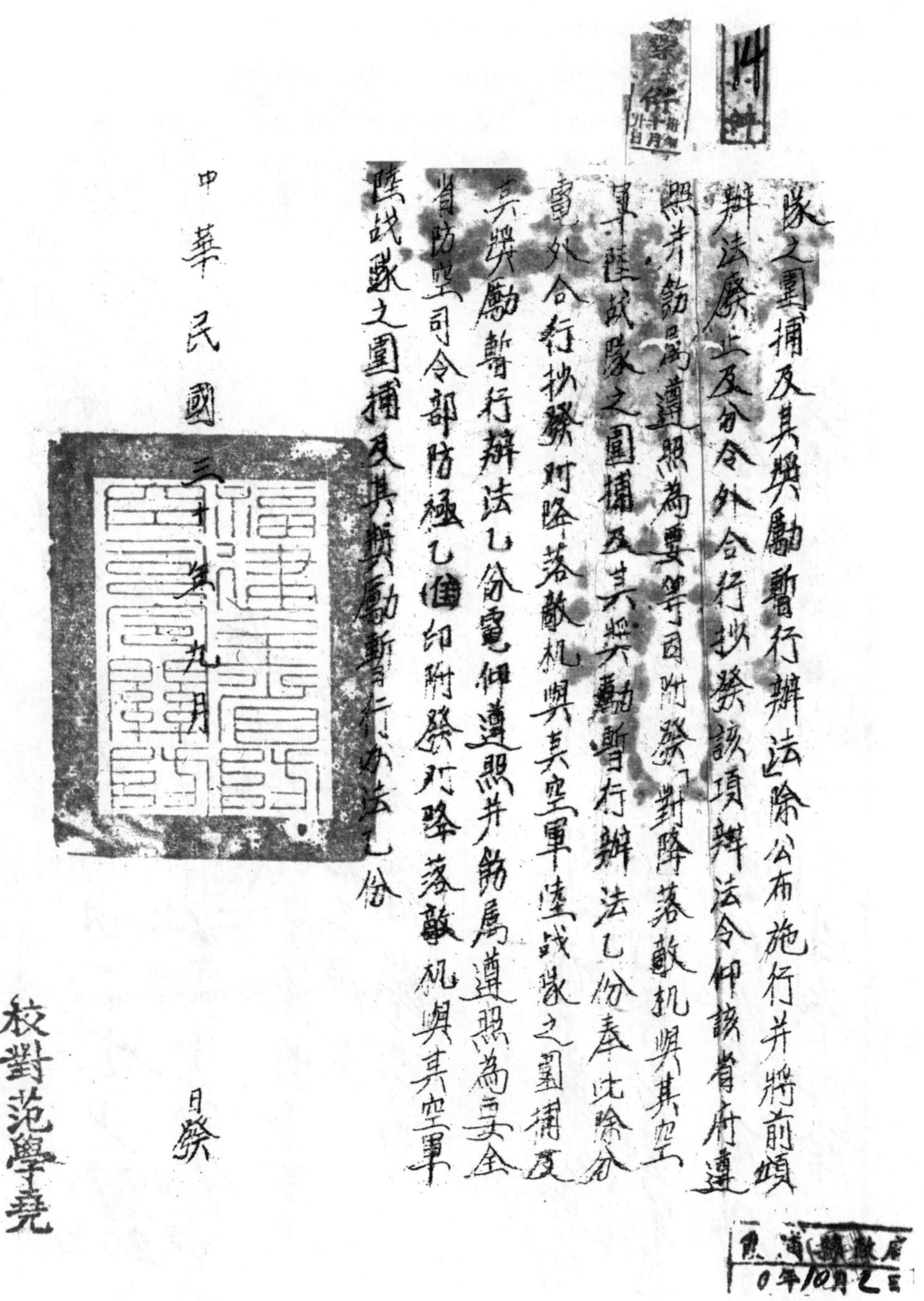
隊之圍捕及其獎勵暫行辦法除公布施行并將前頒
辦法廢止及分令外合行抄發該項辦法令仰該省府遵
照并飭屬遵照為要等因附發「對降落敵机與其空
軍陸戰隊之圍捕及其獎勵暫行辦法」乙份奉此除分
電外合行抄發「對降落敵机與其空軍陸戰隊之圍捕及
其獎勵暫行辦法」乙份電仰遵照并飭屬遵照為要全
省防空司令部防極乙印附發「對降落敵机與其空軍
陸戰隊之圍捕及其獎勵暫行辦法」乙份

中華民國三十年九月　日發

校對范學堯

福建全省防空司令部关于转发对降落敌机与其空军陆战队之围捕奖励暂行办法的代电

(1941 年 9 月 9 日)b 面　0168-001-0482

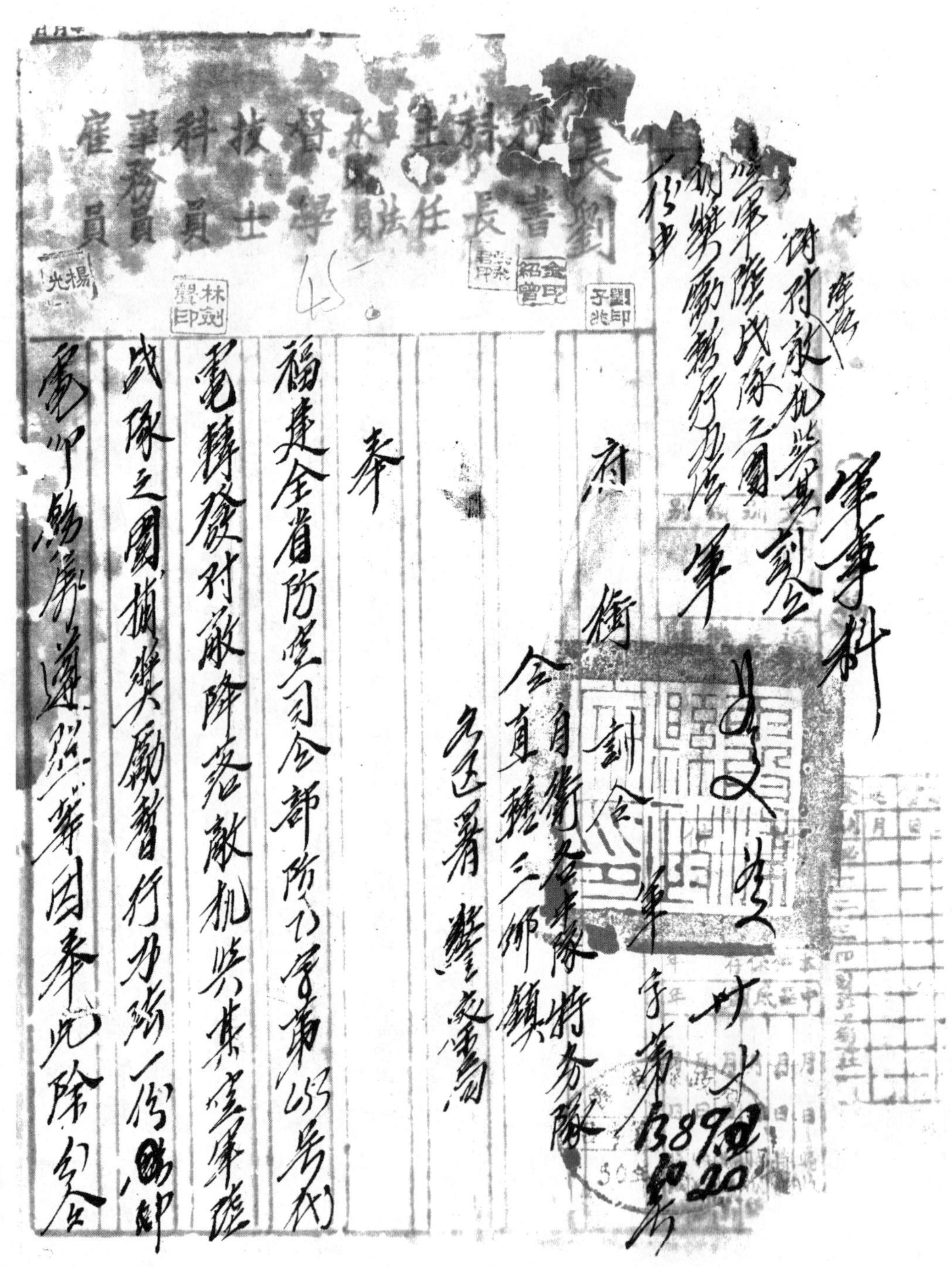

霞浦县政府关于转发对降落敌机与其空军陆战队之围捕奖励暂行办法的训令

(1941 年 10 月 23 日)a 面　0168-001-0482

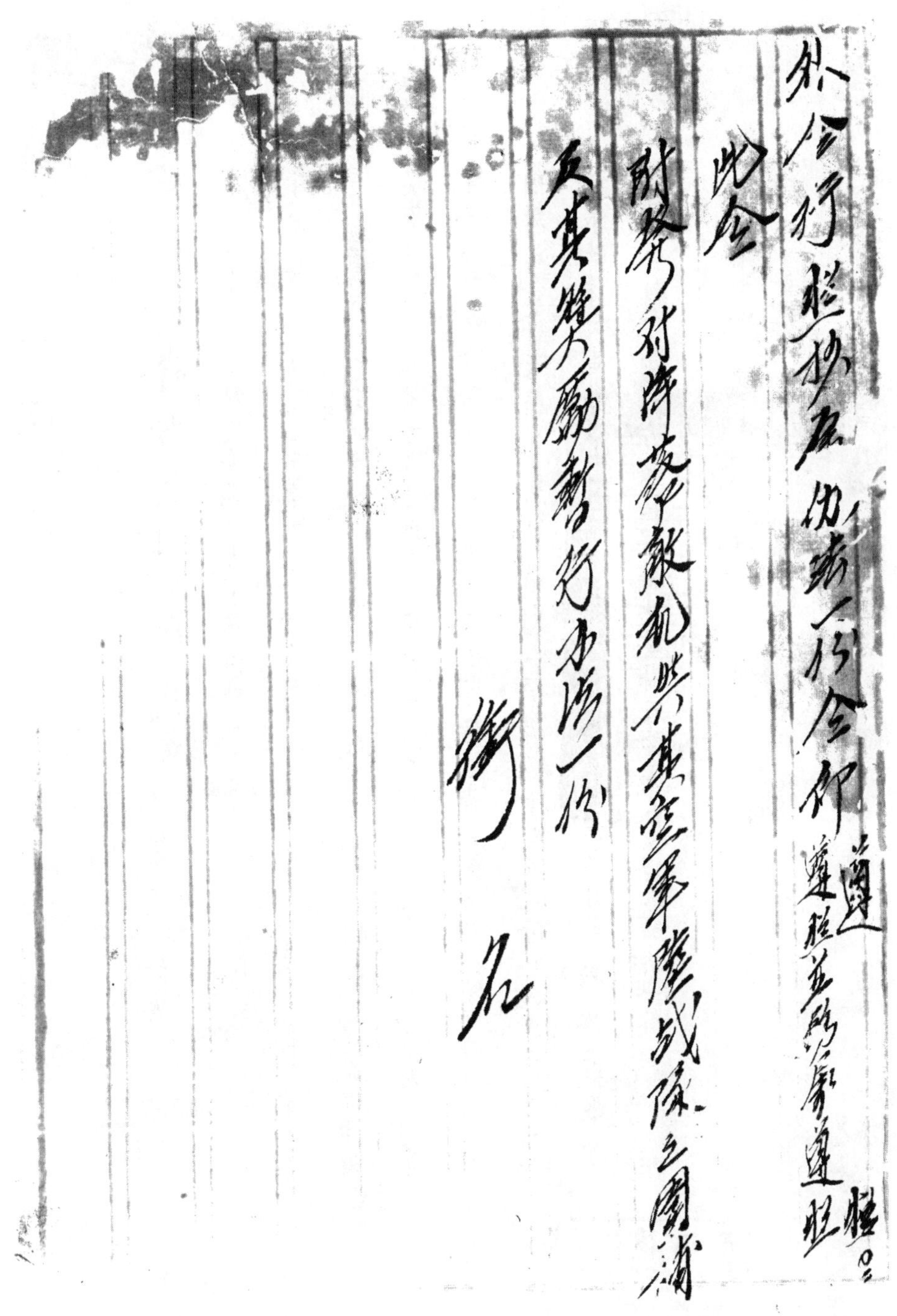
外合行抄发原办法一份令仰遵照并转所属遵照

此令

附发对降落敌机与其空军陆战队之围捕

及其奖励暂行办法一份

衔 名

霞浦县政府关于转发对降落敌机与其空军陆战队之围捕奖励暂行办法的训令

(1941 年 10 月 23 日)b 面　0168-001-0482

福建全省防空司令部代電　防乙字第682號

事由：奉轉對廹降飛机處置辦法仰遵照由。

霞浦縣政府：奉軍委會委員長蔣本年八月十三日辦制瑜字第三零三九號訓令開：查對廹降飛机處置辦法前經航空委員會公佈實施在案，茲據該會呈稱：為奬勵各地軍民迅捷處理失事損失之飛机，應見呈請對原頒辦法予以修正等情，查所擬尚屬可行，除指令並分行外，合行抄發該項辦法，令仰該府飭屬一体遵照為要等因，附抄發對廹降飛机處置辦法一份，奉此，除分電外，合亟抄發原辦法一份，電仰遵照，並飭屬一体遵照。全省防空司令部。附抄發對廹降飛机處置辦法一份。

中華民國三十年九月　日發

福建全省防空司令部关于转发修正对迫降飞机处置办法的代电

(1941年9月27日)a面　0168-001-0482

修正對迫降飛机處置辦法 三十年八月 日軍委會辦制渝字第三〇三九號訓令修正

一、[illegible]各縣保甲民衆及保安團隊對迫降飛机處置常識以期迅赴事机起見應遵照軍委會公佈之「對降落敵机與其空軍陸戰隊之圍捕及其奬勵暫行辦法」暨航委會頒發之「迫降飛机掩護與偽裝辦法」特訂對迫降飛机處置辦法（以下簡稱本辦法）

二、凡各地發現因天氣突變或發生故障被迫降落之敵我飛机均照本辦法處理

三、對迫降敵机之處置

1、凡迫降之敵机為防止其企圖修復及被其他敵机營救逃去起見當地保甲人員或保安團隊應立即設法包圍監視先將其飛行員捕獲卸除武裝妥為看守同時將敵机移開原地置於隱蔽之處并加掩蓋或偽裝務使敵人無法偵知為要

2、敵如有見我包圍監視即行逃逸或抵抗情形則射殺之若兵力不足時應一面嚴密監視其行動一面飛報附近駐軍或有關机關如可空

附件　修正对迫降飞机处置办法(三十年八月 军委会办制渝)

(1941年8月)b面　0168-001-0482

監視隊哨等請其迅派部隊協勦

3,如係敵之空軍陸戰隊(係指降落傘兵與運輸机著陸之部隊而言)降落欲施行其奸宄擾乱破壞之企圖時應由駐在附近之警備部隊或憲警協力迅予殲滅或捕獲并搜繳其器械

4,各地民衆及團隊有適應机宜異常出力將敵机扣留或生擒奸宄與空軍陸戰隊并繳獲其器材經証明屬寔者應按當時情節分别參照軍委會修正戰時俘虜及戰利品處置辦法所定賞格標準表與捕獲敵人或叛逆及破壞敵人軍用場所獎賞辦法酌予獎勵

5,凡因捕敵遭受抵抗而致負傷或陣亡者應按其身份依照陸軍撫卹暫行條例及人民守土傷亡撫卹實施辦法分别撫卹之

四,對迫降我机處置

1,如確認為我机被迫降落時除對飛行員善為保護外應迅將飛

附件 修正对迫降飞机处置办法(三十年八月 军委会办制渝)

(1941年8月)a面 0168-001-0482

机移置隱蔽良好地点并施以與附近地物色彩相類似之偽裝同時報告當地防空机關或警備衛戍部

2、迫降飛机如在沙灘或水面上者以趕速設法移入樹林中另架蓆棚掩蔽為妥如因體大或过重不及移動者在移運以前應立即就近采用蘆蓆草蓆或油布舊布等易於搜集之掩蔽物將机遮盖各種蓆布應用不同之顏色且盖後須注意周边以不露出飛机之輪廓(丁字形)為要務使敵机自空中視之為一蓆棚或垃圾堆

3、迫降飛机如在山林或草地上應立即利用当地樹枝雜草加以掩蔽或用魚網先盖机上再用樹枝雜草插於網上使与附近草樹同色若在樹林中即伐附近樹木小枝遮盖之如所遮盖之草樹乾枯變色應隨時更換務使敵机在空中視為一草堆而不露出飛机之形狀為要。

附件　修正对迫降飞机处置办法(三十年八月 军委会办制渝)

(1941年8月)b面　0168-001-0482

五、凡敵我飛机迫降一經当地軍民救護後應用迅速方法電報航空委員會

六、遇有迫降之不明机應一律保護对我方外籍（友邦）志願空軍駕駛員尤須特加愛護对飛机之掩護照本辦法第四條辦理

七、凡迫降之飛机在未經呈准搬運以前應由當地地方政府或駐軍負責看護酌派必要之警戒部隊警戒距机周圍一華里以內絕止閑人逼近以防奸宄偵知

八、各縣保安團隊对迫降飛机處置敏捷適[illegible]因獲顯著之功效者除按陸海空軍獎勵規則酌予獎勵外最先發現之報告人或團隊得酌給一百元至五百元之獎金如因處置不力使敵机從容修復與營救逃去或任奸宄與空軍陸戰隊等逃脫及我机迫落後因處置遲緩被敵窺知炸燬時均應分別議處

附件 修正对迫降飞机处置办法(三十年八月 军委会办制渝)

(1941 年 8 月)a 面 0168-001-0482

九、各地軍民因報告迫降飛机所用之電報費旅費及因做掩護隱蔽所之工料費或看守人之伙食費等均由保甲長取具单据或証明請縣政府或駐軍先行核定墊發轉報航空委員會具領歸墊

十、拾獲之飛机零件應即送交保甲長或縣政府駐軍妥為保管交由空軍人員視机件之大小及損壞程度酌給奬金

十一、本辦法自公布之日施行

附件　修正对迫降飞机处置办法(三十年八月 军委会办制渝)

(1941 年 8 月)b 面　0168-001-0482

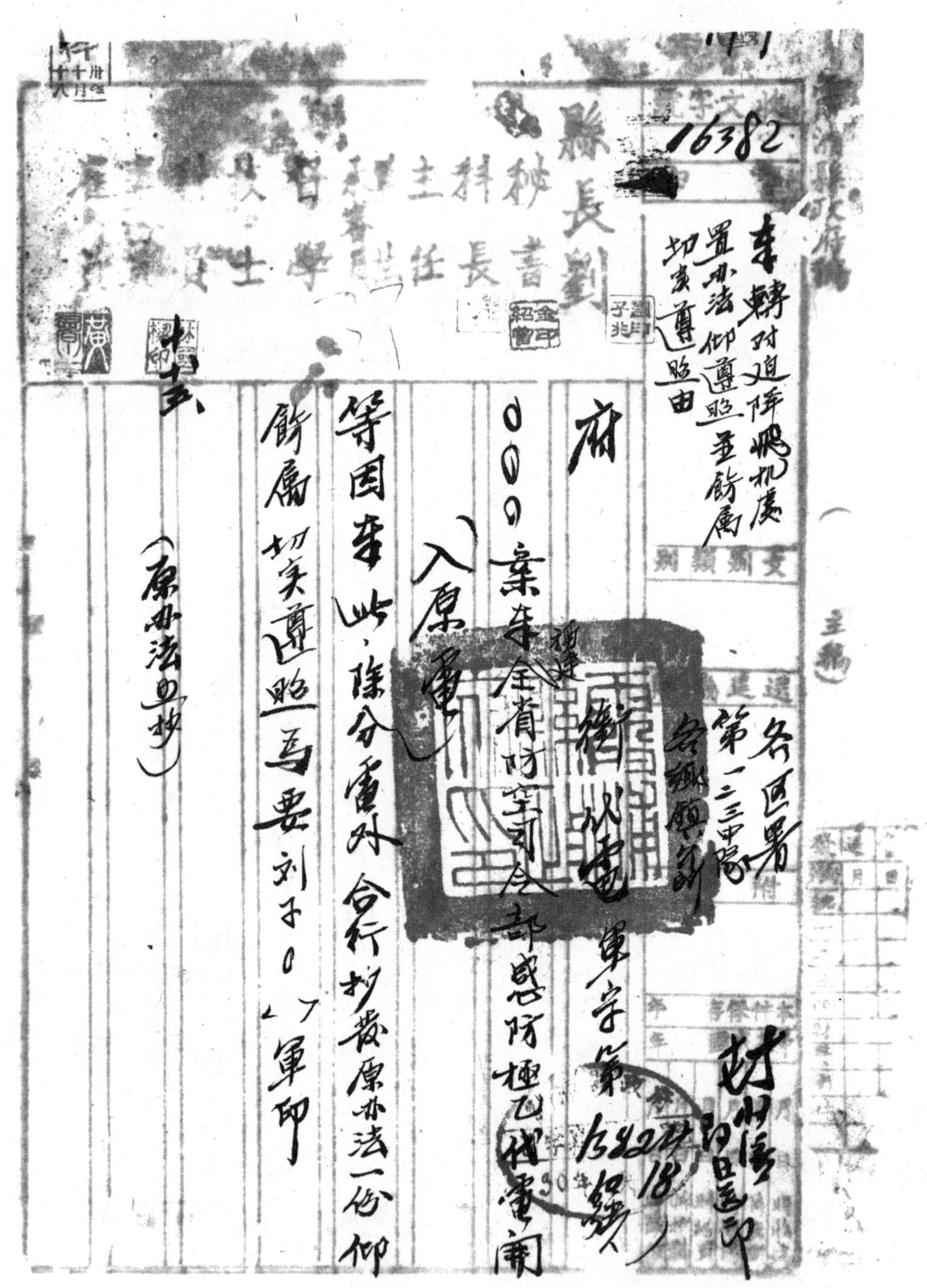
奉转对迫降飞机处置办法仰遵照并饬属切实遵照由

各区署
第一二三中队
各乡镇公所

衔代电　军字第　号

府○○○案奉全省防空司令部感防极飞代电开

入原电

等因奉此，除分电外，合行抄发原办法一份，仰

饬属切实遵照为要。刘子○　军印

（原办法附抄）

霞浦县政府关于转发对迫降飞机处置办法并饬属切实遵守的代电

（1941 年 10 月 18 日）　0168-001-0482

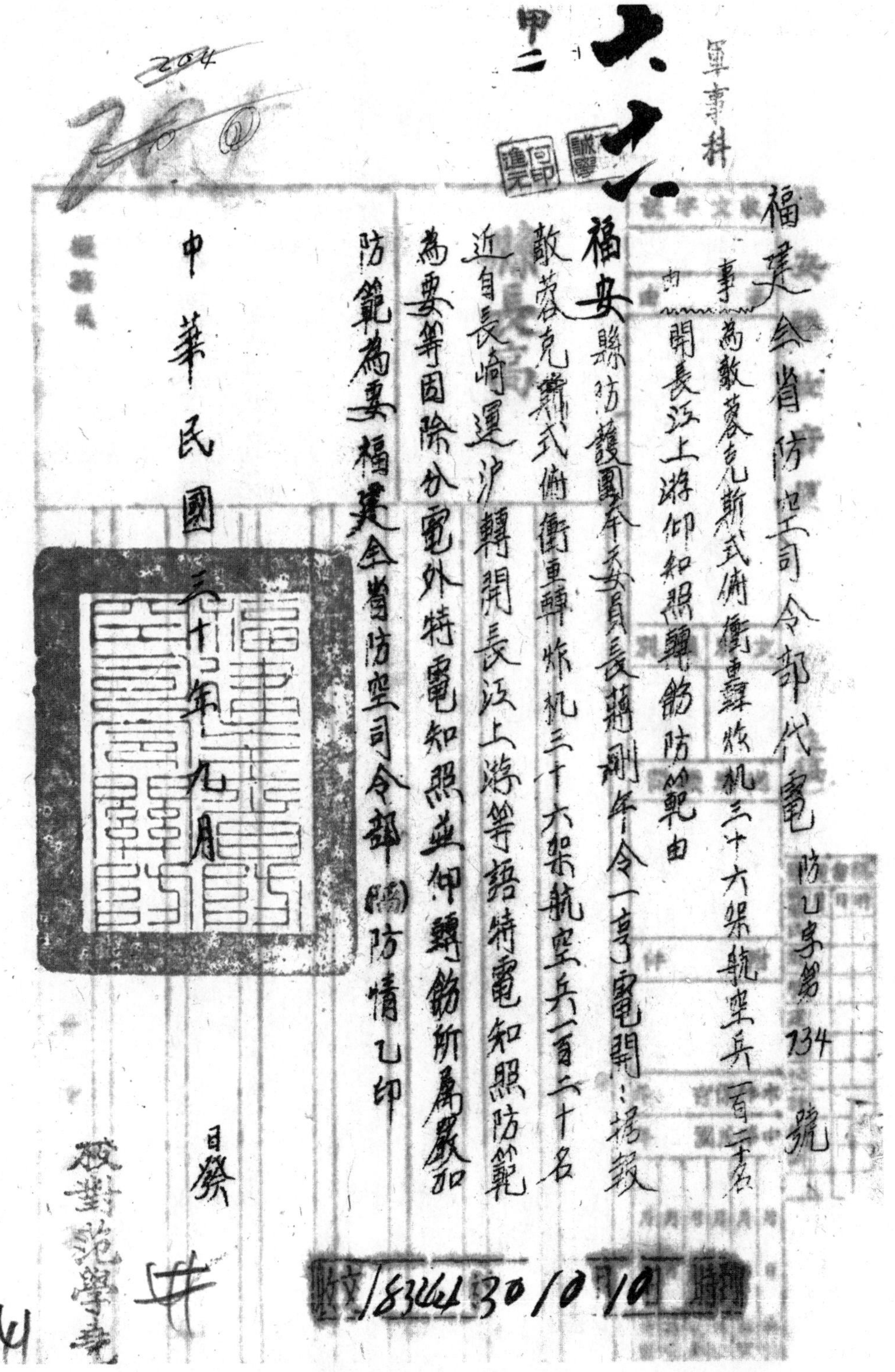
军事科

甲二 六十六

福建全省防空司令部代电　防乙字第734号

事由：为敌蔡克斯式俯冲轰炸机三十六架航空兵一百二十名开长江上游仰知照转饬防范由

福安县防护团本兼团长蒋：刚奉令一亨电开：“据报敌蔡克斯式俯冲轰炸机三十六架航空兵一百二十名近自长崎运沪转开长江上游等语特电知照防范为要”等因除分电外特电知照并仰转饬所属严加防范为要。福建全省防空司令部（防）防情乙印

中华民国三十年九月　日发

校对：范学幸

收文 18364 30/10/10

福建全省防空司令部关于敌轰炸机三十六架航空兵一百二十名开长江上游饬属防范的代电（1941年9月30日）　0158-001-0706

福建全省防空司令部快郵代電 防乙字第764號

事由 准桂林辦公廳電為嚴防敵傘兵在我部隊後方降落活動請嚴加注意等由仰飭屬嚴密注意防範由

霞浦縣政府：准軍委會桂林辦公廳主任李濟深長桂辦戰一電開「准軍令部申篠一元二電據衛副長官德真電九月虞辰平漢路沙河敵千餘分途向西猛犯并有敵机多架助戰當敵我激戰於王村街一綫時敵寇曾于我陣地後利用降落傘兵多名襲擾我之側背使我軍早已採取有效之佈置敵傘兵未能得逞等情查敵寇前在中條山会戰時曾用降落傘兵廿餘名降落垣曲

霞浦縣政府 30年10月22日 字第6930號

福建全省防空司令部关于严防敌伞兵在我部队后方降落活动并饬属严密注意防范的快邮代电(1941年10月6日)a面 0168-001-0517

附近妨復对我十八集團軍試用傾甚注意希飭各部嚴加防範等由希飭屬注意嚴加防範為荷等由准此除分電外合行電仰遵照并飭屬切加注意嚴密防範為要全省防空司令部防極乙（魚）印

中華民國三十年十月　日發

福建全省防空司令部关于严防敌伞兵在我部队后方降落活动并饬属严密注意防范的快邮代电(1941年10月6日)b面　0168-001-0517

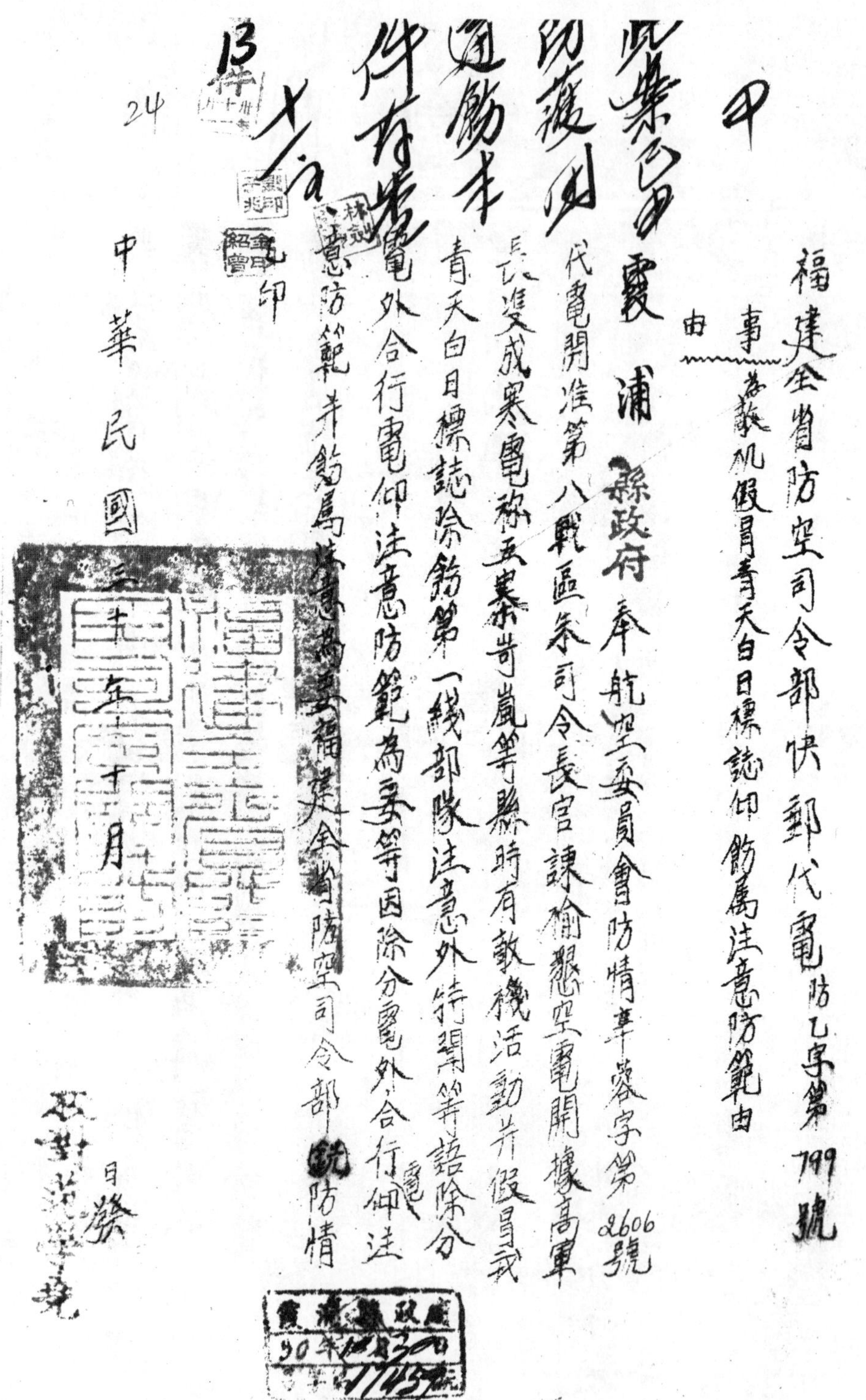
福建全省防空司令部快郵代電 防乙字第799號

事由 為敵机假冒青天白日標誌仰飭屬注意防範由

霞浦縣政府 奉航空委員會防情華蓉字第2606號代電開准第八戰區參司令長官諌俞懇空電開據高軍長準戈成寒電稱五寨苛嵐等縣時有敵機活動並假冒我青天白日標誌除飭第一線部隊注意外特聞等語除分電外合行電仰注意防範為要等因除分電外合行仰注意防範并飭屬注意為要 福建全省防空司令部銑防情

中華民國三十年十月 日發

福建全省防空司令部关于敌机假冒青天白日标志饬属注意防范的快邮代电

（1941 年 10 月 16 日） 0168-001-0517

福建省政府教育廳密訓令

事由：密

令福安縣立初級茶業職業學校

案奉

教育部總字第一九零六七號訓令開

「案奉 行政院機字一一八八號密訓令開『案准軍事委員會三十年四月卅日令一亨昂代電開查以次歐戰德軍運用降落傘部隊以行閃電戰擧世震驚為防倭寇效顰前經本會防空監部及軍令部編發『對空降隊戰鬥之對策』及作戰教令第十四號並經由防空學校組織軍隊游動訓練班分派各戰區召集部隊及地方團隊巡迴訓練在案惟對發現敵降落傘部隊警報辦法尚未規定茲查銅鑼為鄉各地均極普通最合發佈此項警報之用特分別規定辦法如下(一)無論城(鎮)鄉村於發現敵降落傘部隊時由該處之區鎮(村)保甲長或指定人

福建省政府教育厅转发行政院关于发现敌降落伞部队警报办法的密训令

(1941年10月26日)a面　0165-001-0011

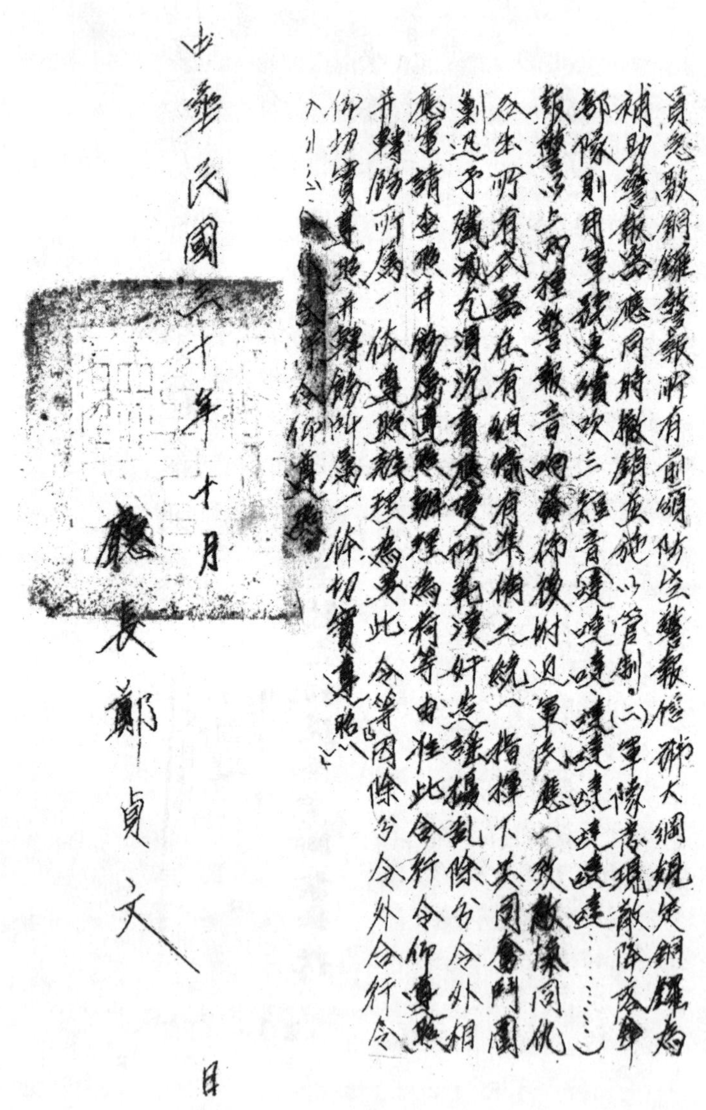

員急敲銅鑼警報所有前頒防空警報信號大綱規定銅鑼為
補助警報器應同時撤銷並施以管制(二)軍隊發現敵降落傘
部隊則用軍號連續吹三短音(嘀嘀嘀……嘀嘀嘀……)
報警以上兩種警報音響務仰後附近軍民應一致敵愾同仇
各本所有武器在有組織有準備之統一指揮下共同奮鬥圍
剿迅予殲滅尤須注意防範漢奸造謠擾亂除分令外相
應電請查照并飭屬遵照辦理為荷等由准此合行令仰遵照
并轉飭所屬一体遵照辦理為要此令等因除分令外合行令
仰切實遵照并轉飭所屬一体切實遵照

中華民國三十年十月 日

廳長 鄭貞文

福建省政府教育厅转发行政院关于发现敌降落伞部队警报办法的密训令

(1941年10月26日)b面 0165-001-0011

福建全省防空司令部快郵代電 防乙字第839號

事由 為對敵傘兵情報各防空監視隊哨轉發時應一律冠
以緊急防空報告俾電局得立予接線電仰飭屬遵照由

福安縣政府 奉航空委員會委員長蔣本年九月馬對辛
蓉第二八五四號代電開「查傘兵情報列為防空情報業經
電准交通部轉飭各地電局照辦並以九月防情辛蓉字第
二六○三號徵代電飭遵在案茲准交通部本月第一九三八○號
徵電業代電開前嘱將傘兵情報電話列為防空情報電
話各節本部八月第1447號馬電業經代電諒已照及茲據湖
南電政管理局八月艳電請規定該項傘兵情報電話符號
等情查防空情報電話符號為便利電局司机接綫不致
發生混淆起見種類不宜繁多關於傘兵情報電話擬請
規定視同緊急防空情報電話各防空監視隊哨在轉發

福建全省防空司令部关于对敌伞兵情报转发时应一律冠以紧急防空报告俾电局得立予接线的快邮代电(1941 年 10 月 31 日)a 面 0158-001-0807

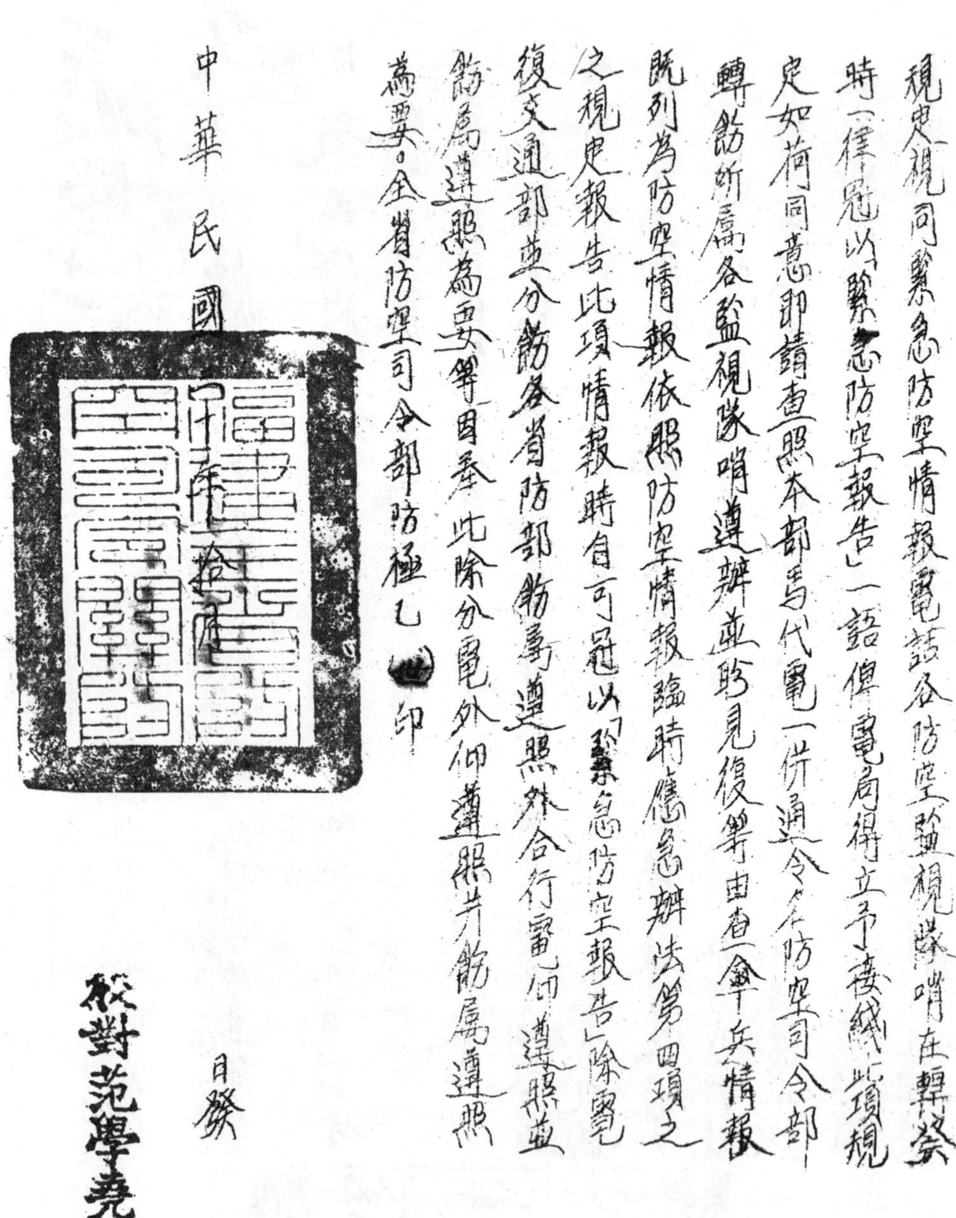

規定視同緊急防空情報電話各防空監視隊哨在轉發時一律冠以緊急防空報告一語俾電局得立予接線此項規定如荷同意即請查照本部号代電一併通令各防空司令部轉飭所屬各監視隊哨遵辦並盼見復等由查傘兵情報既列為防空情報依照防空情報臨時應急辦法第四項之之規定報告此項情報時自可冠以緊急防空報告除電復交通部並分飭各省防部飭屬遵照外合行電仰遵照並飭屬遵照為要等因奉此除分電外仰遵照并飭屬遵照為要。全省防空司令部防極乙 印

中華民國 日發

校對范學堯

福建全省防空司令部关于对敌伞兵情报转发时应一律冠以紧急防空报告俾电局得立予接线的快邮代电(1941 年 10 月 31 日)b 面　0158-001-0807

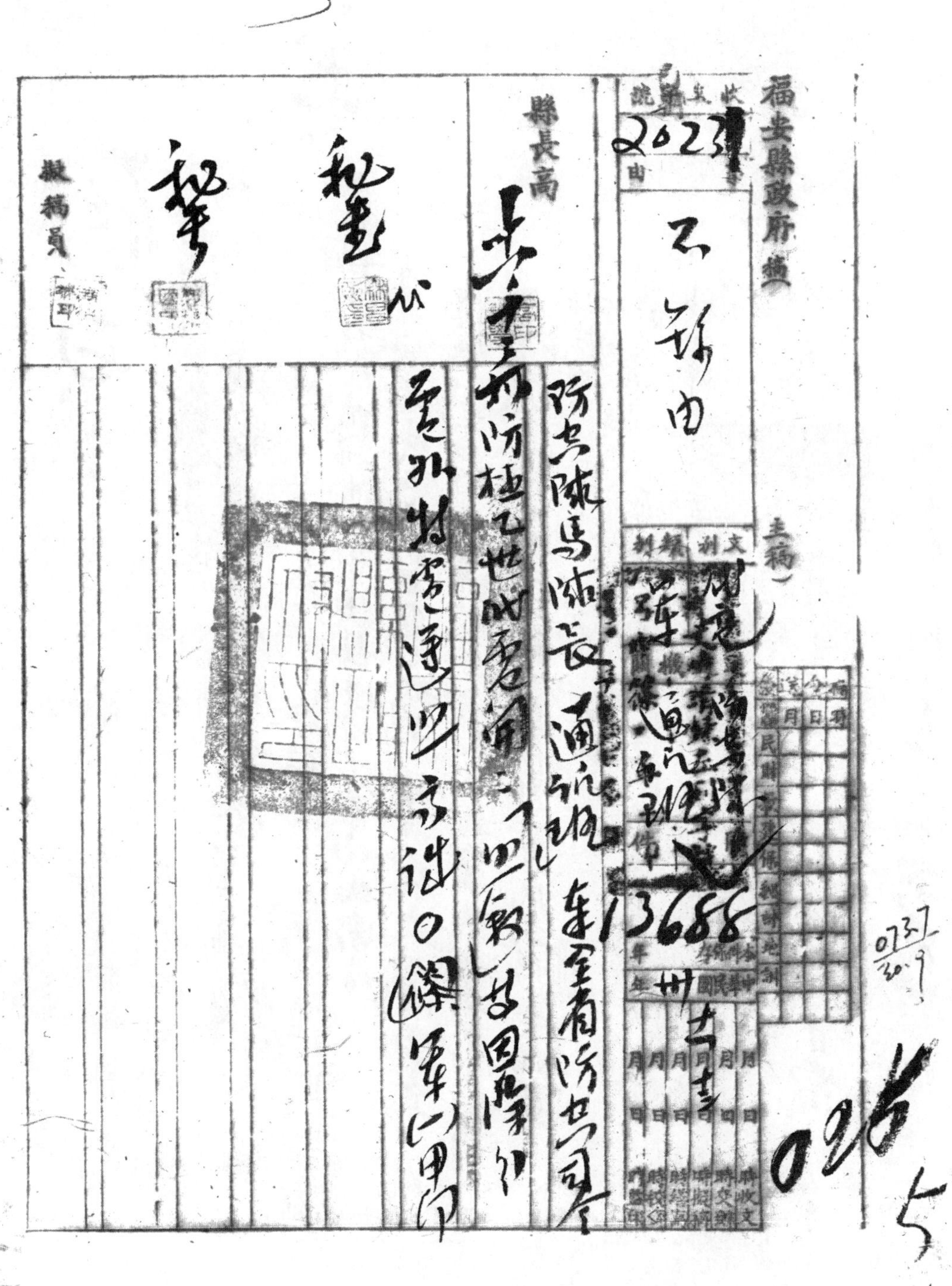
福安縣政府稿

縣長高

擬稿員

福安县政府关于对敌伞兵情报转发时应一律冠以紧急防空报告俾电局立予接转的代电

（1941 年 11 月 17 日） 0158-001-0807

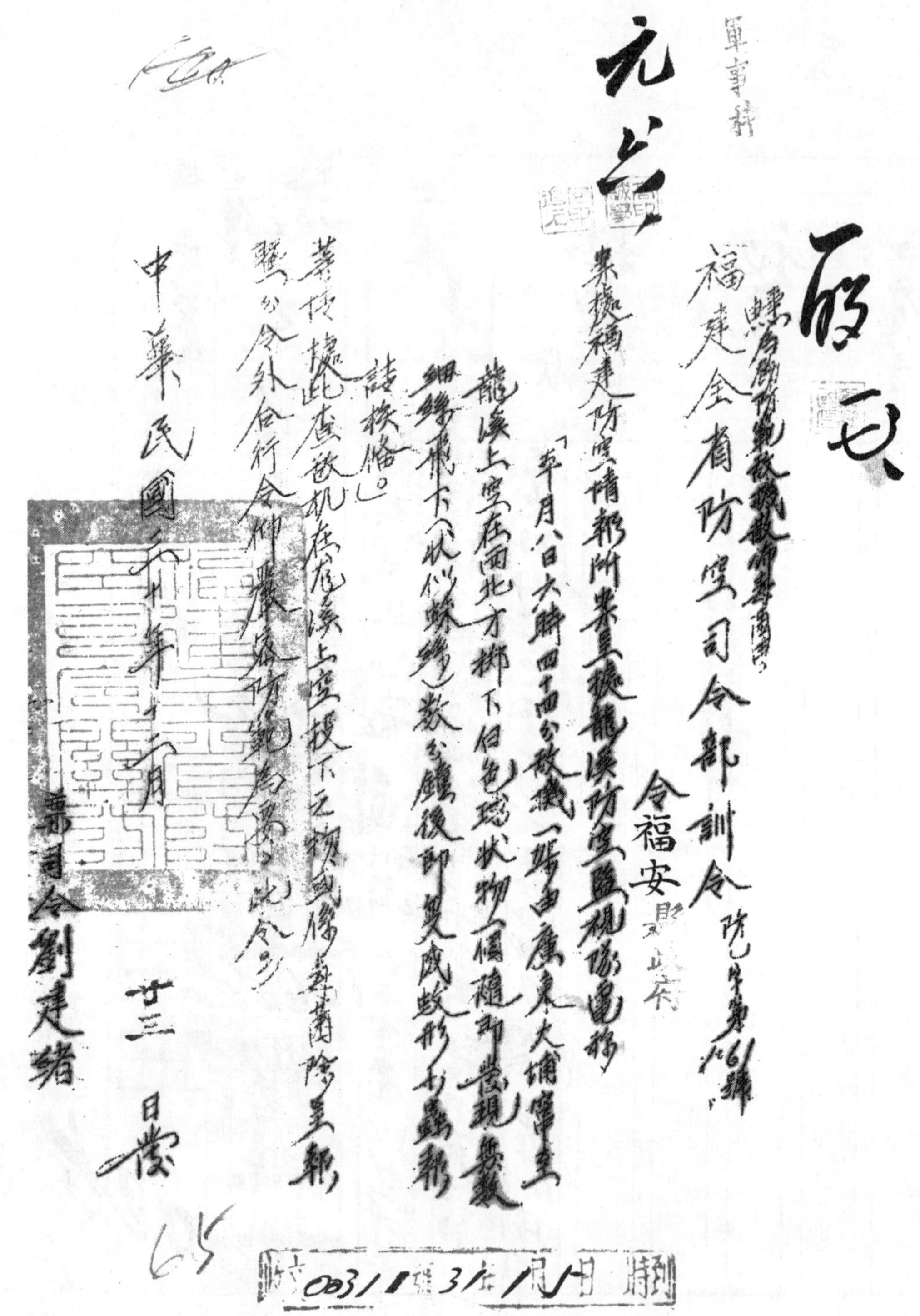

軍事科

啟七

為防範敵機散布毒菌由

福建全省防空司令部訓令　防几字第761號

令福安縣政府

案據福建防空情報所案呈據龍溪防空監視哨電稱：

「本月八日六時四十五分敵機一架由廣東大埔竄至龍溪上空，在西北方鄉下白色絲狀物，隨即發現無數細絲飛下（狀似蛛絲），數分鐘後即變成數形小點」等情，

請核備。

等情，據此，查敵机在龍溪上空投下之物或係毒菌，除呈報暨分令外，合行令仰嚴密防範為要。此令。

中華民國三十年十二月廿三日發

兼司令　劉建緒

65

福建全省防空司令部关于防范敌机散布毒菌的训令(1941 年 12 月 23 日)

0158-001-0722

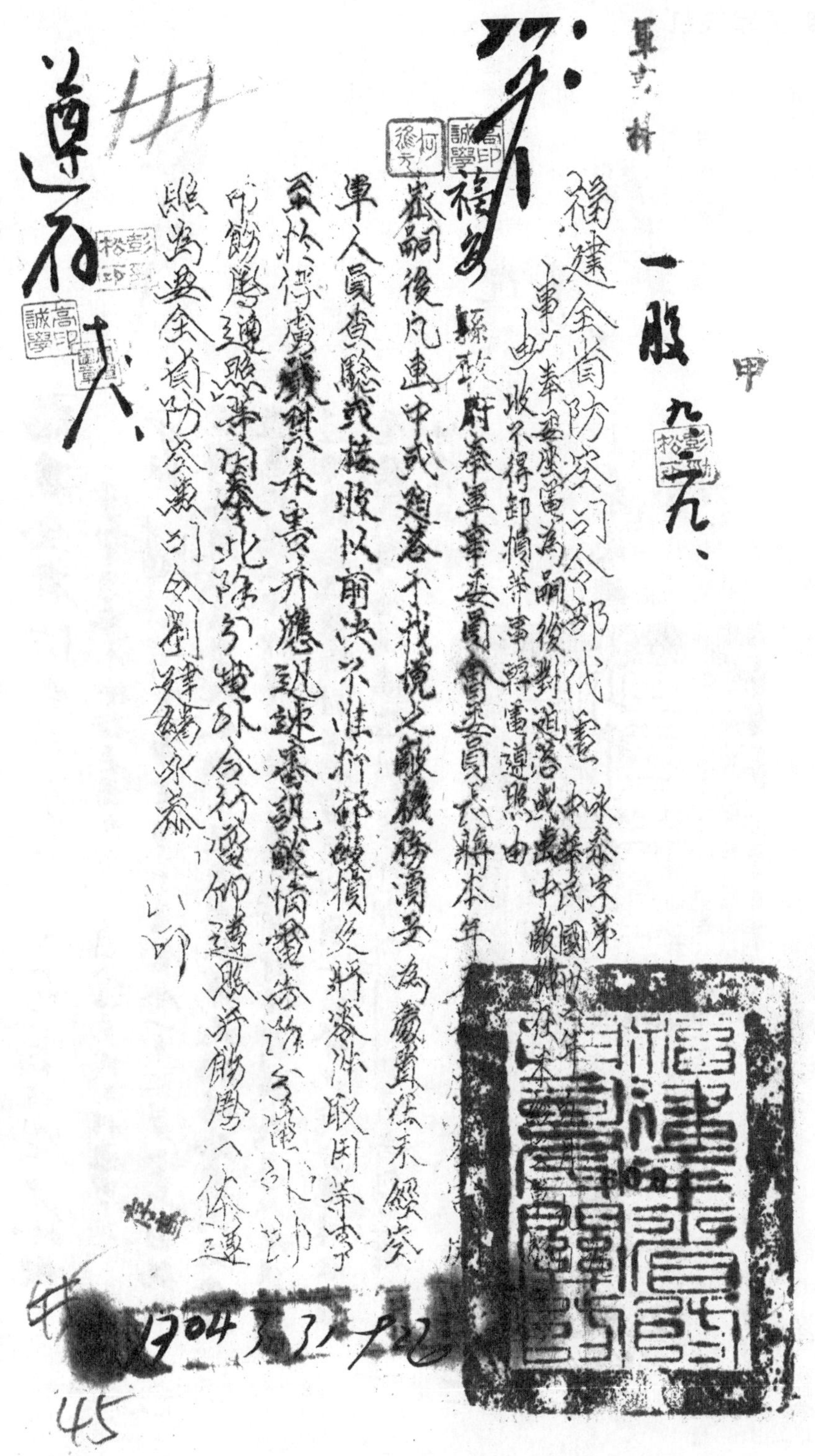

軍事科 一般 九二九

福建全省防空司令部代電 泳泰字第

事由 奉委座電為嗣後對迫落或擊中敵機非經空軍驗收不得卸損等因轉電遵照由

福安縣政府 奉軍事委員會委員長蔣本年[illegible]

嗣後凡遇中或迫落于我境之敵機務須妥為處置在未經空軍人員查驗或接收以前決不准擅行卸毀損及將零件取用等事

除於得獲敵機未奉專令前應迅速審訊敵情[illegible]

所飭屬遵照等因奉此除分電外合行電仰遵照并飭屬一體遵照為要 全省防空司令劉建緒 未齊 印

福建全省防空司令部关于对迫落或击中敌机未经空军验收不得卸损的代电

（1942 年 9 月 9 日） 0158-001-0725

2.救助盟军飞机

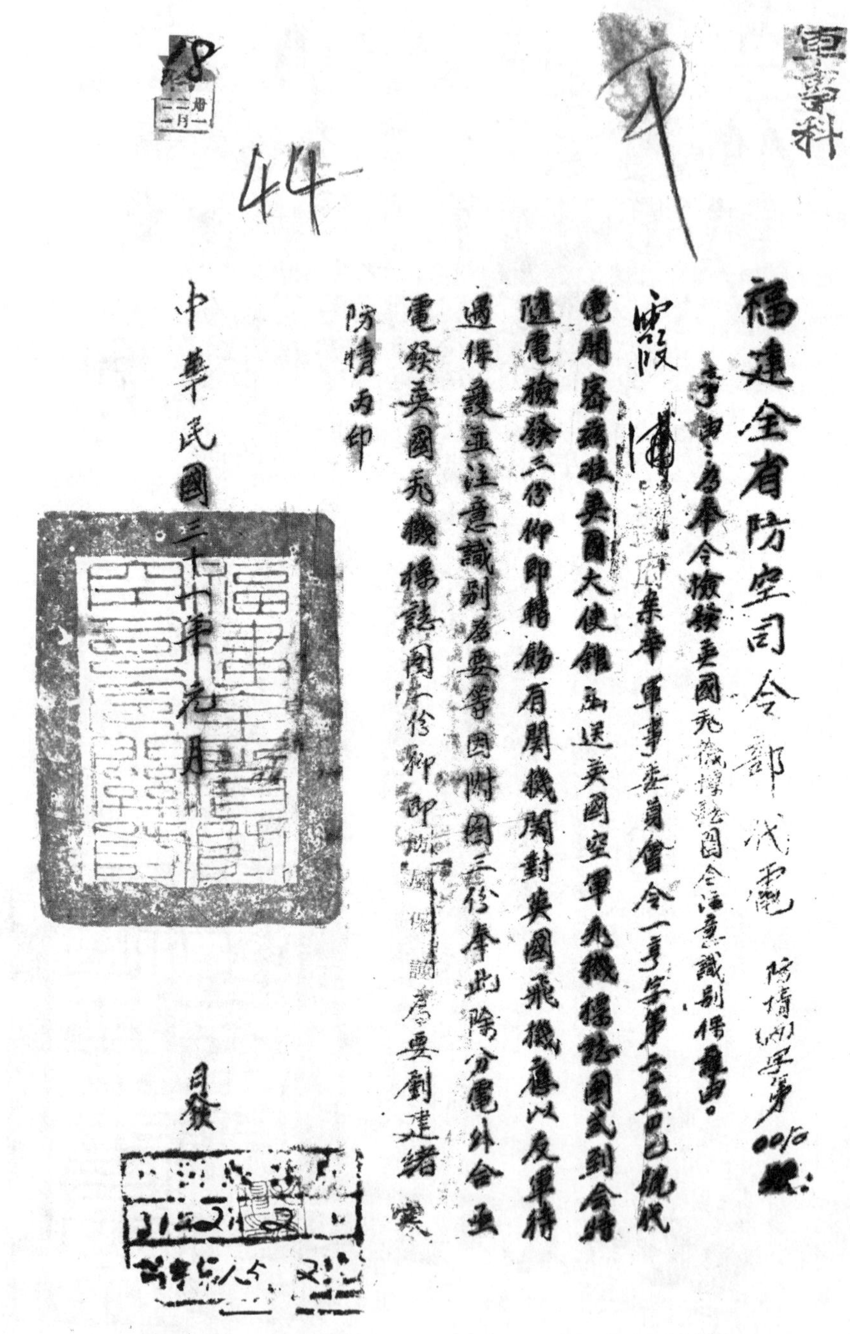

福建全省防空司令部代電　防情丙字第0010號

事由：為奉令檢發英國飛機標誌圖令注意識別保護由。

霞浦縣政府：案奉軍事委員會令一字第五五四〇號代電開：案據駐英國大使館函送英國空軍飛機標誌圖式到會，特隨電檢發三份，仰即轉飭有關機關對英國飛機應以友軍待遇，保護並注意識別為要等因，附圖三份。奉此，除分電外，合亟電發英國飛機標誌圖一份，仰即轉飭所屬保護識別為要。劉建緒寒

防情丙印

中華民國三十一年元月　日發

福建全省防空司令部关于检发英国飞机标志图式并注意识别保护的代电

(1942年1月14日)a面　0168-001-0480

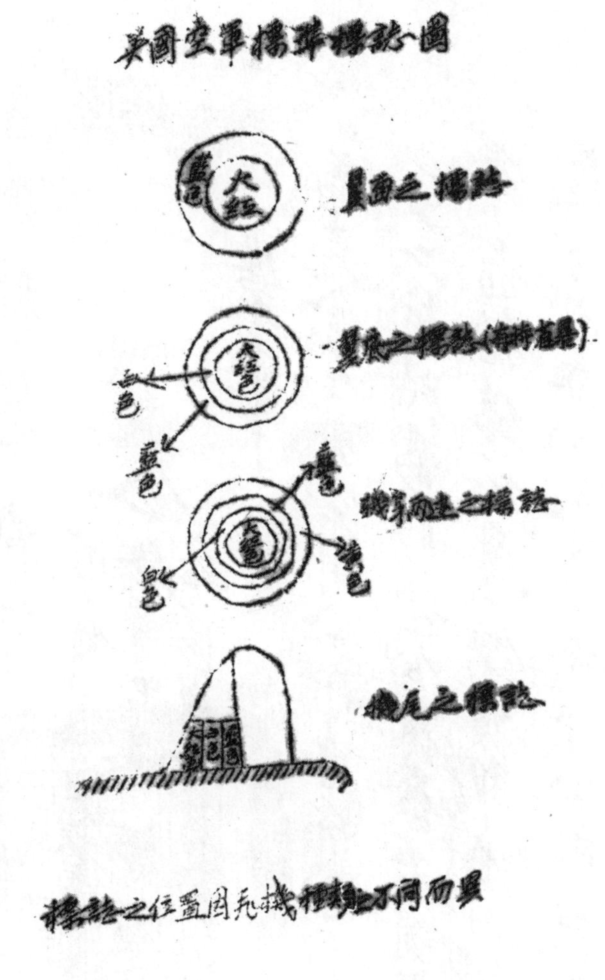

英国空军标准标志图(1942 年 1 月 14 日)b 面　0168-001-0480

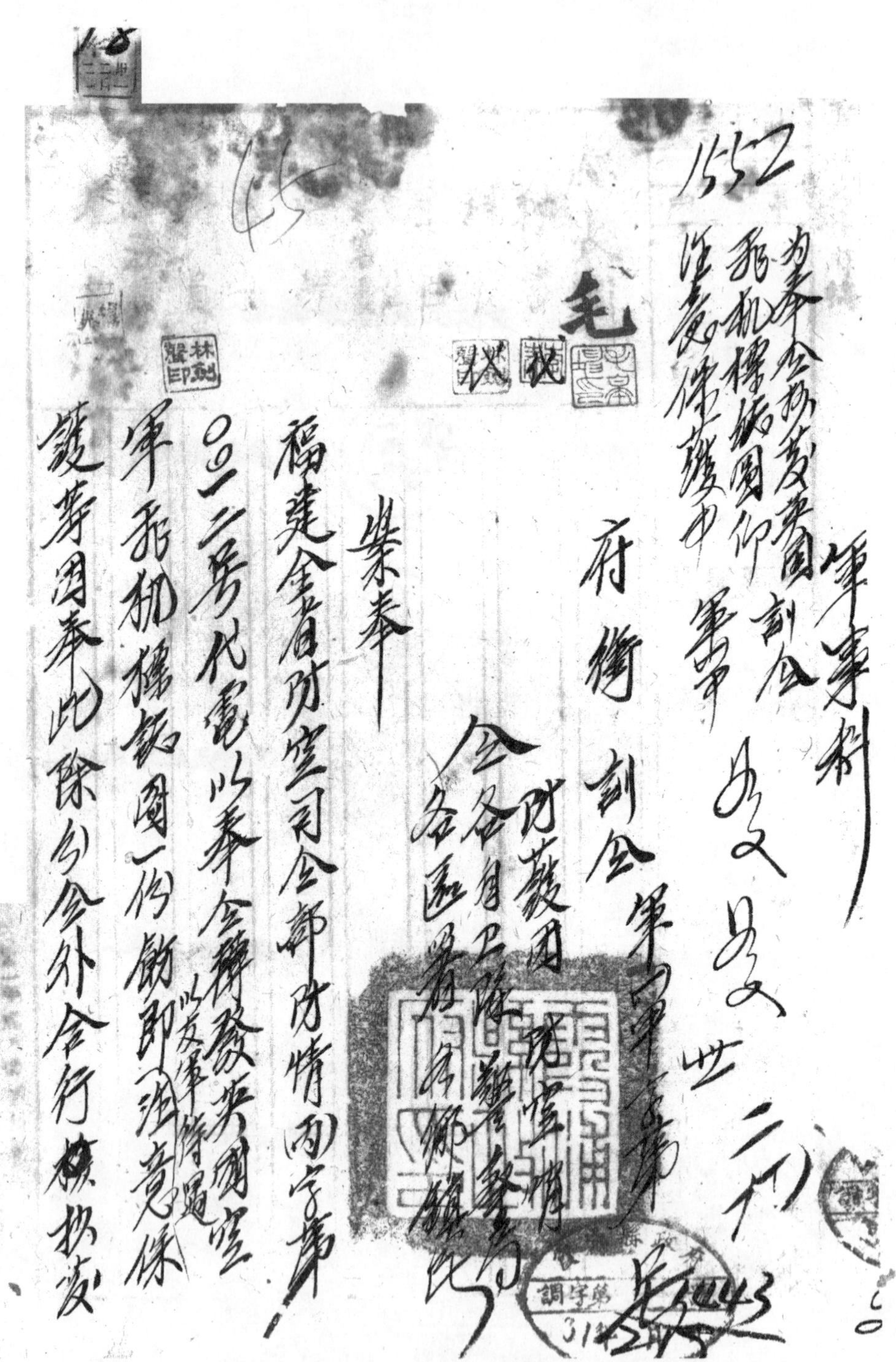
军事科

为奉令抄发英国飞机标识图仰注意保护由

府衔　训令　军事字第　号

令各自卫队警察

附发图　张

令各区署乡镇长

案奉

福建全省防空司令部防情丙字第〇〇二二号代电以奉令转发英国空军飞机标识图一份饬即注意保护等因奉此除分令外合行抄发

霞浦县政府关于抄发英国飞机标志图式并注意识别保护的训令

(1942 年 2 月 15 日)a 面　0168-001-0480

英国空军标号图一份，令仰注意识别保护为要。
此令
附发英国空军标号图一份
县长 卫石

霞浦县政府关于抄发英国飞机标志图式并注意识别保护的训令
(1942年2月15日)b面 0168-001-0480

福安縣政府密訓令

事由　奉令准美國陸軍輔助地面空軍之秘密處總部函陳救獲盟國空軍飛機出事人員辦法請予協助等由抄發原令遵照切實遵辦由

雲西迴府警乙字第　號

令國民兵團

案奉

福建省政府靈西歌府秘乙字第九三三〇九號密訓令開准美國陸軍輔助地面空軍軍秘密處總部函開本部業於中國盟友對於救護美軍人員極盡努力並要減少對於從前救獲人員所受許多的苦痛本部有鑒及此為完成上面的任務及便利工作起見特於福建省設立三個單獨處浙江省設一處每處負責一個區域的救護工作此將來需要時可增設處[illegible]處由美國陸軍空軍在本省並設有美國陸軍部全力支持本部的任務將以最迅速方法轉送航空人員安返基地吾人深悉福建省政府各長官專員及各縣長都切望予吾人以協助此種切望能由下面方式達到目的人如遇盟機墜落貴縣區時請即刻電知最近美國陸軍輔助地面空軍軍秘密處足以有附駕駛

福安县政府关于奉令转发救护盟国空军航空人员办法并切实遵办的密训令

(1944年10月24日)a面　0161-001-0134

员及机上人员已经离机先由降落伞降落各地该地即派遣人员前往各地寻觅又指派各地民众寻觅飞机并予看管及保护又凡到救护有力人员之名单及真实姓名送给本处所有电报电话无偿统由本处负责分发现飞机后应即刻派队看管受伤之飞机上如飞机上人员遇有受伤时即予以急救又即刻护送飞机上人员至乡镇所或附近医院并即将经过情形电告最近美国陆军辅助地面空军军务处吾人深为系皆认上面义举皆含有个人绍义务但并不能阻止美国政府向出力各人鸣谢务责将最近美国陆军辅助地面空军军务处区域如下第二区南平及附近县份通讯永安军务处第三区浦城及附近县份通讯上饶或福州军务处第六区永安及附近县份通讯永安军务处第七区长汀及附近县份通讯永安军务处等由除提出福建省三十四年度行政会议参议报告并分令外合行令仰该县政府查照办理并随时具报为令等因奉此除分令外合行令仰该乡镇长切实遵照并随时具报为要

密。此令。

县长 胡邦宪

中华民国卅三年十月 日

福安县政府关于奉令转发救护盟国空军航空人员办法并切实遵办的密训令

(1944 年 10 月 24 日)b 面 0161-001-0134

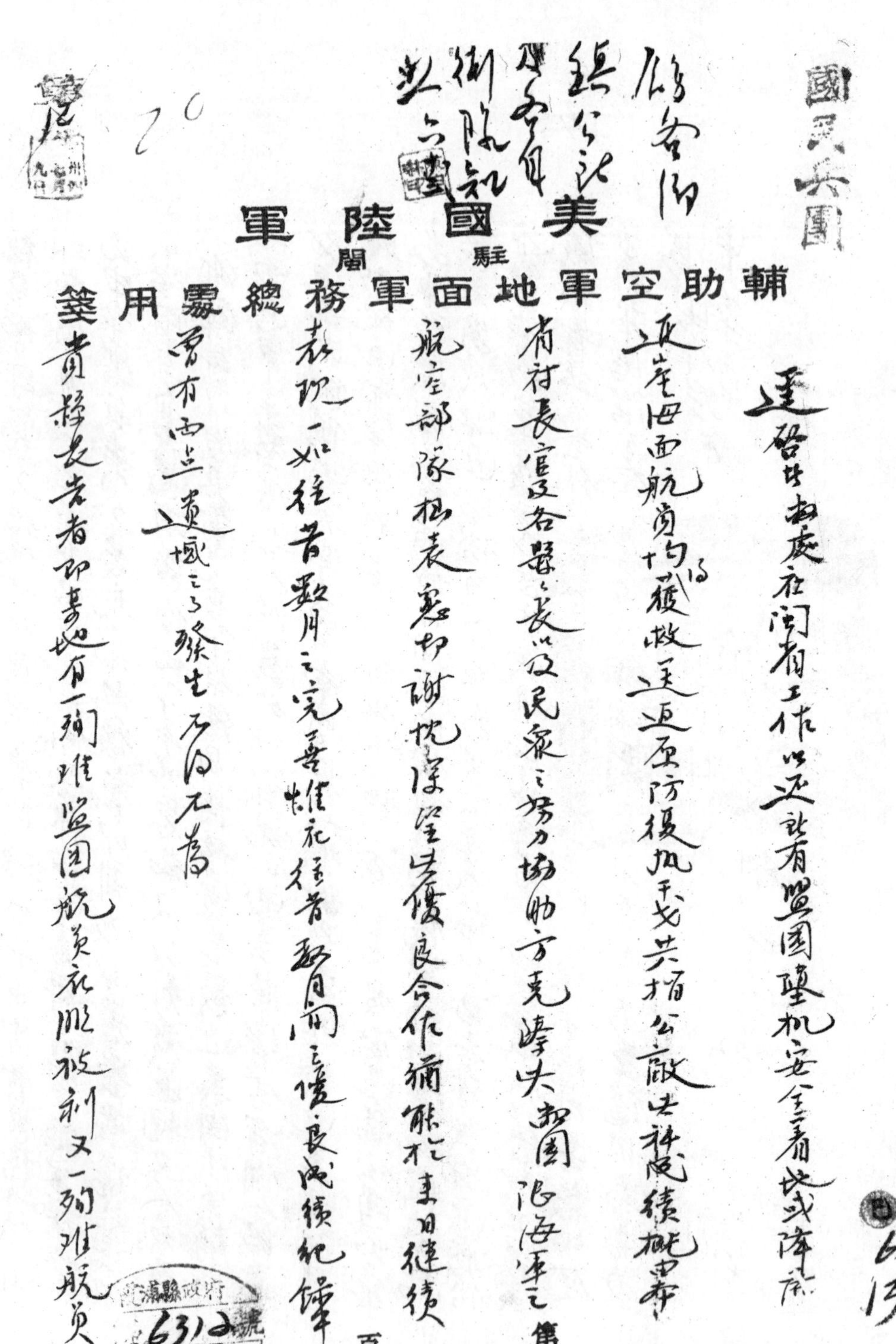

美國陸軍駐閩輔助空軍地面軍務總處用箋

頁

美国陆军驻闽辅助空军地面军务总处关于在贵县设立办事处以协助救护盟军航员的公函

（1945 年 5 月 10 日） 0168-001-0477

美國陸軍

駐閩

輔助空軍地面軍務總處用箋

物件被窃者决难获胜利之英雄遗物件均应归还其家属当

此种收回航员遗物送还其家属之责任亦係敝处最重要任之一

部份又查现在窃取航员遗物者已无从查考追究惟望农民勿复有

类似之件发生为祈

第 頁

贵县长如闻有盟国飞机或航员降落于贵县境内时立即通派卫

队前往发生之场地立得復盟机或航员并请预先饬令各保甲长注

意协助以臻完善而处现于永安龙溪闽侯三都古田霞浦福鼎

设立办事处使于盟国航员降落贵境时立即通知敝处

美国陆军驻闽辅助空军地面军务总处关于在贵县设立办事处以协助救护盟军航员的公函

（1945 年 5 月 10 日） 0168-001-0477

22

美國陸軍
駐閩
輔助空軍地面軍務總處用箋

並獲致　鈞處之協助，以救護盟友，現擬在霞浦設一辦事處，以利諸事進行，特函奉達，即希轉知

該處機構俗名處機構地點，如有移動，當能奉告　鈞處，代表俗于不日造訪

貴縣詳細商討並洽一切。至

貴縣如有未能洽妥之工作，敬請該處即直接向　鈞處負責。

貴縣長既往之熱忱協助，使吾致美國航員獲救，能得重返戰鬥崗位，

霞浦縣長

永垂不朽，吾國民感激萬分。此致

霞浦縣長戴　鈞鑒

處長　錢士敬

五月十日

第　　頁

美国陆军驻闽辅助空军地面军务总处关于在贵县设立办事处以协助救护盟军航员的公函

（1945年5月10日）　0168-001-0477

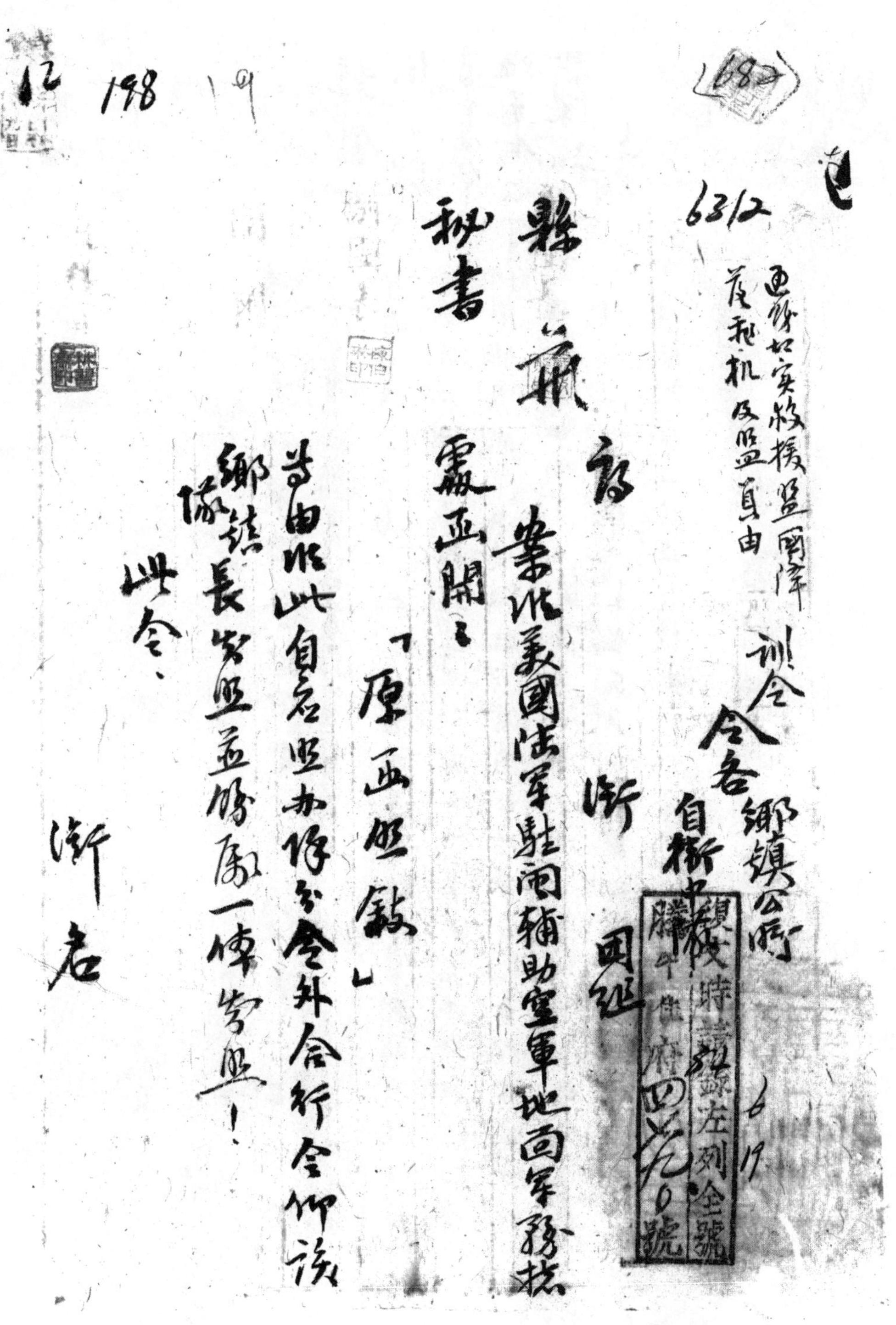

為切實救援盟國降落飛機及盟員由

訓令

令各鄉鎮公所、自衛中隊

案准美國陸軍駐閩輔助空軍地面軍務據霞西開：

「原函照敘」

等由，准此，自應照辦，除分令外，合行令仰該鄉鎮長等照並轉屬一體遵照！

此令。

縣長 蕭

秘書

霞浦县政府关于切实救援盟军降落飞机及航员的训令(1945年7月9日)

0168-001-0477

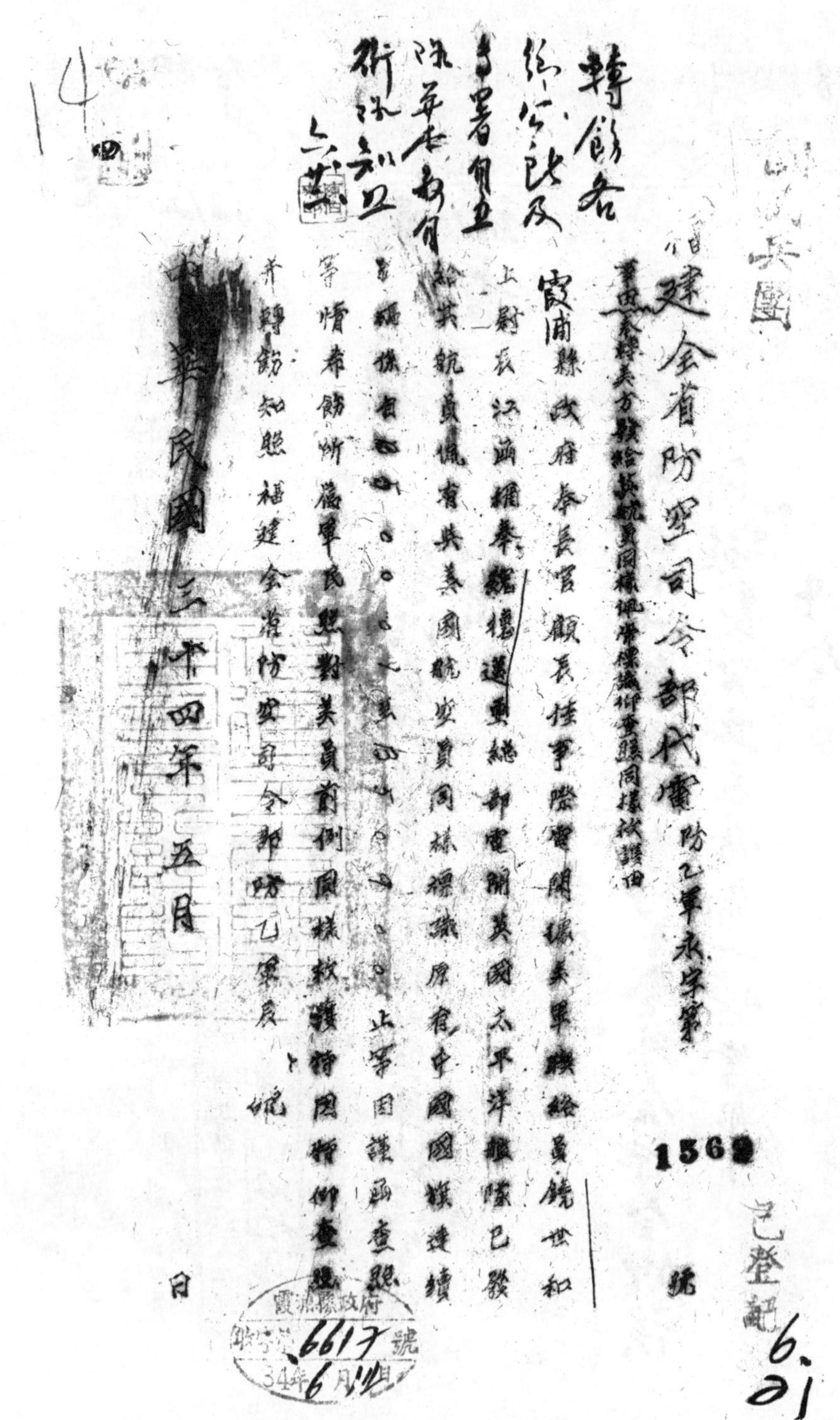

福建全省防空司令部代電　防乙單永字第1569號

事由：奉轉美方發給英航員同樣佩帶標識并予照同樣救護由

霞浦縣政府奉長官顧長桂事除密閱據美軍發給員銑世和上尉長江函稱奉總轉遵照總部電開英國太平洋艦隊已發給英航員佩有與美國航空員同樣標識原有中國國旗連續號碼證書四○○○○至四○○○○止等因請飭查照等情奉飭嗣後軍民對美員前例同樣救護協助俾資保護并轉飭知照

福建全省防空司令部防乙渫辰　號

中華民國三十四年五月　日

福建全省防空司令部关于美方发给英航员同样佩带标识并同样救护的代电

（1945 年 5 月）　0168-001-0477

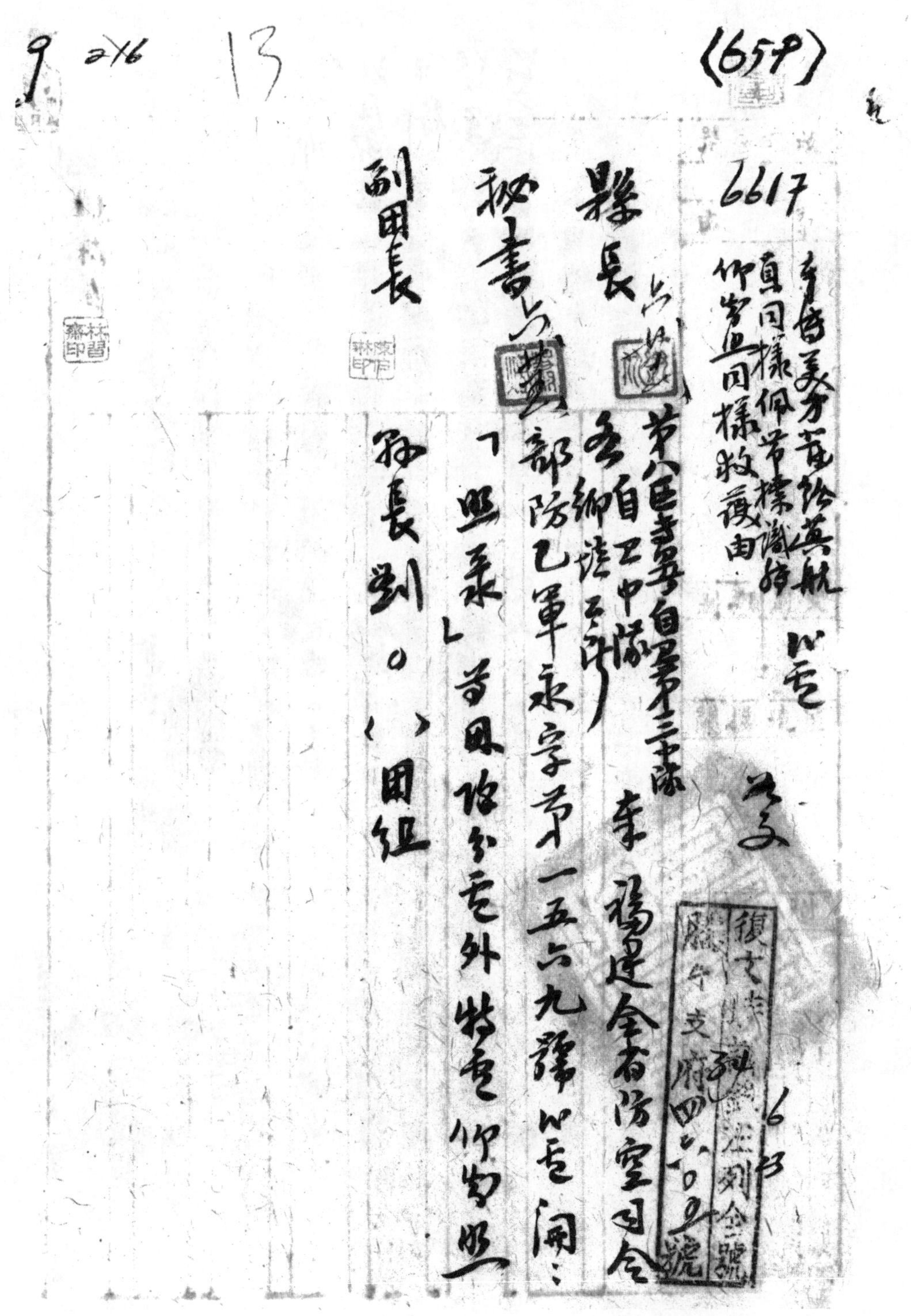

霞浦县政府关于奉转美方发给英航员同样佩带标识并同样救护的代电

（1945 年 7 月 4 日） 0168-001-0477

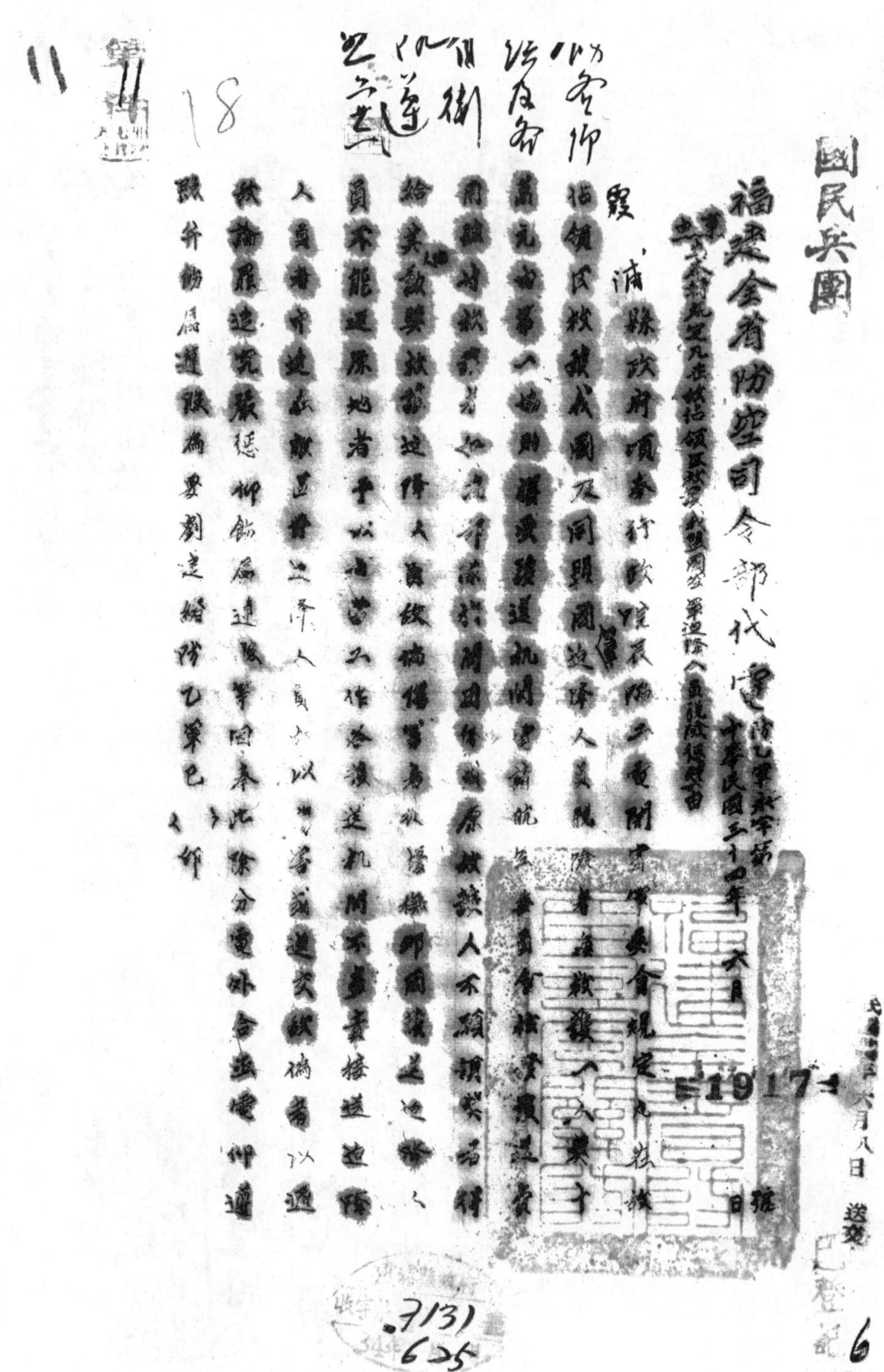
国民兵团

福建全省防空司令部代电

中华民国三十四年六月　日

事由：为奉行规定凡在敌占领区救护我盟国空军迫降人员脱险惩奖由

福建全省防空司令部关于规定凡在敌占领区救护我盟国空军迫降人员脱险惩奖的代电

（1945 年 6 月 8 日）　0168-001-0477

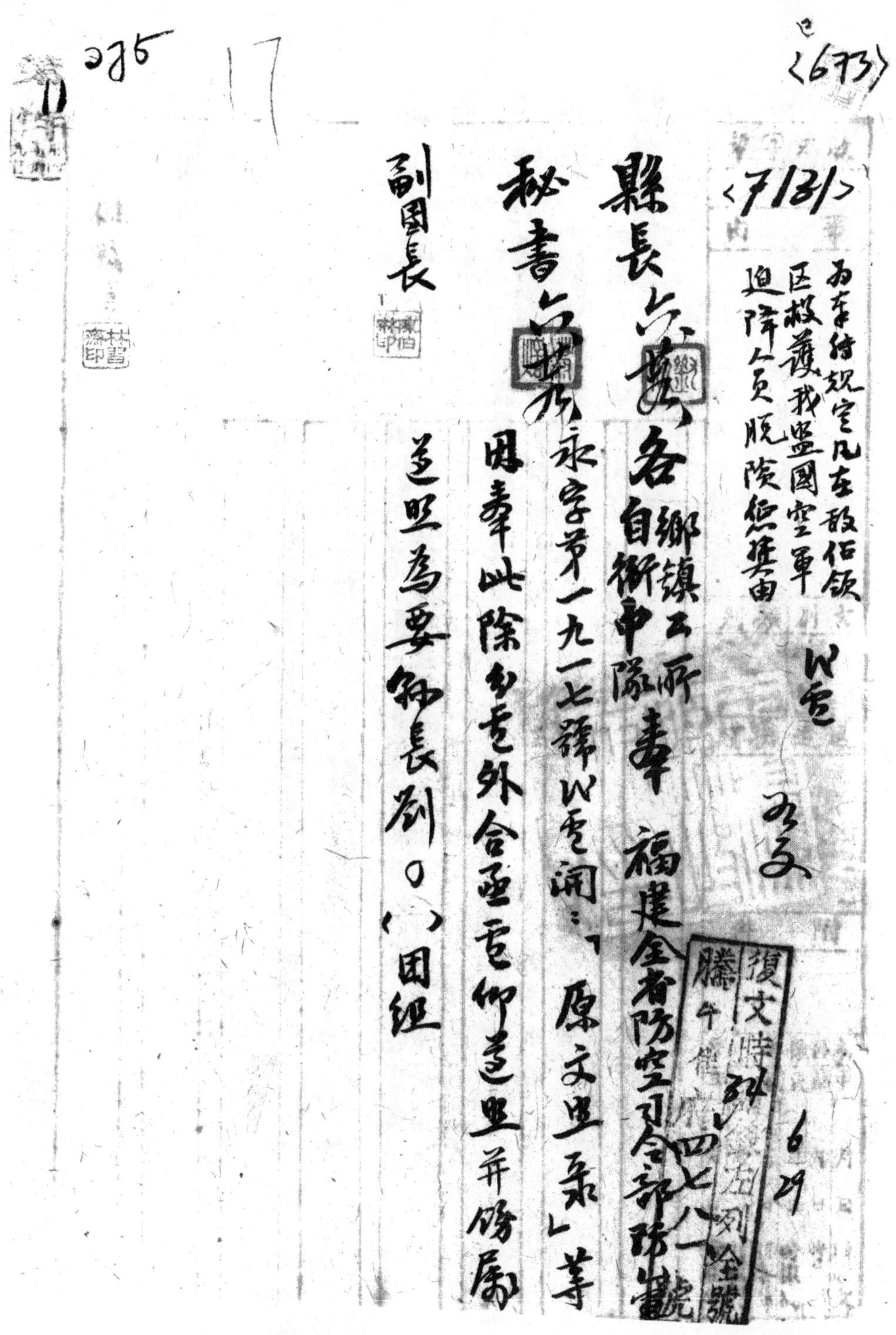

霞浦县政府关于转发规定凡在敌占领区救护我盟国空军迫降人员脱险惩奖的代电

（1945 年 7 月 9 日） 0168-001-0477

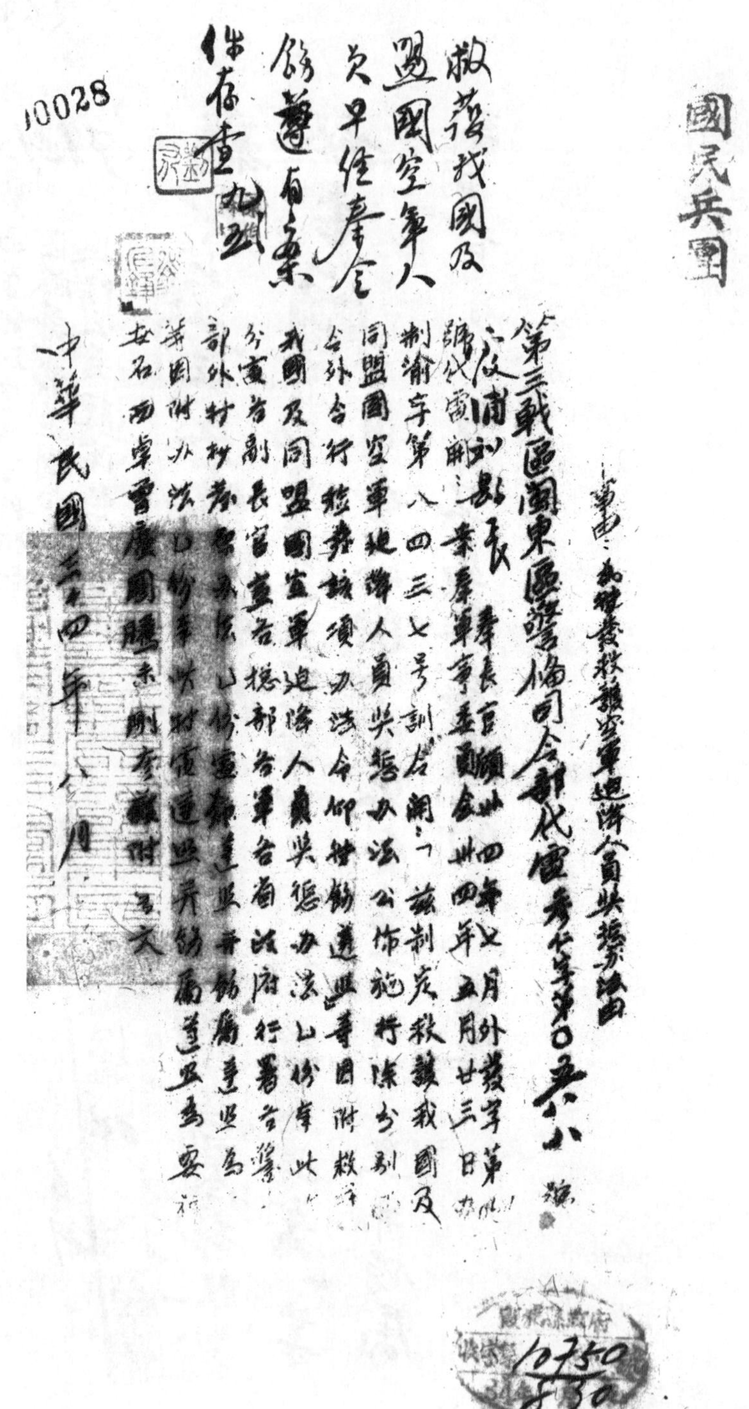

國民兵團

事由：為轉發救護空軍迫降人員奬懲办法由

第三戰區閩東區警備司令部代電　參戊字第〇五六八號

[illegible]縣長：案奉軍事委員會卅四年五月廿三日制渝字第八四三七号訓令開：「茲制定救護我國及同盟國空軍迫降人員奬懲办法公佈施行，除分別令外，合行抄發該項办法，令仰轉飭遵照。」等因，附救護我國及同盟國空軍迫降人員奬懲办法一份。奉此，除分電各副長官暨各總部、各軍、各省政府、行署、各警部外，特抄發原办法一份，電仰遵照並轉飭所屬遵照為要。

[illegible]

中華民國三十四年八月

救護我國及同盟國空軍人員早經奉令飭遵有案，併存查。九月五日

第三战区闽东区警备司令部关于转发救护空军迫降人员奖惩办法的代电

(1845 年 8 月)a 面　0168-001-0488

救護我國及同盟國空軍迫降人員獎懲辦法

附件　救护我国及同盟国空军迫降人员奖惩办法(1845 年 8 月)b 面　0168-001-0488

(三)防空节纪念

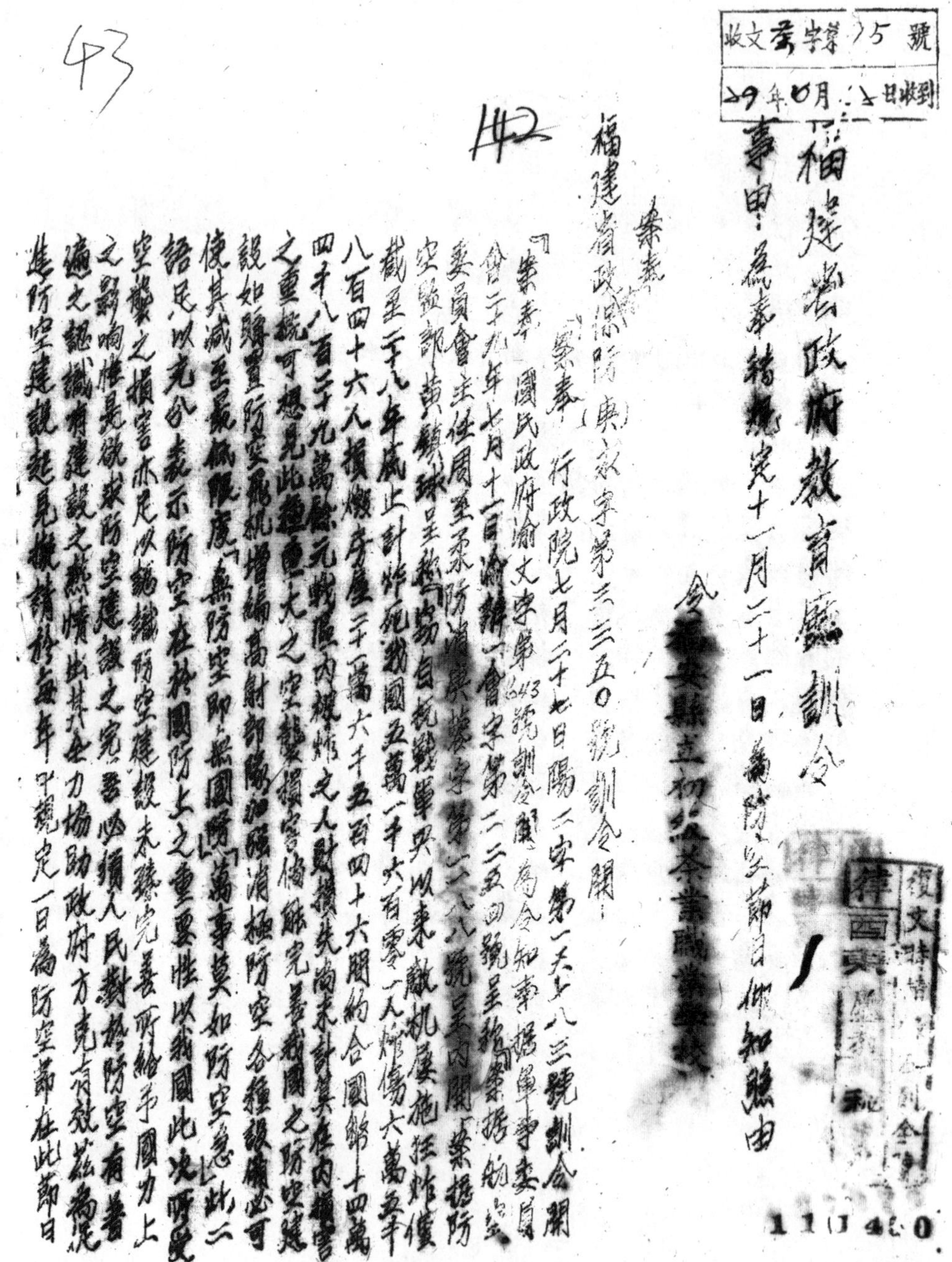

收文 字第75號
29年10月 日收到

福建省政府教育廳訓令

事由：爲奉轉規定十一月二十一日為防空節日仰知照由

令福安縣立初級茶業職業學校

案奉

福建省政府保防(奐)密字第三三五〇號訓令開：「案奉行政院七月二十七日陽二字第一六七八三號訓令開：「案奉國民政府渝文字第643號訓令開：為令知事，據軍事委員會二十九年七月十一日渝辦一會字第一二五四號呈稱：案據防空總部主任周至柔、防空學校教育長黃鎮球呈稱：竊自抗戰軍興以來，敵機屢施狂炸，僅截至二十八年底止，計炸死我國五萬一千六百零一人，炸傷六萬五千八百四十六人，損燬房屋二十一萬六千五百四十六間，約合國幣十四萬四千八百二十九萬餘元，戰區內被炸之人財損失尚未計算在內，損害之重，可想見此種重大之空襲損害，倘能完善我國之防空建設，如購置防空飛機，增編高射部隊，加強消極防空各種設備，必可使其減至最低限度。「無防空即無國防」，「萬事莫如防空急」，此二語足以充分表示防空在於國防上之重要性。以我國此次所受空襲之損害，亦足以顯示防空建設未臻完善，所給予國力上之影響。惟是欲求防空建設之完善，必須人民對於防空有普遍之認識，有建設之熱情，出其全力協助政府，方克有效。茲為促進防空建設起見，擬請於每年中規定一日為防空節，在此節日

福建省政府教育厅关于行政院规定11月21日为防空节日的训令

(1940年10月1日)a面 0165-001-0006

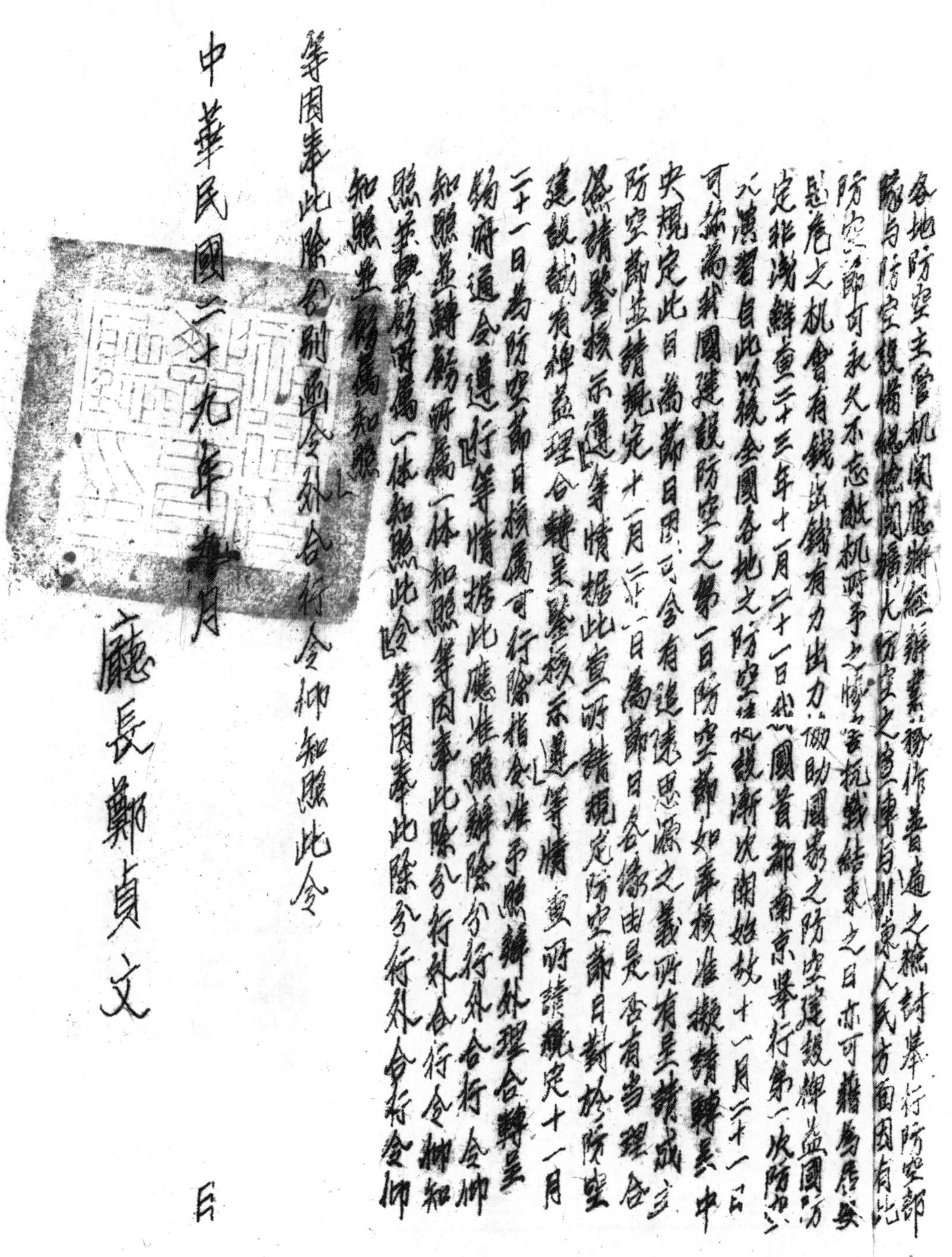
各地防空主管机関應將經辦業務作普遍之檢討舉行防空部
隊與防空設備總檢閱擴大防空之宣傳與訓練人民方面因有此
防空節即可永久不忘敵机所予之慘害抗戰結束之日亦可藉為居安
思危之机會有錢出錢有力出力俾助國家之防空建設裨益國防
定非淺鮮查二十三年十一月二十一日我國首都南京舉行第一次防空
演習自此以後全國各地之防空建設漸次開始故十一月二十一日
可稱為我國建設防空之第一日防空節如奉核准擬請轉呈中
央規定此日為節日明令各有追遠思源之義所有呈請成立
防空節並請規定十一月二十一日為節日各緣由是否有當理合
係請鑒核示遵等情據此查所請規定防空節日對於防空
建設殊有裨益理合轉呈鑒核示遵等情查所請規定十一月
二十一日為防空節日核屬可行除指令准予照辦外理合轉呈
鈞府通令遵行等情據此應准照辦除分行外合行令仰
知照並轉飭所屬一体知照等因奉此除分行外合行令仰知
照並轉飭所屬一体知照此令等因奉此除分行外合行令仰
知照並飭屬知照
等因奉此除分別函令外合行令仰知照此令

中華民國二十九年十月　日

廳長鄭貞文

福建省政府教育厅关于行政院规定 11 月 21 日为防空节日的训令

(1940 年 10 月 1 日)b 面　0165-001-0006

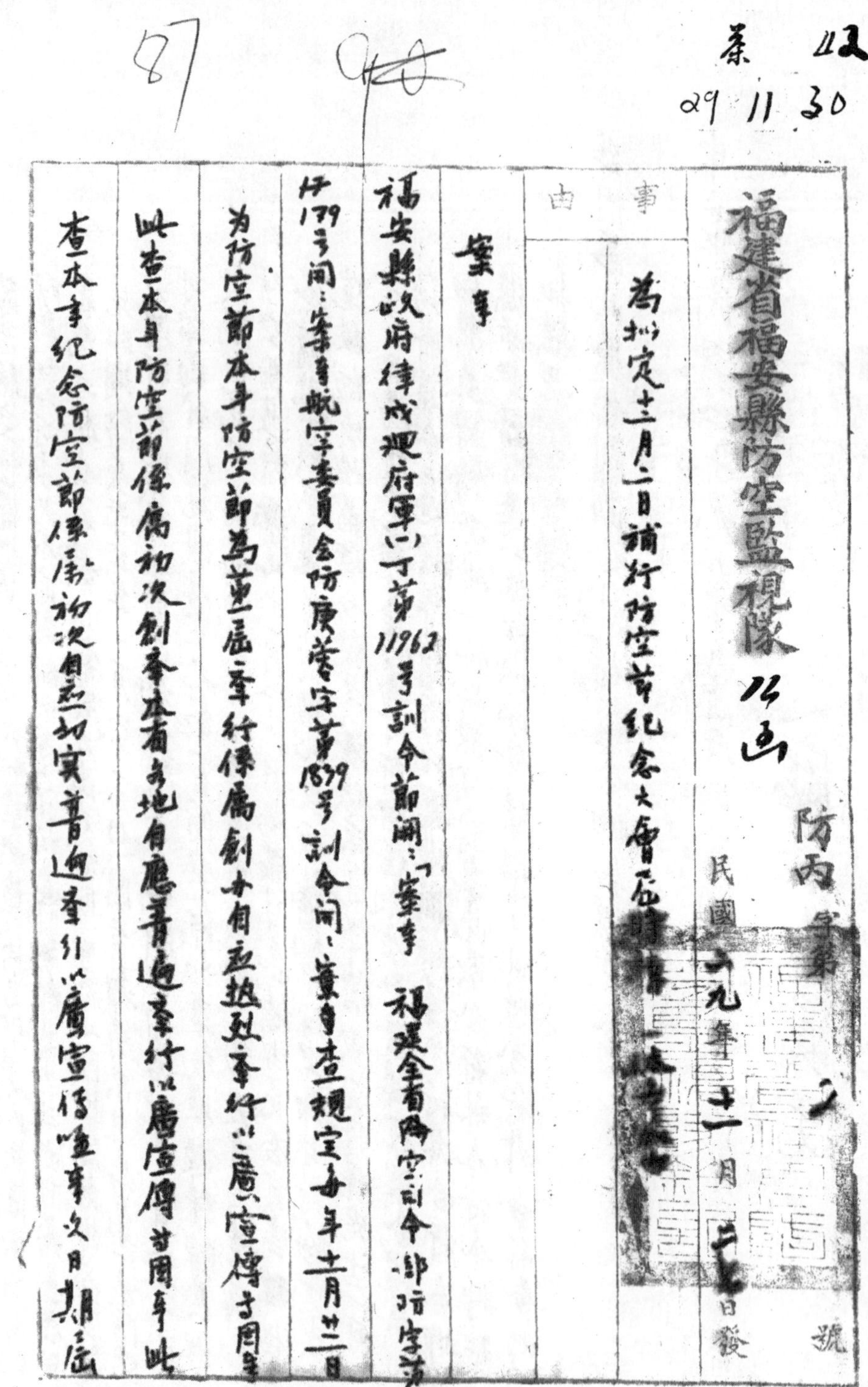

87

茶 42
29 11 30

福建省福安縣防空監視隊 公函

防丙字第　號

民國二十九年十一月二十七日發

事由：為擬定十二月二日補行防空节紀念大會[illegible]

案奉

福安縣政府律戍廻府軍(一)丁第11962號訓令節開：「案奉　福建全省防空司令部防字第17179號開：「案奉航空委員會防庚簽字第1839號訓令開：「案查規定每年十一月廿一日為防空節，本年防空節為第一屆，舉行係屬創舉，自應熱烈舉行以廣宣傳等因，奉此。查本年防空節係屬初次創舉，本省各地自應普遍舉行以廣宣傳等因，奉此

查本年紀念防空節係屬初次，自應切實普遍舉行以廣宣傳，唯事久日期[illegible]

福建省福安县防空监视队关于拟定12月2日补行防空节纪念大会的公函

（1940年11月27日）　0165-001-0014

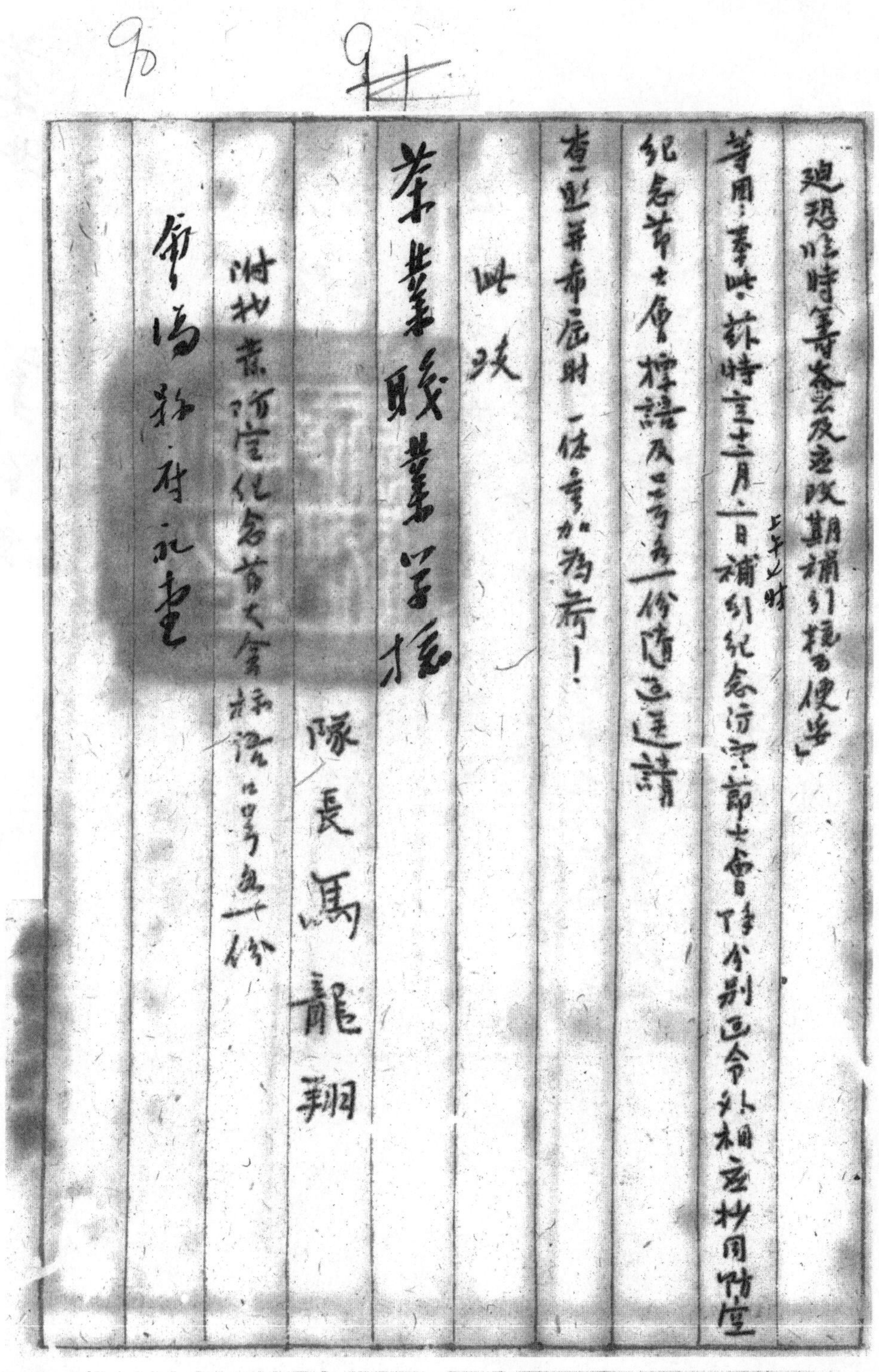

迫恐臨時籌备不及，应改期補行，[illegible]妥。

等因，奉此，茲特定十二月二日上午九時補行紀念防空節大會，除分別通令外，相應抄同防空紀念節大會標語及口號各一份，隨函送請

查照，并希屆時一体參加為荷！

此致

茶業職業學校

隊長 馬龍翔

附抄录防空紀念節大會標語口號各一份

[illegible]

福建省福安县防空监视队关于拟定12月2日补行防空节纪念大会的公函

（1940年11月27日） 0165-001-0014

20

△防空節紀念大會標語

1. 防空是全民動員的工作
2. 要鞏固國防先要建設空防
3. 防空是國民自衛工作
4. 努力防空就是努力救國
5. 加强防空設備粉碎敵人狂炸毒殺的行為
6. 服從防空法令，就是珍重本人生命財產
7. 一人沒有防空知識即減少防空事業一份力量
8. 一人行為不合防空要求，即使一城一市人民全体靈遭殃
9. 要保障生命財產安全，就要出錢出力，完成防空設備
10. 青年們！到防空陣營裡去！

附件 防空节纪念大会标语及口号(1940 年 11 月 27 日)a 面 0165-001-0007

35

11. 同志們！踴躍参加防護工作！
12. 防空技術要科學化！
13. 防空教育要大衆化！
14. 疏散都市人口建設農村！

△防空節紀念大會口號

1. 防空節，是我國防空建設紀念日。
2. 紀念防空節，要充實防空設備。
3. 紀念防空節，要粉碎敵人狂炸毒殺的行為。
4. 為防空殉職同志，及死難同胞復仇！
5. 踏着先烈的血跡前進！
6. 出錢出力，建設空防！
7. 打倒日本軍閥！
8. 中國國民黨萬歲！
9. 中華民國萬歲！
10. 總裁萬歲！

附件　防空节纪念大会标语及口号(1940 年 11 月 27 日)b 面　0165-001-0007

福安縣政府公報

第四二期

民國卅年十一月十五日

福安縣政府秘書寔印行

定價表

本公報自十月份起每份改為壹角全月壹元柒角正

（本期公報所列登各文件均屬不另行文希各有關机關特別注意）

要目

福安县政府公报(42期) 筹备第二届防空节纪念办法等(1941年11月15日)

0158-001-0887

各地籌備第二屆防空節紀念辦法

一、為籌備第二屆防空節紀念事宜特訂定本辦法。

二、陪都暨各省(市)縣政府所在地由各省(市)縣政府各省(市)縣党部各防空司令部各指揮部會同有関机関团体組織紀念大會籌備會由各防空司令部各指揮部各縣政府主持之。

三、各鄉鎮由鄉鎮公所會同區党部召集駐在地有関机関团体組織紀念大會籌備會。

四、各战區紀念防空節得按酌當地情形舉行其籌備事宜由各战區司令長官部政治部會同战地党政委員會各該战區分會負責办理。

五、各地籌備會應籌办事項如左:

1、防空節紀念大會之籌備及舉行;

2、慰問防空殉職同志及死難同胞之家屬;

3、檢閱防空及防護部隊;

4、檢查防空設備;

5、舉行防空獻金運動;

6、防空節擴大宣傳三日(自十一月十九日起至廿一日止)。

7、甲、文字:編印新聞特刊(當地报字出特刊一日)。

福安县政府公报(42期)法规栏刊登　福建全省防空司令部颁发各地筹备第二届防空节纪念办法

(1941年9月30日)a面　0158-001-0887

乙、讲演：敦请名人讲演组织宣传队；

丙、艺术：电影话剧漫画油画灯彩及其他；

六、各乡镇筹备会应筹办事项得参照前条之规定斟酌情形办理。

七、各地纪念大会主席团由筹备会推定之。

八、防空献金运动所得款项准作当地防空建设经费须将所得数目由各全省或要地防空司令部汇报航空委员会备查。

九、各地防空节所需经费由各地机关团体筹措之。

十、各地防空节纪念结束后应于一周内电报航空委员会备查。

十一、防空节纪念日全国防空防护机关除勤务人员外一律放假一日。

十二、防空节标语口号大会仪式另定颁发。

福安县政府公报（42期）法规栏刊登　福建全省防空司令部颁发各地筹备第二届防空节纪念办法（1941年9月30日）b面　0158-001-0887

福安縣政府代電　府軍(一)甲振字第〇八三〇号
三〇、十、十四。

奉轉抄發第二屆防空節紀念办法仰遵办

所屬各机関、奉福建全省防空司令部三十年九月三十日防公字第七四四号訓令開:「案奉航空委員會防民字渝字第三十六号訓令内開:「查年十月廿一日為防空節日曾于上年通令在案兹以是節時期將屆特拟訂各地籌備第二屆防空節办法一份除呈請軍事委員會轉請中央党部行政院並分飭政治部战地党政委員會飭屬協同暨分令各省市防空司令部遵办外合行檢發該办法一份令仰遵照办理并轉飭所屬遵办為要此令」等因附發

福安县政府公报(42期)公牍栏刊登　福安县政府关于抄发第二届防空节纪念办法的代电
(1941年10月14日)　0158-001-0887

各地筹備第二届防空節办法一份奉此自應遵办本省本届
防空節以擴大舉行防空獻金運動及防空宣傳為中心工作
合行抄發原办一份仰即遵照办理並將办理情形隨時具报
為要　等因　附發各地筹備第二届防空節办法一份　奉此
自應遵办　除分電外　合行抄發原办法一份　電仰遵照办理
並將办理情形　隨時具报為要　一　縣政府（單）甲附發
各地筹備第二届防空節办法一份（見法規欄）大會口号仪式
標語

福安县政府公报(42 期)公牍栏刊登　福安县政府关于抄发第二届防空节纪念办法的代电
(1941 年 10 月 14 日)　0158-001-0887

第二届防空節大會口号

1、防空節、是我國防空建設的紀念日——、
2、紀念防空節、要充実防空設備——、
3、紀念防空節、要粉碎敌人狂炸毒辣的行為——、
4、為防空殉職同志及死难同胞復仇——、
5、踏着先烈的血跡前進——、
6、出錢出力建設防空——、
7、打到日本軍閥——、
8、中國國民党萬歲——、
9、中華民國萬歲——、
10、總裁萬歲——、

福安县政府公报(42期)公牍栏刊登　福安县政府抄发第二届防空节纪念大会口号（1941年10月14日）　0158-001-0887

第二届防空節大會仪式

1、開會
2、全体肅立
3、奏樂
4、唱國歌
5、向黨國旗暨國父遺像行三鞠躬礼

福安县政府公报(42期)公牍栏刊登　福安县政府抄发第二届防空节纪念大会仪式
(1941年10月14日)　0158-001-0887

6、主席恭讀 國父遺囑

7、向防空殉職同志暨死难同胞俯首默哀三分鐘

8、主席恭讀 總裁防空節訓詞

9、主席报告

10、演説

11、呼口号

12、奏樂

13、攝影

14、礼成

15、散會

福安县政府公报(42期)公牍栏刊登 福安县政府抄发第二届防空节纪念大会仪式

(1941年10月14日) 0158-001-0887

第二届防空節標語

1、防空是全民動員的工作——！
2、要鞏固國防先要建設防空——！
3、防空是國民自衛的工作——！
4、努力防空就是努力救國——、
5、服從防空法令就是珍重本人生命財產——、
6、加強防空設備粉碎敵人狂炸毒殺的行動——、
7、一人沒有防空知識即減少防空事業一份力量——、
8、一人行為有不合防空要求即使一城一市人民全体遭殃——、
9、要保障生命財產安全就要出錢出力完成防空設備——、
10、青年們——到防空陣營裏去——！
11、婦女們——踴躍參加防護工作——！
12、防空技術科學化——、

福安县政府公报(42期)公牍栏刊登　福安县政府抄发第二届防空节标语(1941年10月14日)
0158-001-0887

13、防空教育大衆化!!

14、防空建設普遍化!

15、疏散都市人口積極建設農村!

16、燃燒彈!、燒不了我们抗戰的意志!!

17、爆炸彈!、炸不了我们建國的精神!!

福安县政府公报(42期)公牍栏刊登　福安县政府抄发第二届防空节标语(1941年10月14日)

0158-001-0887

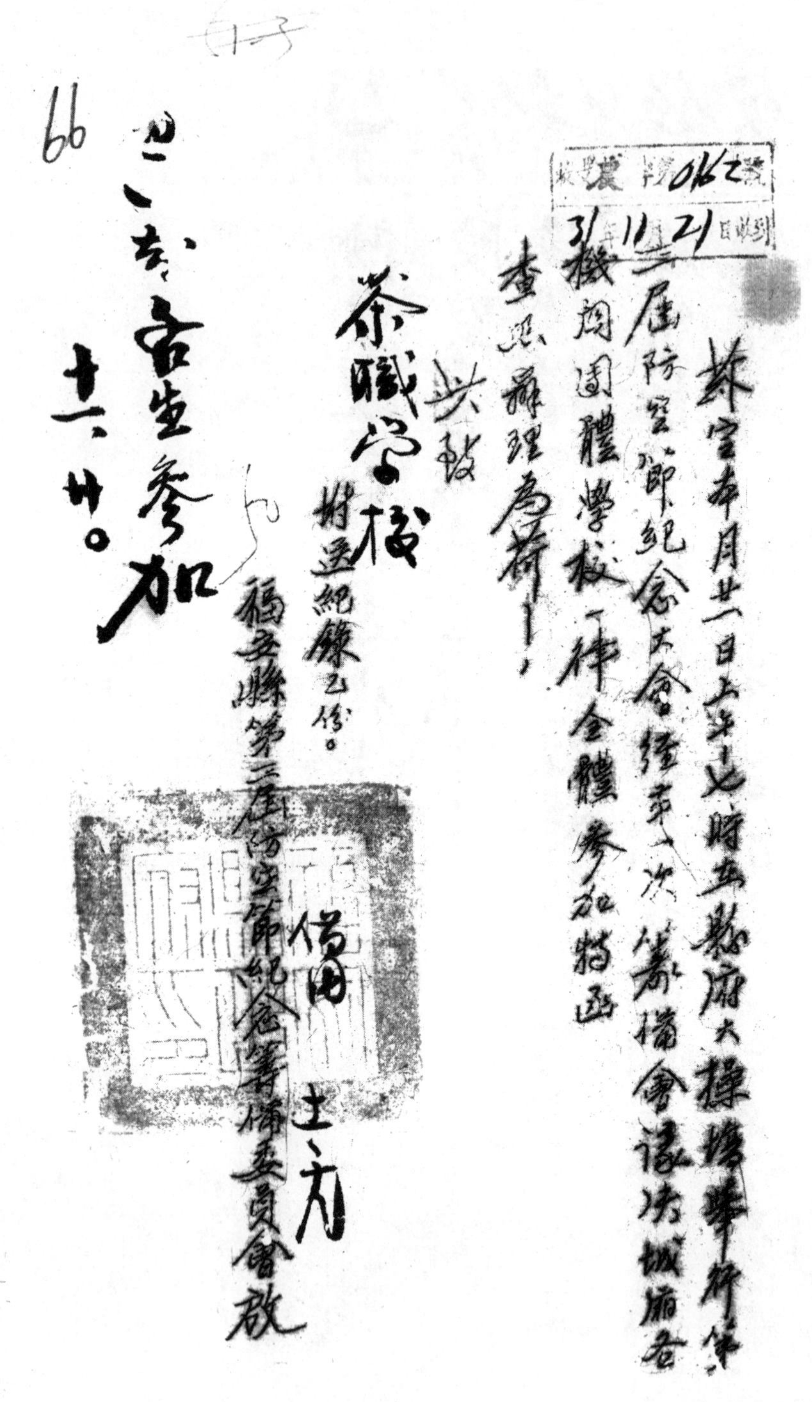

茲定本月廿一日上午九時在縣府大操場舉行第三屆防空節紀念大會，經第一次籌備會議決城廂各機關團體學校一律全體參加，特函
查照辦理為荷！
此致
茶職學校
附送紀錄乙份。
福安縣第三屆防空節紀念籌備委員會敬

福安县第三届防空节纪念筹备委员会关于本月 21 日在县府大操场举行纪念大会希全体参加的公函(1942 年 11 月 19 日)　0165-001-0005

福安縣第三屆防空節紀念籌備會議紀錄

日期：十一月十七日下午一時　地點：縣府

主席：彭舒友　紀錄：周煌

到會者：

南方日報陳明瑋

福閩師管區代表鄒倍勛

第八區專員兼保安司令公署代表林叔耀

縣黨部代表劉士元

福安縣地方行政幹部訓練所代表

政工隊鄭濟

軍民合作指導處代表蔡　莊

呂河漢如識

韓城鎮公所

警察局羅英瑋

自衛隊劉啟宗

縣立初級中學代表宋春華

縣商會陳大鈞

韓城鎮中心學校黃秉炘

五、主席報告開會宗旨（詞略）

六、討論事項：

一、關於第三屆防空節籌備會委員應如何推選案

議決：八人 委員人數定七人，共推選福閩師管區、縣黨部、專員公署、縣政府、青年團、警察局、縣商會七單位各主管為籌備委員，並以縣政府為主任委員

二、第三屆防空節紀念大會時間應如何決定案

議決：定十一月廿日上午七時在縣府大操場舉行，各機關團體學校全體參加

三、關於檢查防空設備應如何辦理案

福安县第三届防空节纪念筹备会议记录(1942年11月17日)

a面　0165-001-0005

議決：組織防空設備檢查隊，並推定[illegible]專、[illegible]、[illegible]、縣黨部彭科長、[illegible]警局、[illegible]為隊員

專員負責檢查

四、關於獻金運動應如何舉辦案

議決：1、在紀念日大會後設獻金箱一個，由委員會辦理之

2、裁關設獻金箱五個，計陽頭一個、縣府門前一個、十字街中一個、[illegible]部隊長負責指各學

校童軍勸募之

五、防空節紀念日宣傳辦法如何決定案

議決：1、請南方日報在紀念日出特刊一天

2、請各學校組織宣傳隊分赴街頭宣傳，宣傳地點：三都中學負責城中，陽頭由[illegible]負

責城內

六、關於獻金應如何保管案

議決：獻金所得款由縣府保管

七、大會開費應如何開支案

議決：大會開費決由[illegible]獻金內開支，先由縣府墊支

八、大會主席團推何專員、何部長、李副處長、王書記長、高縣長等五人，以何專員為大會主席

團主席

九、大會指揮推劉副司令，司儀推警局徐督察長

十、大會宣言推青年團潘股長負責起草，於十九日前送交縣府第五科付印

十一、會場佈置推第五科周科員負責辦理

十二、散會

福安县第三届防空节纪念筹备会议记录(1942 年 11 月 17 日)

b 面　0165-001-0005

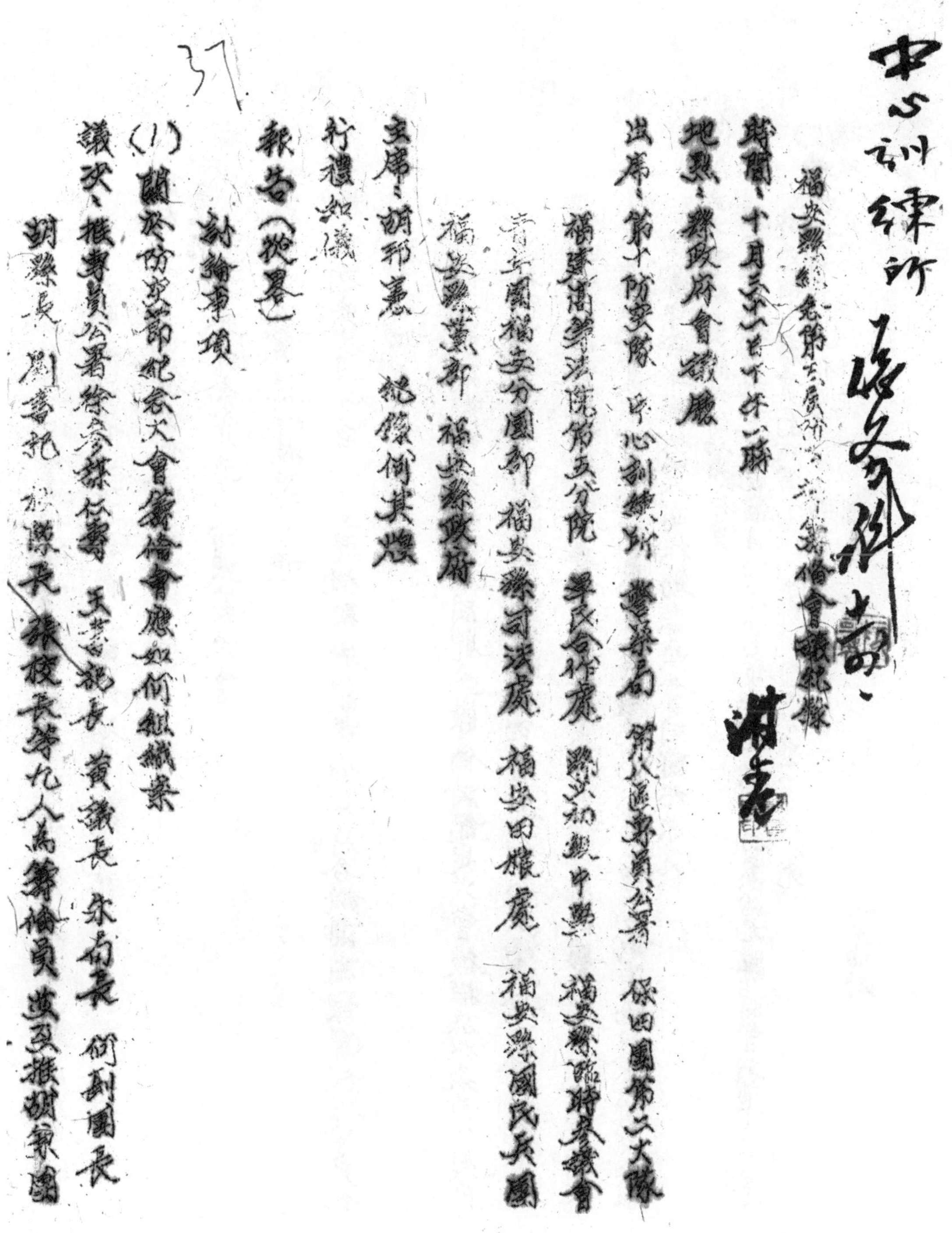

福建省福安县纪念第五届防空节筹备会议记录(1944 年 10 月 31 日)
a 面　0158-001-0682

長為籌備主任 籌備委會下設 總務 宣慰 競賽等三股並推某局

長為總務股長 王書記長為宣慰股長 劉書記為……

(2) 關於大會名稱應如何決定案

議決:定名"福安各界紀念第五屆防空節大會"

(3) 關於紀念大會應如何舉行案

議決:A.時間定十一月一日上午八時假縣府體育場舉行各機關團體學校保甲戶長

一律參加

B.慰問防空殉難同志及死難同胞並家屬 臨時開完大會後推派代表前往慰問

C.舉行防空獻金 (1)大會設獻金台當場獻金 (2)各保按戶獻金 城區共分六組 第一組推劉

書記 林局長 第二組推陳秘書 何曹案長 第三組推張校長 何副團長 第四組推黃議長

楊秘書 第五組推王參議員 仰丹 黃縣長 第六組推陳參議員 馮縣黨 李鄉長 每組

由縣中各班學生四人同往勸募並會同當地保長

(4) 關於大會經費應如何籌措案

議決:大會決定經費六千元 分配數目如下 縣政府五百元 稅務局叁佰元 縣商會式佰元 縣黨

部壹佰元 專賣局式佰元 田糧處式佰元 各米廠八百元

(5) 須辦比賽應定何項決定案

議決:定十一月十九日提前[illegible]

散會下午四時

福建省福安县纪念第五届防空节筹备会议记录(1944年10月31日)

b面 0158-001-0682

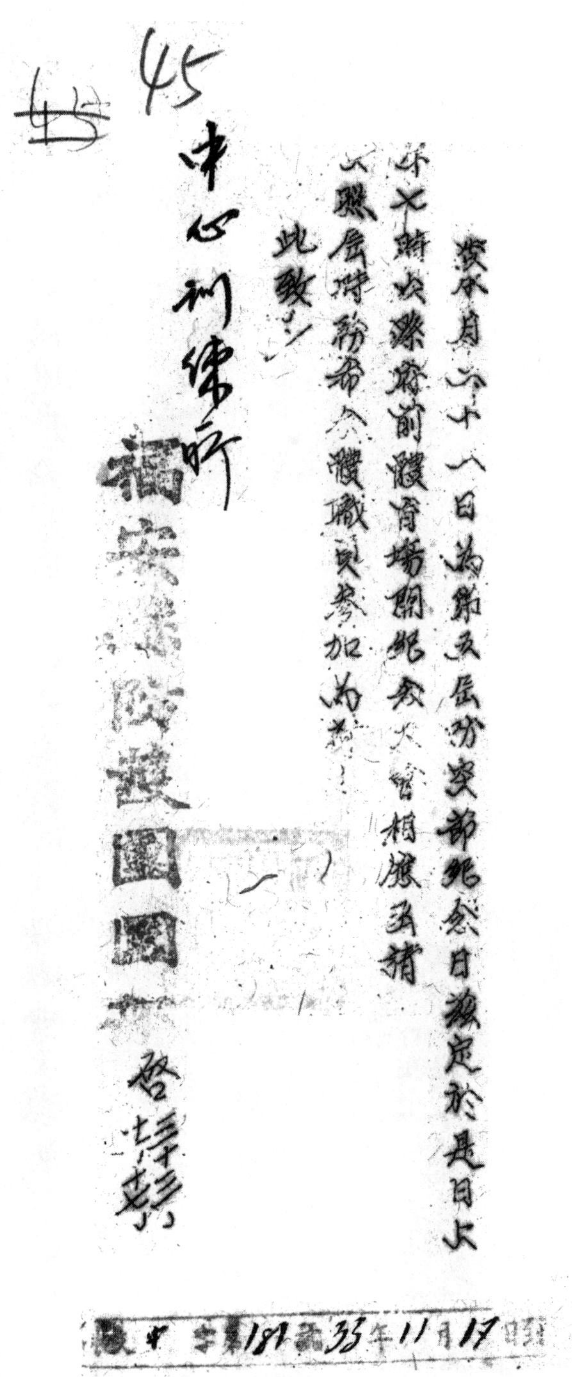

45

茲本月廿一日為第五屆防空節紀念日擬定於是日上午七時在縣府前體育場開紀念大會相應函請貴所轉飭全體職員參加為荷

此致

中心訓練所

福安縣防護團團長 [illegible] 啓

發文字第181號 33年11月17日

福建省福安县防护团关于本月21日举行第五届防空节纪念日纪念大会希全体职员参加的公函(1944年11月17日) 0158-001-0682

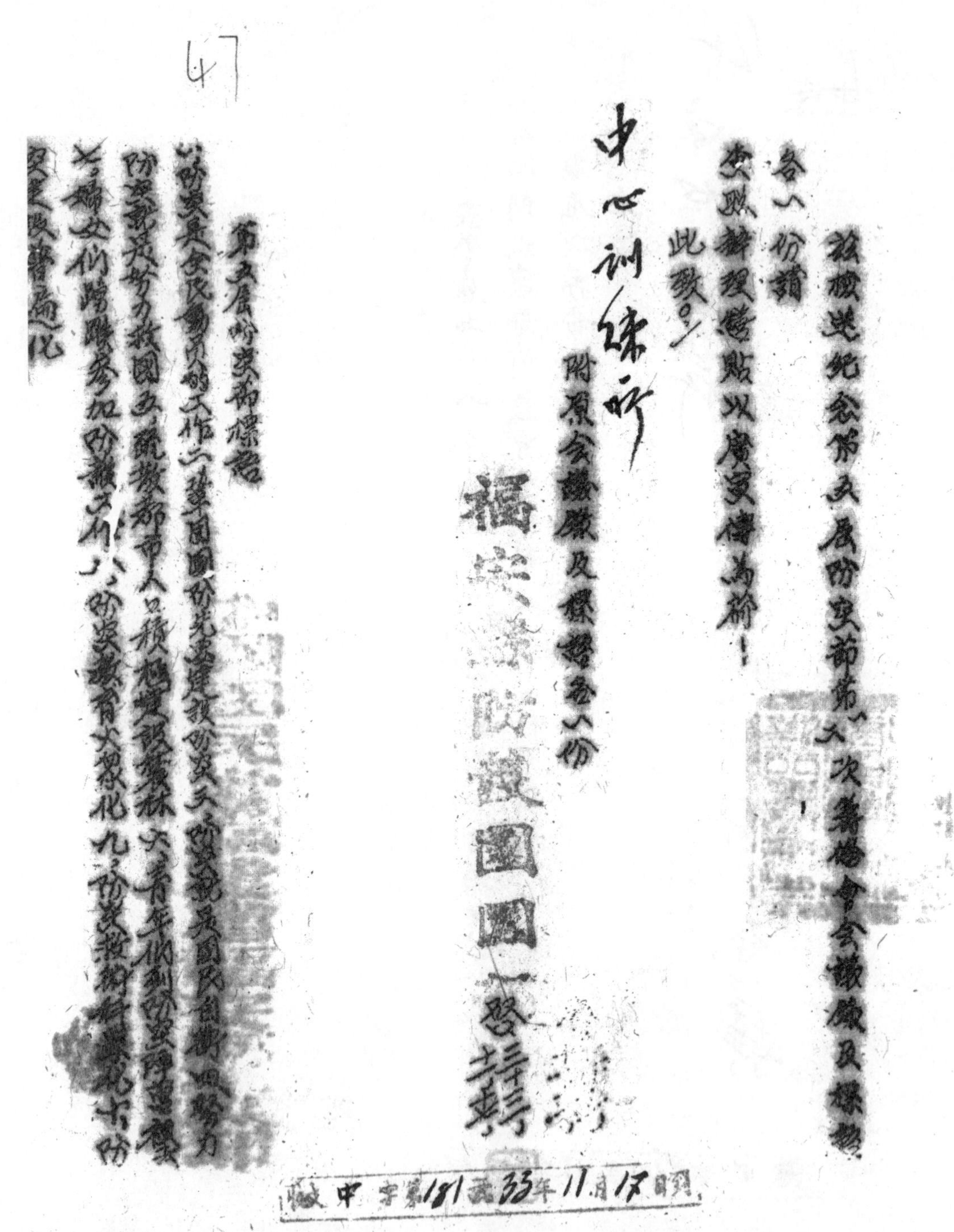

47

茲檢送紀念第五屆防空節第一、二次籌備會會議錄及標語各八份請
查照辦理張貼以廣宣傳為荷！
此致
中心訓練所
附原会議錄及標語各八份
福安縣防護團團長

收中字第181號 33年11月17日到

第五屆防空節標語
一、防空是全民動員的工作 二、建立國防先要建設防空 三、防空就是國民自衛 四、努力
防空就是努力救國 五、疏散都市人口積極建設鄉村 六、青年們到防空隊裏去
七、婦女們踴躍參加防護工作 八、防空教育大眾化 九、防空設施科學化 十、防
空建設普遍化

福建省福安县防护团关于检送纪念第五届防空节第一、二次筹备会议录及标语请缮贴宣传的公函(1944 年 11 月 17 日)　0158-001-0682

48

福安县纪念第五届防空节筹备会第一次会议纪录

时间：十月三十一日下午一时

地点：县政府会议厅

出席：第一防空队 中心训练所 县警察局 第八区专员公署 保四团第二大队 福安县政府参议会

福安商会消防分队 [illegible]合作社 [illegible]中心 青年团福安分团部 福安县司法处

福安田粮处 福安县国民兵团 [illegible]部 福安县政府

主席：胡邦喜　纪录：俞英杰

行礼如仪

报告（从略）

讨论事项

(1) 关于防空节纪念大会筹备会应如何组织案

议决：推专员公署徐参谋松彬 王书记长 黄议长 朱局长 俞副团长 胡县长 刘寿龙

林队长 张校长等九人为筹备员 并以胡团长为筹备会主任 筹备会下设

总务 文书 [illegible]等三股 并推朱局长为总务股长 王书记长为宣传股长 刘[illegible]

为[illegible]股长

(2) 关于大会名称及如何决定案

议决：福安各界纪念第五届防空节大会

(3) 关于纪念大会应如何举行案

议决：1. 日时间定十一月一日上午七时假县政府体育场举行 参加团体计机关团体学校保甲户长（每户一人）参加

(2) [illegible]

(3) [illegible]

(4) 关于大会经费应如何筹措案

议决：大会开支经费约[illegible]元 [illegible]如下 [illegible]

[illegible]元 [illegible]元 田粮处[illegible]元 [illegible]

福建省福安县纪念第五届防空节筹备会第一、二次会议记录(1944 年 10 月 31 日)

a 面　0158-001-0682

(六)关于以后各股[illegible]表决案
议决：定于十月十九日提前举行
福安县纪念第五届防空节筹备会第二次会议纪录
时间：十月十五日下午五时
地点：县政府会议厅
出席者：保安司令部　第十六支队　福安县党部　福安分团部　国民兵团　福安县政府
[illegible]警察局　县立中学
主席：[illegible]　纪录：周琴
行礼如仪
报告（从略）
讨论事项
(一)关于防空节纪念原定十月十九日举行，时间不及，应改定何日举行案
议决：改定十月三十一日上午七时假[illegible]举行，[illegible]通知
(二)关于大会主席团应如何推定案
议决：推定保安司令部[illegible]参谋长、县党部[illegible]、县长、刘[illegible]、黄[illegible]长、何[illegible]部大队长[illegible]
长、[illegible]为主席团
(三)关于大会总指挥及副指挥应如何推定案
议决：总指挥推举何副司令担任，副指挥推国民兵团[illegible]副官担任
(四)关于防空演习如何举行案
议决：定于三十日下午六时举行演习，[illegible]
[illegible]
[illegible]
(五)关于大会经费原定[illegible]元不敷应用应如何增筹案
议决：县政府增加[illegible]元，共[illegible]元，商会增加叁佰元，共[illegible]元，总共增加[illegible]元
散会　十月十五日下午[illegible]

福建省福安县纪念第五届防空节筹备会第一、二次会议记录(1944年10月31日)

b面　0158-001-0682

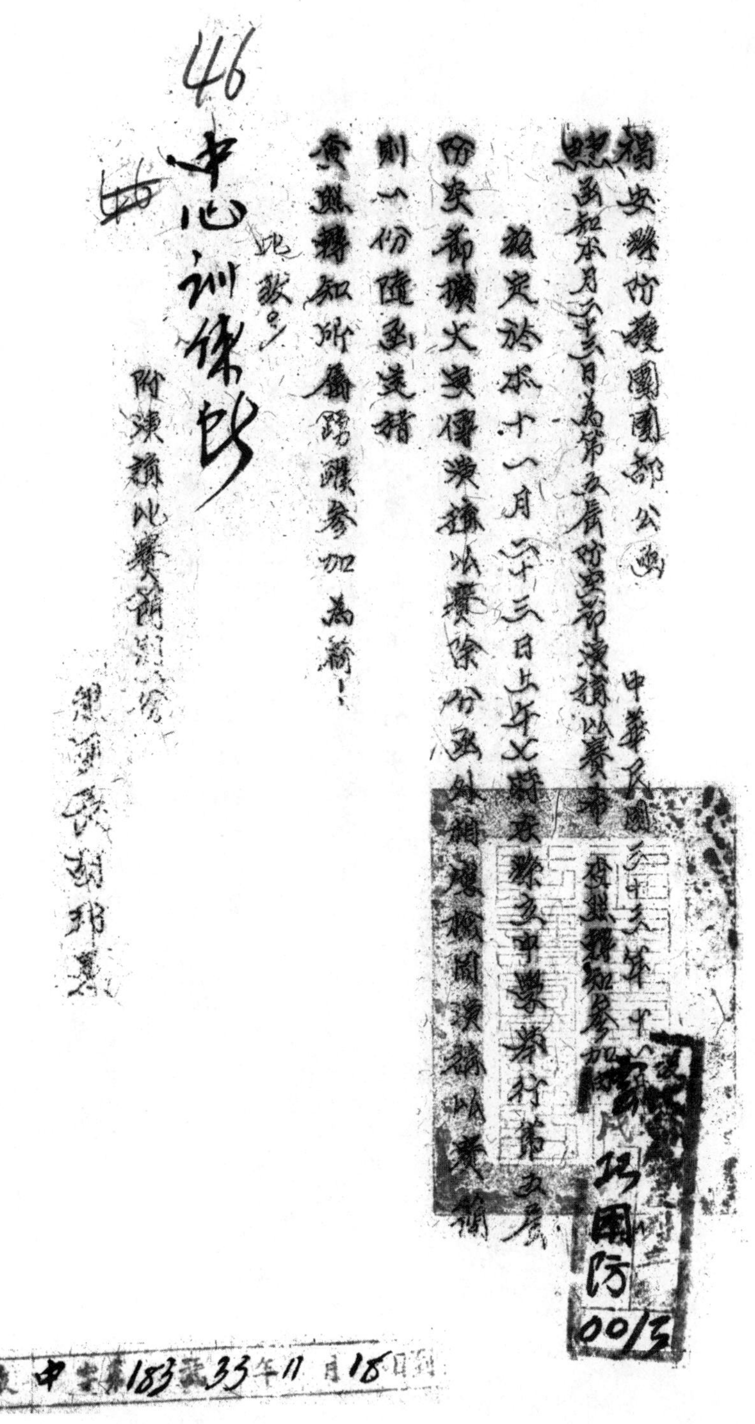

福安縣防護團團部公函

總函 查本月廿三日為第五屆防空節演講比賽[illegible]

擬定於本十一月廿三日上午九時在縣立中學舉行第五屆防空節擴大宣傳演講比賽除分函外相應檢同演講比賽規則一份隨函送請

貴與轉知所屬踴躍參加為荷！

此致

中心訓練所

附演講比賽規則一份

團長 胡邦憲

中華民國三十三年十一月

中字第183號 33年11月18日到

國防 0013

福建省福安县防护团关于举行第五届防空节扩大宣传演讲比赛的公函

(1944年11月18日)a面 0158-001-0682

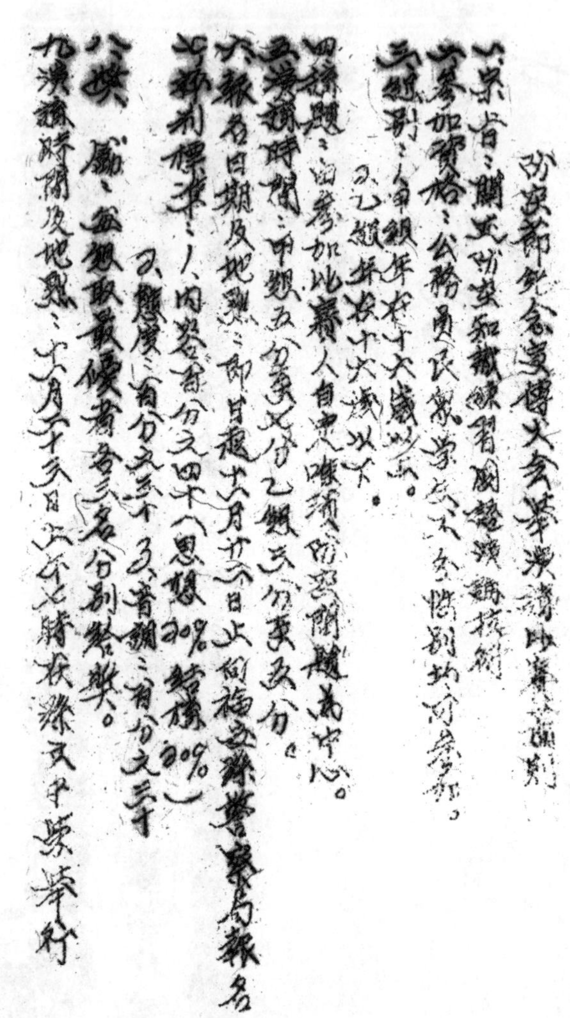

防空節紀念宣傳大會舉演講比賽之規則

一、宗旨：闡明防空知識，練習國語演講技術
二、參加資格：公務員、民眾、學生，不分性別均得參加。
三、組別：1、甲組年齡十六歲以上。
　2、乙組年齡十六歲以下。
四、講題：由參加比賽人自定，唯須以防空問題為中心。
五、演講時間：甲組五分至七分，乙組三分至五分。
六、報名日期及地點：即日起十一月廿六日止，向福安縣警察局報名
七、評判標準：1、內容：百分之四十（思想20% 結構20%）
　2、態度：百分之三十　3、音調：百分之三十
八、獎勵：每組取最優者各三名，分別發獎。
九、演講時間及地點：十一月二十六日上午七時在縣立中學舉行

附件　福安县防空节纪念宣传大会演讲比赛之规则(1944 年 11 月 18 日)

b 面　0158-001-0682

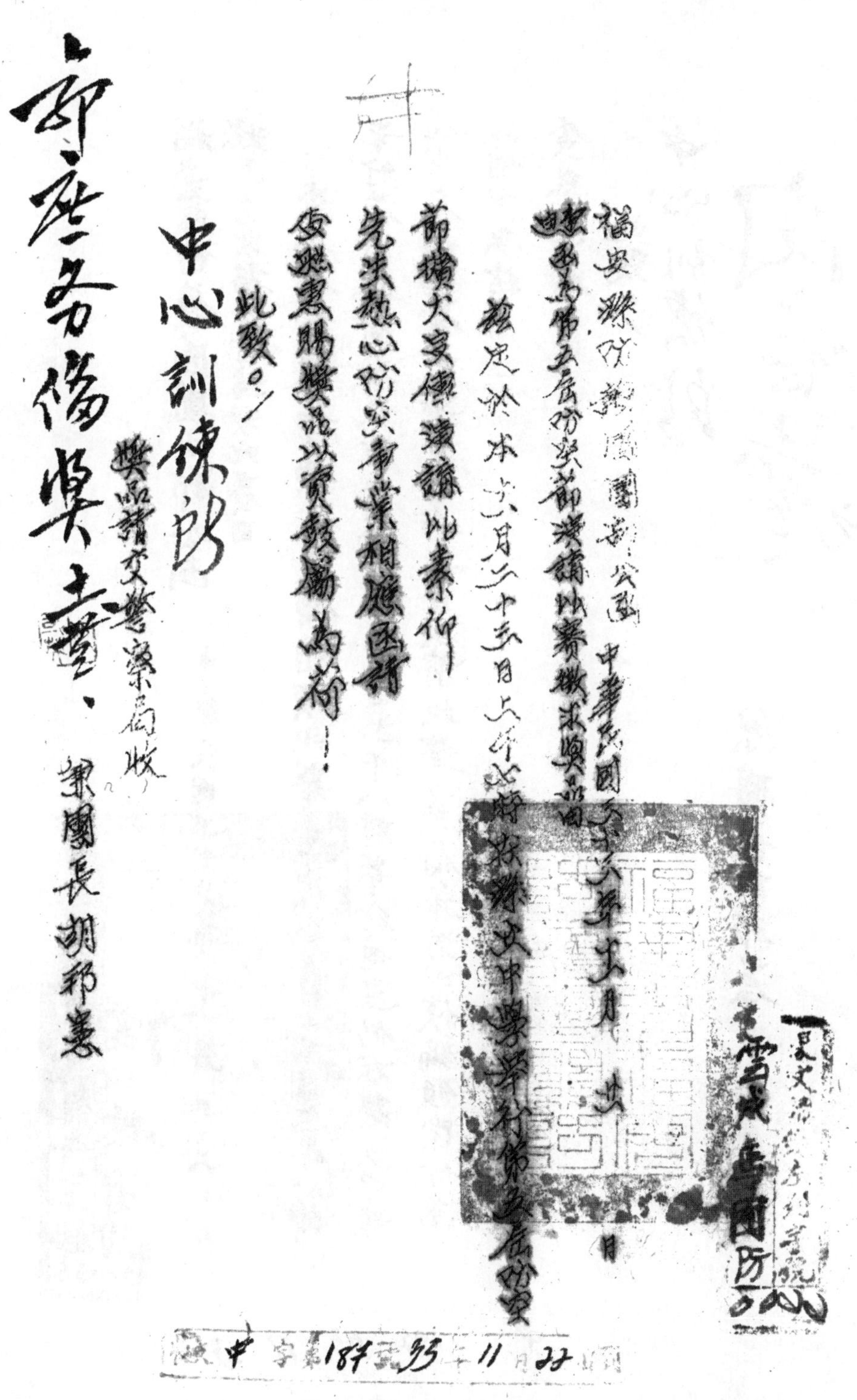

福安縣防護團公函　中華民國三十三年十一月　日

逕啟者：為第五屆防空節演講比賽徵求獎品由

茲定於本年十一月二十五日上午九時在縣立中學舉行第五屆防空節擴大宣傳演講比賽，仰

先生熱心防空事業，相應函請

查照惠賜獎品以資鼓勵為荷！

此致

中心訓練防

獎品請交警察局收

兼團長　胡邦憲

中字 1871 33年 11月 22

福建省福安县防护团关于为第五届防空节演讲比赛征求奖品的公函

（1944 年 11 月 21 日）　0158-001-0682

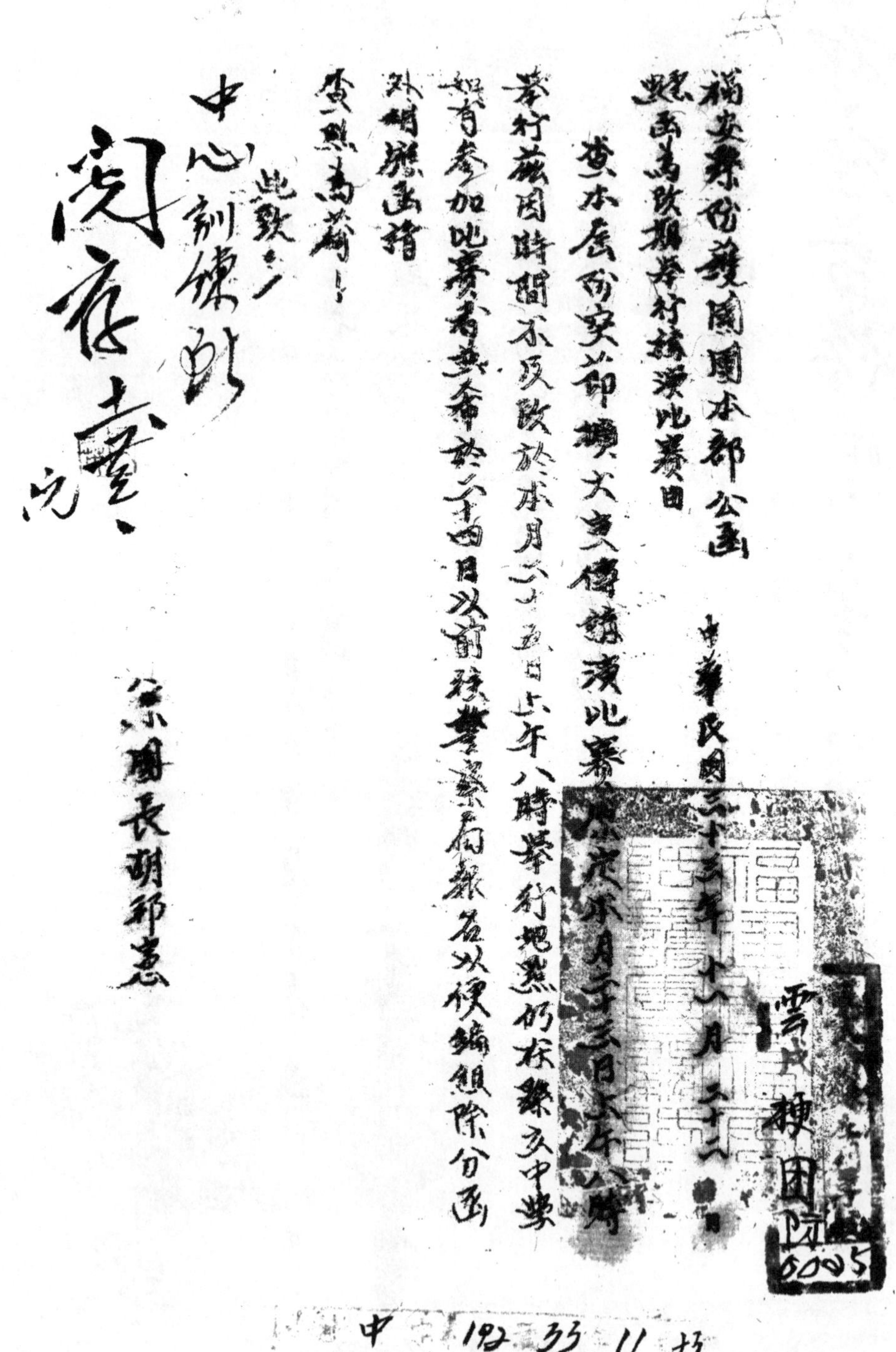

福安縣防護團團本部公函

事由：函為防節舉行講演比賽由

中華民國三十三年十一月二十二日

查本屆防空節擴大宣傳講演比賽原定本月二十三日上午八時舉行，茲因時間不及改於本月二十五日上午八時舉行，地點仍在縣立中學。如有參加比賽者，無希於二十四日以前務將參加報名，以便編組。除分函外，相應函請

查照為荷！

此致

中心訓練班

兼團長胡邦憲

中 192 33 11 25

福建省福安县防护团关于第五届防空节演讲比赛改于本月25日上午举行的公函

（1944年11月22日）　0158-001-0682

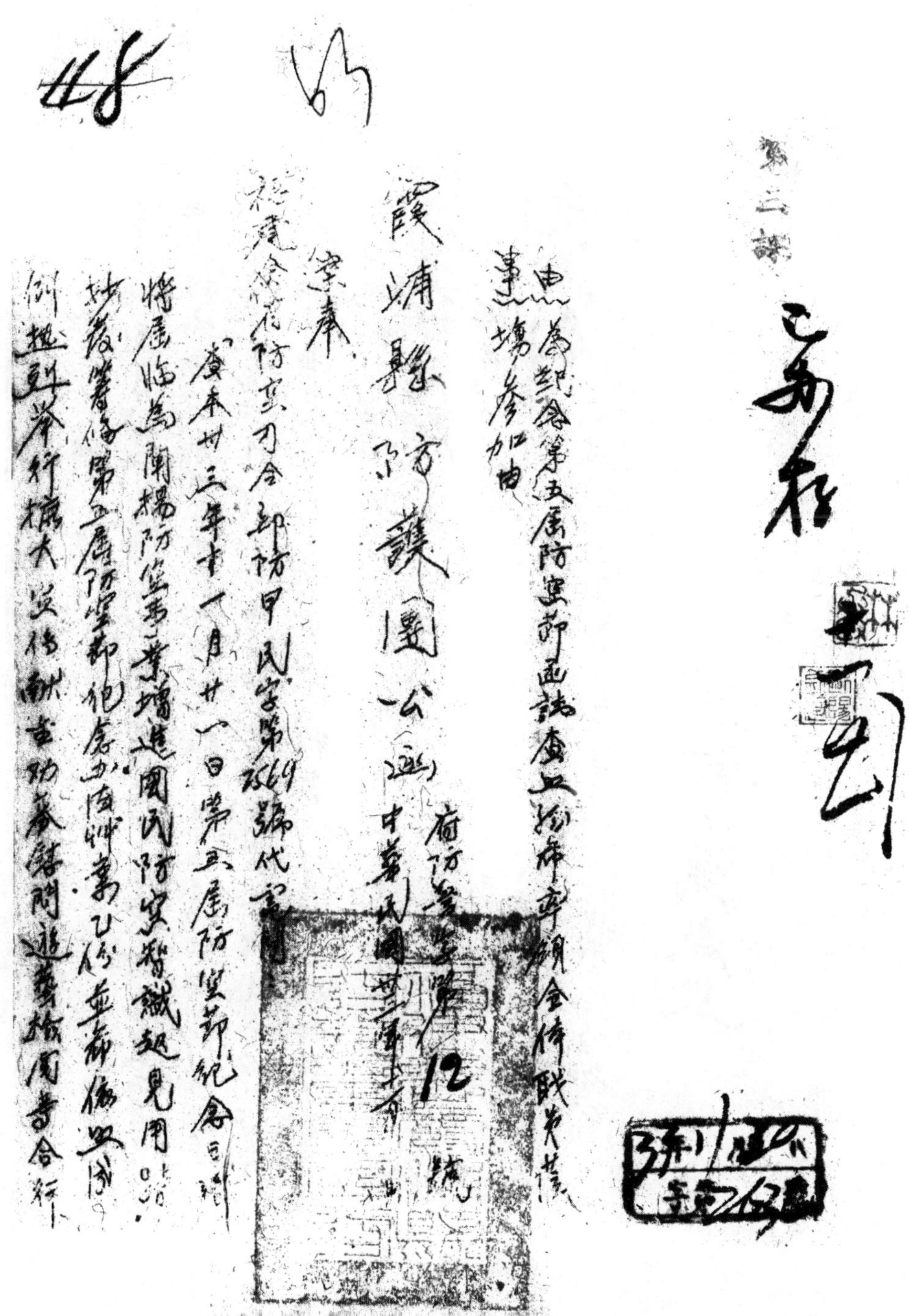

第二號

事由：為紀念第五屆防空節函請查照屆時率領全體職員蒞場參加由

霞浦縣防護團公函 中華民國卅三年十一月 日 府防護字第12號

案奉

福建全省防空司令部防甲民字第2569號代電開：

「查本卅三年十一月廿一日第五屆防空節紀念日，轉將屆臨，為闡揚防空事業，增進國民防空智識起見，用特於該節第五屆防空節紀念[illegible]，[illegible]並希[illegible]如期舉行擴大宣傳，[illegible]合行飭遵，並將舉行[illegible]檢同書合行[illegible]」

霞浦县防护团关于召开纪念第五届防空节大会希率领全体职员莅场参加的通知

(1944 年 11 月)a 面　0166-001-0045

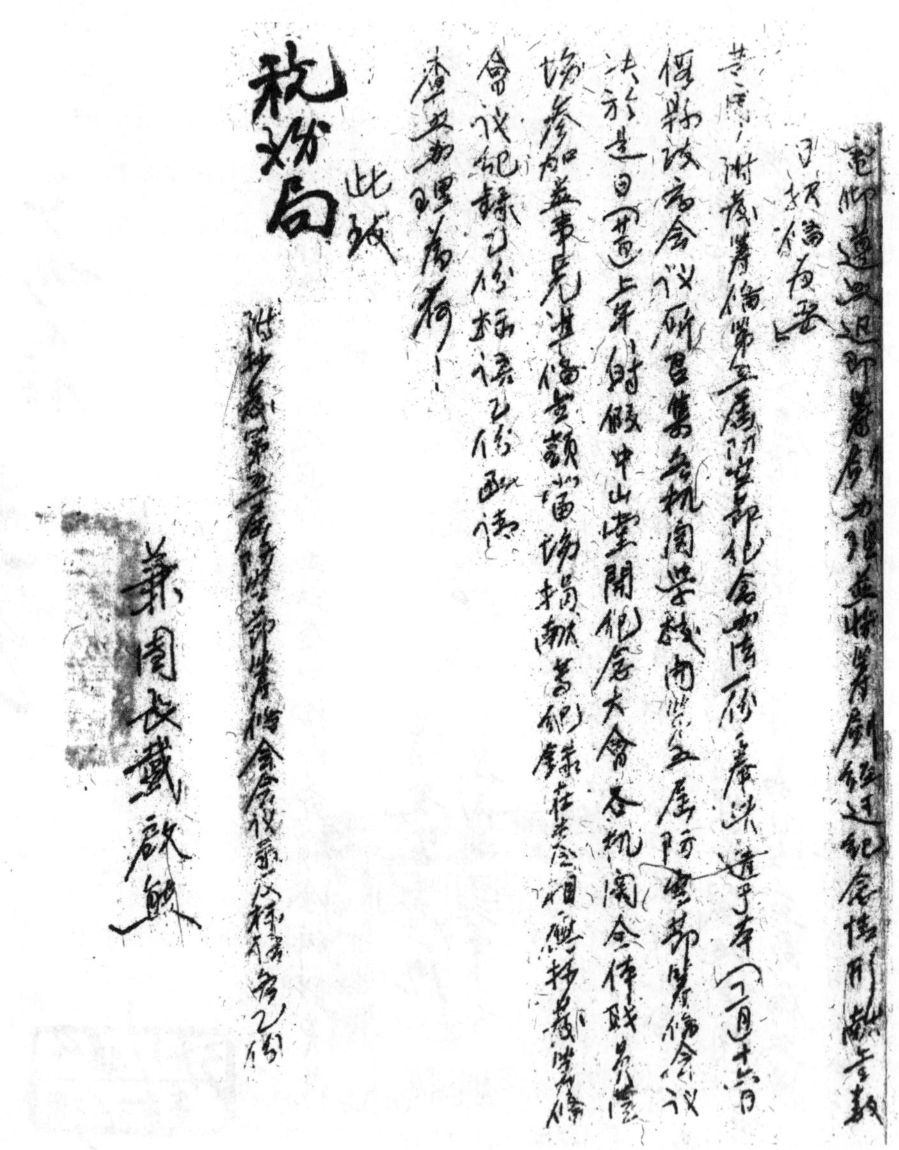

[illegible]

日报备为要。

等因，附发筹备第五届防空节纪念办法一份，奉此，遵于本（十一）月十六日假县政府会议所召集各机关学校团体第五届防空节筹备会议，决于是日（十六）上午八时假中山堂开纪念大会，各机关全体职员[illegible]场参加，并事先准备匾额标语，当场捐献若干，纪录在卷。相应抄发筹备会议纪录一份、标语一份，函请

查照办理为荷！

此致

税分局

附抄发第五届防空节筹备会会议录一份、标语一份

兼团长 戴[illegible]

霞浦县防护团关于召开纪念第五届防空节大会希率领全体职员莅场参加的通知

(1944 年 11 月)b 面　0166-001-0045

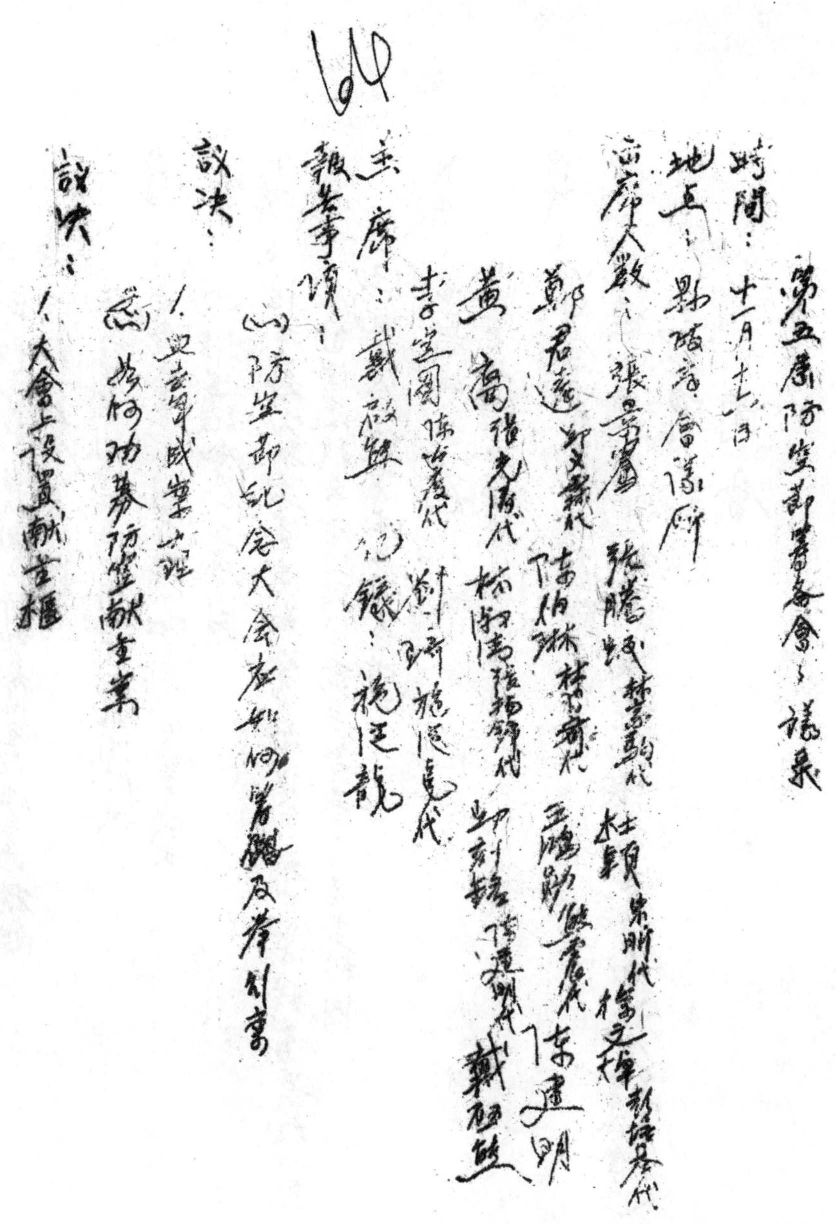

附件　霞浦县第五届防空节筹备会会议录(1944 年 11 月 16 日)

a 面　0166-001-0045

(六)勸導通知各機關團體對本節遵照以備多增捐献
(七)鼓勵本会人員臨時捐献
(三)慰問防空時期因老及死難同胞案
議決、二、由本会代電慰問並慰勞前綫作戰將士
(四)推定紀念会主席團
議決、三、推举縣党部書記長團縣政府參議会縣中學職業學校田糧處國稅處稅務局郵政辦事處商会暨警察局等十二機關
(五)紀念会經費應如何籌措案
議決、四、由縣政府撥付
(六)應如何宣傳案
議決、五、由会通知各機關出標語
與通知各機關學校各作漫畫二張於二十日前送会（籌備會存[illegible]）
以便張貼
閉會

附件　霞浦县第五届防空节筹备会会议录(1944 年 11 月 16 日)

b 面　0166-001-0045

64-1

防空

第五屆防空節標語

一、防空是全民動員的工作 二、鞏固國防先要建設防空 三、防空就是國民自衛 四、努力防空就是努力救國 五、疏散都市人口積極建設農村 六、青年們到防空陣營裏去 七、婦女們踴躍參加防護工作 八、防空教育大衆化 九、防空技術科學化 十、防空建設普遍化

附件　霞浦县第五届防空节标语(1944 年 11 月 16 日)　0166-001-0045

(四)征求航空会员

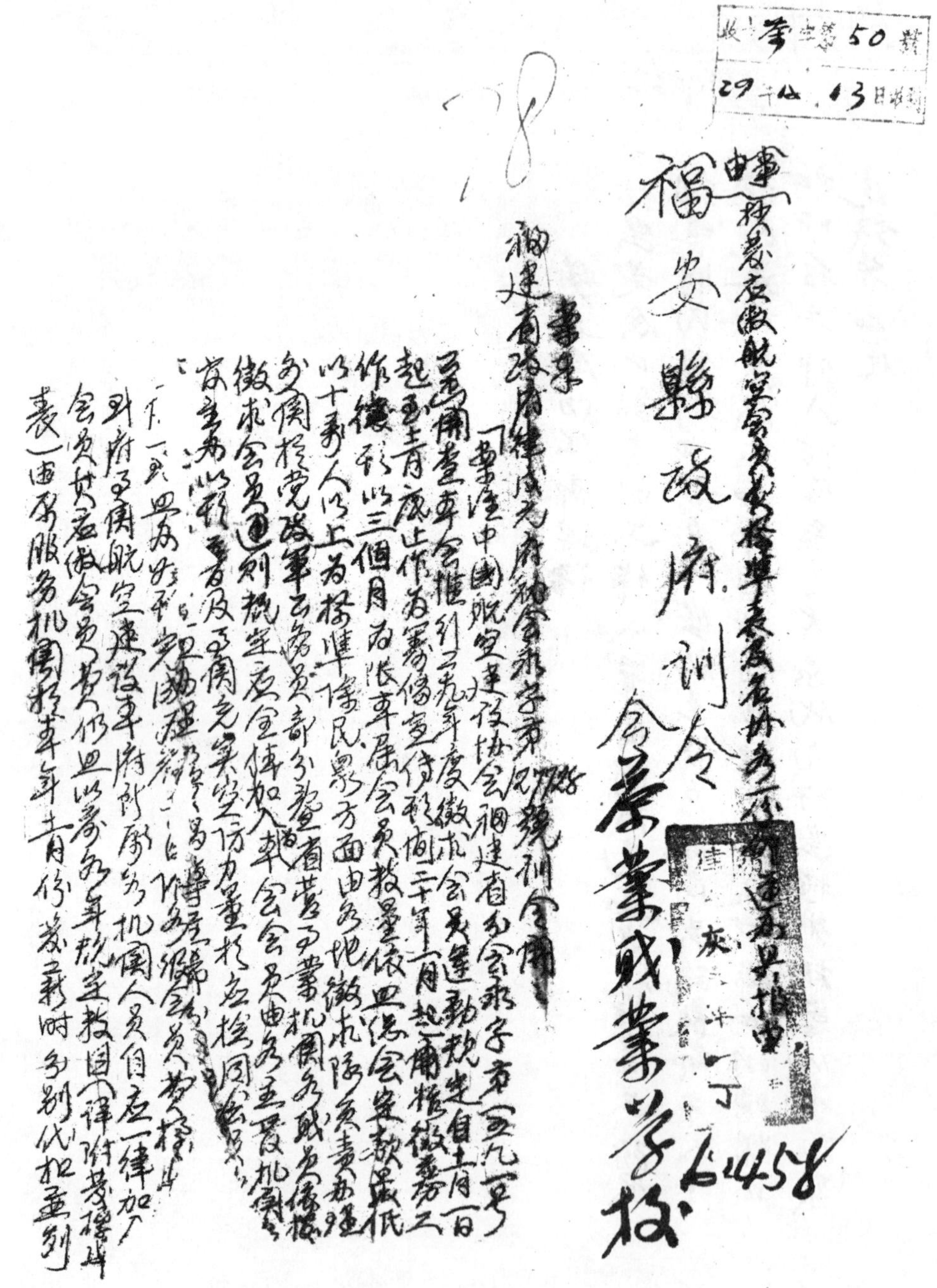

福安县政府训令

令农业职业学校

福安县政府关于抄发应缴航空会员费标准表及名册遵办具报的训令

(1940 年 12 月 10 日)a 面　0165-001-0011

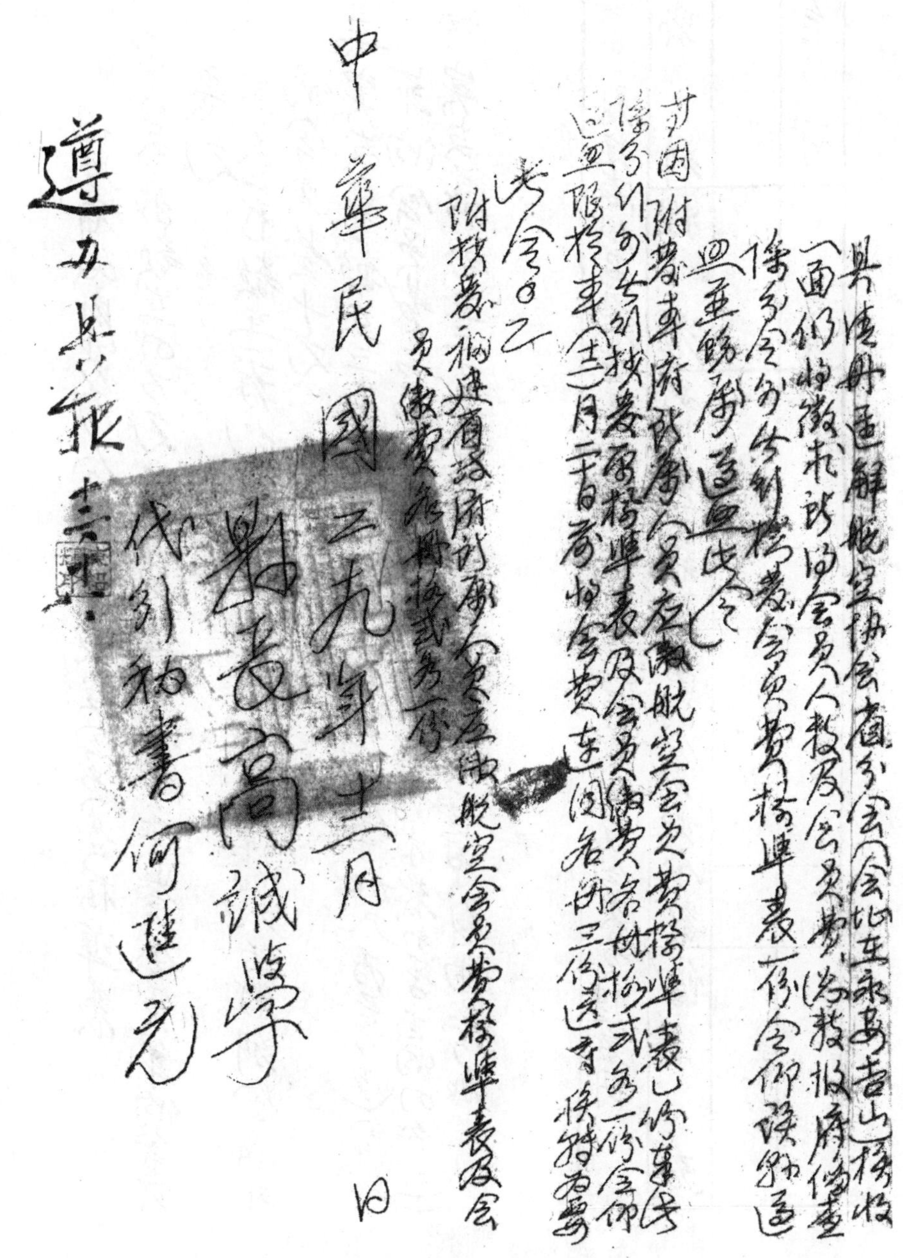

福安县政府关于抄发应缴航空会员费标准表及名册遵办具报的训令

(1940年12月10日)b面　0165-001-0011

18-1

附件

福建省政府所属人员应缴航空会员费标准表

一、实支薪数在四百元以上者一律加入为名誉会员年纳会费五十元

二、实支薪数在二百元以上至四百元者一律加入为特别会员年纳会员费十元

三、实支薪数在三十五元以上至二百元者一律加入为普通会员年纳会员费二元（军警及大中学生纳半数，小学生纳四分之一）

四、实支薪数在三十五元以下（三十五元含）者准予自由参加

福建省某某机关（某某机关）应缴纳二元年度航空会员费姓名册

职别	姓名	每月实支薪数	应缴纳会费金数	备考
合计	员			

附件　福建省政府所属人员应缴航空会员费标准表（1940年12月10日）

0165-001-0011

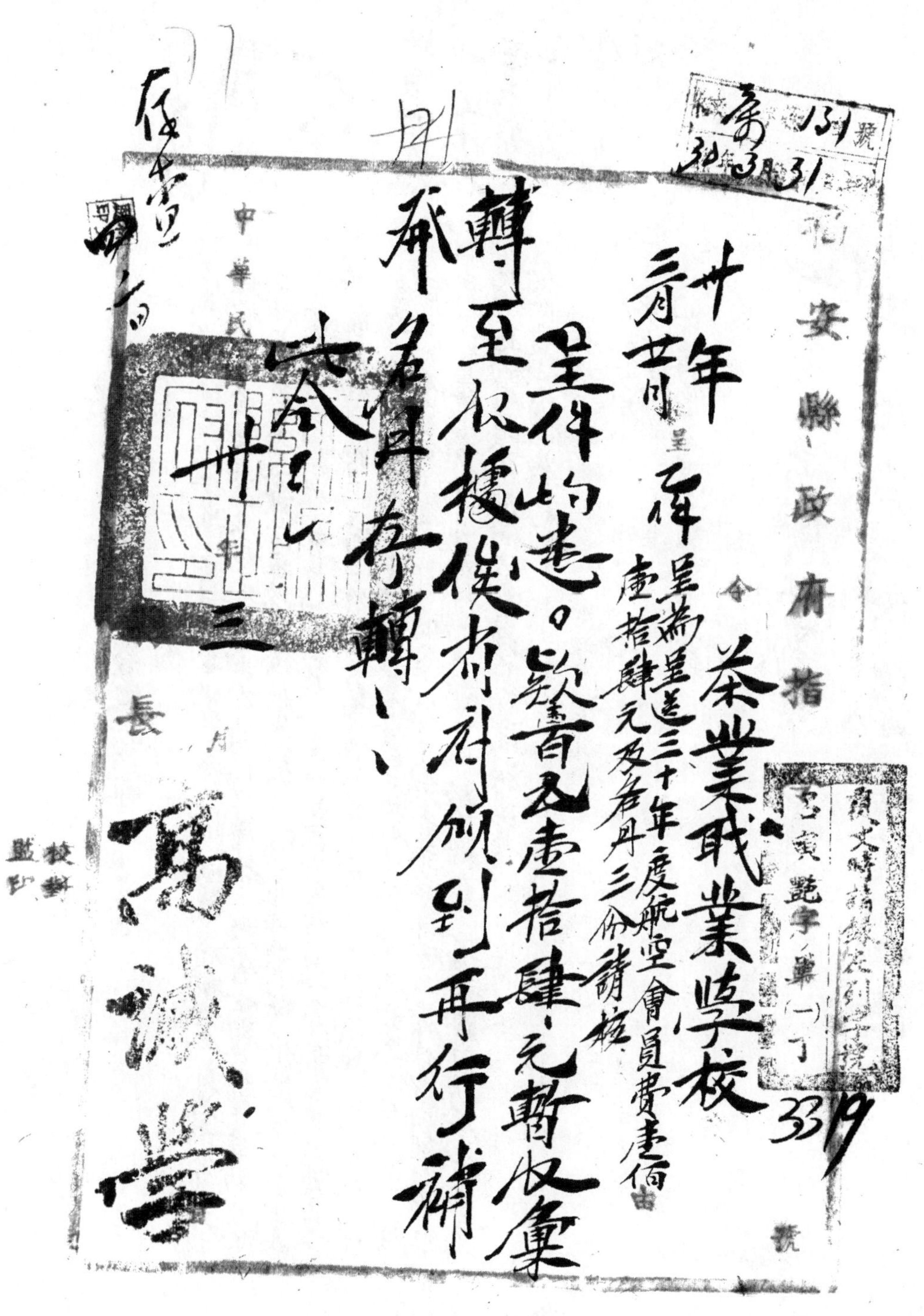

福安縣政府指令

令茶業職業學校

卅年三月廿一日呈一件，呈為呈送三十年度航空會員費壹佰壹拾肆元及名冊三份請核由

呈件均悉。款壹百壹拾肆元暫收，彙轉至收據俟省府領到再行補發。名冊存轉。

此令。

中華民國卅年三月廿三日

縣長 馬

福安县政府关于茶叶职业学校报送三十年度航空会员费及各册收转领到省府收据再行补开的指令(1941 年 3 月 29 日) 0165-001-0006

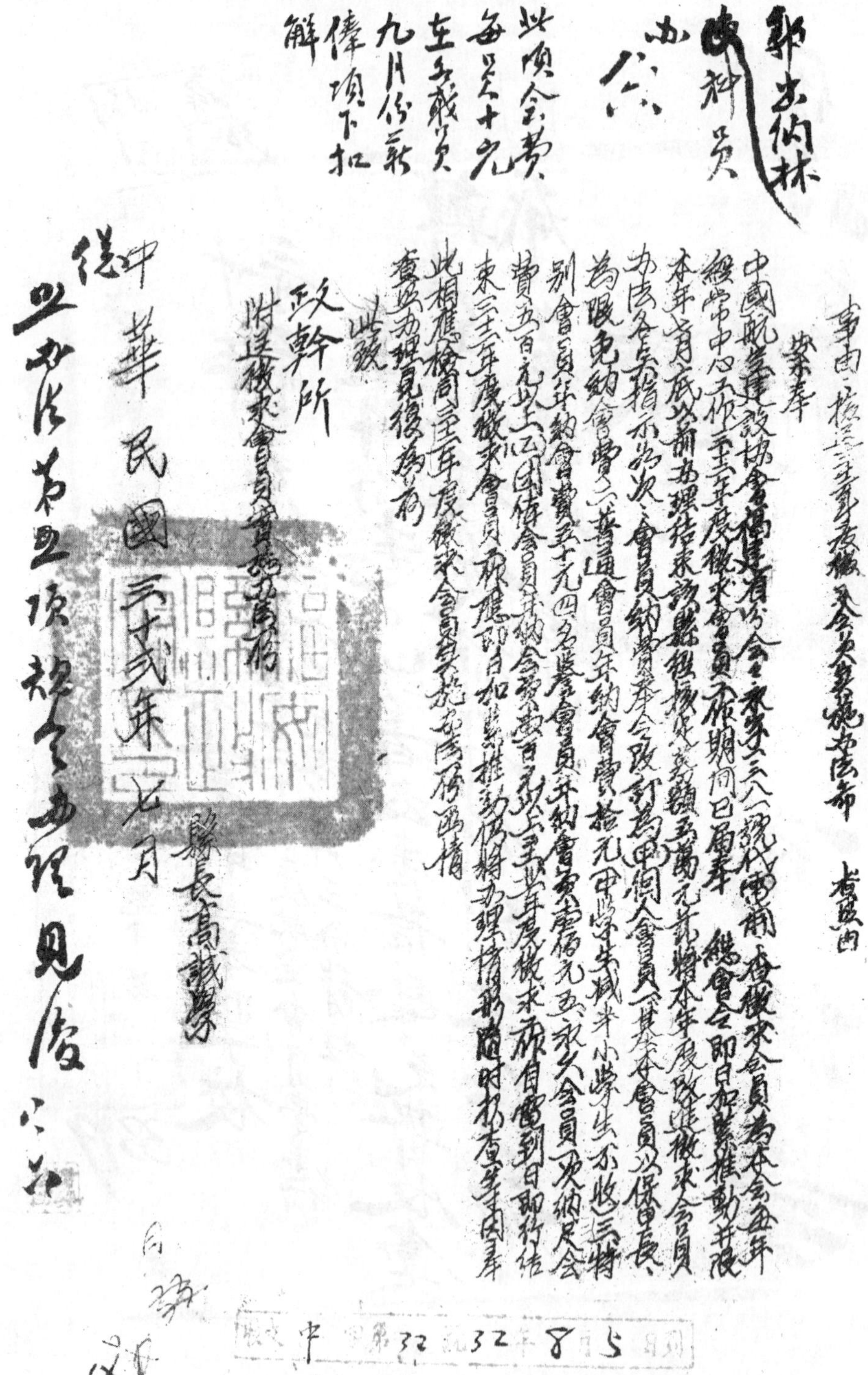
事由：檢送三十二年度徵求會員實施辦法希 查照由

案奉

中國航空建設協會福建省分會(卅二)永字第三八八號代電開：查徵求會員為本會每年經常中心工作，三十二年度徵求會員限期同已屆，本年六月底以前辦理結束，務照總會所定數額五萬元，並將本年度徵求會員辦法各點指示如次：會員納費標準改訂為甲、保會員（其餘會員以保甲長為限，免納會費）；二、普通會員年納會費拾元（中學生減半，小學生不收）；三、特別會員年納會費五十元；四、名譽會員年納會費五百元以上；（五）團體會員年納會費壹百元以上；三十二年度徵求限自電到日即行結束，三十二年度徵求會員限期即自加緊推動，仍將辦理情形隨時報查等因，奉此，相應檢同三十二年度徵求會員實施辦法一份，函請

查照辦理見復為荷。

此致

政幹所

附送徵求會員實施辦法一份

縣長高誠學

中華民國三十二年七月

郭出納 林科員 辦公

此項會費每員十元，在本月份薪俸項下扣解

從以辦法第五項規定辦理見復 六.八

收文 中 字第32號 32年8月5日

福安县政府关于检送三十二年度征求会员实施办法的公函

（1943 年 7 月） 0158-001-0671

三十二年度征求会员实施办法

一、本年度会员之征求，按照分会规定每县应征求会员五千人或劝募捐款在若干万元以上者

二、以各地保甲长为当然基本会员，每会员应负责征求会员十人

三、基本会员人数全县应征求五百人以上

四、为便利征求工作，以乡镇长为当然分队长

五、本县党政军各机关公务员及各机关各职员均应全体加入为个人会员，以资倡导，其征募办法由各机关长官负责办理，并须各附属机关负责会员会费，得由各主管机关代扣彙缴

六、本县公私立各中等学校所有教职员及学生一律参加为个人会员，由本支会责成各校校长负责征求，以期普及

七、征求各种会员除基本会员外，其类别及纳费如左

(一)普通会员　年纳会费拾元(中学生减半，小学生不收)

(二)特别会员　年纳会费五十元

(三)名誉会员　年纳会费壹佰元

(四)永久会员　一次纳足会费伍佰元以上

(五)团体会员　年纳会费壹佰元以上

八、各分队对于会员费募捐额应按照三十二年度会员费分配表办理，于征求期内如数募足，非有特殊情形足以影响进行者不得无故短缴

九、各分队征求期间以五个月为限，开始一个月为筹备期间，中间三个月为征募期间，最后一个月为结束期间，自三十二年八月开始至十二月底止全部终结束

十、各分队在征求期内每月月终应填造工作报告表(表式另发)以便汇报分会查核

十一、各分队经收会员费在征求期内应随时汇集成数汇解本支会核转，不得积存或挪用

十二、各分队长遇有[illegible]应将任内未解会员费扫数移交，所未[illegible]办理清楚具报本支会

十三、本办法由[illegible]

备案

附件　福安县三十二年度征求会员实施办法(1943年7月)　0158-001-0671

三十二年度各乡镇征求基本会员人数分配表

乡(镇)别	基本会员人数	乡别	基本会员人数
[illegible]坂镇	九〇人	溪塔乡	一〇人
三江镇	七〇人	山头乡	一二人
穆阳镇	六〇人	坦洋乡	一五人
三塘镇	二六人	白石乡	一五人
社口镇	一〇人	潭头乡	一三人
赛阳乡	三〇人	范坑乡	九人
溪东头	一一人	岩湖乡	七人
石门乡	七人	康头乡	一七人
溪潭乡	一二人	蟠溪乡	七人
狮峯乡	一六人	莲山乡	一〇人
贡岐乡	二〇人	咸楼乡	八人
大箬乡	七人	社湖乡	一〇人
合计			五〇〇人

福安县三十二年度各乡镇征求基本会员人数分配表(1943年7月)

a面 0158-001-0671

三十二年度各鎮[illegible]

鄉鎮別	會員費數額	鄉鎮別	會員費數額
[illegible]坂鎮	九〇〇〇元	灣塢鄉	一四〇〇元
三沙鎮	七〇〇〇	山厦鄉	一二〇〇
穆陽鎮	六〇〇〇	坦洋鄉	一五〇〇
三[illegible]鎮	二六〇〇	白石鄉	一五〇〇
社口鎮	一〇〇〇	潭溪鄉	一三〇〇
[illegible]陽鄉	三〇〇〇	范坑鄉	九〇〇
溪東鄉	一一〇〇	春蓬鄉	七〇〇
[illegible]門鄉	七〇〇	[illegible]鄉	一七〇〇
溪[illegible]鄉	一六〇〇	[illegible]溪鄉	七〇〇
獅峰鄉	一五〇〇	蓬山鄉	一〇〇〇
溪岐鄉	二〇〇〇	感德鄉	八〇〇
大[illegible]鄉	七〇〇	新湖鄉	一〇〇〇
合計			三〇〇〇〇元

福安县三十二年度各乡镇会员费数额分配表(1943 年 7 月)

b 面　0158-001-0671

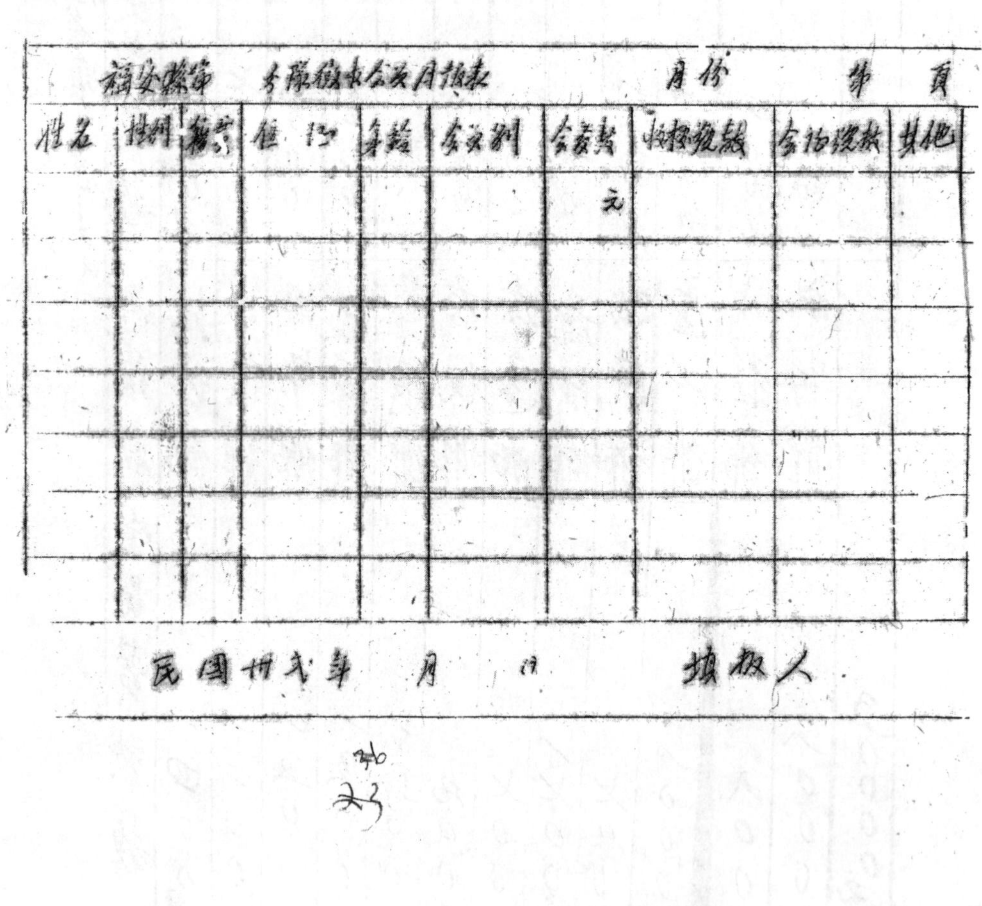

福安县第　分队征求会员月报表　　　　月份　　第　页

姓名	性别	籍贯	住址	年龄	会员别	会费数	收据号数	会折号数	其他
						元			

民国卅贰年　月　日　　填报人

福安县第□分队征求会员月报表(1943年7月)　0158-001-0671

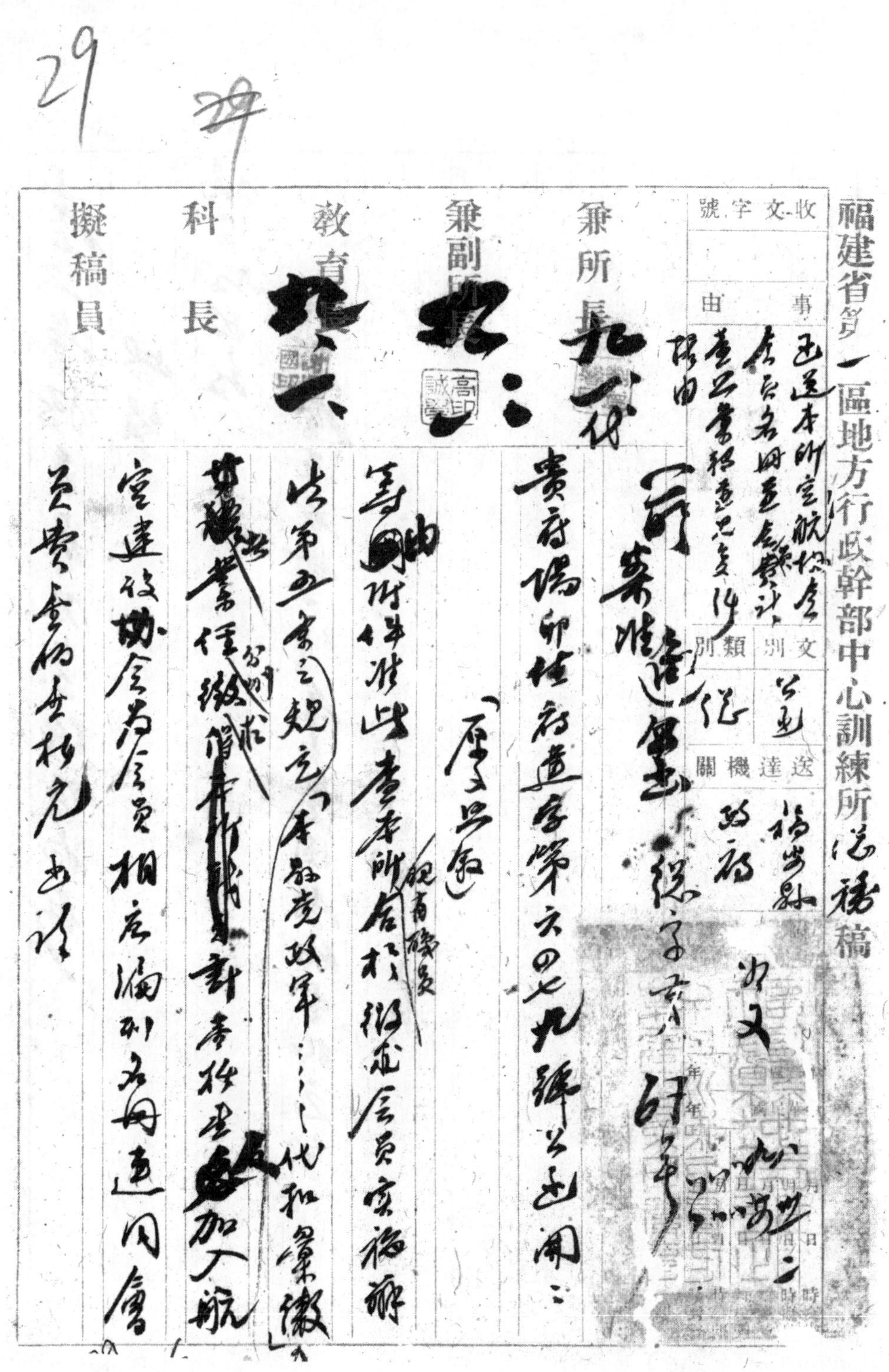
福建省第一區地方行政幹部中心訓練所從稿稿

收文字號	
事由	
文別	
送達機關	

兼所長
兼副所長
教育長
科長
擬稿員

福建省第一区地方行政干部中心训练所关于报送本所航空协会会员名册及会员费请汇转给据的公函(1943 年 9 月 24 日)　0158-001-0671

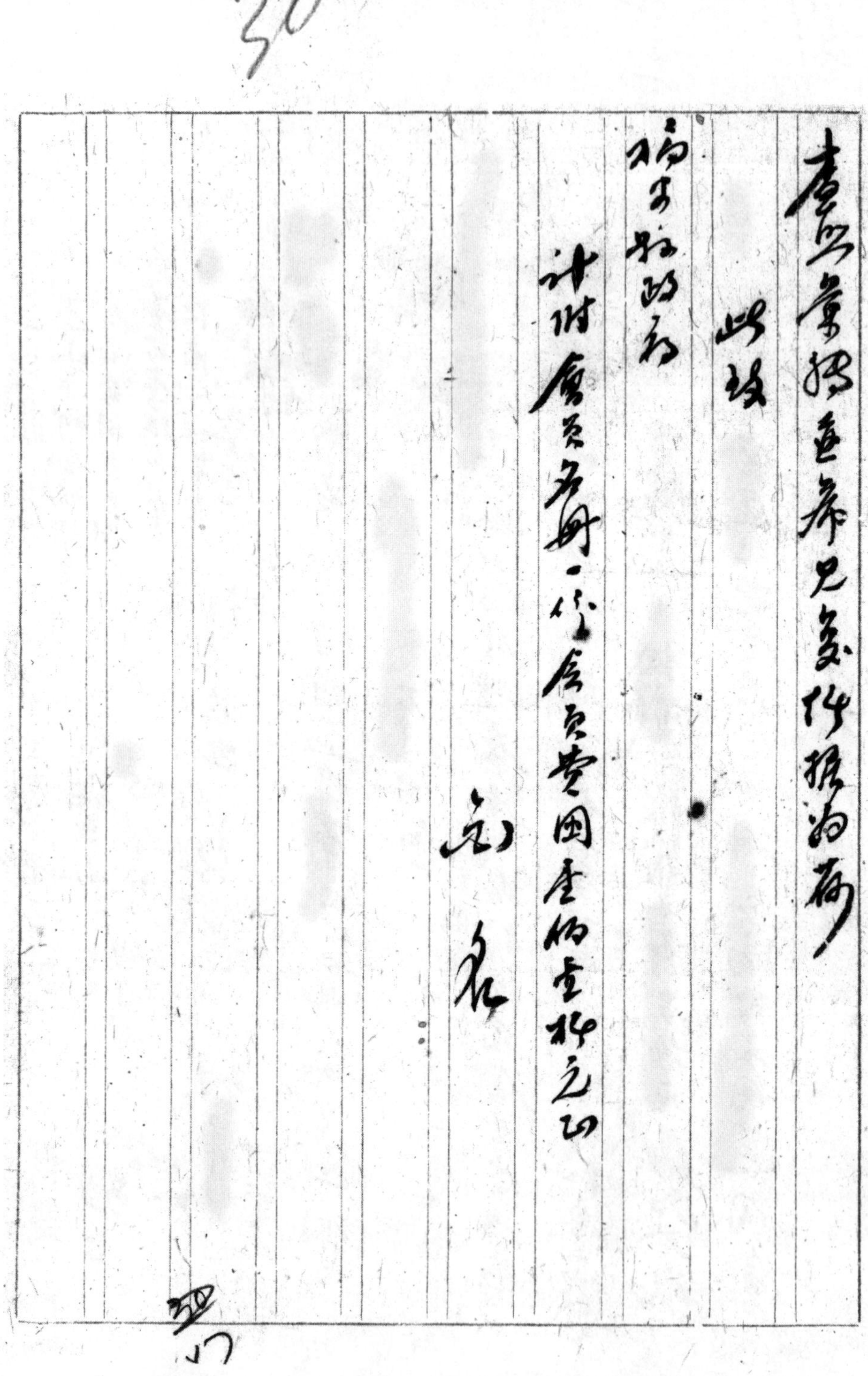

查照彙轉並希見復俾據為荷！

此致

福安縣政府

計附會員名冊一份 會員費國幣壹佰壹拾元正

所長

福建省第一区地方行政干部中心训练所关于报送本所航空协会会员名册及会员费请汇转给据的公函(1943年9月24日)　0158-001-0671

31

仝衛航空建設協會會員名冊

職別	姓名	性別	籍貫	住址	年齡	會員別	會費	備註
教育長	謝興周	男	福鼎			個人	一百	本所正副兼所長會員費由專任機關彙送本所並未列入
科長	羅永利	〃	霞浦			〃	〃	
	沈伯韓	〃				〃	〃	
指導員	施尚志	〃	福安			〃	〃	
	孫興中	〃				〃	〃	
軍訓隊長	謝紹鴻	〃	福鼎			〃	〃	
隊附	黃Ｘ儀	〃				〃	〃	
科員	周諧	〃	福鼎			〃	〃	

附件　福建省第一区地方行政干部中心训练所航空协会会员名册

（1943 年 9 月 24 日）　0158-001-0671

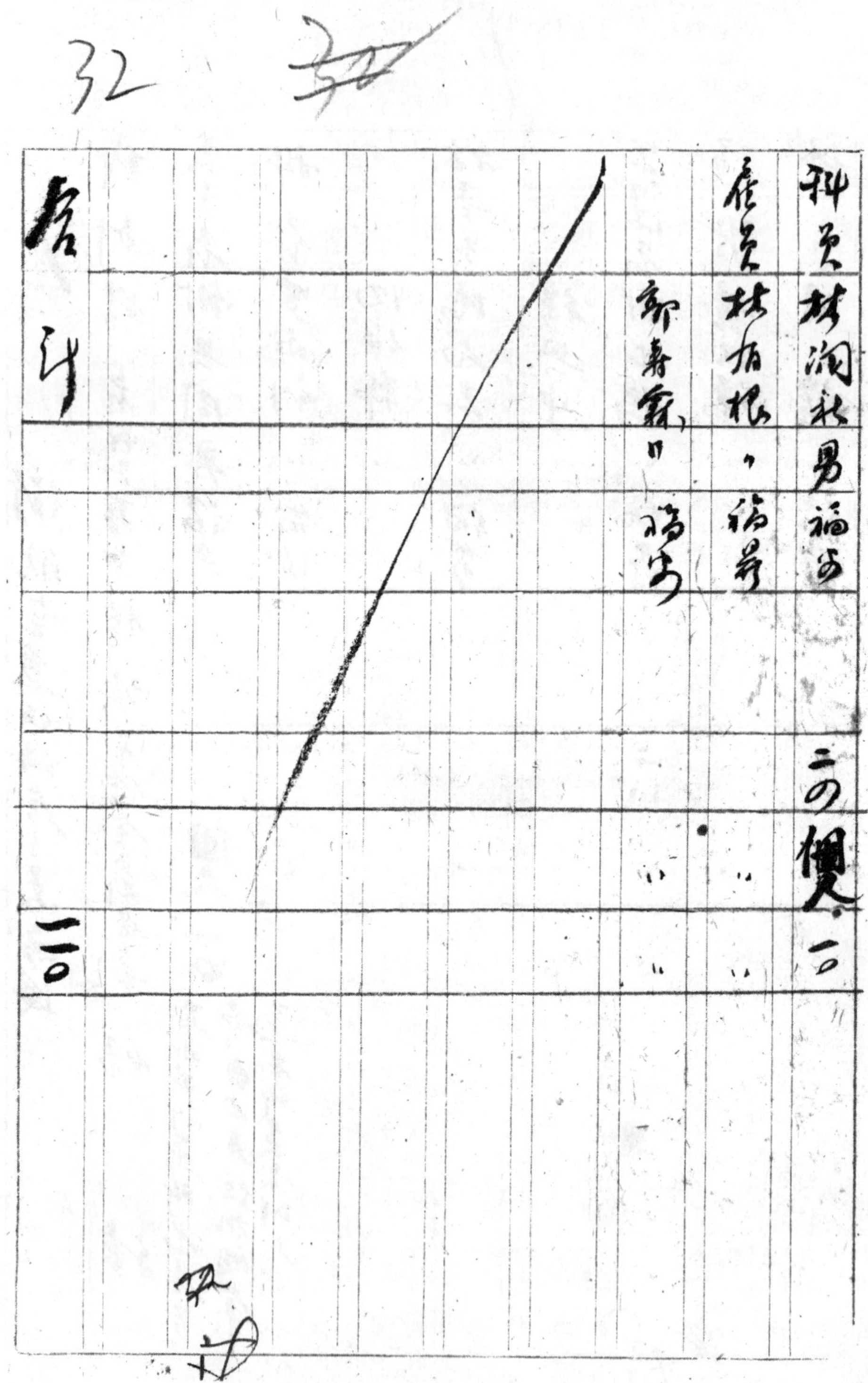

32　30

科员　林润秋　男　福安　二〇　個人　一〇
雇员　林有根　〃　福寿　〃　〃
郭寿森　〃　福安　〃　〃

合计　一〇

附件　福建省第一区地方行政干部中心训练所航空协会会员名册
（1943 年 9 月 24 日）　0158-001-0671

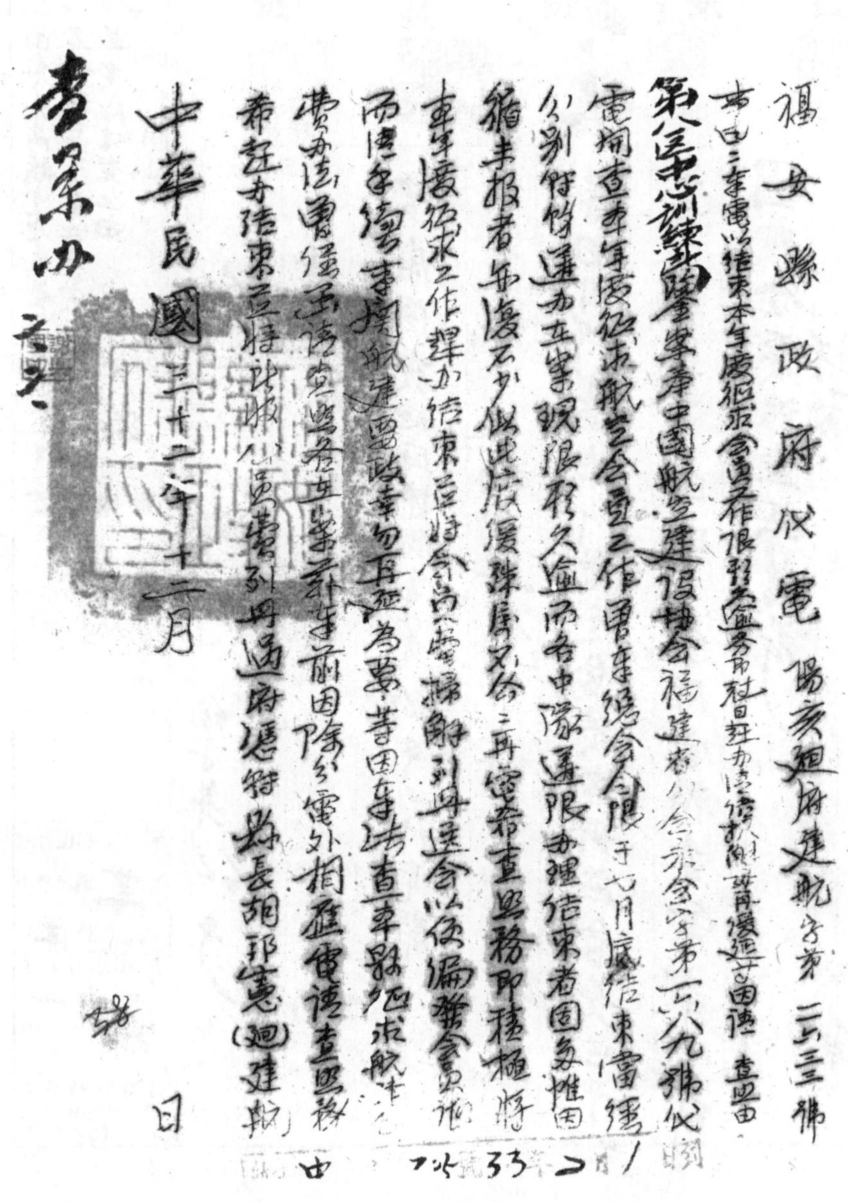
福安縣政府代電

縣長胡邦憲

中華民國三十二年十二月　日

福安县政府关于结束本年度征求会员工作限期久逾务即克日赶办清结报解的代电

（1943 年 12 月 24 日）　0158-001-0671

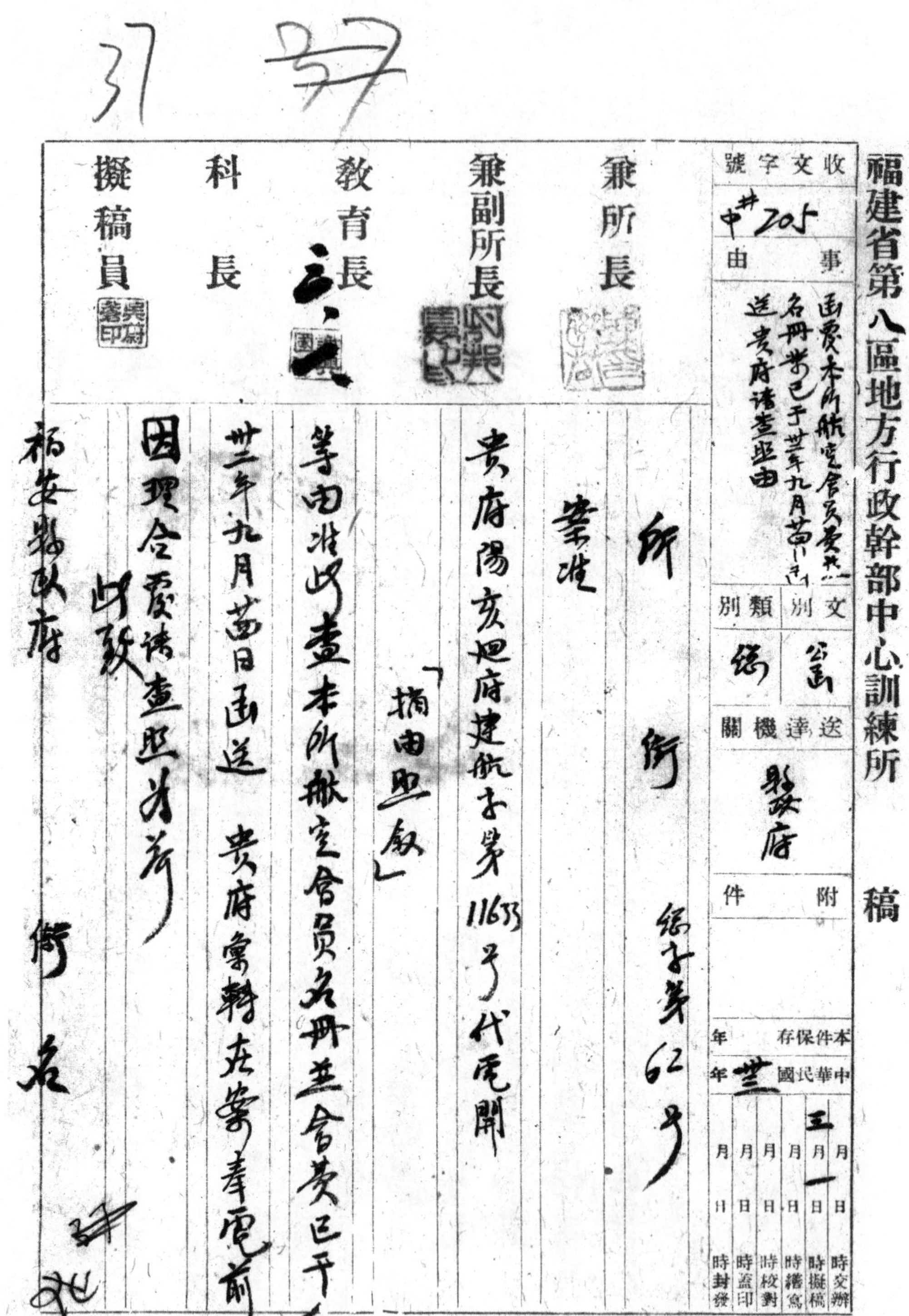
福建省第八區地方行政幹部中心訓練所　稿

收文字號　中卅205
事由　函覆本所航空會員費並名冊業已于卅二年九月廿四日送貴府請查照由
文別　公函
類別　總
送達機關　福安縣府
附件
本件保存　年
中華民國卅三年三月一日
交辦　擬稿　繕寫　校對　蓋印　封發

兼所長
兼副所長
教育長
科長
擬稿員

所銜　總字第62號
案准
貴府陽亥旭府建航字第11633号代電開
「摘由照叙」
等由准此，查本所航空會員名冊並會費已于卅二年九月廿四日函送貴府，察轄在案，奉電前因，理合覆請查照為荷。
此致
福安縣政府
銜名

福建省第八区地方行政干部中心训练所关于本所航空会员费并名册业已于三十二年九月二十四日报送请查的复函(1944 年 3 月)　0158-001-0671

民國三十三年五月

三十三年度擴大徵求會員運動實施辦法

徵求會員宣傳大綱
徵求會員宣傳辦法

中國航空建設協會福建省分會印發

三十三年度扩大征求会员运动实施办法(1944 年 5 月) 0164-001-0072

68

三十三年度擴大徵求會員運動實施辦法

一、本辦法依照總會新頒三十三年度徵求會員運動推行辦法之規定訂定之

二、本運動定名爲建設大空軍徵求會員運動

三、本年度會員人數按照總會規定乙等分會編制全省應徵求會員二十萬人或經募捐款在二百萬元以上者。

四、本運動以徵求基本會員爲手段並動員基本會員大量吸收會員以協力建設大空軍爲目的

五、本運動所徵求基本會員之特點

(一)以各地保甲長爲當然基本會員

(二)免繳會員費

(三)每一基本會員應負責徵求會員十人

六、基本會員人數全省應徵求一萬人以上

七、本分會實施徵求工作得設立總徵求隊辦事處置總隊長一人以本分會會長兼任爲原則總隊以下設大隊以各區行政督察專員任大隊長縣設中隊以縣長及特種區長任中隊長鎮設分隊以鎮長爲當然分隊長保甲長爲當然基本會員

八、本省黨政軍各界公務員及省營事業機關各職員均應全體加入爲個人會員以資倡導其徵募方法由各該機關長官酌量辦理

三十三年度扩大征求会员运动实施办法(1944 年 5 月) 0164-001-0072

前項各附屬機關其會員費一律由各主管機關代扣彙繳

九、本省公私立專科以上學校及公私立各中等學校所有教職員學生一律參加爲個人會員由本分會函聘各校校長負責徵求以期普及

十、本運動徵求各種會員除基本會員外其類別及納費如左：

（一）普通會員　年納會費十元（中學生減半小學生不收）

（二）特別會員　年納會費五十元

（三）名譽會員　年納會費一百元

（四）永久會員一次納足會費五百元以上

（五）團體會員　年納會費一百元

十一、各中隊對於會員費募額應按照三十二年度會員費分配表辦理於徵求期內如額募足非有特殊情形足以影響進行者不得無故短額

十二、各隊徵求期間以三個月爲限開始半個月爲籌備期間中間二個月爲徵募期間最後半個月爲結束期間自三十三年七月一日開始至九月底以前全部總結束

十三、各中隊得酌派督導員若干人擔任巡迴督導任務

十四、關於各中隊推行本運動所需之一切費用准按該中隊實徵會員費總數百分之三提支並於開支後檢據報銷

三十三年度扩大征求会员运动实施办法（1944年5月）　0164-001-0072

十五　各中隊在徵求期內每一月月終應填送工作報告表一份（表式另發）以便彙報　總會審核

十六　各中隊應印製三聯式臨時收據借蓋縣府印信以第一聯製給交款人第二聯填送本分會審核由本分會填發會員證

十七　各中隊經收會員費在徵求期內應隨時湊集成數交由當地省銀行匯解一面報告本分會核收不得積存或挪用

十八　各中隊長遇有交替時應將任內未解會員費掃數清解新任繼續辦理並呈報本分會備查

十九　各中隊推行本運動應按照　總會訂頒宣傳辦法隨時多方宣傳以收事半功倍之效

二十　各中隊競賽辦法及基本會員獎勵辦法均另訂之

廿一　本辦法由本分會頒佈施行並呈報　總會備案

三十三年度扩大征求会员运动实施办法（1944 年 5 月）　0164-001-0072

航空建設協會為
建設大空軍徵求會員宣傳大綱

一、空軍的重要性

(一)無防空即無國防，自從空軍發達之後國防形態業已改觀，昔日的國防只在前線，敵人如果打不破前線的防禦，後方就永遠的安全，人民一樣的可以安居樂業，政府一樣的可以行使政權，調動軍隊，現代的國防是不分前線或後方的，敵人打不破前線，他可以飛機來轟炸你的後方，炸死你的人民，破壞你的財產，擾亂你的生活，遮斷你的交通，打擊你的作戰精神和力量，使你的前線還沒有打敗仗使整個國家向他屈服，像波蘭亡國一樣，波蘭是個強大陸軍國家，但是因為空軍沒有保衛領空的力量，在開戰第一天就被德國的空軍轟炸九十一次之多，交通路線通被炸斷，人民流離失所，無食無居，因此波蘭尚有百餘萬大軍，未曾作戰，便不能不投降。

(二)無空軍即不能持久，自從空軍發達之後，戰爭的形態也改了觀，昔日的戰爭只在地面進行，現代戰爭已擴展到天空，敵人從天空來打你，如果你沒有強大空軍去抵抗，則敵人戰爭的進行就非常有利，而你竟會無法進行戰爭，即使你有強大海軍和陸軍，也是沒有保障的，像南洋戰爭一樣，英美來不及用空軍去援助南洋，制空權拿在敵人手裏，因此馬來爪哇仰光都不能作長期的抗戰。現在美國強大的空軍去轟炸日本工廠及其他資源所在，如果日本的空軍不能抵抗，日本生產停頓了，資源毀滅

航空建设协会为建设大空军征求会员宣传大纲(1944年5月)　0164-001-0072

72

六

了，試問日本又那能作持久的大戰呢？

二、今年空軍建設的重要性

我們相信今年同盟國方面必定會發動大規模的反攻，同時我們知道美國保有世界第一位的海軍和無限的資源，而關於生產飛機能力，也是居於世界的第一位，祇要美國攻勢一發動，日本是必敗無疑的。

我們中國的陸軍是愈戰愈强，現在我們配合了同盟國的反攻，日本就難免四面受敵，所以本年正是我們驅逐敵人，收復失地的好機會，這個機會千萬不要令其錯過，但是反攻就必須要有空軍，我們的飛機實在太少，不夠担負重大的任務，如果機會來了，而我們沒有強大空軍來反攻，那麽，雖然有了好機會也會失之交臂。

三、此次擴大征求會員的意義

本年建設空軍的意義重大，故此次擴大征求本會會員也有特殊重大的意義。

(一)此次擴大征求會員，員額預定爲二百萬人，目的乃在發動更大更多的人力，使空軍建設能在全國民衆協力之下，建設起來。

(二)此次擴大征求會員，是全國各省同時進行，希望在短時期內集中全國民衆的力量，早日完成空軍的建設，以期與同盟國的反攻互相配合。

航空建设协会为建设大空军征求会员宣传大纲(1944年5月)　0164-001-0072

（三）抗戰七年來，民衆的愛國精緒，已經大大的增高，所以我們這次擴大征求會員，就是要給予以他們以普遍表現的機會，因愛國之道雖多，然再沒有此同心合力建設空軍更榮譽，更有効。

四、基本會員的意義與責任

這次擴大征求會員最大的特點，在本會征求基本會員，而這些基本會員都是請保甲長担任，建設空軍的工作，不一定就是出錢還有其他工作，征求基本會員的目的，不在於要他們納會員費，而尤其是要他們共同出力來幫助空軍的建設。

爲什麼要請保甲長担任基本會員呢？因保甲長是社會的幹部，民衆的模範，他的愛國心比一般民衆強，智識比一般民衆高，力量比一般民衆大，而責任比一般民衆重。空軍建設是我國目前最重要最急切的工作。也是靠民衆與政府共同努力的工作，所以爲一般民衆表率的保甲長，不能不肩起建設空軍的責任。

保甲長不一定有錢，但是他有力量和責任，本有錢出錢有力出力的原則，保甲長應當愉快的來做本會的基本會員，盡一盡他對建設空軍的力量和責任，做民衆的榜樣，動員起來，努力去做會員的工作。

五、標語

做一個國家空軍建設的基本幹部，是很光榮的，他的工作和站在前線和敵人拼命一樣的責任。

航空建设协会为建设大空军征求会员宣传大纲（1944年5月） 0164-001-0072

基本會員是空軍的保姆

全民衆動員建設空軍

參加空軍建設工作是最光榮的事

不知道空軍的重要不是一個現代的國民

不做航空會員不算是現代的國民

你盡了建設空軍的力量嗎？

建設空軍爲被炸同胞復仇

建設空軍準備反攻

建設空軍驅逐倭寇

建設空軍收復失地

建設大空軍轟炸日本鬼

大家來做個航空建設協會的會員

做航空協會的會員是愛國的表現

今年是空軍建設年

現代是空軍建設的好時機

加緊建設空軍爭取抗戰勝利

八

航空建设协会为建设大空军征求会员宣传大纲(1944 年 5 月)　0164-001-0072

每一個人都有建設空軍的責任
每一個人都應該做航空會員
建設空軍保衞自己的生命財產
沒有空軍我們的生命財產沒有保障
今年是反攻年我們要建設大空軍
前方殺敵後方建軍

九

航空建设协会为建设大空军征求会员宣传大纲(1944年5月) 0164-001-0072

擴大徵求會員宣傳辦法

（集會宣傳）由征求隊與當地精神總動員會協商於擴大征求會員運動開始之前將該月當地區鄉鎮之國民月會作爲航建及征求會員之集會宣傳月會之一切佈署報告講演均以航建及征求會員宣傳爲中心如無國民月會征求隊得籌開以區鎮爲單位之羣衆集會辦理之

二、（保甲長集會）如上述羣衆集會因故不能舉行征求隊最低限度須以區鎮爲單位召集保甲長暨當地之機關團體舉行 國父紀念週或其他方式之集會說明世界大戰中我國增強空軍建設之重要及本會擴大征求會員之意義

三、（召集會縣中小學校舉行擴大紀念週）由征求隊商請以縣長名義召集城區及附近鄉各中小學大學之師生舉行 國父擴大紀念週由縣長担任主席報告國父「航空救國」之遺教空軍在戰爭上之重要性及世界大戰空軍活動之情形實行說明本會擴大征求會員合力建設空軍之意義至離城區較遠之學校由該校校長代表來城參加以便學校由該師生說明

四、（組織遊動教育班）由征求隊會同當地民衆教育館籌商遊動教育班之組織巡迴輪赴各鄉鎮工作遊教班應利用各鄉鎮之「趕場」日期藉農民趕場集中之便從事航建及征求會員之宣傳如當地民衆教育館於各區鎮有分館則責成各該分館辦理

五、（組織中學生城區宣傳隊）由征求隊會同同地教育當局利用休假時期籌組城區中學生從事航建及征求會員宣傳城區之宣傳隊若干隊隊員以家居城區之中學生充任之各隊員於假期中以路劇或話之方

十二

扩大征求会员宣传办法（1944年5月） 0164-001-0072

十二

式向其戚友進行航建及征求會員之宣傳各隊員於出發前由該校校長並發給工作報告表俾隊員於工作後填報並由該校作爲該生課外活動之訓練與考成

六、(組織中學生暑假鄉遊隊)鄉遊隊之組織工作及獎勵一如城區宣傳隊辦法辦理惟鄉遊隊員以回返本鄉工作爲適

七、(舉辦全縣中小學生文藝比賽)由征求隊會同當地政府暨教育當局於上述擴大紀念週舉行後適時(暑假以前)召集全縣國文常識圖畫音樂勞作教師舉行會議分別商訂當地中小學校有關航建題材之文藝比賽辦法並即實施學生文藝比賽得分如下數種：

(一)航建作文比賽全校第一二三名由該校國文教師評定由學校發給作者個人獎品再由該校將第一名作品參與全縣市之總比賽由征求隊彙齊後敦請當地文學名流評定全縣市總比賽之第一二三名

由征求隊發給優勝學生所在學校之團體錦標

(二)講演比賽按照作文比賽辦法辦理惟全縣市總比賽須定期舉行

(三)航建繪畫比賽按照作文比賽辦法辦理

(四)像眞飛機模型勞作比賽按照作文比賽辦法辦理飛機模型木製紙製土製均可

(五)航建歌詠比賽由各該學校音樂教師自由編製歌曲教授學生歌詠其餘按照講演比賽辦法辦理惟優勝歌詠之製譜教師得由征求隊酌給現金獎勵

扩大征求会员宣传办法(1944 年 5 月)　0164-001-0072

八、(舉辦文藝比賽成績展覽會)征求隊得彙集上開各列文藝比賽之優勝及次優勝作品如論文講演詞圖畫模型歌譜在城區擇地佈置舉辦展覽任人參觀如優勝作品過少得自各學校搜集較佳作品配合舉行

九、(編製壁報)由征求隊彙集比賽優勝次優勝及較佳作品之論文講演詞圖畫歌譜編成文圖並茂之壁報若干幅分別張貼各區鎮以廣宣傳

十、(提倡飛機型風箏)秋間各鄉盛行放風箏之遊戲征求隊應設法提倡俾作無形之宣傳

十一、(散貼傳單標語)征求隊寫就標語多份分發各區鎮保長負責張貼並由征求隊翻印告同胞書多份隨時散發

十二、(出版各報特刊)由征求隊與當地各報館商定附出擴大征求會員特刊

十三、(名人廣播)征求隊敦請當地政府首長及社會名流作征求會員之廣播宣傳

十四、(放演幻燈片)由征求隊製就擴大征求隊會員宣傳之幻燈片多張分請當地各電影院於電影開映前放演

十五、(話劇宣傳)由征求隊與當地各話劇團體商定假響應擴大征求會員運動之名義舉行話劇公演除由開支之外以盈餘總額百分之五十捐獻加入爲本會團體會員如超過團體會員一個之納費定規數額者除以一百元爲團體會員納費外餘作捐款論

十六、(甲長挨戶談話)由征求隊飭令各保保長督導所屬各甲甲長向所屬各戶根據宣傳大綱作挨戶談話並進行征求會員手續各甲長(基本會員)挨戶談話情形應由保長負責彙集向征求隊作書面報告其報告格

十四

扩大征求会员宣传办法(1944年5月) 0164-001-0072

6479

式由征求隊擬訂並頒發之

十四

扩大征求会员宣传办法(1944 年 5 月)　0164-001-0072

066

福建省銀行總管理處函　捷人字第8424號

中華民國卅三年六月十四日 #7716

惠函知該行處應繳航空會員費仍應遵照前函規定辦理以憑彙轉由

查本行各分支行經副襄理課股長及辦事處主任均應加入中國航空建設協會福建省分會為普通會員並按照規定繳納會費送由總處彙繳一案經於上年六月十七日捷秘訊字第七八三六號通函知照在案茲准該會催繳會費甚急除將本處會員應納會費先行造冊送繳外合行函達仰迅遵照前函辦理以憑彙轉繳如已自行加入者亦應將徵求員名及所繳會費列單報備為要。

此致

各分支行處

福建省銀行

總經理　嚴[illegible]

中華民國卅三年六月

福建省银行总管理处关于该行处应缴航空会员费应遵前函规定办理以凭汇转的公函

（1944 年 6 月）　0008-001-0007

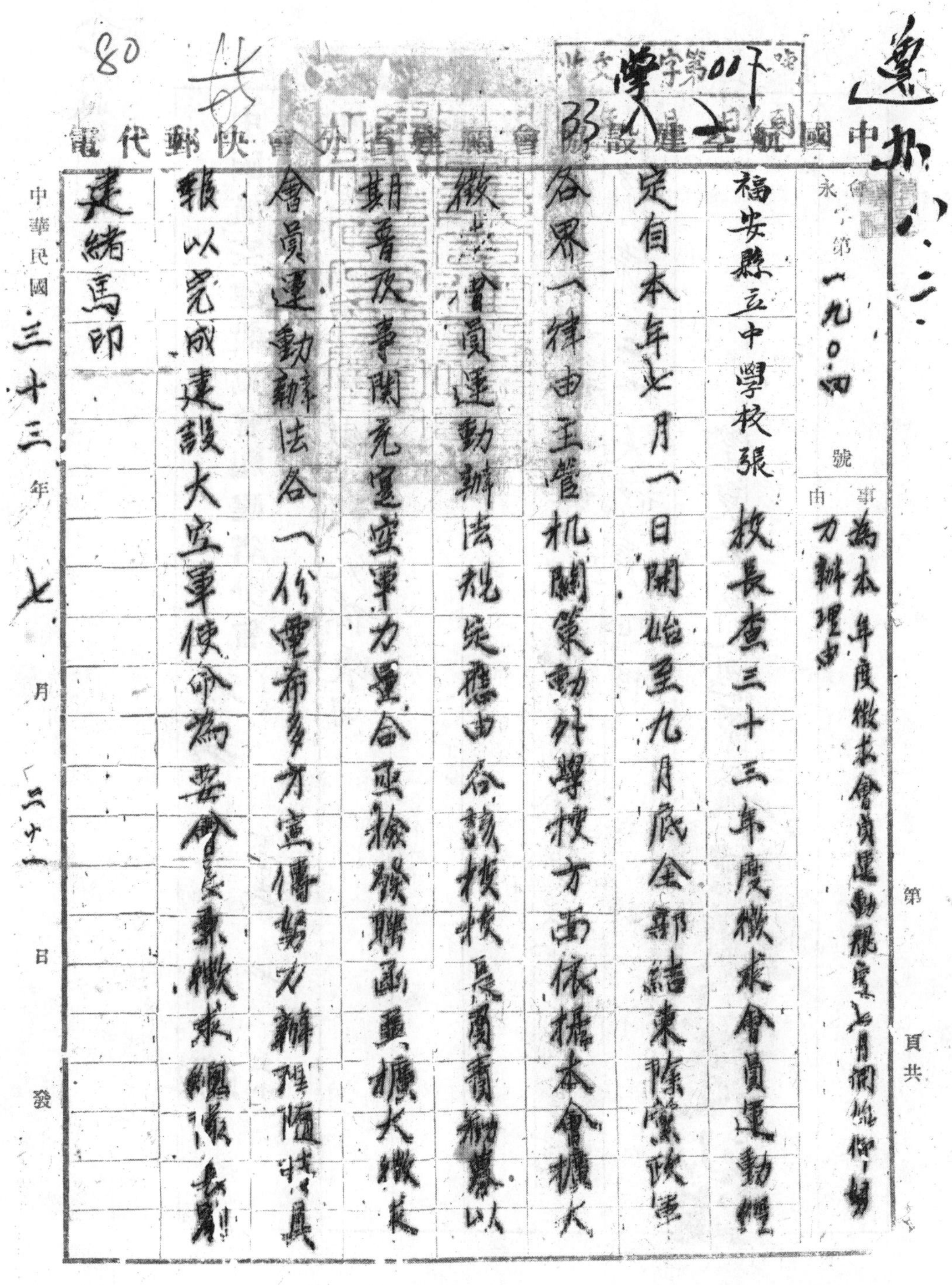
中國航空建設協會福建省分會快郵代電

永字第一九〇四號

事由：為本年度徵求會員運動規定七月開始仰一體努力辦理由

福安縣立中學校長

校長鑒：三十三年度徵求會員運動經定自本年七月一日開始至九月底全部結束，除黨政軍各界一律由主管機關策動外，學校方面依據本會擴大徵求會員運動辦法規定應由各該校校長負責勸募，以期普及。事關充實空軍力量，合亟檢發聯函畫、擴大徵求會員運動辦法各一份，電希多方宣傳，努力辦理，隨時具報，以完成建設大空軍使命為要。會長兼徵求總隊長劉建緒寓印

中華民國三十三年七月二十一日發

中国航空建设协会福建省分会关于本年度征求会员运动规定7月开始的快邮代电

（1944年7月21日） 0164-001-0072

中國航空建設協會福建省分會

函聘為本會徵求隊大隊長由

敦聘

福安縣立中學校長張幼銳為本會徵求隊直轄大隊第一二七大隊長此聘

會長兼徵求總隊長　劉建緒

會永字第　號

民國三十三年七月二十二日發

中国航空建设协会福建省分会关于聘张幼锐为本会征求队大队长的聘函

（1944 年 7 月 22 日）　0164-001-0072

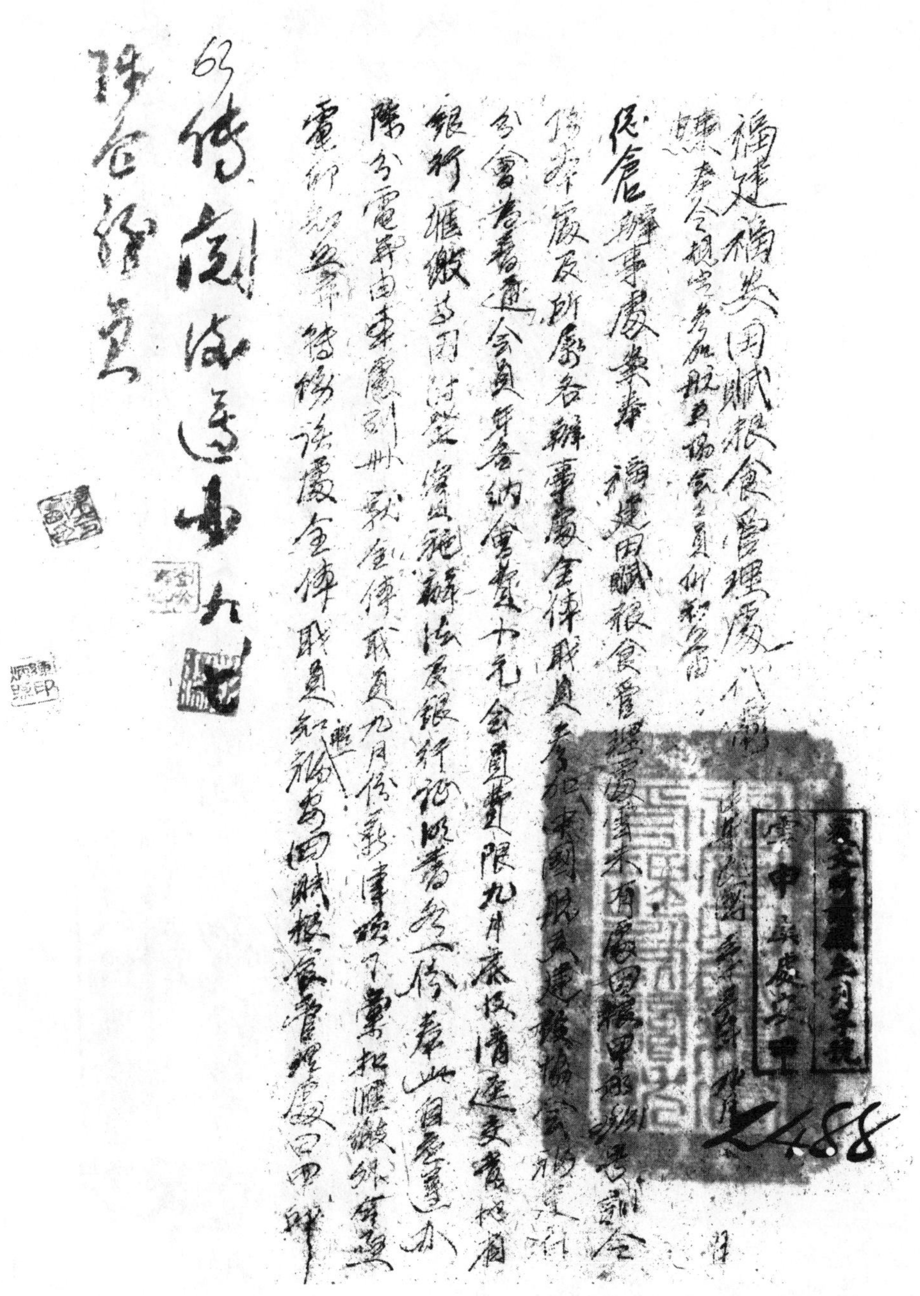

福建福安田赋粮食管理处代电

[illegible]

福建福安田赋粮食管理处关于奉令规定全体职员参加航空协会为普通会员的代电

（1944 年 9 月 7 日） 0162-001-0101

福建福安田赋粮食管理处关于航空协会会员证四张到处并转发的代电

（1944 年 11 月 30 日）　0162-001-0101

福安县政府关于限期征求航空会员并附发实施办法及征求航空会员费月报表的代电

(1944 年 9 月 16 日)a 面　0164-001-0072

及征求會員運動實施辦法暨卅叁年度會員分配表各一份電仰該兼隊長多方勸導努力推行完成建設大空軍使命並將上年度征求會員工作尅日結束報核是為至要[illegible]本縣本年征求會員工作按規定仍以各机関学校[illegible]生均應參入為個人會員以資倡導普及征求征求期間[illegible]月為限定自[illegible]為征求手續照依照新頒實施辦法辦理[illegible]各机関学校[illegible]工作應注意遵照[illegible]期限按職教員生名冊募足[illegible]期報解[illegible]上年度未結束者應[illegible]報結倘有辦理不力仍敢擱延者主席定予[illegible]辦人員應負連帶[illegible]呈報並[illegible]電[illegible]合行電仰該[illegible]遵照辦理為要[illegible]縣長兼征求中隊長胡邦憲代行主任秘書楊永[illegible]（印）[illegible]航空[illegible]實施辦法一份征求會員費月報表式乙份

福安县政府关于限期征求航空会员并附发实施办法及征求航空会员费月报表的代电

(1944年9月16日)b面　0164-001-0072

83

福安縣三十三年度徵求會員工作實施辦法

一、本年度会員人数按照省分会規定全縣應征求会員五千人征募捐款五萬元以上

二、本縣設中隊長由分会聘任並為當然分隊長鄉鎮長為當然分隊長各地保甲長為當然基本会員免納会員費惟每一基本会員應負責征求会員十人

三、基本会員人数全縣應征求五百人以上

四、為便利征求工作以鄉鎮長為當然分隊長

五、本縣党政軍各界公務員及省營事業机關各職員均應全体加入為個人会員以資倡導其征募方法由各机關長官酌量辦理前項会員費一律由各主管机關代扣列表表式另定附後彙送本府彙辦

六、本縣公私立各中等以上學校教職員學生一律參加為個人会員由本支会派員協助各校之長負責征求以期普及

七、征求各種会員除基本会員免費其類別及納費規定如左

(一)普通会員：年納会費壹拾元（中学職業小学生不收）

(二)特別会員：年納会費五拾元

(三)名譽会員：年納会費一百元

(四)永久会員：一次納足会費五百元

(五)团体会員：年納会費一佰元

附件　福安县三十三年度征求会员工作实施办法(1944年9月16日)

a面　0164-001-0072

八、關於征收前項會員費由本府印製有三聯式臨時收據，借蓋縣府印信，分行須發各分隊應用。該據第一聯掣給交款人，第二、三兩聯填送本府以便彙轉省分會查核，唯本辦法第二條所定平行暨所屬機關應先將代扣之會員費及名冊彙送本府，再分別掣發收據。

九、各分隊對於會員費募額應按本年度分配表辦理，各機關學校應按職教員生名額辦理，於征求期內如額募足，然一有特殊情形足以影響進行者，不得無故短額。

十、各分征求期間以三個月為限（九月十六日起至十二月十五日止），九月底半個月為籌備期間，十、十一兩個月為征募期間，最後十二月上半月個為結束報解期間。

十一、各分隊在征求期內每月終應填送工作月報表二份（表式另定附後），各機關學校以一次填送報解本府彙轉分會審核。

十二、各分隊機關學校經收會員費在征募期間應隨時湊集成數，呈解本府核轉，不得積存挪用。

十三、各分隊長機關學校遇有交替時，應將應將任內未解會員費掃數移交新任繼續辦理，並呈報本中隊部備查。

十四、本辦理法由本中隊部頒布施行，並呈報分會備案。

附件　福安县三十三年度征求会员工作实施办法(1944年9月16日)

b面　0164-001-0072

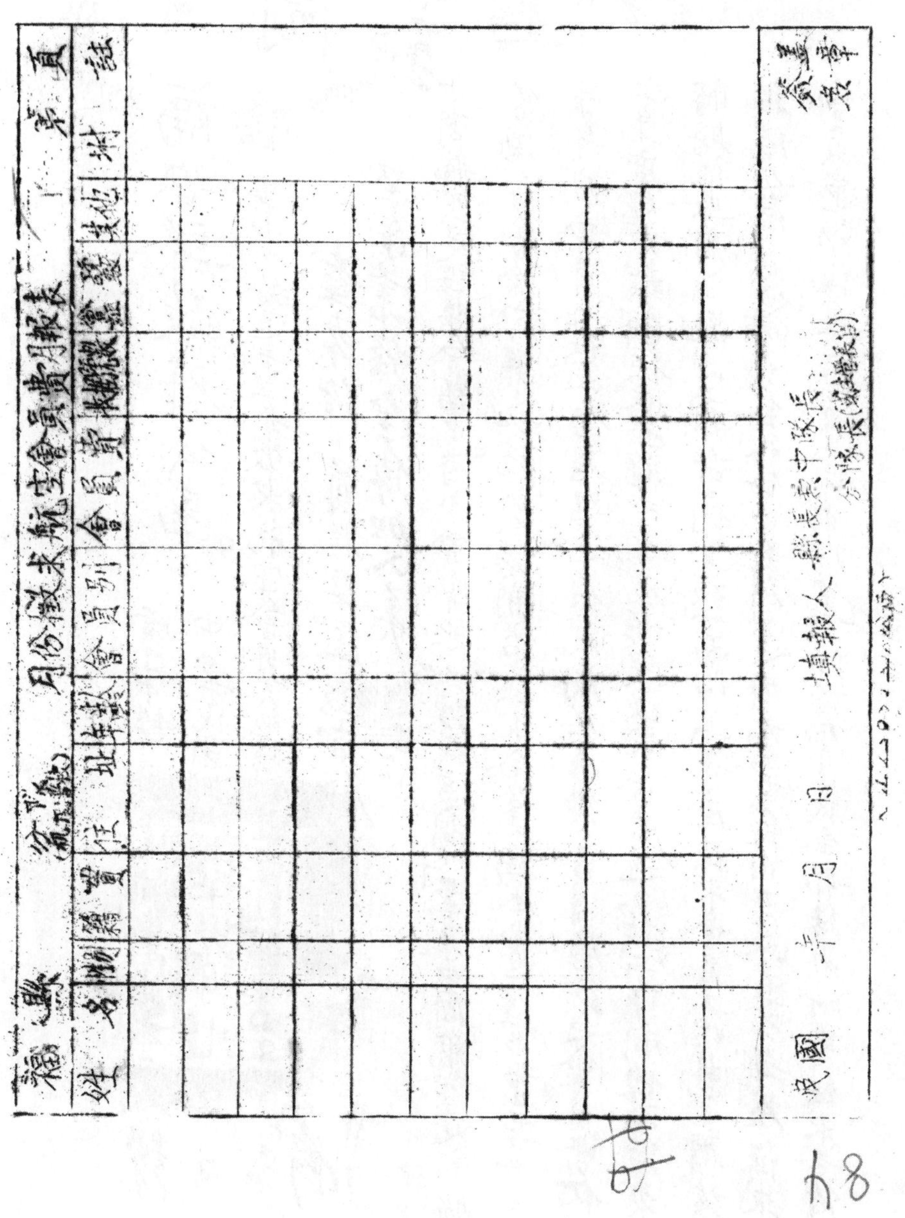

附件　福安县□□分队(机关学校)□月份征求航空会员费月报表(1944 年 9 月 16 日)

0164-001-0072

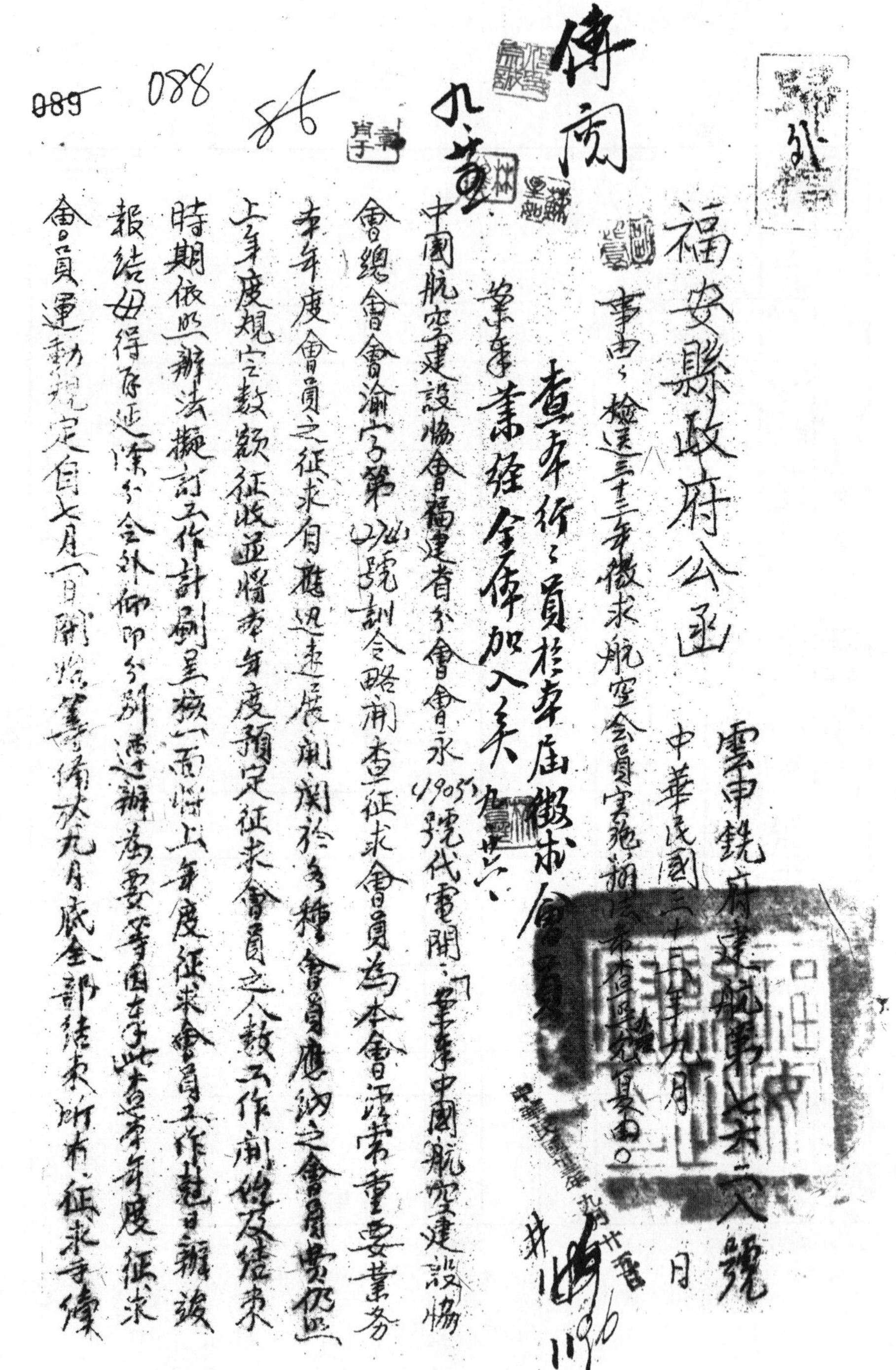

福安縣政府公函　雲申銑府建航第七六八號

事由：檢送三十三年徵求航空會員實施辦法暨征求會員費名冊表式函請查照由。

中華民國三十三年九月　日

查本縣各員於本屆徵求會員……業經全體加入矣

中國航空建設協會福建省分會會永4905號代電開："案奉中國航空建設協會總會會渝字第2401號訓令略開：查征求會員為本會經常重要業務，本年度會員之征求自應迅速展開，關於各種會員應納之會費仍照上年度規定數額征收，並將本年度預定征求會員之人數、工作開始及結束時期依照辦法擬訂工作計劃呈核，一面將上年度征求會員工作趕日辦竣報結，毋得稍延。除分令外，仰即分別遵辦為要。等因；奉此，查本年度征求會員運動規定自七月一日開始籌備，於九月底全部結束，所有征求手續

福安县政府关于检送三十三年征求航空会员实施办法及征求航空会员费名册表式的公函

（1944年9月16日）a面　0008-001-0026

應依據寬施辦法辦理以符規定本年度該縣應募會員費數額陸萬元除分電外合亟檢附辦法及征求會員運動實施辦法暨基本會員名冊仰即核辦，以多方勸募努力推行完成建設大空軍使命並將上年度征求會員工作辦理結束報核是為至要並附件等因，此相應檢同三十三年度征求航空會員實施辦法並征求會員名冊表式各一份函送，請

查照辦理見復並布轉飭所屬遵照為荷！

此致

省銀行

附三十三年征求航空會員實施辦法及征求會員名冊表式各一份

縣長 胡和燾

代行秘書 楊永泉

福安县政府关于检送三十三年征求航空会员实施办法及征求航空会员费名册表式的公函

（1944年9月16日）b面　0008-001-0026

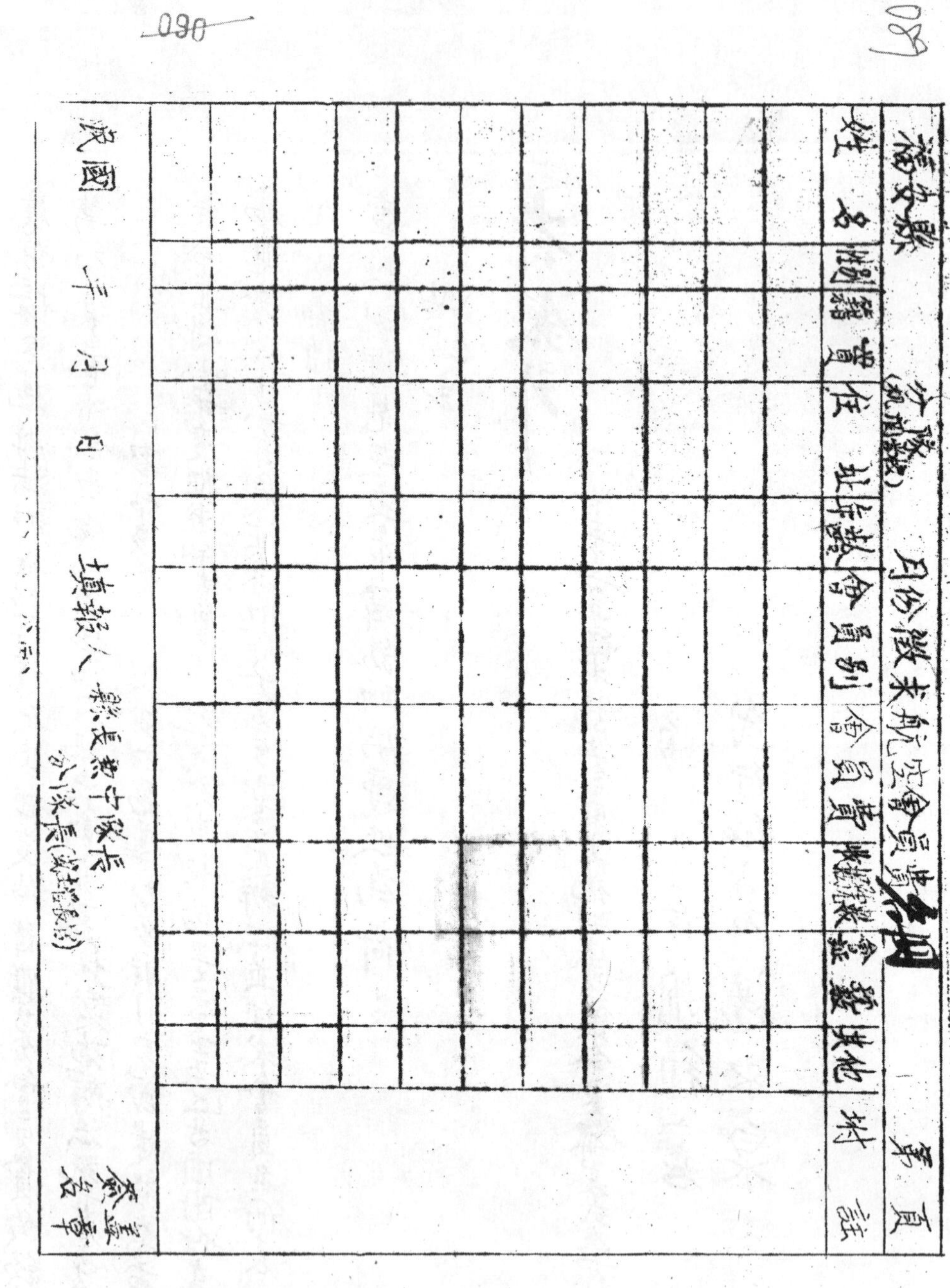

福安縣　　分隊(機關學校)　　月份徵求航空會員費名冊　　第　頁

姓名	職別	籍貫	住址	年齡	會員別	會員費	收據號數	其他	附註

民國　年　月　日　填報人　縣長兼中隊長　分隊長(機關首長)　蓋章

附件　福安县□□分队(机关学校)□月份征求航空会员费名册(1944 年 9 月)　0008-001-0026

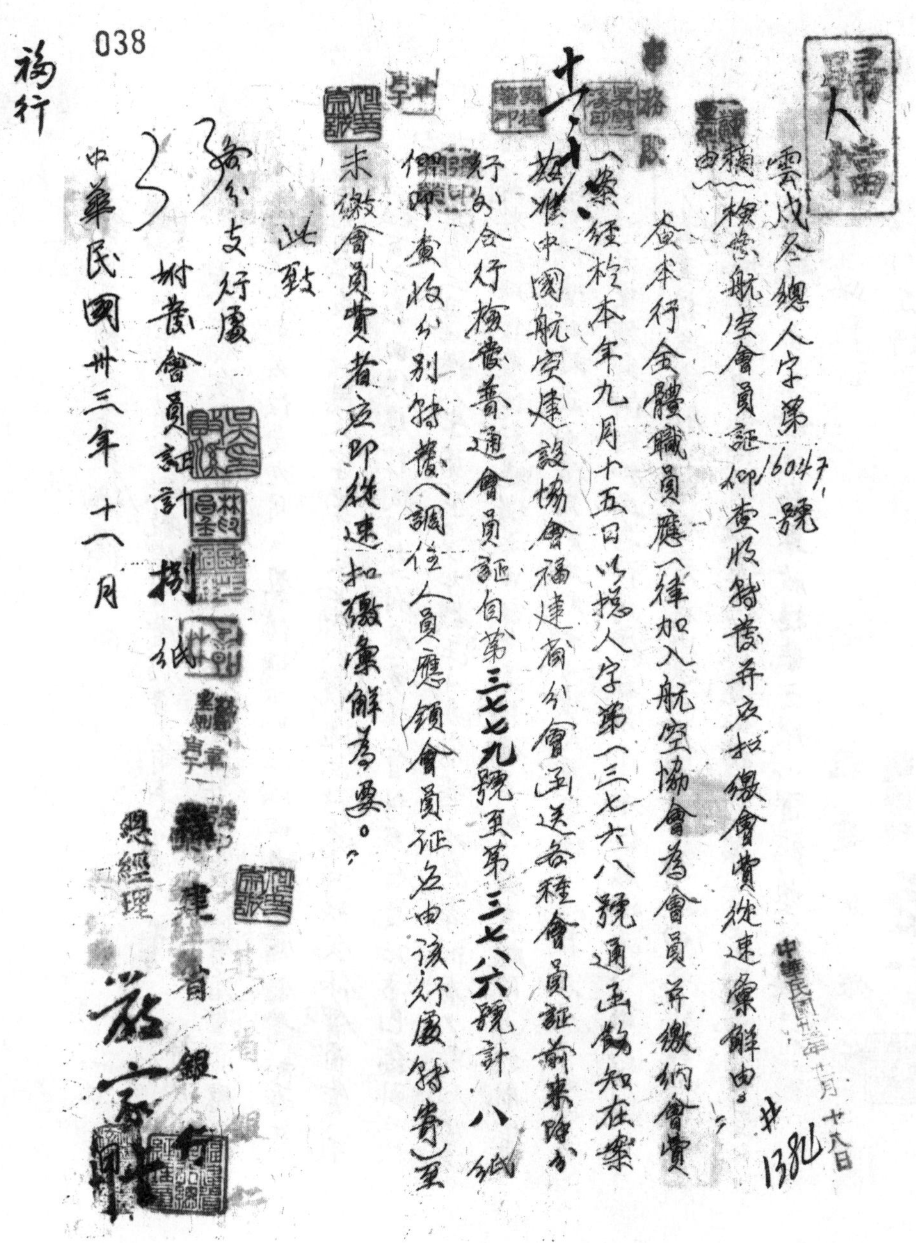
福行

038

雲戍冬總人字第16047號

事由：檢發航空會員証仰查收轉發并應扣繳會費從速彙解由

查本行全體職員應一律加入航空協會為會員并繳納會費一案，經於本年九月十五日以總人字第一三七六八號通函飭知在案。茲准中國航空建設協會福建省分會函送各種會員証前來，除分行外，合行檢發普通會員証自第三七七九號至第三七八六號計八紙，仰即查收分別轉發（調往人員應領會員証應由該行處轉寄），至未繳會費者應即從速扣繳彙解為要。

此致

各分支行處

附發會員証計捌紙

福建省銀行總經理 嚴家淦

中華民國卅三年十一月

福建省银行关于检发航空会员证查收转发并应扣缴会费从速汇解的公函

（1944年11月2日） 0008-001-0006－0038

021

寧戌冊總人字第[illegible]號

事由：函知各該行處應繳航空會費仍遵照前函辦理由。

查本行全体行員應一律參加中國航空建設協會為會員，應繳會費應就各該員九月份薪俸項下扣收，除由總處彙案於本年九月十五日以總人字第一三七六八號通函飭遵，此項全体會員費八千捌百元已由總處於同日墊付彙交該會，所有會員証亦已發到，并於本月二日以總人字第一六〇四七號函分別轉發各在案。聞有少數行處竟將該項會費逕行送繳，并由該會另發會員証，以致重複，除函請航空建設協會福建省分會對於本行各分支行處逕繳之會款應予分別退還以免重複外，仰即知照。各該行處在未奉本總處通函以前，有將會費直接送繳航空協會者，應即逕向該會申請退回，并將該會所發之航空會員証同時繳還，仍應遵照總人字第一三七六八號通函辦理，迅將各員應繳之款，照單收撥總處之帳，以資歸墊為要。

此致

各分支行處

福建省銀行總經理　嚴家[illegible]

中華民國卅三年十一月　日

福建省银行关于各行处应缴航空建设协会会员费应遵照省行通函办理的公函

（1944 年 11 月 15 日）　0008-001-0006－0021

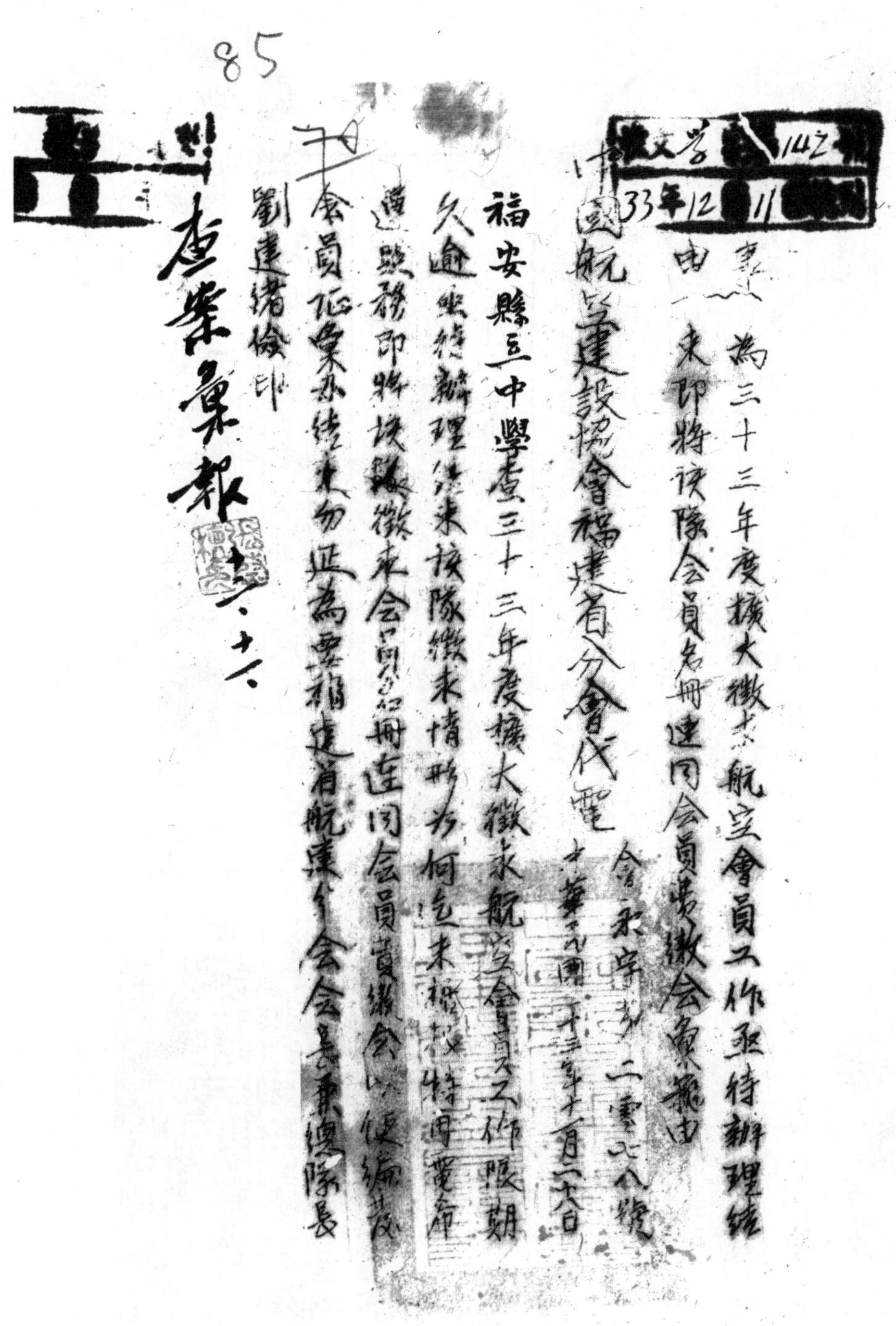

中國航空建設協會福建省分會代電

事由：為三十三年度擴大徵求航空會員工作亟待辦理請速即將該隊會員名冊連同會員費繳會由

福安縣立中學查三十三年度擴大徵求航空會員工作限期久逾，迄未辦理，該隊徵求情形若何，亦未據報，特再電希遵照，務即將該隊徵求會員名冊連同會員費繳會，以便編發會員證，是為至要。福建省航建分會會長兼總隊長劉建緒儉印

中華民國三十三年十一月二十八日

查案彙報

中国航空建设协会福建省分会关于三十三年度扩大征求航空会员工作亟待办理的代电

（1944 年 11 月 28 日） 0164-001-0072

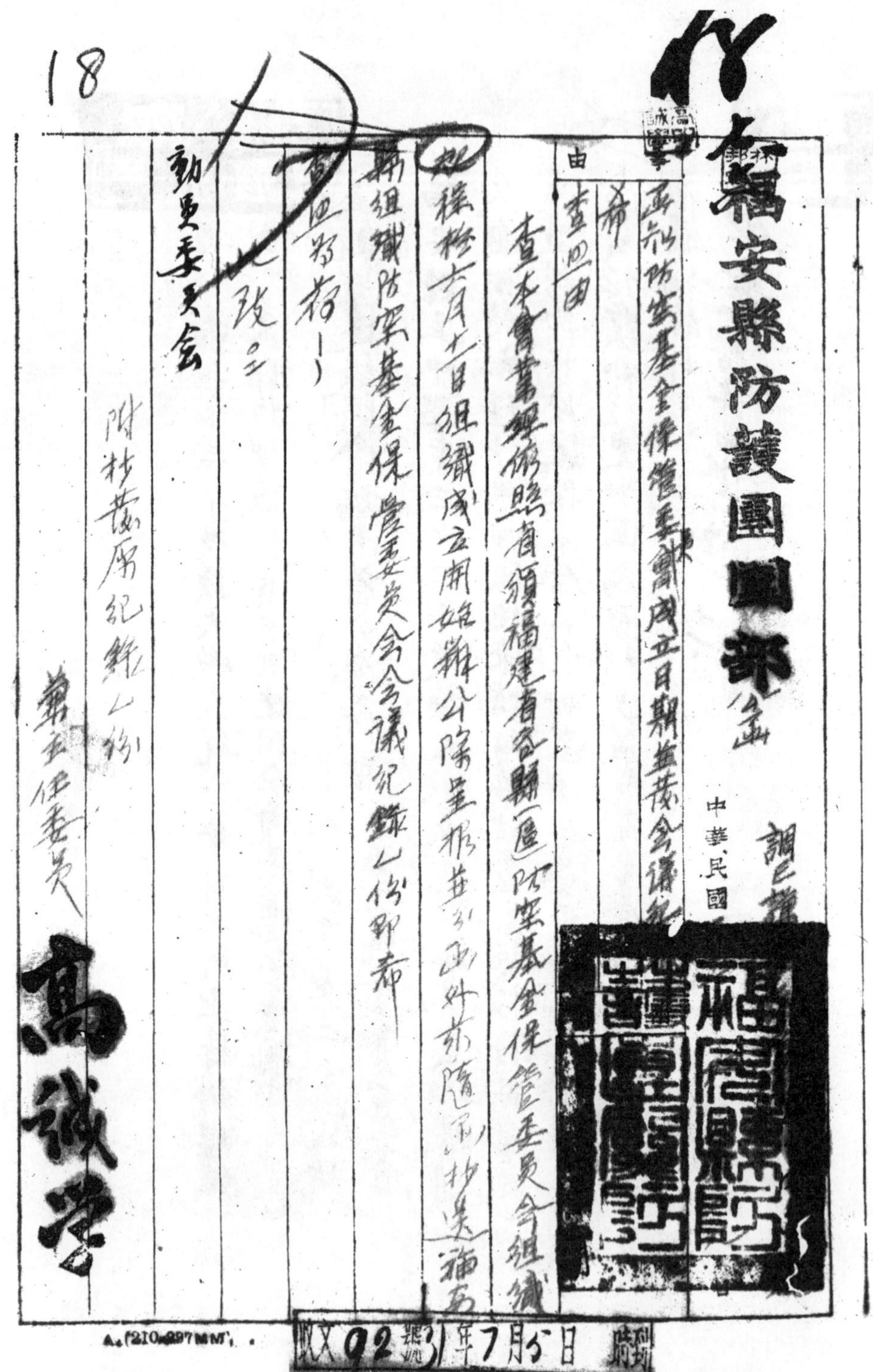
18

福安縣防護團團部公函

事由：函知防空基金保管委員會成立日期並發會議紀錄希查照由

查本會業經依照省頒福建省各縣(區)防空基金保管委員會組織規程於六月十一日組織成立開始辦公除呈報並函外，兹隨函抄送福安縣組織防空基金保管委員會會議紀錄一份，即希查照為荷！

此致

動員委員會

附抄發原紀錄一份

兼主任委員　高誠學

中華民國

收文 92 號 31年7月5日

福安县防护团关于防空基金保管委员会六月十一日成立并发会议记录的公函

（1942 年 6 月 29 日）　0159-001-0099

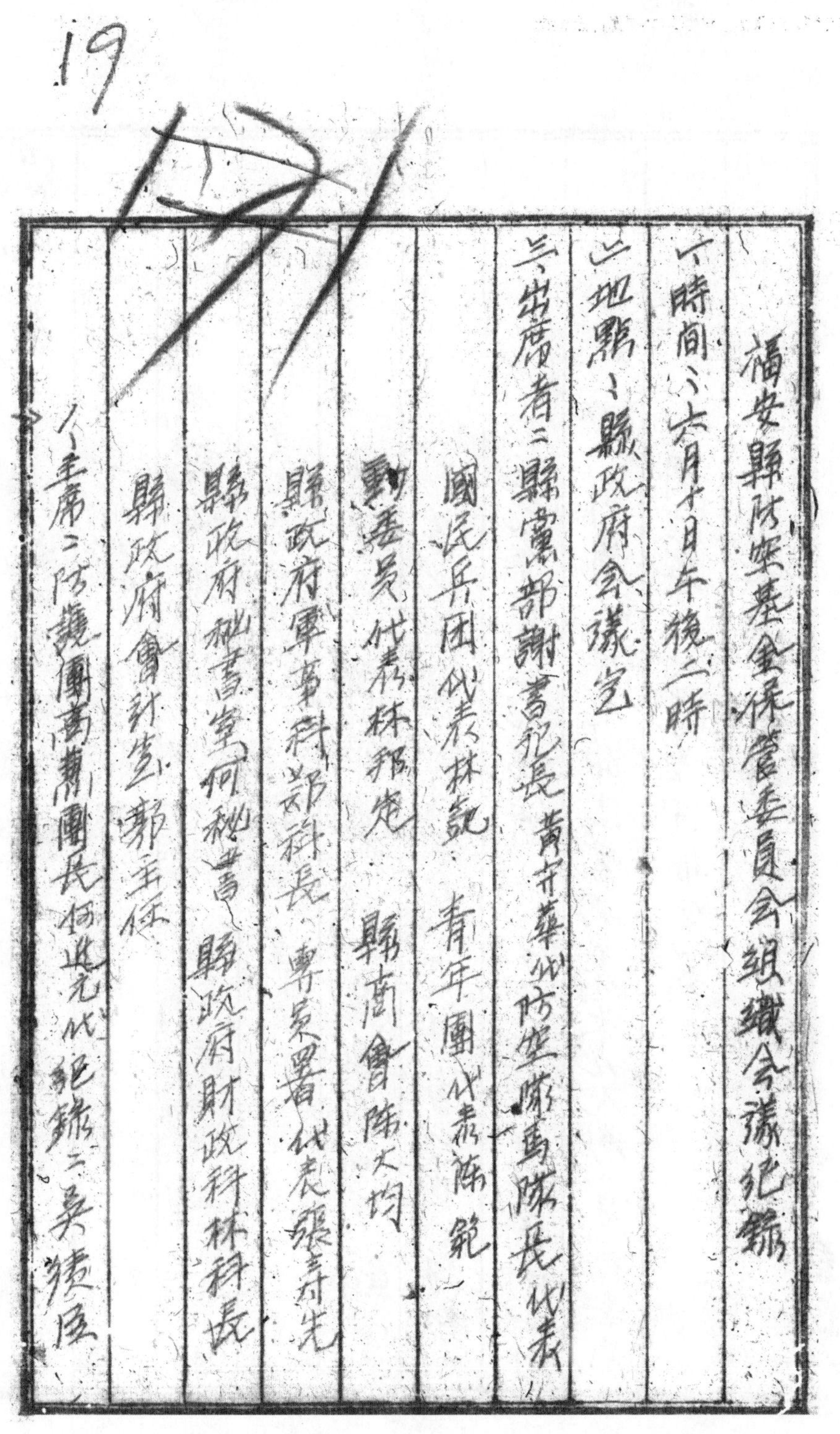
19

福安縣防空基金保管委員会組織会議紀錄

一、時間：六月十日午後二時

二、地點：縣政府会議室

三、出席者：縣黨部謝書記長 黄齊華代 防空隊馬隊長代表

國民兵团代表林錕 青年團代表陳範

動委員代表林邦俊 縣商會陳大均

縣政府軍事科鄭科長 專員署代表張壽先

縣政府秘書室何秘書 縣政府財政科林科長

縣政府會計室鄭至[illegible]

四、主席：防護團副團長何進光代 紀錄：吳[illegible]

附件　福安县防空基金保管委员会组织会议记录(1942 年 6 月 10 日)

a 面　0159-001-0099

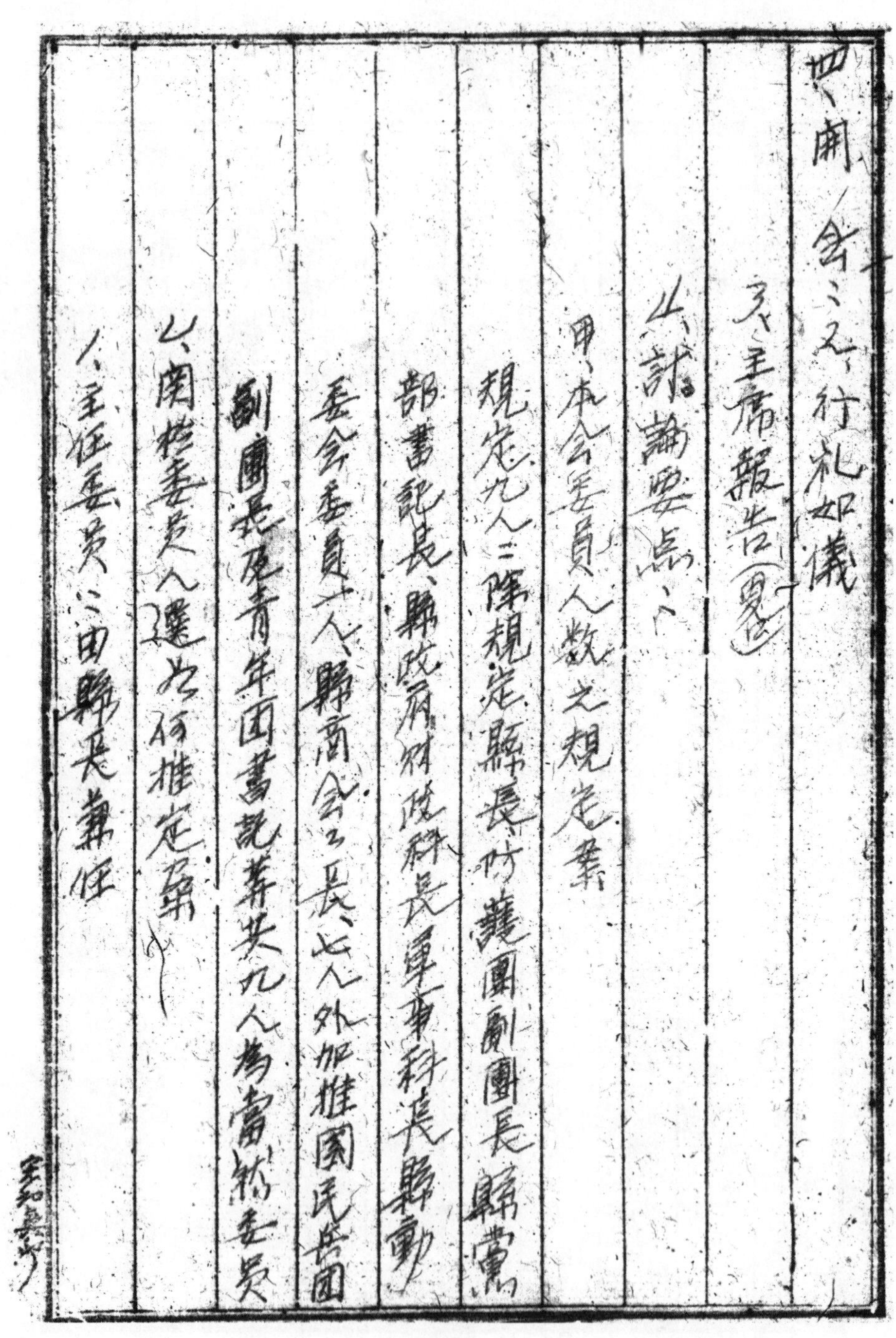
四、開会：(一)行礼如儀
(二)主席報告(略)
五、討論要点：
甲、本会委員人数之規定案
規定九人：除規定縣長、防護團副團長、縣黨
部書記長、縣政府財政科長、軍事科長、縣動
委会委員一人、縣商会〃長、七人外，加推國民兵團
副團長、青年團書記共九人為當然委員
乙、関於委員人選如何推定案
一、主任委員：由縣長兼任

附件　福安县防空基金保管委员会组织会议记录(1942年6月10日)
b面　0159-001-0099

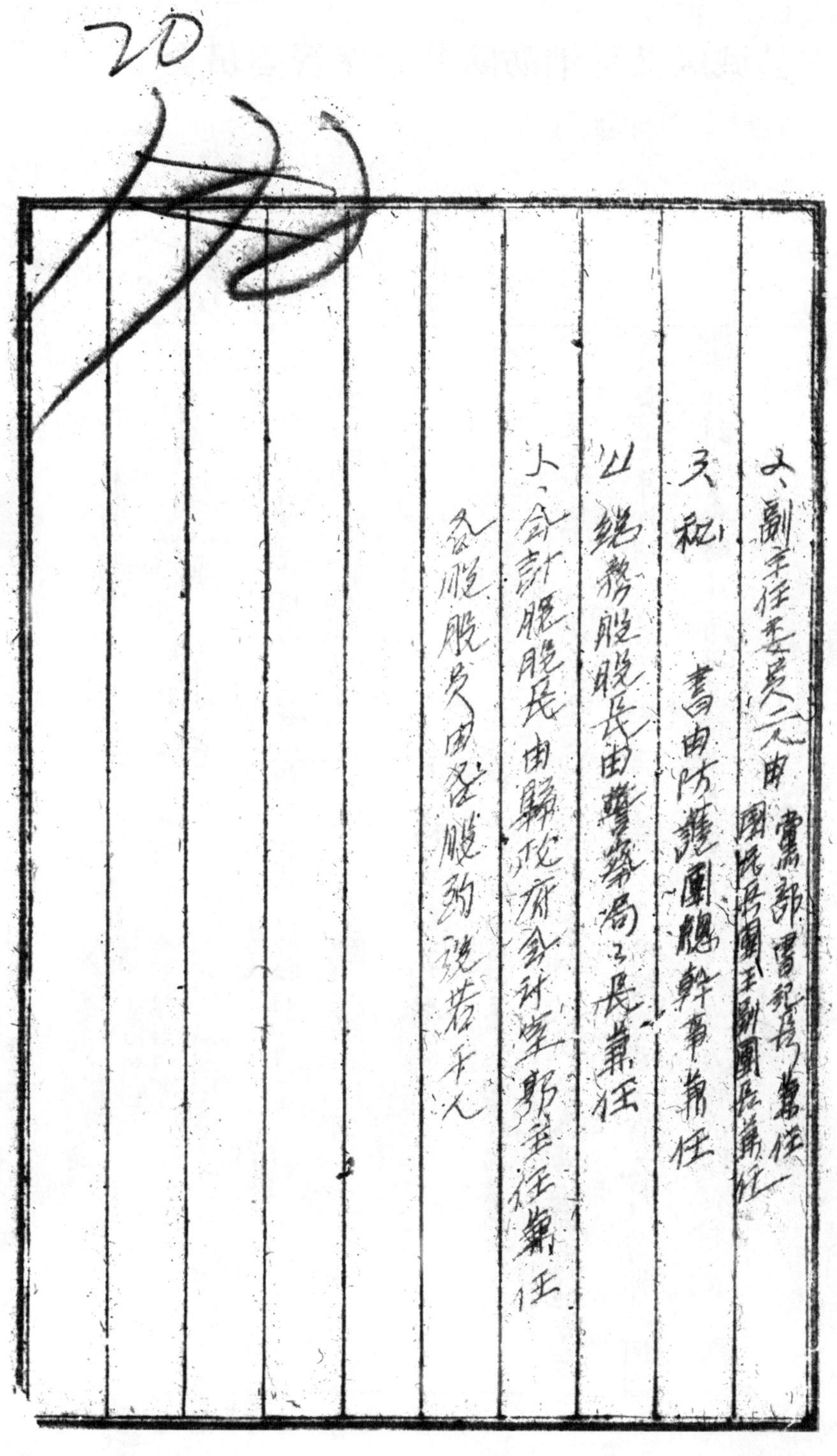

乙、副主任委员二人由 党部书记长兼任
国民兵团副团长兼任

丙、秘 书由防护团总干事兼任

丁、总务股股长由警察局局长兼任

戊、会计股股长由县政府会计室主任兼任

各股股员由各该股酌派若干人

附件 福安县防空基金保管委员会组织会议记录(1942 年 6 月 10 日)

0159-001-0099

（五）福安县城区义勇消防队基金保管委员会

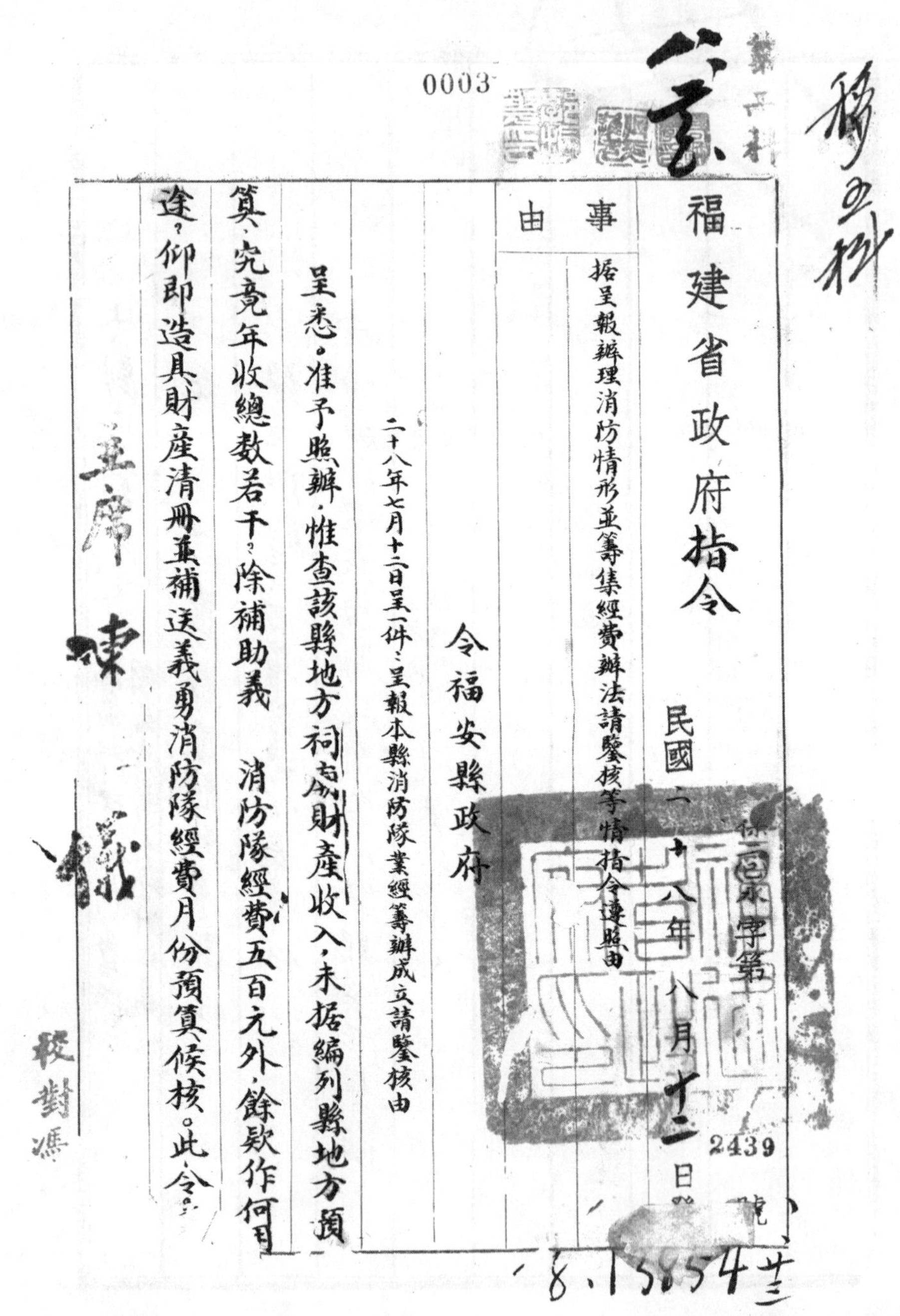

0003

福建省政府指令

民國二十八年八月十二日 2439 號

事由：据呈報辦理消防情形並籌集經費辦法請鑒核等情指令遵照由

令福安縣政府

二十八年七月十二日呈一件：呈報本縣消防隊業經籌辦成立請鑒核由

呈悉。准予照辦。惟查該縣地方祠廟財產收入，未据編列縣地方預算，究竟年收總数若干？除補助義勇消防隊經費五百元外，餘欵作何用途？仰即造具財產清冊並補送義勇消防隊經費月份預算候核。此令。

主席 陳儀

校對 [illegible]

福建省政府关于造具祠庙财产清册并补送义勇消防队经费月份预算候核的指令

（1939年8月12日） 0158-001-0398

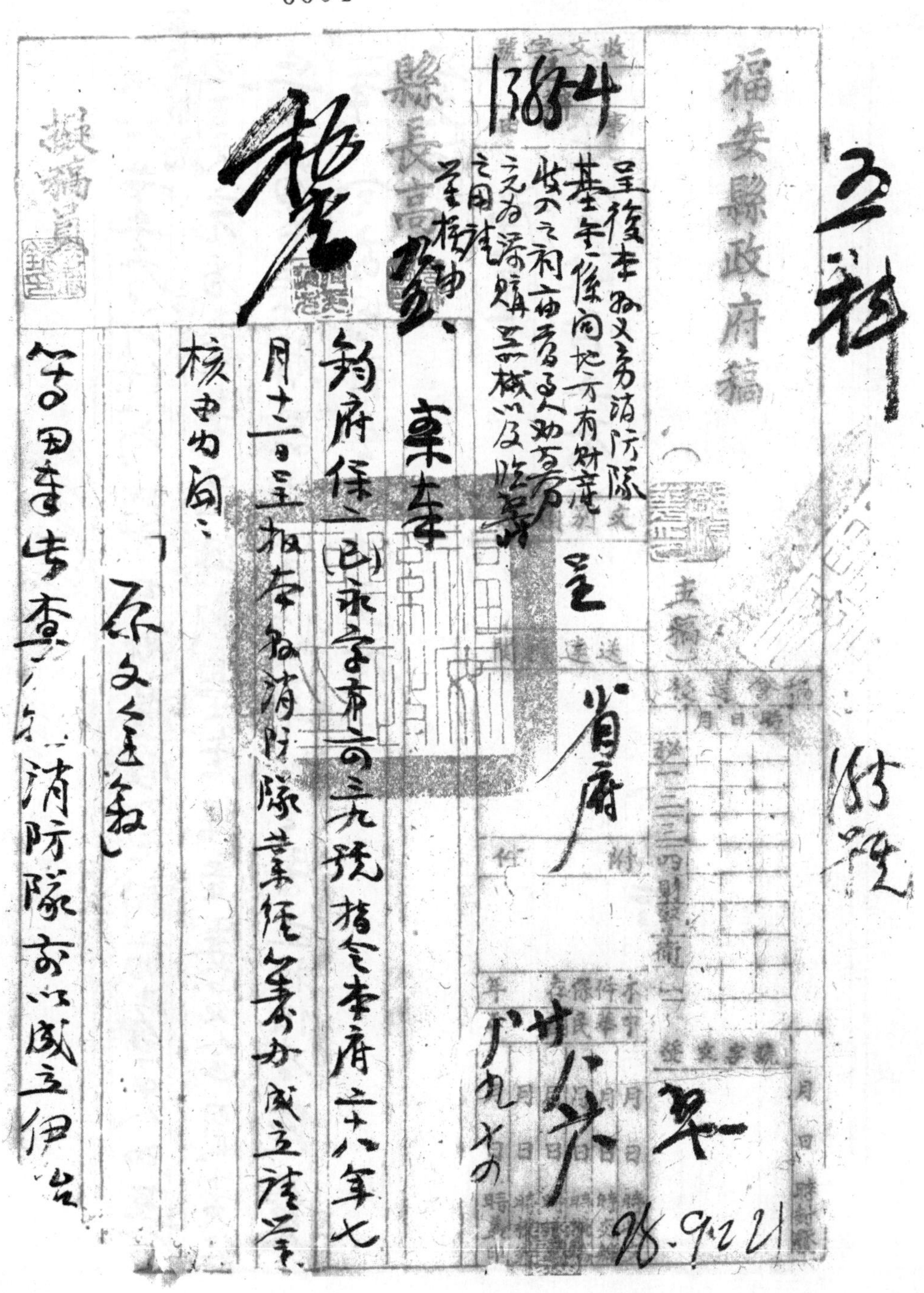

福安县政府关于义勇消防队基金系向地方有财产收入之祠庙劝募，充为添购器械以及临警时之用，并非作为经费的呈复(1939 年 9 月 14 日)　0158-001-0398

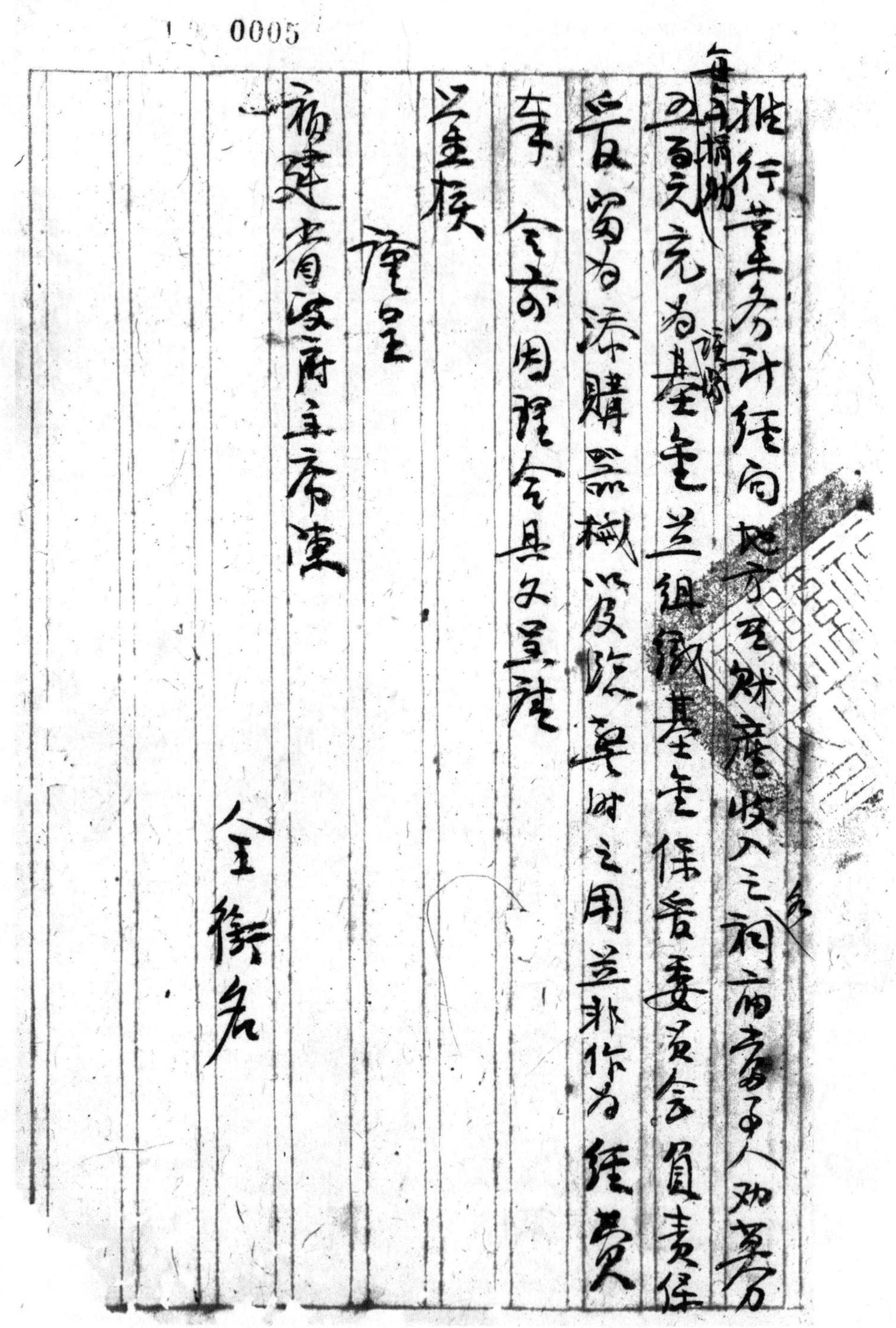

福安县政府关于义勇消防队基金系向地方有财产收入之祠庙劝募，充为添购器械以及临警时之用，并非作为经费的呈复（1939年9月14日） 0158-001-0398

0028

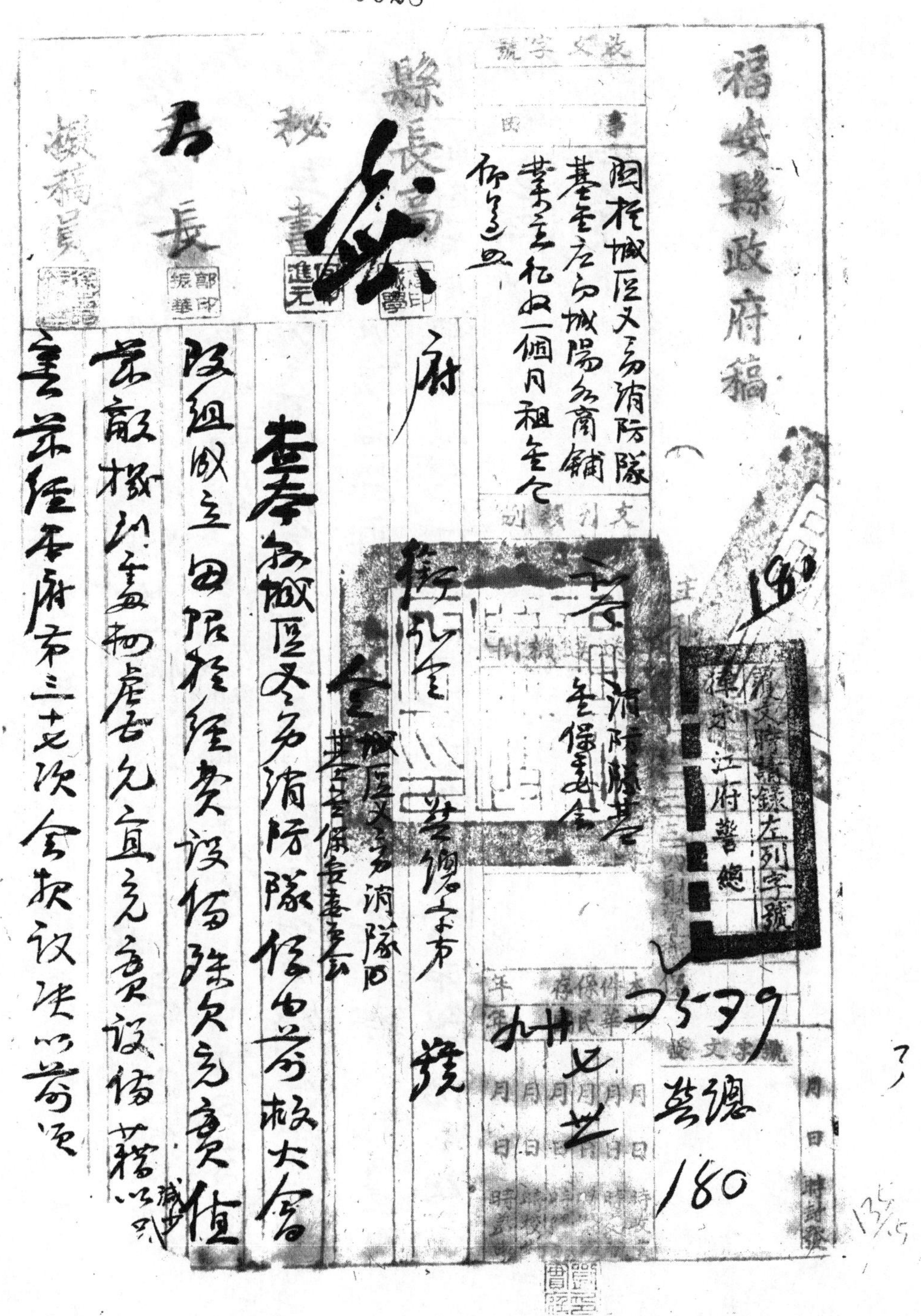

福安县政府关于城区义勇消防队基金应向城阳各商铺业主征收一个月租金的训令

（1940 年 8 月 3 日） 0158-001-0398

0029

责令在城阳各商铺抽收一個月租金额由租户垫付抵销
各该已业自业之商铺（已業主自開之商铺）应予估租抽收筹语
纪录在卷。令行令仰该会遵照，迅将城阳各商铺月租额
责查明列册，报核为要。再同抽收手续，应照三联收据（一联
存根，一联发给商铺，一联缴查）格式拟具，并着由该会印制备用报查
併仰遵照
此令

福安县政府关于城区义勇消防队基金应向城阳各商铺业主征收一个月租金的训令

（1940 年 8 月 3 日） 0158-001-0398

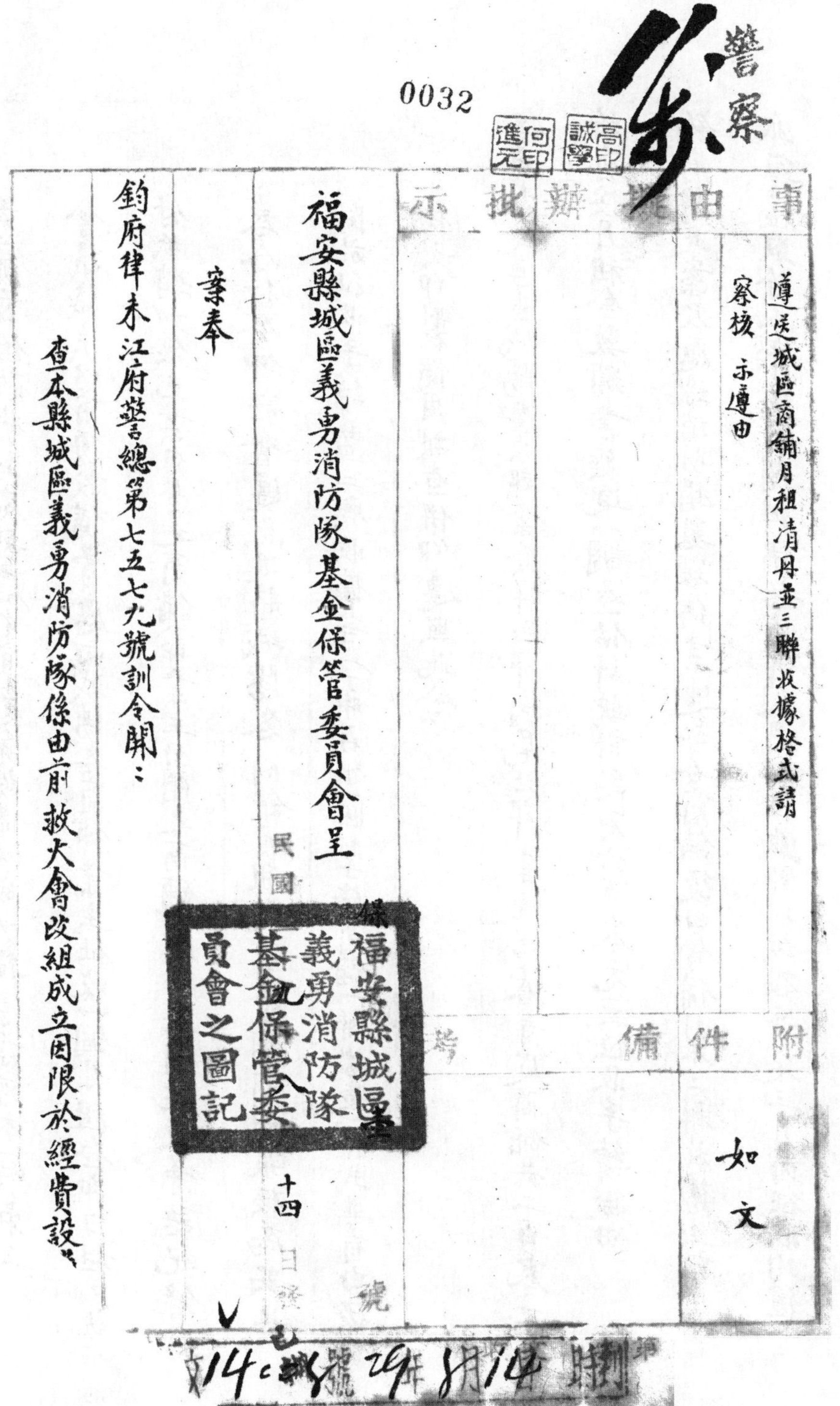
0032

警察

事由：遵送城區商鋪月租清冊並三聯收據格式請

察核示遵由

批辦示

附件備考

如文

福安縣城區義勇消防隊基金保管委員會呈

民國　十四日　號

案奉

鈞府律未江府警總第七五七九號訓令開：

查本縣城區義勇消防隊係由前救火會改組成立，因限於經費設……

福安縣城區義勇消防隊基金保管委員會之圖記

福安县城区义勇消防队基金保管委员会关于城区商铺月租清册并收据格式的呈文

(1940年8月14日)a面　0158-001-0398

充實茲值敵機到處肆虐允宜充實設備以減少損害茲經本府第三
會議議決以前項設備費應向城區各商鋪業主征收一個月租金即由租户墊
付抵銷如係已業自營之商鋪（即業主自開之商鋪）應予估租征收等語紀錄在
卷合行令仰該會遵照迅將城區各商鋪月租翔實查明列册報核為要再
關於征收手續暨三聯收據等（一聯存根一聯掣發商鋪一聯繳查）格式並着由該會
擬具印製備用報查併仰遵照此令
等因奉此遵查城區暨東郊棠發洋西郊街尾北郊官埔富春等處商鋪共二百零一家
所有按月租金數額業經逐一調查估計統計約有六百零元至征收手續擬由
鈞府將此案及應繳消防捐數額備書通知各商鋪後由會備製三聯收據呈請
派警征收除本年度因開辦伊始應在八月内征收外以後按年定三月内征收均儘一

福安县城区义勇消防队基金保管委员会关于城区商铺月租清册并收据格式的呈文

（1940年8月14日）b面　0158-001-0398

0033

次收清由會交存銀行生息備用理合造具城區商鋪月租清册一本並擬具三聯收據格式一紙備文呈請

察核並賜示遵實為公便

謹呈

縣長高

附呈商鋪月租清册一本三聯收據格式一紙

福安县城区义勇消防队基金保管委员会关于城区商铺月租清册并收据格式的呈文

（1940 年 8 月 14 日） 0158-001-0398

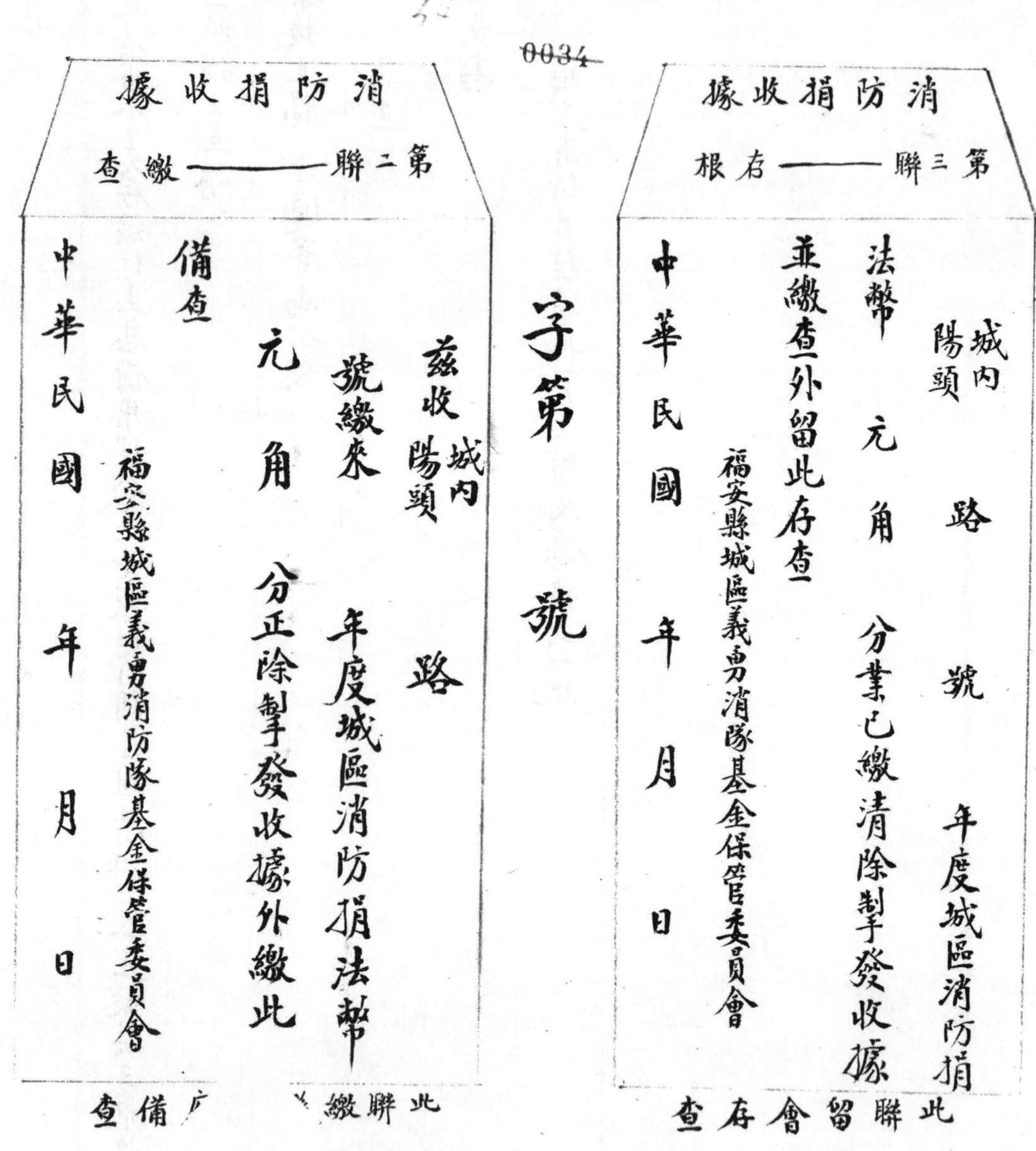

0034

消防捐收據

第三聯——右根

城內/陽頭 路 號 年度城區消防捐

法幣 元 角 分業已繳清除掣發收據

並繳查外留此存查

福安縣城區義勇消隊基金保管委員會

中華民國 年 月 日

此聯留會存查

字第 號

消防捐收據

第二聯——繳查

茲收 城內/陽頭 路

號繳來 年度城區消防捐法幣

元 角 分正除掣發收據外繳此

備查

福安縣城區義勇消防隊基金保管委員會

中華民國 年 月 日

此聯繳[illegible]備查

附件 福安县城区义勇消防队基金保管委员会消防捐收据格式(1940 年 8 月 14 日)

a 面 0158-001-0398

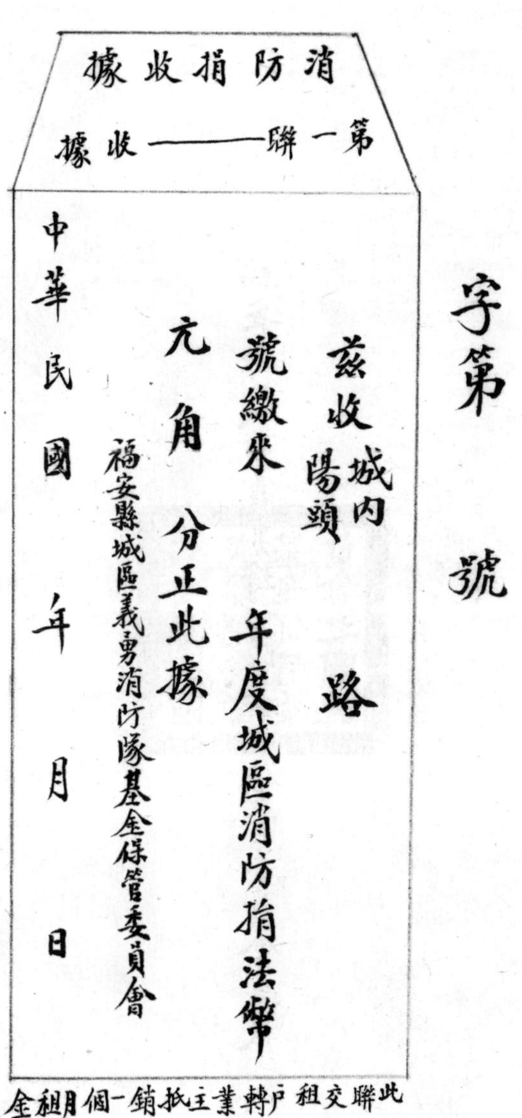

消防捐收據

第一聯——收據

字第　號

茲收城內陽頭　路

號繳來　年度城區消防捐法幣

元　角　分正此據

福安縣城區義勇消防隊基金保管委員會

中華民國　年　月　日

此聯交租戶轉業主抵銷一個月租金

附件　福安县城区义勇消防队基金保管委员会消防捐收据格式(1940 年 8 月 14 日)

b 面　0158-001-0398

城區商铺月租清册

35

0035

福安縣城區義勇消防隊基金保管委員會造報

附件 福安县城区义勇消防队基金保管委员会造城区商铺月租清册

（1940 年 8 月 14 日） 0158-001-0398

0036

城陽各商鋪按月租金

復興路

商鋪	月租金
陳拱福	肆元肆角〇〇
姚合豐	肆元〇〇〇
昌記	壹元伍角贰分
五采彰	肆元〇〇〇
興華	陸元〇〇〇
天和	柒元〇〇〇
王祥記	伍元〇〇〇
蔡元記	伍元〇〇〇
瑞春	贰元〇〇〇
同升	贰元〇〇〇
王回春	捌元〇〇〇
王隆泰	拾贰元〇〇〇
新玉雲	叁元〇〇〇
許恒盛	肆元〇〇〇
吴英記	壹元伍角贰分
鄭恒太	伍元〇〇

附件　福安县城区义勇消防队基金保管委员会造城区商铺月租清册

(1940 年 8 月 14 日)a 面　0158-001-0398

商号	租金	商号	租金
清雅齋	貳元〇〇〇〇	厚生	伍元〇〇〇
葉和記	貳元〇〇〇〇	陳照記	叁元〇〇〇〇
合記	貳元肆角〇〇	新記	貳元〇〇〇〇
順利	肆元貳角〇〇	宏坤壽	陸元陸角捌分
高伏明	貳元〇〇〇〇	王紅弟	貳元〇〇〇〇
鄭仁良	壹元伍角貳分	郭增貴	壹元〇〇〇〇
悦記	叁元〇〇〇〇	同春	壹元〇〇〇〇
陳成記	貳元伍角貳分	鄭五弟	壹元〇〇〇〇
英美化學部	壹元柒角貳分	洪記	壹元陸角捌分
英記	貳元〇〇〇〇	鄭嫩茄	壹元〇〇〇〇

附件　福安县城区义勇消防队基金保管委员会造城区商铺月租清册

(1940年8月14日)b面　0158-001-0398

裕記　拾弍元〇〇〇〇　　林有清　壹元〇〇〇〇

林萬順　壹元〇〇〇〇

三姓路

蘇五妹　壹元〇〇〇〇　　康茂貞　捌元〇〇〇〇

葉三進　壹元〇〇〇〇　　鄭蘭孫　陸元〇〇〇〇

東大路

阮品珍　壹元〇〇〇〇　　泉記　叁元〇〇〇〇

雙記　壹元〇〇〇〇　　最順興　叁元〇〇〇〇

利記　壹元伍角弍分

中華路

附件　福安县城区义勇消防队基金保管委员会造城区商铺月租清册
(1940年8月14日)a面　0158-001-0398

商铺	月租	商铺	月租
義懋	陸元○○○○	宋和興	叁元○○○
余鴻翼	弍元○○○○	小小號	伍元○○○○
陳振容	壹元伍角弍分	德濟	伍元○○○○
小有天（現改韓陽飯社）	拾弍元○○○○	姚阿蕭	肆元○○○○
王永泰	弍元○○○○	郭佬爲	壹元伍角弍分
坤和	肆元○○○○	恒升	叁元○○○○
壽頤康（現改興華）	壹元○○○○	同記	叁元○○○○
阮七弟	壹元伍角弍分	清雅	拾元○○○○
雙履新	壹元伍角弍分	濟生堂	肆元○○○○
王俊瑞	壹元伍角弍分	燦記	弍元○○○○

附件　福安县城区义勇消防队基金保管委员会造城区商铺月租清册

（1940年8月14日）b面　0158-001-0398

0038

商号	月租
陳懷森	壹元陸角捌分
李協興	肆元〇〇〇
林慎記	壹元陸角捌分
灼記	叁元〇〇〇
陳玉記	伍角弍分
森興	拾元〇〇〇
永安	弍元伍角弍分
俞慶記	捌元〇〇〇
康記	弍元〇〇〇
林祥記	弍元〇〇〇
宋太英	叁元零肆分
陳泰川	弍元〇〇〇
鍾明弟	壹元伍角弍分
咸康	叁元〇〇〇
鴻記	叁元〇〇〇
雅人軒	伍元〇〇〇
新和	壹元弍角捌分
林新記	叁元〇〇〇
既來安	弍元伍角弍分
邱富弟	叁元〇〇〇

附件　福安县城区义勇消防队基金保管委员会造城区商铺月租清册

(1940 年 8 月 14 日)a 面　0158-001-0398

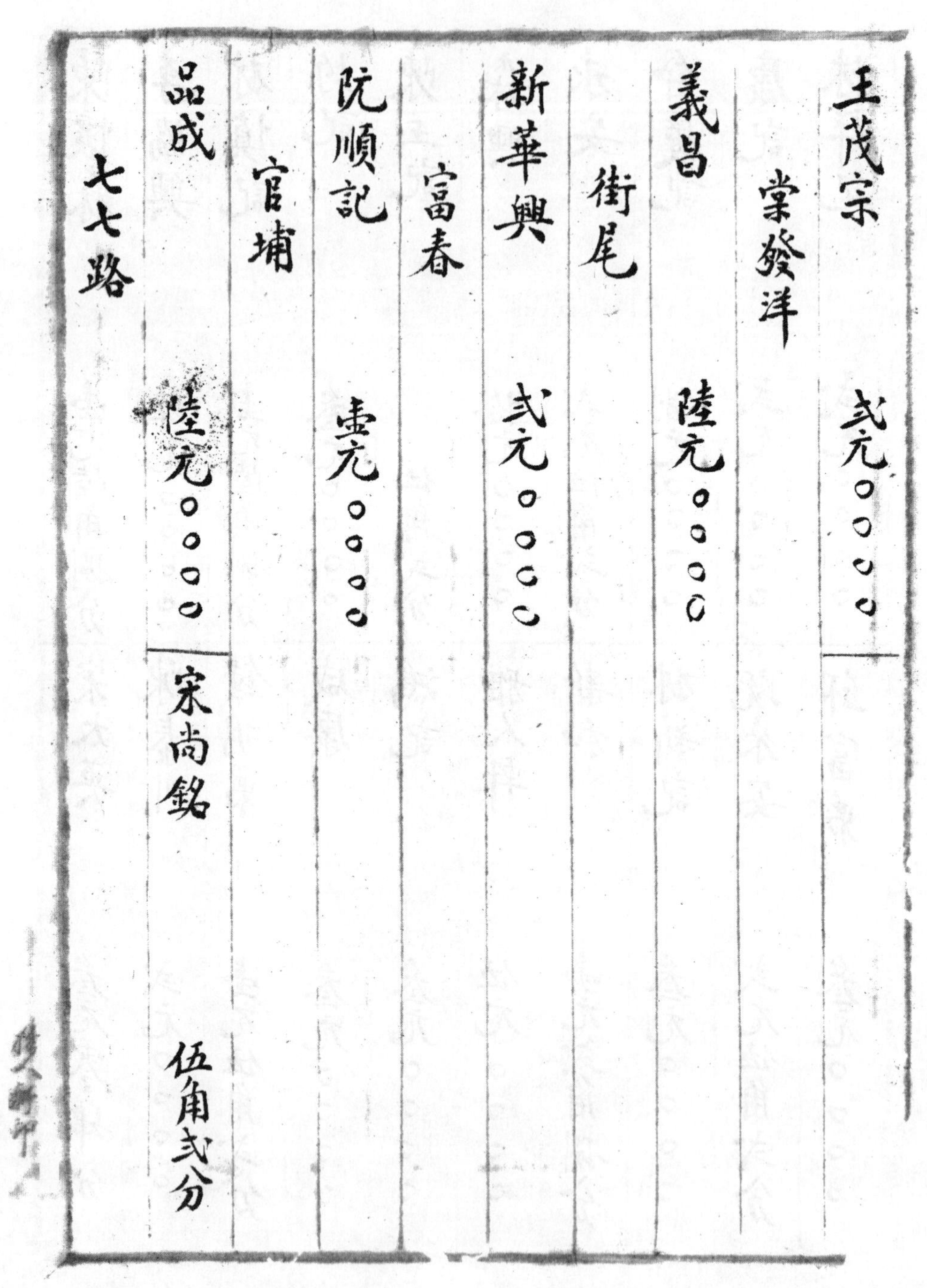

王茂宗　棠發洋　弍元〇〇〇〇

義昌　陸元〇〇〇〇

街尾

新華興　弍元〇〇〇〇

富春

阮順記　壹元〇〇〇〇

官埔

品成　陸元〇〇〇〇　宋尚銘　伍角弍分

七七路

附件　福安县城区义勇消防队基金保管委员会造城区商铺月租清册

(1940年8月14日)b面　0158-001-0398

0039

名號	租額	名號	租額
天太香	捌元〇〇〇〇	葉祥記	肆元〇〇〇〇
益春興	弍元〇〇〇〇	區聯社	陸元〇〇〇〇
張森和	叁元〇〇〇〇	新乾春	拾元〇〇〇〇
林宗漢	弍元〇〇〇〇	大英	弍元〇〇〇〇
時新	叁元〇〇〇〇	郭石生	壹元伍角弍分
林和弟	弍元〇〇〇〇	華美	伍元〇〇〇〇
天貽香	弍元〇〇〇〇	建康	叁元〇〇〇〇
蓮池頭			
雷明弟	壹元〇〇〇〇	新安旺記	弍元〇〇〇〇
蘇明記	弍元玖角弍分	陳錫卿	壹元〇〇〇〇

附件　福安县城区义勇消防队基金保管委员会造城区商铺月租清册

(1940年8月14日)a面　0158-001-0398

商号	月租
麗華	陸元〇〇〇〇
合時宜	肆元〇〇〇〇
瑞康	叁元〇〇〇〇
德華興	壹元〇〇〇〇
龍江街	
協豊	拾元〇〇〇〇
金山路	
三興	叁元〇〇〇〇
錦昌英	弍元伍角弍分
郭增慶	壹元〇〇〇〇
松記	弍元〇〇〇〇
復新棧	肆元〇〇〇〇
和春泰	捌元〇〇〇〇
慶天香	弍元伍角弍分
阮恒順	壹元〇〇〇
黄彩章	壹元伍角弍分

附件　福安县城区义勇消防队基金保管委员会造城区商铺月租清册

(1940年8月14日)b面　0158-001-0398

0040

商铺	月租
合興昌	壹元伍角弍分
陳餘弟	壹元〇〇〇〇
怡蘭室	伍元叁角陸分
劉煥齡	弍元〇〇〇〇
張壽現	壹元〇〇〇〇
學前街	
鄭富然	壹元〇〇〇〇
阮良記	壹元〇〇〇〇
蕭玉花	壹元〇〇〇〇
潘協春	伍角弍分
南大路	
郭宗慶	壹元〇〇〇〇
郭長記	壹元伍角弍分
新記	弍元〇〇〇〇
陳双順	伍角弍分
鄭洪樹	弍元〇〇〇〇
潘榮記	弍元〇〇〇〇

附件　福安县城区义勇消防队基金保管委员会造城区商铺月租清册

(1940 年 8 月 14 日)a 面　0158-001-0398

商号	月租	商号	月租
陳生明	弍元○○○○	協同亨	捌元○○○○
生雲齋	叁元伍角弍分	錦綸	陸元○○○○
永壽康	肆元○○○○	恒盛	弍元伍角弍分
郭興記	壹元陸角○○	劉粃現	壹元伍角弍分
宏康	陸元○○○○	全成	貳元伍角弍分
源記	陸元陸角捌分	廣同興	叁元○○○○
潘彭記	壹元伍角弍分		
小西路			
郭玉英	壹元○○○○	吴寶現	柒角弍分
蕭雲岫	壹元○○○○		

附件　福安县城区义勇消防队基金保管委员会造城区商铺月租清册

(1940 年 8 月 14 日)b 面　0158-001-0398

0041

6

商铺	月租	商铺	月租
横街			
昌記	壹元〇〇〇	天順	肆元〇〇〇
察陽路			
吳亦文	壹元伍角弍分	誠敬堂	壹元伍角弍分
成記	弍元〇〇〇	泉記	弍元伍角弍分
勝康仁	弍元伍角弍分	成記（此號已列上）	弍元〇〇〇
生昌榮	肆元〇〇〇	壽康堂	弍元伍角弍分
林懷卿	壹元〇〇〇	集興堂	壹元〇〇〇
森記	弍元伍角弍分	通泰	捌元〇〇〇
通利	叁元〇〇〇	李慶安	壹元〇〇〇

附件　福安县城区义勇消防队基金保管委员会造城区商铺月租清册

（1940 年 8 月 14 日）　0158-001-0398

42

商铺	月租	商铺	月租
劉柏茲	壹元〇〇〇〇	鄭增謙	壹元〇〇〇
陳生明	弍元〇〇〇〇	茂興	捌元〇〇〇〇
益康	肆元〇〇〇〇	鄭源記	叁元〇〇〇〇
壽記	叁元〇〇〇〇	同豐	肆元〇〇〇〇
文記	弍元〇〇〇〇	黄壽記	壹元伍角弍分
大新	壹元陸角捌分	逢香林	叁元〇〇〇〇
王瑞興	叁元〇〇〇〇	怡春堂	叁元〇〇〇〇
美且有	壹元伍角弍分	薛八弟	壹元〇〇〇〇
萬升旭	捌元〇〇〇〇	康成	弍元〇〇〇〇
裕豐隆	伍元〇〇〇〇	公昌	叁元〇〇〇〇

附件　福安县城区义勇消防队基金保管委员会造城区商铺月租清册

（1940 年 8 月 14 日）　0158-001-0398

王嫩弟 壹元〇〇〇〇	李伏明 壹元〇〇〇〇
陳紅弟 壹元〇〇〇〇	雙豐 叁元〇〇〇〇
琢玉齋 叁元〇〇〇〇	鹿鳴軒 壹元陸角捌分
郭金鈴 壹元伍角弍分	
鳳尾路	
同和 弍元〇〇〇〇	陳彬弟 壹元伍角弍分

附件　福安县城区义勇消防队基金保管委员会造城区商铺月租清册

（1940 年 8 月 14 日）　0158-001-0398

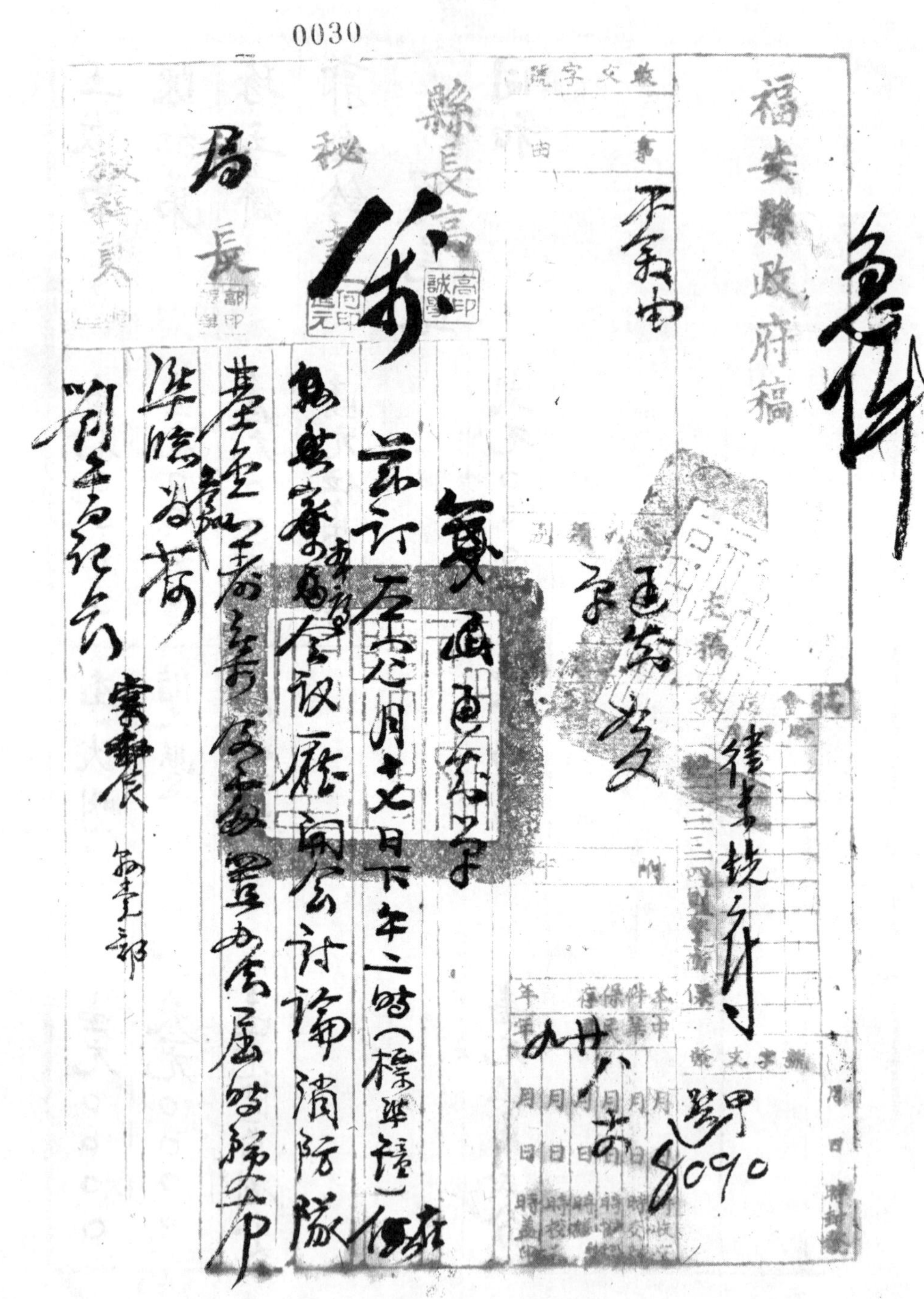

0030

福安縣政府稿

縣長

秘書

局長

福安县政府关于召开消防队基金筹集及处置办法的会议通知函

（1940年8月16日） 0158-001-0398

0031

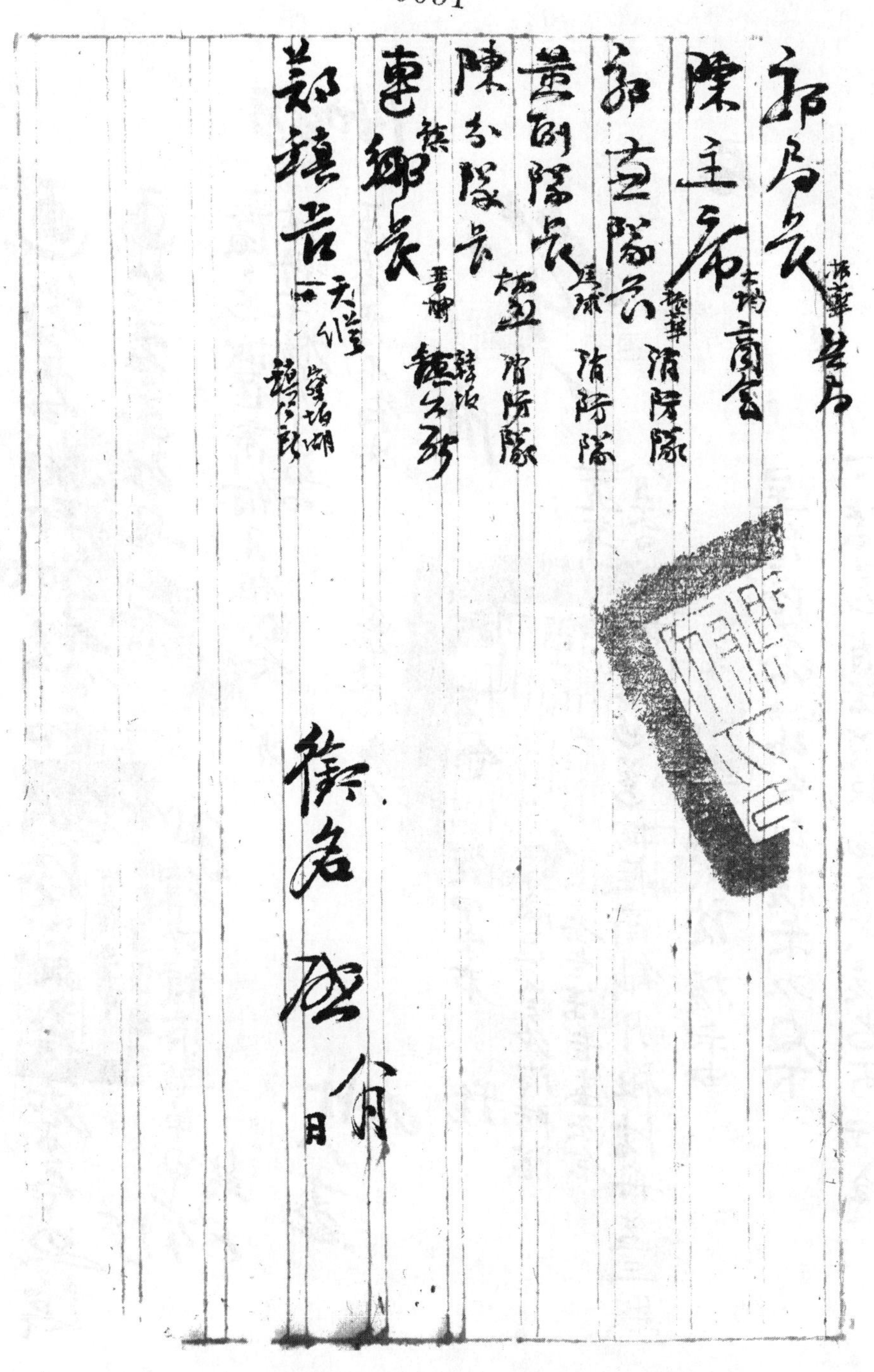

福安县政府关于召开消防队基金筹集及处置办法的会议通知函

（1940 年 8 月 16 日） 0158-001-0398

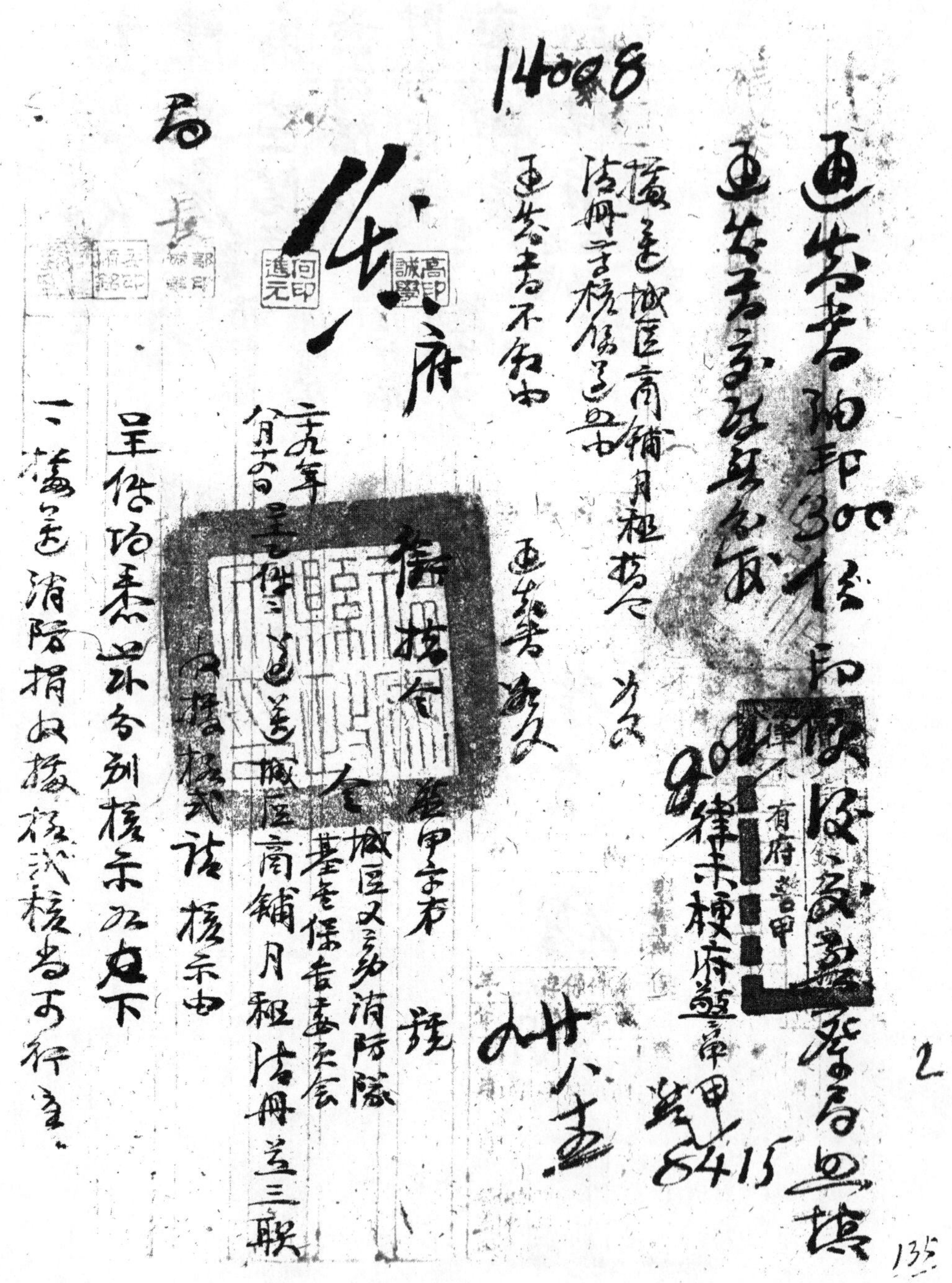

福安县政府关于城区商铺月租清册等准予核备并由该会负责征收的指令

（1940 年 8 月 25 日）　0158-001-0398

0045

会印制表格用

六、城区商铺月租清册经该会翔实调查无误讹

应准由府备书函发各商铺但仍由该会

负责征收不足时得呈请派警协助

以上两点令仰该会遵照

此令

府衔函告书　　并甲字第　　号

查本县城区义勇消防队经由商救火会改组成立因限於经

费设备殊欠完善现际敌机对县轰炸亟应充实设备以减

少损害兹经本府第三十七次会议议决以前项设备费应由城区

福安县政府关于城区商铺月租清册等准予核备并由该会负责征收的指令

（1940年8月25日）　0158-001-0398

各商铺業經征收一個月租金（按年征收一次）即由租戶墊付抵銷以保……之商铺（即業戶自用之商铺）應予估租征收，有該紀錄……經飭據城區消防隊基金保管委員會將各商……義額翔實調查（查該铺月租額元角）分案陳候明日開始征收外，特令遵。

右令仰

〇〇商號

中華民國二十九年八月 十 日

縣長 高誠。

福安县政府关于城区商铺月租清册等准予核备并由该会负责征收的指令

（1940年8月25日） 0158-001-0398

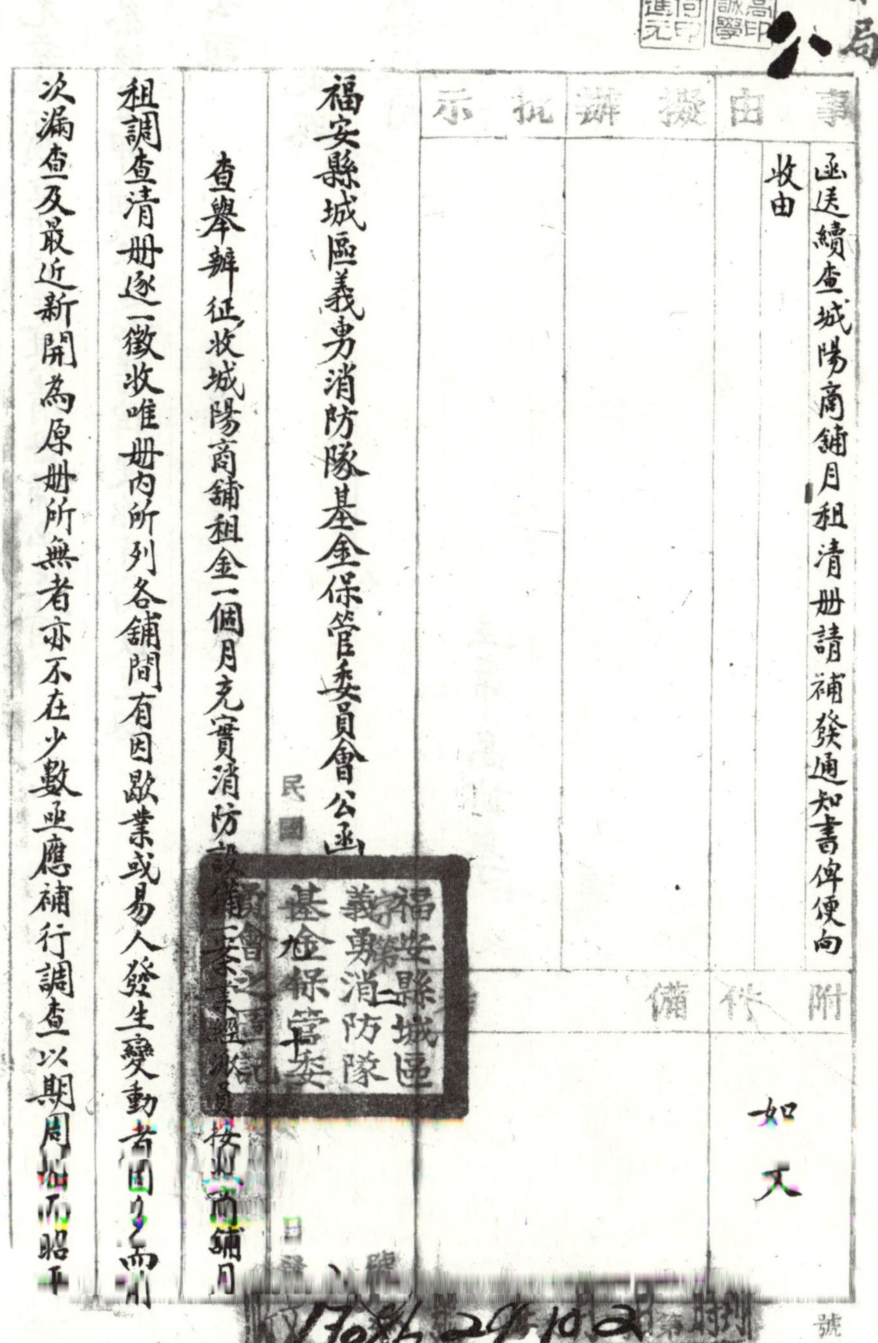
0050

警察局
高印誠學
何印進元

事由	擬辦	批示
函送續查城陽商鋪月租清册請補發通知書俾便向收由		

附件：備
如文

福安縣城區義勇消防隊基金保管委員會公函
查舉辦征收城陽商鋪租金一個月充實消防設備一案業經……按照商鋪月租調查清册逐一徵收唯册內所列各鋪間有因歇業或易人發生變動者因之前次漏查及最近新開為原册所無者亦不在少數亟應補行調查以期周……而昭……

福安縣城區義勇消防隊基金保管委員會

民國 年 月 日發 號

170%L 29 10 2

福安县城区义勇消防队基金保管委员会关于续查城阳商铺月租清册请补发通知书俾便征收的公函(1940 年 10 月 2 日)a 面　0158-001-0398

允兹将续查所得造具清册备函送请
察核准即补发通知书俾便派员向收至纫
公谊
此致
县政府
主席高诚学

福安县城区义勇消防队基金保管委员会关于续查城阳商铺月租清册请补发通知书俾便征收的公函(1940年10月2日)b面　0158-001-0398

52

續查城陽及東郊商鋪月租清册

0052

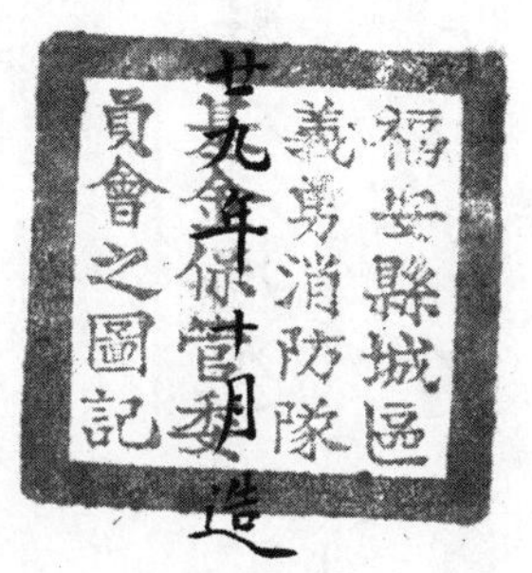

福安县城区义勇消防队基金保管委员会造续查城阳及东郊商铺月租清册
（1940年10月） 0158-001-0398

0053

茲將城陽及東郊最近新開及前次漏查各商鋪按月租金數額續行調查估計列冊呈

核

計開

七七路

王明章（衣鋪）　貳元零捌分

林子堯（衣鋪）　伍元〇〇〇

蓮池路

合興（肉燕鋪）　壹元〇〇〇

陳舜祥（湯丸）　壹元〇〇〇

陳祿壽（衣鋪）　壹元〇〇〇

鄭壽慶（糕餅）　貳元〇〇〇

黃慶安（豆腐）　貳元陸角陸分

鄭二頭（打銀）　壹元貳角伍分

福安县城区义勇消防队基金保管委员会造续查城阳及东郊商铺月租清册

(1940 年 10 月)a 面　0158-001-0398

陳珍書（打銀） 壹元〇〇〇　　新安昌記（客棧） 壹元陸角陸分

陳二弟（細作） 壹元弍角伍分

復興路

丁英記（魚貨） 壹元〇〇〇　　吴麟弟（米、炊粉） 叁元叁角叁分

陳裕春 叁元叁角叁分　　郭坤弟（炉餅） 壹元陸角陸分

黄金松（雜物） 弍元〇〇〇　　陸長春（魚貨） 弍元〇〇〇

雙泉成（雜物） 壹元弍角伍分

金山路

陸伯瑰 弍元叁角叁分　　陸亞雲 弍元伍角〇〇

中華路

福安县城区义勇消防队基金保管委员会造续查城阳及东郊商铺月租清册

(1940 年 10 月)b 面　0158-001-0398

0054

商号（业别）	月租	商号（业别）	月租
李弟細（柴房）	弍元〇〇〇〇	恒翠豈（客棧）	壹元〇〇〇〇
葉貴然（豆腐）	壹元〇〇〇〇	唐弟（豆腐）	壹元〇〇〇〇
周德祿（打鉄）	壹元弍角伍分	秋記（屠宰炉餉）	壹元捌角叁分
結祥雲（香店）	弍元〇〇〇〇	吳籌弟（炊粉）	弍元伍角叁分
陳爲朝（魚貨）	壹元〇〇〇〇	阮嫩嫩（細作）	壹元〇〇〇〇
小西路			
李長盛（酒）	弍元伍角〇〇	鄭細妹（客棧）	壹元〇〇〇〇
雷伏潛（理髮）	壹元〇〇〇〇		
南大路			
江家店	弍元伍角〇〇	曾紅紅（客棧）	弍元〇〇〇〇

福安县城区义勇消防队基金保管委员会造续查城阳及东郊商铺月租清册

(1940年10月)a面　0158-001-0398

新安泉（湯房） 壹元伍角〇〇

蕭雲聚（麪） 壹元弍角伍分

陳灼康（麪） 弍元陸角陸分

陳益波（餅） 壹元〇〇〇

益記（米炊粉） 弍元伍角〇〇

黄天成（柴房） 弍元伍角〇〇

林茂全（平陽客棧） 肆元壹角陸分

學前街

金伯華（燈心棧） 弍元伍角〇〇

則安（雜物） 壹元〇〇〇

鳳尾路

藍松弟（客棧） 弍元〇〇〇

郭興松（客棧） 壹元伍角〇〇

葉瓶仔（客棧） 壹元〇〇〇

蘇登榮（客棧） 壹元伍角〇〇

洽記（魚貨） 壹元〇〇〇

葉聖堂（理髮） 壹元〇〇〇

福安县城区义勇消防队基金保管委员会造续查城阳及东郊商铺月租清册

（1940 年 10 月）b 面　0158-001-0398

0055

書記（雜貨） 弍元〇〇〇

窯陽路

裕衡成（魚貨酒） 叁元叁元叁元

有記（魚貨） 叁元〇〇〇

坤記（麵） 弍元伍角〇〇

清妙林（香） 弍元伍角〇〇

榮記（魚貨） 弍元伍角〇〇

阮伏森（雜貨） 弍元〇〇〇

鍾鳴玉（理髮） 壹元伍角〇〇

昇太昌（絲煙） 叁元柒角伍分

三光（理髮） 弍元〇〇〇

奶康（魚貨） 壹元〇〇〇

吳漢光（雜物） 弍元伍角〇〇

陳景珍（雜貨） 弍元伍角〇〇

阮樹祥（衣店） 弍元〇〇〇

黄銓（傘衣） 壹元伍角〇〇

李和記（魚貨） 叁元〇〇〇

凌成記（麵） 弍元〇〇〇

福安县城区义勇消防队基金保管委员会造续查城阳及东郊商铺月租清册

（1940年10月） 0158-001-0398

56

商铺	月租	商铺	月租
裕華英（鞋）	貳元〇〇〇	雷桂蘭（理髮）	壹元伍角〇〇
棠發洋			
新義利（魚貨）	貳元玖角壹分	郭紹林（雜物）	壹元〇〇〇
仁記（打鉄）	壹元伍角〇〇	張順記（客店）	壹元伍角〇〇
施老亭			
萬昌 魚貨	貳元〇〇〇	陳小波	壹元〇〇〇

福安县城区义勇消防队基金保管委员会造续查城阳及东郊商铺月租清册

（1940年10月） 0158-001-0398

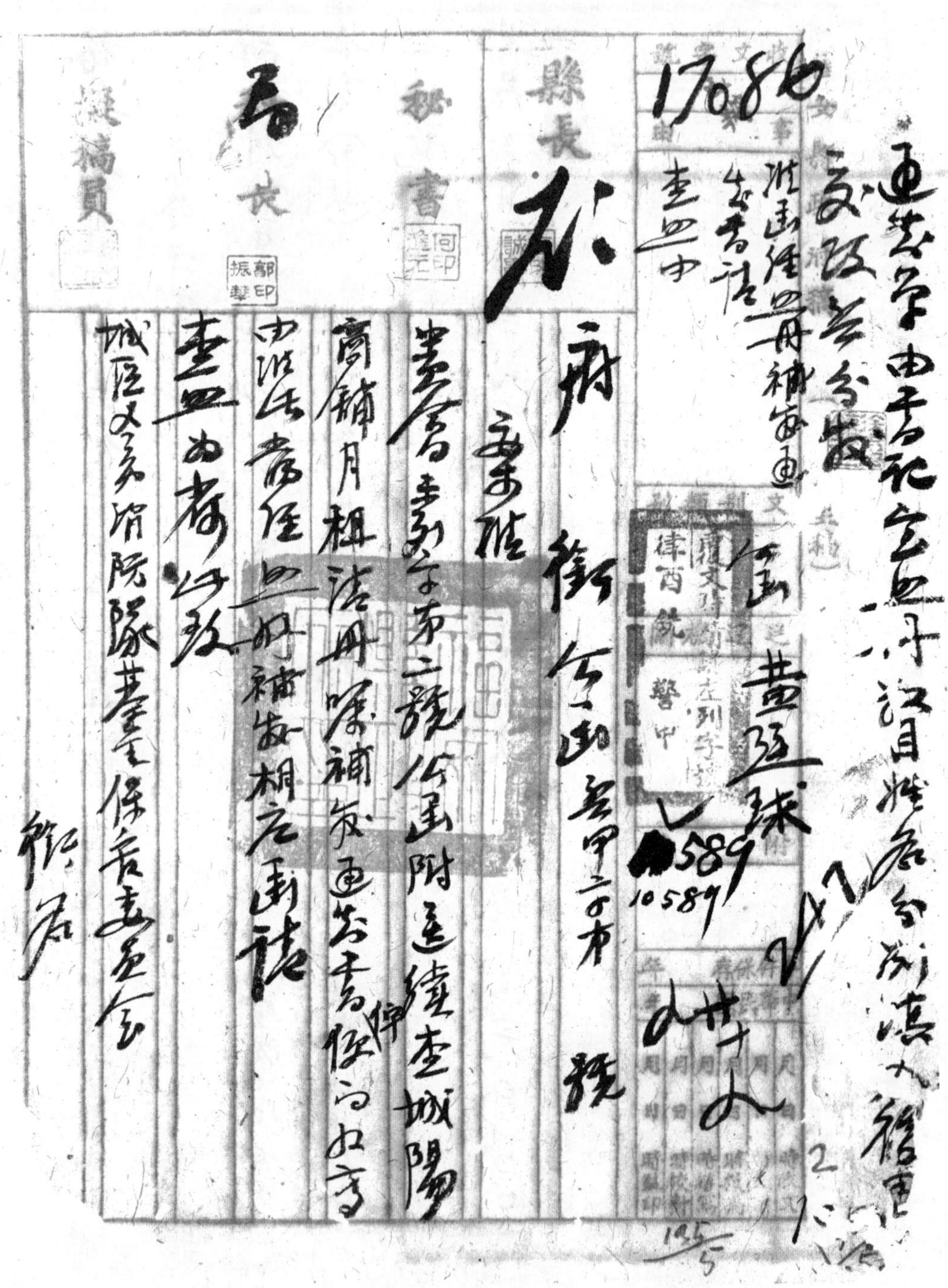
0057

縣長　秘書　科長　擬稿員

福安县政府关于核准续查商铺月租清册并补发通知书的公函

（1940 年 10 月 16 日）　0158-001-0398

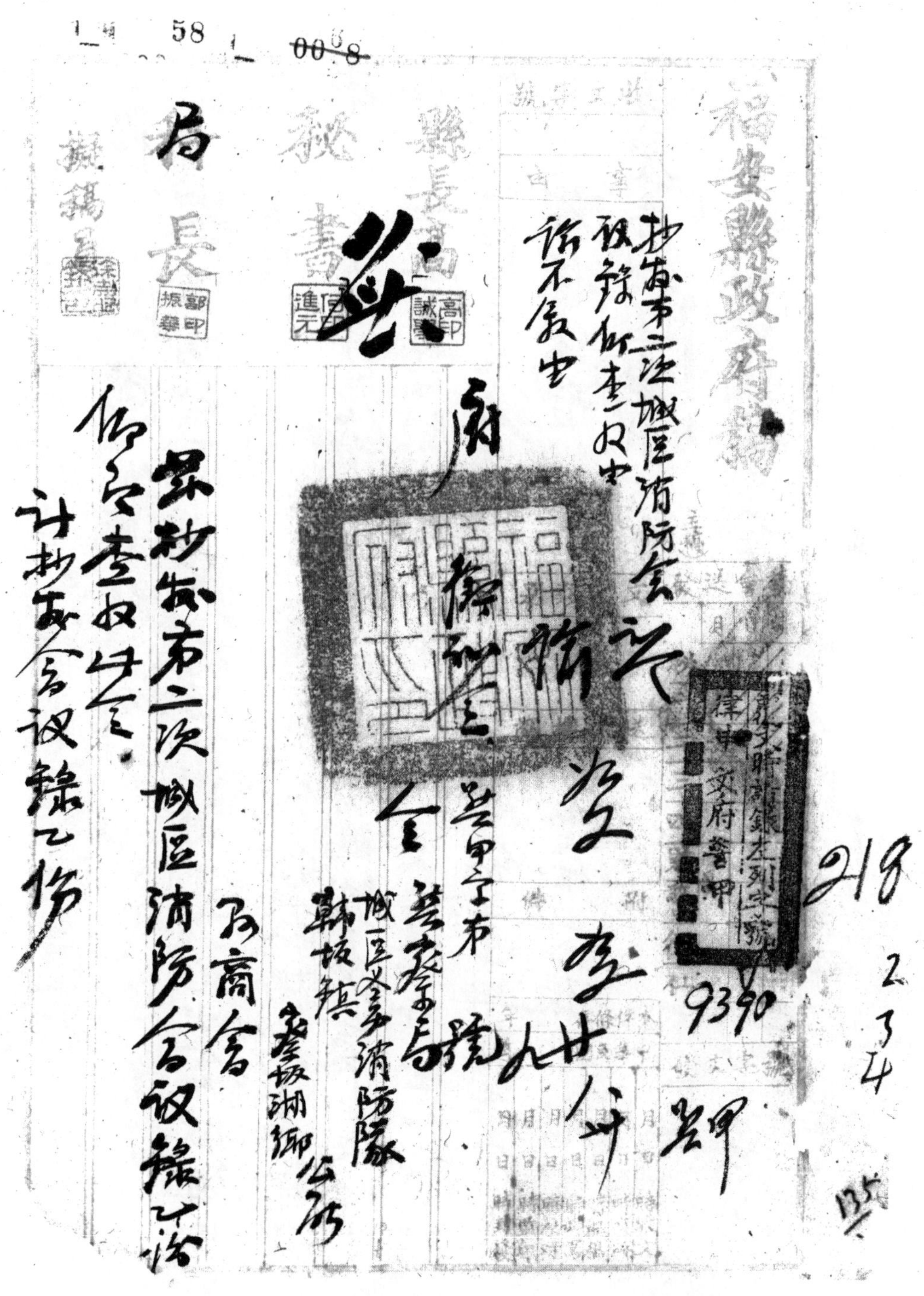

福安县政府关于抄发第二次城区消防会议录并将本年部分宫庙公产征为城区义勇消防队基金的训令(1940年9月12日)　0158-001-0398

59

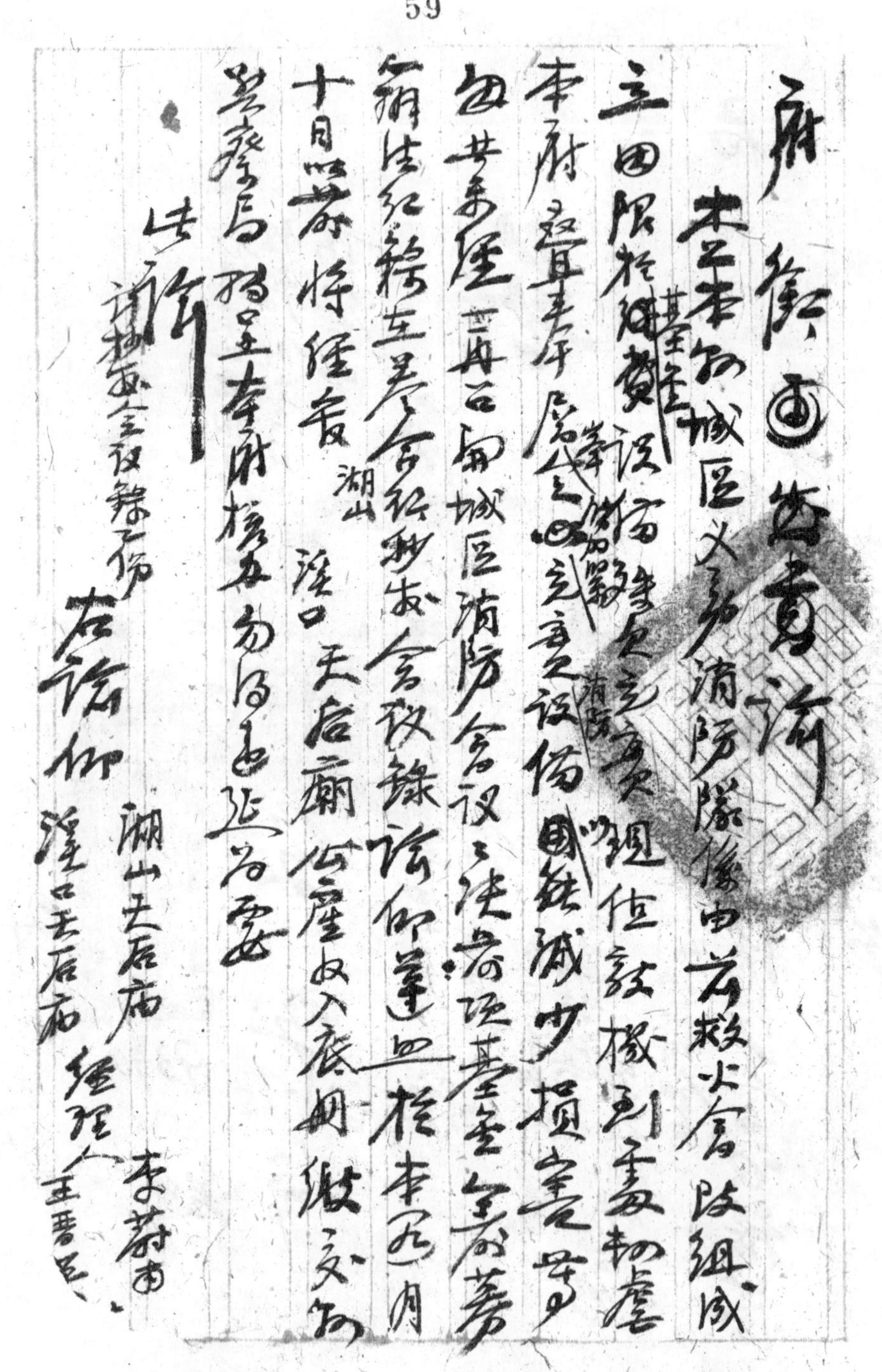

福安县政府关于将本年部分宫庙公产征为城区义勇消防队基金的通知书

（1940 年 9 月 12 日）　0158-001-0398

60

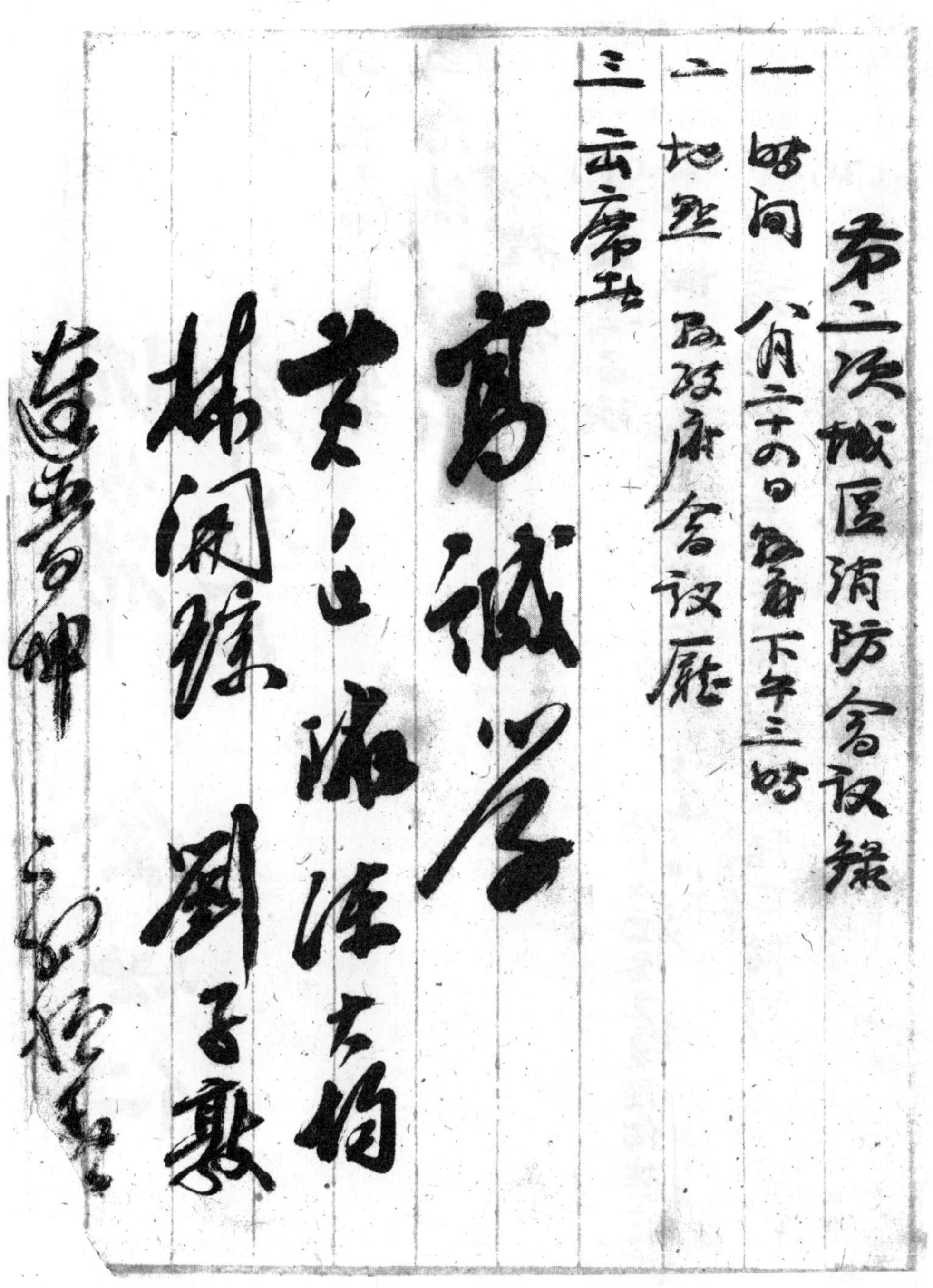

第二次城区消防会议录

一、时间 八月二十四日星期下午三时

二、地点 县政府会议厅

三、出席者

高诚学

黄道源 陈大钧

林润璋 刘子敷

[illegible] [illegible]

附件　福安县第二次城区消防会议录(1940年9月12日)a面　0158-001-0398

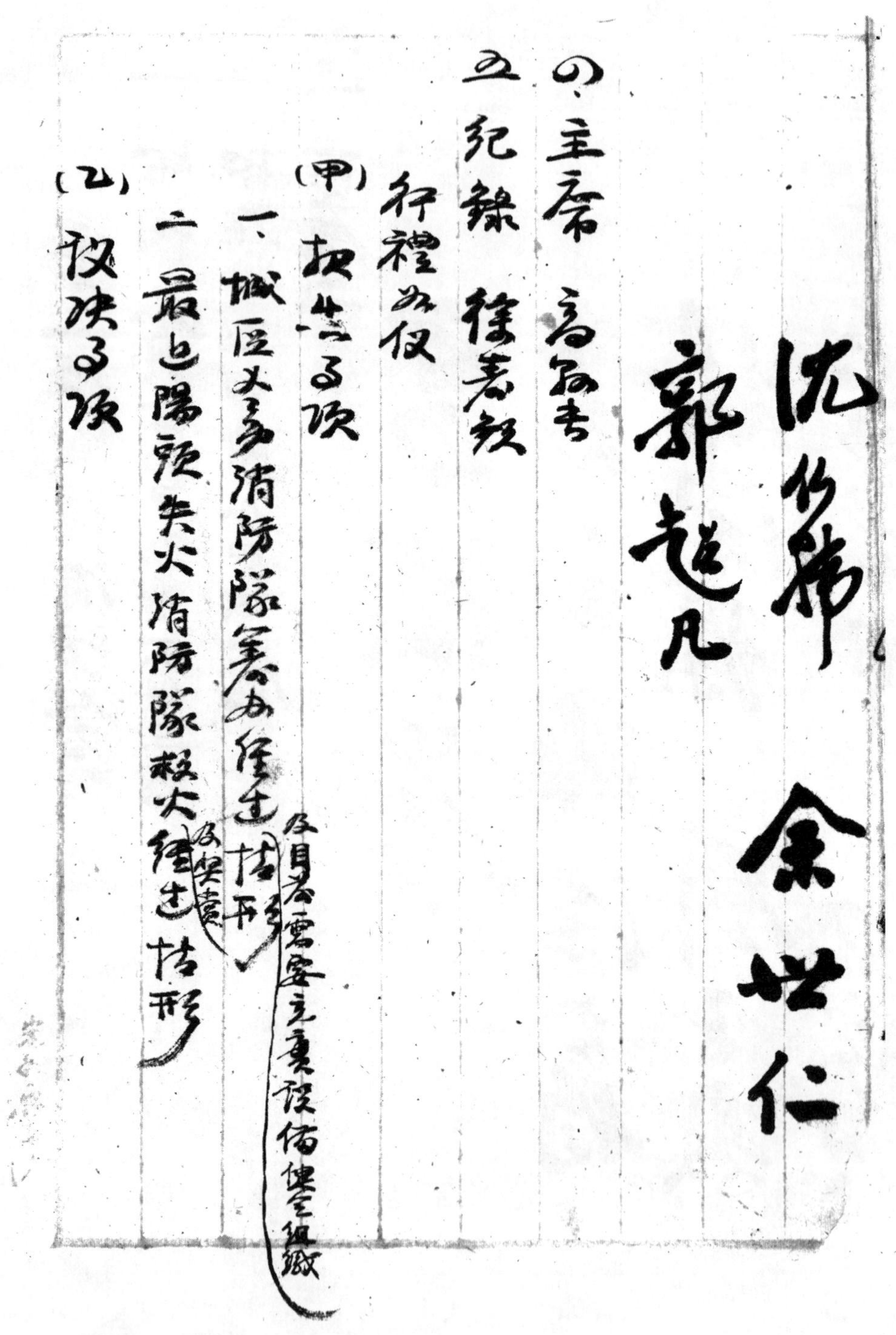
沈竹帡 郭超凡 余世仁
四、主席 高鹤书
五、纪录 徐寿铭
行礼如仪
(甲)报告事项
一、城区义务消防队筹备经过情形及目前需要之真设备(健全组织)
二、最近阳头失火消防队救火经过情形及奖赏
(乙)议决事项

附件 福安县第二次城区消防会议录(1940年9月12日)b面 0158-001-0398

61

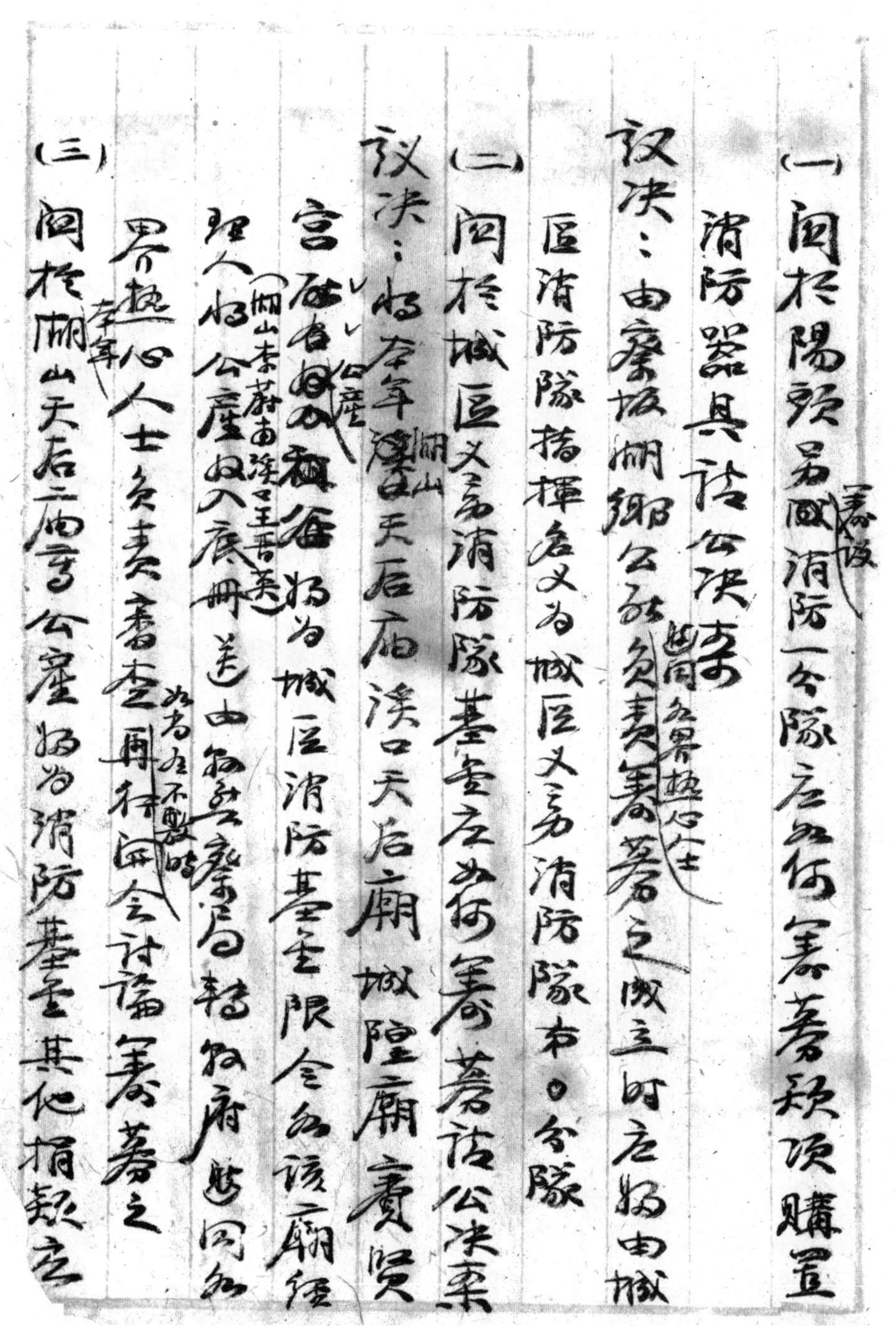

（一）關於陽頭籌設消防一分隊應如何籌募款項購置消防器具請公決案

議決：由寮坂湖鄉公所邀同各界熱心人士負責籌募之，成立時應歸由城區消防隊指揮，名義為城區義勇消防隊第○分隊。

（二）關於城區義勇消防隊基金應如何籌募請公決案

議決：將本年湖山天后廟、溪口天后廟、城隍廟、賣與宮前各廟公產撥為城區消防基金，限令各該廟經理人將公產收入底冊送由本府寮局轉飭府同各界熱心人士負責籌查，再行開會討論籌募之。如有不敷時

（三）關於湖山天后二廟本年公產撥為消防基金其他捐款應

附件　福安县第二次城区消防会议录(1940年9月12日)a面　0158-001-0398

不再行摊派请公决案

议决：其他一切捐款应暂停摊派

附件 福安县第二次城区消防会议录(1940年9月12日)b面 0158-001-0398

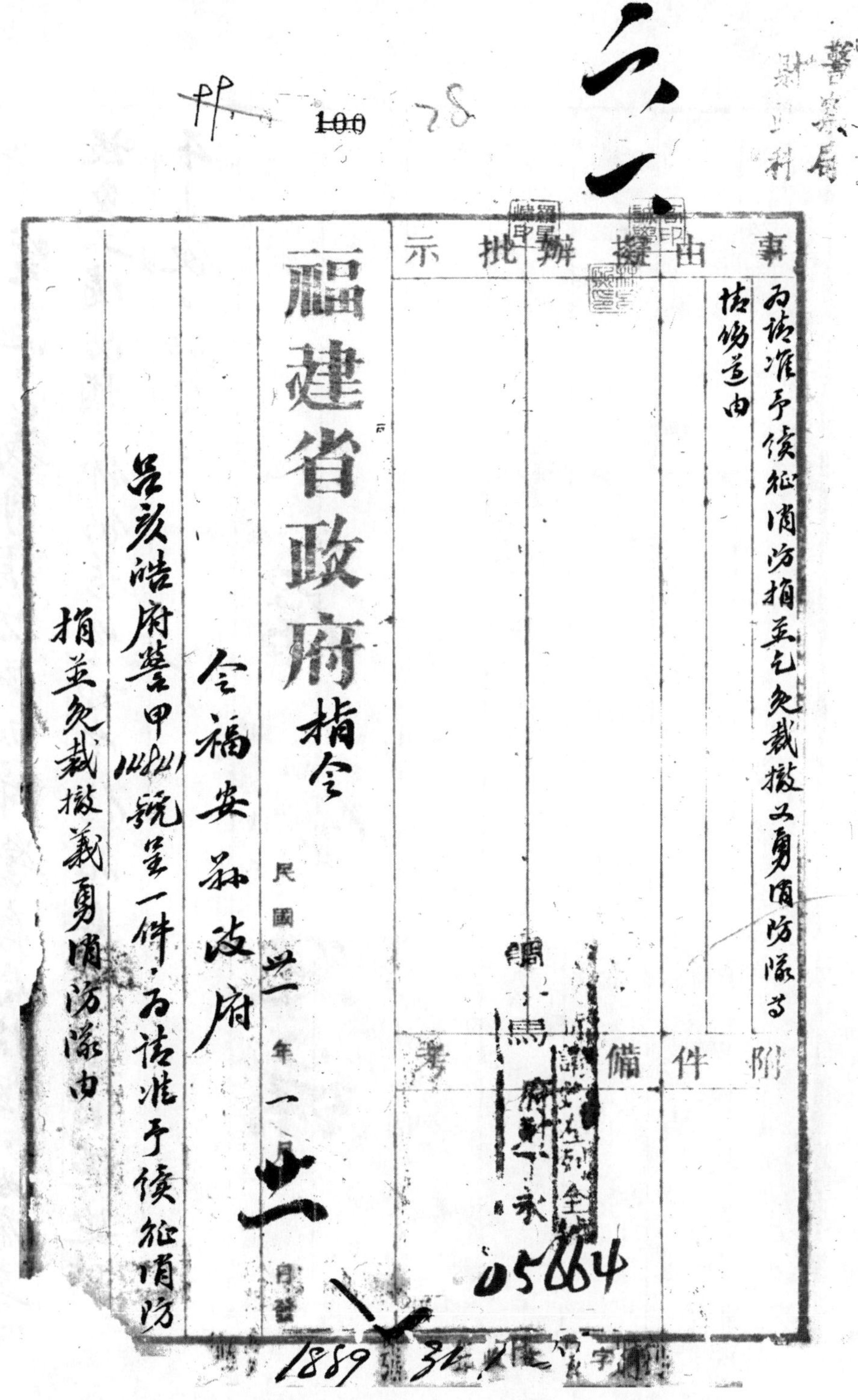
二八

100 78

事由：為請准予援征消防捐並免裁撤義勇消防隊等請核示遵由

擬辦

批示

附件

備考

福建省政府指令

令福安縣政府

呈乙件。為請准予援征消防捐並免裁撤義勇消防隊由

民國卅一年一月廿一日

05664

1889

福建省政府关于义勇消防队可归警察局指挥，毋庸专设员工消防捐的指令

(1942年1月21日)a面　0158-001-0399

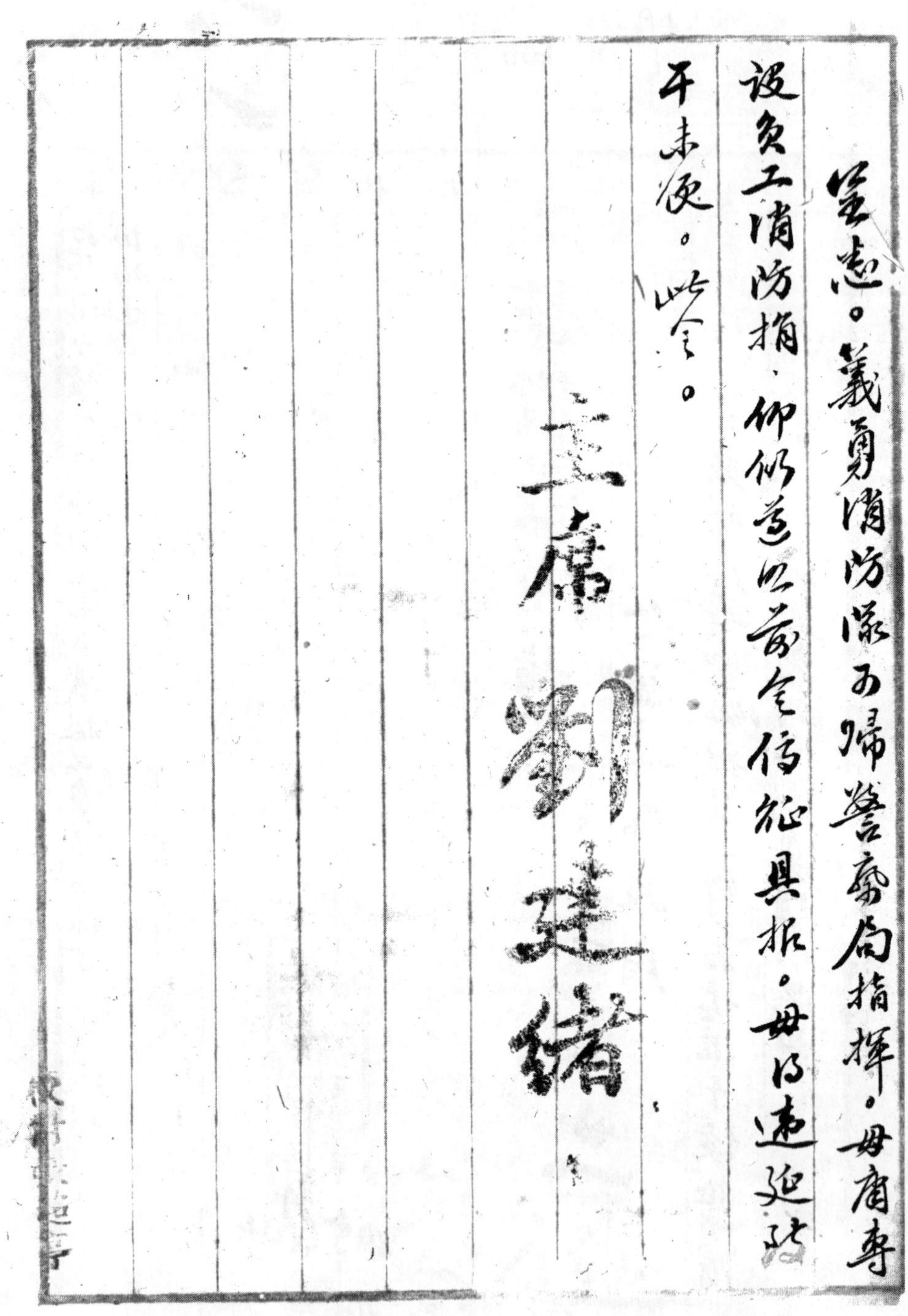
至意。義勇消防隊可歸警察局指揮。毋庸專設員工消防捐，仰仍遵照前令，傳飭具報。毋得遲延，干未便。此令。
主席 劉建緒

福建省政府关于义勇消防队可归警察局指挥，毋庸专设员工消防捐的指令

(1942 年 1 月 21 日)b 面　0158-001-0399

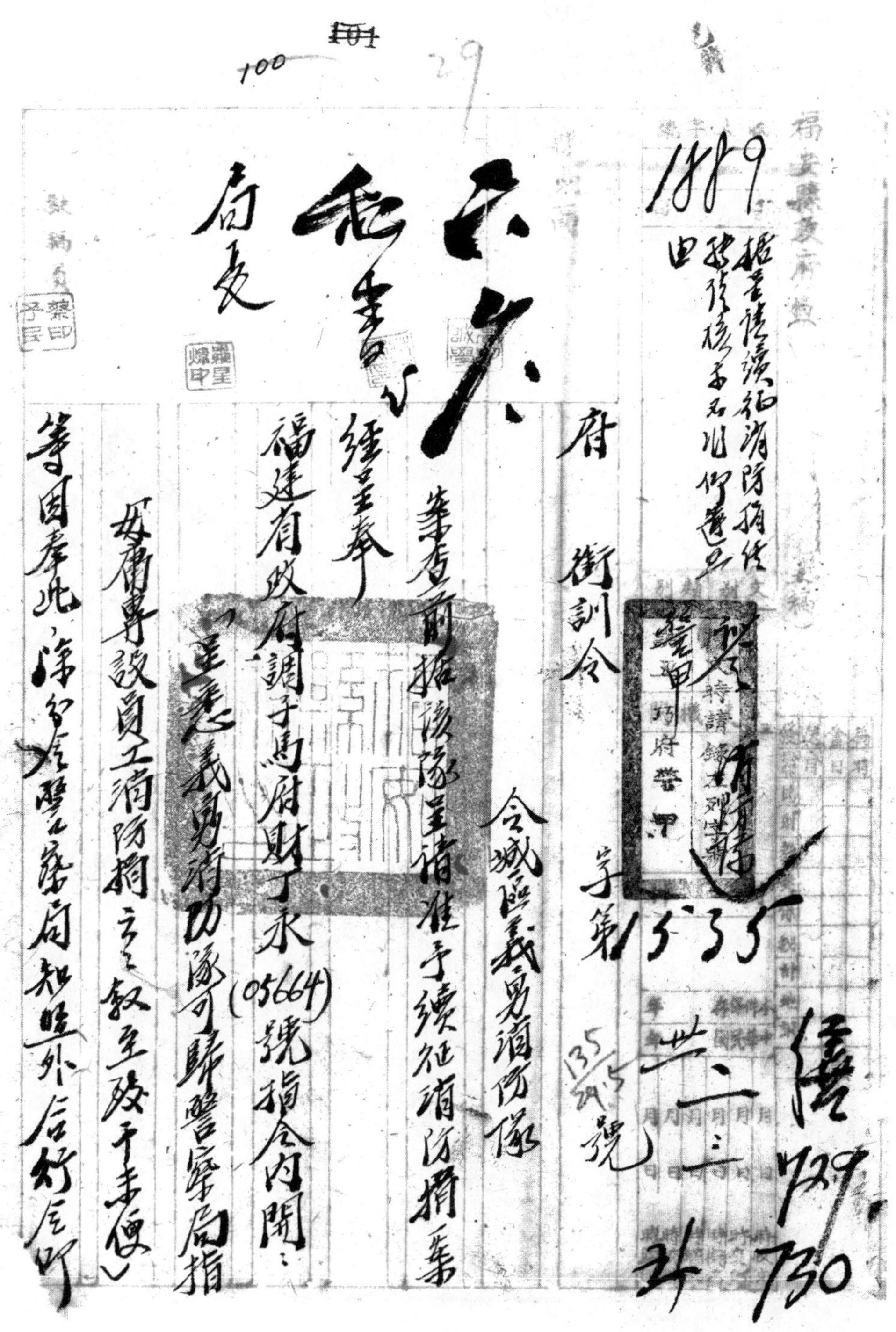

福安县政府关于省政府核示不准续征消防捐，克日停征具报的训令

（1942 年 2 月 18 日） 0158-001-0399

福安县政府关于省政府核示不准续征消防捐，克日停征具报的训令

（1942年2月18日）　0158-001-0399

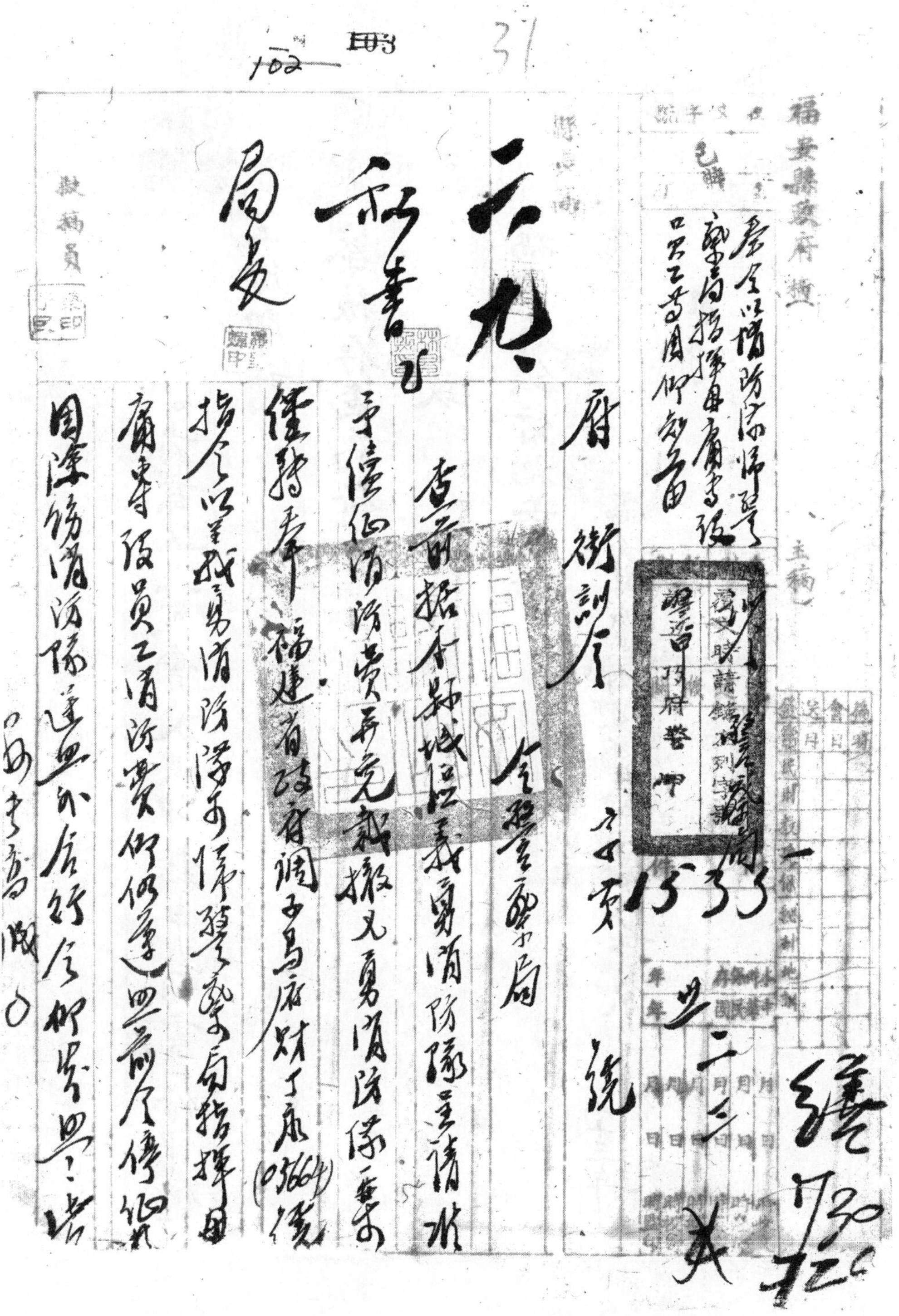

福安县政府关于消防队归警察局指挥毋庸专设员工的训令

（1942 年 2 月 18 日） 0158-001-0399

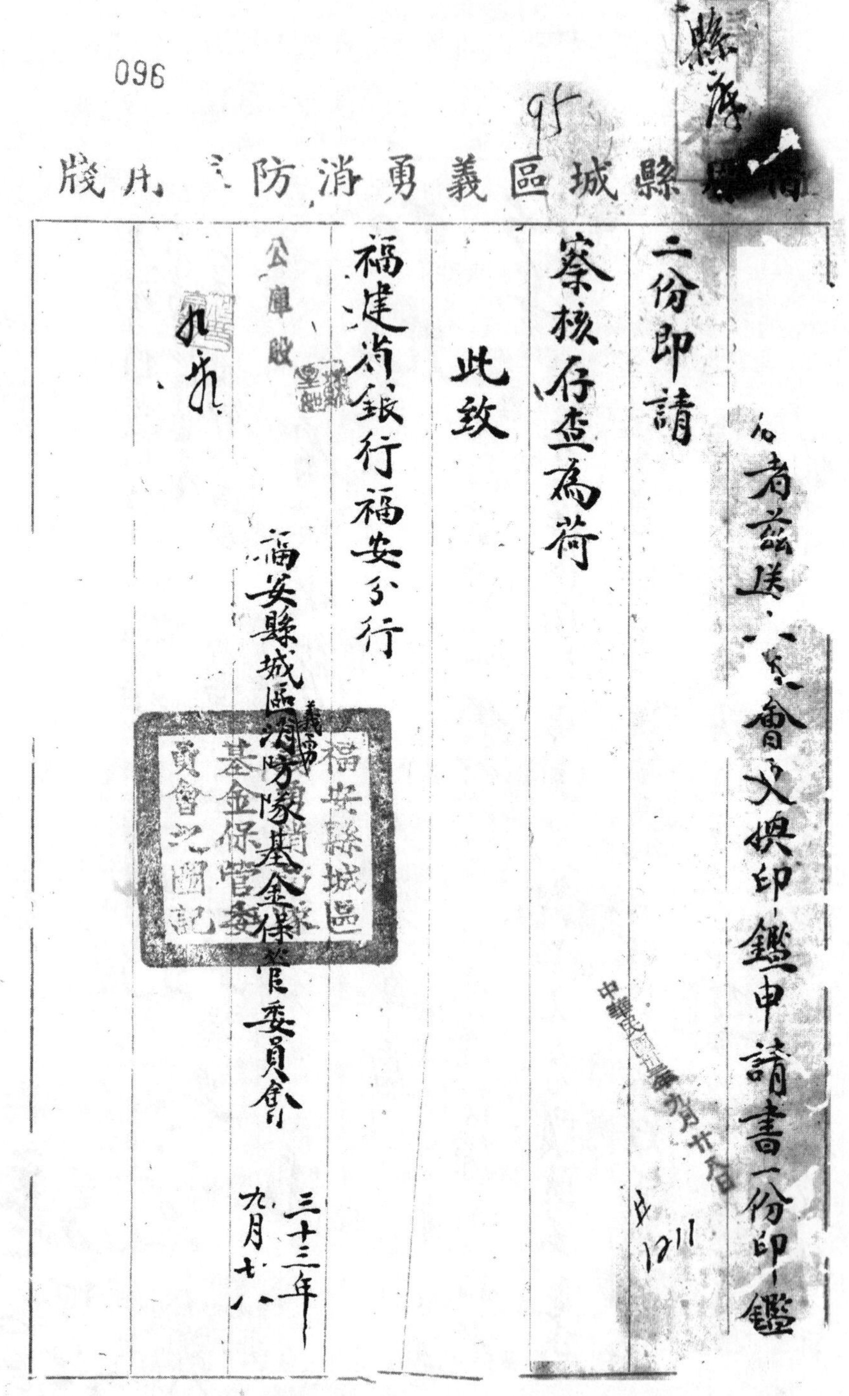

福安縣城區義勇消防隊基金保管委員會用牋

逕啓者茲送本會更換印鑑申請書一份印鑑二份即請

察核存查為荷

此致

福建省銀行福安分行

福安縣城區義勇消防隊基金保管委員會

三十三年九月廿八

福安縣城區義勇消防隊基金保管委員會圖記

福安县城区义勇消防队基金保管委员会关于更换印鉴申请书请察核存查的公函

（1944年9月28日） 0008-001-0036